循阶渐进　登高望远

正确运用利益衡量的方法，思考和解决公司法律师实务问题。

公司法律师实务

执行主编
郭春宏

LAWYER PRACTICE IN
COMPANY LAW

图书在版编目(CIP)数据

公司法律师实务 / 郭春宏执行主编. —北京：北京大学出版社，2022.1
（律师阶梯）
ISBN 978-7-301-32756-2

Ⅰ. ①公… Ⅱ. ①郭… Ⅲ. ①公司法—研究—中国 Ⅳ. ①D922.291.914

中国版本图书馆 CIP 数据核字(2021)第 259285 号

书　　　名	公司法律师实务 GONGSIFA LÜSHI SHIWU
著作责任者	郭春宏　执行主编
丛 书 策 划	陆建华
责 任 编 辑	陆建华　陆飞雁
标 准 书 号	ISBN 978-7-301-32756-2
出 版 发 行	北京大学出版社
地　　　址	北京市海淀区成府路 205 号　100871
网　　　址	http://www.pup.cn　http://www.yandayuanzhao.com
电 子 信 箱	yandayuanzhao@163.com
新 浪 微 博	@北京大学出版社　@北大出版社燕大元照法律图书
电　　　话	邮购部 010-62752015　发行部 010-62750672　编辑部 010-62117788
印 刷 者	北京市科星印刷有限责任公司
经 销 者	新华书店 730 毫米×1020 毫米　16 开本　44.25 印张　867 千字 2022 年 1 月第 1 版　2023 年 1 月第 2 次印刷
定　　　价	168.00 元

未经许可，不得以任何方式复制或抄袭本书之部分或全部内容。
版权所有，侵权必究
举报电话：010-62752024　电子信箱：fd@pup.pku.edu.cn
图书如有印装质量问题，请与出版部联系，电话：010-62756370

公司法律师实务

LAWYER PRACTICE IN
COMPANY LAW

编委会

执行主编

郭春宏

副主编

曹志龙　　孙艺茹

撰稿人（按撰写章节先后顺序）

郭春宏	苏祖耀	苏文卿	金冰一	张　政	张　波
胡海玲	孙　蓉	曹志龙	李占英	李天瑜	张东平
孙艺茹	张智远	王立明	张秀华	王光英	

序　言

公司,被誉为世界上最伟大的组织创新,在创造社会财富、促进劳动就业及生产力发展等方面发挥了其他社会主体难以替代的重要作用,从而在社会经济生活中扮演着举足轻重的角色。公司法因而成为极为重要的法律部门。

《中华人民共和国公司法》于1993年12月29日经第八届全国人民代表大会常务委员会第五次会议通过,历经1999年修正、2004年修正、2005年修订、2013年修正和2018年修正。我国《公司法》的颁行,营造了良好的营商环境,激发了社会创新创业活力,促进了社会经济快速发展,对于我国发展成为世界第二大经济体功不可没。当然,法律不是符咒,法律的生命在于实践。公司法的价值需要在实践中体现出来,若离开商人、律师、法官和仲裁员等人员参与公司法的实践,则前述积极作用将无从谈起。

律师在第一线、第一时间为公司及其利益相关者提供法律服务,避免风险,促进交易,代理公司诉讼仲裁,是公司法最重要的实践者之一。党的十九大报告指出,要"加快建设创新型国家","激发和保护企业家精神,鼓励更多社会主体投身创新创业"。这既勾勒出新时代律师业务发展的新前景,也对新时代律师业务提出了新要求。

本书编委会邀请中华全国律师协会公司法专业委员会资深委员律师执笔,历时3年编著这本《公司法律师实务》,恰逢其时。本书介绍了公司法的整体规范体系、基本原则和基本内容,探讨了公司法实践中的热点、难点和焦点问题,系统阐述了相关律师业务的基本要求、基本流程和基本内容以及律师开展各项业务的注意事项,涵盖了公司从设立到终止各个环节的公司法律师实务,涉及公司诉讼和非诉讼各个领域,是一线公司律师办案经验和技巧的结晶。

实践联系理论,公司法理念、方法与专业相融合,是本书一大特点,这使本书成为一部着眼于实务操作的工具书,具有较大的实用价值和参考价值。当然,其中有些观点、意见是一家之言,还有商榷与深入探讨的余地。但瑕不掩瑜,我愿意把它推荐给读者,希望对读者参与公司法实践有所裨益。公司法律制度的完善,有赖于所有公司法学者、立法者和实践者的共同努力。

是为序。

赵旭东[①]

2021 年 10 月 8 日

[①] 中国法学会商法学研究会会长,中国政法大学博士生导师,国务院政府特殊津贴专家。

理念、方法与专业(代编写说明)

公司是各种要素的集合,要素的背后反映利益关系。与公司相关的利益主体众多,包括公司及其股东、债权人、董事、监事、高级管理人员、普通职工等。这些主体的经济地位不同,利益追求各异,相互之间形成纷繁复杂的利益关系。江平先生指出,在各国的公司制度设计中必须均衡地考虑不同利益主体的利益要求。如何平衡公司、股东和债权人以及善意第三人等不同利益主体的利益遂成为各国公司立法的重点和最基本的指导思想。换言之,利益平衡是公司法的目的和任务,也是贯穿公司法整个制度体系的核心理念。由此,利益平衡成为思考和解决问题的重要方法和指导原则。最高人民法院在2012年印发的《关于在审判执行工作中切实规范自由裁量权行使保障法律统一适用的指导意见》中正式确认了利益衡量方法在司法适用中的地位,明确要求"正确运用利益衡量方法"。因此,律师从事公司法业务,要理解和把握好利益平衡。

我们不仅要从利益平衡的角度研究公司法和律师实务,还要从博弈的角度研究公司法律师实务。公司既是相关方合作的平台,也是利益平衡与博弈的产物。各方经过博弈达致平衡的利益关系凝固于具体的公司制度性文件和交易文件中,形成一个大家都可接受的利益分配格局。公司非诉业务如此,公司诉讼业务也如此。公司诉讼是一种多主体的诉讼论证博弈,博弈者包括原告、被告、法官三方,博弈的目的是解决具体法律纠纷,博弈的规则是现行法律规范,博弈的结果是说服目标听众接受其诉讼主张。有博弈就得有策略。为达到目的,律师不仅应研究对方的诉讼策略并相应调整己方诉讼策略及方案,还应研究影响法官裁判的因素并以此完善己方诉讼策略及方案。因此,对律师而言,研究裁判方法、法学方法论并熟练加以运用具有重要意义。

律师与法官都属于法律职业共同体。然而，律师职业定位毕竟与法官不同，故律师除了研究裁判的方法，还应研究并总结律师的工作方法。律师是法律专业人士，精通一两个领域的法律是其安身立命的基础，但如果不能在律师实务操作中把握法律适用的一般方法、规律，就不能准确、娴熟地将具体的法律运用到个案中，实现客户目标。有感于此，本书编委会邀请中华全国律师协会公司法专业委员会资深委员律师执笔，总结他们在各自擅长的公司业务领域所具有的丰富经验和深刻见解之上的律师实务操作方法。

这套操作方法融合了公司法律师实务的理念、方法和专业，系统概括了公司业务的基本理念、基本要求、基本流程和基本内容以及实务操作注意事项，涵盖了公司从设立到终止各个环节的公司法实务。它告诉律师运用公司法专业知识和技能可以为客户做什么，怎么做，如何避免业务风险。对于实务操作中遇到的法律热点、难点和焦点问题，主要介绍了主流、权威的意见，供读者参考。律师在实践中，应像医生一样，把许多研究成果当工具使用，以解决实践中的疑难杂症。

本书来源于经验，又超越经验，具有以下特色：

1. 理念、方法与专业相融合

构建和谐社会的重要基础是实现各方面利益的平衡，其中包括公司、股东、高级管理人员和债权人以及善意第三人的利益平衡。这是律师从事公司法业务应秉持的基本理念。理念不仅要秉持，也要落实，要转化为可操作的方法。经本书编委会反复讨论，总结出了由现实到理念到方法再到专业操作的范式，以公司诉讼业务为例：(1) 公司是利益平衡的载体。公司在利益平衡——冲突博弈——利益平衡的循环过程中发展。(2) 利益平衡是公司法的目标和任务，也是贯穿公司法整个制度体系的核心理念。(3) 利益平衡由此成为思考和解决问题的重要方法和指导思想，指导律师制定解决公司纠纷的总体目标及思路。(4) 在总体目标和总体思路的统领下，从利益平衡入手，选择和制定解决公司纠纷的策略和技巧，并结合对公司法等法律规范的准确理解和把握，拟定争议解决的具体方案。(5) 从博弈论视角，根据案件变化情况，调整完善诉讼方案，实现客户目标；代理结束后，总结经验教训，提高运用理念、方法和专业处理实务的能力。本书以此范式，总结了一套公司诉讼实务操作方案，便于按步操作，势道术合一，实现客户目标。当然，律师解决实务问题，还需要注意司法三段论、法律解释学、价值判断、法律论证等法学方法论的综合运用，不可厚此薄彼。

2. 系统性

本书采取"总—分"的结构体系,不仅介绍公司法业务的整体规范体系、基本理念和基本内容,还按公司法业务不同类型,系统阐述了相关业务的基本要求、基本流程和基本内容以及律师开展各项公司业务应当注意的问题,涵盖了公司从设立到终止各个环节的公司法实务。

3. 前沿性

本书关注公司法实务操作前沿和热点难点问题,予以专题阐述,从而力求相关读者在保持对公司业务体系性和完整性认知的基础上,亦对相关热点难点问题有深入了解和把握。

本书引用的法律法规是编写时现行有效的,引用的案例多数是近年发生的典型案例。本书典型案例引用与分析的法律,依据的是案件裁判当时的法律,出版时已经失效或被修正的相关民事法律与《中华人民共和国民法典》的对应关系,读者可自行参照李昊主编的《〈中华人民共和国民法典〉与既有民事法律对照表》,正文中不再一一注明。

4. 实用性

本书编写以读者拥有"干货满满"的阅读体验为目标,相关内容务实,可操作性和针对性强,具有明确的现实指导意义。既能满足入行不久的律师读者的阅读需求,也能使已有相关工作经验的读者在阅读的过程中有所提升、有所感悟和启发。

5. 独特性

与市面上已有的公司法实务书籍相比,本书既要确保准确和权威,也要在行文、结构体例上以及对相关问题的归纳总结上都具有独特性、创造性,无论是理论分析还是案例研究,做到深入和有所提高。

本书由郭春宏任执行主编,各章撰写分工如下(以撰写章节先后为序):

郭春宏(第一、二、五、八章);

苏祖耀(第三章);

苏文卿(第四章);

金冰一、张政、张波(第五章);

胡海玲(第六章);

孙蓉(第七章);

曹志龙(第八章);

李占英(第九章);

李天瑜(第十章);

张东平(第十一章);

孙艺茹(第十二章);

张智远(第十三章);

王立明(第十四章);

张秀华(第十五章);

王光英(第十六章);

本书是诸位撰稿人处理公司法律师实务的粗浅体会,抛砖引玉,错误疏漏之处难免,恳请读者朋友不吝赐教,以期推动我国公司法律师实务更上一个台阶,为我国公司发展尽一份力。

本书编委会

2021 年 10 月 1 日

凡 例

一、本书规范性法律文件名称中的"中华人民共和国"省略,例如《中华人民共和国公司法》,简称《公司法》。

二、本书在全文引用法律条文时,一个条文的各款各项之间不分段、不分行。

三、本书以下多次出现的规范性法律文件,使用简称:

1. 最高人民法院《关于适用〈中华人民共和国公司法〉若干问题的规定(一)》,简称《公司法解释一》。

2. 最高人民法院《关于适用〈中华人民共和国公司法〉若干问题的规定(二)》,简称《公司法解释二》。

3. 最高人民法院《关于适用〈中华人民共和国公司法〉若干问题的规定(三)》,简称《公司法解释三》。

4. 最高人民法院《关于适用〈中华人民共和国公司法〉若干问题的规定(四)》,简称《公司法解释四》。

5. 最高人民法院《关于适用〈中华人民共和国公司法〉若干问题的规定(五)》,简称《公司法解释五》。

6. 最高人民法院《关于适用〈中华人民共和国外商投资法〉若干问题的解释》,简称《外商投资法解释》。

7. 最高人民法院《关于审理外商投资企业纠纷案件若干问题的规定(一)》,简称《外商投资纠纷解释一》。

8. 最高人民法院《关于适用〈中华人民共和国民法典〉时间效力的若干规定》,简称《民法典适用解释》。

9. 最高人民法院《关于适用〈中华人民共和国民法典〉婚姻家庭编的解释(一)》,简称《婚姻家庭编解释一》。

10. 最高人民法院《关于审理买卖合同纠纷案件适用法律问题的解释》,简称《买卖合同解释》。

11. 最高人民法院《关于适用〈中华人民共和国民法典〉物权编的解释(一)》,

简称《物权编解释一》。

12. 最高人民法院《关于印发〈全国法院民商事审判工作会议纪要〉的通知》,简称《九民会议纪要》。

13. 最高人民法院《关于适用〈中华人民共和国民事诉讼法〉的解释》,简称《民诉法解释》。

14. 最高人民法院《关于适用〈中华人民共和国合同法〉若干问题的解释(一)》(已失效),简称《合同法解释一》。

15. 最高人民法院印发《关于贯彻执行〈中华人民共和国民法通则〉若干问题的意见(试行)》的通知(已失效),简称《民通意见》。

目录 CONTENTS

上编　公司非诉业务

- 3　**第一章　公司法业务概要**
- 3　第一节　公司法业务类型
- 7　第二节　公司法业务的基本任务和要求
- 16　第三节　律师应掌握的公司要素

- 34　**第二章　公司设立与出资实务**
- 34　第一节　公司设立流程
- 41　第二节　公司设立过程中的律师实务
- 48　第三节　公司章程的起草与修改
- 61　第四节　股东身份识别

- 70　**第三章　公司治理维持实务**
- 71　第一节　律师为公司治理与维持提供的法律服务范围概述
- 75　第二节　公司常年法律顾问服务
- 87　第三节　董事、监事、高级管理人员的行为管理法律服务
- 99　第四节　股权激励律师实务

- 121　**第四章　公司变更实务**
- 121　第一节　公司变更律师实务概述
- 124　第二节　股权(份)转让
- 130　第三节　公司增资

133	第四节 公司减资
136	第五节 公司合并
142	第六节 公司分立
146	第七节 公司组织形式变更

152	**第五章 公司并购实务**
152	第一节 公司并购及其流程
172	第二节 并购交易文件
184	第三节 上市公司并购
193	第四节 国有企业并购
200	第五节 外资并购

208	**第六章 公司解散清算实务**
208	第一节 公司解散与清算概述
214	第二节 清算的程序
233	第三节 公司简易注销
236	第四节 公司解散清算中的律师实务
240	第五节 公司解散清算重难点

244	**第七章 公司法律尽职调查**
244	第一节 法律尽职调查的类型、目的、意义及范围
254	第二节 法律尽职调查的原则、方法和流程
264	第三节 法律尽职调查的内容

下编 公司诉讼业务

299	**第八章 公司诉讼业务概述**
299	第一节 公司纠纷的特点、类型和处理原则
307	第二节 公司纠纷的解决途径

| 312 | 第三节　争议解决方案及其制定 |
| 343 | 第四节　诉讼方案设计:以个案为例 |

355	**第九章　公司设立与出资纠纷**
355	第一节　公司设立纠纷
368	第二节　发起人责任纠纷
378	第三节　股东出资纠纷
392	第四节　股东资格确认纠纷
404	第五节　股东名册记载纠纷

410	**第十章　股权转让纠纷**
410	第一节　股权转让纠纷
432	第二节　上市公司收购纠纷

446	**第十一章　股东权益保护纠纷**
446	第一节　股东知情权纠纷
458	第二节　公司盈余分配纠纷
467	第三节　请求公司收购股份纠纷
478	第四节　损害股东利益责任纠纷
486	第五节　公司决议纠纷

496	**第十二章　公司权益保护纠纷**
496	第一节　公司证照返还纠纷
507	第二节　损害公司利益责任纠纷
515	第三节　公司关联交易损害责任纠纷

526	**第十三章　债权人权益保护纠纷**
526	第一节　公司法人人格否认纠纷
541	第二节　股东出资瑕疵损害债权人利益责任纠纷
558	第三节　股东未尽清算义务损害债权人利益责任纠纷

第十四章　公司变更纠纷　567

- 567　第一节　公司合并纠纷
- 574　第二节　公司分立纠纷
- 586　第三节　公司增资纠纷
- 593　第四节　公司减资纠纷
- 603　第五节　新增资本认购纠纷
- 615　第六节　请求变更公司登记纠纷

第十五章　公司解散与清算　625

- 625　第一节　公司解散纠纷
- 636　第二节　申请公司清算
- 643　第三节　清算责任纠纷

第十六章　外商投资纠纷　655

- 655　第一节　外商投资纠纷概述
- 662　第二节　中外合资、合作经营企业合同纠纷

参考文献　683

匠人精神、不忘初心（代后记）　689

上 编

公司非诉业务

第一章　公司法业务概要

公司法业务是律师业务的重要组成部分,既有公司诉讼业务,也有公司非诉业务。由于我国公司法律制度发展历史较短,公司法业务仍是一门新兴的律师业务。随着社会经济的发展,公司法业务已成为律师重点开发的业务领域。

公司法业务要求律师不仅需要掌握公司法知识,还需要了解企业经营管理知识、财税知识、金融知识以及掌握处理该类案件的技能。

本章共三节内容,简要介绍公司法业务类型、公司法业务的基本任务和要求,以及律师应掌握的公司要素。

第一节　公司法业务类型

一、公司与公司法

(一) 公司法的调整对象

在现代市场经济中,公司是因人与人之间的合作而产生的经济组织。公司是市场经济中最重要的主体,承担着将各类生产要素投入转化为产出的重要功能,它联结着各类经济资源的供给和需求,并做出配置资源的决策和行为,推动着生产力发展。

广义的公司法是指调整公司设立、组织、运营、管理、变更、清算以及其他公司对内对外关系的法律规范的总和,包括公司法、证券法、破产法、证券投资基金法、商业银行法、保险法等极为广泛的法律规范。公司法的调整对象和范围包括公司设立、运行、变更和终止过程中的法律行为和法律关系。如没有特别用书名号(《》)指明,本书所提及的公司法是指广义的公司法。

(二) 公司法渊源

1. 公司一般法

全国人民代表大会常务委员会通过立法程序制定的《公司法》是公司法最基本的法律渊源。

2. 公司特别法

为规范特殊类型公司经营管理及特定交易，国家针对这类公司制定了特别法，如《商业银行法》《保险法》《证券法》《证券投资基金法》《全民所有制工业企业法》《外商投资法》。

3. 其他法律中有关公司的规定

比如，公司是法人组织，《公司法》没有规定的，适用《民法典》有关法人的规定。

又如，股权转让合同除了适用《公司法》，可补充适用《民法典》合同编有关合同订立、履行、变更、终止与违约责任的规定。

再如，股权信托关系除了适用《公司法》，还应适用《信托法》的有关规定。

4. 司法解释

如最高人民法院作出的有关适用《公司法》的司法解释。

5. 公司章程

公司章程是"公司宪章"。我国《公司法》第11条规定，设立公司必须依法制定公司章程。公司章程对公司、股东、董事、监事、高级管理人员具有约束力。因此，当公司、股东、董事、监事、高级管理人员发生纠纷时，除非公司章程违反法律强制性规定，公司章程是裁判依据之一。

6. 商事习惯

当法律法规、公司章程和协议均无明文规定时，在公司实践中长期反复遵行，并具有合法性和确定性的商事习惯也可作为裁判依据。对此，《民法典》第10条规定，处理民事纠纷，应当依照法律；法律没有规定的，可以适用习惯，但是不得违背公序良俗。

从法律形式上说，公司法的渊源包括各种具有法律效力的法律形式，既包括国家立法机关制定的法律、法令，又包括国家行政机关发布的行政法规、部门规章，有立法权的地方国家机关制定的地方性法规，以及地方政府发布的地方政府规章，还包括国家司法机关发布的司法解释等。

二、公司法业务基本类型

公司法业务是律师业务的重要组成部分，是律师以公司法专业知识与技能为目标客户提供的一种法律服务，既有公司诉讼业务，也有公司非诉业务。由于我国公司法律制度发展历史较短，公司法业务仍是一门新兴的律师业务，以致有不少律师认为，公司法业务就是公司法律顾问业务。实际上，公司法业务与公司法律顾问业务的联系与区别，如同知识产权业务、劳动法业务与公司法律顾问业务的联系与区别。

从不同的视角,公司法业务可以分为不同的类别:

(一)以是否出庭进行分类

以律师从事公司法业务是否出庭作为划分标准,可以将公司法业务分为公司诉讼业务和公司非诉业务。

1. 公司诉讼业务

公司诉讼业务包含仲裁和诉讼,本书统称公司诉讼业务,是指律师代理委托人参与仲裁、诉讼程序,解决"与公司有关的纠纷",以维护委托人的合法权益。

在最高人民法院颁布的《民事案件案由规定》中,与公司有关的纠纷包括24个案由。通过诉讼方式解决"与公司有关的纠纷"就是公司诉讼,它特指公司及其相关主体违反公司法相关规定的义务或者滥用权利,造成其他主体利益受到损害而引起的诉讼。但并不是所有涉及公司的仲裁或诉讼都是公司诉讼,公司诉讼特指公司及其相关主体违反公司法有关规定而引起的仲裁或诉讼。

2. 公司非诉业务

顾名思义,公司非诉业务,是指律师以非诉讼的方式运用公司法专业知识与技能为委托人提供法律服务。随着社会经济发展和商事改革、"放管服"改革的推进,公司非诉业务也日益多样化,主要有公司设立、公司治理、公司变更、公司兼并与收购、公司解散与清算、尽职调查等非诉业务。

虽然公司法业务可以分为公司诉讼业务和公司非诉业务,但是二者并非完全泾渭分明。实际上,处理非诉业务往往需要诉讼的思维,代理诉讼业务有时也需要非诉的思维。

(二)按公司法业务的内容进行分类

按公司法业务的内容进行分类,公司法业务可以划分为:

1. 公司设立与出资业务

公司设立与出资业务即律师为公司设立与出资提供法律服务。本书第二章将详细介绍公司设立与出资非诉业务,第九章将详细介绍公司设立与出资诉讼业务。

2. 公司治理业务

公司治理业务即律师为公司治理、运行提供法律服务。本书第三章将详细介绍公司治理维持非诉业务,第十章、第十二章、第十四章将详细介绍与公司治理有关的诉讼业务。

3. 公司变更业务

公司变更业务即律师为公司增、减资,合并,分立,收购提供法律服务。本书第四章、第五章、第七章将分别介绍公司增、减资,合并,分立,收购及尽职调查非诉业务,第十四章将详细介绍公司变更诉讼业务。

4. 公司解散与清算业务

公司解散与清算业务即律师为公司解散与清算提供法律服务。本书第六章将详细介绍公司解散与清算非诉业务,第十五章将详细介绍公司解散与清算诉讼业务。

(三) 按适用法律的不同进行分类

按照适用法律的不同,公司法业务可以分为内资公司、外资公司、上市、挂牌公司以及跨国集团的公司法业务。

1. 内资公司业务

内资公司业务即律师为中国境内主体投资的公司提供公司法专业服务,主要是有限责任公司和股份有限公司。

2. 外资公司业务

外资公司业务即律师为外商投资企业提供公司法专业服务,主要是外商独资企业、中外合资企业和中外合作企业。

3. 上市、挂牌公司业务

上市、挂牌公司业务即律师为客户提供公司股票、债券上市,挂牌,并购重组等相关法律服务,包括主板、创业板、中小企业板、科创板以及新三板等。

4. 跨境集团公司业务

跨境公司架构业务涉及境内外法律,这需要境内、境外律师,会计师,税务师以及财务顾问等通力合作。

(四) 按照服务对象的不同进行分类

根据服务对象的不同,可以将公司法业务划分为代理大股东与代理小股东,代理公司与代理公司利益相关者,代理股东与代理其他利益相关者,代理买方与代理卖方等。

1. 代理大股东与代理小股东

代理大股东即为大股东代理公司法业务,主要围绕维护大股东的权益展开。代理小股东即为小股东代理公司法业务,主要围绕保护小股东的权益展开。二者代理策略侧重点有所不同。

2. 代理公司与代理公司利益相关者

在公司设立,增、减资,合并,分立,组织形式变更,公司治理运行以及解散时,一般由该公司委托律师处理相关公司法业务。

公司的发展离不开各利益相关者的投入或参与,如股东、债权人、经理人、雇员、消费者、供应商等,公司不仅要为股东利益服务,同时也要保护其他利益相关者。公司及利益相关者之间的利益、关注点有所不同,为其提供公司法业务的内容与方式也有所不同。实践中,即使为债权人追债,律师也经常需要运用公司法的专业知识和技能。

3. 代理卖方与代理买方

公司法业务中很重要的一块业务是为公司交易提供法律服务。同一笔交易有买卖双方,律师可接受一方委托,为买方或者卖方提供法律服务,二者代理的策略、侧重点有所不同。买方和卖方立场不同,思考问题的角度也不同。

以上是常见的公司法业务类型。笔者梳理公司法业务的类型,意在整理、发现律师在商事活动中的工作机会。市场是不断发展的,律师业务的机会和类型也是随之发展的。

第二节 公司法业务的基本任务和要求

一、从事公司法业务的基本理念

(一)以当事人的需求为工作导向

忠诚所托,维护当事人合法权益,是律师的天职。委托人不同,其需求不同,思考问题的角度也会不同,因而律师提供法律服务的内容和方式自然有所不同。

当事人的具体需求包括目的和条件。如果委托人没有明确提供其希望达到的目的和条件,律师就应当引导当事人陈述他想做什么、怎么做等设想,律师适当提炼归纳后向当事人确认,但不可以越俎代庖。有时当事人提出的设想在法律上几乎行不通,需要反复沟通和辨析才能识别出当事人的真正需求,并以此为导向为当事人提供法律服务。了解当事人的企业以及相关行业,有助于律师快速、准确识别当事人需求。

律师从事公司法非诉业务,除了必须识别当事人的特殊需求,还应当关注当事人以下两点普遍需求:

1. 确保交易持久安全

所谓交易安全,是指交易不会被裁判认定为无效或可撤销,包括:①交易行为没有违反法律强制性规定;②交易行为达到了法律规定的最低要求或条件;③交易没有侵犯或干涉第三人的权利,因而没有遭受第三人异议、阻止、限制的风险;④交易安排不存在严重的利益失衡,从而导致一方当事人对履行交易持消极态度;⑤交易各方对各自的交易目的、交易标的、交易内容、交易程序和交易风险已经充分获悉和正确理解,各方参与交易时不存在意思表示不真实或重大误解。

有些当事人受"效率至上"观念的影响,侧重于如何迅速获取财富,而有意无意忽略甚至逾越相关规则的边界,很少甚至几乎不会把"安全"作为战略指标纳入战略决策和执行过程中。正如一种调侃的说法,他们就是"一群走在通往监狱的路上的人"。经济新常态,在一定意义上就是要用相关规则对这样的行为进行纠偏,这势必带来财富安全问题。此外,我国转型发展已经确定了"全面依法治国"之道,这意味着将全面走上"规则之路",但很多企业及其管理者极为缺乏把控和运用规则的智慧与能力,这在其创造财富的过程中埋下大大小小的隐患。这时,律师需提醒当事人安全经营。

2. 保障交易的预期结果可执行

所谓交易的预期结果可执行,是指在交易安全的前提下,不会因为交易文件脱离实际或存在技术瑕疵而使交易当事人无所适从或发生歧义,从而导致无法履行或无法补救,包括:①交易方案不仅符合法律规定和当事人真实意愿,而且还能通过预定的技术手段和技术途径完全实现;②关于交易的计划、安全、约定和描述是完整的,而不是留有空白的;③关于交易的计划、安排、约定和描述是准确的,而不是留下歧义的;④在一方消极履行交易时,他方可以按照约定的方式和途径,依赖司法强制力或行政强制力使交易得以履行或得以补救。①

交易安全和可执行,意味着几乎排除了交易的法律风险。没有法律风险的财富才是真正的财富。企业及财务顾问、会计师等社会中介往往更加关注交易中的经济利益,而律师则应更加关注其中的法律风险并进行控制。发现和控制法律风险,既是律师的业务使命,又体现了律师价值之所在,是律师获得客户尊重的根本。

总之,律师应当在准确把握当事人需求以及所处环境的基础上,通过发现和控制风险,保证交易目标的顺利实现,使当事人合法权益最大化且风险最小化。

(二)促成交易

鼓励交易是商法的基本原则,交易活动是市场活动的基本内容。促进当事人合法的交易活动,即鼓励当事人进行更多的市场活动,可以促进市场经济发展,增进社会财富积累。因此,律师应当在交易安全和可执行的前提下,尽力促进交易。比如当事人往往只要结果不问过程,这时,不能只是简单论证"这个目标没有法律依据""那个行为违反法律规定",而是在提示可能遇到的最大风险的同时,提出防范和控制风险的方案。对于认为不能预防及不能控制的风险,律师要寻找能够有

---

① 参见龚志忠主编:《公司业务律师基础实务》(第二版),中国人民大学出版社2018年版,第33页。

效规避风险的替代方案,以实现委托人的商业计划和交易目的。例如新浪通过VIE架构在纳斯达克上市。①

(三)利益平衡

1. 利益平衡与法律

天下熙熙,皆为利来;天下攘攘,皆为利往。当事人所做的一切努力都是为了实现某种利益。这种利益或者是物质的或者精神的或者二者兼有,是当事人交易或行为的动机与目的。人人追逐个人利益往往会促进公共利益。②

法律权利是社会主体享有的法律确认和保障的以某种正当利益为追求的行为自由。③ 任何法律权利的行使都与一定利益密切相关,它都是以追求和维护某种利益为目的。法律意志背后体现的是某种利益。正如马克思所说,法律应该是社会共同的、由一定物质生产方式所产生的利益和需要的表现。④ 由于"利益就其本性来说是盲目的、无节制的、片面的。一句话,它具有无视法律的天生本能"⑤,因而需要法律对利益进行调整和规范。法律是社会中各种利益冲突的表现,是人们对各种冲突的利益进行评价后制定出来的,实际上是利益的安排和平衡。⑥ 法律的目的是平衡个人利益和社会利益,实现利己主义和利他主义的结合,从而建立起个人和社会的伙伴关系。法起源于对立利益的斗争。法的最高任务是平衡利益。⑦ 换言之,法律调整的实质是对社会中对立或重叠的利益进行调整,以实现各种利益的平衡,使各个主体不因过分操心自我保护而使各自的精力消耗殆尽,从而促进社会整体福利。因此,利益平衡是现代法律制定和实施的重要原则。

利益平衡是在一定的利益格局和利益体系下,各方利益相对和平共处、相对均势的状态。在这种利益平衡状态中,每一利益主体都在利益体系中占有一定的利益份额,各利益主体间存在一定的相互依赖的利益关系。这种平衡对建立与相对稳定的利益格局相适应的利益制度和利益体系,协调各种利益主体间的利益关系具有重要作用。

利益平衡是立法和司法的重要原则,其基本要义是:法律的制定和实施需要全面考虑其所调整的各方面利益关系,对利益进行选择、评价和衡量,以寻求利益的

---

① 参见龚志忠主编:《公司业务律师基础实务》(第二版),中国人民大学出版社2018年版,第34页。
② 参见[美]乔恩·埃尔斯特:《解释社会行为:社会科学的机制视角》,刘骥等译,重庆大学出版社2019年版,第74页。
③ 参见卓泽渊:《法理学》,法律出版社1998年版,第110页。
④ 参见《马克思恩格斯全集》(第6卷),人民出版社1961年版,第292页。
⑤ 《马克思恩格斯全集》(第1卷),人民出版社1956年版,第179页。
⑥ 参见何勤华主编:《西方法律思想史》,复旦大学出版社2005年版,第255页。
⑦ 参见张文显:《二十世纪西方法哲学思潮研究》,法律出版社1996年版,第129页。

妥当平衡,使法律调整的利益主体各得其所,各安其位,而不过分损害任何一方的利益。其最低目标是"先满足最重要和需要优先考虑的利益,然后使其他的利益最少牺牲"①。由此可以把利益平衡分为法律制度上的利益平衡和司法裁量上的利益平衡。前者可称为状态的平衡,即平衡应是法律的最优化状态,"恰当地平衡法律涉及的各种人的利益,抑制个人理性导致集体非理性的结果,保证集体理性和公平正义的实现"②;后者可称为"方法的平衡",即解释和适用法律的平衡方法。方法的利益平衡又称为"利益衡量""利益考量",是贯彻于整个法律解释和适用过程中的思维方式,是在整个法律解释过程中得到广泛运用的论证和验证方法,是针对个案中的利益冲突所进行的利益平衡和考量。③ 司法中利益衡量的目的是"追求当事人之间及利益衡量的平衡,实现社会正义和公平"④。即追求个案正义,兼顾司法统一性。2012年最高人民法院《关于在审判执行工作中切实规范自由裁量权行使保障法律统一适用的指导意见》中正式确认了利益衡量作为司法方法的地位,明确要求"正确运用利益衡量方法"。

2. 公司法上的利益平衡

公司是各种要素(factors)的集合。⑤ 要素的背后反映利益关系。与公司相关的利益主体众多,包括公司及其股东、债权人、董事、监事、高级管理人员、普通职工等。这些主体的经济地位不同,利益追求各异,相互之间形成了纷繁复杂的利益关系。这些利益关系可以分为公司内部利益关系和公司外部利益关系。公司内部利益关系包括公司与股东之间的关系,公司与董事、监事、高级管理人员之间的关系,股东之间的关系,股东与董事、监事、高级管理人员之间的关系等。公司外部利益关系包括公司与债权人之间的关系、公司股东与公司债权人之间的关系、公司与社会公众之间的关系等。公司法需要沿着分配正义与矫正正义、实体正义与程序正义的不同路径,结合利益衡量方法,对不同主体之间的利益关系作出恰如其分的规范⑥,以平衡这些不同的利益关系,制止某些主体以牺牲其他主体的利益为代价来实现其不正当利益的行为,确保公司组织的稳定、健康和持续发展。⑦

---

① 袁咏:《数字著作权》,载郑成思主编:《知识产权文丛》(第2卷),中国政法大学出版社1999年版,第12页。
② 张维迎:《博弈论与信息经济学》,上海人民出版社1996年版,第14页。
③ 参见王利明:《法学方法论》,中国人民大学出版社2012年版,第623—625页。
④ 孟勤国:《也论电视节目预告表的法律保护与利益平衡》,载《法学研究》1996年第2期。
⑤ See Frank H Easterbrook & Daniel R. Fischel, *The Economic Structure of Corporate Law*, Harvard University Press, 1996, pp. 10-12.
⑥ 参见梁上上:《论公司正义》,载《现代法学》2017年第1期。
⑦ 参见张民安:《公司法上的利益平衡》,北京大学出版社2003年版,第2页。

公司也是多方参与者不同利益交汇的平台①,承载着诸多主体追逐利益的理想。换言之,公司是股东、债权人、职工、经营者等利益相关方为实现自我利益而活动的平台。② 由此观之,公司既是相关方合作的平台,也是利益博弈与平衡的产物,是各方讨价还价的结果。各方经过博弈达致平衡的利益关系凝固于具体的公司制度文件中,形成一个相关方都可接受的利益分配格局。虽然这种接受可能带有一定的无奈,但终究是每个主体衡量了自己和他人所分得的利益后,可以接受的结果。除非显失公平,否则公司法对于这样的利益分配格局是认可的。因此,就其本质而言,可以将公司看作相互交织的众多利益的锁链。

公司相关方之间的利益平衡不是完全静止的状态,而是随着公司设立、运营、解散、清算等发展而作相应动态调整。比如,在公司初创和正常运营阶段,立法向保护股东利益倾斜,兼顾其他利益相关方的利益,以保护股东的投资热情和经营热情,体现"效率优先,兼顾公平"的原则;在公司清算阶段,则重点保护债权人等其他利益相关方的利益,以维护财产的公平分配和秩序的稳定,体现"公平优先,兼顾效率"的原则。③

3. 律师业务与利益平衡

法律是利益平衡的产物,公司是利益平衡的载体。江平先生指出,在各国的公司制度设计中必须均衡地考虑不同利益主体的利益要求。如何平衡公司、股东和债权人及善意第三人等不同利益主体的利益遂成为各国公司立法的重点和最基本的指导思想。④ 换言之,利益平衡是公司法的目的和任务,也是贯穿公司法整个制度体系的核心理念。利益平衡是思考和解决问题的重要方法和指导原则,既是一项立法原则,也是一项司法原则。律师从事公司法业务,无论是非诉业务,还是诉讼业务,都要把握好利益平衡。

在非诉业务中,律师维护委托人的利益,不是一味地扩张委托人的利益或一味地否定交易对方的利益诉求,而是在保障己方当事人正当权益的同时,也承认和尊重对方的正当权益。否则,一味扩张一方的利益,不但不利于促成交易,而且一面倒的交易,利益严重失衡,容易埋下利益严重冲突的隐患,导致交易难以持久。实际上,无论对于自己的委托人还是对于交易对方,否定和拒绝是律师最容易做到的事情,也是当事人最不需要律师做的事情。

---

① 参见梁上上:《论公司正义》,载《现代法学》2017年第1期。
② 参见〔日〕落合诚一:《公司法概论》,西村朝日律师事务所西村高等法务研究所监译,法律出版社2011年版,第49页。
③ 参见李磊:《公司司法清算法理与制度研究——以利益平衡为视角》,中国政法大学出版社2014年版,第218页。
④ 参见江平主编:《新编公司法教程》,法律出版社1994年版,第9—10页。

在诉讼业务中,律师要运用利益平衡思维解决公司纠纷,以便更好地维护委托人利益。首先,在解决公司纠纷的过程中要避免极端思想和行为。如果一方利益得到极大保护,而其他方利益遭到极大破坏,则公司纠纷不可能得到有效解决,各方的矛盾还可能进一步加大,如典型的真功夫、雷士照明等案例。其次,解决公司纠纷,从利益平衡入手,化繁为简,可以较快找到案件切入点、反击点。最后运用好作为一种法律解释方法和裁判方法的利益平衡,能有效论证己方代理意见,巧妙引导法官作出对己方有利的裁判。

律师运用利益平衡思维办理公司非诉业务和诉讼业务,要注意侧重点因业务类型不同而有所不同。前者侧重达致利益平衡,如同立法中的利益平衡;后者侧重恢复(重建)利益平衡,如同司法中的利益平衡。

二、任务与工作

(一) 委托人托付的任务

律师开展公司法业务的起点是接受委托人委托,然后依法完成委托人托付的工作任务。公司法业务的服务对象即委托人不同,其托付的工作任务往往也不同。即使同一委托人,其不同时期托付的工作任务也会有所不同。因此,委托人托付的工作任务不同,律师为其提供的公司法业务服务的内容与方式也有所不同。

(二) 律师的工作

律师接受委托人委托后,应根据客户需求和业务类型,制订工作方案,开展相应的工作。客户的需求和业务类型不同,律师的工作也不同。例如律师从事公司诉讼业务与非诉业务,其工作的内容与方式均不同。又如公司非诉业务,同一笔交易中,律师代理买方和代理卖方的工作也会有所不同。值得注意的是,律师工作的本质是提供咨询服务而不是作出决策,这是其行业性质所决定的。

当然,从事同一业务类型,即使委托人不同,律师工作的内容与方式也可归纳出许多共性。例如,律师从事公司并购业务,主要的工作及其流程包括:

1. 项目筛选与初步接触

买方、卖方初步确定意向后签订保密协议,卖方一般会提供商业计划书、普通财务报表之类的文件。买方收到卖方的文件后还会通过公开渠道等途径收集项目信息,对项目进行可行性分析总结及筛选。

在项目筛选阶段,律师主要进行行业合法性审查、商业模式合法性审查、核心竞争力的法律保护审核等法律审查。

2. 设计交易方案

律师根据初步筛选出的具体项目,拟定、审查交易方案。交易方案通常包括并购方式、投资价格、支付方式、业绩要求、股权结构、融资结构、交易流程、退出机制等,具体内容往往受制于买卖双方的基本情况和交易目标。律师主要职责是确保交易方案的合法性和可操作性,使交易方案在符合低成本、高效率的同时,合法有效。

3. 签署交易前期法律文件

买方筛选项目后经与卖方协商达成交易意向,一般会签署意向书、备忘录、前期条款清单或框架协议之类的交易前期法律文件,约定排他条款。这些前期文件一般由律师草拟、审核。前期交易文件的充分沟通往往节省交易双方对最终交易文件的谈判时间,促进交易成功。

4. 尽职调查

尽职调查,又称"审慎性调查",是交易双方达成交易意向后,买方对目标公司或目标资产与交易有关的一切事项进行现场调查,收集信息并进行分析,充分了解和确认目标公司或目标资产现存和潜在的重大问题以及影响交易的各种因素。尽职调查通常包括商务尽职调查、财务尽职调查和法律尽职调查。律师进行法律尽职调查的主要任务是发现目标公司或目标资产现存和潜在的法律问题及风险。

有时,卖方也会对买方进行反向尽职调查。

5. 拟制交易文件和谈判

买方收到尽职调查报告后,将评估拟定交易是否调整或终止。如果双方愿意继续洽谈,买方或卖方将根据尽职调查情况以及交易共识拟制最终交易文件。视交易方案的不同,双方签署的最终交易文件有股权转让合同或股份认购协议、资产购买协议、并购协议、披露函、保函、托管协议、服务协议等协议。

6. 签署交易文件与出具法律意见书

经过若干轮洽谈修改,交易双方达成一致意见并签署交易文件。交易文件中通常会约定交易文件完成内、外部审批后生效。

在有的情况下,根据政府审批机关的要求或交易当事人的要求,律师需就交易主体、交易内容和交易程序的合法性和有效性发表法律意见,出具法律意见书。

7. 交割

顾名思义,"交"是指交付钱物,"割"是指了结风险、责任和义务,"交割"即指交易双方结清手续。

股权交易的交割包括对价支付、进场接管和权属过户等事务性工作。如果委托人要求,律师需在交易交割后就交割的合法性和有效性发表法律意见。

以上是典型的并购交易流程,可能因并购项目不同、委托人不同而有所调整,具体详见本书第五章。

其他业务类型中律师工作的内容与形式,请参阅本书其他相关章节。

(三)律师工作成果的有形化

由于律师不是在委托人眼皮底下工作,律师为委托人提供公司法律服务付出的许多时间和精力往往不会被委托人感知,从而会影响委托人对律师服务是否"值得"的感受。因此,律师除了应致力于公司法业务专业化,还应重视法律服务及其成果的有形化、标准化、产品化,把工作成果有形地呈现给委托人。

律师处理公司诉讼业务的工作成果,视委托事项、业务类型不同,可以体现为协议、章程、议事规则、当事人内部批准文件、当事人外部批准文件、法律尽职调查报告、法律意见书、判决书、裁决书、裁定等。

(四)业务合作伙伴

律师从事公司法业务常常会与财务顾问、审计机构、资产评估机构等中介机构合作共事。

1. 财务顾问

财务顾问在不同交易类型中的工作职责和内容有所不同。在并购交易中,根据《上市公司收购管理办法》的规定,财务顾问应当履行下列职责:

①对收购人的相关情况进行尽职调查;

②应收购人的要求向收购人提供专业化服务,全面评估被收购公司的财务和经营状况,帮助收购人分析收购所涉及的法律、财务、经营风险,就收购方案所涉及的收购价格、收购方式、支付安排等事项提出对策建议,并指导收购人按照规定的内容与格式制作公告文件;

③对收购人进行证券市场规范化运作的辅导,使收购人的董事、监事和高级管理人员熟悉有关法律、行政法规和中国证券监督管理委员会(简称"中国证监会")的规定,充分了解其应当承担的义务和责任,督促其依法履行报告、公告和其他法定义务;

④对收购人是否符合该办法的规定及公告文件内容的真实性、准确性、完整性进行充分核查和验证,对收购事项客观、公正地发表专业意见;

⑤与收购人签订协议,在收购完成后12个月内,持续督导收购人遵守法律、行政法规、中国证监会的规定、证券交易所规则、上市公司章程,依法行使股东权利,切实履行承诺或者相关约定。

2. 会计师

会计师的主要职责是完成交易所需的财务资料和审计报告。有时根据当事人要求,会计师要对目标公司的未来盈利进行预测。

3. 资产评估师

公司交易中的资产评估工作通常由会计师承担。但特殊资产如土地使用权、知识产权等，往往由具备法定资质的资产评估师承担资产评估工作。

4. 其他专业人士

由于交易涉及行业需要或委托人要求，可能会委托专业环境评估机构核查目标公司环保合规情况，或委托具备法定资质的地质勘探机构对矿产储量进行勘探等。

三、公司法业务对律师的要求

(一) 审慎专业

专业的表现是律师赢得声誉和尊重的通行证。在法律服务过程中，律师应把自己负责的法律事项都视为一件完美的艺术品，在其制作过程中倾尽智慧和时间，以追求完美的心态完成该艺术品。

1. 充分调查

律师在平时言谈中要养成严谨的习惯。没有调查就没有发言权。律师发表或反驳某个观点或主张一定要建立在调查研究的基础上，否则就会在律所或客户中逐渐失去分量。

2. 充分分析

律师的思维应当是辩证的，要从正反角度进行辩证分析。

律师在陈述专业的法律建议，或对某事发表评论，或对某人发表意见时，应当确保该等建议和评论经得起时间的考验。

律师之所以对客户有价值，是因为律师给出的法律建议有价值。律师之所以专业，是因为律师对所涉及的人或事情发表的评论是严谨、客观及公正的。换言之，律师提供服务应集中在对法律的分析基础上，从合法、风险提示及问题解决方案等角度提出全面的法律建议。至于商务上或财务上的决定，律师一般应当留给比律师更专业的商务或财务专家来解答。律师应当时刻注意自己的言行，注意评论的严谨性，避免因不严谨的评论遭到不必要的挑战，从而失去律师的威信。

3. 表达清晰

律师的口头及书面表述应清晰，没有歧义。看似很简单，其实这样的要求是非常高的。表述清晰无歧义是章程等制度性文件和交易文件写作的基本要求，是判断法律文书撰写水平高低的重要参考指标之一。表达清晰没有捷径，只有通过不断思考和批判性地分析、修改及完善，才能逐步提高口语和书面的清晰表达能力。

律师每次对想说或想问的内容都要先做准备,表达不仅清晰,而且言简意赅。优秀的合伙人及公司高级管理人员的口语或书面表达基本上都是言简意赅的。

(二)专业形式

律师和客户的沟通方式应当符合律师行业高标准的习惯,如果律师提出的建议为客户带来的价值越大,那么该律师的服务水平及收费标准则相应越高。按专业形式进行的法律分析会更严谨,体现更高的专业水平。

比如在尽职调查报告中,律师通常都会被委托人要求明确指出被调查公司是否存在重大违约或违反法律规定的情形。律师惯用的语言一般为:"在被调查公司提供给我们的文件库中(文件目录见附件××),根据被调查公司对我律师事务所相关问题的回复(见附件××),截至××××年××月××日,我们未发现被调查公司存在重大违约或违反法律规定的情形。"请注意,律师不应当写成被调查公司不存在重大违约或违反法律规定的情形,因为这是不严谨的,且容易带来执业风险。

(三)不断学习

律师工作首先是实践的。律师在实践中,应与医生一样,把许多研究成果当工具使用,也就是实践联系理论。这就要求律师不断学习和总结。唯有如此,才能解决实践中的疑难杂症。

律师从事公司法业务,不仅应具备基本的职业素质,掌握公司法基础理论、知识及应用,还应掌握财税基本知识,熟悉必要的商业和金融知识,以应对复杂的公司法业务。本章第三节"律师应掌握的公司要素"将对此简要介绍。

真正成功的律师,首先是学习能力强的律师。

第三节 律师应掌握的公司要素

一、理解公司

(一)公司是营利性法人

公司是依法设立的以营利为目的的企业法人,具有营利性、法定性、社团性和法人性四个特征。

1.公司的营利性

在现代市场经济中,公司是营利性的经济组织。公司承担着将各类生产要素投入转化为产出的重要功能,联结着各类经济资源的供给和需求,并做出整合和配置资源的决策和行为,推动生产力发展。因而人们把公司看作一种营利的经济工具。盈利是公司立足的根本。[①]

我国法律承认营利是公司的天性。《公司法》第3条规定了公司是企业法人。根据《民法典》第76条的规定,以取得利润并分配给股东等出资人为目的成立的法人,为营利法人。营利法人包括有限责任公司、股份有限公司和其他企业法人等。

公司的营利性是盈利的可能性,而不是现实性。现实中的公司可能盈利也可能亏损。公司盈利往往意味着公司营利性强,公司亏损往往意味着公司营利性弱;公司当下亏损,但未来盈利丰厚,同样意味着公司营利性强。公司营利性越强,就越有价值。人们衡量企业价值的流行标准包括公司利润、股票价值、市值、每股赢利、经济增加值等。

2. 公司的法定性

公司依法定条件和程序成立,因而具有法定性。公司的法定性是指公司类型法定、公司内容法定和公司公示法定。公司的法定性是市场经济的产物,为市场经济国家立法所普遍采用。这样,一方面可为商业活动提供充分的可供选择的主体类型,另一方面可使相对人据此知晓交易对象的性质并判断交易风险程度,从而维护交易的安全和巩固交易的基础。

3. 公司的社团性

传统民商法一般把法人分为社团法人和财团法人。所谓社团,是指为实现一定目的由二人以上所组成的团体,其成员成为社员。一人有限公司并非对公司社团性的否定,只是公司形式的例外。所谓财团,是指以一定目的的财产为成立基础的组织体。公司的社团性意味着公司的自治性。社团是人的结合而不是单个的人,社团行为必须借由一定的机关来实现。这就意味着控制了公司的机关也就控制了公司,挟天子以令诸侯,彰显了公司控制权的重要性。

4. 公司的法人性

我国《公司法》第3条明确规定公司是企业法人。《民法典》第57条规定,法人是具有民事权利能力和民事行为能力,依法独立享有民事权利和承担民事义务的组织。公司的法人性具体表现在两个方面:一方面,公司可以像自然人一样,用自己名义签合同做生意,起诉应诉;另一方面,公司资不抵债时,以自身的财产独立承担责任,而不连累其股东成员。股东仅以其认缴的出资额或认购的股份为限对公司承担责任。

---

① 参见〔美〕彼得·德鲁克:《公司的概念》,慕凤丽译,机械工业出版社2019年版,第169页。

法律人所说的公司的营利性、法定性、社团性和法人性[1],在商人看来,是一幅美妙的图景——公司是一台创造财富的机器,盈利可以分红,亏损不受连累。更妙的是,可以通过一定途径控制这台造富机器。由此,公司成为市场经济中最富有效率的经济主体,它在激励商人逐利的同时,创造了社会财富,创造了就业,并通过生产,提供财物以及劳务,履行社会资源的分配功能,推动了社会生产力大发展。美国著名法学家巴特勒教授在1921年曾如是感慨:"公司是现代社会最伟大的独一无二的发现。即使蒸汽机和电都无法与之媲美。而且,倘若没有有限责任公司,蒸汽机和电的重要性也会大打折扣。"[2]韩国著名商法学者李哲松教授也认为:"如果没有公司制度,今日绚丽的资本主义产业文明是不可能实现的。"[3]

由此可见,在律师看来静态的公司四个特征,在商人眼里就成了动态的造富图景。接受公司法服务的委托人往往也是以商人视角看待公司。律师以委托人的需求为工作导向,这就要求律师不仅要以法律的视角理解委托人需求,还应以商人的视角理解委托人需求,唯有从法商双重视角才能准确把握委托人需求及其交易,进而提供高水准的公司法专业服务。

(二) 公司是利益平衡的载体

公司既是相关方合作的平台,也是利益平衡的载体。本章第二节"公司法业务的基本任务和要求"中的"(三)利益平衡"部分对此作了详细阐述,此处不赘述。

公司是各种要素(factors)的集合。[4] 这些要素大致可以分为登记的公司要素和交易的公司要素。

二、登记的公司要素

公司的法定性要求公司依法定条件和程序设立登记。公司登记机关为此依法登记公示公司名称、住所、股东、注册资本、经营范围、法定代表人以及公司组织形式等公司基本要素。社会公众可以通过查询这些公示信息来发现、了解和识别交易对象即目标公司。因此,律师尽职调查的第一件事就是查询目标公司的工商登记档案。

---

[1] 参见赵旭东主编:《公司法学》(第四版),高等教育出版社2015年版,第2—6页;王保树、崔勤之:《中国公司法原理》(最新修订第三版),社会科学文献出版社2006年版,第34—36页,范健、王建文:《公司法》,法律出版社2011年版,第18—29页。

[2] 刘俊海:《公司法学》,北京大学出版社2008年版,第1页。

[3] 〔韩〕李哲松:《韩国公司法》,吴日焕译,中国政法大学出版社2000年版,第1页。

[4] See Frank H. Easterbrook & Daniel R. Fischel, *The Economic Structure of Corporate Law*, Harvard University Press, 1998, pp. 10-12.

(一) 公司名称

公司名称是公司用以经营并区别于其他公司或企业的标志性固定称谓,具有唯一性和排他性。公司名称是公司章程的绝对必要记载事项之一,也是公司设立的必备条件之一。公司名称不仅是一个简单称呼,而且凝聚了公司的商业信誉,是公司的一种无形资产,还可以直接作为资本出资。

(二) 公司住所

自然人有住所,公司也有。公司住所是公司据以开展业务,进行商事活动的中心场所,它是公司章程的绝对必要记载事项之一,也是公司设立的必备条件之一。可以根据公司住所确定登记、税收等行政管理机关,确定债务履行地,确定诉讼管辖地,确定法律文书或其他函件送达地址。在涉外民事法律关系中,公司住所是确认适用何种法律的依据之一。

公司住所与经营场所不同:公司住所只有一个,而经营场所可以存在多个;公司经营场所可能是注册的住所,也可能是住所之外的各种固定地点和设施,如生产场地、销售网点。

(三) 公司经营范围

公司的经营范围是企业从事经营活动的业务范围,国家允许公司生产和经营的商品类别、品种及服务项目,反映公司业务活动的内容和生产经营方向,是公司业务活动范围的法律界限,体现公司权利能力和行为能力的核心内容。营业执照登记的企业经营范围是区分企业合法经营与非法经营的法律界限。

公司需要有一定的经营范围,以便开展经营活动,并且方便投资者了解公司资金的投入方向及可能存在的风险,还有利于公司董事、监事、高级管理人员认清公司发展的前景及努力方向。经营范围也是界定公司高级管理人员越权及责任的主要依据之一。

按公司类型的不同,公司的经营范围可以分为服务型公司经营范围、贸易型公司经营范围及生产加工型公司经营范围。各类型公司经营范围又有众多细分的经营项目。

依据是否需审批,公司的经营范围可分为许可经营项目和一般经营项目。许可经营项目是指企业在申请登记前依据法律、行政法规、国务院决定应当报经有关部门批准的项目。一般经营项目是指不需批准,企业可以自主选择的项目。

(四) 公司注册资本

1. 公司资本的含义

公司资本有广义和狭义之分。狭义的公司资本仅指股权资本,简称"股本",

是公司章程规定的,由股东出资形成的财产总额。广义的公司资本包括股权资本和债权资本。

公司法上的资本,通常指公司的股本。我国现行《公司法》也在股本的意义上使用资本的概念,并将公司资本分为注册资本和实收资本。

2. 公司资本的各种形态及其含义

(1)注册资本。注册资本是指记载于公司章程并经公司登记机关登记的资本总额。在注册资本一次缴付的情况下,注册资本等于实缴资本;在注册资本分期缴付的情况下,注册资本是名义资本。

(2)授权资本。授权资本是指公司根据公司章程授权可发行的全部资本。授权资本是一种名义资本,仅用于授权资本制和折中资本制。我国实行法定资本制,不存在授权资本形态。

(3)发行资本。发行资本又称"已发行资本",是指公司实际已发行的,并由股东认购的资本总额。对公司而言,该资本称为已发行资本;对股东而言,可称为认购资本,即股东承诺缴纳的股本。由于有的股东虽然已经认购出资,但尚未全部缴清,故已发行资本由已缴资本和待缴资本构成。在分期缴付的情况下,股东的出资未完全缴清之前,发行资本大于股东的实缴资本或公司的实收资本。发行资本形态存在于任何一种资本制度项下。

(4)实缴资本。实缴资本又称"已缴资本",指股东已经向公司缴纳的资本。资本已经发行不等于股东已经实际缴纳。如果发行的资本被全部缴足,实缴资本才等于发行资本。实收资本=实缴资本+资本公积。实缴资本形态适用于法定资本制、授权资本制和折中资本制。

(5)待缴资本。待缴资本又称"催缴资本""未收资本",是指股东已经认购但尚未缴付出资,公司可以依照法律和章程规定的期限向股东催缴的资本。待缴资本+实缴资本=发行资本。待缴资本形态也可以存在于任何资本制度。

我国《公司法》实行法定资本制。在我国公司制度下,注册资本与发行资本、名义资本一致,但与实缴资本不完全一致,实缴资本可能小于注册资本。如果注册资本已全部缴足,实缴资本才等于注册资本或发行资本。[①]

(五) 公司股东

股东是组成公司并在其中享有股东权利、承担股东义务的人,包括单位和个人。股东可以通过直接方式,即向公司出资而成为公司成员,也可以通过间接方式,即基于其他合法原因从公司其他股东处继受股东身份而成为公司成员。

---

① 参见朱慈蕴:《公司法原论》,清华大学出版社2011年版,第183页。

公司可能由以下三种类型的股东构成:①原始股东,即参与公司设立的发起人以及认购公司首次发行股份或出资的认股人。②继受股东,即在公司成立后因依法转让、继承、赠与或人民法院强制执行等原因取得股东身份的人。③增资新股东,即公司成立后因公司增资而加入的新股东。

(六) 公司组织机构

公司组织机构又称"公司机关",泛指根据法律或公司章程的规定,对内经营管理公司事务,对外代表公司实施法律行为,行使权利、履行义务的个人和集体。它是公司维持其人格的组织基础,是公司得以存在和开展业务活动的保障。

根据我国《公司法》的规定,公司组织机构一般包括以下四类机关:①权力机关,一般为股东会或股东大会;②决策机关,一般为董事会或执行董事;③监督机关,一般为监事会或监事;④执行机关,即经理。

由于公司性质、治理模式的不同,公司组织机构的类型和具体权力职责也不尽相同。例如,根据《公司法》第50、51条的规定,在规模较小的有限责任公司中,董事会和监事会不是必设机构,而由执行董事和监事行使职权。根据《公司法》第66条的规定,在国有独资公司中,不设股东会,由国有资产监督管理机构行使股东会职权或由其授权公司董事会行使股东会部分职权。

(七) 公司法定代表人

公司法定代表人是依法自动享有对外代表公司为意思表示的公司机关。

(1) 公司法定代表人是自然人,也是公司代表机关。公司法由于没有自然人的意思表达器官,其意思的表达要依赖于自然人。法定代表人仅仅是公司代表机关,并非意思决定机关。

(2) 公司法定代表人享有对外代表公司的权力。代表权是公司法定代表人制度存在的基础,行使代表权是法定代表人存在的价值。

(3) 公司法定代表人的职能是代表公司为意思表示。公司法定代表人代表公司进行对外活动,作为公司与外界交流的代表,其在职权范围内以公司名义所为的行为都将直接视为公司行为,因此产生的法律后果都直接由公司承担。法定代表人所从事的活动主要是对外活动,而公司内部管理主要由公司内设的股东会、董事会、经理、监事会等机关负责。

(4) 公司法定代表人必须依法产生和登记。根据《公司法》第13条的规定,依照公司章程,公司法定代表人由董事长、执行董事或者经理担任并依法登记。公司法定代表人变更应当办理变更登记。

(八) 公司组织形式

公司组织形式,是指公司法所确认的公司的法律形式,即公司法定形态、公司类型。我国《公司法》将公司分为有限责任公司和股份有限公司两种形态。

三、交易的公司要素

查询公司登记公示的信息(即登记的公司要素),只能起到初步了解和识别目标公司的作用。要了解目标公司的价值以及营利能力,并判断交易风险程度,仅查询公司登记信息远远不够,还需进一步了解目标公司的相关交易信息,即交易的公司要素。

(一)股东和实际控制人

1. 股东和实际控制人的识别

确定目标公司股东和实际控制人的真实身份是为了确认交易伙伴及其主体资格。公司是法律拟制的法人,不是自然人,公司行为必须借由一定的机关来实现。控制了公司的机关也就控制了公司,这是公司控制权价值的基本体现。

如何识别公司股东身份?请参见本书第二章第四节"股东身份识别"。

如何识别控股股东?根据我国《公司法》第216条第(二)项的规定,控股股东,是指其出资额占有限责任公司资本总额50%以上或者其持有的股份占股份有限公司股本总额50%以上的股东;出资额或者持有股份的比例虽然不足50%,但依其出资额或者持有的股份所享有的表决权已足以对股东会、股东大会的决议产生重大影响的股东。

如何识别实际控制人?根据我国《公司法》第216条第(三)项的规定,实际控制人,是指虽不是公司的股东,但通过投资关系、协议或者其他安排,能够实际支配公司行为的人。

2. 公司控制权的类型

所谓公司的控制权,是指有关主体基于控股地位或其他安排而对公司的人事、业务及决策所享有的支配和控制权利。控制权人可以凭借这种控制,使公司按照符合自己利益的方式经营并从中获取利益。对企业的控制是一系列特定控制活动的集合。

以是否控股为标准,对公司的控制可以分为股权控制和协议控制。所谓股权控制,是指拥有公司股权并持有50%以上的股权或表决权,能够支配公司行为的控制。所谓协议控制,是指虽不持有公司的股权,但通过融资关系、协议或者其他安排,能够实际支配公司的财务和经营决策并从中获取利益的控制。

按照控制重点的不同,对公司的控制可以分为战略控制和经营控制。战略控制是指对组织的整体战略行动进行的控制,包括确定利润分配、组织战略目标优先性、重大资本支出、重大融资、高级管理人员的任免等主要决策事项的控制。经营控制则是对组织经营流程的控制,主要关注研发生产、采购、分销以及质量等环节。战略控制和经营控制属于公司控制权的两个主要内容。

控制权和股权是两个不同的概念,控制权比股权更复杂,股权和控制权存在非线性关系。一般情况下,股权决定企业的最终控制权。

3.公司控制权的结构

公司控制权作为公司治理结构的核心,其结构特征不仅直接关系到治理制度效率的高低,进而影响企业的整体绩效水平和竞争力,而且关系到股东能否保留对企业的控制。因此,控制权结构作为关键的公司治理机制,在企业治理中占据极其重要的地位。由于控制权具有多元性,为稳妥保留委托人对企业的控制,律师可以从以下几方面安排好企业的控制权结构。

(1)设计好企业的股权结构

在合同(及章程)不完备之时,"所有权是权力之源"[①]。根据我国《公司法》的有关规定,股权是股东对公司实施有效控制的法律基础。股份的转让,特别是控制股的转让,往往伴随着公司控制权的转移。

①控股股份比例

A.80%以上或100%的完全控股

企业初创期及发展前期大多采用这种完全控股的模式,具有决策机制灵活、反应快、代理成本低的优势。

B.51%以上的绝对控股

适用于企业步入快速发展阶段或者与合作伙伴联合创业,企业需要融合社会资本、引进职业经理人等社会资源,因而释放部分股权,有的向元老或优秀职业经理人释放,以吸引人才、留住人才;有的向合作伙伴释放,以强强联合,巩固技术、资金及关键资源。但委托人仍保持51%以上的绝对控股地位。

C.35%以上的相对控股

适用于上市企业或规模较大的企业集团,其股权社会化程度较高,股票很分散。这时相对控股的比例不能低于35%,否则被收购的可能性较大。

②控股股权结构

企业控股可以采用金字塔结构、交叉持股、双重股权等控股结构。在金字塔结构中,控制性委托人位于金字塔顶端,被控制企业(如上市公司)位于金字塔最底层,二者之间还有多层公司,而这些公司也受金字塔最顶层的控制性委托人的控制。这些控股结构对于企业家在有限的资金下集中股权控制非常有效果——以较少的现金流撬动较大的实际控制权。

---

① 〔美〕罗伯塔·罗曼诺:《公司法基础》(第2版),罗培新译,北京大学出版社2013年版,第22页。

③股东会议事规则

企业可根据实际情况对股东会表决权制度及议事规则进行妥当安排,以维护客户实际控制权。

(2)设计好企业的董事会结构

董事会是依法由股东会选择的成员组成的执行公司业务和日常经营决策的常设机关。对公司的控制,往往体现在对董事会的控制上。

①董事会规模

企业可根据企业规模大小、行业情况、市场竞争环境等决定是否设置董事会(如只设执行董事,不设董事会)及董事会规模。比如,在竞争性较低的市场中,中大型、稳定的公司或不涉及高度机密或专门知识的公司,倾向于选择规模较大的董事会;在高度竞争的市场中,小型、高增长或牵涉高度专门知识的公司倾向于选择小规模的董事会。

②董事会的组成

董事是公司董事会的组成人员,是董事会职权的实际执行者。因此,对董事会的控制,关键是实际掌握多数董事任免权,进而控制多数董事席位。

③董事会议事规则

根据不同决议事项,公司采用不同的表决机制和议事规则。这对董事会作出符合委托人和企业利益的决策也有较大影响,当委托人控制的董事席位勉强过半时,议事规则的影响尤其大。因此,委托人作为控制性股东,可根据实际情况,灵活采用不同议事规则,以维护对企业的实际控制权。

(3)设计好经理及执行层面的组织结构

①总经理

总经理(又称经理、总裁)由董事会任免,负责组织企业日常经营管理活动。总经理被任命后,若董事会类似于"3+3"结构,这时董事会几乎形同虚设,将使总经理获得企业的实际经营主导权,控制企业日常经营管理活动。

②其他高级管理人员的人事变更及组织结构

当股权结构及董事会结构不能变更时,占据优势一方往往通过高级管理人员的人事变更和调整组织结构来增强对公司的实际控制权。

(4)设计好关键资源的控制结构

所谓关键性资源,是指这样一些资源,一旦它们从企业中退出,将导致企业团队生产力下降、组织利润减少甚至企业组织解体。关键性资源是一个企业或组织产生、存在或发展的基础,它们的参与状况直接影响到组织租金的多少或其他团队成员的价值。

一般来说,关键性资源至少包括以下资源:
①拥有发现并组织实现某种市场获利机会的企业家;
②某种能带来巨大商业利益的技术;
③在资本稀缺的环境中拥有大量货币资本的所有者;
④掌握能带来大量商业机会的具有特殊社会关系的人;
⑤知名商标的所有者;
⑥对于营销渠道的控制。

事实上,只要某种资源是企业生产所必需,同时又难以被替代的,这种资源就具有某种关键性特征。越是企业所必需,越是难以被替代,该资源的关键程度越高。

企业与市场最大的区别在于企业的权利是能被不断界定的。对于关键性资源的控制能力以及与之相适应的讨价还价能力在界定权利的过程中起着非常重要的作用。谁拥有关键性资源谁就在企业的控制权博弈中处于主动地位。

按照经典企业理论,资本产权和管理技能优势是控制权的主要来源。在实践中,技术资源优势和市场资源优势也是控制权的重要来源。在技术垄断的情况下,技术资源优势甚至可以成为将资本、管理和市场等资源权利架空的权力来源;当品牌强势时,品牌资源往往是企业的关键性资源;市场资源对于任何一家企业都是至关重要的,一旦掌握了市场资源,生产部分的合作者完全可以只以代工者的身份出现。

(二)公司主营业务

公司主营业务揭示公司的盈利模式,即公司主要靠什么赚钱。委托人主要关注目标公司盈利模式的可行性和持续性,律师则还应关注目标公司主营业务及盈利模式的合法性。

如何做好公司经营范围及其主营业务的尽职调查请参见本书第七章"公司法律尽职调查"。

(三)公司财务报表

公司财务报表直接反映公司的价值和营利能力,是衡量交易价值、交易价格以及交易风险的关键指标。看公司财务报表,是律师的基本功。

一般公司财务报表一般包括资产负债表、利润表和现金流量表。现实中,由于种种原因,公司财务报表可能有几套不同版本,律师在核查时应当予以注意,并通过几套不同财务报表的差异寻找蛛丝马迹。一般企业财务报表格式(适用于已执行新金融准则、新收入准则和新租赁准则的企业)如下。

1. 资产负债表

表 1-1　资产负债表

编制单位：_____　　年___月___日　　　　　　　　　　　　　单位：元

资产	期末余额	年初余额	负债和所有者权益（或股东权益）	期末余额	年初余额
流动资产：			流动负债：		
货币资金			短期借款		
交易性金融资产			交易性金融负债		
衍生金融资产			衍生金融负债		
应收票据			应付票据		
应收账款			应付账款		
应收款项融资			预收款项		
预付款项			合同负债		
其他应收款			应付职工薪酬		
存货			应交税费		
合同资产			其他应付款		
持有待售资产			持有待售负债		
一年内到期的非流动资产			一年内到期的非流动负债		
其他流动资产			其他流动负债		
流动资产合计			流动负债合计		
非流动资产：			非流动负债：		
债权投资			长期借款		
其他债权投资			应付债券		
长期应收款			其中:优先股		
长期股权投资			永续债		
其他权益工具投资			租赁负债		
其他非流动金融资产			长期应付款		
投资性房地产			预计负债		
固定资产			递延收益		

(单位:元)(续表)

资产	期末余额	年初余额	负债和所有者权益(或股东权益)	期末余额	年初余额
在建工程			递延所得税负债		
生产性生物资产			其他非流动负债		
油气资产			非流动负债合计		
使用权资产			负债合计		
无形资产			所有者权益(或股东权益):		
开发支出			实收资本(或股本)		
商誉			其他权益工具		
长期待摊费用			其中:优先股		
递延所得税资产			永续债		
其他非流动资产			资本公积		
非流动资产合计			减:库存股		
			其他综合收益		
			专项储备		
			盈余公积		
			未分配利润		
			所有者权益(或股东权益)合计		
资产总计			负债和所有者权益(或股东权益)总计		

(1)资产负债表反映公司在某个特定日期(如月末日、季度末日、年中6月30日、年终12月31日等会计期末日)的财务状况,包括资产、负债和所有者权益三方面情况。

我国企业资产负债表采用账户式结构,分为左右两方,左方为资产,右方为负债和所有者权益。资产负债表各项目均需填列"年初余额"和"期末余额"两栏。其中"年初余额"栏内各项数字,应根据上年末资产负债表的"期末余额"栏内所列数字填列。

(2)资产、负债和所有者权益之间的关系:资产=负债+所有者权益。

(3)资产

资产=负债+所有者权益,也就是说,公司通过股东出资、经营盈余积累和对外负债形成公司资产。

资产=固定资产+流动资产+无形资产+长期股权投资等。

负债=流动负债+长期负债,或有负债一般不体现在报表上,会在报表附注中说明。

(4)所有者权益

股东权益=资产-负债。

所有者权益=股东权益=净资产=股东投入资本+公司经营盈余积累。

说明:"公司经营盈余积累"可能为正数也可能为负数,公司经营盈利,"公司经营盈余积累"为正数;公司经营亏损,"公司经营盈余积累"为负数。

股东权益=股东投入资本+公司经营盈余积累=公司实收资本+公司公积金+未分配利润。

公司公积金=资本公积+盈余公积。

资产负债表中期末"未分配利润"=利润表中"净利润"+资产负债表中"未分配利润"的年初数。

说明:"未分配利润"可能为正数也可能为负数,公司经营盈利,"未分配利润"为正数;公司经营亏损,"未分配利润"为负数。

2.利润表

表1-2 利润表

编制单位:_____ 年___月 单位:元

项目	本期金额	上期金额
一、营业收入		
减:营业成本		
税金及附加		
销售费用		
管理费用		
研发费用		
财务费用		
其中:利息费用		
利息收入		
加:其他收益		

(单位:元)(续表)

项目	本期金额	上期金额
投资收益(损失以"-"号填列)		
其中:对联营企业和合营企业的投资收益		
以摊余成本计量的金融资产终止确认收益(损失以"-"号填列)		
净敞口套期收益(损失以"-"号填列)		
公允价值变动收益(损失以"-"号填列)		
信用减值损失(损失以"-"号填列)		
资产减值损失(损失以"-"号填列)		
资产处置收益(损失以"-"号填列)		
二、营业利润(亏损以"-"号填列)		
加:营业外收入		
减:营业外支出		
三、利润总额(亏损总额以"-"号填列)		
减:所得税费用		
四、净利润(净亏损以"-"号填列)		
(一)持续经营净利润(净亏损以"-"号填列)		
(二)终止经营净利润(净亏损以"-"号填列)		
五、其他综合收益的税后净额		
(一)不能重分类进损益的其他综合收益		
1.重新计量设定受益计划变动额		
2.权益法下不能转损益的其他综合收益		
3.其他权益工具投资公允价值变动		
4.企业自身信用风险公允价值变动		
……		
(二)将重分类进损益的其他综合收益		
1.权益法下可转损益的其他综合收益		
2.其他债权投资公允价值变动		
3.金融资产重分类计入其他综合收益的金额		
4.其他债权投资信用减值准备		

(单位:元)(续表)

项目	本期金额	上期金额
5.现金流量套期储备		
6.外币财务报表折算差额		
……		
六、综合收益总额		
七、每股收益		
(一)基本每股收益		
(二)稀释每股收益		

(1)利润表又称"损益表",是反映企业在一定会计期间的经营成果的报表。

(2)营业利润=营业收入–营业成本–营业税金及附加–销售费用–管理费用–研发费用–财务费用–资产减值损失+其他收益+公允价值变动收益(减去公允价值变动损失)+投资收益(减去投资损失)。

(3)利润总额=营业利润+营业外收入–营业外支出。

(4)净利润(或亏损)=利润总额–所得税费用。

3.现金流量表

表 1-3 现金流量表

编制单位:_____ 年____月　　　　　　　　　　　　　　　　　　单位:元

项目	本期金额	上期金额
一、经营活动产生的现金流量		
销售商品、提供劳务收到的现金		
收到的税费返还		
收到其他与经营活动有关的现金		
经营活动现金流入小计		
购买商品、接受劳务支付的现金		
支付给职工以及为职工支付的现金		
支付的各项税费		
支付其他与经营活动有关的现金		
经营活动现金流出小计		
经营活动产生的现金流量净额		

(单位:元)(续表)

项目	本期金额	上期金额
二、投资活动产生的现金流量		
收回投资收到的现金		
取得投资收益收到的现金		
处置固定资产、无形资产和其他长期资产收回的现金净额		
处置子公司及其他营业单位收到的现金净额		
收到其他与投资活动有关的现金		
投资活动现金流入小计		
购建固定资产、无形资产和其他长期资产支付的现金		
投资支付的现金		
取得子公司及其他营业单位支付的现金净额		
支付其他与投资活动有关的现金		
投资活动现金流出小计		
投资活动产生的现金流量净额		
三、筹资活动产生的现金流量		
吸收投资收到的现金		
取得借款收到的现金		
收到其他与筹资活动有关的现金		
筹资活动现金流入小计		
偿还债务支付的现金		
分配股利、利润或偿付利息支付的现金		
支付其他与筹资活动有关的现金		
筹资活动现金流出小计		
筹资活动产生的现金流量净额		
四、汇率变动对现金及现金等价物的影响		
五、现金及现金等价物净增加额		
加:期初现金及现金等价物余额		
六、期末现金及现金等价物余额		

(1) 现金流量表是反映企业在一定会计期间现金和现金等价物流入和流出的报表。

(2) 现金流量＝经营活动产生的现金流量＋投资活动产生的现金流量＋筹资活动产生的现金流量。现金流量表中的"现金及现金等价物净额"＝资产负债表中"货币资金"期末金额－期初金额。

(3) 经营活动产生的现金流量。经营活动，是指企业投资活动和筹资活动以外的所有交易和事项。经营活动产生的现金流量主要包括销售商品或提供劳务、购买商品、接受劳务、支付工资和交纳税款等流入和流出的现金和现金等价物。

(4) 投资活动产生的现金流量。投资活动，是指企业长期资产的购建和不包括在现金等价物范围内的投资及其处置活动。投资活动产生的现金流量主要包括购建固定资产、处置子公司及其他营业单位等流入和流出的现金和现金等价物。

(5) 筹资活动产生的现金流量。筹资活动，是指导致企业资本及债务规模和构成发生变化的活动。筹资活动产生的主要包括吸收投资、发行股票、分配利润、发行债券、偿还债务等流入和流出的现金和现金等价物。偿付应付账款、应付票据等商业应付款等属于经营活动，不属于筹资活动。

(四) 知识产权

知识产权是一种无形财产权利，是企业生存与发展、参与竞争的一项重要资源。知识产权在当下已经或者正在成为国家之间、企业之间最重要的竞争手段和博弈工具。在很多高科技企业，知识产权对其总产值的贡献率远超它所拥有的有形财产，能够使拥有大量核心专利的企业在行业中居于领先地位。

知识产权作为一种无形资产，其权利性质、价值评估标准和权利移转要求及程序等方面与有形资产相比存在特殊性，因而经常需要把知识产权与企业财务状况等资源及法律关系区分开来，作为一项独立的企业资源进行考察。

知识产权是人们就某些智力活动成果所享有的权利。这里所说智力活动成果，不是人类全部的智力活动成果，而是某些智力活动成果，如作品、技术发明、商业标识及其所代表的商誉。人类的其他智力活动成果，如科学发现、逻辑规则的创新，都不能获得知识产权法律的保护。受到知识产权法律保护的智力活动成果，主要有作品、技术发明、工业外观设计、集成电器设计、植物新品种、商业秘密、各种商业标记及其所代表的商誉。

律师在公司交易中，不仅应对目标公司知识产权进行逐项核实并关注知识产权的合法性和有效性，还应关注知识产权移转及其权利负担和保护状况。

(五) 公司运营团队

公司是一个资源的集合体，公司的资源不仅包括各种物质资源，还包括人力资源。企业的目的是获得利润,公司运营团队在企业中决定和掌控资源如何有效组织与整合以形成产品和利润,足见公司运营团队的重要性。公司的社团性要求公司运营团队对外具有同质性,即共同认可团队目标,也就是具有团队精神。因此,具有企业家精神和团队精神的公司运营团队是企业的关键资源,从根本上决定一个企业的发展。

在公司交易中,律师对公司运营团队进行访谈并查询目标公司劳动争议案件,可以了解公司运营团队的团队精神面貌。具体如何对公司运营团队进行尽职调查,请参考本书第七章"公司法律尽职调查"。

第二章　公司设立与出资实务

公司设立是指发起人为组建公司,使其取得法人资格而实施的一系列民事法律行为。公司设立过程中的不规范行为,极有可能在设立后引发纠纷,从而影响公司的健康发展。律师在公司设立与出资过程中提供法律服务,需把握好利益平衡,使公司设立合法合规,筑牢公司发展壮大的根基。

本章共四节,分别阐述公司设立流程、公司设立过程中的律师实务、公司章程的起草与修改,以及股东身份识别。

第一节　公司设立流程

公司登记机关会通过办公现场告示、互联网信息公示等方式向社会公布各类工商登记主体办理登记手续的详细程序、应提交的文件资料和注意事项,律师可以通过管辖的公司登记机关的官方网站或办事大厅查找相关的办事指南,故本节不作详细描述。本节主要阐述与公司设立流程相关的法律实务,并提示有关法律风险点。

一、协议发起设立

(一) 公司设立的方式

公司设立的方式可以分为发起设立和募集设立两种方式。发起设立又称"共同设立""单纯设立",是指由发起人认购公司应发行的全部股份(出资)而设立公司。募集设立又称"渐次设立""复杂设立",是指由发起人认购公司应发行股份的一部分,其余股份向社会公开募集或者向特定对象募集而设立公司。原则上,发起设立适合于任何公司。有限责任公司因其人合性强,资本具有封闭性,故只能采用发起设立。而股份有限公司既可以采用发起设立,也可以采用募集设立。

(二) 发起人协议

实践中,公司发起人常常订立公司设立协议(即发起人协议),以确定所设立公司的基本性质和结构,明确发起人之间的关系及权利义务。但我国公司法对于设立有限责任公司须订立发起人协议没有硬性要求。2020年之前,在我国设立中外合资有限责任公司时,依照《中外合资经营企业法》及其实施条例有关规定,中方与外方的合营企业合同是必备条件,合营企业合同起到了发起人协议的作用。2020年1月1日起,《中外合资经营企业法》被废止,该日起施行的《外商投资法》未再要求中外合资方签订合营企业合同。

为定分止争,提高公司设立效率,笔者建议发起人先签订发起人协议。

设立股份有限责任公司既可以采取发起设立,也可以采取募集设立。根据《公司法》第79条的规定,无论采取发起设立还是募集设立,都要签订发起人协议。

发起人协议签署以后,全体发起人应当共同签署公司章程。发起人协议与公司章程的关系十分密切,内容基本相同,协议的基本内容通常为章程所吸收。二者如有不一致之处或者相矛盾的地方,在公司成立之前因为章程没有生效,一般应以发起人协议为准,公司成立之后则应以章程为准。若发起人协议约定公司成立后协议某些条文继续有效并对各方当事人有约束的,则发起人协议并不因公司成立而终止。需特别指出的是,发起人协议仅仅对协议当事人有约束力,对公司以及公司成立后加入的新股东没有约束力;而公司章程则对公司、股东、董事、监事、高级管理人员具有约束力。

(三) 发起人的限制

设立行为是一系列法律行为的组合。公司发起人的设立行为对公司人格的健全、社会交易秩序的稳定具有直接影响,故有关法律对发起人(即创办人)的资格和人数作出了一定限制,主要包括:

1. 对发起人行为能力的限制

传统公司法理论认为,发起人是设立事务的负责人,无民事行为能力人因无法判断自己行为的性质,也无法对自己的行为负责,故不能成为发起人。目前,我国公司法对发起人的行为能力没有作出明确要求,公司发起人应否为完全民事行为人在理论和实务界存有分歧,被依法禁止从事经商活动者,如公务人员,包括法官、检察官等,不得成为公司的发起人。当然,这些公务员在证券交易所购买股票并不违法。

2. 对发起人国籍和住所的限制

根据《公司法》第78条的规定,设立股份有限公司,须有半数以上的发起人在中国境内有住所。对有限责任公司发起人的国籍和住所则无此要求。

3. 对发起人人数的限制

除一人公司外,有限责任公司发起人为2人以上50人以下,股份有限公司发起人为2人以上200人以下。

二、出资

(一) 出资的法律意义

公司的资本来源于股东出资,股东出资是公司成立的前提条件和基础,出资是股东的基本义务。这种义务既是一种约定义务,同时也是一种法定义务。不论股东之间做出何种约定,都不能免除股东的出资义务,但可代为履行。

出资是股东承担有限责任的前提条件。特殊行业公司全体股东的出资总额达到法定最低限额,是公司取得法人资格的必要条件。股东只要履行了出资义务,就不再对公司承担财产责任。股东以其出资额为限对公司承担责任。

(二) 避免对注册资本登记制改革的误读

2013年12月28日修正的《公司法》对公司资本制度进行重大修改,将注册资本实缴登记制改为认缴登记制,取消注册资本缴纳期限要求、最低限额要求,还取消了强制验资制度等。前述相关规定的修改降低了设立公司的门槛以及创业成本,激发了社会"双创"热情。

对于此次注册资本登记制改革,需特别注意以下几点,以免误读。

第一,将公司注册资本制度的实缴登记制改为认缴登记制,并不等于不需要实际缴纳出资,也并非可以随意注册天文数字资本。否则,夸大注册资本额或者从事与其承受能力不符的大额交易等行为,将无形中加大法律风险。

作为债权人的律师,需提醒当事人:少数人员有可能产生钻制度空子、打擦边球的心态,盲目扩大注册资本,后期无法实际缴纳出资,造成注册资本泡沫化。债权人若习惯于过去的依靠交易前查看公司注册资本来判断该公司信用水平的模式,将大大增加交易风险。为降低大额交易风险,应建议当事人在交易前进行尽职调查。

第二,现行《公司法》虽然不再强制验资,但出资后股东应保留相应凭证。

对小规模注册资本较少的小型企业,股东出资后即用于公司经营性支出,有真实有效支付凭证并建立规范的财务会计制度的,可以考虑不对股东出资进行验资,以降低创业成本。因为股东能够提供真实有效的凭证证明其履行了出资义务。

对于规模和注册资本较大的公司,股东出资后最好委托会计师事务所验资。因为判定股东是否出资到位最直接的证据就是公司办理登记时提交的相关会计师事务所出具的验资报告。验资报告详细记载了公司股东出资的时间、金额及出资比例,除非有相反证据否定验资报告的法律效力,证明验资机构存在虚假验资情形,否则应依据会计师事务所的验资报告认定出资人出资已到位。

在未办理验资的情况下,股东以及公司应保留出资款项银行流转记录、公司进账凭证、公司资产负债表以及公司出资证明书等书面材料。

切记:出资是股东最基本的义务。股东应提供证据证明其履行了出资义务,如不能证明,将视为违反出资义务而被追究法律责任。

三、设立登记

(一) 有限责任公司的设立条件

根据《公司法》第 23 条的规定,设立有限责任公司,应当具备下列条件:
①股东符合法定人数;
②有符合公司章程规定的全体股东认缴的出资额;
③股东共同制定公司章程;
④有公司名称,建立符合有限责任公司要求的组织机构;
⑤有公司住所。

根据《公司登记管理条例》有关规定,设立公司应当申请名称预先核准。预先核准的公司名称保留期为 6 个月。预先核准的公司名称在保留期内,不得用于从事经营活动,不得转让。

(二) 股份有限公司的设立条件

根据《公司法》第 76 条的规定,设立股份有限公司,应当具备以下条件:
①发起人符合法定人数;
②有符合公司章程规定的全体发起人认购的股本总额或者募集的实收股本总额;
③股份发行、筹办事项符合法律规定;
④发起人制订公司章程,采用募集方式设立的经创立大会通过;
⑤有公司名称,建立符合股份有限公司要求的组织机构;
⑥有公司住所。

根据《公司登记管理条例》第 21 条的规定,设立股份有限公司,应当由董事会向公司登记机关申请设立登记。以募集方式设立股份有限公司的,应当于创立大会结束后 30 日内向公司登记机关申请设立登记。

(三) 公司设立的程序

归纳进来,普通行业的公司设立步骤,一共两步:①申请名称预先核准;②申请设立登记。金融、保险、证券等特殊行业的公司设立步骤,一共三步:A. 申请名称预先核准;B. 政府前置审批;C. 申请设立登记。

四、五证合一与登记后事项

在商事登记制度改革推动下,调整了原来企业登记时依次申请,分别由工商行政管理部门核发工商营业执照、质量技术监督部门核发组织机构代码证、税务部门核发税务登记证、社会保险经办机构核发社会保险登记证和统计机构核发统计登记证的规定,改为一次申请,由工商行政管理部门核发一个营业执照,实现了"工商营业执照、组织机构代码证、税务登记证、社会保险登记证和统计登记证五证合一、一照一码"。

五证合一后,全面实行"一套材料、一表登记、一窗受理"的工作模式,申请人办理企业注册登记只需填写"一张表格",向"一个窗口"提交"一套材料"。登记部门直接核发加载统一社会信用代码的营业执照,相关信息在全国企业信用信息公示系统公示,并归集至全国信用信息共享平台。

营业执照签发日期为公司成立日期。公司成立后,凭营业执照刻制印章,开设银行账户。

五、公司设立或经营所需的审批与备案

(一)公司设立的原则

我国《公司法》对公司的设立采取准则主义为主,许可主义为辅的原则。该法第6条规定,设立公司,应当依法向公司登记机关申请设立登记。符合《公司法》规定的设立条件的,由公司登记机关分别登记为有限责任公司或者股份有限公司;不符合《公司法》规定的设立条件的,不得登记为有限责任公司或者股份有限公司。法律、行政法规规定设立公司必须报经批准的,应当在公司登记前依法办理批准手续。公众可以向公司登记机关申请查询公司登记事项,公司登记机关应当提供查询服务。

《公司登记管理条例》第20条规定,设立有限责任公司,应当由全体股东指定的代表或者共同委托的代理人向公司登记机关申请设立登记。设立国有独资公司,应当由国务院或者地方人民政府授权的本级人民政府国有资产监督管理机构作为申请人,申请设立登记。法律、行政法规或者国务院决定规定设立有限责任公司必须报经批准的,应当自批准之日起90日内向公司登记机关申请设立登记;逾期申请设立登记的,申请人应当报批准机关确认原批准文件的效力或者另行报批。

《公司登记管理条例》第22条规定,公司申请登记的经营范围中属于法律、行政法规或者国务院决定规定在登记前须经批准的项目的,应当在申请登记前报经

国家有关部门批准,并向公司登记机关提交有关批准文件。

(二)公司设立或经营所需的相关审批与备案

随着商事登记制度和"放管服"改革("放管服"为简政放权、放管结合、优化服务的简称)大力推进,国务院先后取消或下放了数批行政审批项目,公司设立或经营所需的审批大幅压缩,但银行、保险、证券、医药、国防等行业的特定行为和特定经营项目依然需要行政许可。这些行政审批主要包括:

1.项目投资立项审批

我国对于项目投资区分不同情况,分别进行核准或备案管理。

根据《企业投资项目核准和备案管理条例》第3条的规定,对关系国家安全、涉及全国重大生产力布局、战略性资源开发和重大公共利益等项目,实行核准管理。具体项目范围以及核准机关、核准权限依照政府核准的投资项目目录执行。政府核准的投资项目目录由国务院投资主管部门会同国务院有关部门提出,报国务院批准后实施,并适时调整。国务院另有规定的,依照其规定。对前述规定以外的项目,实行备案管理。除国务院另有规定的,实行备案管理的项目按照属地原则备案,备案机关及其权限由省、自治区、直辖市和计划单列市人民政府规定。

国务院《关于发布政府核准的投资项目目录(2016年本)的通知》规定,企业投资建设,该目录内的固定资产投资项目,须按照规定报送有关项目核准机关核准。企业投资建设该目录外的项目,实行备案管理。事业单位、社会团体等投资建设的项目,按照该目录执行。

法律、行政法规和国家制定的发展规划、产业政策、总量控制目标、技术政策、准入标准、用地政策、环保政策、用海用岛政策、信贷政策等是企业开展项目前期工作的重要依据,是项目核准机关和国土资源、环境保护、城乡规划、海洋管理、行业管理等部门以及金融机构对项目进行审查的依据。

由地方政府核准的项目,各省级政府可以根据本地实际情况,按照下放层级与承接能力相匹配的原则,具体划分地方各级政府管理权限,制定本行政区域内统一的政府核准投资项目目录。

2.外商投资审批

境外投资者不得投资《外商投资准入负面清单》中禁止外商投资的领域;对境外投资者拟投资《外商投资准入负面清单》内领域,但不符合《外商投资准入负面清单》规定的,不予办理许可、企业登记注册等相关事项;涉及固定资产投资项目核准的,不予办理相关核准事项。投资有股权要求的领域,不得设立外商投资合伙企业。《外商投资准入负面清单》中未列出的文化、金融等领域与行政审批、资质条件、国家安全等相关措施,按照现行规定执行。

《内地与香港关于建立更紧密经贸关系的安排》及其后续协议、《内地与澳门关于建立更紧密经贸关系的安排》及其后续协议、《海峡两岸经济合作框架协议》及其后续协议、我国缔结或者参加的国际条约、协定对境外投资者准入待遇有更优惠规定的,可以按照相关规定执行。在自由贸易试验区等特殊经济区域对符合条件的投资者实施更优惠开放措施的,按照相关规定执行。

3. 国有资产投资审批

根据《企业国有资产法》《企业国有资产监督管理暂行条例》等规定,国有资产监督管理机构依照法定程序决定其所出资企业中的国有独资企业和国有独资公司的分立、合并、破产、解散、增减资本、发行公司债券、国有股权转让等重大事项。其中,转让全部国有股权或者转让部分国有股权致使国家不再拥有控股地位的,报本级人民政府批准。重要的国有独资企业、国有独资公司分立、合并、国有股权转让、破产、解散的,应当由国有资产监督管理机构审核后,报本级人民政府批准。

4. 项目用地审批

根据国务院《关于促进节约集约用地的通知》(国发〔2008〕3号),国土资源部、国家发展和改革委员会联合发布的《限制用地项目目录(2012年本)》和《禁止用地项目目录(2012年本)》(分别简称《限制目录》和《禁止目录》)的规定,对项目用地分别实行禁止、限制和允许管理。

新建、扩建和改建的建设项目属于《禁止目录》的建设项目或者采用所列工艺技术、装备、规模的建设项目的,或者采用《产业结构调整指导目录(2019年本)》明令淘汰的落后工艺技术,装备或者生产明令淘汰产品的,国土资源管理部门和投资管理部门一律不得办理相关手续。

新建、扩建和改建的建设项目属于《限制目录》,并且符合目录规定条件的,国土资源管理部门和投资管理部门可办理相关手续。

《禁止目录》和《限制目录》之外的新建、扩建和改建的建设项目,允许其依法办理项目用地审批手续。

此外,股东以房屋土地出资,需办理过户手续,涉及土地性质或用途变更的,需经国土规划部门批准。

5. 投资产业审批

根据国务院《关于发布实施〈促进产业结构调整暂行规定〉的决定》,《产业结构调整指导目录(2019年本)》由鼓励、限制和淘汰三类目录组成。不属于鼓励类、限制类和淘汰类,且符合国家有关法律、法规和政策规定的,为允许类。允许类不列入《产业结构调整指导目录(2019年本)》。

对限制类的新建项目,禁止投资。投资管理部门不予审批、核准或备案,各金融机构不得发放贷款,土地管理、城市规划和建设、环境保护、质检、消防、海关、工商等部门不得办理有关手续。对限制类改建项目实行分类指导审批。

对淘汰类项目,禁止投资。各金融机构应停止各种形式的授信支持,并采取措施收回已发放的贷款;各地区、各部门和有关企业要采取有力措施,按规定限期淘汰。

6. 投资行业审批

国务院先后取消或下放了数批行业行政审批项目,但银行、保险、证券、医药、国防等特定行业依然需要行政许可。

7. 证券发行

股份有限公司募集设立及发行股票、债券,必须经国家证券监督管理部门核准。但是,科创板上市公司及创业板上市公司证券发行实行注册管理。

第二节　公司设立过程中的律师实务

一、公司设立咨询

公司必须依法设立、合法经营,涉及股东、职工、债权人等利益相关者利益的,在设立前,当事人往往需要咨询律师。

(一) 依法解答咨询

当事人咨询的某些问题,往往已有明确的法律规定。对于此类问题,律师在解答时,除了要遵循法律咨询的基本工作方法和规范,需特别注意:要严格按照法律的相关规定进行解答。有明文之规定、立法解释、司法解释的,要按照相关规定、立法解释、司法解释进行解答,没有立法解释、司法解释的,要根据立法目的和学理解释进行解答。比如当事人咨询是否可以不按照出资比例进行分红？这一问题在我国《公司法》中有明确的规定,律师要严格按照《公司法》相关规定进行解答:经全体股东同意,公司章程可以约定不按照出资比例进行分红。但是,如果全体股东没有约定不按出资比例分红的,则应按照实缴的出资比例分红。

(二) 提示法律风险

对于律师依据法律给出的解答,当事人可能误读法律条文,或以钻制度空子、打擦边球的错误心态适用法律。此时,律师不仅要依法指正此类误读误用,还要进一步提示此类误读误用的法律风险。比如在解答是否可以不按出资比例分红咨询时,不仅要如上文依法解答,还要进一步指出:公司章程可以约定不按照出资比例分红,其前提是经全体股东一致同意;即使有99%表决权的股东同意,而拥有1%表决权的股东不同意,公司章程关于不按照出资比例分红的条款也无效。

又如当事人咨询公司注册资本是否可以设定为1元?律师解答此类咨询时,不仅要依法解答:现行《公司法》废除了注册资本最低限额制度,除法律、行政法规以及国务院决定对公司注册资本实缴、注册资本最低限额另有规定外,公司注册资本可以设定为1元;还要指出"1元钱开公司"可能存在以下风险:

首先,会影响公司本身的信誉。资本是公司对外交往的信用基础。公司以其全部资产对其债务负责,而资本是公司资产形成的基础和来源,资本规模对公司资产的规模有直接的影响。因此,在实践中,公司资本常常被用作识别公司信用的标志。但必须指出,公司对外偿债能力受公司资产多寡的直接影响。

其次,将影响甚至否认公司的法人资格,导致股东对公司债务承担无限连带责任。我国《公司法》第20条确立了公司法人人格否认制度。根据公司法人人格否认法理及司法实践,如果公司资本显著不足,公司的法人人格可能将被否认。所谓资本显著不足,是指公司的资本与公司的业务性质及经营中必然包含的风险相比数额非常少,明显不足。公司资本是公司对外承担责任的基础。而公司资本显著不足,显示出股东欲"空手套白狼"之冒险企图,极有可能利用公司形式逃避股东责任,将风险过度转嫁给债权人。如果股东恶意这么做了,法官常基于公正的要求,刺破公司的法人面纱,否认公司法人人格,要求股东对公司债务承担无限连带责任。

(三) 审慎解答咨询,不替当事人进行决策

由于律师的咨询意见对当事人具有指导作用,直接影响当事人利益,因此,解答公司法律咨询对律师有很高要求,律师在提供咨询意见时应慎重对待,最大限度掌握证据材料,了解当事人真实意图和想法,依法提出咨询意见并提示其中的法律风险,但不应代替当事人进行决策,从而避免律师相应的职业风险。在基本情况没有弄清前,也可以不作具体回答,以防所答与事实不符,使咨询者形成错误理解,给以后的工作带来不便。

律师在提供咨询意见时,要向当事人强调,咨询意见基于当事人介绍的事实情况及其提供的相关证据材料,如果上述事实和证据不准确,就可能影响咨询意见的准确性。若出现新情况或与当事人介绍的情况存在出入,应当根据实际情况重新进行分析。

对于一时难以回答或找不到答案的疑难复杂问题,可以告诉当事人经律师事务所研究后再作答复。这样既对当事人负责,以免答错,也体现出律师认真尽责的精神,能够赢得当事人的信任。

示例：张三、李四准备创业，就成立什么形式的企业咨询王律师。

王律师告诉张三和李四，企业的组织形式主要有个人独资企业、合伙企业和公司制企业，并根据我国现行法律法规关于这三种企业形态、成立条件的规定，从税收、债务责任、转让自由、企业存续、融资、利润分配、企业决策程序等方面的利弊得失进行介绍。

王律师接着询问张三和李四准备创办企业的行业、发展前景、投资人数、创业资金筹集、企业规模大小等情况。从谈话中，王律师了解到创业者的资金和技术不足，但有志同道合的朋友愿意一起干，发展前景较好，于是告诉张三和李四可以考虑成立合伙企业或有限责任公司，如果创业者不愿承担无限责任，则可以考虑成立有限责任公司。

二、拟制设立协议和公司章程

律师在参与公司设立方案的设计、协商以后，应根据当事人要求和设立方案草拟设立协议，即发起人协议，以明确各方在公司设立过程中的权利义务以及各方对拟设立公司的安排。

设立协议一般包括以下内容：

①发起人各方；
②鉴于条款；
③拟设立公司名称、住所；
④公司设立方式、组织形式；
⑤公司的宗旨、经营范围；
⑥公司注册资本；
⑦各方认缴出资额、出资方式和出资期限；
⑧各方在公司设立过程中的权利义务；
⑨公司股东会的表决权安排；
⑩各方在公司董事会中的席位分配以及表决权安排；
⑪各方在公司监事会中的席位分配；
⑫公司高级管理人员的任免办法；
⑬各方利润分配比例安排；
⑭公司经营期限；
⑮保密条款规定；
⑯违约责任；
⑰不可抗力与责任免除；

⑱适用法律及争议解决；
⑲通知；
⑳公司设立失败的后果；
㉑协议生效与终止；
㉒协议文本；
㉓其他需要约定的事项。

设立协议内容与公司章程内容基本相同,设立协议内容通常为公司章程所吸收。其中,"各方在公司设立过程中的权利和义务"和"公司设立失败的后果"为设立协议特有条款。

"各方在公司设立过程中的权利和义务",主要是对以下内容进行约定：
①协助公司取得各项必需的前置审批和后置审批；
②协助公司办理工商登记手续；
③依约缴纳认缴的出资；
④按照出资比例垫付公司开办费用。

"公司设立失败的后果",主要是对以下内容进行约定：
①各方签署的设立协议、公司章程以及以拟设立公司名义提交的申报文件归于无效；
②各方的出资资产恢复原状；
③各方按出资比例分担公司开办费用；
④各方按出资比例分担公司设立过程中以公司名义发生的债务；
⑤因一方违法违约导致公司设立不成的,违约方应赔偿其他各方损失。

需注意,设立协议与公司章程主要存在以下区别：①公司章程是公司的必备性法律文件,除股份有限责任公司外,公司设立协议并非公司设立的必备性法律文件。②根据合同相对性原理,股东协议仅在签订协议的当事人之间具有法律约束力,不能约束公司本身；而根据《公司法》规定,公司章程对公司、股东、董事、监事、高级管理人员具有法律约束力。③按照《公司法》的规定,公司章程的制定和修改并不一律要求全体股东一致同意,依"少数服从多数"的原则进行；而按《民法典》合同编的规定,设立协议的订立和修改都需要当事人协商一致。

公司章程的拟制,请参考本章第三节"公司章程的起草与修改"。

三、出具法律意见书

(一) 整体性的法律意见书

当事人可能应审批机关或登记机关的要求,委托律师就公司设立的整体合法性出具法律意见书。

律师就公司设立的整体合法性出具法律意见书时,一般需先就以下事项发表法律意见,再发表整体性、结论性的法律意见:

①发起人或认股人是否具备合法的出资资格;
②公司发起人(股东)是否符合法定人数;
③公司注册资本是否符合法定要求;
④各方出资比例是否符合法定要求;
⑤出资方式是否符合法律规定;
⑥出资期限以及每期出资金额是否符合法律规定;
⑦出资资产是否存在法律瑕疵,是否存在转移障碍;
⑧公司住所是否符合法律规定;
⑨公司拟任董事、监事和高级管理人员是否具备法定任职资格;
⑩公司章程的内容是否与法律强制性规定相冲突,是否为发起人的真实意思表示;
⑪公司设立或经营所需审批是否取得,是否存在不能获得批准的风险。

(二) 特定事项法律意见书

当事人可能应审批机关或登记机关的要求,委托律师针对向审批、登记机关递交的申请材料的真实性、合法性出具法律意见书。

律师对申请材料的真实性、合法性出具法律意见书的,应了解审批、登记机关对申请材料的疑义和当事人真实意图,并根据尽职调查的事实和有关法律,对相关材料的真实性、合法性发表法律意见,该法律意见的内容因"人"(当事人的不同情况及审批、登记机关的疑义)而异。

(三) 法律意见书的基本要求

律师为公司设立出具法律意见书,应像出具其他法律意见书一样,遵循客观性、合法性、针对性、准确性的原则和工作规范,这不仅是维护当事人利益的需要,也是律师防范执业风险的需要。

四、公司秘书服务

公司秘书(company secretary、the secretary)是源于英美法系的一种法律制度。英国公司法规定,每家公司必须有一名秘书,公司秘书由董事会任免。公司秘书是负责程序性事务的高级管理人员,其基本职责主要包括保管公司文件和印章以及向监管部门递送有关报告和文件。此外,公司章程和董事会决议还可授予公司秘书其他职权。

我国香港特别行政区《公司条例》规定自然人、法人团体和合伙商号均可担任公司秘书。这就意味着香港特别行政区的法人和合伙商号可以提供"公司秘书"服务。此外,在香港特别行政区,中小企业可以把其住所设在律师事务所及会计师事务所或秘书公司。这样一来,律师事务所及会计师事务所或秘书公司不仅可以为中小企业提供一般"公司秘书"服务,还可以提供注册地址、代理公司登记、代理记账和保税等内容广泛的一站式"公司秘书"服务,有利于企业家专注于生产研发和营销等擅长的业务。

2014年4月1日,广东省东莞市启动了创新的集群注册登记模式,突破企业必须依据所使用的固定经营场所登记的障碍,允许多家电子商务企业无须固定经营场所,允许其中小企业的身份将会计师事务所或托管公司的住所地址作为自己的住所登记。也就是说,会计师事务所及托管公司可以提供类似香港特别行政区注册地址服务的住所托管服务,从而打通了一站式"公司秘书"服务的关键一环。至此,东莞市的中小企业可以合法接受一站式"公司秘书"服务。

2015年8月13日,上海市浦东新区发布助力市场准入"双十条",其中提出要率先试点律师事务所住所登记改革,允许上海自贸区内的律师事务所将其办公场所作为企业住所进行登记。这项改革借鉴了香港特别行政区以律师事务所作为企业通讯及法律文书送达地址的成熟经验,推动浦东新区进一步对标国际通行规则。很多企业,特别是外资企业进入中国时,往往把各种事务交给律师事务所打理。以律师事务所作为登记地,对企业可谓是水到渠成之举。

综上,公司秘书服务借鉴了香港特别行政区的成熟经验,其服务内容包括住所托管服务及商务秘书、投资规划、法律协助等全程跟踪式的专业法律服务。

五、公司设立与出资中的利益平衡

(一)公司资本制度中的利益平衡

资本是公司成立的基本条件,公司资本来源于股东出资。公司资本制度与股东出资制度一体两面,主要涉及公司与股东、股东与股东、公司股东与债权人等相互间的利益平衡,其中最主要的是公司股东与债权人之间的利益平衡。

公司以其全部财产对公司的债务承担责任,股东以其认缴的出资额或认购的股份为限对公司承担责任。由此,达致股东、公司、债权人之间的利益平衡,是公司立法在公司资本形成与股东出资制度中体现出的股东、公司和债权人之间的利益平衡状态。

(二) 股东出资制度中的利益平衡

要维持公司资本制度与股东出资制度中的利益平衡，股东就必须依法履行出资义务，不侵犯公司财产。否则，股东、公司和债权人之间的利益平衡将荡然无存，公司和债权人的利益朝夕不保，影响社会经济发展。因而公司法赋予因利益失衡而受损的利益主体救济的权利，追究打破利益平衡之行为主体的法律责任，以恢复(回归)原来的利益平衡。为此，律师在公司设立和出资时需提醒当事人其出资期限、出资形式、出资金额须依照公司法和公司章程的规定执行，以免被追究法律责任。

1. 出资期限的利益平衡

2013年12月，我国《公司法》对公司资本制度作了重要修改：放松市场主体管制，降低准入门槛，实行注册资本认缴登记制度，取消对股东出资期限的限制，并授权公司股东自主约定，公司登记时无须提交验资报告等。这次修改后，出现了一些"1元公司"和注册资本巨大、缴纳期限几十年甚至百年的公司，这引起了人们对是否损害债权人利益的担心。由于法律没有对未到约定出资期限而未履行出资义务的股东应否向公司债权人承担责任的明确规定，有人趁机钻法律漏洞，想空手套白狼。

实际上，虽然现行公司法实行注册资本认缴制，取消了对股东出资期限的限制，但并不意味股东可以任意约定出资期限。股东的出资是公司进行经营活动的物质基础，也是公司对外承担责任的基本保障。股东既然认缴了出资，其何时出资就应受到"不影响公司正常经营活动和公司对外承担责任"条件的限制。否则就会打破股东与公司及债权人之间的利益平衡。

从2013年后修订的《公司法》文本来看，这次修法释放了对股东的重大利好，但并不意味着降低债权人利益的优先保护地位。换言之，这次修法并没有重塑股东与债权人之间的利益平衡。而实践中有人企图钻法律漏洞、空手套白狼，损害公司债权人的利益，打破了公司法规定的利益平衡。为恢复公司股东与债权人之间的利益平衡，《九民会议纪要》第6条规定："在注册资本认缴制下，股东依法享有期限利益。债权人以公司不能清偿到期债务为由，请求未届出资期限的股东在未出资范围内对公司不能清偿的债务承担补充赔偿责任的，人民法院不予支持。但是，下列情形除外：(1)公司作为被执行人的案件，人民法院穷尽执行措施无财产可供执行，已具备破产原因，但不申请破产的；(2)在公司债务产生后，公司股东(大)会决议或以其他方式延长股东出资期限的。"故律师在公司设立时需提醒当事人不要抱空手套白狼的侥幸心理，以免被追究法律责任。

2. 出资形式的利益平衡

我国现行公司法放松了对股东出资形式的管制,一方面,倾向于鼓励股东投资的创业热情;另一方面,通过对非货币财产出资的公示、评估、价值担保及追究出资瑕疵责任等以维护公司及债权人的利益,二者的有机结合恰好体现出公司法维护股东和债权人间的利益平衡。因此,股东以非货币财产出资的,该财产应当符合法定条件,应当评估作价并依法办理其财产权的转移手续,以减少出资瑕疵。

(三)公司设立文件中的利益平衡

公司设立时需要的主要法律文件包括设立协议和公司章程。《公司登记管理条例》第20条、第21条第2款规定的申请公司设立应当向登记机关提交的其他文件属于程序性文件,此处不赘述。

实务中,在订立设立协议的场合,往往以公司设立协议为基础拟制公司章程,设立协议的基本内容通常被公司章程所吸收。二者都是发起人讨价还价及利益博弈与平衡的结果,是公司相关利害关系人之间众多利益的锁链。因此,律师在接受委托、起草、修改设立文件时要把握好利益平衡,不是一味地扩张当事人的利益或一味地否认交易对方的利益诉求,而是在保障己方正当权益的同时,也承认和尊重对方的正当权益。否则,利益严重失衡,将埋下严重冲突的隐患。

第三节 公司章程的起草与修改

一、制定公司章程的法定程序

制定公司章程是公司设立的必要条件和必经程序。制定公司章程应遵循严格的法定程序,这是公司章程合法有效的程序性条件。

根据我国《公司法》的规定,公司章程的制定主体和程序因公司类型的不同而有所不同,具体如下所述。

(一)有限责任公司章程的制定

1. 制定主体

根据《公司法》第23条的规定,设立有限责任公司,应当具备的条件之一就是股东共同制定公司章程。可见,有限责任公司章程的制定者是"股东",即参与投资设立公司的投资者,也就是发起人。

根据《公司法》第65条的规定,国有独资公司章程由国有资产监督管理机构制定,或者由董事会制订报国有资产监督管理机构批准。可见,国有独资公司资产制定主体有两类:一是国有资产监督管理机构,二是国有独资公司的董事会。前者的权限是"制定"章程;后者的权限则为"制订"章程,所以尚须报国有资产监督管理机构批准。

2. 制定程序

发起人在所制定的章程上签字或盖章,表示同意接受章程的内容,标志着章程制定程序的结束。"共同制定"并不要求每一个发起人都积极地参与章程的起草讨论,只要在章程上签字或者盖章,就是表达意志的行为,就应认定为参与制定并同意所签字或者盖章文本的内容。

(二) 股份有限公司章程的制定

根据《公司法》第76条的规定,设立股份有限公司应当具备的条件之一是"发起人制订公司章程,采用募集方式设立的经创立大会通过"。由于股份有限公司有发起设立和募集设立两种方式,故其章程制定也有所不同。

1. 发起设立的股份有限公司

对于发起设立的股份有限公司,根据《公司法》第77条第2款的规定,该公司的全部股份由发起人认购,因而投资者并没有社会化,故发起人制订的章程文本就是公司登记前的最后文本。也就是说,发起设立的股份有限公司章程的制定者是发起人。

与有限责任公司一样,发起人应当在所制订的章程上签字或盖章,表示同意章程的内容,标志着章程制定程序的结束。

2. 募集设立的股份有限公司

对于募集设立的股份有限公司,根据《公司法》第76、90条的规定,公司章程由发起人制订,并经创立大会通过。也就是说,经过创立大会以决议方式通过的章程,反映了公司设立阶段投资者的共同意志。

二、公司章程的个性化设计

(一) 公司章程个性化设计的依据

在公司实践中,千篇一律,似曾相识的"傻瓜"章程现象较为普遍。刘俊海教授指出,正如"傻瓜"相机不可能拍摄出一流的摄影作品,"傻瓜"章程也不可能催生出公司的竞争力。公司章程失灵已成为许多公司面临法律风险的定时炸弹。许多公司纠纷包括公司治理中的僵局现象,源于公司章程条款的不完备、不科学、不严谨、不细腻、不具有可操性。刘教授为此呼吁公司章程的起草和完善应当遵循量体裁衣的设计准则,进行个性化设计。实际上,《公司法》早已允许公司及其股东对公司章程作出个性化设计。①

(1) 自治性是公司章程个性化的理论依据

关于公司章程的性质,主要有两种不同观点,即契约说和自治法说。事实上,无论是契约说还是自治法说,都认为公司章程具有自治性。根据公司章程的自治性,全体股东有权依法制定个性化的公司章程。

(2) 公司法尊重公司自治并允许在公司章程中对大多数公司事务进行自主安排

这是公司章程个性化设计的法律依据。我国现行《公司法》一个突出的特点是尊重公司自治,弱化和取消了许多强制性法律规范,大幅增加了任意性规范,赋予公司章程更大的自治空间。在不违反法律强制性规定的前提下,股东在章程中不仅可以自由约定有关事项,甚至还可以排除法律的预设而自主设计安排,从而自由规范公司内部关系。公司法尊重公司自治,并通过大量的任意性规范来肯定章程自治,这就为公司章程个性化设计提供了法律依据。

(3) 工商管理部门对公司登记实行形式审查,而非实质审查

根据《公司登记管理条例》第2、51条等规定,公司登记机关依法对申请文件、材料是否齐全,是否符合法定形式进行形式审查,根据法定条件和程序,需要对申请材料的实质内容进行核实的,依法进行核实。但这种"核实"只是其形式审查义务的体现,申请人仍然应当对申请文件、材料的真实性负责。

(二) 公司章程个性化设计的维度

1. 章程自治是法律允许范围内的自治

章程自治的核心是股东自治,股东自治从某种意义上说就是对个人自由的尊重和保护。然而,自治在实现过程中始终离不开法律,一方面法律界定自治的范围,另一方面法律是自治得以实现的保障。因此,章程自治表现为法律范围内的自治,章程自治需要通过法律来加以限定和实现。

权利不得滥用原则是法治的基本原则。权利不得滥用是指一切权利的行使,不得超过法律允许的正当界限;行使权利超过法定的正当界限,应承担相应的法律责任。所以,公司章程自治应在法律允许的范围进行。法律允许公司章程自治的范围,就是公司章程个性化设计的空间维度。

---

① 参见刘俊海:《公司法学》,北京大学出版社2008年版,第71页。

2. 强制性规范与公司章程个性设计的空间

如上所述,公司法规范将影响公司章程自治即公司章程个性化设计的空间维度。依照法律规范对公司章程影响程度的强弱、是否允许由当事人缔约而改变法律规范的表现形式,可以将公司法规范分为强制性规范和任意性规范。

所谓强制性规范,是指当事人必须遵守,不得通过协商予以变更或排除其适用,否则将受到法律制裁的法律规范。本书所谓的强制性规范作广义理解,使其等同于我国台湾地区学者所谓的强行性规范,但涵盖了其所谓的强制性规范和禁止性规范两种情形。

由于公司法中的强制性规范具有刚性,其适用不以当事人的意志为转移,即使当事人作出了不同的约定,这些规范也仍然适用。因此,公司章程的制定、修改和适用就不能违反强制性规范。

虽然公司章程不能违反强制性规范,但是公司章程可以对强制性规范作如下补充:

(1)公司章程可以将公司法规定的强制性规范明确化、具体化

比如,我国《公司法》第25条规定:"有限责任公司章程应当载明下列事项:(一)公司名称和住所;(二)公司经营范围;(三)公司注册资本;(四)股东的姓名或者名称;(五)股东的出资方式、出资额和出资时间;(六)公司的机构及其产生办法、职权、议事规则;(七)公司法定代表人;(八)股东会会议认为需要规定的其他事项。股东应当在公司章程上签名、盖章。"这是一条强制性规定,公司章程可以将其明确化、具体化。

(2)公司章程可以拓展强制性规范的严格要求

在符合立法目的前提下,公司章程可以规定比强制性规范更严格的条款。

比如,我国《公司法》第43条第2款规定:"股东会会议作出修改公司章程、增加或者减少注册资本的决议,以及公司合并、分立、解散或者变更公司形式的决议,必须经代表三分之二以上表决权的股东通过。"这也是一条强制性规定,公司章程可以规定比法定比例更高的多数决标准,以此来保护小股东的利益。

可见,公司章程面对强制性规范,一定程度上仍然存在可以进行个性化设计的空间,可以根据本公司实际情况在强制性规范允许的范围内作出补充规定。这些补充的、具体化的规定,能使强制性规范得到更好的执行。

3. 任意性规范与公司章程个性设计的空间

所谓任意性规范,是指可以由当事人选择性地适用,或者可由当事人变更或排除适用的法律规范。公司法中包括了大量任意性规范,这些规范主要具有指示功能,只提供可供当事人参考的示范性标准。

任意性规范不同于强制性规范,它不是无条件地自动适用,而是尊重当事人的

意思表示,允许当事人对任意性规范作出相反的意思表示。由此,任意性规范赋予了当事人比较大的自治空间,主要体现在:

(1)任意性规范赋予当事人拒绝适用该规范的权利,为当事人保留了自治空间

这种任意性规范也称为可排除适用的任意性规范或补充性任意性规范。如《公司法》第42条规定:"股东会会议由股东按照出资比例行使表决权;但是,公司章程另有规定的除外。"又如《公司法》第75条规定:"自然人股东死亡后,其合法继承人可以继承股东资格;但是,公司章程另有规定的除外。"这类任意性规范比较常见。

(2)任意性规范赋予当事人选择适用该规范的权利,为当事人保留了选择性地适用某任意性规范的自治空间

这种任意性规范可以称为经选择才适用的任意性规范或可选择适用的任意性规范。如《公司法》第37条规定:"……对前款所列事项股东以书面形式一致表示同意的,可以不召开股东会会议,直接作出决定,并由全体股东在决定文件上签名、盖章。"又如《公司法》第129条第1款规定:"公司发行的股票,可以为记名股票,也可以为无记名股票。"类任意性规范扩大了当事人的自由。

(3)任意性规范赋予当事人补充创制新规则并适用该新规则的权利,扩大了当事人的自治空间

这种任意性规范可以称为补充创制新规则的任意性规范,或补充创新任意性规范。如《公司法》第37、46条分别在股东会职权、董事会职权中规定了"公司章程规定的其他职权"。又如《公司法》第43条第1款规定:"股东会的议事方式和表决程序,除本法有规定的外,由公司章程规定。"这里的"公司章程规定的其他职权""公司章程规定"就属于补充创制新规则的任意性规范。

上述经选择才适用的任意性规范和补充创制新规则的任意性规范可以合称为"赋权性规范"。与补充性规范相比,赋权性规范赋予当事人最大的自治空间。因此,公司可利用赋权性规范在章程中对公司自身的运作作出一系列有利于公司本身的规定;但是,公司作出的此类规定不得违反赋权性规范的本意。换言之,适用赋权性规范对公司章程进行个性化设计的界限,在于不得进入与强制性规范冲突的领域,违反强制性规范即违反赋权性规范的本意之一,将导致与强制性规范冲突的条款无效。①

4.有限责任公司章程的自治空间大于股份有限公司章程的自治空间

由于有限责任公司的股东人数较少,其股东往往能获得公司的信息,也有机会对公司事务进行面对面的磋商并讨价还价,公司事务通常都按照商定的条款来执

---

① 参见王保树:《公司法任意性法律规范适用的留意点》,载《国家检察官学院学报》2011年第1期。

行，充分知情的当事人是其自身利益的最佳判断者，履行这些商定的条款对他来说既具有价值，也是其追求的目的。因此，在这种情况下，法律应当更多地尊重当事人在讨价还价基础上达成的合意，减少不必要的限制。

而股份有限公司的股东人数较多且大多是盲目投资，发行股票的公司不一定会把公司所有信息向普通投资者披露，并且大多数普通投资者或者由于获取信息需要成本而不努力去获取相关信息，或者因为缺乏能力或是不具备必要的手段去得到信息，从而存在信息不充分、不对称问题。正是由于普通投资者在信息获取和使用能力方面处于劣势，没有平等的讨价还价能力，因此形成的公司章程并非股份有限公司全体股东经充分协商达成合意的结果，为保护普通投资者的利益，法律需对股份有限公司章程自治进行更多的限制。

可见，在股份有限公司中，公司法的强制性规范要多于有限责任公司，有限责任公司章程的自治范围要宽于股份有限公司章程。

5. 公司章程的订立自由大于公司章程的修改自由

有限责任公司的初始章程是公司原始股东共同制订的，体现出原始股东的共同意志；股份有限公司的初始章程是由发起人制订并经创立大会审议通过的，也体现出发起人的共同意志。后来的投资者虽然没有参与制定初始章程，但从逻辑上来说，投资者一旦投资入股，就应视为其默认接受了初始章程。倘若投资者不满意初始章程，可以拒绝投资入股，投资者的利益并未因此受损。由此观之，可以认为初始章程体现了全体股东的共同意志，因而履行初始章程对股东们来说不仅有价值，也是其追求的目的。这时，公司法更多地尊重公司章程的订立自由无疑是恰当的。

在信息不对称、冷漠、搭便车心理等诸多因素制约下，公司章程修改事实上往往由控股股东和公司管理层决定，小股东已经"出局"。在这种情况下通过的章程修正案不能体现全体股东的意志，甚至不公平地改变或取消少数股东的权利，从而损害普通投资者的正当利益。面对这一变化，投资者可以"用脚投票"却没有这么做，这并不表明投资者接受了这一章程修正案，因为他这样做可能遭受更大的损失。因此为了保护普通投资者，相对于订立初始章程，应对公司章程的修改进行更多的限制。①

以上是从宏观的角度，分析了公司章程个性化设计的空间维度。公司章程的具体条款，可根据法律规定并结合目标公司实际情况进行个性化设计。

下面以"有限责任公司股权转让限制条款的个性化设计"为例进行说明。

---

① 参见罗培新：《公司法的合同解释》，北京大学出版社2004年版，第164页。

三、公司章程条款个性化设计示例：有限责任公司股权转让限制条款的个性化设计

(一) 需厘清的几个法律问题

在探讨股权转让限制条款的个性化设计之前，需先厘清几个法律问题。

1. 章程对股东内部股权转让进行限制，是否违反股权内部自由转让的原则

所谓股权内部自由转让的原则，是指有限责任公司股东之间可以自由转让其股权。

我国《公司法》第71条第1款规定了该原则。从《公司法》第71条第4款"公司章程对股权转让另有规定的，从其规定"和第75条"自然人股东死亡后，其合法继承人可以继承股东资格；但是，公司章程另有规定的除外"等规定来看，法律允许有限责任公司章程对股权转让自由加以限制或鼓励。因此，公司章程对股东内部股权转让进行限制，并不违反股权内部自由转让的原则。这可以视为股东对其自由转让权的处分。

当然，公司章程的这种限制并非漫无边际，它不得违反法律和行政法规的强制性规定，不得侵害股东的固有权。否则，这种限制性规定无效。

2. 公司章程能否禁止股权转让

既然按照《公司法》第71条第4款"公司章程对股权转让另有规定的，从其规定"等规定，可以对股权转让进行限制，那么公司章程能否禁止股权转让呢？对此，存在两种不同意见。

第一种意见认为，公司章程作为自治性规则，可以绝对禁止股权转让。其主要理由是：禁止股权转让，可以理解为股东自愿放弃其股权转让自由权，这纯属股东之间基于契约自由的制度安排，并不涉及他人的利益维护问题。

第二种意见认为，公司章程不能绝对禁止股权转让，理由主要有三点：

其一，有限责任公司的本质属性为资合公司，资合公司的股权具有天然可转让性，股权可转让性是公司制度独领风骚的根本原因。绝对禁止股权转让违反了有限责任公司的本质属性。

其二，股权具有财产性，财产只有在流通中才能实现其最大价值，禁止转让股权将导致财产的退化，不利于资源的优化配置，从而对整体的社会财富造成损害，有违社会公共政策。

其三，禁止股权转让与私法中当事人基于契约自由约定不得转让债权没有可类比性。因为私法上的债权不得转让，属于个别性契约。个别性契约的当事人之间除单纯的商品交换之外不存在其他关系，他们之间即使存在合作，该合作也仅限于契约的履行。而公司章程属于团体性契约和长期性契约，股东之间及股东与公

司之间需要许多合作来使公司这个团体获得利润。并且由于人的认知在客观上存在局限性,长期性契约往往随着时间的推移和环境的变化而发生情势变更。如果禁止股权转让,势必将股东因禁于一个他不愿意继续维持的关系之中,如同将一个不愿意维持婚姻关系的人因禁于婚姻的"牢笼"中一样。

因此,绝对禁止股权转让且无合理救济的限制,在多数国家的立法和司法实践中是不被接受的。我国司法实务界较为倾向于认定禁止或者变相禁止股权转让的章程限制无效,学术界也多持这种观点。

3. 公司章程能否规定股东对外转让股权必须经公司董事会同意

《公司法》第71条第4款规定,公司章程对股权转让另有规定的,从其规定。按照该款规定,似乎公司章程可以规定股东对外转让股权须经董事会同意,而且国外也有需董事会同意的立法例。

但是,如果把《公司法》第71条第1—4款条文作为一个整体来研究,恐怕就不能这么简单地认为。权利与义务往往是一体两面,不能简单割裂,对股东转让股权的同意权也是如此。比如,根据《公司法》第71条第2款的规定,股东向股东以外的人转让股权,其他股东享有同意权并承担不同意时的购买义务。法律之所以如此规定,是因为股权转让自由是股东的基本权利,位阶上高于对股东转让股权的同意权,其他股东不能以行使同意权为由变相剥夺股东转让股权的自由。同理,如果公司章程只赋予董事会对股东转让股权行使同意权,而没有一并规定董事会决议不同意时由公司或其他股东承担按合理价格购买该转让股权的义务,以及不购买的视为同意转让,实际上这就变相剥夺了股东转让股权的自由,这样的规定因违反公司法强制性规范而无效。

当然,如果公司章程在赋予董事会对股东转让股权行使同意权时,一并规定当董事会决议不同意时由公司按合理价格回购该转让股权,由于在这种情况下公司回购股权不符合《公司法》第74条规定的异议股东行使股权回购请求权的条件,其合法性可能会存在一定争议。不过,2018年10月26日全国人民代表大会常务委员会《关于修改〈中华人民共和国公司法〉的决议》放松了对于公司回购自身股份的限制。

4. 公司法关于股权转让限制的规定是强制性规范还是任意性规范

我国《公司法》第71条第2款对股权转让作出了限制性规定,即股东向股东以外的人转让股权,应当经其他股东过半数同意。股东应就其股权转让事项书面通知其他股东征求同意,其他股东自接到书面通知之日起满三十日未答复的,视为同意转让。其他股东半数以上不同意转让的,不同意的股东应当购买该转让的股权;不购买的,视为同意转让。该规定究竟是强制性规范还是任意性规范呢?

笔者认为,这属于任意性规范,既可以由当事人选择适用,也可由当事人变更或排除适用。理由是《公司法》第71条第4款规定:"公司章程对股权转让另有规定的,从其规定。"这表明对股权转让的法律限制属于任意性规范,公司章程可以对股权转让作出与法律不同的规定。当然,如果公司章程没有排除适用《公司法》第71条第2款,则该条款由任意性规范转为强制性规范。

5.有效的公司章程限制条款对股权转让有何影响

如上所述,公司法允许公司章程对股权转让进行限制,但不得违反法律和行政法规的强制性规定,不得侵害股东的固有权。否则,这种限制性规定无效。

在公司章程限制条款有效的情况下,限制条款将对股权转让产生以下影响:

(1)基于对公司自治的尊重,公司法允许公司章程对股权转让进行限制

如《公司法》第71条第4款规定:"公司章程对股权转让另有规定的,从其规定。"第75条规定:"自然人股东死亡后,其合法继承人可以继承股东资格;但是,公司章程另有规定的除外。"

(2)有效的公司章程限制条款对股权转让合同效力的影响

股权的实质是股东与公司之间的法律关系。若股权转让违反公司法或公司章程限制条款,公司有权拒绝办理股权变更登记,这时股权转让合同的履行就会出现履行不能。合同效力属于合同订立范畴,履行不能属于合同履行范畴,合同履行结果不影响合同效力,否则本末倒置、逻辑不通。无论是法律上还是事实上的履行不能,根据《民法典》第580条的规定,均不影响合同效力,不影响违约责任的承担。

可见,合同的效力可以与权利变动结果相区分[1],故股权转让合同违反《公司法》及公司章程规定的,不会当然无效。股权转让合同的效力问题,应当适用《民法典》合同编的规定予以认定。[2] 因此,除了存在法律规定的无效情形应认定合同无效,违反公司章程限制条款的股权转让合同一般认为有效。

(3)有效的公司章程限制条款对股权变动的影响

如果股权转让合同违反有效的公司章程限制条款,虽然并不必然导致该股权转让合同无效,但是公司有权以该股权转让违反公司章程为由拒绝在股东名册上予以登记,因而导致股权不发生移转,即不发生股权变动的效力。

如果第三人符合善意取得的要件,则可善意取得该股权。[3]

---

[1] 参见杜万华主编:《最高人民法院公司法司法解释(四)理解与适用》,人民法院出版社2017年版,第461页。
[2] 参见王东敏:《公司法审判实务与疑难问题案例解析》,人民法院出版社2017年版,第264页。
[3] 参见虞政平:《公司法案例教学》,人民法院出版社2012年版,第927页。

(二) 如何设计股权转让限制条款

1. 公司章程对股权转让可以采取一种限制措施,也可以同时采取几种限制措施。

实践中,公司限制股权转让的措施主要有三种:同意权、优先购买权和强制转让条款。

根据《公司法》第 71 条第 4 款的规定,公司章程对股权转让另有规定的,从其规定。因而法律对股权转让同意条款的规定属于任意性规范,只要不违反法律、行政法规强制性规定和公平原则,公司可自行规定章程内容。

基于公司人合性,《公司法》第 71 条第 3 款规定了股东同等条件下的优先购买权,即经股东过半数同意转让的股权,其他股东享有与第三人同等条件下的优先购买权。同时,该条第 4 款又授权公司章程可另行规定。故公司法关于优先购买权的规定是任意性法律规范,因此公司章程可以予以限制或取消,当然这种限制或取消须公平合理。

强制性转让条款是公司章程在"同意条款"和"优先购买权"之外经常采用的一种限制性措施。一般认为,强制性转让是在公司章程规定的强制转让条件被触发时,触发条件的股东应当按照公司章程规定之价格和方式,将股权转让给公司章程指定的对象。基于对公司内部意思自治的尊重,法律对公司章程中强制转让安排并不予以干涉,但前提是强制转让的安排在内容和程序上应当合法、合理。[①]

虽然我国《公司法》没有规定股权强制性转让,但也没有明确禁止。如果公司章程在股东自治基础上制定的强制性股权转让条款已包含了"自愿性因素",只要不违反法律、行政法规强制性规定,就应当认定为有效。这就如同附条件生效的合同或合同条款。

2. 公司章程既可以在程序上对股权转让进行限制,也可以在实体上对股权转让进行限制

前者是指对股权转让在公司内部需要履行的程序作出规定,比如规定:"股东向股东以外的人转让股权,应当经其他股东过半数同意。股东应就其股权转让事项书面通知其他股东征求同意,其他股东自接到书面通知之日起满三十日未答复的,视为同意转让。其他股东半数以上不同意转让的,不同意的股东应当购买该转让的股权;不购买的,视为同意转让。"

后者是指对股权转让的条件等作出实质性限制,比如规定:"自然人股东在退休、辞职、离职、调离等情况下必须将股份转让给公司或其他股东。"

---

① 参见虞政平:《公司法案例教学》,人民法院出版社 2012 年版,第 926 页。

有的情况下,程序上的限制也可能在实质上限制股权的转让,比如公司章程规定股东转让股权"须经股东会一致同意",此限制看似属于程序性规定,但在无法取得股东会一致同意的情形下,其效果等同于实质性限制股权转让。

3. 公司章程可以对股权内部转让和外部转让均进行限制

虽然《公司法》对于股权内部转让实行自由原则,但是从《公司法》第71条第4款来看,《公司法》并不排斥公司章程对内部转让作出限制。股权内部转让虽然不会影响公司的人合性,但股权在公司内的流动将导致公司股权结构发生变化,甚至带来公司控制权的变动。因此,公司章程作出对股权内部转让比外部转让更加严格的限制也是可能且合理的。

《公司法》对于股权外部转让采限制主义实行同意原则,即须经其他股东过半数同意,以维护公司的人合基础。但根据《公司法》第71条第4款的规定,公司也可基于某种原因,规定股权外部转让无须其他股东同意,或者规定股权外部转让须经其他股东2/3以上同意。比如规定:"股东之间相互转让其全部或部分股权,必须经其他股东一致同意。其他股东未一致同意的,其他股东按出资比例受让该转让股权。"

4. 公司章程既可作出一般性限制,也可作出特别限制

所谓特别限制是指对特殊情形中的股权转让所作的限制,主要是由于特殊身份关系而产生的特别限制。比如,可对公司董事、高级管理人员持有及转让股权进行如下限制:董事、监事、总经理及其他高级管理人员在其任职期间不得向现有股东以外的人转让股权。或者规定:董事、总经理未经其他全体股东同意,不得转让股权;如其执意退出公司,但又不能获得全体股东同意的,须辞去董事、总经理职务,在其办妥离职及工作移交手续后按照公司章程有关普通股东转让股权的规定执行。

对于普通职工股也可进行特别限制,因为职工股的设置主要是将公司的经营业绩与职工的利益联系在一起,以提高职工工作积极性,如果允许持有职工股的职工自由转让股权,就会违背职工股设置的初衷。

公司章程还可规定股权可以在夫妻之间、尊卑直系亲属之间自由转让,或者规定他们之间的股权转让也要依照股东以外第三人的股权转让限制条件进行。

一般性限制是指对特别限制之外的一般性股权转让所作的限制。特别限制既可以是对一般性限制的紧缩,也可以是对一般性限制的放松。

5. 公司章程既可对全部转让进行限制,也可对部分转让进行限制

股东可能一次性转让其持有的全部股权,也可能只转让其持有的部分股权,公司章程相应地可进行全部转让限制,也可进行部分转让限制。

由于转让部分股权往往会增加股东人数,使股东间的相互信任和合作难度增

加,因此公司章程可以对股权部分转让作出比全部转让更加严格的限制。

6. 是否同意股权转让,可以表决,也可以不表决

《公司法》并没有要求获得其他股东过半数同意须以表决形式,实际上,其他股东以书面答复同意或不同意亦可。

当然公司章程规定以股东会决议方式对股权转让行使同意权也不违反《公司法》。对股权转让作出是否同意表示的表决机制可以分为"股东多数决"和"双重多数决"。我国《公司法》第71条规定的是"股东多数决",即股权转让须经其他股东的过半数同意。当然,公司章程也可另行规定"双重多数决",即股权转让须经全体股东的过半数同意及持有全体股东表决权的2/3以上同意。

7. 公司章程可以限制股权转让人或股权受让人范围

比如,对特殊股东转让股权进行限制:公司董事未经其他全体股东同意,不得转让其股权;如其执意退出公司,但又不能获得其他全体股东同意的,须先辞去董事会职务才可转让其股权。

又如,对股权受让人的范围进行限制:仅允许转让给已有股东的家人或者雇员;或者禁止转让给公司竞争者。或者规定:股东必须是中国人,或者规定受让人必须是女性或者男性。

8. 公司章程对股权转让的可以限制附期限,也可以附条件

比如,公司成立之后3年内股东不得转让其股权。

又如,某个股东被解雇后,控股股东必须按照账面净资产法评估价收购被解雇股东的全部股权。

总之,客观情形多种多样,当事人的要求应有尽有,限制办法也变化无穷。只要不违反法律的限制性规定,都可以设计和安排。

9. 公司章程可以对股权转让与公司治理、公司解散等进行联动式限制

比如规定:"如果某个股东要转让股权,则公司解散。"或者规定:"如果某个股东要转让股权,公司内部无人购买该转让的股权时,公司解散。"

10. 对股权转让的同意,既可以要求股东同意,也可以要求公司同意,或者要求股东和公司均同意

股东同意模式:如股东向股东以外的第三人转让股权,应当经其他股东过半数同意。股东应就其股权转让事项书面通知其他股东征求同意,其他股东自接到书面通知之日起满30日未答复的,视为同意转让。其他股东半数以上不同意转让的,不同意的股东应当购买该转让的股权;不购买的,视为同意转让。

公司同意模式:如股东向股东以外的第三人转让股权,应当经公司股东会2/3以上表决权通过。公司不同意转让的,应当购买该转让的股权。

11. 公司章程可以规定公司或其他股东指定特定当事人购买待转让股权

比如,公司可指定全部或部分股份的收购人。这样可以避免股东不熟悉人的贸然进入公司,以维护公司人合性和股东的投资自由。

12. 把握好对股权转让进行限制的度

《公司法》第 71 条第 4 款明确规定:"公司章程对股权转让另有规定的,从其规定。"这表明对股权转让的法律限制属于任意性规范,公司章程可以对股权转让作出与法律不同的规定。但这并不意味着公司章程可随意设定。

有限责任公司兼具人合与资合特性。资合性要求股权可以自由转让,而人合性则要求对股权转让作出限制,以维系公司股东的信赖基础。资合性的最低标准体现在不应当禁止或变相禁止股权转让。我国司法实务界较为倾向于认定禁止或者变相禁止股权转让的章程限制条款为无效,学界也多持这种观点。

公司章程对于股权转让的限制必须体现公平性,能够平衡公司与股东、转让股东与其他股东、受让方与公司及其他股东、公司及其他股东与善意第三人之间的利益,否则限制条款将遭遇合法性质疑。

四、公司章程法律意见书

(一) 乘改革东风,推销个性化公司章程

起草公司章程属于公司自治的范畴,政府部门没有义务协助,也没有权力进行干预。但基于服务型政府的法治理念,政府有关部门包括公司登记机关和证券监管机构等部门可以发挥行政指导的作用,正确引导公司起草章程。然而,长期以来,有些政府部门及其工作人员还保留计划经济时代的管理思维,把行政指导误以为行政强制,强制公司照搬照抄章程范本,很少接受量体裁衣式的个性化公司章程。

随着商事登记制度改革和"放管服"改革的推进,工商部门已经意识到强制公司照搬照抄章程范本是错误的,并开始抛弃原来处处设"卡"的旧思维。

如遇到工商部门工作人员不接受律师起草的个性化的公司章程,律师可以运用理论依据和法律依据,以及当前商事登记改革的大形势,和工商部门进行沟通,说服他们接受个性化的公司章程。

因此,律师就公司章程设计向企业报价可分为两部分:第一部分是起草公司章程的收费;第二部分是,如需律师和工商部门沟通,应另外就出具法律意见书支付律师费。

(二) 公司章程法律意见书

律师就公司章程合法性出具法律意见书时,一般需先就以下事项发表法律意

见,再发表整体性、结论性的法律意见:

①发起人(股东)是否具备合法出资资格,是否符合法定人数;

②公司章程制定程序是否符合法律规定;

③公司章程上发起人(股东)的签字是否属实,是否为发起人的真实意思表示;

④公司名称和住所是否符合法律规定;

⑤公司经营范围是否符合法律规定;

⑥公司注册资本以及各方出资比例、出资方式、出资期限是否符合法律规定;

⑦公司的机构及其产生办法、职权、议事规则是否符合法律规定;

⑧公司法定代表人任职资格是否符合法律规定;

⑨公司章程的内容是否与法律强制性规定相冲突。

律师就公司章程出具法律意见书,应像出具其他法律意见书一样,遵循客观性、合法性、针对性和准确性的原则和工作规范,这不仅是维护当事人利益的要求,也是律师防范执业风险的需要。

第四节 股东身份识别

一、取得股东资格的实质要件

股东是公司的股东。股东对公司享有权利并承担义务,公司也对股东享有权利并承担义务。股权是股东与公司之间的法律关系。根据法律关系和法律行为的基本理论,取得股东资格必须满足以下两个条件:

(一)合意

要判断一个主体能否取得股东资格,首先必须考量该主体有无成为公司股东的真实意思。[1] 如果一个主体没有成为某公司股东的意愿,就不能成为该公司的股东。如在李某国诉厦门顺鑫盛机械有限公司等股东资格确认纠纷案[2]中,虽然顺鑫盛公司以李某国的名义出资并进行工商登记,但李某国并无实际出资,也没有作为公司股东的真实意思表示,不具备股东的基本要件。因而人民法院驳回李某国关于确认共享有顺鑫盛公司5%的股权的诉讼请求。最高人民法院在湖北省利

---

[1] 参见胡晓静:《有限责任公司股东资格确认标准的思考》,载《国家检察官学院学报》2012年第3期。

[2] 参见福建省厦门市集美区人民法院(2011)集民初字第932号民事判决书(一审),福建省厦门市中级人民法院(2011)厦民终字第2928号民事判决书(二审)。

用世界银行贷款项目办公室与湖北东方农化中心、襄樊市襄阳区农业开发经济技术协作公司股权纠纷案①中指出,黄涛以农业项目办的名义与机设公司订立《湖北省农业厅周转金借款合同书》,虽约定农业项目办向机设公司贷款350万元,但因没有证据表明该合同成立时农业项目办具有向钾肥公司出资并成为股东的意思,所以无论机设公司以汇票形式缴付的237万元出资款是否来源于农业项目办或者由农业项目办向机设公司偿还,农业项目均不能就该237万元出资款形成的股份主张权利。

其次必须获得公司的同意与认可,即该主体与公司就双方成立股权法律关系达成合意。如果双方未达成合意,股权法律关系就无从成立。

在股权原始取得的情形下,公司设立阶段,公司尚未成立,发起人是公司的机关②,可以代表公司。发起人、认股人共同制定公司章程,设立公司的行为,不仅表明发起人、认股人就成立公司达成合意,也表明发起人、认股人与设立中的公司就成立股权关系达成合意。

在股东继受取得的情形下,公司已经成立,公司章程业已生效。备案公示的公司章程不仅是公司宪章,对公司、股东、董事、监事、高级管理人员有约束力,也是招揽潜在股东的公开要约,类似于悬赏合同。一个主体以符合公司章程的方式承认章程并出资,就是一种承诺,该主体与公司就成立股权关系达成合意。如股权转让不符合公司法和公司章程的规定,公司有权拒绝办理股权变更登记。③ 该股权转让行为因不符合公司招揽股东的公开要约而不构成承诺,公司不受该股权转让行为的约束。

(二) 出资

资本是公司成立的基本条件,也是公司进行经营活动的物质基础。公司资本来源于股东出资。没有出资,公司就无法成立。虽然现行《公司法》不再对一般公司的最低注册资本额进行限定,但这并不意味着设立公司不需要出资。恰恰相反,《公司法》第23、76条分别明确规定"有符合公司章程规定的全体股东认缴的出资额"或"有符合公司章程规定的全体发起人认购的股本总额或者募集的实收股本总额"是公司成立的条件之一。因此,出资是取得股权的必要条件,也是股东承担

---

① 参见湖北省高级人民法院(2009)鄂民二初字第00011号民事判决书(一审),最高人民法院(2010)民二终字第113号民事判决书(二审)。

② 参见赵旭东主编:《公司法学》(第四版),高等教育出版社2015年版,第111页;王保树、崔勤之:《中国公司法原理》(最新修订第三版),社会科学文献出版社2006年版;朱慈蕴:《公司法原论》,清华大学出版社2011年版,第88页。

③ 参见赵旭东主编:《公司法学》(第四版),高等教育出版社2015年版,第258页。

有限责任的前提条件。①

在股东原始取得的情形下,发起人和认股人因向公司实际出资或承诺出资而直接取得公司股权。

在股权继受取得(包括依法转让、赠与、继承、强制执行等)的情形下,继受主体虽然没有直接向公司出资,但转让方(赠与人、被继承人、被执行人,以下统称转让方)已经替继受主体进行了出资,体现为原股东先前投入的资金资本因继受行为而转换为继受人投入。②

如果公司章程没有排除《公司法》第71条第1—3款的适用,这就意味着取得其他股东过半数同意是公司同意与认可该主体成为公司股东的合意条件之一。未经其他股东过半数同意,公司就不会同意该主体成为公司股东,双方未就成立股权关系达成合意,故《公司法解释三》第24条第3款规定:"实际出资人未经公司其他股东半数以上同意,请求公司变更股东、签发出资证明书、记载于股东名册、记载于公司章程并办理公司登记机关登记的,人民法院不予支持。"

综上,取得股东资格股权必须同时满足两个要件:其一,与公司达成合意;其二,实际出资或认缴出资。在股权转让场合,《股权转让合同》生效仅仅表明转让方与受让方达成合意并对双方具有约束力,但该协议对公司没有约束力。只有当转让方为履行《股权转让合同》而实际交付出资份额(股份)并通知公司,经公司同意的,这时才满足合意与出资的要件,股权发生变动,受让方成为该公司股东。如果股权转让不符合公司法和公司章程,这时未满足"与公司达成合意"的要件,公司有权拒绝,此时股权转让合同虽然有效,但股权不发生变动。

二、取得股东资格的形式要件

所谓形式要件,是指以出资证明书(股份凭证)、股东名册、公司章程或工商登记的记载作为确认股东资格(股东身份)的依据。权利是具体的,也是无形的。无形的股权需要借助一定的表象显现出来,股份凭证、股东名册、公司章程以及工商登记是从不同角度表证股权的存在,是实质要件的外在表现。③

股权是股东与公司之间的法律关系。第三人不参与公司,便无从知晓股权法律关系的设立、变更与终止,主要从登记后的出资证明书、公司章程、股东名册、工

---

① 参见赵旭东主编:《公司法学》(第四版),高等教育出版社2015年版,第190页。
② 参见最高人民法院民事审判第二庭编著:《最高人民法院关于公司法解释(三)、清算纪要理解与适用》,人民法院出版社2011年版,第349页。
③ 参见最高人民法院民事审判第二庭编著:《最高人民法院关于公司法解释(三)、清算纪要理解与适用》,人民法院出版社2011年版,第345页。

商登记的记载作为查知股东信息的依据。这些具备商业外观的文本记载某个主体是公司股东,则认为该主体为公司股东。故当股东资格争议涉及第三人时,为维护交易秩序和交易安全,应从第三人的视角即商业外观考察取得股东资格的要件。

三、股东资格的认定标准

股权的实质是股东与公司之间的法律关系。一个主体要取得一个公司股东资格(即股东身份),必须具备合意和出资两个实质要件。形式要件从维护交易安全角度出发,以出资说明书、股东名册、公司章程以及工商登记的记载内容来证明某主体是否具备合意和出资的要件,并非以此否定实质要件。形式要件存在的意义主要在于涉交易第三人时对善意的保护[1]。因此,实质要件与形式要件在本质上是统一的,只是当股权争议涉及第三人时,应从维护交易安全角度对相关证据进行认证,即公示证据的效力大于未公示的证据。

司法实践中,最高人民法院认为,股东取得股东资格和股东权利,无论是原始取得还是继受取得,都须符合实质要件和形式要件[2]。实质要件是取得股东资格的必要条件,形式要件是实质要件的外在表现,形式要件主要意义是保护善意第三人,平衡公司股东与债权人、善意第三人的利益。

四、认定股东资格的证据

如上所述,取得股东资格必须具备合意和出资两个要件。当股权归属发生争议时,通常情况下,按照一般证据规则对相关证据进行认证。当事人应当提供能证明其具备取得股权实质要件的证据,以确定相关当事人是否具备股东资格;在股权争议涉及善意第三人的情况下,按照商业外观和公示主义原则对相关证据进行认定,以确定相关当事人是否具备股东资格。其中,能证明当事人具备合意和出资实质要件的证据是基础证据。

(一)股东名册及其效力

按照我国《公司法》第32、130条的规定,公司应当置备股东名册,记载股东的基本信息。当投资者在公司股东名册上合法记载后,即取得股东身份。因此,股东名册作为公司的法定必备账册,属于认定股东身份的效力证据,具有特定的效力。

---

[1] 参见最高人民法院民事审判第二庭编著:《最高人民法院关于公司法解释(三)、清算纪要理解与适用》,人民法院出版社2011年版,第345页。

[2] 参见最高人民法院民事审判第二庭编著:《最高人民法院关于公司法解释(三)、清算纪要理解与适用》,人民法院出版社2011年版,第345页。

具体体现如下①:

(1)股东名册是公司对股东通知的根据。公司向股东发出通知,仅以股东名册记载的股东及其地址为根据。

(2)股东名册是确定股东的依据。由于股东均应记载于名册上,因而记载于股东名册中的人,都应推定为股东。如对此否认,否认者应当承担举证责任。

(3)股东名册是股东主张股东权利的依据。记载于股东名册的股东,可以依照股东名册主张行使股东权利。

(4)股东名册可以确认股权变动的效力。公司内部的股权登记变动之时即为股权变动之时,此谓公司内部登记生效主义。

在以股东名册作为确认股东资格的依据时,应对股东名册作广义解释,即可将公司对股东认可的文件视为股东名册,而非一定要以格式化的股东名册为凭证。对于那些根本就没有置备股东名册的公司,显然亦不能仅以缺乏股东名册的记载为由来否认股东身份。因此,股东名册不具有绝对的意义,而是相对的推定。如有充足证据证明公司拒不作股东登记或登记错误,则当事人有权要求公司进行股东登记或更正股东登记。

可见,股东名册反映了股东与公司的私权关系,表明了股东与公司之间在成员身份和财产关系上的联系。将股东记载入公司股东名册,既是股东的权利,也是公司的义务。未在股东名册中登记的股东,也不是必然不具备股东身份,因为公司拒不作股东登记或登记错误,属于履行义务不当,不能因此产生剥夺股东身份的效力。故股东名册作为确定股东身份的依据,具有权利推定效力。

(二)股份凭证及其效力

《公司法》第31条规定:"有限责任公司成立后,应当向股东签发出资证明书……"第125条规定:"……公司的股份采取股票的形式。股票是公司签发的证明股东所持股份的凭证。"可见,我国公司法中的股份凭证包括有限责任公司向股东签发的出资证明书和股份有限公司向股东签发的股票。

有限责任公司的出资证明书,是有限责任公司成立后由公司向股东签发的证明其出资及相关权利的证书。从《公司法》第31条规定的出资证明书的内容和作用来看,出资证明书具有以下效力:①证明股东已出资。它既可证明股东已履行了缴纳出资的义务,还可证明该股东的出资比例。②证明股东身份。因为它记载了股东的出资比例,是股东对公司享有权利和承担义务的依据。③注销出资证明书具有消灭出资关系的效力。根据《公司法》第73条的规定,转让股权后,公司应当

---

① 参见王保树、崔勤之:《中国公司法原理》(最新修订第三版),社会科学文献出版社2006年版,第80页。

注销原股东的出资证明书,故注销出资证明书即意味原股东与公司之间的出资关系因此消灭。

出资证明书是股东记载于股东名册的根据,但股东名册一旦对股东作出记载,则股东名册的证明力通常优于出资证明书。

有限责任公司签发的出资证明书与股份有限公司签发的股票,表明了股东与股份的权属关系,是一种权利凭证,可以作为认定股东身份的基础证据。所谓基础证据也称源泉证据,是指证明股东取得股权的基础法律关系的法律文件。[1] 基础证据也是证明股权取得途径的法律文件,根据《公司法解释三》第22条的规定,认定股东身份的源泉证据包括两类:①股东原始取得股权的股份凭证。如无股份凭证的,则应提供证明其已经依法向公司出资或者认缴出资的其他证据材料。②继受取得股权的证据,如股权转让合同、赠与合同、遗嘱、夫妻财产分割协议、共有财产分割协议等。

根据《公司法解释三》第23条的规定,当事人一旦取得了合法有效的基础证据,就可要求公司履行法定登记形式,确认自己的股东身份。易言之,未记载于股东名册但持有合法有效基础证据的当事人也可向公司主张股权及股东身份。

(三) 公司章程

公司章程是公司法规定的公司成立和存续的必要前提和条件。由于股东及其出资额是公司章程绝对的必要记载事项,这在一定程度上起到了股东身份外观表现形式的作用。但根据《公司法》第76条第(四)项的规定,签署公司章程并不能作为股东获取股东身份的必经程序,在不同的公司形态及不同的公司注册制度下,未签署公司章程而获得股东身份的情形也同样存在。

可见,公司章程一般在股东名册和股份凭证欠缺或失真的情况下,对确认发起人的股东身份具有外观证明价值,是确认股东身份的效力证据之一。

(四) 工商登记

包括股东登记在内的工商登记,表明了公司登记机关对股东身份和股东权利的一种确认和公示。由于公司登记机关系依法设定,并独立于公司及股东而存在,因此,工商登记具有较高的公信力和证据效力,善意第三人有理由信赖工商登记文件。所以,根据《公司法》第32条第3款的规定,工商登记具有外部对抗第三人的效力。所谓对抗第三人的效力,是指股权变动的信息经由公司登记机关披露给社会公众以后,应当推定社会公众知道或应当知道这些披露的信息。倘若股权变更后,公司怠于前往公司登记机关办理变更登记的,股权变动的效力虽不因此受影

---

[1] 参见刘俊海:《公司法学》,北京大学出版社2008年版,第155页。

响,但不能对抗善意第三人,故工商登记文件属于对抗证据。协助办理股权变更登记是公司的法定义务。如当事人拥有合法有效的源泉证据,就可根据《公司法解释三》第23条的规定,要求公司进行工商登记或工商变更登记。

(五) 基础证据、效力证据与对抗证据[①]

一般情况下,股份凭证属于认定股东身份的基础证据,股东名册和公司章程则属于认定股东身份的效力证据,工商登记文件属于认定股东身份的对抗证据。当然这种区分不是绝对的,在有些情况下,股东名册和公司章程也能起到证明股东取得股权基础法律关系的作用。

基础证据是证明股东取得股权的基础法律关系的法律文件。实际上,这些合法有效的基础证据具有证明民事主体获得股东身份的方式,符合取得股权的实质要件的作用;而效力证据和对抗证据则具有证明民事主体获得股东身份符合取得股权的形式要件的作用,其中效力证据属于生效程序要件,对抗证据属于对抗程序要件。

如前所述,股东是股权的持有人,合法取得股权即意味获得了股东身份,合法取得股权(份)的要件也是获得股东身份的要件。获得股东身份的要件包括实质要件和形式要件,或者说获得股东身份的要件是实质要件和形式要件的统一。因此,正常情况下,基础证据和效力证据及对抗证据是统一、协调的,它们的证明指向一致、不相互冲突。

不过,在现实生活中,由于种种原因,基础证据、效力证据和对抗证据有时也会相互冲突。这时,为保护交易安全,根据《公司法》第32条,《公司法解释三》第23、27条等规定,应在保护善意第三人的前提下,尊重基础证据的效力。

五、股东身份识别中的利益平衡

如上所述,取得股东资格必须具备合意和出资两个要件。具体到个案,如何认定相关当事人是否具备取得股东资格的要件? 这时应当遵循利益平衡、内外有别原则:①当股权争议不涉及第三人时,按照实质重于形式原则认定相关当事人是否具备合意和出资的实质要件。符合实质要件的,认定该当事人具有或取得股东资格;不符合实质要件的,则否认其股东资格。②当股权争议涉及善意第三人时,由于第三人无法探究公司背后的真实情况,故应依照外观主义原则对相关证据进行认定,以确定相关当事人是否具备股东资格,从而维护交易安全,保护善意第三人,

---

[①] 基础证据是证明股东取得股权的基础法律关系的法律文件。实际上,这些合法有效的基础证据具有证明民事主体获得股东身份的方式符合取得股权的形式要件的作用,其中效力证据属于对抗程序要件。

平衡公司股东与债权人、第三人的利益。以下几种常见情况下的股东身份识别,是这种理念在实务中的具体运用。

六、几种常见情况下的股东身份识别

(一) 隐名投资者可否诉请成为公司显名股东

隐名投资者是指借用他人名义设立公司或以他人名义出资并在公司章程、股东名册与工商登记中将他人登记为公司股东的实际出资人。而并未实际出资,代实际出资人持有股权并被登记为公司股东的人,称为名义股东。虽然隐名投资者有实际出资,但该隐名投资者系以他人名义出资,也就是说该名义股东与公司形成出资关系,故公司以出资证明书及股东名册为依据确认名义股东的股东身份,符合《公司法》第 32 条等有关规定。

公司兼具人合性和资合性,公司及其他股东认可名义股东的股东身份,但这并不意味着公司及其他股东对隐名投资者的认可。故隐名投资者要求将名义股东变更为隐名投资者,根据《公司法解释三》第 24 条第 3 款的规定,应经公司其他股东半数以上同意,否则人民法院不予支持。

当然,名义股东因该出资而获得的投资权益应按照双方协议的约定,转交隐名投资者。

(二) 借名出资情形下,股东身份如何认定

所谓借名投资,是指实际出资人为了规避国家法律的限制性规定、隐蔽财产情况或是出于其他考虑,虽然在公司中实际认购出资,但在公司章程、股东名册或工商登记文件中记载他人为公司股东,该登记股东是名义出资人。

在借名出资情况下,实际出资人与名义出资人约定,实际出资人以名义出资人的名义参与设立公司、出资,并行使股东权利和承担股东义务,而名义出资人本身既没有出资也没有行使股东权利的意思表示,且没有实际行使股东权利,其仅仅是被借名而已。[①] 在涉及善意第三人时,由于名义出资人在对外关系上是作为公司的股东出现的,交易关系中的第三人无法探求公司背后的真实情况,因此,为保护交易安全,在对外关系上应由名义出资人承担股东所应承担的民事责任。[②] 名义出资人承担该民事责任后可向实际出资人进行追偿。

---

① 参见最高人民法院民事审判第二庭编著:《最高人民法院关于公司法解释(三)、清算纪要理解与适用》,人民法院出版社 2011 年第 1 版,第 429 页。

② 参见最高人民法院民事审判第二庭编著:《最高人民法院关于公司法解释(三)、清算纪要理解与适用》,人民法院出版社 2011 年版,第 430 页。

若实际出资人已进行出资并实际行使了全部股东权利,公司及其他股东已对此予以认可,如不违反法律、行政法规强制性规定,则符合取得股权的实质条件,根据《公司法解释三》第22、23、24条等规定,应确认实际出资人为股东。当然,如果实际出资人的前述行为违反法律规定,可依法对实际出资人进行处罚,乃至拍卖其股权并追缴其投资收益。

(三) 冒名出资情形下,股东身份如何认定

所谓冒名出资,是指冒名者以根本不存在的人的名义(如去世者或虚构者)出资登记,或者盗用他人的名义出资登记,冒名者与被冒名者之间不存在类似于隐名投资的合意。

被冒名者既没有与公司其他股东设立公司的合意及出资之意,即没有成为公司股东之意思,也没有实际出资,且根本不知其名义被冒用,实际上不可能享有股东权利,因而不应作为公司股东承担相应的出资义务和责任。而冒名者作为冒名行为的法律主体,实际上行使着股东权利,按照责任自负及权利义务相一致原则,冒名者理应承担股东应尽的义务和责任。因此,根据《公司法解释三》第28条的规定,如果公司和其他股东对冒名出资予以认可,或者在得知后的合理时间内未提出异议,应当认定冒名者的股东身份,并责令其办理变更登记。如果公司和其他股东对冒名出资不认可,或者在得知后的合理时间内提出异议,则可以行使撤销权,要求冒名者退出公司。当然公司债权人在冒名者退出公司前以冒名者未履行出资义务为由,有权要求冒名者承担补足出资责任或补充清偿责任。

(四) 股权转让后尚未办理变更登记,股东身份如何认定

当事人签订股权转让合同后,应当按照合同约定交付股权,通知公司办理股东名册变更登记和工商变更登记。如果股权转让违反公司法或公司章程,公司有权拒绝股权变更登记,这种情况下,股权转让合同就会出现履行不能,股权没有发生转移。这时,转让方仍然是公司股东,而受让方不是公司股东。受让方因此与公司发生争议的,可依照《公司法解释三》第23条的规定诉请人民法院要求公司履行股权变更登记义务。但在确权裁判生效之前,受让方仍然不是公司股东。

股权转让合同生效后,若转让方未通知公司办理股权变更登记,或者拒绝或怠于协助受让方将合同项下的股权过户给受让方,股权仍属于转让方,则受让方有权诉请人民法院依法判令转让方履行交付股权的义务并追究转让方的违约责任。

股权转让后尚未向公司登记机关办理变更登记,原股东将仍登记于其名下的股权转让、质押或者以其他方式处分,受让股东以其对于股权享有实际权利为由,请求认定转让方处分股权行为无效的,人民法院可以参照《民法典》第311条的规定(即善意取得规定)处理。

第三章 公司治理维持实务

公司治理是当今企业经营关注的热点问题,公司治理作为现代企业制度的核心,很大程度上决定着企业的运营成果、风险防控和发展前景。构建完备有效的公司治理结构和制度,是保障企业健康成长和发展的重要基础。

"公司治理"(Corporate Governance)一词最早是由美国经济理论界的学者提出的,其核心是处理由于所有权和经营权分离,所有者与经营者的利益或目标不一致而产生的委托与代理关系。狭义的公司治理是指公司内部治理。内部治理主要针对股东利益保护的问题,所有者监督经营者,防止经营者背离所有者的利益,主要通过股东大会、董事会、监事会以及管理层所构成的公司治理结构进行内部管理。广义的公司治理,除了保障股东的利益,还关注平衡公司内、外部利益相关者的关系,治理的目标不仅是股东利益的最大化,同时还要保护公司各方面利益相关者的利益,以保障公司长期稳定发展。

公司对内关系包括公司与公司设立人(发起人)、公司与股东(包括公司与控股股东、公司与小股东)、公司与董事、公司与经理、公司与监事、公司与法定代表人、公司与职工、股东与股东、旧股东与新股东、股东与董事和经理、股东会与董事会、股东会与监事会、董事与董事、董事会与董事长、董事会与监事会、董事会与公司秘书、董事会与党组织、董事与独立董事(外部董事)、董事与经理、董事长与董事、董事长与总经理、公司与工会、公司与分公司(分支机构)、公司与所属各管理部门、公司与清算组、清算组与股东,等等。这些关系均产生法律上的权利义务,均要遵循相应的规则,涉及公司法的方方面面。

公司对外关系包括公司与债权人,股东与债权人,公司与债务人,公司与客户,公司与交易相对人,公司与政府(注册机关、主管部门、监管机构、相关许可证颁发机关、税务局),公司与社会,公司与公众,公司与子公司(公司对外投资),公司与证券交易所,公司与行业协会,公司与清算组、破产管理人,清算组、破产管理人与股东及与债权人,等等。对外关系除由公司法调整外,更多的是由其他法律调整,如民法典、产品责任法、消费者权益法、行政法、证券法、破产法等。

笔者认为,公司治理就是正确处理上述对内对外关系,平衡各方利益。公司治理的核心价值是通过一套合理的制度安排使公司诸利益主体的利益得到平衡,在最大限度减少代理成本的同时,提高企业经营效益。上述对内对外关系涉及众多法律问题,在公司治理领域,律师可围绕正确调整和处理这些关系提供专业服务。

同时,律师如果对上述对内对外关系均弄通弄懂,对公司法的理解也就基本透彻了。

本章共分为四节,先简要介绍律师可以为公司治理与维持提供的主要法律服务范围(第一节),然后重点介绍了公司常年法律顾问服务(第二节),公司董事、监事、高级管理人员行为管理法律服务(第三节)和股权激励律师实务(第四节)。

第一节 律师为公司治理与维持提供的法律服务范围概述

私法的精髓在于自治。公司治理规则大多属于自治范畴,当事人和律师发挥作用的余地很大。律师为公司治理与维持提供的法律服务贯穿于公司运营的整个过程,范围极为宽广。律师服务的宗旨是为公司的治理有序、健康运营、持续发展保驾护航。主要服务包括但不限于以下二十七项。

一、协助制定和完善公司治理制度

完善的符合公司实际的公司治理结构和基本方略,对恰当调整公司各种内外法律关系,预防内部纷争,保障公司持续稳定发展至关重要。公司治理制度体现在公司章程、股东协议、股东会议事规则、董事会议事规则、监事会议事规则、总经理经营管理规则、董监高行为规范及其他公司基本制度中。这些规则不仅包含法律规定和惯例通用的内容,而且更多的是根据当事人的实际情况设计的个性化内容。

二、协助申请和更新公司营业需要的证照、许可、批文、资质等

相关证照、许可、批文、资质的取得和确保持续有效是公司合法经营与持续发展的基础,而这些证照、许可、批文、资质的取得与更新的条件、所需文件与程序等会涉及不同的规范性法律文件。若有律师参与策划、提示、准备,申请会事半功倍。

三、为公司资本管理提供法律服务

资本是公司基本要素之一,股东出资的比例、方式、时间、程序、不适当出资的法律后果及资本的维持、变动、抽逃、挪用等涉及众多法律问题,需要律师出具相应的法律意见。

四、帮助建立和完善经营管理规章制度

律师可以就公司制度体系建设提供一揽子服务,也可以就单一制度的构建提

供服务。大型的管理完善的公司制度多达数百,大到财务管理制度、合同管理制度,小到门禁制度、名片使用制度、复印机使用制度。这些制度既涉及内部管理,也可能涉及对外关系。制度必须做到合法、合规、合理、合逻辑、合实际、可操作,颇费思量。

五、为公司合规管理提供法律服务

公司合规管理是指公司通过制定合规政策,按照法规和政策的要求制定且持续修订内部规范并实施,以增强内部控制,对违规行为进行持续检测、识别、预警、防范、控制并化解合规风险的一整套管理活动和机制。公司合法经营是公司维持和长期稳定发展的基本要求。合规管理比合法性审查范围要宽许多,甚至包括商业惯例、道德规范和地方风俗。协助构建合规管理制度及对公司行为合规性审查是律师的常规性服务。

六、为公司股权管理提供法律服务

股权关系是公司最重要、最基础的法律关系。律师帮助建立股权管理制度,并就股权与股东资格的取得、变动、分红管理流程、股权质押行为及员工股的管理等提供法律意见。

七、为公司董事、监事、高级管理人员行为管理提供法律服务

律师可协助公司制定具体的董事、监事、高级管理人员行为规范和考核规则,为董事、监事、高级管理人员职务行为提供法律建议,使其尽忠实勤勉之责。

八、代表公司、股东或债权人对违反义务的董事、监事、高级管理人员追究责任

律师需要全面了解案情,收集证据,进行研究和分析,提出追究的方案和策略。

九、当董事、监事、高级管理人员被追究民事责任、行政责任或刑事责任时,受托进行代理和辩护

律师要全面收集证据,分析所涉行为的过程、内容、程序、性质,寻找免责的理由,其中"试错容错规则""商业判断规则"和"合理依赖原则"的娴熟运用很重要。

十、担任董事、高级管理人员或其派出的股东的法律顾问

任职公司需要表决的事项往往涉及重大法律问题,在必要时,在表决前咨询律

师意见是聪明之举。在公司允许的情况下,律师可以列席董事会,代表董事就专业问题阐述意见。

十一、对董事、高级管理人员签署的个人负连带责任的文件进行审查

如果董事、高级管理人员签署的招股说明书、债券发行章程、承诺、声明、保证等涉及个人责任的,律师可提供意见或提示注意事项。

十二、为正确处理公司与员工劳动关系提供法律服务

从招聘广告、入职流程、劳动合同及相关协议(如保密协议、竞业禁止协议、培训协议)的签订、员工手册和相关管理制度的制定、违规处理,到合同解除、离职手续的完善,律师均可提供专业服务。

十三、为员工股权激励方案提供法律服务

律师可进行企业实施股权激励计划的需求诊断、企业尽职调查,股权激励方案设计,起草、拟定股权激励计划草案及相关法律文书,出具实施股权激励计划所必需的法律意见书,设计配套制度,对相关方案落地实施辅导等。

十四、协助公司进行经营决策

对公司计划进行的具体经营事项或行为的方式选择、法律可行性、风险及控制措施、决策程序等方面提供意见。

十五、参与公司风控管理

公司运营方面的各环节都存在许多风险,律师可参与风控管理,尤其是法律风险的预防与处理。合规管理是风控管理的基础,但风控管理的范围广于合规管理。

十六、参与业务谈判、合同起草或审查

公司业务是公司经营收入的源泉,而业务通常以公司与客户或交易相对方的合同形式确立和体现,在现代商业社会,可以说公司"无合同无收益"。合同反映的是双方的权利义务,对公司极为重要。合同中的法律问题极为庞杂,律师参与谈判、合同起草或审查的重要性自不待言。

十七、为合同的履行提供法律服务

合同的履行方式、方法、时间,履行过程中应注意的事项,合同变更,己方或对方不适当履行的应对,履行争议等均涉及大量法律问题,需要律师提供专业服务。

十八、受托进行资信调查

公司进行重大交易或虽然不是重大交易但为防范风险亦须详细了解交易相对方或某些法律事实时,需要律师进行资信调查。

十九、帮助公司制定薪酬和奖励制度

薪酬和奖励制度既要合法,又要合理科学,并有利于激励广大员工(包括高级管理人员),才能达致股东、公司与员工共赢。

二十、公司召开股东(大)会、董事会会议的法律服务

为确保决策的合法性,保护公司、股东和董事的利益,律师对会议召集、召集程序,召集人和出席人员的资格、人数,召开的时间和地点是否与通知内容一致,议案审议、表决程序和表决结果及上述事项的合法性、有效性等提供见证服务,并发表法律意见。

二十一、公司(或集团)与各子公司、分公司法律关系的构建

公司(或集团)与所投资的各子公司、分公司在投资、财务管理、人事管理、业务管理、资源配置、考核等方面需要精心安排,才能有助于公司(或集团)和其子公司、分公司的发展壮大。

二十二、处理公司在履行社会责任方面涉及的法律问题

公司除追求营利外,应当最大限度地关怀和增进股东利益之外的其他社会利益,包括消费者利益、职工利益、债权人利益、竞争者利益、当地社区利益、环境利益、社会弱者利益及整个社会公共利益等,有些是法律要求的责任,有些是道德责任,有些是因公司战略需要主动承担的责任。对于那些法律要求的社会责任及上述责任履行的决策程序和履行方式等,尤其需要律师提供意见。

二十三、就公司的关联交易提供法律服务

律师可帮助公司建立关联交易制度,在关联交易发生时就决策程序和交易的合法性出具法律意见。这不仅由于上市公司有许多规则要遵守,对保护有限责任公司小股东利益和债权人利益也很重要。

二十四、就公司信息披露事务提供法律服务

尤其是上市公司,关于信息披露有许多需遵守的规则,律师可受托就披露事项、范围、方式、时间甚至披露的文稿等提供专业意见。

二十五、常年法律顾问服务

常年法律顾问服务是律师为公司治理提供的综合性服务,是为公司保驾护航的有效方式。

二十六、作为公司代理人处理内部争端和外部纠纷

参与内部争端的处理和外部纠纷的调解、仲裁、诉讼是律师的专业工作,不必赘述。

二十七、其他法律服务

在实务中,上述服务根据实际情况可派生出许多具体的服务项目。在每一类的每一个项目服务中,有普遍性问题,但更多的还是个性化问题,需要律师全面深入了解公司法的相关规定和原理,深入了解公司的实际,具体问题具体分析后才能正确处理。

限于篇幅,下面仅就常年法律顾问,董事、监事、高级管理人员行为管理,员工股权激励三方面的法律服务作简要介绍。由于问题的多样性和复杂性,难在此论述透彻。

第二节 公司常年法律顾问服务

律师担任公司常年法律顾问,是公司法律师业务的基础业务,也是极普遍的传统业务。常年法律顾问服务具有基础性、综合性的特征,有利于律师综合能力的培

养,有利于保持客户和收入的稳定性。常年法律顾问服务,指律师事务所依法接受聘请,指定律师以其专业知识和技能为公司在约定的工作范围和工作期间提供多方面法律服务的专业性活动,是在约定期间和工作范围内对公司各类法律事务提供服务不再另计时间及工作量的综合性法律服务,通常以年为单位计算。与常年法律顾问服务相对的,是就某一类专门法律问题或某一项专门法律事务提供顾问服务的专项法律顾问服务。

常年法律顾问服务合同中一般会在市场价的基础上约定提供专项法律顾问服务的优惠条款,属于常年法律顾问服务的衍生服务。但对于技术性很强的专项法律顾问服务,一些大型公司也可能在常年法律顾问之外另行选择更为专业的律师事务所。

一、常年法律顾问的重要职能

常年法律顾问的作用广泛而重要,在公司经营管理领域,律师至少可为公司提供以下服务:

1. 找法与合规审查

律师为公司将从事的或已从事的行为寻找法律依据。法律规范众多、法律体系庞杂,因此在实践中,能够将法律条文与具体民商事活动简单地对号入座的只是少数。在许多民商事活动中,尤其是重大的商事活动,法律规范常常不是手到擒来,而是空缺或者适用起来左右为难,它要求应用者既学养丰厚、精通法理,又经验丰富、融会贯通;当法律规范冲突时,按照法律适用的规则从整体法律秩序中获取法律答案。

2. 释法与咨询

律师对相关的法律规范"咀嚼其章句,玩味其技巧,消化其原理",将晦涩难懂的法律告知和解释给当事人。如果法律条文模棱两可或者模糊不清,须从立法目的、立法背景、法律体系、法理、案例、习惯及联系具体情况去解释其含义。

3. 预警与防范

律师告知公司欲从事的行为是否合法,应注意什么事项,如何防范风险;如果不合法,是否有其他方法可替代;为公司健全合同制度、审查合同,预防合同纠纷;从经营管理各环节防范、降低、转移法律风险,使公司处于"有备无患"的良好处境。

4. 参谋与协助

律师为公司决策提供支持,协助做出决策。律师在谈判、签订合同、与相关方交涉等民商事活动中,代表公司提出主张和要求,去争取和保护公司的权利;在谈判、争议解决中,对对方的主张或要求进行反驳、辩解,推翻对方的主张,从而维护公司利益。

5. 协调与代理

民商事活动中有律师参与,公司的自治能力必然大大提高,各方清楚相关规则,了解各方在各个阶段的权利与义务,会大大提高缔约成功率,降低合同不成立和违约的比例,交易必然增多。律师的专业性使律师在社会中形成了一定的公信力及亲和力,这种公信力与亲和力有助于协调和处理各种利益冲突,减少社会交往中的摩擦,促进资源有效配置与利用,推进人际间的相互合作,和谐相处。法律顾问作为公司法律方面的代理人,在公司遇到麻烦时,不仅能提供法律依据,而且能使公司负责人加以回避,起到良好的避让和制约作用。

6. 设计与安排

为达到公司的意图和目的,律师需设计和安排多种法律方式、方法、步骤和途径,比较其中最适合公司的方案并起草好所有文件。为己方当事人争取最大的合法权益是律师的职业要求。在民商事活动中,不仅交易安排的合法、详尽、清晰很重要,而且其经济性、科学性和可操作性也很重要。

7. 纠纷应对

在经营活动中,公司与交易相对方或员工发生分歧或纠纷,律师为其分析原因,提出应对和解决方案,挖掘和归纳对方的"过错",提出己方的权利主张,或对对方的观点和主张进行批驳。律师还可以参加调解,在需要仲裁或诉讼时担任公司代理人。

二、签订常年法律顾问合同应注意的事项

(一) 接受委托前对公司的了解

常年法律顾问服务是建立在相互了解和信任基础上的一种服务合作关系,公司要了解律师事务所和律师,律师也要了解公司,在与聘请方签订常年法律顾问合同前,应对聘请方的资信进行调查或核实。这不仅有助于律师判断工作量、收费是否合理,是否能胜任并提供相关服务,而且有助于律师事务所判断需委派什么资历、擅长何种业务的律师,服务的方便性,以及律师事务所和律师的执业风险程度。

了解公司的方式和途径主要有:①公司采购常年法律顾问服务的招标资料;②公司的官方网站;③全国企业信用信息公示系统、全国组织机构统一信用代码数据服务中心系统、中国执行信息公开网、中国裁判文书网等权威网站;④天眼查、企查查、启信宝、信用中国等搜索引擎检索;⑤实地走访;⑥交流询问。

调查核实的主要内容有:①是否依法成立、合法存续;公司的历史;②营业执照登记经营范围及实际主营业务范围;③公司性质、规模、经营地点等基本状况;④公

司经营现状、有无异常情况;⑤股权构成、隶属关系、主要关联方;⑥公司的行业地位及同行评价,经营风格;⑦聘请常年法律顾问的基本目的及要求;⑧是否与本律师事务所正办理的案件存在利益冲突;⑨有无特殊的要求;⑩具体的联系人、通信地址等。

在搜集聘请方的资料后,结合其聘请常年法律顾问的基本目的及要求进行分析,制订适当的常年法律顾问服务方案,根据需要投入的人力和资源,测算服务价格。公司情况不同,决定了整个服务方案的不同。切忌饥不择食、不分情况,任何公司都去担任法律顾问。律师只有对公司有基本的了解,明确自己能提供有价值的服务且又能收到合理的报酬,才可以接受委托,否则工作将难以称心。

(二) 服务范围的约定

常年法律顾问服务范围十分广泛,应根据实际需要及收费协商确定,不能千篇一律,具体服务范围通常包括:

①公司日常业务和管理相关问题的法律咨询;

②公司合同的起草、咨询、审核、修改;

③公司内部管理制度的起草或修改;

④重大会议的参与、重大事项的谈判;

⑤就公司投资、经营、管理中有疑问的重大决策事项,根据需要从法律上进行论证,提供法律依据、风险提示、建议方案;

⑥草拟、修改、审查公司在投资、经营、管理及对外业务活动中的规范性文件、章程、合同、协议、函件、给上级的报告;

⑦就公司收到的重要来函如何应对提供建议,起草或修改回函;

⑧根据公司的要求和授权,就专门事项向相关单位或个人发出律师函、发表声明等;

⑨为客户提供法律知识或法律事务处理技能培训;

⑩应客户要求提供与公司业务相关的特定领域法律法规(尤其新发布或修改的法律法规);

⑪对发生的争议或纠纷在尚未进行诉讼、仲裁前进行分析,提出处理意见;

⑫办理公司委托的其他法律事务;

⑬其他约定的服务事项。

上述常年法律顾问服务范围是总体性的描述。实践中,应当根据服务对象的实际需要来确定具体的服务范围、服务深度和服务频次。其中每一类,甚至每一类中的单个项目、单件事务,都可以衍生出一项专项法律顾问服务。实践中,服务深度和服务的量化是难点,因为需要服务的事项和数量及所需的时间往往无法预知,实际需求的多寡与公司大小、业务种类、业务性质及公司相关人员的要求密切相关。有些公司虽然规模和业务量很大,但人员素质高、运营很规范,需要律师提供的服务并不多,但如果需要律师的服务,往往是比较疑难的问题;而有些公司虽然规模和业务量不大,但人员素质差、运营不规范,无论大事小事都需要征求律师意见,大小文件都要律师审查修改,律师工作量很大,固定费用对律师来说很不适当。为防止显失公平,应该在合同中限定工作量,如一年审查修改的合同、文件不超过多少份,出具的律师意见或律师函不超过多少份,参加会议时间不超过多少小时,不出差或出差不超过多少天等,若超出约定,则另行计费。

应列举另行收费的专项服务。通常下列事务需另行收费:

①参加有关重大项目或其他事务的谈判和合同的起草(应明确约定何为重大项目);

②参与进行聘请方或其关联公司的重组、股份转让或受让、并购、股份制改组等事宜;

③受公司的委托,代理诉讼、仲裁、调解或其他非诉讼事务,以解决委托方民事、行政纠纷甚至刑事纠纷;

④为重大投资、融资提供法律服务;

⑤为重大或疑难法律问题出具法律意见;

⑥律师见证;

⑦代理申请行政复议;

⑧重大法律事实的调查和出具法律意见;

⑨其他约定的事项或超出约定服务范围的项目。

对公司的法律问题出具法律意见,对交易对象的资信进行尽职调查并出具相应的法律意见书,对相关法律事实或行为进行律师见证等,许多律师事务所都列入了常年法律顾问服务范围,但这样笼统的表述会使律师事务所和律师陷入被动,极容易违约;最好是列入另行收费范围,如果列入常年法律顾问服务范围,应做限时或限量规定。

(三)服务模式的约定

作为公司的常年法律顾问,服务模式要灵活多样,归根结底应当根据公司的法律服务需求、出价能力及律师事务所的人力资源而定。

1.公司的需求及出价能力

各个公司对于常年法律顾问服务的需求并不相同,出价能力也不一样。国有企业、外资企业、民营企业等不同性质的公司,大型公司集团、大型公司、中小型公司不同规模的公司,初创阶段、成长阶段、发展阶段、衰退阶段不同发展阶段的公司、金融业、建筑业、IT行业等不同行业的公司,对于常年法律顾问服务的需求及出价能力都不相同。

2. 服务架构

公司常年法律顾问服务的模式架构,包括内部主导型和外部主导型两种。

内部主导型,是以公司内部法务部门或法务专员为主导,其中大型公司以内设总法律顾问或法务总监领导下的法务部门或法务专员为主导,以外聘法律顾问为补充。外聘常年法律顾问主要是基于更为客观的立场及专业能力提供法律意见,如大型国企往往要求常年法律顾问就一些重大事项提供法律意见书,并将其作为决策的依据之一。

外部主导型,是依赖常年法律顾问的各项服务,其内部无法务人员或法务专员主要负责沟通协调、资料整理、上传下达等辅助性事务。

3. 组织形式

公司常年法律顾问服务的组织形式,包括个体服务、团队服务、公司化服务等。

个体服务,是由顾问律师本人,或加上无执业资格的助理,为公司提供常年法律顾问服务。这是较原始的服务形式,现在一般用于中小型公司。优点是顾问律师与公司高层的关系较为密切,信任度高,服务期较长。缺点一是顾问律师的时间难以保证、人员素质良莠不齐,未必能很好地维护公司的利益;二是因为感情因素,顾问律师可能自觉不自觉地为公司的非法利益提供服务,从而导致律师自身出现职业道德危机。

团队服务,是由牵头顾问律师、主办顾问律师以及助理及秘书等组成顾问团队,共同为公司提供常年法律顾问服务。这种组织形式渐成主流,特别是在招投标场合,一个有组织、有经验、有业绩的优秀团队,能增加获胜的概率。这种组织形式的优点是提高了专业化程度,避免了单个律师知识、经验的不足和失误,也有利于增强聘用方对常年法律顾问的信心;缺点是牵头顾问律师须有一定的管理技巧,避免团队内部苦乐不均、利益失衡从而影响士气。

公司化服务,是律师事务所按公司化经营,其常年法律顾问服务,不是由固定人员提供,而是根据服务内容的不同,由相应专长的律师提供服务。这种方式从专业角度来讲,是对一个律师事务所全部资源的充分利用,人尽其才,各有所用;缺点是对公司的实际情况及发展动态缺乏了解或了解不全面,顾问律师与公司相关人员熟悉、信任的程度不够,相互间的配合不足,提供的法律服务未必能契合公司的需要。

4. 服务模式

公司常年法律顾问服务的实现,包括完全驻点模式、远程服务模式、定期坐班模式等。

完全驻点模式，是指律师事务所指派顾问律师，驻扎在聘用方，每天到场提供法律顾问服务。该模式一般适用于初创时期，或者处于衰退时期的公司，各种法律事务较多，或者是较大规模的公司、业务量较大的公司，顾问律师现场驻扎，便于及时提供法律顾问服务。这种方式需要专职律师全职驻点，成本最高，而且专职律师脱离其他法律事务，对律师成长不利，故难以找到专业水平高的律师全职驻点，再者由于公司法律问题的多样性，驻点律师很难样样精通，有些问题未必处理到位；优点是与公司契合较深，全面了解公司事务，律师的法律意见更符合公司的实际情况，也更便于公司采用。

远程服务模式，是指公司常年法律顾问一般不用指派顾问律师到聘用方现场，聘用方基本上通过邮件、QQ、电话、传真、微信、视频、快递等通信手段，与顾问律师联络并获得法律顾问服务。这种方式对于双方来说，成本低、效率高。但这种方式与上一种方式相反，顾问律师很少到现场，对公司具体经营情况了解较少，其提供的法律意见很可能偏重学理或机械地照搬法条，不够切合实际，或较为肤浅、泛泛而谈，不能完全客观符合关键的细节。

定期坐班模式，是指公司常年法律顾问指派顾问律师，定期到聘用方坐班，现场提供法律顾问服务。该模式的坐班时间可以是每月哪几天，或每周哪一天或几天，或几个半天等。一般适用于中型公司，或者是业务量不太多的公司，集中一些需要当面商讨、处理的法律问题，由顾问律师到场提供法律顾问服务。根据非坐班时间是否提供远程法律顾问服务，可分为在其他时间提供远程服务模式和不提供远程服务的模式。这种模式对于律师及聘用方来说，都是比较好的模式，成本也适中。在网络发达、通信方式繁多、便利的情况下，律师既能及时处理各项法律事务及咨询，也能观察了解公司的实际经营特点，还可以利用律师事务所丰富的专业资源，更精准地解答法律问题、更完美地处理法律事务，对于律师本人的成长也更为有利。

(四) 服务费的收取

常年法律顾问服务的计酬标准，应基于服务范围、所涉法律问题的疑难程度、工作质量要求、总工作时间、人力成本、其他费用成本等进行核算，一般是以一年为单位计收固定费用，服务范围、难度、时间、频次超出约定的，可在合同中约定加收服务费。

常年法律顾问服务是软服务，收费非常难量化、标准化，对律师而言，主要考虑的是工作时间、服务难度和风险程度，而这些在事前往往难以预计。现实中，有些收费可观，但实际花费时间不多，公司还很满意；有些公司不大但事务很多，律师需花费大量的时间和精力，服务质量虽很高，但由于公司本身的原因，效果并不好。

为防止工作量过大,应该限定一定的工作量,尤其是新服务的公司。某一公司常年法律顾问约定,服务内容包括为制定公司规章制度提供法律意见,结果该公司一年内新制定或修订的规章制度有一百多个,一年几万元的服务费与如此多的工作量显然不匹配。

收费与公司业务特点、规模、服务频次、服务方式、具体要求等相关。以投资为主业的投资公司与从事某种产品网络零售的公司,服务需求完全不同;经营很规范只是在必要时才需要律师提供意见的公司与无论大小事务都需要律师审核的公司,工作量天壤之别;只需要通过网络通信方式提供远程服务与需要驻场服务或定期坐班服务的公司,成本也大有不同。有些公司,对合同文件的审查,除了通过邮件在文稿上修改批注,还要另行出具独立签字、盖公章的法律意见,在报批表上还需要律师签字,如此,律师的工作量大大增加,风险也增加,服务收费必须与之相适应。现实中,也有些大公司"店大欺客",以律师任其法律顾问能提高知名度为由,要求律师提供大量服务但给予很低的费用。

聘用方需要律师提供的法律顾问服务,超出常年法律顾问服务的范围,或者在专业性等方面有特殊要求,或者数量庞大的,可以另行签订专项法律顾问服务合同,约定按聘用方要求的内容和方式完成具体项目服务,并收取相应的费用,既可以是固定费用,也可以在收取固定费用的同时约定工作时间上限,超过的部分按不同费率收取。譬如,某公司每年需要出具的律师函超过两百封,虽然技术含量并不高,但每一次都需要核实相关事实,工作量也很大,可以约定每一份的收费金额。

此外,应注意在委托合同中防范律师职业风险,见下文。

三、常年法律顾问工作过程中应注意的事项

(一)守法合规

公司常年法律顾问律师提供法律专业服务,以维护客户合法权益为中心,首先必须熟悉法律,运用好法律,在聘用方没有设置合规部门或岗位的情况下,还应该熟悉公司的规章制度,通过提供法律意见或建议、参与决策、设计解决方案、参与事务处理过程等方式,使公司的经营行为不违背法律法规和公司的规章制度,防患于未然,从而使公司安全地发展壮大。

律师作为常年法律顾问,在履行职责时应守法合规,以维护客户合法权益及遵守律师职业操守为底线,拒绝为企业的违法行为或取得违法利益的行为提供服务。律师不得在明知客户动机和行为非法、不道德或具有欺诈的情况下,仍然接受委托为其服务;不得无原则地迁就客户牟取不当利益,或者故意曲解法律以迎合客户的

不正当要求。比如,律师不得为不正当的"套路贷""校园贷"的放贷者提供法律顾问服务。

(二) 团队协作

团队协作是当下业界公认的常年法律顾问服务的标准,但较多的情况是投标时以团队的形式参与,中标签约后,渐渐归于单打独斗。标准化的团队服务,是公司常年法律顾问服务的一个方向。一个标准化的团队,应当由牵头律师、主办律师、律师助理、团队秘书等人员组成,分工明确,标准统一,相互协调,在自己不熟悉的领域遇到疑难问题时,团队内部应当交流沟通,对于特别复杂的问题,还可以寻求律师事务所提供帮助。这有助于根据专业特长取长补短,满足客户定制需求,以便向客户提供尽可能优质的服务,避免因业务技能或专业法律知识的欠缺而影响客户利益,或者导致执业过错。律师专业的分工,首先应该针对事情所涉及的法律问题而言,而不是针对事情的性质而言。如投资行为,可能涉及公司法、土地法、环保法、金融法、税法、知识产权法、劳动法、行政法、具体行业法规等法律问题,具体的法律问题由最熟悉的律师回答。

(三) 服务的专业化和标准化

律师是专业人士,律师服务要处处体现出专业性。专业的表现是律师赢得声誉和尊重的通行证。在法律服务过程中,要有工匠精神,应把自己负责的法律事项视为一件艺术品,在其制作过程中倾尽智慧和时间,以追求完美的心态完成该艺术品。

为提高工作的质量和效率,鼓励律师法律服务向专业化发展,即在特定的专业领域和细分市场向客户提供专业、细致的服务并减少同业竞争的同质化。如专做某类施工企业、某类金融企业、某类医药生产企业、某类产品零售企业的法律顾问。在某领域精耕细作,透彻了解服务单位每一个业务、每一个环节的法律服务具体需求和问题所在,提供细致而精准的服务。提倡对某一类法律服务经验进行总结和整理,剔除个性因素,归纳出共性,并对共性因素进行规范,从而使该特定法律服务所要求的操作流程及法律文件标准化、范本化,这样一来,工作效率和服务质量必将极大提高。

当然在提供标准化服务的同时,也要注意针对不同客户的不同特点和要求提供个性化服务,为客户提供个性化的解决方案,从而提升服务价值。

(四) 服务的有形化

法律顾问服务的成果如合同和法律意见书,虽然可以通过书面形式有形化,但服务的过程、服务的大部分内容无法让客户看到。这导致常年法律顾问服务的效果不易被量化,难以被客户全面理解和接受,影响客户的获得感。

顾问服务的有形化,是指将法律顾问服务的内容、流程、模式、成果标准化、有形化、产品化。产品化是指,将法律顾问服务根据不同客户的实际需求分为若干类型,将每一类服务的内容、流程、模式和成果可视化,让客户清楚理解各类法律顾问服务的内容及差异,方便客户根据实际需要如点菜一样选择适合自己的法律服务,从而将法律顾问服务的全过程通过书面文件、操作流程等形式表现出来,使客户看得到,形象理解法律服务的内容和效果,进而提高客户对法律顾问服务的获得感和满意度。

法律顾问服务有形化的主要途径:

(1)制作产品说明书——法律服务方案。内容包括满足客户需求的法律服务类型、服务内容、服务模式、服务流程、服务目标与效果等。

(2)口头与书面相结合,尽可能书面留痕。除根据实际情况采用电话交流、定期拜访、工作会谈、现场服务等沟通方式外,还应大量运用并特别重视以传真、微信、电子邮件、工作报告等书面形式提供法律服务。即使是口头意见,也应尽可能书面留痕。

(3)请示和汇报。对客户的定期拜访、定期请示、定期汇报,逢年过节手写贺卡或通过邮件、微信、微博单独问候等这些行为有利于维系和巩固客户关系。

(4)图表管理客户。可列出一张动态图表来对所有客户进行系统化和科学化的管理。有条件的律师事务所可以使用专业的客户管理软件,对案件、项目流程及客户的沟通和关系维护做定期量化的细分。

(5)以书面形式提交工作成果。顾问律师可定期或在年度法律顾问服务终了时,或单项法律顾问服务终了时,以工作成果报告的形式将工作记录整理成工作报告等方式提交给聘请方,便于说明工作内容、工作量等,作为下一阶段合作时的收费参考或工作改进依据。

除现场答复外,顾问律师提交的工作成果应当采用邮件等可以保留内容及发送记录等便于管理的方式,避免因工作成果内容及提交产生执业风险。

对于涉及重大企业商业机密或公司提出保密要求的工作事项,工作成果应直接交给法定代表人或其指定联系人,以免泄露相关信息。此外,应在文件抬头上角标示"密件"或"注意保密"字样,在发邮件时也提示注意保密。

(五)深入了解公司

顾问律师工作要想做得好,应深入了解所服务的公司,包括公司的股权结构、治理结构、部门及人员、经营业务、行业特点、业务流程、公司制度等,了解最易发生风险的环节。

为客户提供常年法律顾问服务,要充分了解客户,就像财经分析师一样,对客户的商业模式、所在行业的情况、行业地位、竞争对手、上下游产业链、行业惯例、客户的股东、董事会、监事会、高级管理人员、资产负债表的构成(资产负债表也可以初步看出客户的需求重点)作较为深入的了解。对客户了解越充分,越容易理解客户的叙述,越能准确领会客户的需求,这也有助于从法律和商业角度进行考虑,在提示法律风险的同时,提供合理的解决方案。

透彻研究客户后,特别是关于非法律方面的问题,客户会觉得律师既懂法律又"懂经济"、懂业务、内行,会增强客户的信任;与客户交往过程中,律师也能从客户那里学到行业知识和经验。对客户行业的了解,也有助于把握常年法律顾问服务派生出的非诉法律服务需求,为顾问单位提供增值服务。

(六)在维护公司利益时保持客观公正

公司是社会的组成部分,其中难免发生各种利益冲突。作为常年法律顾问,律师在为客户提供服务的过程中,可以关注其部门之间、个人之间的利益冲突,但应当保持客观、中立的态度,尽最大可能避免卷入公司内部的矛盾冲突。各方对涉及的法律问题有不同意见时,顾问律师应当在充分了解情况之后,必要时向各方进行解释。如果相关法律事务必须有一个明确的意见,则只能以依法代表公司或依授权代表公司一方的意见为准。

四、公司常年法律顾问的职业风险防范

(一)在委托合同阶段防范律师职业风险

律师被追责的事件越来越多,相应的,追索金额也越来越大,提前防范职业风险很有必要。在接受委托前,应对聘请方的基本资信进行调查或核实。如果发现从事非法业务的(如走私、套路贷等),不宜接受委托。在合同中界定律师责任也很有必要,尽量做以下约定:

(1)律师事务所及其指派的顾问律师,仅在授权委托范围内依法独立提供法律服务,聘请方不得要求按其观点出具法律意见,律师有权拒绝为违法行为及违背事实、律师职业道德等行为提供服务。

(2)公司应就其行为所提供的事实陈述、证据、文件、资料的真实性等自行承担法律责任及不利后果,律师不作真实性方面的实质性审查。公司提供的资料有延误、虚假、误导、隐瞒、重大遗漏及其他违规行为的,造成的损失由公司自行承担。

(3)对于提交处理的法律事务,公司应当提供明确、合理、合法的要求,并预留足够的工作时间。

(4)有关商务、技术、经济等方面的事宜不管律师是否提供意见或建议,最终由公司自行决定,律师不干预,也不承担责任。因为商务合同是双方协商谈判与妥协的结果,受市场、信息、供求、双方谈判地位、履行过程变化等因素的影响,律师不能保证公司没有风险,其意见仅供参考。

(二) 在提供顾问服务过程中的风险防范

1. 工作严谨

律师以书面方式提交工作成果,其文字内容应措辞严谨、考虑周全,避免因文字表述不当而引起歧义,从而成为工作过失甚至追究执业过错的依据。对公司的咨询或法律文件、法律事务不轻率提供意见,即使口头提供意见也要谨慎,防止被对方录音录像,或者是截取聊天信息。

2. 不越权、不谋私

律师不应自行超出服务范围,或超越委托权限,从事与常年法律顾问服务合同约定职责无关的事务,更不能以顾问身份牟私利。否则一旦产生损害,会被追究执业过错;对客户错误的工作指示不懂得拒绝,对公司的违法行为或取得违法利益的行为不进行指出或纠正甚至赞同,这些行为超出律师职业操守和底线,顾问律师将承担不利后果。

3. 要懂得拒绝非法要求

许多公司管理者和经办人常要求律师为其行为"背书"。律师事务所及顾问律师就其所提供的法律意见的合法性承担法律责任,但对公司提出的违法要求应当拒绝,更不能主动出谋划策来规避法律,以避免公司及律师陷入更大的风险,并维护职业尊严;同时应解释相关违法行为的后果,并建议顾问单位遵守法律规定,以避免相关法律风险。

4. 不可轻率答复

对于口头或通过即时通信工具进行的法律咨询,除非律师有较大把握,不可轻率答复,或在答复时留有余地,待事后补充、明确,以免造成工作失误。

5. 收集足够的资料

对于重大事项,由于事关重大利益,顾问律师在出具法律意见书时,要收集足够的资料,全面评判,保持中立、客观,提示相关法律风险,得出的结论要有充分的事实和法律依据,决不可为了聘用方的高兴而随意背书,导致自身及律师事务所陷入法律风险。

6. 切忌不懂装懂

对于不熟悉的领域,就坦诚地说"不知道"或"知道不多",待了解后再回复。千万不要为了显示自己的博学而乱说、不懂装懂。

7. 意见应做声明和限定

在正式的法律意见书以及以书面方式提交的工作成果中,顾问律师应以适当的方式事先申明律师意见是根据公司所提供的背景信息而作出的,且仅对相关问题涉及法律意见的部分负责,对法律以外的相关专业领域所提供的评价应由聘请方的技术部门、财务部门自行判断,律师意见仅供参考。

8. 审批表上签字要谨慎

有些公司要求律师在合同或文件审批表上签字或在 OA 上签批,以律师同意作为公司决策的前提,这要特别谨慎。在许多情况下,律师虽然对合同或文件提了许多修改意见或风险提示,但由于交易对方不愿接受,而公司综合衡量后仍同意签署,如果最后风险果然发生,有些公司会怪罪律师没有严格把关。因此,建议:(1)律师所提意见或提示要保留证据,如发的邮件不要删除。(2)尽量不要在审批表上签同意意见,因为律师只是提供咨询意见,决策是公司的事情;若确实要签字,可以签"已提修改意见",或"见此前出具的意见",或类似表达。

第三节　董事、监事、高级管理人员的行为管理法律服务

现代公司"董事会中心主义"趋势日强,同时为防止拥有巨大权力的董事们不尽职尽责、滥用权力,各国对董事、高级管理人员的规制渐多,董事、高级管理人员的责任和风险也很大。上市公司、国有企业和民营企业的董事、高级管理人员已成高危职业。这些公司的董事、高级管理人员为了防范和规避其职业风险,希望律师为其职业行为提供法律服务。如果律师不能为其提供此类法律服务,将影响律师为公司提供法律服务的机会。

一、董事、高级管理人员的权力界限

根据《公司法》第 216 条的规定,高级管理人员是指公司的经理、副经理、财务负责人,上市公司董事会秘书和公司章程规定的其他人员。根据实际情况,可以在公司章程中明确高级管理人员还包括总经理助理、人力资源负责人、产品销售部门负责人、技术部门负责人等。

根据公司法和相关法律规定,公司董事、高级管理人员的行为应当受下列几个方面的限制。

(一)董事、高级管理人员应在法律允许的范围内行事

根据《公司法》第 5 条的规定,公司从事经营活动,必须遵守法律、行政法规,遵

守社会公德、商业道德,诚实守信,接受政府和社会公众的监督,承担社会责任。因此,董事、高级管理人员不能从事公司法或其他法律禁止的行为。如不得从事《公司法》第147—148条规定的董事、高级管理人员不得进行的行为。

(二)董事、高级管理人员应在公司权能范围内行事

我国《公司法》第12条规定:"公司的经营范围由公司章程规定,并依法登记。公司可以修改公司章程,改变经营范围,但是应当办理变更登记。公司的经营范围中属于法律、行政法规规定须经批准的项目,应当依法经过批准。"公司的经营范围是公司设立的目的,股东之所以投资是基于对公司章程规定的营业项目的兴趣、了解和信任,如公司章程规定公司经营IT业务,股东凭借对IT业务的兴趣和了解并相信会赚钱,才会进行投资。

因此董事、高级管理人员不能签署与公司目的不相干的交易。董事、高级管理人员事实上是代表公司从事经营活动的,董事、高级管理人员无权代表公司从事与公司目的不相干的活动。如果从事了与公司目的不相干的活动,除非这一活动不违反法律的强制性规定并且得到股东会的认可,否则,对公司造成的损失应由董事、高级管理人员予以赔偿。

(三)董事、高级管理人员应在公司章程规定权限内行事

根据《公司法》第11条的规定,公司章程对公司、股东、董事、监事、高级管理人员具有约束力。即使交易或对公司资产的处置是在公司的经营范围内和公司权利范围内,但如果不属于公司章程赋予董事会的权力范围,或者公司章程对董事从事这一交易或处置公司业务资产加以禁止或限制,董事的该行为也不合法。如公司章程规定对外投资、对外担保由股东会决定,董事会便无权擅自做主。因此,如果公司章程规定专属股东会的权力,或者规定董事行使某些权力需得到股东会同意,董事未经股东会批准便行使权力给公司造成损失,董事必须向公司赔偿。同样,如果公司章程赋予董事们行使权力必须先符合某些条件,而董事会在未满足条件时便行使权力,给公司造成损失也应赔偿。

(四)董事、高级管理人员应在股东(大)会、董事会授权范围内行事

单个董事及高级管理人员必须在董事会授权范围内或在股东会根据公司章程规定的授权范围内行使权利,如果超越委托权限,应对公司的损失负赔偿之责。例如董事会根据公司章程任命了总经理,董事会作出决议,对500万元人民币以内的交易,总经理可以自行作出决定,但总经理超越董事会的委托权限从事交易,擅自签订了1000万元人民币的交易合同,便超越了董事会的授权。

(五)遵守国有企业的特别规定

国有企业的董事、高级管理人员行使权利,除受到其他一般公司的上述规制外,还需受国有资产管理的相关法律、法规、地方性法规、规章和政策的规制。

由于投资主体的特殊性,国家对国企建构了一套完整的管理制度,公司法与这些制度是普通法与特别法的关系,二者若不一致,则特别法优先适用。如"三重一大"事项的决策就与公司法要求的决策程序不同,《企业国有资产交易监督管理办法》对企业国有股权转让等交易的程序也有不同于公司法的规定。国有企业的董事、高级管理人员必须遵守这些规定。

综上所述,如果董事、高级管理人员超越上述权利界限以公司名义行事,因公司受"内部管理条规"和"表见代理"的约束,一般情况下对外虽然有效,尤其在加盖公章的情形下,但如果得不到股东(大)会的事前或事后认可,董事、高级管理人员便是对股东和公司的"背叛",公司可追究做出该决定的董事、高级管理人员的责任。[①] 这种内外有别的处理方式,有利于平衡公司、股东、董事、高级管理人员和善意第三人的利益,维护交易安全。

二、董事、监事、高级管理人员的义务

基于公司与其董事、监事和高级管理人员之间的委任关系,董事、监事、高级管理人员应对公司负有一定的信义义务,这是诚信原则在公司法领域中的具体体现。信义义务又称"受信义务",包括忠实义务和勤勉义务。

由于董事、监事、高级管理人员享有较大权力,按照权力与职责相一致原则,董事、监事、高级管理人员必须负有相应的义务;否则,必然导致权力的滥用,损害公司及股东的利益。

(一)忠实义务的含义及其内容

忠实义务,又称"忠诚义务",是指董事、监事、高级管理人员在执行公司职务时,应最大限度为公司最佳利益努力工作,当其自身利益与公司整体利益发生冲突时,应以公司利益为先。该项义务是董事、监事、高级管理人员不损害公司利益的消极作为义务,它是解决董事、监事、高级管理人员与公司利益冲突的基本依据。

法律对于不可避免的董事、监事、高级管理人员与公司之间有利益冲突的交易,基本采取"批准"和"公平"两项检验标准。所谓"批准",就是这类有利益冲突

---

① 参见苏祖耀:《现代公司董事法律制度》,广州出版社1995年版,第112—116页。

的交易要事先通过法律和公司章程规定的程序把关。所谓"公平",就是在缺少事先批准程序的情况下,如果能够证明该项交易对于公司是公平的,则该项交易仍然有效。①

忠实义务包括以下基本内容:

一方面,董事、监事、高级管理人员均须履行的忠实义务。《公司法》第147条第2款规定:"董事、监事、高级管理人员不得利用职权收受贿赂或者其他非法收入,不得侵占公司的财产。"

另一方面,董事、高级管理人员须履行的忠实义务。《公司法》第148条对此作了详细规定。

(二) 勤勉义务的含义及其内容

勤勉义务,又称为"善管义务"(善良管理人的注意义务的简称)、"注意义务",是指董事、监事、高级管理人员在执行公司职务时,应以一个善良管理人在相似情形下所应表现的谨慎、勤勉和技能履行其职责,若其履行职责时未尽合理的谨慎,则应对公司承担赔偿责任。勤勉义务的核心是善意、尽责,为公司的最大利益而积极作为。

我国《公司法》第48、49、55、112、119、147、150条等和《上市公司治理准则》第34、35、59、60条等规定了董事、监事、高级管理人员勤勉义务的主要内容。

(三) 忠实义务与勤勉义务的区别

其一,二者的侧重点不同。忠实义务强调董事、监事、高级管理人员的职业操守,要求董事的高级管理人员始终为了公司利益行事,因而与个人品德有关。而勤勉义务强调董事、监事、高级管理人员的努力和善意管理,要求在执行公司职务时应最大限度施展其个人聪明才智,因而与个人能力和敬业程度有关。

其二,二者的表征不同。勤勉义务比较主观,并且因各自的能力及公司的大小与性质而异,而忠实义务对于所有董事、高级管理人员几乎都是一致的,诚信义务比较严格和客观,不论公司大小和业务性质如何,董事、高级管理人员都不能让自己的利益与公司的利益发生冲突。勤勉义务是一种积极的义务,要求董事、高级管理人员为公司业务尽技能、谨慎、注意之责,忠实义务在很大程度上是一种消极的义务,最主要的是要求董事、高级管理人员对公司忠诚,不得滥用权利,不能做与公司有利益冲突的事情。忠实义务是最基本的义务,勤勉义务尚在其次。

其三,二者的责任形式不同。董事、高级管理人员违反忠实义务,公司享有归入权和损害赔偿请求权;董事、高级管理人员违反勤勉义务,公司主要享有损害赔

---

① 参见仲继银:《董事会与公司治理》(第二版),中国发展出版社2014年版,第2页。

偿请求权。

其四,董事、高级管理人员承担的举证责任存在差异。在董事、高级管理人员违反忠实义务的诉讼中,若要免责,董事、高级管理人员应承担更重的举证责任;而在董事、高级管理人员被指控违反勤勉义务的场合,可以商业判断规则进行免责抗辩,公司还可以通过对董事和高级管理人员投保,进而转移赔偿责任主体。

三、董事、监事、高级管理人员的法律责任与免责事由

义务与责任相辅相成,义务是责任产生的前提,无义务则无责任;义务以责任为保障,无责任则义务形同虚设。二者共同构成公司治理结构的约束机制,抑制因董事、监事、高级管理人员滥用权力或不作为而产生的代理成本。因为人的趋利本性会增加公司控股股东、董事、经理等内部控制人为了自身利益最大化而牺牲公司利益的风险。因此,为了制约公司经营管理层的不端行为,各国公司法均强化董事、监事、高级管理人员对公司的义务和责任,以平衡公司所有者与经营者的利益,最大限度减少代理成本。当董事、监事、控制公司机关时,追究董事、监事、高级管理人员的责任往往是通过股东派生诉讼来实现的。

(一)董事、监事、高级管理人员的法律责任

董事、监事、高级管理人员的法律责任源于他们对其义务的违反,不仅包括违反遵守法律法规、公司章程、股东会决议所规定的一般义务,还包括违反忠实义务和勤勉义务。董事、监事、高级管理人员违反其义务,可能要承担法律责任。

(二)董事、高级管理人员的免责事由

董事、高级管理人员违反忠实义务,谋求私利是无法免除其法律责任的,但是对于因疏忽等原因而违反勤勉义务的,则在存在一定免责事由的情况下可以免除其责任。否则,过于严格的勤勉义务标准可能会不利于公司吸引那些有能力、称职的人担任董事、监事、高级管理人员职务;同时,将导致企业经营者过于保守,对公司及股东价值最大化也会有不利影响。因此,适当的免责事由,有利于平衡公司所有者与经营者的利益。

免责事由主要包括:①符合"商事判断规则"。即如果董事在作出决议时是基于合理的资料进行的合理行为,则即使该决议结果对公司产生损害,董事也不承担责任。②股东会的追认。美英公司法规定董事的有些不当行为可以经股东会作出决议进行追认,以免除其责任,但是对董事的恶意行为则不能追认。③董事会赦免。这也是美国免除董事责任的重要方式,即董事会通过一定程序作出决议对某

些董事行为进行追认,董事责任即可免除。① 董事会是否有权赦免是值得商榷的。④公司章程规定责任免除或限制。公司章程也可以规定在何种情况下免除或减少高级管理人员的责任。尤其是风险极高或志在创新的行业,如果一有损失便追究高级管理人员责任,恐怕没人愿意担任相应岗位。

四、商业判断规则

(一) 商业判断规则的意义

在复杂的商业环境和公司自身运作过程中,董事、监事、高级管理人员虽然尽到了充分的注意义务,但在做商业决策时仍然难以完全避免决策失误,因此一般原则性标准相对于司法实践来说仍然是抽象和难以掌握的。同时,董事、监事、高级管理人员的这种失误是由客观因素和人的有限理性所造成的,在实践中无法完全避免。在这种情况下,如果还要根据勤勉义务的严格标准对董事、高级管理人员的决策行为进行追究,未免过于苛刻。因此,在公司法的实践中导入商业判断规则,能缓解勤勉义务适用标准的僵化。

商业判断规则(又称业务判断规则、经营判断规则)滥觞于美国,它为正常的商业决策提供一种保护,是董事、监事、高级管理人员勤勉义务下的一项免责事由。美国法学会《公司治理原则》第4.01条第3项将商业判断规则表述为,如果作出经营判断的董事或经理符合下述3个条件,就应被认为诚实地履行了本节规定的义务:①该当事人与所作经营判断的内容没有利害关系;②该当事人有正当理由相信其在当时情形下掌握的有关经营判断信息充分、妥当、可靠;③该当事人有理由认为他的经营判断符合公司最佳利益。② 易言之,公司董事、高级管理人员本着善意(即没有损害公司的意图)做出的商业决策,可以有效免受法律的责难。

商业判断规则实际上是一种经营者责任的豁免机制③,使符合这一标准的经营者可以迅速地被排除个人责任——从整个社会的角度来看,这是在"鼓励那些拥有技能和信息的商人们按照他们对经济风险的评估进行资源配置,具有巨大的社会效用"④,以实现公司股东与董事、监事、高级管理人员之间的利益平衡。

以商业判断规则排除董事的责任,有其必要性和合理性:

其一,从英美法系国家公司董事责任制度发展的历史来看,在相当长一段历史

---

① 参见赵旭东主编:《公司法学》(第四版),高等教育出版社2015年版,第315页。
② 参见刘俊海:《公司法学》,北京大学出版社2008年版,第263页。
③ 参见黄辉:《现代公司法比较研究——国际经验及对中国的启示》,清华大学出版社2011年版,第200页。
④ 张开平:《英美公司董事法律制度研究》,法律出版社1998年版,第192页。

时期内,董事的责任主要是指董事违反忠实义务的责任。尽管实践中董事违反注意义务的情形也大量存在,但董事因此真正被追究法律责任的案件极其少见。

其二,对董事注意义务的过苛要求不符合公司及股东的根本利益。不同的董事,能力有高低、技能有强弱,对于相关决策过程适当性、方案选择合理性的判断可能因人、因时而异。要求过松固然会造成注意义务的虚化,但要求过严,也会导致董事过于保守,会使公司董事不敢从事有风险的业务,妨碍公司发展,进而影响社会福利的整体提高。

其三,影响商业判断的因素众多,不仅难以穷尽,而且对于商业风险的判断往往也难以确定。做生意都是有风险的,并且潜在风险越大,往往潜在利润也越大。所以如果仅仅事后证明对风险判断存在错误,便认为董事违反技能和注意的义务,以事后的眼光去衡量一个商业决定是极不合适的方法。"事后诸葛亮"谁都可以当。如果只要发生失误就要追究董事的责任,恐怕没有人愿意担任董事。

其四,公司经营业务受客观条件限制,在某些时候,即使信息不完备,即使左右为难,也不得不做出决策。在决策成功时,盈利是属于公司及股东的;若在决策失败时,不论董事过错程度如何,一概要求其承担全部后果,对董事显失公平,这必然影响董事进行商业决策的积极性和公司的管理效率。因此必须保留一定的自治行为空间,确保其商业才能的充分发挥。

综上所述,商业判断规则是为了鼓励董事创造性的冒险精神,是为那些善意行事的董事提供的一个"安全港"(safe harbour)。

(二) 商业判断规则的适用与实践

适用商业判断规则时,一个重要的特点在于其遵循的是"重大过失"标准。即,经营者的行为应当构成"重大过失",才能判断其违反了勤勉义务。[①] 当然,如经营者的决策违反法律法规和公司章程,则属于重大过失,不能免责。

商业判断规则在美国司法实践中得到广泛运用。我国在改革创新过程中的试错容错制度与商业判断规则是一脉相承的。2015 年 10 月习近平总书记在中央全面深化改革领导小组第十七次会议上指出:基层改革"要允许试错、宽容失败,营造想改革、谋改革、善改革的浓郁氛围"。2016 年 4 月 8 日在北京召开的国务院国有企业改革领导小组第十八次会议指出:"要营造支持改革、鼓励创新、允许试错、宽容失败的机制和环境。"2016 年的政府工作报告也指出:"健全激励机制和容错纠错机制,给改革创新者撑腰鼓劲,让广大干部愿干事、敢干事、能干成事。"2017 年 9 月 8 日中共中央国务院《关于营造企业家健康成长环境弘扬优秀企业家精神更好

---

① 参见朱慈蕴:《公司法原论》,清华大学出版社 2011 年版,第 331 页。

发挥企业家作用的意见》将"着力营造依法保护企业家合法权益的法治环境、促进企业家公平竞争诚信经营的市场环境、尊重和激励企业家干事创业的社会氛围,引导企业家爱国敬业、遵纪守法、创业创新、服务社会,调动广大企业家积极性、主动性、创造性"作为指导思想,并强调"营造依法保护企业家合法权益的法治环境""依法保护企业家自主经营权。企业家依法进行自主经营活动,各级政府、部门及其工作人员不得干预"。

这些论述充分反映了党中央、国务院宽容失败、鼓励创新的政策导向。试错容错的相关规定也广泛体现在各地方性法规等规范性法律文件中。

2018年1月2日,最高人民法院《关于充分发挥审判职能作用为企业家创新创业营造良好法治环境的通知》提出"为企业家创新创业营造良好法治环境""依法保护诚实守信企业家的合法权益"。

在我国广大公司法学者的呼吁下,商业判断规则在我国司法实践中也开始运用。如慈溪富盛化纤有限公司等诉施盛平损害股东利益责任纠纷案①的判决体现了商业判断规则在我国司法实践中开始运用。本案判决书在判断董事行为是否违反其勤勉义务时这样表述:"至于勤勉义务的含义和内容,法律并没有具体界定。一般认为,公司法中的勤勉义务与侵权法中的注意义务相似,指董事、监事、高级管理人员必须像一个正常谨慎之人在类似处境下应有的谨慎那样履行义务,为实现公司的最大利益努力工作。据此,管理者在作出某一经营判断前,应当收集足够的信息,诚实而且有正当的理由相信该判断符合公司的最佳利益。"在具体的判决理由中,对董事进行决策前的信息收集、董事对交易事项的知悉程度、董事是否善意以及是否存在利益冲突等条件分别进行了考量。这一考量过程,正是美国商业判断规则的核心。对于判决结果,双方当事人均没有上诉,这表明双方当事人对这一理由是信服的。

北京东方网信科技股份有限公司诉何咏泽损害公司利益责任案:2015年9月11日,被告何咏泽(公司财务负责人、高级管理人员)收到公司法定代表人"唐晖"的微信指示,向第三方公司汇款200万元人民币。后经核实,该微信号并非唐晖本人。北京东方网信科技股份有限公司遂起诉至人民法院,认为被告身为公司高级管理人员,未尽到谨慎审查的勤勉义务,导致公司损失,应承担赔偿责任。人民法院认为:公司董事、高级管理人员的勤勉义务应理解为上述人员在管理公司、经营业务时,不得有疏忽大意或者重大过失,并尽合理的谨慎、注意和技能,履行自己的职能;上述勤勉义务的范围应指向执行公司职务等专业性行为层面,即在自己的专业范畴内是否存在过错及重大过失,而不应包括识别网络诈骗。何咏泽并非网络

---

① 参见浙江省慈溪市人民法院(2007)慈民二初字第519号民事判决书。

诈骗识别专家,其在面对诈骗发生时,并不具有比通常人更多的经验和辨别能力。公司起诉要求高级管理人员承担被诈骗金额及损失的,人民法院不予支持。①

笔者认为,运用商业判断规则免除董事、高级管理人员责任,应考虑以下因素:

①决策和行为的内容是否违反法律法规的强制性规定。

②是否在公司权能范围内。超越经营范围的行为,对外不必然无效,但各国公司法都是追究董事责任的事由,除非得到股东会的追认。

③是否在公司章程或股东会授权范围内。如公司章程规定公司对外投资、对外担保由股东会决定,董事会便不得擅自做主。

④是否善意。董事在进行商业判断时应当遵守商业道德,以实现公司的最大利益为出发点,诚实、理性地相信自己的行为最符合公司利益,而不能以损害公司利益为目的行事,如果董事的自身利益和公司利益相冲突,应当选择回避。

⑤是否尽了合理的注意义务及是否超出其能力范围。应尽其能力勤勉、负责地收集对公司的经营判断有相当影响的信息,并在经营判断时给予适当的理性分析和考虑,不能靠拍脑袋决策。

⑥是否符合程序。

⑦是否有违背诚信义务。

五、董事、高级管理人员对他人的合理依赖

(一)董事、高级管理人员对他人合理依赖的意义

现代公司的规模和复杂性使公司董事在很大程度上要依赖其他高级管理人员、职员、专家以及董事会的专门委员会。除非存在可疑的情形或不同寻常的事实,使得不做进一步查证显得非常不合理,否则董事、高级管理人员没有义务亲自调查和求证他们合理依赖的信息报告、陈述等。这种情况下,董事、高级管理人员对他人合理依赖,不能认为其违反了勤勉义务。

(二)董事、高级管理人员对他人合理依赖的界定

实践中,公司经营者往往也会依赖其他高级管理人员、职员及专家提供的信息、报告和陈述等进行决策,虽然《公司法》没有关于董事、高级管理人员对他人合理依赖的规定,但我们可以借鉴英美普通法的相关规定和实践。

在英国"City Equitable Insuramce Co"一案中,法官认为董事"在义务方面,可以适当地留给其他职员,在没有理由怀疑的情况下,董事可以相信职员会诚实地履行

---

① 参见北京市第一中级人民法院(2016)京 01 民终 5551 号民事判决书。

该项义务"①。

美国标准公司法(MBCA)第 8.30 条规定,为完成董事职务,董事有权信赖以下人员所准备或提交报告之资讯、意见、报告或报表,包括财务报表及其他财务资料在内:

①董事就一位或一位以上公司主管人员或职员所提交资料,有合理的理由相信足以信赖或足以具备能力者;

②董事就法律顾问、会计师或其他人员所提交资料有合理理由相信,是在该等人员之专业或专家能力范围内所提出者;

③虽为董事但非董事委员会之成员,且有合理之理由相信委员会足以信赖。

但若董事知情,以对上述人员的信赖为由进行抗辩则不成立,其行为亦不是善意诚实性质。如果董事完全放弃权利,让一名董事或高级职员全权办事,"在公司的事务上没有积极地明智地参与或提供行政上的指示",他要负责任。② 如果公司职员受董事的指示工作,董事也应对该工作负责。另外,董事应亲自行使法律或公司赋予他的酌量权,不得受他人操纵,不得成为他人的傀儡,非经法律、法规允许或者得到股东大会在知情情况下的同意,不得将其酌量权转给他人行使。

董事不能完全依赖他人,只是在有理由相信职员能诚实地履行好该义务时才可适当地留给他去做。在香港地区 1985 年"Lo Hon Yiu Henry V Regina"一案,一香港公司董事被指控没有依公司条例在股东大会上呈交公司当年会计账目。被告辩称,他已指示下属去做。法庭认为,公司董事可指示非董事级的公司职员代其履行法定职责。但公司董事不得倚靠非公司雇员的专业人士,如律师、核数师或其他专业代理人,代行其职务。若公司董事依赖下属代劳,必须留意其下属是否有能力和条件代其履行职责。③

事实上,董事的位置和角色往往因公司大小及业务性质而异,如果一个小公司只有几个人,董事可能要兼顾大小事务,如果是一家大公司,由于一个人的时间、精力和知识有限,董事就不可能不依赖公司其他高级职员和员工来处理日常事务,因而只负责更大事情的决策和监督。所以,要决定董事是否失职,必须看公司的性质和内部分工,看分工是否合理及有没有违反公司章程和制度。如果公司的分工合理并且没有违反公司章程和制度,应依据此分工判断董事是否尽勤勉义务。

董事除可依赖其他董事和公司职员外,还可以依赖外界专家的意见。而且,在某些情况下,如果他没有征求专家的意见,便可能构成失职。对于非本专业的董事

---

① D. Wright, B. Creigton, Rights & Duties of Directors, Butterworths, p. 51.
② 参见何美欢:《香港代理法》,中华书局(香港)有限公司 1992 年版,第 390 页。
③ 参见何美欢:《香港代理法》,中华书局(香港)有限公司 1992 年版,第 257 页。

来说,如技术问题,应征求技术专家意见,法律问题应征求律师意见,否则便要对失职负责。

能否依赖及可依赖的程度视不同公司而定,对上市公司董事、监事、高级管理人员的要求就很高,甚至要独立判断财务报表,不得依赖审计报告而免责。

董事在委派下属代行某些职责时,应谨慎地考虑该人是否有能力和条件。董事不能因为委派了其他人而自己完全逃避责任。如果被委派人的行为严重错误,但董事并不知情,或知情却不努力纠正,他仍然有责任。①

六、律师为公司董事、监事、高级管理人员行为管理提供法律服务的内容

(一) 帮助公司制定董事、监事、高级管理人员行为管理制度

如上所述,公司董事、监事、高级管理人员的行为要遵守法律法规、公司章程、公司制度、股东(大)会决议、行政主管单位规定,这些规定繁杂,若公司根据实际制定具体的董事行为管理规范、监事行为管理规范、高级管理人员行为管理规范,必将在很大程度上有利于规范和调整董事、监事、高级管理人员的行为,对董事、监事、高级管理人员个人也是很好的指引,利于其忠诚和勤勉尽责,减少风险并提高效率。

(二) 为董事、监事高级管理人员职务行为提供法律咨询

1. 履行忠实义务的建议

①在任职前和履职过程中坦诚个人情况,不隐瞒不符合任职资格的情形及与公司关联的人和事项。

②了解相关法律、公司章程和制度,依照法律、公司章程和制度规定的职权范围和程序履行职责。

③了解公司章程和制度,了解自己的权利和权利范围,拒绝签署超出职权范围的文件。

④谨记董事、监事、高级管理人员的行为要从公司最佳利益出发,不能有个人私心和私利。

⑤当行为有可能导致与公司利益冲突时,及时向公司进行信息披露,并保存好能够证明披露对象和披露内容的证据。

⑥董事、监事、高级管理人员是公司的董事、监事、高级管理人员,不是其推荐人(股东)的董事、监事、高级管理人员,当公司利益与其推荐人(股东)的利益有冲

---

① 参见苏祖耀:《现代公司董事法律制度》,广州出版社1995年版,第134—136页。

突时,要以公司利益为重。行使管理职权时注意兼顾小股东利益,不得未经合法程序为大股东牟取个人利益。

2. 履行勤勉义务的建议

①坚守独立性原则,排除公司实际控制人、政府官员、董事长的干扰,敢于提出异议,揭露违法行为。

②审慎履行职责,时刻关注公司日常财务、制度建立、内部控制和治理的相关情况,合理行使质询权。

③建议决策时牢记"程序严谨、内容合法"。所谓程序严谨,是指董事会会议的召集程序、表决方式不仅应当遵守法律、行政法规中的程序规则,而且应当遵守公司章程中的程序规则。所谓内容合法,是指董事会决议的实体内容应当遵守法律、行政法规中的强制性规定,遵循诚信原则,不损害社会公共利益。

④要全面搜集并充分消化与决策相关的信息。为董事、监事、高级管理人员决策提供保护的商业判断规则,其关键的构成要件之一是知情决策。因此,可以要求经营层提供相关决策信息,或要求以公司费用聘请律师事务所、会计师事务所等专业机构提供专业咨询意见。

⑤积极参会并审慎投票。不无故请假,弄明白每一个审议事项后再投票。

⑥审慎委托他人代为投票。委托其他人代为投票,并不能把自己的风险转接给代理人,因为代理人在代理权限内以被代理人的名义实施民事法律行为,被代理人对代理人的代理行为,承担民事责任。因此,董事应当尽量亲自参加董事会,并从现场互动中发现董事会决议文件中隐藏的问题。因为风险和真相往往隐藏在文件之后。

⑦当发现公司或其他董事、监事、高级管理人员违反规定的情形时,应当表明异议,并在会议文件中予以记载。

⑧尽合理注意义务,及时发现、阻止违规行为,或在公司违规时建议及时采取补救措施,积极消除后续影响。

⑨对所有履职情况进行留痕,如往来邮件、微信、会议录像、电话录音,以避免在被调查时被认定为未尽勤勉义务。

⑩如果发现公司常发生违法违规行为,自己提反对意见后仍未纠正,为了防止自己卷进去,应该主动辞职。

(三)担任董事、高级管理人员或其派出的股东的法律顾问

在任职的公司有需要表决事项时,表决前由律师提供意见。在公司允许的情况下,律师列席董事会,代表董事就专业问题阐述意见。

(四) 审核董事、高级管理人员拟签署的重要法律文件

对董事、高级管理人员签署的招股说明书、承诺、声明、保证等涉及个人责任的文书,律师提供意见或提示注意事项。

(五) 代表公司对违反义务的董事、监事、高级管理人员追究责任

律师需要全面了解案情,收集证据,进行研究和分析,提出追究的方案和策略。

(六) 董事、监事、高级管理人员被追究民事责任、行政责任或刑事责任时,受托进行代理和辩护

律师应当全面了解案情,收集证据,进行研究和分析,提出代理或辩护的方案和策略。

第四节 股权激励律师实务

一、股权激励概述

(一) 股权激励的意义

股权激励,是指公司通过向其董事、高级管理人员及核心员工有条件地授予公司股权(票)或部分股权权能而进行长期性激励的方式。股权激励的法律属性是附条件的股权(或股权权能)转让或增资扩股。

股权激励作为一项长期的激励与约束机制,是公司治理的重要机制之一,能够较好地弥补传统薪酬分配形式的不足,能够将激励对象的利益与公司的利益及股东或投资者的利益捆绑在一起,命运与共,休戚相关,使公司管理层既努力实现公司短期经营目标又关注公司中、长期经营计划,为管理层提供创造股东价值的动力。公司治理的主要目的就是提高公司管理层创造股东价值的动力和能力,降低代理成本。

不过,股权激励措施若不当时也会出现一些消极作用,比如容易打击一般职工的积极性,激化公司利益相关者的矛盾;而公司经理人为了提高股票的市场价格和保证股票价值有较大提升,可能会通过财务报表虚夸公司的盈利,也可能会积极投入一些高风险高收益的项目,从而加大公司经营风险。此外,股权激励不当,容易引发股东纠纷。

(二)股权激励中的律师业务

律师在股权激励法律业务中提供的服务包括但不限于：
①公司实施股权激励计划的需求诊断、公司尽职调查；
②股权激励方案设计；
③起草、拟定股权激励计划草案及相关法律文书；
④出具实施股权激励计划必须的法律意见书；
⑤配套制度的设计、方案落地实施辅导等。

(三)股权激励的工具及其分类

股权激励的工具主要有：①股票期权；②股票(份)增值权；③虚拟股票(份)；④业绩股票(份)；⑤限制性股票(份)；⑥账面价值增值权；⑦储蓄参与股票；⑧股票无条件赠予；⑨延期支付；⑩员工持股计划。实践中，以下股权激励工具比较常用：

1. 限制性股票(份)

限制性股票(份)是指激励对象按照股权激励计划规定的条件获得一定数量的本公司股票(份)，激励对象只有在规定条件(如一定工作年限或业绩目标)成就后才可以出售该股票(份)获益；如果该条件没有达成，公司有权收回授予的股票(份)。限制性股票(份)通常设置了锁定期，只有在激励对象达到激励方案的条件，方可解锁转让。锁定期在实务中常常分为禁售期与限售期，禁售期内，激励对象只享有分红、表决等部分股东权利，但不得对外转让；限售期内，激励对象可根据激励目标的完成情况，分批次对限制性股权进行解锁转让。

2. 股票期权

股票期权是指公司授予激励对象在未来一定期限内以预先确定的价格和条件购买本公司一定数量股权的权利。特点是激励对象到期可以选择行权，也可以选择不行权，不行权没有任何额外的损失。在考核期内，激励对象并不能获得公司股权，也无法享受股权红利，激励对象只有在达到考核条件或公司实现业绩目标时，才可按照事先确定的价格行权；当然，激励对象也可放弃行权权利。在股权期权激励计划中，通常要求激励对象分期行权，且每期行权条件不同，对当期因不符合行权条件未被行权的股权，由公司予以取消。

3. 业绩股票(份)

业绩股票(份)是一种典型的股权激励模式，它是指公司在年初确定一个科学合理的业绩目标，如果激励对象到年末达到预定的目标，则公司授予其一定数量的股票或提取一定的奖励基金购买公司股票。业绩股票(份)模式下，股权转移由激励对象是否达到事先规定的业绩指标来决定。

4. 虚拟股票(份)

虚拟股票(份)是指公司现有股东授予激励对象一定数额的虚拟股票(份),激励对象可以据此享有相应分红权和股价升值收益。激励对象没有虚拟股票(份)的表决权、转让权和继承权,只有分红权,虚拟股票(份)的获授对象并不真正掌握公司股权,不改变公司的股权结构,甚至无权直接以其所持虚拟股票(份)请求公司分配红利,其实质是大股东将其所持股权权益部分让渡于激励对象,是大股东与激励对象之间的一种契约关系。

5. 股票(份)增值权

股票增值权是指公司授予激励对象的一种权利。如果公司股价上升,激励对象可通过行权获得相应数量的股价升值收益,激励对象不用为行权付出现金,行权后获得现金或等值的公司股票。

6. 员工持股计划

员工持股计划是指公司员工个人出资认购本公司部分股权的制度安排。激励对象少的,可由员工本人持股,大多是委托员工持股平台进行管理运作,员工持股平台可以为有限公司,也可以为有限合伙,由其代表持股员工进入公司董事会参与表决和分红;也有由员工代表持股的代持形式。员工持股计划旨在通过劳动者与所有者的有机融合,改善公司治理结构,提高员工凝聚力和创造力。

7. 延期支付

延期支付也称延期支付计划,是指公司将激励对象的部分薪酬,例如年度奖金、股权激励收入等按一定的价格折算成股份数量,待激励对象在既定的期限后或退休后,按照当时的股份价格以现金支付给激励对象。

我国上市公司股权激励实践以限制性股票(份)、股票期权、业绩股票(份)、虚拟股票(份)、股票增值权为最常见。

(四)股权激励方案的设计

股权激励实质上是附条件的股权(或股权权能)转让或增资扩股。股权激励方案主要就是各种"条件"的排列组合。这些"条件"的排列组合,涉及经济学、管理学和法学,而相关法律又涉及公司法、证券法、劳动法、民法等多个领域,因而需要资深律师深度参与股权激励方案的设计,以避免股权激励的法律风险。

股权激励方案需明确股权激励的方式、股权来源、资金来源、持股模式、激励时间和期限、激励对象、激励条件、数量、价格、退出机制等关键问题,要和公司的规模、行业、类型、发展等自身情况相匹配,也要考虑可能出现的法律风险。

下文简要介绍股权激励方案需明确的九大关键问题。

二、如何确定股权激励的模式

公司是选择一种股权激励工具还是多种股权激励工具来实施股权激励,这是制订股权激励方案必须考虑的问题。如果激励工具错配,不仅可能浪费激励资源,实现不了激励的初衷,还会影响公司士气。

公司确定股权激励模式,通常需综合考虑以下因素:

(一)评估不同激励工具的功能

公司需根据不同工具的特点、利弊、成本、适用范围和对现有股东权益的影响,综合激励的目的和公司实际情况,选择适合公司需求的一种或多种激励工具。

(二)激励目的

公司不同,激励目的往往不同,其激励方式也往往不同。比如,对于控股权比较敏感的非上市公司,可以采用虚拟股票(份),或者对多数激励对象采用虚拟股份计划,对特定少数激励对象采用实股或"实股+虚股"。

(三)公司发展状况

公司发展一般需经过初创期、成长期、成熟期和衰退期。公司在不同阶段的战略规划、经营状况和人才需求等情况不同,所适用的激励模式也会有所不同。

(四)激励对象的需求及人数

不同人有不同的需求。投其所好,才能发挥最佳的激励效果。

《公司法》规定有限责任公司股东人数不超过50人。因此,对于有限责任公司类型的非上市公司而言,如果预计的激励对象人数超过50人,则不适合采用认股类型或者其他需要激励对象实际持有公司股份的激励模式,比如期权、干股、限制性股份等,而应采用利润分红型虚拟股份,或者股份增值权等;对于股份有限公司类型的非上市公司而言,《公司法》并没有规定股东人数上限,公司可以在更大范围内灵活地选择激励工具。

(五)对现有股东的影响

股权激励计划往往会引入新的激励对象作为股东,稀释现有股东的股权比例,导致公司原有的股权结构发生变化。如果非上市公司有多个股东,各个股东之间的股权安排比较微妙,比较分散,并且现有股东不愿意打破这种平衡的设置,这种情况下股东出让股权的意愿较低,虚拟股票(份)性质的激励工具较为合适。

(六)公司目前的经营状况和财务状况

公司的经营状况也会影响激励模式的选择,如果公司本身经营困难、盈利能力差、资金紧张,这种情况下,员工对公司的前景担忧,往往更看重现有的工资和福利待遇,而不奢望未来的股权收益。因此,在这种情况下,公司应选择具有福利补充性质的、不需要员工出资购买的激励模式,例如虚拟股权、股份增值权等。

三、如何确定股权激励的时间和周期

(一)考量是否必须实施股权激励

股权激励只是众多激励手段之一,是成本和风险较高的激励手段,如果通过其他激励方式也可以达到类似的激励效果,公司就不必跟风进行股权激励。

(二)股权激励的时机

公司通常要经历初创期、成长期、成熟期和衰退期四个阶段,公司在哪个阶段什么时候实施股权激励?这个问题没有固定答案。若过早实施股权激励,不但激励的成本很高,而且激励效果有限。比如公司还没有 A 轮融资,没有"身价",给单个员工发 5% 的股权,员工很可能不领情,甚至产生负面影响;而一旦公司业绩和身价做起来了,创始人又会觉得给员工的股权太多,后悔莫及。当公司估值比较明朗时,即使给单个员工发不到 1% 的股权,员工也会倍加珍惜。因此,公司可以根据激励目标、激励成本、创始股东意愿、投资人意见、公司发展状况和员工需求等实际情况来确定股权激励的具体时机,以达到较好的激励效果。

建议公司在进行股权激励时把握以下几个时机:①当公司有融资需求时,无论是引入风险投资者、财务投资者,还是谋求公司上市、挂牌,配合实施股权激励计划,有助于公司目标达成;②公司并购重组往往涉及重大人事调整及组织机构变更,容易引发员工的不安情绪,合理安排股权激励计划的时机可以消除新进股东和创业元老之间因公司并购重组而出现的矛盾;③在公司的商业模式出现重大创新时,股权激励是留住人才、激励人才和吸引人才的有效手段;④公司新的发展战略计划推出后,为提高员工的工作积极性和能动性,鼓励他们为了实现公司未来的战略目标而努力工作,有必要实施股权激励计划,将公司的利益和激励对象的利益长期捆绑在一起。

对于上市公司的股权激励,《上市公司股权激励管理办法》有明确的禁止性规定。该办法第 7 条规定,上市公司最近一个会计年度财务会计报告或财务报告内部控制被注册会计师出具否定意见或无法表示意见的审计报告;上市后最近 36 个月内出现过未按法律法规、公司章程、公开承诺进行利润分配的及其他法定情形的,不得实行股权激励。

(三)股权激励的周期

一个完整的股权激励计划可以称为一个周期,一般包含激励方案制订、授予、等待、行权、禁售和解锁等时间节点。

上市公司制订股权激励计划,应当载明股权激励计划的有效期,限制性股票的授予日、限售期和解除限售安排,股票期权的授权日、可行权日、行权有效期和行权安排。

在确定有限责任公司股权激励计划时间安排时,既要考虑股权激励能够达到公司长期激励的目的,又要确保员工的激励回报。

通常情况下,股权激励计划中会涉及以下时间点:有效期、授予日、等待期、行权期、禁售期等。

1. 有效期

有效期是指从股权激励计划生效到最后一批激励股票的股份行权或解锁完毕的整个期间。设计股权激励计划的有效期需要考虑到以下因素:

(1)法律的强制性规定。我国《上市公司股权激励管理办法》规定股权激励计划的有效期从首次授予权益日起不得超过10年。对于非上市公司,法律没有强制性规定,因此股权激励计划的有效期应根据公司的实际情况确定,我国非上市公司股权激励有效期通常设置在3至8年。

(2)公司战略的阶段性。股权激励计划的有效期设置应当与公司阶段性项目或者阶段性目标完成所需要的时间相一致。如果股权激励的期限短于公司阶段性战略目标计划的期限,那么公司就不得不在未完成阶段性战略目标的情况下进行激励对象的行权,这会不利于战略性目标的实现。

(3)激励对象劳动合同的有效期。股权激励计划的有效期设置应当不超过激励对象劳动合同的有效期,以避免激励对象劳动合同期限已满而仍处于激励计划有效期内的情形。

2. 授权日

授权日是指激励对象实际获得授权(股票期权、限制性股票、虚拟股票)的日期,是股权激励计划的实施方履行激励计划的时点。在决定股权激励计划的等待期、行权期、失效期时,一般是以授权日为起算点,而不是以生效日为起算点。

对于上市公司而言,授权日必须为交易日。上市公司应当在授权条件成就后60日内授出权益并完成公告、登记。

3. 等待期

等待期是指激励对象获得股权激励股票(份)之后,需要等待一段时间,达到一系列事前约定的约束条件,才可以实际获得对激励股份或者激励股票的完全处分权。

股权激励的等待期有以下三种设计方法：

（1）一次性等待期限。如果股权激励计划授予激励对象在一次性等待期满后，可以行使全部权利，那么就是一次性等待期限。这种等待期的激励效果比较显著，适合特别希望在既定时间内改善业绩的公司。

（2）分次等待期限。如果股权激励计划授予激励对象分批行权、分次获得激励股票的完全处分权，那么就是分次等待期限。由于分次等待期限设置能长期绑定激励对象且能有效避免激励对象的短期获利行为，因此这种方式在实践中应用较多。分次等待期限和分次行权的数量可以是不均衡的，公司根据具体情况来定。

（3）业绩等待期。业绩等待期是指激励对象只有在有效期内完成特定的业绩目标，才可以行权，即依据特定的业绩目标如特定的收入、利润指标等是否实现来确定等待期是否期满。此种情况下等待期的长短是不确定的。这种等待期设计一般是在公司的业绩和发展前景遇到困难时使用。

《上市公司股权激励管理办法》对于股权激励等待期有如下规定：

①上市公司限制性股票授予日与首次解除限售日之间的间隔不得少于12个月；股票期权授权日与获授股票期权首次可行权日之间的间隔不得少于12个月。

②在限制性股票有效期内，上市公司应当规定分期解除限售，每期时限不得少于12个月，各期解除限售的比例不得超过激励对象获授限制性股票总额的50%。

③在股票期权有效期内，上市公司应当规定激励对象分期行权，每期时限不得少于12个月，后一行权期的起算日不得早于前一行权期的届满日。每期可行权的股票期权比例不得超过激励对象获授股票期权总额的50%。

4. 行权期

行权期是指股权激励计划的等待期满次日起至有效期满当日止可以行权的期间，非上市公司行权期的确定不受法律的限制，公司可以结合实际情况确定行权期。上市公司的可行权日必须为交易日。

对于非上市公司而言，由于激励对象获得股权需要到工商登记部门予以注册备案，如果激励对象不能在一段时间集中行权，则会导致办理工商股权登记特别烦琐，公司可以在可行权日期内专门设立一段时间为每年的行权窗口期。

5. 禁售期

禁售期是指激励对象在行权后，必须在一定时期内持有该激励股票，不得转让、出售。禁售期的设置主要是为了防止激励对象以损害公司利益为代价，抛售激励股票的短期套利行为。

四、如何确定股权激励对象

(一) 确定股权激励对象需考虑的因素

公司制订股权激励方案,通常需综合考虑公司战略规划、公司发展情况、公司类型、激励目的、激励效果、员工价值贡献、员工需求和法律规定等因素来甄选激励对象,以达到较好的激励效果。

1. 股权稀缺性与人才稀缺性

股权是稀缺性资源,接受股权激励的对象因而也应当具有稀缺性。股权的稀缺性应当与人才的稀缺性相匹配。好钢用在刀刃上,比如高级管理人员和掌握核心技术、掌握销售渠道等核心人员,往往是股权激励优先考虑的人选。能够通过工资奖金解决利益需求的员工,不建议采用股权激励的方式进行激励;也不建议全员激励,因为"大锅饭"一般起不到激励的作用。

2. 人合性和资合性

非上市公司又称"闭锁公司",股东人数较少,往往彼此熟悉信任,具有较强的人合性;上市公司又称"公开公司",是典型的资合性公司。律师在给非上市公司制订股权激励方案时应当特别注意非上市公司有别于上市公司的人合性特征,不能照搬照抄上市公司的股权激励方案。

当然,上市公司也具有一定的人合性,发起人、主要股东往往也彼此了解。基于人合性、"家和万事兴"的考量,无论上市公司还是非上市公司,在甄选股权激励对象时,除了考虑价值贡献和素质能力,还需十分重视忠诚度和合作精神,以免引狼入室、养虎为患。

(二) 法律法规有关激励对象的规定

对于非上市挂牌公司,实施股权激励不得突破《公司法》对于股东人数的限制性规定,此外,根据《关于完善股权激励和技术入股有关所得税政策的通知》的规定,如果符合非上市公司股票期权、股权期权、限制性股票和股权奖励实行递延纳税政策的,激励对象应为公司董事会或股东(大)会决定的技术骨干和高级管理人员,激励对象人数累计不得超过本公司最近6个月在职职工平均人数的30%;同时应符合该规定的其他要求。除此之外,法律法规对于股权激励一般没有限制性规定。

法律法规对于股权激励对象的限制主要是上市公司和国有公司。

对于上市公司,激励对象可以包括上市公司的董事、高级管理人员、核心技术人员或者核心业务人员,以及公司认为应当激励的对公司经营业绩和未来发展有直接影响的其他员工。外籍员工任职上市公司董事、高级管理人员、核心技术人员或者核心业务人员的,可以成为激励对象。但以下人员不得成为激励对象:

①独立董事和监事;

②单独或合计持有上市公司5%以上股份的股东或实际控制人及其配偶、父母、子女;

③最近12个月内被证券交易所认定为不适当人选;

④最近12个月内被中国证监会及其派出机构认定为不适当人选;

⑤最近12个月内因重大违法违规行为被中国证监会及其派出机构行政处罚或者采取市场禁入措施;

⑥具有《公司法》规定的不得担任公司董事、高级管理人员情形的;

⑦法律法规规定不得参与上市公司股权激励的;

⑧中国证监会认定的其他情形不得成为激励对象的;

⑨相关法律、行政法规、部门规章对上市公司董事、高级管理人员买卖本公司股票的期间有限制的,上市公司不得在相关限制期间内向激励对象授出限制性股票;

⑩知悉内幕信息而买卖本公司股票的。

如果被激励对象是国有公司高层,需根据《国有控股上市公司(境内)实施股权激励试行办法》来实施股权激励。

五、如何确定股权激励的来源和数量

(一)股权激励的来源

上市公司股权激励的股票来源方式主要有定向增发、回购股票、股东转让、留存股票四种。

非上市公司不能采用增发股票或二级市场购买股票的方式解决股权激励股票的来源问题,但可以采用以下几种方式:预留股份、股东出让股份、增资扩股、股份回购。

(二)股权激励的数量

1. 确定股权激励数量应考虑的因素

股权激励数量过大,可能影响控股股东的控制权,还可能给公司带来现金流压力;过小,则激励效果不佳。故公司需综合考虑创始股东意愿、激励目的、公司薪酬水平、公司发展状况、资本运作要求、公司的规模与净资产、行业竞争环境、法律规定和职工需求等因素后,确定适当的股权激励总量。

当总量确定后,再分配每个激励对象的具体数量。分配单个激励对象的激励数量时需要考虑法律法规的强制性规定、兼顾公平和效率、激励对象的薪酬水平、激励对象的不可替代性、激励对象的职位、激励对象的业绩表现、激励对象的工作年限、竞争公司的授予数量等因素。

2.法律的限制性规定

非上市公司股权激励总额度的设定不受法律强制性规定的限制。

对上市公司而言,上市公司全部在有效期内的股权激励计划所涉及的标的股票总数累计不得超过公司股本总额的10%。非经股东大会特别决议批准,任何一名激励对象通过全部在有效期内的股权激励计划获授的本公司股票,累计不得超过公司股本总额的1%。

上市公司在推出股权激励计划时,可以设置预留权益,预留比例不得超过本次股权激励计划拟授予权益数量的20%。上市公司应当在股权激励计划经股东大会审议通过后12个月内明确预留权益的授予对象;超过12个月未明确激励对象的,预留权益失效。

六、如何确定股权激励的价格

(一)非上市公司股份激励的确定

激励股份的价格包括授予价格和退出价格。授予价格是指激励对象为获得激励股份而需要支付的对价。对于激励对象来说,授予价格越低对其越有利。但是,授予价格过低会有损股东利益。因此,在确定授予价格时,既要考虑激励对象的承受能力,也要考虑到保护现有股东的合法权益。

由于非上市公司没有相应的股票价格作为基础,授予价格确定难度要大一些,实践中一般通过以下几种方法确定激励股份的价格:净资产评估定价法、模拟股票上市定价法、综合定价法。

退出价格是指因故退出获授股份时的回购价,实践中一般约定回购价为原授予价或净资产价。

(二)上市公司限制性股票价格的确定

对上市公司而言,限制性股票最低可以按市场价格的五折授予员工。上市公司在授予激励对象限制性股票时,应当确定授予价格或授予价格的确定方法。授予价格不得低于股票票面金额,且原则上不得低于下列价格较高者:①股权激励计划草案公布前1个交易日的公司股票交易均价的50%;②股权激励计划草案公布前20个交易日、60个交易日或者120个交易日的公司股票交易均价之一的50%。上市公司采用其他方法确定限制性股票授予价格的,应当在股权激励计划中对定价依据及定价方式作出说明。

此外,对于上市公司而言,实施限制性股票激励还要考虑股份支付、市值管理等因素。另外,在 A 股市场,公司整体业绩表现与股价并非完全的正相关,也就意味着解除限售后的股票价格不必然高于授予价格。

(三)上市公司股票期权价格的确定

上市公司在授予激励对象股票期权时,应当确定行权价格或者行权价格的确定方法。行权价格不得低于股票票面金额,且原则上不得低于下列价格较高者:①股权激励计划草案公布前 1 个交易日的公司股票交易均价;②股权激励计划草案公布前 20 个交易日、60 个交易日或者 120 个交易日的公司股票交易均价之一。上市公司采用其他方法确定行权价格的,应当在股权激励计划中对定价依据及定价方式作出说明。

七、如何确定股权激励的资金来源

实务中,有的公司实施股权激励时,由公司或股东无偿将激励股权(或权能)赠与激励对象,也有的公司则是将激励股权(或权能)有偿转让给激励对象。需特别注意的是,即使是"无偿赠与",可能也需要一定资金来实施,只不过不是激励对象自付而已。

常见资金来源为被激励对象自筹资金,被激励对象以奖金或分红抵扣、公司或股东借款或担保、公司设立激励基金、对被激励者进行资金上的资助,以及采用信托等金融工具。但《上市公司股权激励管理办法》明确规定,上市公司不得为激励对象依股权激励计划获取有关权益提供贷款以及其他任何形式的财务资助,包括为其贷款提供担保。

八、如何确定股权激励的持股模式

(一)股权激励时选择持股模式需考虑的因素

公司实施股权激励时选择持股模式通常需综合考虑不同持股模式的利弊、成本、税负、激励目的、资本运作要求等因素。

(二)不同持股模式的主要利弊及限制

持股方式包括直接持股和间接持股。实务中,间接持股主要有设立持股公司、有限合伙、信托、代持、工会、员工持股会、资管计划、私募股权基金等。不同持股模式的主要利、弊及限制如下:

1. 直接持股

（1）优势

①激励对象直接行使股东权利,有较强的归属感;

②法律关系清晰。

（2）弊端

①人数受限制,有限责任公司不得超过50人,股份有限公司不得超过200人,如果激励对象数量超过该数额,操作上会出现法律障碍;

②管理难度大,若出现员工离职、退休、股权转让等情形,需要召开股东(大)会、修改公司章程、办理股权变更登记;

③决策效率低,因持股人数众多,可能会因此影响公司的决策效率;

④容易引发股东纠纷;

⑤在公司未来申请上市过程中,不单要受到200个发起人的限制,而且实践中监管机构对于自然人股东较多的申请往往出于谨慎原因而较难审核通过。

2. 公司持股

公司持股是指,激励对象共同设立一家或多家(视情形需求)有限责任公司,通过该有限责任公司持有目标公司的股权。这种方式是常见的间接持股方式,也是利弊共存,目标公司可以根据实际情况决定是否采用这种持股方式。

（1）优势

①可以避免人数过多时,无法在目标公司层面直接持股的人数限制。

②有利于锁定和控制激励对象。

③风险隔离,降低目标公司股权变动频繁的管理风险。激励对象股权变动时,在持股公司层面即可完成人员变更,不会影响目标公司的股权稳定。

（2）弊端

①双重纳税,税负较重。

②按照目前的发行监管要求,发行人股东及其向上追溯的股东,若存在单纯以持股为目的的壳公司,壳公司将不再视同为一个股东,需要进行穿透披露至最终的自然人股东并合并计算股东数量。因此这种方式仍然不能规避发起人股东数量不得超过200人的限制。

3. 信托持股

（1）优势

①可以避免双重征税,有利于激励对象的权益最大化;

②风险隔离;

③不存在杠杆、分级、嵌套等结构化安排的信托计划,可以视为一个持股主体,能够有效避免有限责任公司股东不超过50人、股份有限公司不超过200人

的数量限制。

（2）弊端

根据《首次公开发行股票并上市管理办法》等相关规定,对于信托持股,因其背后的出资人股东不明确,监管部门认为可能会导致股权纠纷,因而要求所有拟上市公司在上市申报前必须将信托持股清理干净,才能申报材料。故以上市为目标的公司在考虑员工持股路径时,不推荐信托方式持股。

4. 有限合伙持股

（1）优势

①可避免双重纳税;

②可增强对目标公司控制权;

③设立、变更手续相对简便。

（2）弊端

①公司将来申请上市,有限合伙持股可能要追溯到有限合伙后面的自然人股东。因此,有限合伙的人数要进行控制,避免将来构成上市障碍。

②税收优惠存在一定的合规风险。

5. 金融产品持股

实务中,不少公司选择采用金融产品作为持股平台,常见的有资产管理计划和契约型私募基金。这类金融产品受到监管和备案,安全性较高,操作较规范和便捷,可以避免双重征税。其缺点是门槛较高,不少激励对象难以图及,属于"三类股东",若处理不妥,可能影响公司顺利上市。

(三) 持股方式的通常做法

上述几种持股方式中,直接持股、公司持股和有限合伙持股比较常见,工会和职工持股会因目前存在制度性障碍已经不再使用,委托代持和信托持股在公司上市之前必须清理干净,金融产品持股在符合资管新规要求的前提下可以适用。

九、如何确定股权激励的条件

股权激励的实质是附条件的股权(权能)转让或增资扩股。股权激励的条件通常包括授予条件、行权条件和退出条件。退出条件将在本节"十、如何设计股权激励的退出机制"中介绍,以下主要介绍授予条件和行权条件。

(一) 授予条件

授予条件是指激励对象获得激励股权(或权能)必须满足的条件,这些条件通常包括公司业绩条件和激励对象个人业绩考核条件。公司业绩条件主要为财务指标,如公司净资产增长率、净利润增长率、主营业务收入增长率、净资产收益率等,公司可以选择其中几项为业绩条件。个人业绩考核条件是对激励对象的行为和业绩进行评估,以确定其是否满足授予条件。

非上市公司的股权激励授予条件不受法律法规限制,但上市公司不得违反《上市公司股权激励管理办法》规定的禁止性条件:

①最近一个会计年度财务会计报告被注册会计师出具否定意见或者无法表示意见的审计报告;

②最近一个会计年度财务报告内部控制被注册会计师出具否定意见或无法表示意见的审计报告;

③上市后最近36个月内出现过未按法律法规、公司章程、公开承诺进行利润分配的情形;

④法律法规规定不得实行股权激励的;

⑤中国证监会认定的其他情形。

(二)行权条件

行权条件是指激励对象对已经获授股权(或权能)必须满足的条件,这些条件通常包括公司业绩条件和激励对象个人业绩考核条件。

1.行权条件的设置

与授予条件类似,行权条件通常包括公司业绩条件和激励对象个人业绩考核条件。个人业绩考核常用方法有关键绩效指标(KPI)、平衡计分卡、360度考核、评级量表等。

2.行权后员工离职的处理

激励对象在行权后,于锁定期限届满之前离职的,通常按以下方法处理:

①明确规定激励对象行权后在锁定期届满前如果从公司离职,则公司或大股东有权以事先约定的价格予以回购,激励对象如果违约则应当承担确定数额的违约金,并将这些内容在具体的股权激励授予协议中明确记载,以便发生争议时可以迅速解决;

②明确定义各个期间的计算起止日,防止产生歧义。

十、如何设计股权激励的退出机制

(一)退出机制的意义

当激励对象获授激励股权后与公司其他股东出现"人合"危机时,应当有一个退出通道来化解矛盾,避免雷士照明式的困局。此外,公司人才会有一定的正常流动,当激励对象因故离职,股权激励的基础不复存在时,也需要对股权激励方案进行相应调整甚至终止。实践中,不少股东纠纷是由于股权激励方案的退出机制而引发的。

股权激励的退出机制一般包括退出的事由、回购价格、股权激励方案终止等内容。需特别注意的是,这些退出条件必须转化为股权激励协议相应条款并由激励对象签字确认,否则人民法院将不认可其效力,即使公司股东会将来作出类似决议也于事无补。

(二)强制退出的事由

一般约定激励对象出现下列情形之一的,应将其所持股权(份)转让给公司指定的人:

①员工辞职、离职或出国;
②员工退休或离休;
③员工违法被追究刑事责任或被限制自由;
④员工死亡;
⑤员工严重失职、重大失误或渎职造成公司重大损失;
⑥员工利用职务便利为自己或者他人谋取属于公司的商业机会,或自营或者为他人经营与公司同类的业务;
⑦员工由于索贿、受贿、收受回扣、泄漏甲方商业秘密、损害公司声誉等行为给公司造成损失的;
⑧员工因严重违反公司制度或劳动合同被公司解除劳动合同的;
⑨本员工持股方案规定的持股前提条件已经丧失。

(三)员工离职,已授期权的处理

其一,对于已经行权的期权。已经行权的期权,是员工自己花钱买的股权,按理说不应该回收股权。如果公司已经被并购或上市,一般情况下不去回购员工已行权的股权。但是对于创业公司来说,离职员工持有公司股权,是公司的正式股东,因此建议提前约定员工离职后,公司有权按照一个约定的价格对员工持有的股权进行回购。

其二,对于已成熟但未行权的期权。已经成熟的期权,是员工通过为公司服务过一段时间后赚得的,员工即使在决定离职时没有行权,也具有行权的权利。这时应该让员工选择是否行权,如果选择行权,则按照协议的行权价格继续购买公司股票;如不行权,则由公司回收。

其三,对于未成熟,即不符合行权条件的期权。此类期权由公司全部收回,放回期权池。

(四) 回购价格

股权激励方案需明确规定股权回购的价格,或规定回购价格的计算方法,并约定激励对象如果违约则应当承担确定数额的违约金,或约定违约金的计算方法。

对于因员工过错导致被强制退出的情形,可以约定以零价款或低于、等于原始价格进行回购。

对于非因员工过错而强制退出的情形,通常要约定相对合理的回购价格或约定回购价格的计算方法。约定回购价格的计算方法,应明确回购股权价值判定基准日、所有权收益如何计算及评估机构的确定等内容。

(五) 上市公司股权激励退出机制

1. 未达到解除限售条件的股票价格回购

在限制性股票有效期内,上市公司应当规定分期解除限售,每期时限不得少于12个月,各期解除限售的比例不得超过激励对象获授限制性股票总额的50%。当期解除限售的条件未成就的,限制性股票不得解除限售或递延至下期解除限售,上市公司应当回购尚未解除限售的限制性股票,并按照《公司法》的规定进行处理。回购价格不得高于授予价格加上银行同期存款利息之和。

2. 未达行权条件的股票期权注销

股票期权各行权期结束后,激励对象未行权的当期股票期权应当终止行权,上市公司应当及时注销。

3. 出现不符合上市公司股权激励条件导致的回购

在股权激励计划实施过程中,上市公司具有下列情形之一的,应当终止实施股权激励计划,不得向激励对象继续授予新的权益,激励对象根据股权激励计划已获授权但尚未行使的权益应当终止行使。负有个人责任的,回购价格不得高于授予价格;出现其他情形的,回购价格不得高于授予价格加上银行同期存款利息之和。

①最近一个会计年度财务会计报告被注册会计师出具否定意见或者无法表示意见的审计报告;

②最近一个会计年度财务报告内部控制被注册会计师出具否定意见或无法表示意见的审计报告;

③上市后最近36个月内出现过未按法律法规、公司章程、公开承诺进行利润分配的情形;

④法律法规规定不得实行股权激励的;

⑤中国证监会认定的其他情形。

4. 出现不得成为上市公司股权激励对象导致的回购

在股权激励计划实施过程中,出现下列不得成为激励对象情形的,上市公司不得继续授予其权益,其已获授但尚未行使的权益应当终止行使。回购价格不得高于授予价格。

单独或合计持有上市公司5%以上股份的股东或实际控制人及其配偶、父母、子女,不得成为激励对象。下列人员也不得成为激励对象:

①最近12个月内被证券交易所认定为不适当人选;

②最近12个月内被中国证监会及其派出机构认定为不适当人选;

③最近12个月内因重大违法违规行为被中国证监会及其派出机构行政处罚或者采取市场禁入措施;

④具有《公司法》规定的不得担任公司董事、高级管理人员情形的;

⑤法律法规规定不得参与上市公司股权激励的;

⑥中国证监会认定的其他情形。

十一、股权激励的法律操作流程

(一)授予实股激励的操作流程

实股激励模式,与公司股权转让或定向增资的法律程序并无差异。具体如下:

①被激励对象与转让股东或目标公司签署股权激励合同;

②实股激励方案经股东(大)会决议通过;

③公司向原股东发出股权转让或认购增资的通知;

④取得原股东放弃优先购买权或优先认购权的相应声明文件;

⑤被激励对象与转让股东或目标公司签署股权转让或认购增资协议;

⑥目标公司为被激励对象办理股东名册登记、签署章程修正案以及股权变更工商登记手续。

(二)授予虚拟股权的操作流程

分红权激励模式,实为控股股东(单独)或目标公司原股东(等比例)将相应比例的分红权转让给被激励对象。具体流程如下:

①控股股东(单独)与被激励对象签署《虚拟股权激励合同》(即《分红权转让合同》),目标公司作为合同的见证方,主要条款包括:虚拟股权的授予份额及对价;虚拟股权取得的基础条件;虚拟股权的丧失;虚拟股权的调整;虚拟股权的实现条件和实现程序;对虚拟股权的限制;虚拟股权的转化;合同的解除及其他条款等。

②控股股东或目标公司原股东将其获取的分红中的对应部分支付给被激励对象。

(三) 授予股份期权的操作流程

操作流程如下：

①目标公司作出授予股份期权的股东会决议；

②目标公司其他股东出具对未来的拟转让股权或拟增资额放弃优先购买权或优先认购权的声明；

③目标公司或目标公司股东与被激励对象签署《授予股权期权激励合同》，约定内容包括：激励对象资格的确定及丧失；股份期权的授予方式；股份期权的授予数量及其调整；股份期权的授予价格；行权期限；行权价格；行权程序；股份期权的限制、丧失及回购；合同的解除及其他条款等。

凡涉及国有股东的利润分配或表决权发生变动的股权激励（含实股激励、虚拟股权激励、股份期权激励和持股平台激励），均应在制订股权激励方案时报相应国有资产管理部门审查批准后，方可执行。

凡被激励对象直接或间接通过持股平台的方式，通过受让国有股东的股权或认购国有公司的增资而形成的股份的，均应按照对应股份的资产评估价格支付对价。但股权激励方案实施时的法律法规或国有资产管理政策另有规定的除外。

(四) 新三板挂牌公司实施股权激励操作流程

新三板挂牌公司股票转让采用协议转让、做市转让及竞价交易三种交易方式相结合的交易体系。全国中小型公司股份转让系统作为新三板挂牌公司的监管机构并没有出台专门针对挂牌公司股权激励的相关政策，支持挂牌公司股权激励市场化运作。此举大大加强了新三板挂牌公司实施股权激励计划的可操作性及灵活性。新三板公司同样属于非上市公司，故也可采取非上市公司的激励方式作为其激励工具，例如限制性股权、股票期权或虚拟股份。

目前，向公司内部员工定向发行新股，由于没有业绩考核的强制要求、操作简单，已成为目前新三板公司采用频率最高的股权激励方式。而挂牌公司通过定向增发实现对员工的股权激励，必须遵守新三板挂牌公司发行新股的一般规定。操作流程如下：

①确定发行对象，签订认购协议，定向增发对象中的公司董事、监事、高级管理人员、核心员工以及符合投资者适当性管理规定的自然人投资者、法人投资者及其他经济组织合计不得超过 35 名；

②董事会就定增方案作出决议，提交股东大会通过；

③中国证监会审核并批准；

④储架发行，发行后向中国证监会备案；

⑤披露发行情况报告书。

(五)上市公司股权激励操作流程

上市公司启动及实施增发新股、并购重组、资产注入、发行可转债、发行公司债券等重大事项期间,可以实行股权激励计划。

1. 上市公司股权激励文件的提交与审核程序

①上市公司董事会下设的薪酬与考核委员会负责拟订股权激励计划草案。

②董事会审议股权激励计划草案,拟作为激励对象的董事或与其存在关联关系的董事应当回避表决。

③独立董事及监事会应当就股权激励计划草案是否有利于上市公司的持续发展,是否存在明显损害上市公司及全体股东利益的情形发表意见。

④律师事务所对股权激励计划出具法律意见书。

⑤董事会审议通过股权激励计划草案后,及时公告董事会决议、股权激励计划草案、独立董事意见及监事会意见。

⑥在召开股东大会前,通过公司网站或者其他途径,在公司内部公示激励对象的姓名和职务,公示期不少于10天。

⑦公司召开监事会议,审议通过股权激励计划草案及其摘要,并对股权激励计划的激励对象名单进行核实,确定激励对象的主体资格是否合法有效。

⑧在股东大会审议股权激励计划前5日披露监事会对激励名单审核及公示情况的说明。

⑨上市公司召开股东大会审议股权激励计划时,独立董事应当就股权激励计划向所有的股东征集委托投票权。

⑩召开股东大会对股权激励计划内容进行表决,并经出席会议的股东所持表决权的2/3以上通过。上市公司股东大会审议股权激励计划时,拟为激励对象的股东或者与激励对象存在关联关系的股东,应当回避表决。

⑪股东大会审议通过股权激励计划及相关议案后,上市公司应当及时披露股东大会决议公告、经股东大会审议通过的股权激励计划,以及内幕信息知情人买卖本公司股票情况的自查报告。股东大会决议公告中应当包括中小投资者单独计票结果。

2. 上市公司股权激励股票的授予与行权程序

①股权激励计划经股东大会审议通过后,上市公司应当在60日内授予权益并完成公告、登记;有获授权益条件的,应当在条件成就后60日内授出权益并完成公告、登记。

②董事会应当就股权激励计划设定的激励对象获授权益的条件是否成就进行审议,独立董事及监事会应当同时发表明确意见。律师事务所应当对激励对象获授权益的条件是否成就出具法律意见,并及时披露董事会决议公告,同时公告独立

董事、监事会、律师事务所意见。

③公司向激励对象授予股权激励股票并签署《股权激励合同》,约定双方的权利和义务。

④激励对象签署《激励对象承诺书》,确认激励对象的具体考核责任,明确欲实现股权激励计划需要公司达到的业绩条件,了解股权激励计划的相关制度。

⑤激励对象在股权激励计划方案规定的等待期内为公司努力工作,实现公司的业绩目标,以达到行权条件;激励对象遵守公司股权激励相关制度,以便符合激励对象行权资格,等待行权。

⑥股权激励计划等待期满,如果达到了股权激励计划方案约定的行权条件,并且激励对象通过了股权激励计划的绩效考核,则激励对象可以申请行权。激励对象可在行权日或者行权窗口期内向公司提交行权申请书。

⑦董事会就股权激励计划设定的激励对象行使权益的条件是否成就进行审议,独立董事及监事会应当同时发表明确意见。律师事务所应当对激励对象行使权益的条件是否成就出具法律意见,并及时披露董事会决议公告,同时公告独立董事、监事会、律师事务所意见。

⑧董事会确认激励对象的行权申请后,向股票交易所提出行权申请。

⑨经股票交易所确认后,由证券登记结算机构办理登记结算事宜。公司董事会应当在完成股票期权行权登记结算后披露行权实施情况的公告。

十二、股权激励法律尽职调查

(一) 股权激励法律尽职调查的意义

对公司情况不了解,往往会导致股权激励方案的不公平,或者可执行性不强,或者因为违反法律法规而无效。因此,为了给公司设计一个合适的、能达到激励效果的方案以及出具有法律效应的法律意见书,在方案设计之前应由专业律师对公司进行尽职调查,以避免前述法律风险。

(二) 前期尽职调查阶段法律服务的内容

律师在前期尽职调查阶段的法律服务主要包括:

①收集拟实施股权激励公司的公开资料和企业资信情况、经营能力、股权结构、人员构成、治理结构、行业特征等信息,在此基础上进行信息整理和分析,从公司经营的市场风险方面考查有无重大障碍影响股权激励操作的正常进行。

②综合研究相关法律、法规、公司政策,对股权激励的可行性进行法律论证,寻求相应激励的法律依据。

③就股权激励可能涉及的具体行政程序进行调查,例如是否违背我国股权变更、国有股减持的政策法规,可能产生怎样的法律后果;是否需要经当地政府批准或进行事先报告,地方政策对同类激励方案有无倾向性态度。

(三)股权激励法律尽职调查的主要内容

①拟实施股权激励公司设立及变更的有关文件,包括工商登记材料及相关主管机关的批件。

②拟实施股权激励公司的公司章程、议事规则、规章制度。

③拟实施股权激励公司的股权结构。

④拟实施股权激励公司的组织机构。

⑤拟实施股权激励公司的主要业务及经营情况。

⑥拟实施股权激励公司最近2年经审计的财务报告。

⑦拟实施股权激励公司全体人员构成情况及现有的薪酬政策、激励策略和薪酬水平,包括但不限于管理人员与技术、业务骨干的职务、薪金、福利;其他人员的职务、薪金、福利等。

⑧拟实施股权激励公司现有的激励制度和绩效考核标准,实际运行的效果及存在的主要问题。

⑨拟实施股权激励公司与职工签订的劳动合同、保密协议、竞争限制协议等。

⑩启动股权激励的内部决策文件,包括但不限于本公司股东会或董事会决议、上级主管部门的文件、中央及地方相关的股权激励政策等。

⑪拟实施股权激励公司实行股权激励的范围、对象、基本情况、拟实现目标及初步思路。

⑫拟实施股权激励公司对股权激励的基本要求及针对性要求,例如操作模式、实施期间、股权归属方式、激励基金的提取条件、计划的终止条件等。

⑬拟实施股权激励公司认为股权激励应关注的重点问题和可能的障碍。

⑭制作激励方案所需要的其他资料。

十三、股权激励法律意见书

(一)股权激励计划法律意见书的主要内容

在上市公司股权激励业务中,律师事务所需要对股权激励计划本身出具法律意见书,至少对以下几个方面发表专业意见:

①上市公司是否符合本办法规定的实行股权激励的条件;

②股权激励计划的内容是否符合相关法律法规规定;

③股权激励计划的拟定、审议、公示等程序是否符合相关法律法规的规定；

④股权激励对象的确定是否符合相关法律法规的规定；

⑤上市公司是否已经按照中国证监会的相关要求履行信息披露义务；

⑥上市公司是否为激励对象提供财务资助；

⑦股权激励计划是否存在明显损害上市公司及全体股东利益和违反有关法律和行政法规的情形；

⑧拟作为股权激励对象的董事或与其存在关联关系的董事是否根据法律法规的规定进行了回避。

(二)股权激励计划实施过程中需出具专业法律意见的情形

律师事务所除对股权激励计划本身发表法律意见外，还需就股权激励计划实施过程中出现的下列七种情形出具专业的法律意见：

①上市公司终止股权激励计划回购限制性股票的，就回购股份方案的合法、合规出具专业意见；

②对激励对象获授权益的条件是否成就出具法律意见；

③上市公司向激励对象授出权益与股权激励计划的安排存在差异时出具法律意见；

④对激励对象行使权益的条件是否成就出具法律意见；

⑤因标的股票除权、除息或者其他原因需要调整权益价格或者数量的，就该调整合法、合规出具专业意见；

⑥股权激励方案发生变更的，就变更后的方案是否合法合规、是否存在明显损害上市公司及全体股东利益的情形出具专业意见；

⑦就上市公司终止实施激励是否合法合规、是否存在明显损害上市公司及全体股东利益的情形出具专业意见。

(三)股权激励计划法律意见书的有关注意事项

①专业律师应当在法律意见书中声明：非经律师事务所及签字律师同意，不得将法律意见书用于股权激励事项以外的其他目的或用途。

②专业律师对股权激励方案出具的法律意见书应当符合法律、法规的规定和要求。出具法律意见书时，应当注意适用法律、法规的准确性，正确处理法律和法规的效力和冲突问题，使用司法解释或法理以及规范性政策文件作为依据时应当作出适当说明。

③专业律师出具法律意见书时，如虽已勤勉尽责但仍然不能作出明确判断，或者已经明确向拟实施股权激励计划的公司表示不同观点的，应当发表保留意见。

④专业律师不得在未经尽职调查和核实、查证股权激励方案内容的情况下，仅针对股权激励方案的书面内容出具法律意见书。

第四章 公司变更实务

公司变更是指公司登记事项的变更,既包括公司名称、住所、法定代表人、经营范围、营业期限、股东等一般公示信息的变更,也包括有关股权(份)转让、增资和减资、合并和分立、公司形态(组织形式)等关涉公司所有权、控制权的重大变动。尤其在并购交易中,股权(份)转让、增资和减资、合并和分立、公司形态(组织形式)是重要的并购工具,彼此之间相互组合可以衍生出多种多样的并购交易方案。

本章共分七节,从公司股权(份)转让、增资和减资、合并和分立、公司形态(组织形式)的商事登记实务角度,进行详尽的分析、说明和提示,并解答实务操作中的疑惑。

第一节 公司变更律师实务概述

一、公司变更的意义

公司因法律拟制,得以凭借独立的法人人格对外开展营利性活动,并以独立财产对外承担责任。而此公司与彼公司的区分和识别,则基于商事登记机关公示的公司名称、住所、股东、注册资本、经营范围、营业期限、法定代表人、组织机构以及公司组织形式等基本要素。当公司上述基本要素发生变化,则该公司依法应及时办理变更登记,以使公司登记要素与实际情况相符,维护商事交易安全。尤其公司股权(份)、注册资本、组织形式等根本要素的变更,对于公司的经营、决策、利润分配、责任承担等方面有重要影响,且实务中往往因这些要素的变化引发分歧乃至纠纷。因此,从商事登记视角分析和说明公司变更方面的问题,可以帮助当事人和律师更好地开展实务工作,降低风险。

二、多重视角下的公司变更

(一)法律规定的公司变更

根据《公司登记管理条例》的有关规定,公司名称、住所、法定代表人、注册资本、公司类型、经营范围、营业期限、股东(发起人)等登记事项发生变化,应当及时向原公司登记机关申请变更登记;公司章程修改未涉及前述登记事项(如公司董事、监事、经理发生变动)的,应当及时将修改后的公司章程或者公司章程修正案送原登记机关备案,以使公司公示的信息与实际相符。

股权转让、增、减资,公司组织形式变更属于法定登记事项的变更;公司合并、分立时,因合并、分立而存续的公司,其登记事项发生变化的,应当申请变更登记;因合并、分立而解散的公司,应当申请注销登记;因合并、分立而新设立的公司,应当申请设立登记。

(二)控制权视角下的公司变更

公司要素的变更,按照其对公司控制权的影响,可以分为两类:影响公司控制权的变更和不影响公司控制权的变更。前者指股权转让、增资和减资、合并和分立等事项的变更,并将导致公司控制权变动。后者指公司名称、地址、注册资本金额等一般事项的变更,并不会导致公司控制权变动。

在企业家眼中:一方面,公司是创造财富的工具,需要根据市场客观状况作出适当调整,或扩大公司规模、或缩小公司规模、或结盟、或换手、或进行资本运作,一系列的商业安排,都将引起导致公司要素的变更;另一方面,公司是企业家安身立命之本,公司规模、结构的调整,都将直接影响企业家对公司的控制权,很多企业家往往是从经济效益角度开展公司的变更,却未能看到潜在的风险。故律师在提供法律服务过程中,不应仅仅机械地审查变更的合法性,更应为企业家提供全面的风险分析,尽可能为企业家维持其控制权的稳定性。

三、公司变更中的律师业务

公司变更中的法律服务是律师常见公司法业务之一,其主要业务内容有:①法律尽职调查;②交易方案设计;③交易文件的起草和修订;④协助、参与谈判;⑤出具法律意见书;⑥协助交割,必要时出具法律文书;⑦发生争议时,代理诉讼、仲裁。

律师需在全面熟练和掌握公司变更相关规则、流程和法律风险点的基础上开展以上业务。其中,法律尽职调查实务内容,请参见本书第七章"公司法律尽职调查";具体并购中的交易方案设计、交易文件起草修订、协助参与谈判、出具法律意见书、协助交割等实务内容,请参见本书第五章"公司并购实务";代理诉讼、仲裁等实务内容,请参见本书诉讼部分的相关纠纷处理实务。

四、公司变更实务注意点

(一) 客户不同,律师服务工作的侧重点有所不同

实务中,律师应根据客户的需求和客观条件来确立变更工作中的侧重点,不同客户、同一客户在不同时期委托的工作任务、目标往往是不同的,办案律师在开展工作、提供服务方案时应及时作出调整。比如,在股权转让中,买方和卖方委托的条件不同,其交易目的是相对的,律师应基于具体委托角色调整交易的侧重点,以达到客户所期望的目标。

(二) 公司变更类型不同,律师服务的内容有所不同

公司变更实务中,不同变更事项的流程、目标有所差异,如股权转让,增、减资,合并和分立,组织形式变更适用的流程和规则并不完全相同,律师服务的内容应作出相应调整。

变更是否涉及公司的控制权,极大地影响了律师服务的深度和难度。公司控制权结构包括股权结构、董事会结构、关键岗位关键资源的控制结构等不同层面。在影响公司控制权的变更中,相较于一般登记事项的变更,律师往往需投入更多的服务时间和服务成本,同时配套更多的法律文书予以实现。

与公司并购有关的变更,要求律师服务更加配套和全面。与公司并购无关的变更,往往是在同一控制结构下的公司要素变更,涉及的内容较为单一,对公司结构的冲击较小。但在与公司并购有关的变更中,股权转让,增、减资,合并和分立,组织形式变更作为并购工具,既可单独使用,也可以组合使用,必要时,律师需要就各事项的变更出具整体调整方案,确保交易整体的协调性。

(三) 实务律师应熟练掌握公司变更的一般流程,并能结合实际情况提出创新的解决方案

教科书中常见的股权转让、增资和减资、合并和分立操作模式往往是公司法的一般规定。实务中,实现股权转让、增资和减资、合并和分立的具体方法灵活多变。

如在经典的公司合并操作中,一般由股东会决议,将原公司股东所持股权直接转移至吸收公司或新设公司。然而实务中,公司之间的合并还可以采用购买股权法、置换股权法、吸收股权法、三角合并法、反三角合并法等方法,甚至还可以利用异议股东的股份收购请求权形成挤出式合并。又如,经典的吸收合并操作能直接控制被吸收公司的资源,而被吸收公司同时解散消灭;然而在实务中,要取得公司控制权也并非必须解散该被吸收公司,令二者形成母子公司的控股关系也可实现同样的目的。再如,经典的公司分立有新设分立和派生分立,在实务中通过转投

资、换股方式也能实现公司的分拆。

因此,律师在实务中应熟练掌握公司变更的一般流程,并能结合实际情况提出创新的解决方案,方能最大程度体现律师的专业价值。

(四)律师办理公司变更业务时,需注意把握相关程序性规定

关于公司变更的程序性规定,除《公司法》《公司登记管理条例》有明确规定外,各地的市场监督管理局对此均有当地相应的具体实施细则和流程指南。在办理变更事项时,律师应积极在市场监督管理局官方网站上查询、下载有关文件,以充分了解登记备案程序、步骤和内容。同时,无论律师还是当事人,均应充分谨慎地审查所需提交的文件,尽可能确保提交登记的文件与实际交易一致,以免引起不必要的纠纷。

(五)律师办理公司变更业务时,需注意把握变更中的利益平衡

公司变更不仅会引起变更前公司主体和权利义务的变更,还会导致公司财产和股权结构的改变,关系到这些公司股东、高级管理人员、债权人等相关主体的利益。因此,公司变更谈判协商是各方就公司变更引起的利益格局重组进行讨价还价。公司变更时的讨价还价与公司设立时讨价还价相比,其牵涉面更广更复杂,可能也会更加激烈。因此,律师参与公司变更为相关方提供变更非诉法律服务,尤其在拟制公司变更法律文件时,需把握好公司变更中的利益平衡。

公司变更的主要法律文件包括股权转让合同、合并或分立协议、合并或分立决议和公司章程修正案。《公司登记管理条例》第 27 条规定的申请公司变更登记的其他文件属于程序性文件,此处不赘述。在实务中,订立合并或分立协议往往以公司合并或分立协议为基础修改或拟制相关公司章程。合并、分立协议及新的公司章程都是讨价还价及利益博弈与平衡的结果,是公司相关利害关系人之间众多利益的锁链。因此,律师接受委托起草、修改股权转让合同、合并或分立协议和公司章程时要把握好利益平衡,不是一味地扩张委托人的利益或一味地否认交易对方的利益诉求,而是在保障己方正当权益的同时,也承认和尊重对方的正当权益。须知,合作才有最大收益。

第二节 股权(份)转让

一、股权(份)转让概述

(一)股权转让的含义

股权(份)转让(以下统称"股权转让")是公司股东依照法律和章程规定的条

件和程序将其股权转让给他人的行为。

(二)股权转让对公司股东及资本市场的意义

按照资本充实原则,公司存续期间,股东一般不能从公司直接取回自己的股本,只能通过向他人出让股权的方式予以变价。股权转让为投资者回笼资金提供了渠道,这也是市场资本实现流转、增值的重要环节。

二、股权转让的规则

(一)公司性质不同,股权转让规则有所不同

1. 有限责任公司与股份有限公司

股份有限公司具有较强的资合性,股东所持有的股份原则上可以自由转让,但为了保护公司和投资者的合法利益及市场经济秩序,《公司法》第138、141、142条及《证券法》第50条等对股份转让作了一定限制。

2. 上市公司与非上市公司

因上市公司涉及公众利益,其股份(票)转让受到证监会和证券交易所的监管。通过证券交易或协议转让的方式,投资者及其一致行动人拥有权益的股份达到一个上市公司已发行股份的5%时,应当在该事实发生之日起3日内编制《权益变动报告书》,向中国证监会、证券交易所提交书面报告,抄报该上市公司所在地的中国证监会派出机构,通知该上市公司,并予公告(在上述期限内,不得再行买卖该上市公司的股票)。

而非上市公司股东数量较少,其股权转让遵循意思自治,在不违反《公司法》和《民法典》强制性规定的情况下即可实施。

3. 国有企业与民营企业

与民营企业一般股权转让相比,国有企业的股权转让受到严格的国有资产监管,必须履行法定审批程序,必须进场交易,具体监管措施详见本书有关国有企业并购部分。

4. 内资企业与外资企业

与内资企业相比,外资企业股权转让除了受市场准入监管,还要受到外资准入监管,具体监管措施详见本书有关外资并购部分。

(二)股权转让方式不同,其转让规则也有所不同

根据股权受让人的不同,有限责任公司的股权转让可以分为内部转让和外部转让。由于内部转让不影响股东之间的人合性,故股东内部之间一般可以自由转让股权。但股东向股东之外的人转让股权时,其权利受到一定的限制。以下将着重介绍有限责任公司股权内部转让、外部转让及特殊转让方式的规则、流程、注意事项、热点法律问题及风险防范。

三、股权内部转让

(一) 股权内部转让的规制

有限责任公司股东之间的股权转让并不影响公司的人合性,我国《公司法》未进行特别限制。我国《公司法》第 71 条第 1 款规定,有限责任公司的股东之间可以相互转让其全部或者部分股权。

然而,由于股东内部的转让股权可能对公司内部控制产生重要影响,并且可能影响其他股东的权益,因此我国《公司法》例外地允许公司章程对股东之间的股权转让进行特别约定。实务中,律师应特别留意公司章程对此有无约定。

(二) 需关注股权结构变化产生的影响

需要注意的是,股东之间的股权转让会引起公司股权结构的变动,并引起如下变化的产生:

①股东(大)会将根据股权转让后的股权比例调整董事会和监事会的组成,重新选举董事和(或)监事,使董事会和监事会的席位安排与股东的股权比例大致相同。新的董事会可能会重新聘任总经理、副总经理等高级管理人员。如果股东之间的股权转让将导致公司实际控制人和实际控制权发生变动的,则公司管理层的变动将会成为转让中最关键的部分,此时还应注意聘用合同的约定及公司的规章制度的规定,详尽考虑任期内解聘高级管理人员的风险。

②如果有限责任公司的章程对股东的表决权及分红权作出了特别规定,原各股东并不按照出资比例行使表决权和享有分红权的,则股东会应当就该股权结构下的表决权和分红权进行审议并作出决议,并确定是否相应地修改公司章程。

③如果股权转让将导致公司实际控制人或实际控制权发生变化,则受让方律师应审查公司现有的制度、治理结构是否完备,是否继续适用。[①]

(三) 股权内部转让的流程

由于股权内部转让自由,一般遵循较简便的流程即可,主要如下:①出让方与受让方签订股权转让合同;②进行公司内部变更登记,即办理股东名册等相关变更手续;③办理工商变更登记手续。若涉及国有股权或外资,则应办理相应监管所需的备案或审批手续。

---

① 参见龚志忠主编:《公司业务律师基础实务》(第二版),中国人民大学出版社 2018 年版,第 218 页。

四、股权外部转让

(一)公司章程可以对股权外部转让进行例外规定

根据《公司法》第71条第4款的规定,公司章程对股权转让另有规定的,从其规定。《公司法》第71条第1—3款系可选择适用的任意性规定,并非强制性规定,公司章程既可以选择适用该规定,也可以选择另行规定,或设定有别于第71条第1—3款的限制,或完全不设限制。若公司章程没有例外规定的,则应适用第71条第1—3款的规定。

(二)股权外部转让的法定程序

1. 征求其他股东同意

股东向股东以外的人转让股权,应当经其他股东过半数同意,过半数是指股东人数而非股东持股比例。

2. 通知其他股东行使优先购买权

①应书面通知其他股东行使优先购买权:股东可以在书面通知其他股东征求同意时一并通知其行使优先购买权,或者在征得其他股东过半数同意后另行通知其他股东行使优先购买权。

②书面通知中应说明该股东拟与第三人进行股权转让的交易条件:无论交易条件是由出让股东还是第三人提出,出让股东应将此条件事先告知其他股东,以确定其他股东是否购买,并明确告知如不同意该交易条件的视为放弃优先购买权。

③等待其他股东在合理期限内答复:出让股东的书面通知中应明确告知其他股东主张行使优先购买权的合理期限,但不得短于30日。

④与行使优先购买权的股东基于"同等条件"协商达成具体协议:其他股东主张行使优先购买权的,应当与出让股东协商具体的交易条件并达成协议。如其不愿意按照书面通知中交易条件签订转让协议的,出让股东仍可以按该同等条件或高于该条件的内容与第三人签订股权转让合同,其他股东不得再主张优先购买权。

⑤其他股东未行使优先购买权的,则与第三人签订股权转让合同:其他股东收到通知后表示放弃优先购买权或者未在合理期限内主张行使优先购买权的,则出让股东可以与第三人订立股权转让合同,其他股东不得再主张优先购买权。为避免个别股东事后反悔而引起纠纷,建议放弃优先购买权的股东签署书面声明。

3. 进行公司内的股东变更登记

股权外部转让应进行公司内的股东变更登记,即依照《公司法》第 73 条的规定,公司应当注销原股东的出资证明书,向新股东签发出资证明书,并相应修改公司章程和股东名册中有关股东及其出资额的记载。对公司章程的该项修改不需再由股东会表决。

4. 办理工商变更登记

股权外部转让应依照《公司登记管理条例》第 34 条等规定办理工商变更登记手续。

五、股权转让的特殊方式

(一) 因继承而发生的股权转让

1. 公司章程优先

自然人股东死亡后,其合法继承人可以继承股东资格。但如果公司章程中对股东死亡是否能够继承股东资格有规定的,按章程的规定办理。

2. 股东资格继承的要点

①股东资格当然继承。在被继承人死亡时,继承人仅依据个人意愿,在符合公司章程的条件下不用经过其他股东的同意,自动取得股东资格。

②如因死亡股东的继承人过多,导致公司股东人数超过 50 人的,鉴于《公司法》未对此类情形作出规定,可通过委托持股或其他方式解决。

③特殊身份股东的股权继承问题。比如根据《民法典》的规定,公务员享有继承权,但根据《公务员法》的相关规定,公务员被禁止从事或者参与盈利性活动,因此,公务员不得继承股权成为公司的股东。有限责任公司的股东死亡后,如果继承人是公务员,其依法可以继承的是该股东所拥有的股权相对应的财产权益,不能继承股东资格或股东地位。

④公司章程对股权继承的限制或排除只能及于股权中的人身性权利,不得及于股权中的财产性权利。此外,从限制或排除的时间上看,原则上应当仅限于自然人股东死亡前订立的公司章程,而不及于自然人股东死亡后形成的公司章程。

⑤隐名股东的继承人不能直接继承登记在显名股东名下的股权。实际出资人未经公司其他股东过半数同意,请求公司变更股东、签发出资证明书、记载于股东名册、记载于公司章程并办理登记的,人民法院不予支持。因此,隐名股东在未确权之前,不是公司股东,不享有公司股权。隐名股东的继承人不能直接继承登记在显名股东名下的股权。

⑥《公司法》第 75 条是适当保障法定继承人在股权上的利益,但受遗赠人无权

援引第 75 条的规定继承股东资格。[1]

(二)因夫妻共有财产分割而发生的股权转让

《公司法》未对夫妻共有财产分割而发生的股权转让作出特别规定,意味着股东资格不能当然在夫妻间转移,要适用《公司法》关于股权转让的一般规定。[2] 夫妻以共有财产对外投资形成的股权一般分为三种情况:

①以夫或妻一方的名义与第三人一起设立有限责任公司形成的股权;

②以夫或妻一方的名义设立的一人有限责任公司形成的股权;

③以夫和妻二人的名义共同设立有限责任公司形成的股权。

第一种和第二种情况,可以根据《婚姻家庭编解释一》第 73 条的规定执行。夫妻双方协商一致将出资额部分或者全部转让给该股东的配偶,其他股东过半数同意,并且其他股东均明确表示放弃优先购买权的,该股东的配偶可以成为该公司股东。夫妻双方就出资额转让份额和转让价格等事项协商一致后,其他股东半数以上不同意转让,但愿意以同等条件购买该出资额的,人民法院可以对转让出资所得财产进行分割。过半数其他股东不同意转让,也不愿意以同等条件购买该出资额的,视为其同意转让,该股东的配偶可以成为该公司股东。

第三种情况,若夫妻协商同意维持现有的股权结构,则按其意见执行;如果变更股权结构,则由双方按照第二种情况处理。

(三)异议股东股份收购请求权

有限责任公司的股权缺乏流通性,而现行《公司法》第 35 条规定,股东不能抽逃出资,对股东退股采取否认态度。但《公司法》通过第 74 条的规定对第 35 条的适用作出了例外规定,即在特定条件下,股东可以行使回购请求权而退出公司。

(四)因赠与而发生的股权转让

实践中,有的股东为架空其他股东的同意权和优先购买权,故在形式上采取赠与形式。出让股东通过赠与(实质上是有偿转让)退出公司后,其他股东与新加入公司的股东未必能良好合作,公司的人合性受到威胁。面对这种情况,如果要求其他股东针对出让股东对外赠与而举证证明该赠与行为虚假意思表示,双方实际为有偿转让关系,这会使其他股东负担较重的举证责任,实践中难以操作。鉴于此,既然此时赠与人实际目的是追求经济利益,那么在不影响其目的实现的情况下尽

---

[1] 参见杜万华主编:《最高人民法院公司法司法解释(四)理解与适用》,人民法院出版社 2017 年版,第 371 页。

[2] 参见杜万华主编:《最高人民法院公司法司法解释(四)理解与适用》,人民法院出版社 2017 年版,第 64 页;范健、王建文:《公司法》(第三版),法律出版社 2011 年版,第 344 页。

量避免给他人利益(即公司的人合性)造成损失,这应当是制定规则的指导思想。所以,股东对外赠与股权,不应轻易排除其他股东的优先购买权。当然,此时股权转让的对价应当由当事人协商确定。①

实践中,有的股东为了规避其他股东的优先购买权,采用间接转让持股公司股权,这容易引发争议。例如在复星商业与SOHO中国股权转让合同纠纷案中,人民法院认定间接转让持股公司股权属于明显规避《公司法》第71条的规定,根据《合同法》第52条第(三)项"以合法形式掩盖非法目的"的规定②应当依法确认股权转让合同为无效。上述意见表明,司法部门对于可能架空股东同意权和优先购买权的股权交易持"实质重于形式"的观点,尽量维护有限责任公司的人合性,值得肯定。这也提醒律师,不宜为了架空其他股东法定同意权和优先购买权而绞尽脑汁"设计"交易方案,如此"设计"可能背离了律师以正当方式维护当事人合法权益和诚实信用原则,触碰了律师的执业底线。

六、股权转让中的热点法律问题

第十章第一节对此做了阐述,请参见该部分,此处不赘述。

第三节 公司增资

一、增资概述

(一)增资的含义

增加资本(简称"增资"),是指公司基于筹集资金、扩大经营等目的,依照法定的条件和程序增加公司的资本总额。

(二)增资对公司及股东的意义

增资可以增强公司经济实力和信用,扩大生产规模。对于公司及其控股股东、实际控制人来说,增资是一种重要的并购工具。通过增资扩股方式获得的公司股权称为新股,增加的资本留在公司。通过股权转让方式获得的股权称为老股,股权

---

① 参见杜万华主编:《最高人民法院公司法司法解释(四)理解与适用》,人民法院出版社2017年版,第370页。

② 《合同法》已于2021年1月1日失效,类似规定可参见《民法典》第153—154条。

转让款由出让股权的老股东拿走。

二、增资的方式

(一) 内部增资与外部增资

内部增资,是由现有股东认购增加的公司资本。外部增资是由现有股东之外的投资者认购新增的公司资本。内部增资和外部增资可同时采用。

(二) 同比增资与不同比增资

同比增资,是内部增资时各股东按原出资比例或持股比例同步增加出资,增资后各股东的股权比例或持股比例不变。不同比增资,是内部增资时各股东不按原出资比例或持股比例增加出资,有的股东也可能不增加出资,增资后各股东的股权比例或持股比例将发生变化。

(三) 追加性增资与分配性增资

追加性增资,是通过现有股东或其他投资者对公司的新投入而增加资本,其结果既增加公司的资本,也增加公司资产或运营资金。分配性增资,是内部增资的一种方式,是在现有股东不作新投入的情况下,通过将未分配利润用于股东增资或把公积金转为资本的方式增加资本,其结果只是改变公司资产的性质和结构,而不改变其总的价值总额,只增加公司的资本总额,而不增加公司的资产总量。

(四) 增加股份数额与增加股份金额

增加股份数额与增加股份金额是股份有限责任公司采用的增资方式。增加股份数额,即在公司原定股份数额之外发行新的股份。增加的股份,既可以由原有股东优先认购,也可以向社会公开发行。增加股份金额,即公司在不改变原定股份总数的情况下增加每一股份的金额或面额。此种增资只能是内部增资,即由原有股东增加自己的股份出资。公司可以同时采用两种方式增资,既增加股份的数额,又增加每股的金额。

(五) 配股增资与送股增资

配股增资与送股增资是上市公司广泛采用的增资方式。配股增资,又称"增资配股",是指上市公司根据现有公司股东持股的数量按照一定的比例向其发售股份。配股的对象仅限于公司现有股东,配股的条件通常要优于公司对外发行的条件。送股增资,又称"送股"或"送红股",是指上市公司根据现有的公司股东持股数量按照一定比例向其无偿分配股份。送股增资的实质是向股东分配收益,但分配的不是货币,而是股份,因此,它只能严格限于现有股东。送股增资属于分配性增资。[1]

三、增资的条件和程序

(一) 增资条件

增资能够增强公司实力,提高公司信用,有利于债权人利益和交易安全。因此,各国立法对有限责任公司增资的条件通常不作强制性要求,而由公司自行决定,即公司自治。当然,公司自治也应当尊重老股东的优先认购权,但全体股东约定不按照出资比例优先认缴出资的除外。股份有限公司因其公众性特点,为维持公众利益和交易安全,法律对其增资予以必要的限制,《公司法》《证券法》等法律规定的新股发行条件,同时也是股份有限公司增资的条件。

(二) 增资程序

1. 股东(大)会作出增资决议

根据《公司法》第 37、43、66、99、103 条等规定,有限责任公司增资决议必须经代表 2/3 以上表决权的股东通过;股份有限公司增资决议必须经出席会议的股东所持表决权的 2/3 以上通过;国有独资公司须由国有资产监督管理机构决定。

2. 办理变更登记手续

根据《公司法》第 179 条第 2 款的规定,公司增加注册资本,应依法向公司登记机关办理变更登记。

四、增资中的热点法律问题

(一) 能否作出减资与增资相结合的安排

在公司损失了部分股本,但为了继续经营而需要新的资本注入的情况下,如果公司不首先减资,降至股本损失减少的额度,则显然不可能吸引新的投资。这是因为公司如果没有进行事先的减资安排,则不可能在弥补足损失的股本之前,将利润分配给新股东,而新股东必须等待相当长的时间方能获得期待的投资回报,这种状况当然难以吸引到新的投资者。

而先将公司股本损失额作为减资额从公司注册资本中减掉,可以使公司资本反映公司净资产的情况,股东并不从公司抽走任何资金或资产,公司资产不发生变化。随后增加公司注册资本,则公司未来利润无须先用于填补初始股本,而可作为

---

[1] 参见赵旭东主编:《公司法学》(第四版),高等教育出版社 2015 年版,第 184 页。

新增利润进行股利分配。我国《公司法》没有禁止这种减资与增资相结合的方案。

(二) 公积金转增资的限制

无论何种公积金皆可以用以对公司进行增资。但是法定公积金转为资本时,所留存的该项公积金不得少于转增前公司注册资本的25%。

资本公积明细项目包括"资本(或股本)溢价""接受捐赠非现金资产准备""股权投资准备""拨款转入""外币资本折算差额""其他资本公积"等。

上述资本公积明细项目除了"接受捐赠非现金资产准备"和"股权投资准备",其余项目均可直接转增资本。对于"接受捐赠非现金资产准备""股权投资准备"两个项目,可分别于接受捐赠非现金资产、长期股权投资资产价值实现时(如非现金资产领用、报废、处置时,长期股权处置时)转为"其他资本公积"项目,然后可以转增资本。对于"关联交易差价"项目,不能用于转增资本,应于企业清算时再作处理。

增资中的其他热点法律问题,本书第十四章第三节对此做了阐述,请参考该部分,此处不赘述。

第四节 公司减资

一、减资概述

(一) 减资的含义

减少资本(简称"减资"),是指公司基于某种情况或需要,依照法定条件和程序,减少公司的资本总额。

(二) 减资对公司及股东的意义

按照资本不变原则的要求,公司资本一经确定,非经法定程序不得随意改变。实践中,在公司成立后,有很多原因可能导致公司资本的减少,如经营规模的缩小,股东人数的减少。而且公司成立后,资产和净资产处于经常变动之中,为使公司资本反映公司净资产的情况,也要求公司资本作相应的调整。因此,公司法允许公司在符合法定减资条件和程序的前提下适当减资。

二、减资事由

常见的公司减资事由有两种:一种是在公司原有资本过多导致资本严重过剩

时的减资,被称为实质性减资,它可以克服盲目追求公司高资本带来的弊端,减少闲置资本的浪费,充分发挥公司资本的效益。另一种是在公司生产经营状况恶化亏损严重,以致公司的资本额与公司的实有资产之间相差悬殊情形下的减资,被称为形式上减资,它可以确保公司贯彻资本维持原则,从而避免对债权人的误导和欺骗。①

具体来讲,公司减资的事由主要有:

其一,因公司宗旨、经营范围等情况发生变化引起公司资本过剩,需减少资本过剩。如果保持资本不变,会导致资本在公司中的停滞和浪费,不利于提高资本的利用效率。

其二,所经营的项目停止,需缩小公司的经营规模。

其三,公司经营管理不善或者外部条件恶化而发生严重亏损,使公司净资产显著低于注册资本,那么通过减资,就可以使公司注册资本与公司实际资产保持一致。否则资本与其净资产差额过大,公司资本将失去其显示公司信用状况的实际意义。

其四,在有盈利才有分配的盈利分配规则下,公司的盈利必须首先用于弥补亏损,如果公司亏损严重,将使股东长期分配不到股利,不利于调动股东的积极性,保持公司的凝聚力。在这种情况下,通过减资可以尽快改变公司账面的亏损状态,使公司具备向股东分配股利的条件。

其五,在派生分立或分拆分立的情况下,原公司的主体地位不变,但资产减少,也会需要相应地减少公司资本。此外,当公司解散时,为了简化公司清算程序,可以通过减资把大部分财产提前返还给股东,仅留下必要的资产以维持公司的正常运行。②

三、减资的方式

(一)同比减资与不同比减资

同比减资,是各股东按原出资的比例或持股比例同步减少出资,减资后各股东股权比例或持股比例不变。

不同比减资,是各股东不按原出资比例或持股比例减少出资,可能有的股东不减少出资,减资后各股东的股权比例或持股比例将发生变化。

(二)返还出资的减资、免除出资义务的减资与销除股份或股权的减资

返还出资的减资,是对已缴足出资额的股份或股权,将部分出资款返还给股

---

① 参见侯怀霞主编:《公司法原理与实务》,法律出版社2015年版,第98页。
② 参见李东方:《公司法学》(第二版),中国政法大学出版社2016年版,第184页。

东,此种减资的结果是既减少公司资本,也减少公司的资产或运营资金,称为实质性减资。

免除出资义务的减资,是对尚未缴足出资额的股权或股份,免除股东全部或部分出资义务。

销除股权或股份的减资,是在公司因亏损而减资时,直接取消部分股权或股份,或者直接减少每一股份的金额,并抵销本应弥补的公司亏损。

后两种减资的结果只是改变公司资产的性质和结构,而不改变其总的价值金额,只减少公司的资本总额,而不减少公司的资产总量,可称为形式上减资。

(三)减少股份数额与减少股份金额

股份有限公司的减资模式有两种方式:一种是减少股份数额,另一种是减少股份金额。

减少股份数额,即每股金额并不减少,而只是减少股份总数。其具体方法又分为消除股份和合并股份。消除股份是取消一部分或特定的股份,依是否需要征得股东同意,又分为强制消除和任意消除。合并股份是指合并两股或两股以上的股份为一股。

减少股份金额,即不改变股份总数,只减少每股的金额。

四、减资的条件和程序及注意事项

(一)减资的条件和程序

根据《公司法》第37、43、46、66、99、103、108、142、177、179、204条等规定,公司减资的条件和程序如下:

1. 作出减资决议

公司减资应由董事会(或有限责任公司的执行董事)拟订减资方案,并由股东(大)会作出特别决议。有限责任公司减资决议必须经代表2/3以上表决权的股东通过,股份有限公司减资决议必须经出席会议的股东所持表决权的2/3以上通过;国有独资公司须由国有资产管理监督机构决定。

法律、行政法规以及国务院决定规定公司注册资本有最低限额的,减少后的注册资本应当不少于最低限额。

2. 编制资产负债表及财产清单

公司必须编制资产负债表及财产清单,以备查阅查验。

3. 通知债权人并对外公告

公司应自作出减资决议之日起10日内通知债权人,并于30日内在报纸上公告。

4. 债务清偿或担保

债权人自接到通知之日起 30 日内,未接到通知的自公告之日起 45 日内,有权要求公司清偿债务或者提供相应的担保。

5. 办理减资登记手续

减少资本将引起公司主要登记注册事项的变更,因此须办理减资登记手续,并自登记之日起,减资生效。

(二) 公司减资的注意事项

公司减资必须依法进行,为了有效避免减资程序瑕疵,减少不必要的纠纷,律师在处理减资业务时,需要格外注意以下若干方面的内容:

①减资未通知债权人的,不对债权人产生对抗效力;
②仅公告不免除通知的义务;
③减资股东在减资范围内承担补充责任;
④未完全履行出资义务的股东在未出资本息范围内承担补充责任;
⑤减少认缴出资的股东在减少出资的范围内承担补充责任;
⑥退股股东在所登记减少的注册资本范围内承担责任;
⑦对尚处于诉讼中的未确定债权人,应履行通知义务;
⑧减资后又增资的,不免除股东的责任;
⑨是否同比例减资对股东表决权的要求不同。

第五节　公司合并

一、合并概述

(一) 合并的含义及类型

合并,是指两个或两个以上的公司依法达成合意,归并为一个公司或创设一个新公司的法律行为。

1. 吸收合并与新设合并

以合并前后公司的组织形态变化为准,公司合并分为吸收合并和新设合并。吸收合并是指一个公司吸收其他公司,吸收公司存续,被吸收公司解散的合并。新设合并,是指两个以上公司合并设立一个新公司,参与合并的原有各公司解散的合并。

2. 同类公司合并与不同类公司合并

以合并各方公司的组织形式是否相同为标准,公司合并可分为同类公司合并和不同类公司合并。所谓同类公司合并,是指组织形式相同的公司之间的合并,如有限责任公司之间合并、股份有限公司之间合并和上市公司之间合并。不同类公司合并,是指组织形式不同的公司之间的合并,如有限责任公司与股份有限公司之间合并,非上市公司与上市公司之间合并,一人公司与股东多元化公司之间合并。

我国《公司法》并未禁止不同类型组织形式的公司合并。至于合并后的公司组织形式,由各合并公司根据吸收合并或新设合并的不同特点以及合并后公司是否满足特定公司组织形式的法定门槛而定。

(二)公司合并对公司及股东的意义

公司合并有利于促进生产要素的合理流动,实现社会资源优化配置,促进产业结构、企业组织结构和产品结构调整,提高企业经济效益。

对于公司及其控股股东、实际控制人而言,公司合并如同股权转让,公司分立,增、减资,是众多并购工具之一。对于公司小股东而言,公司合并是其退出公司的渠道之一。

二、实现公司合并的方法[①]

尽管从理论上讲,公司合并是公司与公司之间的民事行为,双方必须建立在自愿、合作的基础之上,但在现实生活中,除了经典式的公司合并,即由管理层决策,然后股东会决定实施,原公司股东随之转移于合并后存续的公司或新设公司的经典式合并之外,在现实生活中,公司之间实现合并的具体方式还有很多,常见的有以下几种:

①购买股权法,即在吸收合并中,吸收方用本公司资金向被吸收方股东购买全部股权,然后解散被吸收方,将其纳入自己的公司。

②置换股权法,在吸收合并方式中,吸收方的股东用自己持有的其他公司的股权与被吸收方股东持有的被吸收公司的全部股权相置换,然后解散被吸收方,将其全部纳入自己的公司。置换股权法与购买股权法的不同在于:前者是两个公司的股东分别以自己持有的股权相互对调;而后者是用公司的资金购买股权。

③吸收股权法,即在吸收合并中,被吸收方的股东将自己公司的净资产作为股金投入吸收方,从而成为吸收方的新股东,被吸收方解散。

④承担债务法,即合并后的存续公司通过承受被解散公司的全部资产和全部

---

① 参见冯果:《公司法》(第二版),武汉大学出版社2012年版,第287—288页。

债务来实现合并的方法。这种情形通常发生于被吸收公司负债大于资产或等于资产之情形。

值得注意的是,上述合并与收购具有某些共性,但既然是公司合并,实施合并的主体必然表现为公司。因此,无论是采取哪种合并方法实现公司合并,都必须由合并的公司而不是由该公司的股东作为当事人来签订合并协议,也必须按照公司法规定的程序进行。正因为如此,如果采取购买股权法、置换股权法、吸收股权法的方式来完成公司合并,就必然存在双重合同关系,即除了公司与股东、股东与股东之间要签订股权转让协议,还必须由参与合并的公司各方作为当事人签订合并协议。

三、公司合并操作方案

(一)合并方式的选择

当公司考虑合并时,就要考虑用什么方式进行合并。典型的合并方式包括吸收合并和新设合并。在国内外公司并购实践中,基本上都采用吸收合并。因为多数并购案是大吃小,且为了保证某一方的特殊资质会首先考虑吸收合并。以下着重介绍吸收合并的机理和操作方法。

(二)吸收合并的操作方法[①]

在吸收合并中,被合并的公司将消灭。公司的要素主要有三个方面,即公司的资产、股权和人格。公司的消灭最终表现为公司人格的消灭,而在人格消灭之前,可以先将被吸收公司的资产转移给吸收公司,或将被吸收公司的股权转移给吸收公司,而无论资产转移还是股权转移,吸收公司支付的对价一般是现金或者公司股份,至少有以下四种吸收合并的方案。

1. 资产先转移方式

(1)以股份购买资产的方案

吸收公司以自身的股份购买被吸收公司的全部资产,包括全部权利和义务,被吸收公司失去原有的全部资产,而仅拥有吸收公司支付的自身股份,被吸收公司解散,因债权和债务已全部转移,无须清算,被吸收公司的股东分配被吸收公司所持有的吸收公司的股份,并因此成为吸收公司的股东,被吸收公司消灭。

(2)以现金购买资产的方案

吸收公司以现金购买被吸收公司的全部资产,包括全部权利和义务(债权和债

[①] 参见赵旭东主编:《公司法学》(第四版),高等教育出版社2015年版,第348—349页。

务),被吸收公司失去原有的全部资产,而仅拥有吸收公司支付的现金,被吸收公司解散,因债权和债务已全部转移,无须清算,被吸收公司股东依据其股权分配现金,被吸收公司消灭。

2.股权先转移方式

(1)以现金购买股份的方案

吸收公司以现金购买被吸收公司股东的股份,而成为被吸收公司的唯一股东,解散被吸收公司,其全部权利和义务由吸收公司承受,无须清算,被吸收公司消灭。

(2)以股份购买股份的方案

吸收公司以自身的股份换取被吸收公司股东所持有的被吸收公司的股份,而使被吸收公司的股东成为吸收公司的股东,吸收公司成为被吸收公司的唯一股东,解散被吸收公司,其全部权利和义务由吸收公司承受,无须清算,被吸收公司消灭。

四、合并中异议股东的保护与挤出式合并

(一)合并中异议股东的保护

由于不同股东对公司合并对价及合并后公司发展前景的评价不同,公司合并决议很难获得全体股东一致同意。为保护对公司合并持反对意见的少数股东的正当权益,公司法赋予此类股东退股权。

《公司法》第74条规定了对股东会公司合并决议投反对票的股东可以请求公司按照合理的价格收购其股权的几种情形,并规定股东会会议决议通过之日起60日内,股东与公司不能达成股权收购协议的,股东可以自股东会会议决议通过之日起90日内向人民法院提起诉讼。

根据《公司法》第142条的规定,公司不得收购本公司股份。但是,有下列情形之一的除外:①减少公司注册资本;②与持有本公司股份的其他公司合并;③将股份用于员工持股计划或者股权激励;④股东因对股东大会作出的公司合并、分立决议持异议,要求公司收购其股份;⑤将股份用于转换上市公司发行的可转换为股票的公司债券;⑥上市公司为维护公司价值及股东权益所必需。

(二)异议股东保护的反用——挤出式合并

公司法为保护异议股东而赋予其股份收购请求权。实务中,公司股东多数派为了对抗、排挤少数派,或在因少数股东反对无法直接采用股权转让方式进行并购时,常常会反用异议股东保护机制,用现金作为合并对价,并利用股份多数决通过合并方案,从而使得少数股东丧失在其并购存续公司或新设公司的股东身份,最终被挤出公司。

五、三角合并与反三角合并

(一) 三角合并、反三角合并的含义

三角合并是指并购方首先设一个全资子公司,然后以该子公司吸收合并目标公司,使子公司成为目标公司的名义大股东。反三角合并是指并购方先设立一个全资子公司,然后该子公司被目标公司吸收合并,并购方成为目标公司的大股东。

(二) 正、反三角合并的作用及其适用情形

正、反三角合并适用于以下情况:

①目标公司所在行业具有分业经营的特殊要求,如银行业、保险业,或为了保留目标公司特定资质。

②并购方为了阻隔大股东与目标公司之间的责任(环境保护、产品责任、债务等)牵连,各自保持其独立性,让子公司承担风险。

③母公司可能打算将来卖掉子公司(目标公司)。

④用于跨境并购。如在中国境内的甲公司,在美国设立一个全资子公司乙,然后用乙公司吸收合并美国的丙公司。

⑤用于杠杆收购。并购方先设立一个全资子公司,子公司进行并购融资后吸收合并目标公司,子公司的债务成为目标公司债务。

六、公司合并实务操作要点

(一) 公司合并的程序

根据《公司法》第173条及相关实践,一般公司合并的主要程序如下:

1. 提出合并方案,草签合并协议

公司合并方案由参与合并公司的董事会或执行董事提出。参加合并的各方公司应当在平等协商的基础上,就有关事项达成合并协议并草签。

合并协议主要内容有:①合并各方的名称、住所;②合并后存续公司或新设公司的名称、住所;③合并各方的资产状况及处理办法;④合并各方债权债务的处理办法;⑤合并各方职工安置;⑥存续公司或新设公司因公司合并而增资所发行的股份总数、种类和数量;⑦合并各方认为需要载明的其他事项。关于如何拟制合并协议,请参见本书第五章第二节"并购交易文件"。

2. 通过公司合并的特别决议

我国《公司法》第 43、103 条均规定,公司合并应由股东(大)会作出特别决议。可见,公司合并的决定权不在董事会,而在股东会。特别决议的内容应至少包括两个不可或缺的内容:一是批准合并协议;二是为履行合并计划而修改公司章程。

3. 正式签订合并协议

股东会批准合并协议后,参与合并的公司可以签订正式合并协议。

4. 编制资产负债表和财产清单

公司合并,应编制资产负债表和财产清单。一方面为合并各方提供准确的资产及债权债务依据,决定合并各方的权利和义务;另一方面供债权人查询,维护债权人的利益。

5. 通知债权人和公告

根据《公司法》第 173 条的规定,公司应当自作出合并决议之日起 10 日内通知债权人,并于 30 日内在报纸上公告。债权人自接到通知书之日起 30 日内,未接到通知书的自公告之日起 45 日内,可以要求公司清偿债务或者提供相应的担保。

6. 进行资本合并及财产的移转

完成催告债权人的程序后,合并的公司可以进行资本合并及财产的移转。

7. 办理相关工商登记

合并后存续的公司应依法办理变更登记,因合并而消灭的公司应办理注销登记,因合并而新设的公司应依法办理设立登记。

若公司合并将导致经营者集中达到国务院规定的申报标准的,经营者应当事先向国务院反垄断执法机构申报,未申报的不得进行合并。

若公司合并涉及国有产权、外资的,还需办理符合相应监管要求的备案或审批手续。

(二) 如何确定合并后公司注册资本及股权比例

1. 合并后存续或新设公司的注册资本

根据国家工商行政管理总局《关于做好公司合并分立登记支持企业兼并重组的意见》第 2 条第(五)项的规定,支持公司自主约定注册资本数额。因合并而存续或者新设的公司,其注册资本、实收资本数额由合并协议约定,但不得高于合并前各公司的注册资本之和、实收资本之和。合并各方之间存在投资关系的,计算合并前各公司的注册资本之和、实收资本之和时,应当扣除投资所对应的注册资本、实收资本数额。

根据《外商投资企业合并与分立规定》第 10 条的规定,股份有限公司之间合并或者公司合并后为有限责任公司的,合并后公司的注册资本为原公司注册资本额之和。有限责任公司与股份有限公司合并后为股份有限公司的,合并后公司的注册资本为原有限责任公司净资产额根据拟合并的股份有限公司每股所含净资产额折成的股份额与原股份有限公司股份总额之和。

若属于同一控制下的合并,一般情况下按合并各方的净资产的账面价值进行作价;而非同一控制下的合并,一般按照合并各方的净资产的评估值协商作价。

2. 合并后公司股东的股权比例

根据国家工商行政管理总局《关于做好公司合并分立登记支持企业兼并重组的意见》第2条第(六)项的规定,支持公司自主约定股东出资份额。因合并、分立而存续或者新设的公司,其股东(发起人)的出资比例、认缴或者实缴的出资额,由合并协议、分立决议或者决定约定。法律、行政法规或者国务院决定规定公司合并、分立涉及出资比例、认缴或者实缴的出资额必须报经批准的,应当经过批准。合并、分立前注册资本未足额缴纳的公司,合并、分立后存续或者新设公司的注册资本应当根据合并协议、分立决议或者决定的约定,按照合并、分立前规定的出资期限缴足。

3. 换股比例的约定及调整

换股比例是合并协议中最具争议性的焦点。决定换股比例所应考虑的因素,一方面,必须依据合并双方公司的价值计算,即价值影响价格;另一方面,也要反映出合并双方的需求以及各方的谈判能力差异,即需求决定价格;再一方面,换股比例决定之后到合并案实际完成之间,仍有可能发生计算换股比例的基础改变的情形,此时必须通过换股比例的调整机制以应对这种变化。所以,换股比例也在变化之中,但万变不离其宗,这种变化毕竟是局部的或者小范围的。例如,在合并协议中约定某一换股比例只能在双方股价处于特定价格区间才能发生法律效力,如果股价波动超过该约定的价格区间,换股比例必须随之调整或重新商议,这属于一种弹性的换股比例约定。

第六节　公司分立

一、公司分立概述

(一)公司分立的含义

公司分立又称"公司分割""公司拆分",是指一个公司依法定程序分为两个或两个以上公司的法律行为。公司分立是根据分立前公司的单方意思表示即可生效的法律行为。公司分立的主体是公司,分立的意思表示由分立前的股东会作出。当然,为了贯彻反垄断法,政府亦有权依据法律授权采取强制拆分的反垄断措施。

(二)公司派生分立与转投资的区别

以 A 公司用 500 万元现金转投资出资设立 B 公司的情况和 A 公司派生分立出 B 公司,B 公司股本 500 万元的情况为例,说明二者的差别:

(1)对资产负债表的影响不同:在转投资中,A 公司的资产总额不变,变化的只是资产的形态,即资产科目内的现金科目减少,而长期投资增加;而在公司派生分立中,A 公司不仅资产总额减少,而且所有者权益(包括股本)也相应减少。

(2)对股东地位的影响:转投资对于 A 公司的股东没有任何影响,但 A 公司则成为 B 公司的股东;而在公司派生分立中,原公司股东对原公司的股权减少了,但是相应地获得了分立出来的公司的股权。

不过,以上区别是相对的。实践中,也有在早期转投资先设立子公司,然后通过换股达到公司分拆目的。

(三)公司分立的类型

1. 新设分立与存续分立

以公司分立前后组织形态变化为准,公司分立分为新设分立和存续分立。

新设分立,又称"解散分立",是指公司全部资产分别划归两个或两个以上的新公司,原公司解散。新设分立实质上是对新设合并的逆向操作。如 A 公司分立为 B 公司和 C 公司,A 公司消灭。

存续分立,又称"派生分立",指公司以其部分资产另设一家或数家新公司,原公司存续。存续分立的实质是对吸收合并的逆向操作。如 A 公司分立为 A 公司与 B 公司,原来 A 公司的法人资格依然保留。

2. 自愿分立与非自愿分立

以分立发生原因为准,公司分立可分为自愿分立与非自愿分立。

自愿分立基于公司意愿而进行;非自愿分立是因其违反反垄断法或政府基于政策因素而被强制拆分。

(四)公司分立对公司及股东的意义

公司分立有利于调整公司经营,实现经营的专业化,提高公司的经营效益。当公司出现僵局时,分家是为了解决矛盾。

在公司并购的实践中,公司分立也是并购中的一种重要工具。具体做法是先分后并,比如国有企业改制常常采取分拆上市或部分优良资产上市。

二、公司分立操作方案

(一) 公司分立的总体方案

公司决定分立后,律师要参与制订总体方案。在总体方案中要分清哪一部分属于 A 公司,哪一部分属于 B 公司,分拆以后各公司名下有多少资产。再根据派生分立或新设分立,采用相应的操作方法,按部就班地准备所需要的文件。

(二) 新设分立

新设分立是以原有公司的法人资格消灭为前提,以成立新公司为目的的行为。新设分立是指一个公司将其全部财产分割,分别归入两个或两个以上的新公司,并解散原公司的行为。在新设分立中,原公司的财产按照各个新成立的公司的性质、宗旨、业务范围进行重新分配组合。同时原公司解散,债权、债务由新设立的公司分别承受。

(三) 派生分立

派生分立是指一个公司按照法律规定的条件和程序,将其部分资产或营业进行分离,另设一个或数个新公司或分支机构,而原有公司继续存在的公司分立形式。[①] 公司派生分立方案,可以通过以下两种方式进行:一种是将原公司划分为两个或两个以上彼此独立,且都具有法人资格的法律主体,同时,对原公司的财产和债权债务进行明确的划分,然后由各公司按照分立协议,分别承受各自应承受的部分;另一种是将原公司划分为两个或两个以上相对独立,但具有同一法人资格的法律主体,对原公司的财产和债权债务只进行必要的划分,表面上原公司的财产和债权债务是由原公司和新设公司按照公司分立协议分别承受,实质上原公司的财产和债权债务由原公司和新设公司共同承受。

三、公司分立典型案例[②]

集团公司设一个子公司等于做一次转投资,股票买回来,一换这个交易就完成了。总共分三步:设立子公司;卖出子公司股份;买进老股东所持有的本公司股份。三步完成后就变成两个公司。比如,中国北京同仁堂(集团)有限责任公司(以下简称"同仁堂集团")总部在北京,它在香港特别行政区设立了一个全资子公司(转

---

① 参见李东方:《公司法学》(第二版),中国政法大学出版社 2016 年版,第 437 页。
② 参见叶林:《并购方式的比较》,载徐建、龙翼飞主编:《公司并购律师实务》,法律出版社 2015 年版,第 262 页。

投资),假设有1亿港币的股本,然后用这1亿港币的股本分给同仁堂集团股东,分配的比例就是股东在同仁堂集团中的股权比例,这样就把子公司分解了。既然集团公司的股东拿了子公司的股份,那股东就有义务把所持有的集团公司的股权再卖回给集团公司,这样就形成了两个同仁堂:一个香港同仁堂,一个北京同仁堂。

四、公司分立实务操作要点

(一)公司分立的程序

公司分立是公司合并的逆向操作,故二者的操作程序基本相同,具体如下:

1. 制订分立方案

制订分立方案是公司董事会的职权之一。

2. 通过分立决议

公司分立应由股东会作出特别决议。对于有限责任公司分立,《公司法》第43条第2款规定,股东会作出公司分立的决议,必须经代表2/3以上表决权的股东通过;对于股份有限公司,《公司法》第103条第2款规定,股东大会作出公司分立的决议,必须经出席会议的股东所持表决权的2/3以上通过。

3. 签订分立协议

公司分立涉及多方当事人的利益,如分立前公司的股东、公司债权人、债务人,还涉及公司资产的分割、债权债务清理等。为避免争议,有关各方应订立分立协议。一般由原公司的股东作为协议主体。

分立协议的主要内容如下:①协议各方当事人的姓名或名称及其他基本情况;②分立后各公司的名称、地址,分立后各公司的股东姓名、地址、在分立后享有的出资比例或者享有股份的种类、数额;③分立各方当事人对原公司财产的分割;④分立后各公司对原公司债权债务的承受,包括债权的种类、数量;⑤分立各方当事人的权利、义务,包括在公司分立过程中履行的义务,对分立失败所产生的民事责任的分担;⑥协议对分立后公司的约束力等。

4. 编制资产负债表及财产清单

如同公司合并,公司分立时也应编制资产负债表及财产清单,以清资核产。

5. 通知债权人

《公司法》第175条第2款规定,公司应当自作出分立决议之日起10日内通知债权人,并于30日内在报纸上公告。

6. 进行资产分割和财产移转

通知债权人并履行债权人保护程序后,分立的公司可以进行资产分割和财产移转。

7. 办理工商登记

新设分立的,新设立的公司要办理设立登记,原公司办理注销登记;存续分立的,派生的公司办理设立登记,原公司办理变更登记。

(二) 如何确定分立后公司注册资本及股权比例

1. 分立后公司的注册资本

根据国家工商行政管理总局《关于做好公司合并分立登记支持企业兼并重组的意见》第2条第(五)项的规定,支持公司自主约定注册资本数额。因分立而存续或者新设的公司,其注册资本、实收资本数额由分立决议或者决定约定,但分立后公司注册资本之和、实收资本之和不得高于分立前公司的注册资本、实收资本。

2. 分立后公司股东的股权比例

根据国家工商行政管理总局《关于做好公司合并分立登记支持企业兼并重组的意见》第2条第(六)项的规定,支持公司自主约定股东出资份额。因合并、分立而存续或者新设的公司,其股东(发起人)的出资比例、认缴或者实缴的出资额,由合并协议、分立决议或者决定约定。法律、行政法规或者国务院决定规定公司合并、分立涉及出资比例、认缴或者实缴的出资额必须报经批准的,应当经过批准。

上述意见同时还规定,合并、分立前注册资本未足额缴纳的公司,合并、分立后存续或者新设公司的注册资本应当根据合并协议、分立决议或者决定的约定,按照合并、分立前规定的出资期限缴足。

第七节 公司组织形式变更

一、公司组织形式变更的含义及其类型

(一) 公司组织形式变更的含义

公司组织形式的变更,是指在保持公司法人人格持续性的前提下,依法将公司从一种形态(类型)转变为另一种形态(类型)的行为。公司组织形式变更是公司变更课题中的重要方面之一。

组织形式变更时,公司无须经过解散程序,仅通过变更登记,就可变更为其他形态的公司,其经营也不因此中断。

(二) 公司组织形式变更的类型

1. 有限责任公司变更为股份有限公司

《公司法》第9、95条规定,有限责任公司可变更为股份有限公司。

2. 股份有限公司变更为有限责任公司

《公司法》第9条规定,股份有限公司可变更为有限责任公司。

二、公司组织形式变更的情形

(一) 有限责任公司变更设立股份有限公司的情形

1. 股东人数大量增加

有限责任公司为人资两合性公司,当股东人数增多时,公司经营决策的效率将大幅下降,为了能及时根据市场变化调整公司经营策略,有必要将其变更为股份有限公司。另外,《公司法》第24条明确规定,有限责任公司股东人数的上限为50人,这意味着股东人数超过50人,有限责任公司则必须变更公司的组织形态。

2. 公司经营规模扩大

根据《公司法》的相关规定,有限责任公司比较适合中小型企业;而股份有限公司更适合大型企业。合适的公司组织形态对公司的未来发展至关重要,成立之初为有限责任公司,随着经营规模的扩大,应适时变更为股份有限公司,以谋求公司更好的发展。

3. 募集资金需要

有限责任公司只能以股东认缴出资额的内部方式来筹集资金,而股份有限公司既可由发起人认购股份,也可经国务院证券监督管理机构或者国务院授权的部门批准面向社会公众发行股票来募集资金。若有限责任公司需要募集资金来扩大经营范围和规模,此时也可以变更设立股份有限公司。

(二) 股份有限公司变更设立有限责任公司的情形

1. 上市目标难以实现

大部分公司设立时,选择股份有限公司组织形式的原因在于其可以公开发行股份,以实现日后融资上市的目的。倘若股份有限公司成立后,难以实现上市目标,而股东之间具有相当的信任基础,股份有限公司复杂的运营便成为一种负担,则应当变更公司组织形式。

2. 保守公司经营秘密需要

股份有限公司要定期披露财务状况,上市公司要通过公共媒体向公众披露财务状况。有限责任公司的生产、经营、财务状况,只需按公司章程规定的期限向股东公开,供其查阅,无须对外公布,财务状况相对保密。

三、公司组织形式变更的条件

(一) 有限责任公司变更为股份有限公司的条件

根据《公司法》第9、95条等规定,有限责任公司变更为股份有限公司应当符合以下条件:①符合《公司法》规定的股份有限公司的条件;②折合的实收股本总额不得高于公司净资产额;③为增加资本公开发行股份时,应符合《公司法》《证券法》有关向社会公开募集股份的条件。

(二) 股份有限公司变更为有限责任公司的条件

根据《公司法》第9条等规定,股份有限公司变更为有限责任公司,应当符合《公司法》规定的有限责任公司的条件。

四、公司组织形式变更的程序

(一) 有限责任公司变更为股份有限公司的程序

根据《公司法》及相关法规的规定,有限责任公司变更为股份有限责任公司的主要程序有:

①制订组织形式变更的方案。拟订变更公司形式的方案是董事会的职权之一。

②作出组织形式变更的决议。《公司法》第43条规定,股东会会议作出变更公司形式的决议,必须经代表2/3以上表决权的股东通过。

③订立股东协议。有限责任公司的股东作为发起人订立《股东协议》,约定有关设立股份有限公司的事项及股东的权利与义务等内容。

④中介机构出具相关报告及意见。中介机构出具《审计报告》《法律意见书》《验资报告》等文件。

⑤筹备并召开股份有限公司第一次股东大会。第一次股东大会应作出通过股份有限公司章程、选举董事会成员、选举监事会成员等决议。

⑥办理变更登记。有限责任公司变更为股份有限公司,除公司形式变更外,公司注册资本、股东、章程等事项也应相应变更,公司应当依法向原登记机关办理变更登记。

上述程序与股份有限公司的一般设立程序基本相同。

(二) 股份有限公司变更为有限责任公司的程序

①董事会拟订公司形式变更方案;

②股东大会作出变更公司形式的决议;
③办理变更登记。

上述程序与有限责任公司设立程序基本相同,即股份有限公司股东大会作出变更公司形式的决议后,按照有限责任公司的一般设立程序办理。

五、公司组织形式变更中异议股东能否要求退股

《公司法》第74、142条并没有将对公司形式变更决议持有异议列为异议股东可以行使股份收购请求权的法定情形。因此,在这种情况下,异议股东行使股份收购请求权缺乏法律依据。这是因为公司形式的变更只是公司形态的变化,公司法人人格保持同一性,公司及股东、债权人等不会因为公司组织形态变化而遭受损失。

六、企业改制实务要点

(一)企业改制的法律形式及债务承担

1. 企业改制的法律形式

在实践中,企业改制广泛存在,改制过程中引发的纠纷也层出不穷。企业改制是根据《公司法》《民法典》等有关法律、行政法规及相关政策,对企业产权制度进行改造。企业改制主要是指,企业形态和企业股权结构的改变,具体包括对企业的出资结构(股权结构)、内部治理结构、企业收益分配结构、劳动用工制度、职工福利和社会保障制度等企业制度进行的调整与改革。

实务中,企业改制的形式是多种多样的,具体做法更是五花八门。最高人民法院《关于审理与企业改制相关的民事纠纷案件若干问题的规定(2020年修正)》(简称《若干规定》)比较全面地反映出企业改制的各种法律形式,大致包括企业公司制改造、企业股份合作制改造、企业分立、企业债权转股权、企业出售、企业兼并等,其中企业公司化改造的方法主要有国有企业整体改造为国有独资有限责任公司、企业通过增资扩股或者转让部分产权整体改造为多元主体的有限责任公司或者股份有限公司、企业以其部分财产和相应债务与他人组建新公司等。

2. 企业改制的债务承担

关于企业改制的债务承担,《民法典》《公司法》等法律中关于债权债务转让、公司合并分立等制度已经作了程序和实体上的一般性规定,《若干规定》针对现实中发生的一些特殊情况作了具体的规定,按责任承担方式分为以下四种情形:

(1)由改制后的企业承担债务。除约定外,主要包括企业整体公司化改造和正常

状况下的企业股份合作制改造、企业出售、企业兼并等。(2)由原企业承担债务,包括原企业资产管理人(出资人),除另有约定外,该情形主要是因改制过程中的通知、认可等程序因素引起,主要包括"企业以其部分财产和相应债务与他人组建新公司……对所转移的债务未通知债权人或者虽通知债权人,而债权人不予认可的"股份合作制改造、企业出售、企业吸收合并中,原企业资产管理人(出资人)隐瞒或者遗漏债权人的债的情形。(3)由改制后的企业和原企业承担连带责任,主要是指"企业分立时对原企业债务承担没有约定或者约定不明,或者虽然有约定但债权人不予认可的"。(4)由改制后的企业在所接收的财产范围内与原企业承担连带民事责任,主要包括"企业以其优质资产与他人组建新公司,而将债务留在原企业,债权人以新设公司和原企业作为共同被告提起诉讼主张债权的"和"企业以其部分财产和相应债务与他人组建新公司……对所转移的债务未通知债权人或者虽通知债权人,债权人不予认可的……原企业无力偿还债务,债权人就此向新设公司主张债权的"。

(二)全民所有制企业改制为公司

根据国务院办公厅2017年7月18日发布的《关于印发中央企业公司制改制工作实施方案的通知》的规定,2017年年底前,按照《全民所有制工业企业法》登记、国务院国有资产监督管理委员会监管的中央企业(不含中央金融、文化企业),全部改制为按照《公司法》登记的有限责任公司或股份有限公司。

1. 改制主要工作

(1)制订改制方案

中央企业推进公司制改制,要按照现代企业制度要求,结合实际制订切实可行的改制方案,明确改制方式、产权结构设置、债权债务处理、公司治理安排、劳动人事分配制度改革等事项,并按照有关规定起草或修订公司章程。

(2)完成审批程序

中央企业集团层面改制为国有独资公司,由国务院授权履行出资人职责的机构批准;改制为股权多元化企业,由履行出资人职责的机构按程序报国务院同意后批准。中央企业所属子企业的改制,除另有规定外,按照企业内部有关规定履行审批程序。

(3)确定注册资本

改制为国有独资公司或国有及国有控股企业全资子公司,可以上一年度经审计的净资产值作为工商变更登记时确定注册资本的依据,在公司章程规定的出资认缴期限届满前进行资产评估。改制为股权多元化企业,要按照有关规定履行清产核资、财务审计、资产评估、进场交易等各项程序,并以资产评估值作为认缴出资的依据。

2. 改制获得的政策支持

(1) 划拨土地处置

经省级以上人民政府批准实行授权经营或具有国家授权投资机构资格的企业,其原有划拨土地可采取国家作价出资(入股)或授权经营方式处置。全民所有制企业改制为国有独资公司或国有及国有控股企业全资子公司,其原有划拨土地可按照有关规定保留划拨土地性质。

(2) 税收优惠支持

公司制改制企业按规定享受改制涉及的资产评估增值、土地变更登记和国有资产无偿划转等方面的税收优惠政策。

(3) 工商变更登记

全民所有制企业改制为国有独资公司或国有及国有控股企业全资子公司,母公司可先行改制并办理工商变更登记,其所属子企业或事业单位要限期完成改制或转企。全民所有制企业改制为股权多元化企业,应先将其所属子企业或事业单位改制或转企,再完成母公司改制并办理工商变更登记。

(4) 资质资格承继

全民所有制企业改制为国有独资公司、国有及国有控股企业全资子公司或国有控股公司,其经营过程中获得的各种专业或特殊资质证照由改制后的公司承继。改制企业应在工商变更登记后1个月内到有关部门办理变更企业名称等资质证照记载事项。

第五章 公司并购实务

公司并购,是指一切涉及公司控制权与合并的行为,包括股权收购、资产收购、营业转让和公司合并等方式。律师从事公司并购业务,需在熟练掌握公司变更基础实务的基础上,进一步掌握公司并购的流程、并购交易文件的起草与修改,以及上市公司并购、国有企业并购、外资并购的特殊要求。

本章共五节,分别阐述公司并购的流程,并购交易文件的起草与修改,以及上市公司并购、国有企业并购、外资并购。

第一节 公司并购及其流程

一、公司并购的类型和流程

(一)公司并购的意义

公司并购(Merger and Acquisition,缩写为 M&A),是指一切涉及公司控制权与合并的行为,包括股权收购、资产收购、营业转让和公司合并等方式,其中所谓"并"(Merger)即公司合并,主要指吸收合并,所谓"购"(Acquisition)即购买股权或资产。收购(Acquisition)既包括要约收购(Tender offer)、购买(Purchase),又包括投票权征集(Proxy Solicitation)。收购与合并之间可以连续而互为条件,也可以独立为之。

接管(Takeover)与并购(M&A)内涵相近,是指取得某公司的控制权及经营权的行为。取得该结果,既可能是要约收购(Tender offer)或购买(Purchase)的结果,也可能是触发法律或行政法规规定的结果。

公司并购有助于提高公司资本的运营效率,增强企业竞争力,实现公司资源的合理流动与优化配置,避免公司资源不必要的浪费。资本市场越发达,公司并购活动越活跃。

(二)并购的类型

1. 合并的基本类型

公司合并是两个或两个以上的公司订立合并协议,依照法定的程序和条件,不经过清算程序,直接合并为一个公司。在实务中,公司合并包括吸收合并、新设合并和控股式合并三种类型。

吸收合并又称"存续合并",也称兼并,是指一个公司吸收其他公司,被吸收的公司解散,即甲公司+乙公司=甲公司。

新设合并又称"创设合并",是指两个以上公司合并设立一个新公司,合并各方解散,即甲公司+乙公司=丙公司。

控股式合并,是指一个公司取得了目标公司的控制权后,仍然表现为两个或者两个以上的独立法人,但是取得控制权的一方根据会计准则或者公司法的规定,可以对被控制的公司进行会计上的并表处理,甚至按照税法的规定,可以进行合并纳税处理。

2.收购的基本类型

公司收购是一个公司以有偿方式取得另外一个公司的股权或资产。公司收购包括股权收购和资产收购。

股权收购是指收购方以现金、股份或其他对价,购买目标公司股东所持有的目标公司的股权(或股份),或认购目标公司的增资或增发的股份,以获得目标公司全部或部分股权(股份)。

资产收购是指收购方以现金、股份或其他对价,购买目标公司的资产。

(三)公司并购的一般流程

并购项目的一般流程为:①交易筹划和准备;②尽职调查;③估值;④谈判与签约;⑤备案与审批;⑥交割。

并购标的、类型、当事人等交易要素不同,以上并购流程可能会相应增减。比如,内资民营企业之间的一般并购,可能不需要备案或审批。并购流程的每一个阶段并非完全独立,而是环环相扣,前后照应,律师在承办具体并购业务时要注意通盘考虑,尽量避免或减少法律风险,促进并购交易顺利完成。

介绍并购一般流程的目的,不是要研究应按一个什么样的流程去完成并购,而是要知道并购交易的每一个阶段,律师需要做什么样的工作,以及这些工作应该怎样去做,至于各项工作的具体流程或先后顺序,应当在具体的并购个案中去认识和把握。

(四)公司并购中的利益平衡

公司并购不仅会引起并购前公司主体和权利义务的变更,还会导致公司财产和股权结构的改变,关系到公司股东、高级管理人员、债权人等相关主体的利益。公司并购的实质是以公司为平台的利益格局的重组,与公司设立相比,其牵涉面更广、更复杂,可能也会更加激烈。因此,律师从事公司并购业务,尤其在拟制公司并购法律文件时,需把握好公司并购中的利益平衡。

一方面,与公司并购有关的法律法规在制定时全面考虑了其所调整的各方面利益关系,对利益进行选择、评价和衡量,以寻求利益的妥当与平衡,使法律调整的利益主体各得其所,各安其位,而不过分损害任何一方的利益。因此,并购交易必须在合法框架下进行,这是并购律师的底线。

另一方面,公司并购谈判协商是各方就公司并购引起的利益格局重组进行讨价还价。并购协议及新的公司章程等公司并购法律文件是讨价还价及利益博弈与平衡的结果,是公司相关利害关系人之间众多利益的锁链。因此,律师接受委托拟制并购方案、起草、修改股权转让合同、合并或分立协议和公司章程等并购文件时,要注意把握好利益平衡,不是一味地扩张委托人的利益或一味地否定交易对方的利益诉求,而是在保障己方正当权益的同时,也承认和尊重对方的正当权益,提出尽可能满足各方最核心利益的解决方案。

以下将着重介绍并购交易各阶段的律师实务。

二、交易筹划与准备

前期交易筹划与预备阶段一般可概括为寻找与筛选目标公司、信息收集、可行性分析、初拟并购方案、准备前期协议五个主要环节。

(一)寻找与筛选目标公司

根据并购方的要求,协助寻找目标公司。根据已有资料参与候选目标公司的初步筛选。在项目筛选阶段,律师主要对行业合法性、商业模式合法性、核心竞争力的法律保护等进行法律审查。

(二)信息收集

并购方初步确定目标公司时起至实施尽职调查前的准备期间,律师需收集的信息内容通常包括:①目标公司、交易对方的基本信息;②交易背景材料;③交易双方的交易目的;④交易双方的交易内容及方式;⑤其他与交易相关的信息。

(三)可行性分析

1. 法律政策调研

(1)收集、归纳与整理上述信息,并查找相关法律政策规定

在法律政策调研时,需注意以下几点:①查找最新有效的法律、法规、司法解释、部门规章及其他相关规定;②交易中所涉具体问题需考虑国家及地方两个层级的法律规定;③针对交易中所涉同一具体问题,有可能存在新旧法律、法规、司法解释等相关规定互相冲突的情形,注意根据"上位法优于下位法""新法优于旧法"

"特别法优于一般法""法不溯及既往"等原则综合处理。

（2）就收购可能涉及的行政审批进行调查

了解收购行为是否需要经有关政府批准或进行事先报告,有关部门对同类收购有无倾向性态度。

2. 可行性分析

根据基本信息收集结果及法律政策调研结果,对交易是否合法、是否可行等重大法律问题进行初步分析,对收购行为的可行性进行法律论证,必要时可以出具法律意见书。

(四) 初拟并购方案

律师根据基本信息收集结果、法律政策调研结果及可行性分析论证结果,草拟初步并购方案。

并购方案主要包括以下内容:①交易背景、交易目的;②可行的交易方式;③交易方式优劣比较;④面临的法律风险;⑤初步解决方案等。

(五) 准备前期协议

1. 主要前期协议及其效力

前期协议为并购前期交易双方可能签署的法律文件,通常体现为意向书、备忘录、条款清单、框架协议、保密协议等形式。签署前期协议的目的,主要为表明交易诚意、限制交易双方或目标公司在一定期限内与其他潜在交易方接触、谈判或进行类似交易,并规定交易流程和交易中某些重要方面的初步约定。

前期协议被不少人认为不具有法律约束力,但近期出台的司法解释将其定性为预约合同,明确承认其具有独立契约效力,以固定双方交易机会,制裁恶意违约人。

2. 意向书、备忘录、条款清单、框架协议

意向书通常包括以下内容:①交易双方;②交易标的;③进度安排;④资料提供;⑤排他性协商;⑥锁定交易;⑦费用分摊;⑧违约责任;⑨终止条款;⑩其他条款。

备忘录和条款清单与意向书较为接近,但内容和形式更为简单。

框架协议的内容比意向书复杂,通常还会约定一些复杂的交易方式和结构、初步估值、并购后的治理结构等。

3. 保密协议

出于防止商业秘密泄露等谨慎考虑,交易双方通常在签订意向书或类似协议中设定保密条款,或另行签订保密协议。保密协议或保密条款的主要内容有:①保密信息:应对何种信息进行保密;②保密主体:哪些人应对保密信息进行保密;③保密期限:负有保密义务的期限;④保密责任:违反保密义务应承担何种责任。

(六) 卖方律师的准备工作

1. 协助卖方制订出售策略

无论何种出售动因,出售决定一旦作出,卖方往往希望实现交易价格的最大化、交易时间的最短化和交易风险的最小化,力图"速战速决",不"拖泥带水",出售的价款尽早"落装为安"。因此,对卖方有利的交易策略一般包括但不限于:

①充分筹备,清除阻碍交易的实质性障碍。

②寻找多个融资条件良好、战略明确的意向收购方,制造并维持激烈的竞争气氛,并尽可能多地了解交易收购方,或进行竞争性招标。

③在交易前期,不要过早地透露"家底",特别是核心商业机密、保密技术或技术诀窍,尽量仅允许意向收购方实施有限的尽职调查。

④在保证交易时间和成本的前提下,设计对买方具有吸引力的交易结构。

⑤尽量提供标准化的交易文件或者仅允许就交易文件进行十分有限的谈判。

⑥尽量控制交易流程,要求意向收购方尽早作出某些明确的承诺。

⑦获取尽可能高的出售价格。

⑧尽快完成交易,获得买方支付的价款。

2. 协助卖方进行公司整改或重组

卖方若发现公司存在对拟进行的交易可能造成实质障碍或影响交易价格的问题,即应评估是否在交易前对该等问题进行整改。有时,卖方在交易前期对公司进行重组并非存在影响交易的问题,而是出于交易目的和交易结构的需要,或是买卖双方为促成交易进行谈判的结果,或基于最优化的税务和财务安排。

3. 准备交易前期的法律文件

卖方律师主要准备程序函、保密信息备忘录、保密协议、格式股权转让合同、合资合同、法律意见书。出售方式、交易模式不同,需准备的交易前期法律文件也会有所不同。

三、尽职调查

具体内容请参见本书第七章"公司法律尽职调查"。

四、价值评估

(一) 价值评估的意义

准确评估目标企业的价值,是确定支付价格的主要依据。评估结果直接关系到交易对价、交易方式等方面,因此价值评估及其条件和依据的合法性、充分性,是公司并购的重要考量因素。

(二) 常用的评估方法

常用的评估方法有收益法、市场法和成本法。具体选用哪种评估方法,应根据评估对象、价值类型、行业特点、并购目的、资料收集情况等相关条件,结合双方意愿以及专业上的内容要求和规定,并考虑相关市场操作惯例来决定选择一种或多种评估方法。

(三) 价值评估与对价确定之间的关系

一般来说,评估结果对确定并购对价具有参考作用,但并不是直接的账户数据,不是直接调账。如果并购涉及以下情况,则必须(或应当)选择评估机构进行估值:①证券交易;②固定资产交易;③国有企业并购;④外资并购。

五、谈判与签约

(一) 交易型谈判

客户聘用并购律师的最终目的不仅是让律师提示风险或设计出最有利于客户的条款(特别是如果这些提示和条款不能帮助客户成功交易的情形下),而是希望律师在合理披露风险的情形下,积极地和客户以及客户的合作伙伴密切沟通,共同寻求满足各方底线的解决方案,并在合法框架下促成交易。

律师应以促成交易成功为工作导向。这就要求并购律师在合法框架下尽可能作出促成交易的谈判安排和策略,以促成交易为出发点和目标,了解各方真正需要什么、关注什么、想要什么,在不同的商业利益中,根据谈判地位、时间紧迫性以及风险控制等,提出尽可能满足各方最核心利益的解决方案,并完成谈判和法律文书的制作。

1. 合法交易框架

交易须在合法框架下进行,这是并购律师的底线。

就并购而言,并购律师首先会从商务核准和政府核准两方面分析并购交易。

商务核准:交易是否应当获得交易各方的商业合作伙伴的同意,包括贷款方、日常商务运营的合作方(股东控制权转移是否应获得同意)、公司其他少数股东等。

政府核准:交易是否应当获得涉及国家安全审查部门、证券监管部门、并购监管部门、反垄断部门、劳动部门、工会、国家发改委、国资委、商务部等相应监管部门的核准。

就普通交易而言,并购律师首先应从交易资质和政府核准两方面分析交易。

交易资质:交易各方是否拥有为实现交易目的所必备的各类资质,包括相关技术进出口证、施工许可证、建筑资质、金融资质、探、采矿资质等,交易是否需要股东会、董事会或第三方(比如贷款方和其他合作方)的批准。

政府核准:交易是否需要政府关于行业监管、合资、敏感技术、国家安全监管等方面的核准。

2. 以促成交易为出发点和工作目标

(1)确定不让步条款(No-goissue)

并购律师在合法框架的前提下应当以促成交易为出发点和目标,了解并确定哪一些条款是双方谈判代表的不让步条款,然后迅速向客户管理层汇报对方的不让步条款,确认己方的不让步条款,同时在这些条款之外展开谈判。在谈判初始,并购律师应和客户就不让步条款达成一致意见。交易过程中越早了解不让步条款越重要,这会使双方迅速决定是否继续交易或是否作出适当让步的安排。律师应当很清醒地意识到在谈判桌上的目的是促成交易,而不仅仅是通过争辩,强加条款给对方或一味拒绝对方合理公平的条款,适当的妥协可以对推进谈判起到很关键的作用。

(2)法庭辩论式的商务谈判意识

并购律师应当具备很强的商务意识,尽量从商业和法律角度,用近似法庭辩论的方式,以公平合理原则捍卫自己的谈判观点,反驳对方的谈判观点,以促进交易成功为大方向,抓大放小,在合法交易及充分披露相关法律风险的情形下,由客户掌握并权衡风险和利益的比例,争取为客户创造更多的商业价值。

利用谈判强势只说立场而不提供充分理由的辩论方式很难赢得成熟公司的尊重,因为简单说"不"的方式不符合高水平律师的谈判风格,也不符合国际级公司间的谈判风格。充分准备论据及法律理由支持谈判观点不仅能赢得对手尊重,还能建立信任并提高对手接受自己观点的可能性。

3. 了解各方真正需要什么,关注什么,想要什么

律师不应假定自己清楚客户或谈判对手需要什么、关注什么、想要什么。这三个看似简单的问题,却能解决谈判中的很多疑难问题,但在实践中,有时律师却不能准确捕捉到此等信息。各方需要的内容通常是交易的前提和最终目标,没有太大谈判空间。

完成交易需要的内容一般包括:

①合同在交易方各自国家需要的各政府部门批准;

②交易方各自公司治理文件(比如说公司章程和股东协议等)要求的股东会少数股东或董事会的批准;

③交易方各自的其他商业合作伙伴(比如说银行或合资或合作方)的批准;

④交易方各自长期的商业运营模式(比如说某跨国公司的设备全球售后服务

中心只能在东南亚某地,如果中资公司坚持将售后中心设在中国,这将给对方的运营模式和盈利模式带来巨大冲击,从而影响谈判进程或直接终止谈判)。

各方关注的内容通常不是最核心的条款。了解各方不同的关注点有助于交易方相互妥协并交换相关条款,从而结束谈判成功签署协议。如果各方对同一事项都很关注,在没有触及谈判底线的情形下,律师应当首先判断双方的最强立场,确定让步空间,并致力于使双方各让一步。当律师不确定对方的关注点时,如果是对方提供的谈判合同版本,可以考虑以所有条款都对等为原则,尽可能将合同的所有条款都对等,使双方权利义务一致,以进一步分析对方立场。

例如,中方和某跨国公司就货物买卖合同展开谈判。出于对中国法律及产品质量检测机构的不信任,跨国公司法律部门的重点在,当产品质量出现争议时,坚持以某外国机构作为检测机构。而中方公司的管理层则把重点更多放在价格和交付条件上,即使把产品质量检测机构设置为国际认可的某外国机构也可以接受。因此,了解完各方关注点后,中方律师把中方公司关注的商务条款和跨国公司关注的机构条款做交换,达到双方都满意(至少是减少双方分歧)的结果。当然作为中方的谈判律师,在谈判过程中也应让对方感觉到中方对于质量检测机构也是极其关注的,这样可换取更有利的商务条款,比如说价格及交付条件。

又如,卖方中国公司和买方日本公司就收购某生产线协议进行谈判,和大部分中国公司一样,中方希望由中国法律管辖并由中国国际经济贸易仲裁委员会在北京进行仲裁。日方公司则希望由日本法律管辖并在日本仲裁。卖方律师应分析,管辖法律涉及合同违约及设备责任赔偿问题,管辖法律比管辖地在某种程度上更关键。买方律师不仅会关注管辖法律,还会关注到违约赔偿数额及执行的问题。作为各让一步的建议,根据谈判地位的强弱,中方律师可以考虑将新加坡争议仲裁机构作为争议解决机构,同时坚持由中国法律管辖。

再如,如果拟签合同是对方提供的版本,大部分条款会有利于对方。这时,律师在不清楚对方真正关注点的时候,如果可行,考虑将所有条款变成对等条款,即把倾向于对方利益的天平摆正到合同双方权利义务对等。例如,甲方合同版本只约束乙方有义务保守商业秘密,乙方律师可以考虑把乙方改为甲乙双方。通过这一强有力的举措,很快能判断出哪些条款是对方关注的要点,哪些条款是己方可以妥协甚至放弃并做交换的。

一方想要的内容如果对另一方不重要,各方尽量相互满足。并购律师明确己方和对方想要什么在谈判中非常关键。谈判律师需经常思考并直接询问双方的立场和理由。如果对方想要的己方可以给,且对己方也没有很大损失,则可以做条款交换。如果己方想要的对方也可以给,对方又没损失,则尽量说服对方不附带条件地给。如果双方都想要,双方又不肯让步,则需要律师设计出有创意的条款来满足各方需要,或者各方都作出让步,共同妥协。

4.带着解决方案促成交易

律师在代理客户进行交易谈判的时候,需要了解客户为什么聘用律师谈判？目前处于什么阶段？其中的答案可能包括：

①交易金额大或交易对于公司很重要。

②公司合规之用(特别是对于上市公司而言)。

③客户和其合作伙伴已经基本就重要商业条款达成协议,且都执着于成功完成交易,除非在尽职调查中出现或发现重大的法律或商业问题而无法通过商业安排解决。即在客户及其商业伙伴眼中,交易完成是势在必得的,律师的主要工作就是帮助客户完成交易。这种情形在大型、重要的交易中较为常见。

④客户已经和对方签署备忘录,希望按照备忘录的内容完成谈判。

从以上分析可以看出,客户聘用并购律师的主要目的是帮助其完成交易。优秀的并购律师,除了要有扎实的法律基本功,还要有高超的促成交易能力,这也是客户最看重并购律师的核心价值之一。

律师的交易能力是指律师在交易过程中有能力寻求各种方法解决影响交易成功的所有问题,主要包括:①通过分拆、重组或剥离或其他商业安排在政府核准和商业伙伴核准上为交易铺平道路；②和对方律师共同为交易成功提供多种可行的解决方案；③如果碰到重大的法律问题不能在律师授权范围内解决,及时总结并分析出各种解决方案,报告给客户管理层寻求指示。由此可以看出,律师促成交易能力是并购律师的核心技能。

推翻假定并促成交易的思路图对复杂大型交易很重要。交易的法律障碍通常来自错误的假定,成功交易的关键在于能否找到这种假定并成功推翻。下面案例可以看出国际顶级并购律师是如何帮助客户促成交易的。

某跨国能源公司准备到某国收购某西方国家在该国的矿产公司,在某国际投资银行的建议下,和卖方在商务层面上就交易结构的设计初步达成一致意见。该能源公司聘用了某国际律师事务所合伙人为牵头并购律师。该国际并购律师为此聘用当地著名的律师所就收购合规做尽职调查,当地律师充分、细致地分析完当地的法律、法规后,得出的结论是该交易结构下的收购在当地是不被法律允许的。

如果该国际并购律师的咨询建议仅限于此,恐怕也不算失职,甚至不能说是不优秀。但是退出并不是解决方案,而是带有假定的结果。该国际并购律师长期养成的以交易成功为导向且不轻易假定的思维模式促使其不断思考解决"法律不允许交易"的问题。其中一个假定就是该等法律结论是建立在原交易模式不变的情况下。

于是,该国际并购律师推荐了一个解决方案来改变交易结构,将当地法律不允许收购的资产剥离出去。客户听完建议后认为从商务上不可行,指示律师继续寻找答案。

根据客户的指示,并购律师对当地律师的法律结论的假定又作了进一步思考,发现上述结论所依赖的假定是该国的法律不可能更改或短时间内不会更改或更改的程序很长很复杂以致交易无法按期进行。顺着这样的假定,该国际并购律师对该国的法律规定及立法过程作了详尽的调查,明白要得出不同的结论就要推翻该假设。然后,通过和客户、当地律师及被收购方在当地聘用的律师共同努力,该国际并购律师和当地政府部门进行密切沟通,研究法律变通的可行性。最后,基于拟进行的收购对该国经济发展的重要性,该国有关部门同意就影响该交易的某个条款作出例外性解释,为交易"开绿灯"。

上述国际并购律师的思路是为成功交易应当"做些什么",这样的积极解决问题的思路和行动最终促成了交易,当然最后该律师也许会在高额的律师费外拿到额外丰厚的奖金。

5. 律师应掌握一些推动谈判进程的基本方法,有效促成交易

在谈判过程中,各方应首先确定由哪一方的律师或商业谈判人员控制谈判文本(即"文本控制人"),文本控制人在谈判过程可以更换,所有谈判人的意见提出和更改都应通过文本控制人进行,其掌握的文本是唯一用于谈判及签署的文本。为在谈判双方建立高强的信任度,未经谈判或沟通,文本控制人不可以随意更改谈判文本。用微软 word 文件的对比功能很容易发现文本之间的不同。如果文本控制人未通知对方而随意更改谈判文本,采取些小伎俩,后果是该文本控制人很快会失去信用,对方轻则要求更改文本控制人,重则对其代表的公司失去信任,甚至不再合作。在每一轮谈判后,文本控制人在合同文本上或者在条款清单上,清楚记录双方已达成的条款,未达成的条款及原因,双方的行动项目及期限。另外,律师还可以就未达成一致的条款提出建议及理由,供客户决策人做判断题或多选题。这在有期限的国际并购协议谈判中尤其重要,因为双方主谈律师都受各自客户指示,必须在某个时间段签署协议。

对于一些不是特别关键的条款,谈判人员经常用的方法是相互交换作出妥协,此举不仅能关闭一些未决的条款,而且还可以创造出良好的谈判气氛,为进一步推进谈判奠定良好基础。在谈判过程中,并购律师应虚心及耐心地听取对方谈判人员的意见和建议,并在不牺牲大原则下作出一定让步来换取对方同意。谈判是不可能没有让步的,高超的谈判艺术在于充分听取并理解谈判各方关注的要点,并在不牺牲各方大原则的前提下达成妥协方案。谈判中说和听都很重要,甚至在很多场合,懂得"听"的艺术会更有利于谈判。

清楚地表述己方的立场和理由,并让对方清晰表述其立场和理由,这看似容易,但在实践中其实不容易达到。很多时候商务人员都不知道在谈判桌上想要什么,这时候并购律师应当和商务人员在谈判前或谈判过程中退场并单独进行沟通,通过了解商务背景、目的以及提问的方式确定客户究竟想要什么。同样,当己方不清晰对方的真正意图时,应该在谈判桌上开门见山地问他们究竟想要什么及担心什么,然后在不牺牲己方根本利益的前提下,尝试提出解决方案,帮助对方达到其想要的目的或消除对方的担心。

当然,有时候谈判对手可能并不愿意透露其合同条款立场背后之真正的目的。在这种情形下,谈判律师的视野和思路应当放开,并不局限于眼前的谈判,还要了解谈判对方的商业运营模式,了解对方和其他商业伙伴合作的历史和履行情况、对方的运营战略目标,目的是了解对方隐含的关注点,并在合同谈判中通过解决客户的关注点,以达到平衡并促成交易。

商务谈判能力是并购律师的核心能力,是顶级并购律师引以为豪的看家本领。国际顶级并购律师在交易中发挥最大的作用,就是在合法框架下,能尽量在各方底线上通过创造性地设置各种机制以满足各方的商业需求,从而帮助客户达成交易。律师的目的是为成功交易提供法律服务,而不仅仅是提出风险且不作任何让步。①

(二) 谈判准备

凡事预则立,不预则废。不管是资深律师还是初入行的律师,只有做好充分准备,对将要谈判的每个话题都掌握充足的论据和可供选择的方案,才能在谈判中随机应变,从而使谈判朝着当事人的目标和要求的方向展开。对一个入行不久的律师来说,事先做好充分的准备是交易谈判中最重要的因素,充分准备对弥补经验不足可谓大有裨益。好运总是垂青有备而来的人。

为谈判做充分准备不仅会为客户赢得有利条款,也会赢得谈判对方的尊重,因为有效率的谈判能省去谈判人员很多的时间。

一般而言,谈判前准备工作主要有以下几项:

1. 了解项目基本情况

已做了法律尽职调查的,通过阅读尽职调查报告即可掌握项目基本情况。若还没有做好法律尽职调查,则律师除了听客户介绍项目基本情况、交易背景,还需通过查询公开资料了解交易标的和交易对方的信息,具体内容请参见本书第七章"公司法律尽职调查"。

---

① 参见华滨:《跨越:律师执业思维·方法·规划》,法律出版社2015年版,第45—48页。

2. 法律依据准备

谈判阶段的法律依据比诉讼准备的法律依据范围更宽泛,律师在谈判前要准备的法律依据不能仅仅集中在某一两个关键点上,而应从交易的整个过程全面通盘地考虑,才能为客户并购提供有力的法律支持。

并购交易筹划阶段主要侧重于法律政策准入可行性研究。而谈判阶段需要准备的法律依据比交易筹划阶段准备的法律依据范围更加宽泛,律师应依据并购交易涉及的领域、目标企业性质、经营范围、商业计划等法律政策研究,制作法律依据电子文档,以便谈判过程中随时查阅补充。

已做法律尽职调查的,律师在谈判前应查阅法律尽职调查时制作的法律依据文档并补充、温故知新。

3. 了解识别客户交易目的和需求

忠诚所托,维护当事人合法权益,是律师的天职。客户需求不同,思考问题的角度不同,律师提供法律服务的内容和方式也会有所不同。

律师如何了解识别客户的交易目的和需求,请参考第一章第二节"(一)以当事人的需求为工作导向"部分。

4. 拟定谈判问题清单

拟定谈判问题清单是谈判准备工作的重要环节。谈判中的很多提问会起到改变谈判局势,探查对方根本目标的作用,提前做好问题清单会让谈判律师收到事半功倍的效果。另外,谈判律师也可以尝试站在对方的角度提一些问题让自己回答,对自己也难以回答的谈判问题,可提前请教当事人或相关专业人员,这样一来,谈判律师才不至于因错误回答对方的问题,而使自己的当事人陷入被动境地。因此,谈判问题清单既包括自己需要提出的问题,也包括自己准备回答对方的假设问题。

5. 准备并购交易文件

一项并购交易涉及的交易文件比较多,除了并购交易刚开始达成的意向书、谅解备忘录、保密协议,视交易结构和交易方案的不同,双方签署的最终交易文件通常有股权转让合同或股份认购协议、资产购买协议、并购协议、合并协议、披露函、保函、托管协议、服务协议等。

在交易文件已准备的情况,如果文件是己方起草,也需温故知新;如果文件是对方起草,则需要事先仔细研究,弄明白每个条款的含义及其是否充分保护己方客户的利益。

有关并购交易文件的起草与修改,请参考本章第二节"并购交易文件"。

6. 准备谈判策略

谈判策略对谈判结果有着重要的影响,事先准备好谈判策略是谈判准备的一项必备工作。由于谈判的结果——协议内容关系当事人利益而非律师利益,因此律师应在谈判前让客户了解事先拟定的各种方案、计划和谈判中可能作出的让步等并征求客户意见。而且,谈判过程还会在其他方面影响客户,例如谈判过程中律师对待交易对方的态度,有可能会影响交易双方今后的合作关系。因此,律师采取何种谈判策略,应当充分征求和听取客户意见,与客户共同制订谈判策略。

在准备和筹划谈判策略时,律师和当事人之间应当对以下问题进行深入讨论,再根据讨论的结果去准备谈判策略:

①谈判结果和谈判过程会对当事人的哪些利益造成影响?

②当事人拥有哪些关于谈判协议的选择方案或退路?当事人愿意接受的对他最不利的,也就是底线的谈判结果是什么?

③谈判对方拥有哪些关于协议的选择方案或退路?当事人愿意接受的这些选择方案中,对对方最不利和最有利的谈判结果是什么?

④除谈判结果外,律师的谈判行为对其当事人还有什么其他影响?

在谈判策略准备过程中,还有很多其他问题需要律师和当事人共同讨论,讨论范围取决于律师准备采用何种谈判策略,律师可以选择进攻型、协作型、解决问题型策略或综合采用这些策略。如果准备采用进攻型策略,律师还应与当事人讨论当事人是否具备超越对手的谈判实力和施加影响力的来源;如果采用协作型策略,律师就应和当事人一起研究用于解决争议的客观标准的潜在来源;如果采用解决问题型策略,则律师应和当事人一起寻求能符合双方当事人根本利益的解决问题的办法。此外,如果当事人希望双方律师能在各种谈判议题上据理力争后又相互让步,则律师应当要求当事人确定出对这些议题偏爱和重视程度的相应顺序。

7. 确认谈判授权

在可行的情形下,律师可考虑在谈判前就合同核心条款的进取幅度(如果是对方提供的版本)及让步空间(如果是己方提供的版本)获得客户的确认,和客户及对方一起制订谈判进程表;计划花多长时间完成谈判并签署协议;计划谈几轮,每一轮的谈判内容和谈判人员安排;每一轮谈判人员的授权如何;在什么时间段制作最后谈判遗留问题表,交双方最高层决策。并购律师在可行的前提下确定各方谈判代表的授权范围,总的原则是授权范围越大谈判进度越快,如果一方谈判代表(包括律师)没有授权对某些条款作出让步,那么谈判进程将非常艰难。在没有明确授权或在重大合同条款的谈判中,谈判人员可以初步达成意见,并标注为"待最后双方高级管理人员于某期限前确认"。这样可以避免谈判人员在谈判桌上作出没有限制条件的同意,而事后又重新谈判,不至于既失信又低效。

(三)律师参与谈判的注意点

1. 准确分析各方谈判地位

律师在谈判开始前应先了解谈判各方的行业地位、交易性质及时间紧迫性对哪一方更关键,以确定在合同条款中的让步空间和谈判基调。

(1)行业地位的不同在某种程度上决定了谈判地位的高低

①垄断性行业针对普通产品供应商(即买方可以广泛选择的供应商)占据明显优势;

②垄断性行业针对特殊产品供应商(即买方只能选择少数的供应商)虽然占据优势,但不明显;

③垄断性行业的买方和垄断性行业的卖方在其他条件相等的情形下谈判地位差不多;

④采购方或招标方的谈判地位通常比供应商或投标方的谈判地位强;

⑤客户的法律风险意识不强,只想快速促成合同,这会导致客户谈判地位弱。

(2)交易性质影响谈判地位

在并购交易中,一般由卖方提供股权交易文本,买方评注修改。在买卖合同中,除非买方占据市场强势,一般由卖方提供合同文本,买方修改。多数情形下的法律文本由谈判地位较强的一方出具。对于非常成熟的跨国公司,其法律部门针对同样一份商业合同会有不同的版本:非常有利于公司、有利于公司、相对中立。

(3)时间紧迫性对哪一方更关键

时间紧迫性强的一方通常会作出很大的让步,原因是在双方对某些法律条款或商务条款争执不下的时候,对时间要求不紧迫的一方通常会忽略另一方的观点,让另一方干着急,主动作出让步。

遵守国际标准的谈判原则有助于和国际接轨并赢得跨国公司和对方律师的尊重。律师在了解清楚各方谈判地位后,可以参考以下原则进行国际律师级别的谈判。

2. 信任是合作的基础

谈判律师和谈判团队所有成员建立信任关系是促进谈判的催化剂。没有信任感的谈判会加大谈判难度,降低或失去谈判的乐趣,增加谈判失败的风险。谈判律师在谈判桌上的每一句话不仅代表律师事务所,也代表客户。因此,律师应当严肃对待其陈述的每一句话并慎重地造词造句,对立场的陈述,尽量不要反复不定,对自己的发言负责,不轻易许诺,一旦许诺就严格履行。特别是在关键场合,尽量不要把话说得很肯定,多使用些限制性的词语,如或许、如果、很可能、可能、我们同意的前提是等,为在实际谈判中的突发变化做铺垫。

律师谈判的专业性能使对方产生信任和信赖,全方位推进谈判。一方面,谈判律师穿着要专业。整齐的职业容貌,保守的打扮是安全的且能使人信任,新潮或较为不同寻常的发型和化妆(女性)有可能会给其他谈判人员留下不稳重的印象,从而增加不确定性。有些人可能觉得这没关系,但有些人(如果是客户的话)会在乎非保守的容妆。另一方面,一套质量相对考究的西装(最好戴领带),女士职业套装,正式的公文包,笔记本电脑和记录本会给人带来专业的印象。不管实际执业水平如何,以上这些配置至少可以给人国际顶级律师外部形象的印象。

另外,律师陈述和辩论要专业。律师发言的逻辑性要强,用事实和法律支持己方观点,反驳对方观点,这需要苏格拉底式的准备。谈判前律师需熟悉己方版本中所有合同条款的设计目的和支持理由,并对谈判对手可能作出的反驳或已经作出的修改意见作评估分析,对是否接受对方的修改作出有理有据的解释。如果谈判文本是用对方的版本,了解清楚对方设计的目的并列出问题提纲,寻求对方的解释,拟好修改意见并附上理由。如前文所述,修改对方版本最简单快捷的方式之一就是将权利义务变为对等。

有些律师认为谈判和诉讼不一样是因为谈判中的对抗性没这么强,双方更加和谐一致。其实在实践中,不完全是这样,特别是高水平的并购律师之间的谈判,双方律师对关键合同条款争论的激烈和精彩程度一点都不亚于类似商业诉讼的法庭辩论,只不过在合同谈判中没有裁判者。高水平的谈判是智慧的较量,特别是高手之间的过招,一方律师提出的论点及论据充分,对方律师是会认真考虑的。在这种专业的谈判较量中,双方律师更易于在两方立场的两端找到折中点以满足各方或者是将不同的条款作交换。在众多人员参与的谈判中,谈判律师一定要注意发言顺序及耐心倾听,并客观、礼貌及冷静地表达不同观点。比如,律师可以考虑说:"我们已经听到了贵方的立场和支持理由,也理解贵司的关注和担心,但我们仍诚恳地向贵司表达以下不同的看法。"另外,在谈判中,律师应多听多问,不要想当然。律师在谈判桌上较常问的问题是贵司的立场是什么?理由是什么?

3. 灵活的谈判有益于成交

并购律师进行高水平谈判时会各取所需,帮助客户建立长期合作关系,而不是一味地坚持立场。律师的思维和处理问题的方式要灵活、不要给人留下什么都不可商量的印象。在谈判桌上和在法庭上最不一样的地方之一就是律师不必赢得每条合同条款,也不需要在每条合同条款上寸土不让,这是不现实的,因为这是谈判,而不是"要么同意要么离开"(take it or leave it)的生意。谈判意味着有让步。通常律师作出什么都不让步的原因要么是受其客户指示,要么就是没有任何授权,要么就是向其客户显示他或她是多么强势,多么能够保护客户的利益。这看起来是每个律师都可以做的事,但律师服务的增值内容不多,这种谈判风格的律师反而不容易获得大型商务谈判的机会。碰到对方律师对所有条款都不让步的情况,律师可以考虑建议其客户就谈判的效率和对方进行商务上的沟通,争取到场的谈判人员和律师有足够的授权来推动谈判。

4. 换种方式解决问题

律师要善于在双方就法律问题争执不下时,寻找替代性解决方案,学会"曲线救国",以退为进,减少双方之间的分歧与矛盾。

所有交易都是互利的。然而很多互利性机会往往是潜在的,需要当事人和律师共同去发掘。什么是潜在的互利性机会呢?互利性机会有两种情况:一是既能满足双方当事人根本利益,又能解决他们各自潜在的问题;二是指在谈判涉及多项议题的情况下,因双方当事人就议题优先考虑的顺序不一致,从而使得双方在不同议题上可以互相让步,实现互利,达成使双方都满意的谈判协议。可以尝试运用以下技巧和方法寻找潜在的互利性机会:

(1)集思广益法

在寻找潜在的互利性机会过程中,避免闭门造车,尽量发挥多人的力量,采取头脑风暴的形式,挖掘各自头脑中所能想到的任何有助于解决问题的方法,不管这些方法在一开始看起来是如何荒谬或不具可行性,其目的在于产生尽量多的解决问题的潜在方法和思路。"集思广益法"是律师寻找符合谈判双方利益方案的最重要的技巧之一。这一技巧要求律师和当事人将所有可能的方法尽量罗列出来,无须进行评估、批评或否决性的评价、判断,从而避免自己落入先入为主的主观圈套中,让偏见、经验和固执把一个聪明人闷死。

(2)互相让步法

在谈判实践中,双方当事人对多个谈判问题的优先考虑或重要顺序其实是不同的,这也是大多数情况下谈判协议能达成的主要原因。因而谈判前,探究互相让步的过程和确定当事人对谈判问题的排序是谈判筹划非常重要的一方面。

互相让步法,或者也称相互让步法,作为解决问题型技巧之一,指在谈判涉及多个问题时,律师与当事人应将谈判问题按照重要、相对重要、次要进行划分和优先排序,当对方在其他问题上妥协时,自己也相应在某些问题上作出让步。

互相让步是基于双方考虑问题的侧重点不同,如果每一方都在另一方重点关心的问题上作等值的让步,就能增加双方信任度,达成满足双方共同利益的协议。换言之,在互相让步过程中,由于一方的次要问题可能恰恰就是另一方重要或相对重要的问题,因而每一方都可以就自己的次要问题作出较大妥协。

(3)减少代价法

在谈判实践中,谈判的一方欲达到其预定的谈判目的,常常需要另一方付出重要的"代价",而减少代价法则是使双方签订的协议满足一方谈判目的,同时也能减少另一方受到的损害或付出的"代价"的方法。

在运用减少代价法时,双方要寻求作出非重大让步的方法。例如,在一起租赁谈判中,出租方担心,给承租方低于标准租金的租金价格,可能会给其他已支付标准租金的租户造成冲击,进而可能影响出租方的商业信誉,使其与其他已有承租人的关系受到损害,并使其付出较大商业代价。因此,如果出租方与承租方签订对实际租赁价格不向其他任何承租人透露的保密条款,且这个条款具有约束力并能得到违约补偿,无疑就能减少这种代价。

(4)主动补偿法

主动补偿法,是谈判者为换取对方就某一问题让步,也给予对方相应好处的解决问题型技巧。显然,互相让步是补偿的一种形式,即谈判的一方在一个问题上让步,得到了对方在另一问题上让步,从而使自己获得了补偿。但主动补偿法要求谈判的一方主动提出互利的让步方案,并主动给予可能并未完全均衡的、具有更大补偿性的方案。如上述作为承租方愿意以成本价向出租方提供工作餐服务,解决出租方没有职工食堂的困境,也是对出租方降低租金的一种补偿。

(四)谈判中修改交易文件

律师在每一次谈判结束后,应根据交易双方已达成的要点,对有关交易文件及时进行修改和更新。律师修改交易文件时需注意以下几点:

1. 根据交易双方在谈判中已达成的共同点修改和更新交易文件

在达成共识之前,每一次谈判后,交易双方只是就某项或某些问题达成商业上的共识,如何用法言法语体现到相关交易文件中,将是对律师综合能力的考验。律师必须做到既不曲解原本已达成的共识,又要使得所有相关文件相互呼应,不存在任何歧义或矛盾。

2. 修改必须及时

通常,交易的谈判是连轴转,今天谈完,明天继续。律师要连夜将当天协商一致的内容都反映在交易文件中,才能使第二天的谈判以最新稿的交易文件为基础。这种"车轮大战"无疑是对律师精力和体力的挑战。如果是中、英文双语,则需要花费更多心力。当然,这种项目工作方式的好处是,谈判结束,交易文件也完成,因而没有多少"后患"。

3. 修改稿应经客户确认

已修改完成的交易文件最好先取得客户的确认再发给交易对方,尤其是涉及交易对价等敏感的商业条款的修改。若由于时间限制,在发出前无法获得客户对于已修改交易文件的确认,则必须在发出时特别申明,所发出的修改版本尚未得到己方客户的确认,这些修改还有待己方客户的最终确认。

(五)签署协议

1. 签约准备工作

经过若干轮的修改后,交易双方对于并购协议的内容达成一致并决定签署时,负责起草修改并购协议的一方应准备并购协议的签署版本。

在准备并购协议的签署版本时,应当最后一次审查并购协议的内容,确保在谈判和修改过程中进行的所有最终修改结果均已在最后一版的并购协议中体现,并取得所有交易方的确认。在审查时,需特别注意涉及金额、当事人的名称、条款引用、页码等部分的内容。此外还需调整签署版本的格式,统一行间距、字体、标点符号、全角或半角等并制作签署页。

在有权签署人签署并购协议前,一般有一个小签程序(initial),即由小签人在协议每页签上其姓名的首字母,小签人通常是交易双方的律师或其商务人员。小签的目的在于确认各方已完成并购协议的谈判并已确定最终文本,以防止所谓一方悄悄更改或替换合同的风险。

律师需注意与交易双方事先落实合同签署时间、地点、份数、签署人员及参与人员等相关事宜。

2. 正式签署

正式签署合同时,律师注意提前核查签署人员的身份证明文件及授权委托手续,防止代签或冒签。

交易双方签署完毕后,律师应核查交易双方签字或盖章是否清晰,是否与合同所列当事人名称保持一致,是否加盖骑缝章,是否一并签署日期等。

六、备案与审批

第二章第一节"五、公司设立或经营所需的审批与备案"部分已对此作了阐述,请参考该部分,此处不赘述。

七、交割

(一)交割的意义

顾名思义,交是指交付钱物,割是指了结风险、责任和义务,交割即指交易双方结清手续。

股权并购的交割包括对价支付、进场接管和权属过户等事务性工作。如果客户要求,律师需在交割后就交割的合法性和有效性发表法律意见。

交割具有以下法律意义:

（1）界别权属。一般而言，交割的完成即意味着交易标的权属的转移，是交易成功和交易目标实现的标志。按照合同约定，交易对价的支付可以在交易标的的转移之前或之后分阶段完成。

（2）分割风险。除非合同另有约定，一般情况下，交易标的实际控制权及风险在交割时由买方转移给卖方。

（3）会计处理。在实践中，并购交易各方的管理账往往以双方约定的交割日期或实际交割日期作为会计处理的基准日期。

(二) 交割条件

1. 交割条件的设置

交割条件，又称"交割先决条件"，指交易双方在实施股权或资产过户等交割事项之前需要完成的前提条件。按照能否豁免，分为法定交割条件和意定交割条件，前者不能豁免，后者可以豁免。

在设置交割条件时，需着重考虑交易双方的时间紧迫性、风险承受能力和风险偏好等重要因素。如交易双方希望在短期内完成交易，且具有较高的风险承受能力，则交割条件的设定可相对较为简单，重点涵盖相对较为重要的事项和瑕疵，反之亦然。

2. 法定交割条件

法定交割条件主要是指在股权或资产过户等交割事项实施之前，法律规定必须履行的前置程序或必须取得的前置审批。即便不在并购合同中约定，依据法律规定，当相关条件未成就时，实际上也无法完成股权或资产过户等交割事项。概括而言，主要包括：①投资项目核准或备案；②特殊行业（房地产、矿业、电信、银行业、证券、保险等）准入许可；③外商投资项目核准或备案及行业准入审查；④外资并购国家安全审查；⑤经营者集中反垄断审查；⑥企业国有产权转让审批；⑦其他法定交割条件，如债务承接式资产并购须经债权人同意。

3. 意定交割条件

意定交割条件主要是指交易双方在并购合同中约定改进交易标的瑕疵或其他相关瑕疵的条件。概括而言，主要包括以下几类：①重组架构；②解决尽职调查中发现的各种问题，如重大资产的权利瑕疵等；③完成对确保公司继续运营和并购方利益至关重要的其他特定事项。

4. 交割条件未成就的合同效力

（1）法定交割条件未成就的合同效力

①法定交割条件被法律明确规定为合同生效要件的，若该法定交割条件未成就，则该合同成立但未生效，而非无效。

②法定交割条件未被法律明确规定为合同生效要件的，若该法定交割条件未

成就,则该合同成立且生效,除非被明确约定为合同生效要件的。

(2)意定交割条件未成就的合同效力

①意定交割条件被约定为合同生效要件的,若该意定交割条件未成就,则该合同成立但未生效;但不正当地阻止条件成就的,视为条件已成就,合同生效;不正当地促成条件成就的,视为条件不成就,合同未生效。

②意定交割条件未被约定为合同生效要件的,若该意定交割条件未成就,则该合同成立且生效。

5. 交割条件的豁免

法定交割条件不能基于双方合意而予以免除。而意定交割条件,则可以由设定相关条件的受益方基于其单方意志在交割之前予以豁免,从而为交易交割扫清障碍。为避免争议,最好在交易文件中明确豁免特定交割条件,这并不意味着放弃相关交割权利,也不意味着放弃条件未成就而主张违约责任的权利。

(三) 交割事项

1. 交割事项的意义

交割事项是指作为交易标的的股权或资产等的所有权转移事项,是交易双方最重要的合同权利义务之一。

交割事项的完成时间是一个具有分水岭意义的重要时间点,对交易标的权属转移、风险承担、会计处理、税务处理等具有重大影响。

2. 股权并购交割事项

①关注股权权属是否依法办理过户变更登记,主要依照我国《公司法》《公司登记管理条例》《企业法人登记管理条例》等相关法律规定办理。

②关注并购方任命的高级管理人员是否依法被任命及(或)有效登记。

③如控制权发生转移,还需移交目标公司的所有公章、证照、批文、账簿等材料,并将有关的财产和权利凭证置于并购方实际控制之下。

3. 资产并购交割事项

①不动产交割,通常指房地产、矿产等不动产的权属变更登记及转移占有,主要依照《民法典》物权编、《城市房地产管理法》《矿产资源法》等相关法律规定办理。

②动产交割,通常指办公设施、机器设备等动产的交付,主要依照《民法典》物权编、合同编等相关法律规定办理。

③知识产权交割,通常指专利、商标、软件著作权等工业产权的转让,主要依照我国《专利法》《商标法》《著作权法》等相关法律规定办理。

④业务合同的交割,通常指业务合同的转让,主要依照《民法典》合同编等相

关法律规定办理。

⑤交割中对劳动合同的处理,通常指所涉员工安置方案的实施,主要依照我国《劳动法》《劳动合同法》及当地政策等相关规定办理。

(四)交割收尾

1. 交割完成确认

交割完成后,律师注意应对此草拟确认函,由交易双方签章确认,避免将来就交割是否完成引起争议。

2. 交割法律意见书

为满足委托人交割后整合等需求,律师可能需要就交割的完整性、合法性及有效性出具交割法律意见书。

3. 后合同义务

并购合同终止后,并不意味着交易双方没有任何义务,依法还须遵循诚实信用原则,根据交易习惯,履行通知、协助、保密等义务。任何一方违反该等法定的后合同义务,给相对方造成损失的,相对方有权请求赔偿实际损失。

第二节 并购交易文件

一、并购交易文件概述

交易方案不同,双方签署的最终交易文件也会有所不同。主要的交易文件有股权转让合同或股份认购协议、资产购买协议、并购协议、披露函、保函、托管协议、服务协议等。

因篇幅所限,以下主要介绍股权并购交易文件。

(一)并购协议的结构和条款

并购协议一般分为主合同及附件两部分,其中主合同通常由封面、目录、正文、签署页四部分组成。正文通常包括交易各方、鉴于、定义、交易标的、交易方式、交易对价、陈述与保证、承诺、交割条件、交割事项、变更与解除、违约责任、不可抗力、法律适用及争议解决、通知、保密以及其他条款。下文将对这些条款逐一介绍。

并购协议的附件一般是在主合同正文中不便表达或约定的内容,律师可根据实际情况增减,通常包括:交易标的明细清单、重大资产清单、重大债权债务清单、劳动人事清单、税务情况清单、诉讼、仲裁或行政处罚清单,以及其他相关法律文件等。

(二) 并购交易文件的起草与模板选用

实践中,双方签订并购意向书后开始起草交易文件,或在尽职调查结束后,根据尽职调查情况,确定交易结构、商业条款等交易事项后开始起草交易文件。起草交易文件时,应确保将意向书、谅解备忘录或条款清单的内容纳入交易文件中。

实务中,不少律师为了节省时间和保证交易文件能涵盖拟交易的各个方面,往往以类似并购交易文件模板作为起草基础。需特别注意的是,使用的模板必须与本次并购交易最接近,切忌不能对模板条款不加思索地照搬照抄。因为每一个交易均有其特殊之处,选择用作模板的交易文件是基于当时的交易背景、交易结构和商务条件拟制的,很多条款可能只针对当时的交易,未必完全适用本次交易。尤其要注意的是,起草的交易文件在发给客户之前一定要再三审核,避免留有原交易文件的印记,否则将给客户留下不敬业的坏印象。

(三) 并购交易文件应当清晰并包含多种解决方案

合同起草和审核是律师的基本功。无论交易所涉金额多大,无论交易是否涉及多个司法领域,无论交易是否涉及上市公司,也无论交易的结构和安排如何复杂巧妙,最后的商务安排都需要落实到合同文本或文件的起草和审核中。该基本功是否扎实决定了并购律师的执业高度。看似每个律师都会起草合同,并在合同中批注和修改,但顶级律师和普通律师的两个主要区别在于:(1) 合同是否清晰;(2) 合同是否包含多种解决方案。清晰并包含多种解决方案的合同起草和审核,是指律师在起草和审核合同中,为促成合同的签署,应做到以下几方面:(1) 清晰且不存在第二种合理解释,合同语言精确反映出签约方的意图;(2) 根据起草和审核合同过程所掌握的情况,作出多种可能性分析并制订针对不同立场和可能性的解决方案;(3) 为客户设置条款底线,以及在对方触碰底线时的应对措施。

二、交易各方

(一) 条款解读

交易各方即并购协议的签署方,是指在并购协议中享有权利和承担义务的当事人。需关注交易各方主体是否适格,其履约能力如何。并购协议交易各方一般根据并购交易结构予以确定。

(二) 条款设计

设计并购交易主体往往需要考虑风险隔离,以减少投资风险。比如,实际控制人是交易的决策者,可能直接参加交易作为合同主体,也可能通过特殊的目的公司或运营企业参与交易。又如,以上市公司作为收购方,可以根据不同情况选择上市公司、控股股东成立子公司、上市公司参与设立的投资基金等作为并购主体。

设计并购交易主体还需考虑是否符合市场准入、产业政策和政府监管的要求,以免造成交易障碍。

三、前言或鉴于

(一) 条款解读

前言部分通常会简要交代交易双方的基本情况及并购项目背景,表述并购协议赖以发生的事实等,并说明并购项目的法律依据,一般为《民法典》《公司法》及相关行业法规等。有的交易文件也会说明合同目的。前言部分通常以"鉴于……"起首,所以也称为"鉴于条款"。

(二) 条款设计

避免诸如"鉴于一方愿意买、一方愿意卖而由双方签订合同"之类的废话。鉴于条款可以说明合同目的等,将来发生争议时可以援引,作为保护当事人合法权益的依据,比如可以成为交易双方"订立合同时预见到或应当预见到"违约后果的依据。

四、定义条款

(一) 条款解读

并购协议应当对多次出现的概念词语及有特别含义的词语进行定义或解释说明,以免歧义。定义条款一般分为两部分:第一部分主要列入在整个合同中具有特殊含义和或经常使用的术语及概念;第二部分主要列入适用于整个合同的更普遍的解释,如解释标题的作用。

(二) 条款设计

第一部分主要列入在整个合同中具有特殊含义和或经常使用的术语及概念,比如对目标公司、关联方、直属公司、买方、卖方、营业日、基准日、交割日、过渡期、交割、保密信息、披露函、权利负担、重大不利影响、不可抗力、税费、实质性修改等概念词语的含义进行界定。

第二部分主要列入适用于整个合同的更普遍的解释,比如:①解释标题的作用;②"包括"是指"包含但不限于";③当提及本协议乙方时也包括该方合法继任人或受让人。

五、交易标的

(一)条款解读

交易标的又称"合同标的",是交易各方权利、义务指向的对象。标的条款必须清楚地写明标的名称、范围和权利状态等基本情况,必要时列出相关明细,以使交易标的特定化,以此界定权利义务。

(二)条款设计

就并购客体而言,交易标的分为股权和资产,二者在对治理结构的影响、负债风险、税负、对第三方的影响、操作流程、审批要求等方面存在较大差异。这需要律师根据并购交易结构帮助当事人决定是选择股东权益还是非股权经营资产作为交易标的。

设计交易标的不仅要考虑风险隔离与利益平衡,同时也要考虑市场准入、产业政策和政府监管,以免造成交易障碍。

六、交易方式

(一)条款解读

交易方式即并购的方式,主要有股权收购、资产收购、营业转让和公司合并等方式。交易方式还可以进一步分为一次交易和二次交易。

(二)条款设计

每个交易都有其特殊性,律师需根据尽职调查情况、交易结构与客户确定本次交易的方式。比如就股权收购这一基本交易方式,根据项目交易结构设计的需要,可以延伸出股权转让、增资、并购或合并;增资又有先减资后增资、先股权转让后增资等。

实务中,有的客户基于避税、安全、资金压力等考虑进行分次交易。比如,先收购51%的股权,同时约定收购方进驻目标公司半年内若认为目标公司状况正常,有权以同样的价格收购余下的49%。这样可以充分了解目标公司的真实情况,若发现问题,还可以用未收购的49%的股权作为追究卖方责任的保障。

七、交易对价

(一) 条款解读

交易对价即交易标的的交易价格,交易标的成交价格是取得交易标的所应支付的代价。价格条款是并购交易的核心条款,是交易各方博弈的焦点,交易文件中应明确交易价格,确定交易总价款。

实务中,交易双方确定交易价格的方法主要有以出资额作价、以净资产值作价、通过评估作价、协商作价等。需要注意的是,在确定交易价格时需注意税务风险。

(二) 条款设计

准确评估目标企业的价值,是确定交易对价的主要依据。评估结果直接关系到交易对价、交易方式等,因此交易文件通常需列明作价依据、价款计算方法、价款总额等。若通过评估作价的,应列明开展财务审计和资产评估工作的专业机构名称、审计和评估的基准日、审计报告和评估报告的编号,并将审计报告和评估报告列为交易文件的附件。

八、对价调整条款

请参考本章第五节"外资并购"中"五、对价调整机制"相关内容。

九、对价支付

(一) 付款条件

1. 条款解读

付款条件即支付交易价款必须满足的前提条件,是指当事人在履行了何种义务,达到何种条件后,可以要求对方支付相应金额的条件。

2. 条款设计

可以把先决条件、交割条件的成就作为付款条件之一。设立付款条件需要考虑哪一方当事人有责任促使该条件成就,如何判断该条件成就等。买方可以把要求卖方完成的某些事项列为付款条件,以保障买方的利益。卖方律师应提醒卖方,每一项条件是否能够做到;对于无法确保做到的,不宜作为付款条件。

此外,约定的付款条件应当明确具体,避免歧义,比如目标公司所属的某地块土地使用权已经由划拨变更为出让,或某项资产上的抵押已经解除,或某项重大争议已经解决。

(二) 付款期限

1. 条款解读

付款期限是指交易价款支付的时间,是一次性支付还是分期支付,以及什么时候支付。通常情况下,卖方希望一次性付清价款并尽快收到价款,而买方则希望分期付款。

2. 条款设计

一次性付款可以附条件也可以不附条件。分期付款可以附条件也可以不附条件。

在并购实务中,附条件分期付款比较常见,条件视情况而定。比如,Earn-out条款,又称为"盈利能力支付计划安排",是一种延期且有计划的付款安排,通常约定买方并不一次性付清收购对价,而是分期支付,其中买方先支付一部分价款,余下部分的交易价款则需要根据目标公司未来一定时期内的业绩等条件来计算支付,如果未能达到设定的目标,买方则免于支付剩余对价,卖方就得不到或有支付对价,反之则可获得全额对价。或者设置相应的衡量指标,当卖方达到一定门槛时,支付相应比例的或有支付对价。

(三) 支付方式

1. 条款解读

并购价款的支付方式主要有现金支付、股权支付、资产支付、承担债务、混合支付等。究竟采用何种支付方式比较好,取决于具体的并购模式和交易结构。

2. 条款设计

对收购方而言,现金头寸是有限的,其大规模并购可能受到限制。收购方应根据项目的具体情况和自身财务状况,灵活地选择多元化的适宜的融资手段。支付方式是交易结构中的重要组成部分,制订什么样的交易结构意味着将选择与其相匹配的支付方式。在很多并购实例中,经常可以看到现金支付和换股相结合的方式,既可以减少收购方的现金流压力,也可以使被收购方获得分享收购方长期发展的收益机会,同时还可以节税。

(四) 第三方监管

1. 条款解读

当交易各方对交易价款的支付与保留存在争议时,可以考虑在金融机构设立双方共管或第三方监管账户,并设定共管或监管程序和条件,以尽可能地降低信用风险,保障并购合同的顺利履行。

2. 条款设计

第三方监管条款可以约定监管账户的开设,监管程序,监管条件,监管资金的解付条件、解付期限以及未解付资金的性质及归属。

十、对价外义务

(一) 条款解读

一般情况下,交易对价是买方取得交易标的所应支付的全部代价。但在有些并购交易中,除了支付交易对价,买方可能还需单独或与其他股东承担另外一些义务或责任,比如员工安置、重大资产权利瑕疵弥补、特定事项审批、特定债权债务善后等。

(二) 条款设计

有些并购项目,卖方之所以愿意与买方合作,是因为卖方看好买方处置某些特定问题的能力或资源,因而愿以较低价格将项目部分权益转让给买方并附加对价外义务。这时律师需根据交易双方就此达成的共识,在交易文件中约定对价外的具体条件、义务、事项或安排。

十一、交易税费负担

(一) 条款解读

并购交易可能涉及企业所得税、个人所得税、增值税、土地增值税、契税、印花税等税费,并购协议应对并购交易产生的税费负担作出约定。

(二) 条款设计

对于并购交易的税费,并购协议通常约定:本协议项下股权转让涉及的相关税费,由收购方和转让方以及目标公司按照相关法律法规的规定各自承担。

视并购交易方式、交付方式等交易结构的不同,交易各方负担的税种、税率也会有所不同。法定的纳税义务不能被协议免除,但其税费成本可以根据协议进行转移。因而交易双方可以根据具体交易情况另行约定税费实际负担。

十二、陈述与保证

(一) 条款解读

陈述与保证又称"声明和承诺"。陈述是交易各方就交易相关事项所作的事实陈述,是交易各方据以达成并购协议的事实基础。保证是交易各方对于交易相关的事项或行为(包括现在和过去)提供担保或保证。如果陈述和保证存在瑕疵或违约,则应向交易对方承担相应责任。

(二) 条款设计

陈述与保证通常分为三类:第一类是适用于所有交易方的通行声明。第二类是个别交易方基于其交易地位的特殊性或基于交易对方对尽职调查产生的疑虑而作出的只适用于该方的声明和承诺;第三类是个别交易方基于已被尽职调查确认的瑕疵作出声明及对消除瑕疵所作的特别承诺。第一类声明的目的是明确交易各方的资格具备安全性,后两类声明和承诺的目的是确保目标公司四大要素(资本控制、主营业务、财务、运营控制)具备安全性。[①]

并购交易中,买方的主要义务是交付交易对价,相比之下,卖方则承担更多义务。具体而言,并购实务中更多的是卖方对目标股权、目标资产、目标公司以及卖方业务现状的确认和对消除相关瑕疵的保证。对于陈述与保证条款的违反将导致违约责任的产生,并触发赔偿机制。股权并购交易中,卖方常见的陈述与保证条款包含下列内容:①目标公司资质资格和公司权力;②目标公司资本与股权(份);③目标公司资产状况;④目标公司财务状况;⑤目标公司税务状况;⑥目标公司知识产权状况;⑦目标公司员工及社保状况;⑧目标公司环评、安全和卫生状况;⑨目标公司诉讼情况;⑩提交文件资料的真实性、完整性和准确性等。

十三、承诺

(一) 条款解读

承诺是由一方当事人向他方当事人承诺为或不为一定行为,或者保证某些事实的真实性。上述陈述与保证条款主要是卖方陈述和保证并购协议签署时交易相关事项的真实性,而承诺条款主要是卖方向买方承诺在签约后至交割前这段时间(过渡期)为或不为一定行为,或者承诺在交割后一定时间内必须完成某些事项或不为一定行为。

(二) 条款设计

股权并购时,卖方的承诺主要有:①在签署合同后至交易交割前这段时间内作出允诺与保证;②保证交割日之前目标公司以之前的惯常方式及交易双方的最大利益运营;③除了在日常经营过程中收取的公平对价,不得出售、出租、转让或让与

---

① 参见龚志忠主编:《公司业务律师基础实务》(第二版),中国人民大学出版社2018年版,第115页。

其任何有形或无形资产;④未经并购方事先同意,不得签订一定金额以上的合同或超出日常经营以外的协议、合同、租约或许可等;⑤除日常经营外,不得在目标公司有形或无形资产上设置任何担保或负担等。

十四、先决条件

(一)条款解读

并购交易的先决条件包括协议生效的先决条件(生效要件)、付款的先决条件(付款条件)和交割的先决条件(交割条件)。

(二)条款设计

协议的生效要件可包含签署生效、审批生效、某项具体条件成就后生效或若干先决条件成就后生效等选择条件,这属于附条件生效的合同。

买方最主要的义务和筹码是付款,应尽可能为付款设置先决条件。付款条件可以与生效要件、交割条件相结合。

交割条件是并购协议生效后交割前必须满足的条件。若交割条件中任何一个条件未成就(或没有被相关方豁免),则交易相关方有权根据并购协议的约定终止交易或追究对方的责任。实务中,既有卖方有义务履行和完成的条件,也有买方有义务促成的条件,但属于卖方义务的交割条件比较常见。并购交易项目不同,其交割条件亦有所不同。常见的交割条件主要有:①交易所需的内外部批准或备案、登记;②陈述与保证的真实性和准确性;③无重大不利影响事件发生;④承诺条款的履行。

十五、交割事项

(一)条款解读

交割条件成就后,卖方应依约将交易标的及其相关凭证文件清单移交给买方并办理相关过户手续。

(二)条款设计

在签署交易文件时,各项动产、不动产、知识产权、长期投资、经营合同(及主要客户和供应商名单)、贷款及担保、应收账款、应付账款、重要的经营许可和证照、印鉴、员工信息及劳动合同等列为合同附件的事项,均属交割事项。

为确保交割顺畅,可以建议客户在完成股东变更登记之前建立某种信息分享的合作机制,根据并购项目具体情况,对过渡期的安排作出详细约定。

十六、保护性条款

请参考本章第五节"外资并购"中"四、外资并购中的对冲性安排"。

十七、限制竞争条款

(一)条款解读

限制竞争主要是指交割后限制卖方与目标公司、买方竞争,以免对目标公司及买方造成损害。

(二)条款设计

收购完成后,卖方由于曾经掌握目标公司的客户资料、供销渠道、技术秘密等资源,有可能利用这些资源"另起炉灶",与目标公司、买方竞争。这时,律师可以建议客户在并购协议中约定,收购完成后一定期限内,卖方不得投资经营与目标公司有竞争关系的业务,不得与目标公司的竞争对手合作,不得招揽目标公司员工,以及不抢目标公司客户等。

十八、协议变更与解除

(一)协议变更

并购协议的变更是指当事人不变,仅协议的内容予以改变。除法定变更外,实践中多数是交易各方当事人协商一致变更合同。由于协商变更须各方达成一致意见,可以根据项目实际情况,将协议变更改为协议履行。比如出现甲情况,执行 A 条款;出现乙情况,执行 B 条款。典型如价款调整机制。

(二)协议解除

协议解除是指协议成立后,当解除的条件具备时,因当事人一方或双方意思表示,使合同关系自始或将来消灭的效力。

为避免歧义,并购协议最好就解除的条件、程序和效力作出详细约定。

十九、协议转让

(一)条款解读

协议转让即合同权利义务的转让,是指在不改变合同内容的前提下,合同一方当事人将其合同的权利义务全部或部分转让给第三人。除法定的合同转让外,实务中多数是协商转让。

(二) 条款设计

并购协议有的会约定"未经另一方事先书面同意,任何一方不得将其在本协议项下的任何权利和义务转让给第三方";有的会约定买方根据实际情况需要可以将其在本协议项下的权利和义务转让给买方投资设立的企业;也有的并购协议会约定限制目标公司现有股东退出目标公司。

二十、一般性条款

一般性条款又称"常规条款""模板条款",这类条款不仅在并购协议中存在,在其他协议中也经常出现。常见的一般性条款主要有以下几类:

(一) 完整协议(Entire Agreement)

协议的所有附件是协议不可分割的一部分。协议及其附件构成双方就协议规定的主题事项达成的完整协议,并应取代双方先前与该主题事项有关的一切口头和书面的洽谈、谈判、通知、备忘录、文件、协议、合同和通讯。

(二) 修改(Amendment)

对协议的修改,只能通过双方正式授权代表签署书面协议进行。除法律要求须经审批机关或政府有关部门事先批准外,该等修改经双方授权代表签字后立即生效。

(三) 弃权(Waiver)

一方单独或部分行使,或未能或迟延行使任何权利、权力或救济,不应构成该方放弃进一步行使协议项下的任何权利、权力或救济,也不应损害或排除该等权利、权力或救济。

(四) 时间的重要性(Time of Essence)

除非另有明确规定,就协议项下各方的每一项义务而言,按时履行均十分重要。

(五) 可分割性(Severability)

若任何人民法院或有权机关认为协议的任何部分在其司法管辖区域内无效、不合法或不可执行,则该等部分不应被认为构成协议的一部分,但这不应影响协议其余部分的有效性、可执行性,以及在任何其他司法管辖区域内的有效性、合法性或可执行性。

(六) 进一步保证 (Further Assurance)

交割后,卖方应签署该等文件并采取买方合理要求的措施,以使买方获得目标资产、目标股权的所有权利及给予买方协议项下的所有利益。

(七) 费用和开支 (Expenses and Costs)

各方各自承担其就协议的谈判、准备和完成所发生的法律费用及其他开支。

(八) 公告 (Announcement)

除非应法律或司法机关或监管机关要求,未经其他方的事先书面同意,任何一方不得就协议或其所述的事宜进行公告。

(九) 不可抗力 (Force Majeure)

如果任何一方因不可抗力事件,如地震、台风、水灾、火灾、战争,以及其发生和后果不可预防和不可避免的其他意外事件的直接影响,而不能履行或延迟履行协议,受影响的一方应立即通知另一方,并在此后 15 日内提供有关不可抗力事件的详情和相应的证明材料,解释其不能履行或延迟履行协议的全部或部分条款的理由。如果不可抗力事件持续时间超过 6 个月,因不可抗力事件对履行协议的影响,双方应通过协商决定变更协议或终止协议。

(十) 保密 (Confidentiality)

保密即协议的各方均同意为协议条款保密,并为因谈判、签署协议或实现协议预期的交易所获得的信息或文件保密。各方同意,除为协议的谈判或实现协议预期的交易之目的外,不得使用该等信息或文件;但是此规定不适用于下列信息和文件:①一方能够证明,在对方披露有关信息之前,己方已经合法拥有的信息;②公众普遍知道的、且并非因为违法行为而为公众所知的信息;③并非因为一方违约而为公众所获知的信息;④一方日后从其他来源合法获得的并不附带保密限制的信息;⑤人民法院或有关政府部门或交易所要求披露的信息(但该方须已预先向另一方提供有关该命令的通知,使另一方有机会提出异议或采取其他可以采取的行动)。

(十一) 通知 (Notice)

一方根据协议的要求发出的通知或其他书信应以中或英文书写,由专人递送,或以航空挂号(预付邮资)信、快递或传真方式发往收件方的以下地址,或该方不时地通知发件方的指定地址。通知视为有效送达的日期按以下方法确定:①专人递送的,专人送达之日视为有效送达,但收件方应以书面形式确认已收到通知;②以航空挂号信(预付邮资)发出的,寄出日(以邮戳为凭)后的第十日视为有效送达;③以快递发送的,在快递发送后的第三日视为有效送达;④以传真发出的,在传送日后的第一个营业日视为有效送达。在协议有效期内,若任何一方在任何时候变更其地址,应立即书面通知另一方。

(十二) 适用法律(Governing Law)

协议的成立、效力、解释、执行及争议的解决,均受中国法律管辖。

(十三) 争议解决(Dispute Resolution)

因协议引起的、产生的或与协议有关的任何争议,应由双方通过友好协商解决。协商应在一方向另一方交付进行协商的书面要求后立即开始。倘若在该通知发出后 30 日内,争议未能通过协商解决,双方应将争议提交中国国际经济贸易仲裁委员会,依照届时适用的仲裁规则仲裁解决。仲裁裁决是终局性的,对双方均有约束力。

(十四) 语言(Language)

协议以中或英文签署。在解释协议时,中或英文文本具有同等效力。如果有冲突且不能达成一致,交仲裁庭裁决。

(十五) 文本(Counterparts)

协议可以签署多份文本,并可由双方在单独的文本上签署。每一份经签署的文本应成为本合同的原件之一。

值得注意的是,上述模板条款是否适用于具体的并购交易以及具体的语言文本,还需根据交易的具体情况进行斟酌并谨慎适用。

第三节 上市公司并购

一、上市公司并购的意义及其类型

(一) 上市公司并购的意义及特点

上市公司并购是一种基本的资本运作方式,包括以上市公司为目标的收购和由上市公司发起的收购,一般多指前者。本书讨论的上市公司并购是指以 A 股上市公司为目标的收购。按照《上市公司收购管理办法》第 5 条的规定,上市公司收购既包括股份转让,也包括通过投资关系、协议、其他安排的途径成为上市公司的实际控制人。上市公司收购既包括对股票等证券的收购,也包括对表决权的征集或收购。当然,上市公司收购并不局限于取得上市公司控制权的情形。

由于上市公司涉及众多股东,与非上市公司的并购相比,上市公司并购受到更多监管:①强制信息披露;②强化中小股东权益保护;③对董事会、管理层进行必要的限制;④强化内幕信息保密;⑤法定情形下要求引进中介机构的财务顾问、律师事务所协助和监管并购交易。

(二) 上市公司并购的类型

按照并购方式的不同,上市公司并购分为公开市场收购(又称二级市场收购)、要约收购、协议收购。这是我国《证券法》规定的上市公司并购分类。

按照收购是否直接取得上市公司股份,上市公司并购分为直接收购和间接收购。这是《上市公司收购管理办法》明确规定的分类。

按照并购支付方式的不同,上市公司并购分为现金收购、证券收购和混合收购。此外,还可以以资产作为并购上市公司的对价即发行股份收买资产。在间接收购的情形下,还可以非上市公司的股权或股份等其他合法方式作为对价支付方式。

按照目标公司管理层与收购人合作与否,上市公司并购分为善意收购和敌意收购。

二、二级市场收购与权益披露

(一) 二级市场收购与权益披露

二级市场收购,是指通过证券交易所的证券交易收购上市公司已发行的股份,也就是在证券交易所零敲碎打地购买上市公司已发行的股份。

为保护中小股东的利益,防止内幕交易、维护资本"三公"原则,法律对此专门规定了权益披露制度,要求持股达到5%时必须报告和公示;以后每增加或者减少5%,都要公开。如此,股价很快就会上涨,目标公司管理层也有时间采取各种防范措施来挫败收购人的收购意图。

(二) 权益披露的内容及节点

表 5-1 上市公司收购中权益披露的主要时间节点及披露内容

序号	时间节点及具体情形	投资者及其一致行动人披露内容	备注
1	拥有权益的股份<5%	无须报告或公告	上市公司应对变动情况进行公告
2	因上市公司减少股本导致投资者及其一致行动人拥有权益的股份达到或超过5%		

(续表)

序号	时间节点及具体情形	投资者及其一致行动人披露内容	备注
3	5% ≤ 拥有权益的股份 < 20%,且非第一大股东或者实际控制人	编制《简式权益变动报告书》	
4	拥有权益≥5%后,此后每增加或者减少5%时		
5	5% ≤ 拥有权益的股份 < 20%,且属于第一大股东或者实际控制人	编制《详式权益变动报告书》	报告内容见《上市公司收购管理办法》第16、17条和《公开发行证券的公司信息披露内容与格式准则第15号——权益变动报告书》
6	20% ≤ 拥有权益的股份 ≤ 30%,且非第一大股东或者实际控制人		
7	因上市公司减少股本可能导致投资者及其一致行动人成为公司第一大股东或者实际控制人的		
8	20% ≤ 拥有权益的股份 ≤ 30%,且属于第一大股东或者实际控制人	编制《详式权益变动报告书》,并聘请财务顾问出具核查意见	符合《上市公司收购管理办法》规定的国有股行政划转等情形可免于聘请财务顾问
9	拥有权益的股份≥30%后,继续增持股份的		应采取要约收购,可全面要约或部分要约

三、要约收购及其豁免

(一) 要约收购的意义及分类

1. 要约收购的意义

要约收购指收购人就同类股票按照同等价格、同一比例等相同的条件,向上市公司所有股东公开发出要约,拟收购其所持有的上市公司股份。要约收购是针对不特定多数对象的一种公开收购行为。以要约方式进行上市公司收购的,收购人应当公平对待被收购公司的所有股东,持有同一种类股份的股东应当得到同等对待。要约收购将收购信息透明化,使得上市公司所有股东都可以了解要约收购的全部信息,有助于防止内部交易及保护中小股东利益。

2. 要约收购的分类

以收购人发出要约是否基于其主观意愿为标准,要约收购可分为自愿要约收购和强制要约收购。前者为收购人根据其自我意志,主动选择通过要约收购的方式收购上市公司股东的股份;后者指在法律法规等规定的触发条件下,收购人必须通过要约的方式收购上市公司股份。

以收购股份的范围大小为标准,要约收购可分为全面要约收购和部分要约收购。全面要约,指收购人向被收购公司所有股东发出收购其所持有的全部股份的要约;部分要约,指收购人仅向被收购公司所有股东发出收购其所持有的部分股份的要约。

(二) 要约收购的要求

1. 收购股份的最低要求

无论自愿要约收购还是强制要约收购,收购人一旦选择采取要约收购,其预定收购的股份比例不得低于上市公司已发行股份的5%。

2. 收购价格

对此,《上市公司收购管理办法》第35条规定,收购人按照本办法规定进行要约收购的,对同一种类股票的要约价格,不得低于要约收购提示性公告日前6个月内收购人取得该种股票所支付的最高价格。

要约价格低于提示性公告日前30个交易日该种股票的每日加权平均价格的算术平均值的,收购人聘请的财务顾问应当就该种股票前6个月的交易情况进行分析,说明是否存在股价被操纵、收购人是否有未披露的一致行动人、收购人前6个月取得公司股份是否存在其他支付安排、要约价格的合理性等。

根据国务院《关于开展优先股试点的指导意见》,要约收购可以针对优先股股东和普通股股东提出不同的收购条件。

3. 支付形式

《上市公司收购管理办法》第36条规定,收购人可以采用现金、证券、现金与证券相结合等方式支付收购上市公司的价款。

4. 收购期限

对此,《上市公司收购管理办法》第37条规定,收购要约约定的收购期限不得少于30日,并不得超过60日;但是出现竞争要约的除外。在收购要约约定的承诺期限内,收购人不得撤销其收购要约。

《上市公司收购管理办法》第38条规定,采取要约收购方式的,收购人作出公告后至收购期限届满前,不得卖出被收购公司的股票,也不得采取要约规定以外的形式和超出要约的条件买入被收购公司的股票。

(三)要约收购的实施步骤

1. 要约前的准备

(1)选择目标公司

选择目标公司,收购人除了要仔细检查目标公司的财务和商业信息,还要仔细研究是否存在法律障碍,比如目标公司章程是否有反收购条款,有关法律是否对所在行业规定控制权的变更需得到有关部门批准。

(2)要约前收购股份

收购人通常先收购目标公司一定股份,要约前买得越多越省钱,因为要约收购的股份往往都是高出市场价的。

速度和突然性对收购人有利,使目标公司来不及组织防御,这要求必须严格保密。

收购人一般会先设立一家公司来实施收购计划,方便融资。这个方法可以使小公司收购大公司。

收购人往往会组成一个由律师和投资银行家(财务顾问)为核心的专业团队,以帮助收购人在战略战术上作出决策。

2. 要约正式收购的法定程序

(1)提示性公告

以要约方式收购上市公司股份的,收购人应当编制要约收购报告书,聘请财务顾问,通知被收购公司,同时对要约收购报告书摘要作出提示性公告。如收购依法应当取得相关部门批准的,收购人应当在要约收购报告书摘要中作出特别提示。收购人自作出要约收购提示性公告起60日内,未公告要约收购报告书的,收购人应当在期满后次一个工作日通知被收购公司,并予公告;此后每30日应当公告一次,直至公告要约收购报告书。收购人作出要约收购提示性公告后,在公告要约收购报告书之前,拟自行取消收购计划的,应当公告取消原因;自公告之日起12个月内,该收购人不得再次对同一上市公司进行收购。

(2)公告要约收购报告书

在公告要约收购报告书前,收购人应取得必要的前置审批。未取得批准的,收购人应当在收到通知之日起2个工作日内,公告取消收购计划,并通知被收购公司。

(3)要约开展

在收购人公告要约收购报告书后20日内,被收购公司董事会应当公告被收购公司董事会报告书与独立财务顾问的专业意见,对要约条件进行分析,对股东是否接受要约提出建议。要约收购报告书公告后次一交易日,同意接受收购要约的股东可以进行预受要约的申报,在要约收购期限届满3个交易日前,预受股东可以撤回预受要约。收购期限届满,发出部分要约的收购人应当按照收购要约约定的条件购买被收购公司股东预受的股份,预受要约股份的数量超过预定收购数量时,收购人应当按照同等比例收购预受要约的股份;以终止被收购公司上市地位为目的的,收购人应当按照收购要约约定的条件购买被收购公司股东预受的全部股份;未取得中国证监会豁免而发出全面要约的收购人应当购买被收购公司股东预受的全部股份。

(4)办理股份转让结算及过户登记手续

收购期限届满后3个交易日内,接受委托的证券公司应当向证券登记结算机构申请办理股份转让结算、过户登记手续,解除对超过预定收购比例的股票的临时保管;收购人应当公告要约收购的结果。

(5)报告并公告收购情况

收购期限届满后15日内,收购人应当向证券交易所提交关于收购情况的书面报告,并予以公告。

3. 收购成功与失败

收购购得股票数已达到收购要约中确定的目标并取得控制权或实现私有化,谓之收购成功,反之是收购失败。

在实践中,要约收购"失败"有时恰恰为要约人所欢迎,尤其是对强制要约收购来说,要约收购"失败"往往意味着成功。对于全面强制要约而言,收购成功有时恰恰意味着其避免收购"成功"的努力失败,故对收购人而言实际上就是失败。

(四)强制要约收购的豁免

为了使强制要约收购制度不至于成为上市公司并购的"绊脚石",我国《证券法》对强制要约收购义务的豁免作了原则性规定,《上市公司收购管理办法》第六章对此也作出了非常详细的规定,此处不再赘述。

四、协议收购

(一)协议收购的含义

协议收购,指收购人在证券交易场所之外通过与上市公司的股东就收购价格、股份数量、支付条件等收购条款进行协商的方式,购买上市公司股份,以达到收购上市公司的目的。

有别于要约收购,协议收购是针对特定对象的非公开性行为,收购人可以针对不同股东采取不同的收购条件和交易价格,也可以选择一位或多位股东作为交易对象。实践中，收购人往往会选择持股比例较高的大股东，以快速获取上市公司的控制权。

当收购人拥有权益的股份达到该公司已发行股份的30%时，继续进行收购的，或收购人拟通过协议方式收购一个上市公司的股份超过30%的，就超过30%的部分，应当采取要约收购方式。

(二) 协议收购信息披露制度

协议收购是私人间的协议安排，无须在实施收购前进行公开的信息披露，但仍需履行一定的信息披露义务。与要约收购不同，协议收购的信息披露主要为向证券监管机构的报告义务，只是在实施收购之后才将收购报告书予以公告，并在收购结束后将收购完成情况予以报告和公告。《上市公司收购管理办法》对收购人申请豁免要约收购的信息披露规则作了详细规定，不再赘述。

(三) 控股股东协议转让股份的特别义务

《上市公司收购管理办法》第53条明确规定："上市公司控股股东向收购人协议转让其所持有的上市公司股份的，应当对收购人的主体资格、诚信情况及收购意图进行调查，并在其权益变动报告书中披露有关调查情况。控股股东及其关联方未清偿其对公司的负债，未解除公司为其负债提供的担保，或者存在损害公司利益的其他情形的，被收购公司董事会应当对前述情形及时予以披露，并采取有效措施维护公司利益。"

(四) 对收购人的特别限制

1. 股份转让限制

《证券法》第75条规定："在上市公司收购中，收购人持有的被收购的上市公司的股票，在收购行为完成后的十八个月内不得转让。"《上市公司收购管理办法》第74条规定："在上市公司收购中，收购人持有的被收购公司的股份，在收购完成后18个月内不得转让。收购人在被收购公司中拥有权益的股份在同一实际控制人控制的不同主体之间进行转让不受前述18个月的限制，但应当遵守本办法第六章的规定。"

2. 改选董事会的限制

《上市公司收购管理办法》第52条规定："以协议方式进行上市公司收购的，自签订收购协议起至相关股份完成过户的期间为上市公司收购过渡期（简称"过渡期"）。在过渡期内，收购人不得通过控股股东提议改选上市公司董事会，确有充分理由改选董事会的，来自收购人的董事不得超过董事会成员的1/3……"

五、发行股份购买资产

(一)发行股份购买资产的含义

对上市公司而言,发行股份购买资产,就是"印"股票买资产;对收购人而言,就是通过以资产认购新股的方式,取得上市公司股份。因此,发行股份购买资产既是上市公司资产重组行为,又是新股发行行为,同时可能构成上市公司并购,因而受到《上市公司证券发行管理办法》《上市公司非公开发行股票实施细则》《上市公司重大资产重组管理办法》和《上市公司收购管理办法》等相关规定的规范。

(二)发行股份购买资产的条件

发行股份购买资产,除须符合《上市公司证券发行管理办法》第三章和《上市公司非公开发行股票实施细则》的规定外,还须符合《上市公司重大资产重组管理办法》第五章规定的条件。

(三)发行价格和定价原则

上市公司发行股份的价格不得低于市场参考价的90%。市场参考价为本次发行股份购买资产的董事会决议公告日前20个交易日、60个交易日或者120个交易日的公司股票交易均价之一。本次发行股份购买资产的董事会决议应当说明市场参考价的选择依据。

交易均价的计算公式为:董事会决议公告日前若干个交易日公司股票交易均价=决议公告日前若干个交易日公司股票交易总额÷决议公告日前若干个交易日公司股票交易总量

(四)特定对象认购新股的锁定期

特定对象以资产认购而取得的上市公司股份,自股份发行结束之日起12个月内不得转让;属于下列情形之一的,36个月内不得转让:

①特定对象为上市公司控股股东、实际控制人或者其控制的关联人;

②特定对象通过认购本次发行的股份取得上市公司的实际控制权;

③特定对象取得本次发行的股份时,对其用于认购股份的资产持续拥有权益的时间不足12个月。

属于《上市公司重大资产重组管理办法》第13条第1款规定的交易情形的,上市公司原控股股东、原实际控制人及其控制的关联人,以及在交易过程中从该等主体直接或间接受让该上市公司股份的特定对象应当公开承诺,在本次交易完成后36个月内不转让其在该上市公司中拥有权益的股份;除收购人及其关联人以外的特定对象应当公开承诺,其以资产认购而取得的上市公司股份自股份发行结束之日起 24 个月内不得转让。

(五)发行股份购买资产的审批

发行股份购买资产既属于新股发行行为,又属于重组行为,应当提交并购重组委员会审核。

如果发行股份购买资产导致特定对象持有的上市公司股份达到法定比例的,还应当按照《上市公司收购管理办法》履行相关义务。

六、间接收购

(一)间接收购及其模式

间接收购,是指收购人通过投资关系、协议或其他安排导致其间接拥有上市公司权益达到一定比例的行为。

收购人既可以通过取得上市公司控股股东股权的方式达到对上市公司的间接控制,也可以通过向上市公司控股股东增资扩股、与上市公司控股股东成立合资公司,并在该合资中占控股地位的方式达到间接控制上市公司的目的,还可以通过协议或其他安排达到间接控制上市公司的目的,如股权托管。

(二)间接收购的信息披露

1. 收购人的信息披露义务

收购人间接控制上市公司股份达到 5% 未超过 30% 的,应当按照《上市公司收购管理办法》第二章"权益披露"的规定办理,即遵守与直接收购相同的信息披露规则。

收购人拥有权益的股份超过该公司已发行股份 30% 的,应当向该公司所有股东发出全面要约;收购人预计无法在事实发生之日起 30 日内发出全面要约的,应当在前述 30 日内促使其控制的股东将所持有的上市公司股份减持至 30% 或者 30% 以下,并自减持之日起 2 个工作日内予以公告;其后收购人或者其控制的股东拟继续增持的,应当采取要约方式;拟依据《上市公司收购管理办法》第六章的规定申请豁免的,应当按照该办法第四章"协议收购"第 48 条的规定办理。

2. 实际控制人及受其支配的股东的信息披露义务

上市公司实际控制人及受其支配的股东,负有配合上市公司真实、准确、完整地披露有关实际控制人发生变化的信息的义务;实际控制人及受其支配的股东拒不履行上述配合义务,导致上市公司无法履行法定信息披露义务而承担民事、行政责任的,上市公司有权对其提起诉讼。实际控制人、控股股东指使上市公司及其有关人员不依法履行信息披露义务的,中国证监会依法予以查处。

3. 上市公司的信息披露义务

上市公司实际控制人及受其支配的股东未履行报告、公告义务的,上市公司应当自知悉之日起立即作出报告和公告。上市公司就实际控制人发生变化的情况予以公告后,实际控制人仍未披露的,上市公司董事会应当向实际控制人和受其支配的股东查询,必要时可以聘请财务顾问进行查询,并将查询情况向中国证监会、上市公司所在地的中国证监会派出机构(简称"派出机构")和证券交易所报告;中国证监会依法对拒不履行报告、公告义务的实际控制人进行查处。

上市公司知悉实际控制人发生较大变化而未能将有关实际控制人的变化情况及时予以报告和公告的,中国证监会责令改正,情节严重的,认定上市公司负有责任的董事为不适当人选。

4. 上市公司董事会的特别责任

上市公司实际控制人及受其支配的股东未履行报告、公告义务,拒不履行信息披露义务,或者实际控制人存在不得收购上市公司情形的,上市公司董事会应当拒绝接受受实际控制人支配的股东向董事会提交的提案或者临时议案,并向中国证监会、派出机构和证券交易所报告。中国证监会责令实际控制人改正,可以认定实际控制人通过受其支配的股东所提名的董事为不适当人选;改正前,受实际控制人支配的股东不得行使其持有股份的表决权。上市公司董事会未拒绝接受实际控制人及受其支配的股东所提出的提案的,中国证监会可以认定负有责任的董事为不适当人选。

七、上市公司并购中的同业竞争与关联交易

《上市公司收购管理办法》要求收购人就其与上市公司的业务是否存在同业竞争或潜在同业竞争,是否存在持续关联交易作出说明;如果存在同业竞争或持续关联交易的,还应对避免同业竞争、保持上市公司独立性作出说明。

《上市公司重大资产重组管理办法》规定上市公司发行股份购买资产应当充分说明并披露本次交易有利于提高上市公司资产质量,改善财务状况和增强持续盈利能力,有利于上市公司减少关联交易、避免同业竞争、增强独立性。

第四节 国有企业并购

一、国有企业并购的特点

根据我国《企业国有资产法》的规定,国有企业包括国家出资的国有独资企

业、国有独资公司,以及国有资本控股公司、国有资本参股公司。

国有企业并购包括收购国有企业产权(股权)或资产和国有企业发起的收购,一般多指前者。本书如未特别指明,也是指前者。

与一般并购相比,国有企业并购有其特殊性:①受严格的国有资产监管,必须履行法定审批程序。②必须进场交易,即必须到产权交易所,通过产权市场,以公开的方式转让国有产权。概括起来,就是国有企业并购必须依法合规,遵循市场机制,以防止国有资产流失,实现国有资产保值增值。

二、国有企业并购的一般流程

国有企业并购同样包括股权并购、资产并购等多种交易模式,可采取拍卖、招投标、网络竞价、协议转让以及国家法律、行政法规规定的其他方式,通常应当在依法设立的产权交易机构中公开进行,而不受地区、行业、出资或者隶属关系的限制。针对不同形式的国有企业并购,我国现行的国有资产管理制度在决策机制、审批程序及交易程序等方面的规定不尽相同。因此,在设计及执行国有企业并购方案时,应充分注意不同并购类型中的差异。

律师在办理相关业务时,应特别注意:国有企业并购可能涉及国有企业改制的问题。若国有企业转让国有控股、参股企业的国有股权或者通过增资扩股来提高非国有股的比例,则还应制订相应的改制方案,并按照《企业国有资产监督管理暂行条例》和国务院国资委的有关规定履行改制方案的决定或批准程序后方可实施并购交易。

企业国有资产并购流程通常如下:①制订并购方案(国有产权转让或改制方案);②内部决策程序;③外部审批程序;④清产核资、产权界定;⑤财务审计、资产评估;⑥产权交易、变更登记。

(一) 制订方案

企业国有产权转让方案是相关批准机构审议、批准转让行为以及产权转让成交后形成转让方案并落实相关事项的重要依据。

企业国有产权转让方案由转让方负责制订,必要时可以聘请相关专业咨询机构提供咨询、论证意见。一般而言,企业国有产权转让方案应载明下列内容:

①转让标的企业国有产权的基本情况;

②企业国有产权转让行为的有关论证情况;

③转让标的企业涉及的职工安置方案(经企业所在地劳动保障行政部门审核);

④转让标的企业涉及的债权、债务(包括拖欠职工债务)的处理方案;

⑤企业国有产权转让收益处置方案;

⑥企业国有产权转让公告的主要内容。

若转让企业国有产权导致转让方不再拥有控股地位的,企业国有产权转让方案还应附送经债权金融机构书面同意的相关债权债务协议、职工代表大会审议职工安置方案的决议等,并在签订产权转让合同时,与受让方协商提出企业重组方案。

除此之外,根据国务院国有资产监督管理委员会《关于规范国有企业改制工作的意见》《关于进一步规范国有企业改制工作的实施意见》的规定,若国有企业转让国有控股、参股企业国有股权或者通过增资扩股来提高非国有股的比例,还需制订改制方案。

改制方案可由改制企业国有产权持有单位制订,也可由其委托的中介机构或者改制企业制订,但改制方案的内容包括向本企业经营管理者转让国有产权的企业和国有参股企业除外。改制方案的主要内容应包括:

①改制的目的及必要性;
②改制后企业的资产、业务、股权设置和产品开发、技术改造等;
③改制的具体形式;
④改制后形成的法人治理结构;
⑤企业的债权、债务落实情况;
⑥职工安置方案(企业的人员状况及分流安置意见,职工劳动合同的变更、解除及重新签订办法,解除劳动合同职工的经济补偿金支付办法,社会保险关系接续,拖欠职工的工资等债务和企业欠缴的社会保险费处理办法等);
⑦改制的操作程序;
⑧财务审计、资产评估等中介机构和产权交易市场的选择等。

若改制方案涉及管理层通过增资扩股持股的事项,则该改制方案还必须对管理层成员不再持有企业股权的有关事项作出具体规定。

(二) 内部决策

企业国有产权转让应当做好可行性研究,按照内部决策程序进行审议,并形成书面决议。

企业国有产权的内部决策机构为:①国有独资企业的产权转让,应当由总经理办公会议审议。②国有独资公司的产权转让,应当由董事会审议;没有设立董事会的,由总经理办公会议审议。③涉及职工合法权益的,应当听取转让标的企业职工代表大会的意见。④对转让标的企业涉及的职工安置方案,应当按照国家有关政策规定明确提出企业职工的劳动关系分类处理方式和有关补偿标准,经该企业职工代表大会讨论通过。

根据国务院国有资产监督管理委员会《关于规范国有企业改制工作的意见》《关于进一步规范国有企业改制工作的实施意见》的规定,国有企业改制方案需按照《企业国有资产监督管理暂行条例》和国务院国有资产监督管理委员会的有关规定履行决定或批准程序,未经决定或批准不得实施。

国有企业改制方案和国有控股企业改制为非国有企业的方案,必须提交企业职工代表大会或职工大会审议,充分听取职工意见。其中,职工安置方案需经企业职工代表大会或职工大会审议通过后方可实施。改制为非国有的企业,要按照有关政策处理好改制企业与职工的劳动关系。改制企业拖欠职工的工资、医疗费和挪用的职工住房公积金以及企业欠缴的社会保险费等应按规定予以解决。改制后的企业须按照有关规定按时足额交纳社会保险费,及时为职工接续养老、失业、医疗、工伤、生育等各项社会保险关系。此外,向本企业经营管理者转让国有产权时,经营管理者不得参与转让国有产权的决策。

(三) 外部审批

企业国有产权转让方案和改制方案履行内部决策程序后,还应根据相关规定取得相应的外部批准:①国有资产监督管理机构负责审核国家出资企业的产权转让事项。其中,因产权转让致使国家不再拥有所出资企业控股权的,须由国有资产监督管理机构报本级人民政府批准。②国家出资企业应当制定其子企业产权转让管理制度,确定审批管理权限。其中,对主要业务处于关系国家安全、国民经济命脉的重要行业和关键领域,主要承担重大专项任务子企业的产权转让的,须由国家出资企业报同级国有资产监督管理机构批准。

若国有企业并购涉及国有企业改制问题,则还需取得国有企业改制的外部批准,具体应参照国务院国有资产监督管理委员会《关于规范国有企业改制工作的意见》《关于进一步规范国有企业改制工作的实施意见》以及国务院国有资产监督管理委员会《关于进一步贯彻落实〈国务院办公厅转发国资委关于进一步规范国有企业改制工作实施意见的通知〉的通知》等规定执行。

(四) 清产核资、产权界定

企业国有产权转让事项经批准或者决定后,若该企业国有产权转让可能导致发生企业分立、合并、重组、改制、撤销等经济行为而涉及资产或产权结构重大变动的,标的企业应按照有关规定开展清产核资。

企业清产核资包括账务清理、资产清查、价值重估、损溢认定、资金核实和完善制度等内容。

实践操作中,清产核资工作主要由注册会计师事务所等中介机构负责完成,但并购律师仍需对清产核资中涉及的法律事项及程序合规等保持关注。

企业清产核资中对产权归属不清或者有争议的资产,可以在清产核资工作结束后,依据国家有关法规,向同级国有资产监督管理机构另行申报产权界定。

(五) 财务审计、资产评估

在清产核资、产权界定的基础上,企业应根据清产核资结果编制资产负债表和资产移交清单,委托会计师事务所实施全面审计(包括按照国家有关规定对转让标的企业法定代表人的离任审计),并按照国家有关规定办理资产损失的认定与核销。审计工作一般由转让方负责组织和委托会计师事务所,但如果转让所出资企业国有产权导致转让方不再拥有控股地位的,则需由同级国有资产监督管理机构委托社会中介机构开展相关业务。

审计完成后,转让方应当委托具有相关资质的资产评估机构依照国家有关规定进行资产评估。评估报告经核准或者备案后,可作为确定企业国有产权转让价格的参考依据。在产权交易过程中,当交易价格低于评估结果的90%时,应当暂停交易,在获得相关产权转让批准机构同意后方可继续进行。

负责各级企业国有资产评估报告核准和备案的单位分别为:①各级人民政府批准经济行为的事项涉及的资产评估项目,分别由其国有资产监督管理机构负责核准;②经国务院国有资产监督管理机构批准经济行为的事项涉及的资产评估项目,由国务院国有资产监督管理机构负责备案;③经国务院国有资产监督管理机构所出资企业(即中央企业)及其各级子企业批准经济行为的事项涉及的资产评估项目,由中央企业负责备案;④地方国有资产监督管理机构及其所出资企业的资产评估项目备案管理工作的职责分工,由地方国有资产监督管理机构根据各地实际情况自行规定。

资产评估项目的核准和备案程序分别为:①核准程序。企业收到资产评估机构出具的评估报告后应当逐级上报初审,经初审同意后,自评估基准日起8个月内向国有资产监督管理机构提出核准申请;国有资产监督管理机构收到核准申请后,对符合核准要求的,及时组织有关专家审核,在20个工作日内完成对评估报告的核准;对不符合核准要求的,予以退回。②备案程序。企业收到资产评估机构出具的评估报告后,将备案材料逐级报送给国有资产监督管理机构或其所出资企业,自评估基准日起9个月内提出备案申请;国有资产监督管理机构或者所出资企业收到备案材料后,若材料齐全的,在20个工作日内办理备案手续,必要时可组织有关专家参与备案评审。

值得注意的是:①经核准或备案的资产评估结果使用有效期为自评估基准日起1年。若国有企业并购无法在评估报告有效期内完成,将面临重新评估及核准备案的法律风险。②经各级人民政府或其国有资产监督管理机构批准,对企业整体或者部分资产实施无偿划转,以及国有独资企业与其下属独资企业、事业单位之间或其下属独资企业、事业单位之间的合并、资产(产权)置换和无偿划转可以不进行评估。

(六)产权交易、变更登记

企业国有产权转让可以采取拍卖、招投标、网络竞价、协议转让以及国家法律、行政法规规定的其他方式进行。实践中,国有产权转让最常见的方式是通过产权交易机构挂牌转让,特定情况下也可通过协议转让。协议转让须按照有关规定经国有资产监督管理机构批准方可实施。以下介绍通过产权交易机构挂牌转让国有产权的流程。

1. 受理转让申请

企业国有产权转让在经过内部决策和外部批准、已办理清产核资并完成审计评估工作之后,转让方应向产权交易机构提出企业国有产权转让的委托申请。产权交易机构对转让方提交的产权转让信息、预披露的内容及相关材料进行审核;符合信息预披露要求的,产权交易机构将予以受理。

2. 发布转让信息

产权交易机构受理转让申请后,应当委托产权交易机构刊登在省级以上公开发行的经济或者金融类报刊和产权交易机构的网站上,公开披露有关企业国有产权转让信息,广泛征集受让方。产权转让公告期为20个工作日。转让方披露的企业国有产权转让信息应当包括下列内容:

①转让标的的基本情况;
②转让标的企业的产权构成情况;
③产权转让行为的内部决策及批准情况;
④转让标的企业近期经审计的主要财务指标数据;
⑤转让标的企业资产评估核准或者备案情况;
⑥受让方应当具备的基本条件;
⑦其他需披露的事项。

在转让信息披露期间,产权交易机构通常不允许转让方变更所披露的转让信息。确因非转让方原因或其他不可抗力因素导致可能对转让标的价值判断造成影响的,转让方应当及时与产权交易机构沟通,补充披露内容并相应延长转让信息的披露时间。

3. 登记受让意向

意向受让方在信息披露公告期内,应当根据交易所规定委托交易服务会员或自行向产权交易机构提交受让申请,并由产权交易机构对意向受让方逐一进行登记。产权交易机构应当对意向受让方进行审核,并将意向受让方的登记情况及其资格确认意见书面告知转让方。

在征集受让方时,转让方可以对受让方的资质、商业信誉、经营情况、财务状况、管理能力、资产规模等提出必要的受让条件。受让方一般应当具备下列条件:①具有良好的财务状况和支付能力;②具有良好的商业信用;③受让方为自然人的,应当具有完全民事行为能力;④国家法律、行政法规规定的其他条件。若拟对受让方资格设置其他条件,建议转让方与国有资产监督管理机构及产权交易所做好预沟通的工作,并取得国有资产监督管理机构的批准。特别需提醒注意的是,如受让方为外国及我国香港特别行政区、澳门特别行政区、台湾地区的自然人、法人或者其他组织的,受让企业国有产权还应当符合国务院公布的《指导外商投资方向规定》及其他有关规定。

经公开征集产生两个以上受让方时,转让方应当与产权交易机构协商,根据转让标的的具体情况采取拍卖或者招投标方式组织实施产权交易。如果经公开征集只产生一个意向受让方,意向受让方应当在交易所的组织下进行报价,报价不得低于挂牌价。

4. 组织交易签约

企业国有产权转让成交后,转让方与受让方应当签订产权转让合同。产权转让涉及主体资格审查、反垄断审查、特许经营权、国有划拨土地使用权、探矿权和采矿权等情形,需经政府相关部门批准的,交易双方应当将产权交易合同及相关材料报政府相关部门批准。

5. 结算交易资金

原则上受让方应当将交易价款一次性支付到产权交易机构指定的结算账户。对于交易价款金额较大、一次性付清确有困难的,可以采取分期付款方式。采取分期付款方式的,首付交易价款数额不低于总价款的 30%;其余款项应当提供转让方认可的合法有效担保,并按同期银行贷款利率支付延期付款期间的利息,付款期限不得超过 1 年。如需采用美元、欧元、日元、港币等外币进行结算的,建议转让方与产权交易所做好预沟通的工作。

6. 出具交易凭证

交易双方签订产权交易合同,受让方依据合同约定支付交易价款,且交易双方支付服务费用后,产权交易机构应当出具产权交易凭证。

交易双方凭产权交易凭证办理相关产权登记手续,包括国有资产产权变动登记、工商变更登记、无形资产变更登记等。

通过产权交易机构进行的交易,须符合产权交易机构的管理制度(如转让申请规则、信息披露规则、受让意向登记规则、保证金规则、签约规则、结算规则等)以及相应的办事流程。由于各地不同产权交易机构的制度与流程存在一定差别,律师在办理此类业务时,应提前充分了解。

第五节 外资并购

一、外资并购及其监管政策变迁

外商投资法律及政策纷繁庞杂,律师如果对于包括外资并购监管在内的外商投资法律、政策及其变迁和商业常识缺乏基本的了解,就很难窥见外资并购的门径。本节第十六章第一节"外商投资纠纷概述"对此进行了详细介绍,本节不再赘述,请参考该节。

二、外资监管的主要内容

本书第十六章第一节"外商投资纠纷概述"对此进行了详细介绍,本节不再赘述,请参考该节。

三、外资并购尽职调查中需要注意的特殊问题

(一)项目"准生证"问题

审查拟收购项目的合法性是律师尽职调查的基础性工作。对于外商并购限制类项目,尤其要关注是否已取得外商投资项目的核准。

如果收购标的存在投资项目合法性瑕疵,就可以建议买方要求卖方与政府主管部门进行有效沟通,争取取得相关主管部门的事后批准。如果收购标的处于宏观调控的敏感行业,无法取得有权机关书面追认的,就应建议买方放弃该交易。

(二)外资并购引发的限制类经营项目处理问题

与上述拟收购项目本身合法性存在瑕疵不同,目标公司本身正常合法经营,但由于外资准入政策导致目标公司正常合法经营活动在拟议的外资收购完成时受到影响。比如,笔者前几年在一个外资并购项目尽职调查时发现目标公司的主营业务是包装装潢和广告印刷及其他印刷品印刷,其控股子公司除了经营包装装潢和广告印刷,还经营出版物印刷。根据《外商投资准入特别管理措施(负面清单)》的规定,出版物印刷属于限制类且中方必须控股;《设立外商投资印刷企业暂行规定》明确规定"与营中方投资者应当控股或占主导地位"。目标公司当时为中方控

股,其经营出版物印刷没有法律障碍。但是,双方谈定的交易方案是中方把其所持有的目标公司全部股权转让给外商,交割完成后,外商任命目标公司董事长及多数董事会成员。如此,将导致外资并购审批存在法律障碍。若发现该情况,笔者建议客户可要求卖方在交易之前对出版印刷业务进行剥离。

四、估值与支付

(一)标的估值

在外资并购中,商务部《关于外国投资者并购境内企业的规定》规定必须进行评估,即无论是资产收购还是股权并购、增资都必须进行评估。此外,还需注意以下几点:

第一,商务部《关于外国投资者并购境内企业的规定》第14条明确规定,"并购当事人应以资产评估机构对拟转让的股权价值或拟出售资产的评估结果作为确定交易价格的依据。并购当事人可以约定在中国境内依法设立的资产评估机构。资产评估应采用国际通行的评估方法。禁止以明显低于评估结果的价格转让股权或出售资产,变相向境外转移资本"。第15条规定:"并购当事人应对并购各方是否存在关联关系进行说明,如果有两方属于同一个实际控制人,则当事人应向审批机关披露其实际控制人,并就并购目的和评估结果是否符合市场公允价值进行解释。当事人不得以信托、代持或其他方式规避前述要求。"上述规定意味着,在外国投资者收购内资企业股权或购买内资企业及外商投资企业资产的交易中,审批机关会审查就收购标的价值所作的评估报告。需要注意的是,评估结果是交易定价的依据,但并不要求对价与评估结果完全一致或必须高于评估结果。

第二,如果收购标的为国家出资企业持有,或者交易的买方为国家出资企业,则根据《企业国有资产法》及与其相关的一系列规范性文件,均须对收购标的的价值进行评估并办理相关的评估结果核准或备案手续。这些要求自成体系,请参考本章第四节"国有企业并购"。

第三,如果外国投资者或外商投资企业在中国购买资产用于新设公司或向目标公司增资,则依据《公司法》和国家工商行政管理总局《公司注册资本登记管理规定》的一般要求,必须对非货币资产进行评估。

第四,依据财政部和国家税务总局于2009年4月30日联合发布的《关于企业重组业务企业所得税处理若干问题的通知》(已被修改),适用一般性税务处理规定的合并和分立交易,以及适用特殊性税务处理规定的股权收购和资产收购,相关的义务方均需向主管税务机关报送收购标的的资产评估报告。

第五,如果并购交易构成上市公司或其控股子公司的关联交易,则上市公司需要按照证券交易所的要求提供评估报告,就定价的公允性作出说明,及时披露并提交相关内部机构(股东大会或董事会)审议。

(二)交易对价的支付

对于外资并购的监管,我国不仅对交易价格进行一定行政管制,还对交易对价的支付方式和期限进行干预。商务部《关于外国投资者并购境内企业的规定》第16条对此有明确规定。

实践中,有不少买方希望转让价款分期支付的期限更长一些,因而采取一些变通措施,比如采用账户共同监管的方式,由双方选定的监管银行为中国卖方开立专用监管账户,按约定把全部或部分转让价款支付到该监管账户中,并约定没有监管各方的联合解付通知或者人民法院、仲裁庭的裁判,监管银行在监管期内不得将账户内的资金向任何一方解付。当然,这种监管措施存在一定法律风险,需根据个案实际情况灵活调整以降低法律风险。

五、外资并购中的对冲性安排

(一)对冲性安排的意义

对冲性安排是为了应对不确定情势的一种风险分配机制和交易保护机制,是投资者通过对投资风险的预期所做的一种反向安排,即当符合一定的约定事项时,安排有效的退出机制或补偿制度,以保障投资者的利益。

在并购协议中,对冲性安排通常包括保护性条款和对价调整条款。常见的保护性条款有重大不利变化条款、分手费条款、选择权条款等。

(二)重大不利变化条款

1. 重大不利变化条款的意义

并购是一项复杂、耗时的系统工程,由于涉及外资监管,外资并购更加复杂耗时。如果涉及经营者集中审查或国家安全审查,从签约到交割之间的过渡期就会比较漫长。在此期间内,目标公司和收购方的资产、业务、运营和财务状况以及整体经济环境都可能发生变化,但由于交易中信息不对称和市场易变,并购双方并不能对未来前景作出确定性的判断。为规避投资风险,律师可建议投资方在并购协议中设置重大不利变化条款。

重大不利变化条款通常是并购方完成交易的先决条件之一,即从一个确定的日期开始(通常是协议签署日或生效日)到交易完成日,目标公司的相关事项(如资产、业务、运营、财务等)受到重大不利变化影响或者没有发生重大不利变化的,并购方有权要求重新谈判或退出交易而不承担任何责任。比如一项外资并购交易,由于涉及经营方集中审查,双方签约后等待了近一年才通过相关审批。在签约到交割的过渡期间,目标公司的单一大客户订单和价格大幅度削减,目标公司业务剧减,外商遂依据并购协议中的重大不利变化条款要求退出交易。

实务中重大不利变化条款,主要有重大不利事件(Material Adverse Event Clause,简称"MAE")、重大不利变化(Material Adverse Change Clause,简称"MAC")或重大不利影响(Material Adverse Effect Clause,简称"MAE"),是一项经常用于公司并购的合同安排,也用于融资协议、投资协议和重大商务合同中,源于英美法的"合同落空"理论。这一条款通常适用于这样的交易模式:合同协议的签署日与交易的最终交割日之间有一段时间间隔,如何回避和控制这段时间内出现的任何重大不利变化显得尤为重要。故重大不利变化条款是并购交易中常见的保护性条款。

2. 重大不利变化条款的基本结构

重大不利变化条款的基本定义一般表述为:①当它与公司或其子公司相联系使用时,指任何可能或将会对公司或其子公司的财务、业务、资产、负债、经营结果或公司未来前景产生或被合理地认为将会产生重大不利影响的变化或事件;②当它与任何股东或买方相联系使用时,指任何可能或被合理地认为将会阻碍股东或买方实质性实现完成交易或履行其在合同、协议项下义务的变化或影响。卖方律师可以要求对不构成重大不利变化的若干情形或在判定重大不利变化是否发生时,不予考虑的若干情形作除外约定。买方律师也可以要求约定除外情形之例外。

3. 重大不利变化条款组合设计

多数并购协议中,重大不利变化条款分布在陈述和保证部分、交割条件部分以及协议解除部分。

(三) 分手费条款

1. 分手费条款的含义

分手费又称"终止费",是指并购交易的一方可以通过向另一方支付一定金额的费用,而获得终止或退出交易的权利,并不再就此承担任何额外的责任。

分手费条款可以从民法典中的缔约过失责任和违约责任找到其法律依据。

2. 分手费条款的设计

对于并购方来说,可以通过支付分手费而退出交易的情形通常有:未获得足额的贷款融资,并购方的政府审批未获通过,或收购要约未得到并购方股东大会的批准等。并购方在约定自身可以通过支付分手费而退出交易的同时,要求目标公司明确放弃实际履约的主张,并确保交易文件内容的一致性。

对于目标公司来说,可以通过支付分手费而退出交易的情形通常包括:董事会因履行勤勉义务而撤销向股东会推荐的收购要约,行使询价权后找到报价更高的收购人,目标公司的政府审批未获通过,收购协议未得到其股东大会的批准,或收购要约未得到足够数量股东的接受等。

在某些个案中,并购方甚至可以在交易完成前,随时通过支付分手费而退出交易。这实际上使并购方获得了一种"并购选择权"(即并购目标公司,或者支付分手费后退出交易),而并购方获得该权利的对价就是支付分手费。

(四)选择权条款

除上述几大类别的保护性条款设计外,并购协议中通常还会约定并购方享有一些选择权,以保证其投资利益并降低投资风险。实践中主要有以下几种:

1. 投资方的认购期权设计

比如,2005年6月17日中国建设银行在引入美国银行投资时签订《股份及期权认购协议》。2008年11月17日中国建设银行接到美国银行将行使认购期权的通知,从汇金公司购买19580153370股H股,并计划于2008年11月30日之前完成相关股份的交割。交割后,美国银行持有中国建设银行已发行股份总数的比例约为19.13%,达到了合同约定的持股比例上限。而通过此次行使认购期权,美国银行获得了巨大的利润。

期权是一种选择权,美国银行作为投资方掌握着主动权,可以选择恰当的时机来行使自己的权利,这就保证了投资方在并购完成后一段时间内可以最大限度地实现自身利益;而一旦目标公司财务绩效未达到预期水平,投资方可以选择不行使该权利,从而大大降低了投资风险。

2. 债转股选择权

在并购方最初以债券形式投资目标企业时,通常会约定债转股选择权,规定当触发一定的时间条件或绩效条件时,并购方有权选择行使债转股的权利。从目标公司的角度而言,债转股有利于降低企业的资产负债率,减少融资成本;而从并购方的角度看,当企业实际经营状况以及赢利预期较好时,行使债转股的选择权有利于增加资本回报率,并可以增强并购方对目标公司的控制权;因债权受到企业经营利润影响相对较小,因此当目标公司并没有体现出较高投资价值时,可以选择不执行债转股,从而降低投资风险。

3. 反稀释条款

并购方为保证在目标公司已取得的股权份额及比例,当发生目标公司增资扩股等融资行为时,有权选择同比例增资以保持其持有的股权比例不变;在特定条件下,并购方有权在不支付对价(不增加投资)的情况下获得股权,以保证其股权比例不被稀释。

该条款有利于保证投资方的投资收益,避免因股权被稀释导致的利益分成的降低以及对目标公司控制权的减少。

4. 回购选择权

回购选择权条款是并购方退出机制的安排,通常约定当满足一定条件时,并购方有权要求目标公司或原股东进行股权回购。其需满足的条件通常有:目标公司未在约定期限内上市;公司管理层或核心业务或经营业绩等发生重大变化,严重影响投资方利益;公司被托管或进入破产程序;原股东发生重大个人诚信问题;目标公司发生严重亏损等。

这一退出机制的安排有利于降低并购方的投资风险。

5. 随售权

随售权条款通常约定若原股东(尤其控股股东)决定卖出或处理其在目标公司的股权,则并购方有权按照持股比例同时卖出自己持有相应比例的股权。原股东同意对此向并购方作出承诺并据此修改公司章程。这也是一种退出机制的安排,目的是降低因为并购双方信息不对称所导致的并购方的投资风险,避免因原股东不诚信而可能导致的损失。

六、对价调整机制

(一) 对价调整条款的含义

由于并购方对目标公司了解不充分以及未来经营成果的不确定性,并购双方通常会共同商定一个暂时的中间目标,先按照这个中间目标给目标公司估值;到期如果实际经营效果未达到或超过该中间目标,则按照事先约定对双方股权或交易价格进行调整。例如,如果目标公司经营业绩出色,并购方就适当调高投资的价格;反之则适当调低收购价格。调高或调低交易价格,通常是以双方股权的变化来实现的,即如果目标公司经营业绩较好,并购方就要拿出自己的股权低价出售或无偿转让给目标公司或其管理层,反之如果未达到一定的业绩标准,目标公司或其原股东就要拿出一定股权低价或无偿转给并购方。双方"赌"的是未来一定时间内目标公司的经营业绩。因此对价调整条款也称"对赌协议"。

(二) 对价调整条款的设计

1. 采用多样化的对价调整条款

中国企业若作为目标公司,直接利润固然是并购的目标,但同时也要看到并购所带来的增值效应,尤其是在企业内部治理、市场或战略等方面的资源整合。特别是在市场状况较为低迷的情况下,单纯的财务目标对于双方来说都不会是最佳选择,原股东或管理层可能会因为无法达到赢利目标而对赌失败,丧失股权或对企业的控制权,而投资方可能获得的是价值缩水的股份或负债累累的企业,不符合其投资策略和出发点。因此,采用多样化和灵活性的对价调整条款,就显得尤为必要。企业发展,当然利润是第一位的,可是除了利润,还应当关注其长期发展,而这些柔性化的目标显然是有利于企业长期发展的。所以,国内对价调整条款的内容可有意识地参照国外的多样化做法,而不应只拘泥于财务绩效这一项。

2. 将对价调整条款设计为重复博弈结构

以蒙牛案的对价调整条款为例。若蒙牛管理层在2002—2003年内没有实现业绩高速增长,离岸公司账面上剩余的大笔资金将由投资方控制,并且投资方将因此占有蒙牛乳业60.4%的绝对控股权,可以随时更换蒙牛乳业的管理层。在随后二次对价调整中,即2003—2006年间,蒙牛年复合增长率应不低于50%,否则蒙牛管理层将输给摩根士丹利等三家外资战略投资者的6000万到7000万的蒙牛股份。

简单分析,第一阶段的博弈为下一阶段的博弈提供了丰富的数据,一旦在第一阶段的博弈中出现了明显的不可持续性现象,博弈的任何一方都可以终止博弈,以减少损失。重复博弈的最大好处是能够降低当事人在博弈中的不确定性。蒙牛与投资方的两次对赌中,第一次是一种初步的、试探性的博弈,而正是建立在该阶段的了解和认识上,双方进行了第二次对赌,最终实现双赢。这一典型例证理应成为对赌条款重复博弈的典范。

3. 对价调整条款应设定上限

原股东在意图保证目标公司控制权的情况下,应当在对价调整条款中约定必要的"保底条款",以避免"一刀切"式的巨大风险。中国动向(集团)有限公司陈义红与摩根士丹利2006年5月签订的对赌条款即是一典型的例子。

双方签订的对赌条款约定:第一,如果2006年和2008年的净利润目标,分别达到2240万美元及4970万美元,则摩根士丹利的股权比例最终确定为20%;第二,如果届时净利润仅达到目标额的90%,则以陈义红为代表的创业股东,必须额外将其所持股份的11.1%,以1美元的象征价格转让给摩根士丹利;第三,如果届时净利润仅达到目标额的85%,则以陈义红为代表的创业股东,必须额外将其所持股份的17.6%,以1美元的象征价格转让给摩根士丹利;第四,如果届时净利润不足目标额的85%,则陈义红方面需要额外出让更多股份给摩根士丹利,具体多少根据实际情况确定,但最多不超过总股本的20%;第五,如果届时净利润超过目标利润12%,则摩根士丹利将1%的股份作为奖励返还给陈义红等人,摩根士丹利的实际持股比例变为19%。在该约定中,陈义红给自己设定了明确的上限,即使出现最坏的情境,摩根士丹利最多只能拥有40%股权,这也确保了陈义红在最坏情况下的控股权。

4. 多采用柔性指标和细化对价调整条款

对价调整条款的核心包括两方面的主要内容：一是约定未来某一时间作为判断企业经营业绩的标准，目前较多的是财务指标（赢利水平）；二是当约定的标准未达到时，明确管理层补偿投资方损失的方式和额度。从已有的案例情况来看，涉及外资并购时，若我国企业在对价调整条款中约定的赢利水平过高，对企业管理层的压力将非常大，有时会迫使管理层作出高风险的非理性决策，导致企业的业绩进一步恶化。因此，国内企业在签订对赌协议时，可以在协议条款中多设计一些赢利水平之外的柔性指标（非财务指标）作为评价标准，还可以通过谈判设计制约指标，而不能一味地迎合外方，不能为了融资而孤注一掷，饮鸩止渴，最终导致恶果。

另外，在对价调整条款中，目标公司需要把握三个要点：①适用何种会计标准和审计机构，在投资合同中必须明确，国际会计准则和境内会计准则目前毕竟只是"趋同"而不是"相同"；②境内企业必须对企业利润前景客观估计，不可过于乐观；③设置除外声明，即在哪些情况下不适用"对赌"，尤其要明确哪些亏损或者损失情况是境外投资者应当负责的，此时"对赌条款"不适用，这些情况包括但不限于因为经济环境、金融形势、市场波动等原因导致企业赢利未满足预期，因疫情、灾害以及其他不可抗力对企业赢利造成的重大不利影响等。

第六章　公司解散清算实务

公司的权利能力和行为能力从公司成立时产生,至公司终止时消灭。公司终止的原因主要包括解散和破产。无论公司被宣告解散还是被宣告破产,都要依法进行清算。清算结束后,公司的所有事务均已了结,债务清偿完毕,公司财产全部被分配,这时清算组织即可向公司登记机关申请注销公司,最终消灭公司法律人格。

本章主要阐述公司解散清算。本章共五节,分别阐述公司解散与清算概述、清算的程序、公司简易注销、公司解散清算中的律师实务、公司解散清算重难点。

第一节　公司解散与清算概述

一、公司解散、清算的含义

公司解散清算是一种行为、程序抑或是一种制度。就事实状态而言,在公司发生解散事由之后,解散是个时间点;而清算完成之后,公司通过注销而得以消灭主体资格,这是另一个时间点。在两个时间点之间的这一时间段,即为清算阶段。可见,公司解散与清算是既有联系又有区别的两种不同程序。公司解散清算不分开讲,说"解散清算"时,往往是指非破产清算。

从公司出现解散事由开始到公司清算终结的整个过程,是由一系列的法律行为构成的,它同时又表现为一个完整的清算程序。比如,公司清算过程中清偿债务是法律行为,但清偿债务过程中又要进行债权公告、债权申报和确定等系列程序。因此,仅从法律行为或者法律程序的角度界定公司解散清算的概念,都是不全面的,应当将这两个角度结合起来共同揭示公司解散清算的内涵。公司解散清算是以终止公司法人资格为目的,处理除破产、合并或者分立以外原因解散公司的各项未了事务,清理公司债权债务,结束公司内外一切法律关系的系列法律行为和程序。[1]

---

[1]　参见刘敏:《公司解散清算制度》(修订版),北京大学出版社2012年版,第5页。

(一) 公司解散的含义

所谓公司解散,是指已成立的公司,因发生法律或章程规定的解散事由而停止营业活动,开始处理未了结的事务,并逐步终止其法人资格的行为。[①] 它具有以下特点:①公司解散的目的和结果是消灭公司法人人格;②解散后,公司并未立即终止,其法人资格仍然存在,一直到清算完毕并注销后才消灭其主体资格;③公司解散必须经过法定清算程序。但公司因存续分立而解散的,不必清算。[②]

公司进入解散程序后,即出现以下法律后果:①成立清算组,进入清算程序。《公司法》第183、184条规定,公司因其他解散事由的发生而解散的,应当在解散事由出现之日起15日内成立清算组,开始清算。清算组清理公司财产,处理与清算有关的公司未了结业务,清缴相关税款,清理债权、债务,处理清偿债务后的剩余财产,代表公司参与民事诉讼活动。故公司出现合并、分立以外解散事由的,成立清算组是法定必经程序,且清算组的职权也是法定的。②法人行为能力受限。公司在解散后清算结束前,虽然没有注销,法人资格依然存在,但其行为能力受限,且仅限于从事清算事务。具体如《公司法》第186条规定,清算期间,公司存续,但不得开展与清算无关的经营活动。公司财产在未依照前述规定清偿前,不得分配给股东。

(二) 公司清算的含义

公司清算是指其被解散或宣告破产后,依照一定程序了结公司事务,收回债权,清偿债务并分配财产,最终使公司终止消灭的程序。[③] 广义的公司清算包括破产清算和解散清算,狭义的公司清算仅指解散清算即非破产清算。

非破产清算的情况下,解散是清算的前提,清算是解散的结果。公司现存的法律关系通常不因其出现解散事由而改变,只有经过清算程序后,公司才能终结。[④] 公司清算完毕,向公司登记机关办理注销登记,公司法人资格从此消灭。因此,清算是公司终止的必经程序。由于公司终止的原因不同,公司清算的程序、要求也有所不同。公司被宣告破产的,适用破产清算,依据《企业破产法》的规定进行清算;公司被解散的,依据《公司法》的规定进行解散清算。本章重点阐述解散清算。

---

① 参见范健、王建文:《公司法》(第三版),法律出版社2011年版,第450页。
② 参见赵旭东主编:《公司法学》(第二版),高等教育出版社2006年版,第498—499页。
③ 参见朱慈蕴:《公司法原论》,清华大学出版社2011年版,第372页。
④ 参见王保树、崔勤之:《中国公司法原理》(最新修订第三版),社会科学文献出版社2006年版,第301页。

二、公司解散的类型

因解散原因不同,解散可以分为自行解散和强制解散。强制解散包括行政解散和司法解散。

(一) 自行解散

自行解散,又称"任意解散",是指依照公司章程或股东决议而解散。这种解散与外在意志无关,取决于公司股东的意志,股东可以选择解散或者不解散公司,因而称为任意解散。自行解散是公司自治原则在公司解散清算制度中的延伸和体现。

根据《公司法》第180条的规定,公司自行解散的事由有以下四项:

1. 公司章程规定的营业期限届满

公司营业期限届满,公司应进入解散程序,但经过股东会特别决议而修改公司章程延长存续期限的,公司仍可依法存续。

2. 公司章程规定的解散事由出现

若公司成立目的完成或无法完成、公司亏损达到一定数额、发生不可抗力等情形的,公司可以解散。

3. 因公司合并或者分立需要解散

公司合并分为新设合并和吸收合并。新设合并的,各方均解散;吸收合并的,被吸收的公司解散。

公司分立分为存续分立和解散分立两种方式。存续分立是指一个公司分离成两个以上公司,本公司继续存在,并设立一个以上新的公司;解散分立是指一个公司分解为两个以上公司,本公司解散,并设立两个以上新公司。前一种分立不会出现公司解散的情况;后一种分立情况下,公司分立成为公司解散的原因之一。故公司新设合并、吸收合并及解散分立的,均存在解散事由。

4. 股东会或股东大会决议解散

公司法明确赋予公司股东有事先约定解散事由的权利,也有临时决定解散公司的权利,而不论公司规定的营业期限是否届满或公司章程规定的其他事由是否出现。

但公司的解散直接关系到股东的利益,相对于一般的公司事项而言,公司法规定了严格的决策程序,即有限责任公司须经持有2/3以上表决权的股东通过,股份有限公司须经出席股东大会会议的股东所持表决权的2/3以上通过。

备注:股东会决议格式文本见文本6-1。

文本6-1 关于解散公司的股东会决议

(注:本决议应一式两份,分别在公司清算组备案和办理公司注销登记申请时提交)

一、会议时间:××××年××月××日

二、会议地点:×××××××办公室

三、会议参加人:×××、×××、×××(股份有限公司要说明:①董事会于会议召开前××天(临时股东大会需提前15天以上通知,股东大会需提前20天以上通知),以××方式通知所有股东参会;②实际到会股东人数,代表公司股份数及占总股本比例;③公司董事、监事参会情况。)

四、会议主持人:×××(注:通常为原董事长或执行董事)

五、会议内容:经公司全体股东研究,一致形成如下决议。

1. 因公司经营困难(注:或者其他原因),同意公司按照《公司法》及公司章程的相关规定,解散公司并依法办理注销登记;

2. 同意成立公司注销清算小组,其成员由×××、×××、×××组成,组长为×××;(有限责任公司的清算组由股东组成;股份有限公司的清算组由董事或者股东大会确定的人员组成)

3. 清算组成立后依法履行清算职责,承担公司清算权利与义务。

自然人股东签字
法人股东盖章
(股份有限公司由股东大会会议主持人及出席会议的董事签字确认)
××××年××月××日

(二)行政解散

行政强制解散(简称"行政解散"),这是公司因某种特定事由,被行政主管机关依法吊销营业执照或责令关闭或被撤销而解散。

行政主管机关对违法企业依法作出的吊销营业执照、责令关闭或者撤销的行政处罚决定生效后将导致公司被解散的法律后果,公司应当按照行政处罚决定的内容进入公司解散的法律程序。

(三)司法解散

1. 司法解散的概念

司法解散又称"法院勒令解散",是指公司经营管理出现显著困难、出现僵局时,依据股东的申请,裁判解散公司,也可以称为股东请求解散。《公司法》第182条对此作了规定,法定情形发生后,适格的股东可以向人民法院提起公司解散之诉。

2. 公司僵局的概念

所谓公司僵局,是指公司在存续运行中由于股东或董事之间发生分歧或纠纷,且彼此不愿妥协而处于僵持状况,导致公司机构不能按照法定程序作出决策,从而使其陷于无法正常运转,甚至瘫痪的事实状态。①

公司僵局多发生在封闭型公司中,而公司决策所实行的多数表决制度和否决权的控制安排是造成公司僵局的主要症结。为有效预防和化解公司僵局,最好事先在公司章程中设置处理日后公司僵局的方法。

3. 司法解散的条件

根据《公司法》第 182 条及《公司法解释二》第 1 条第 1 款的规定,公司股东行使公司解散请求权,应当满足以下四个条件:

(1)请求解散的主体必须为适格股东

行使公司解散请求权的主体必须是持有公司全部股东表决权 10% 以上的股东。

(2)公司必须陷入僵局

公司客观上存在经营管理严重困难的情形,即具备《公司法解释二》第 1 条列举的以下四种情形之一:

①公司持续两年以上无法召开股东会或者股东大会,公司经营管理发生严重困难的;

②股东表决时无法达到法定或者公司章程规定的比例,持续两年以上不能做出有效的股东会或者股东大会决议,公司经营管理发生严重困难的;

③公司董事长期冲突,且无法通过股东会或者股东大会解决,公司经营管理发生严重困难的;

④经营管理发生其他严重困难,公司继续存续会使股东利益受到重大损失的情形。

(3)公司僵局的继续存在将使股东利益受到重大损失

公司在经营过程中,股东之间或者董事之间对某一决议事项发生分歧是正常情形,如果分歧仅仅是暂时的,或者虽然时间较长但对公司经营影响不大,特别是对公司利益并无影响,则没有必要也不能请求解散公司。

(4)公司僵局不能通过其他途径予以解决

司法解散是在不能通过其他途径予以解决的情形下,如股东不能通过股权转让、公司分立等形式打破公司僵局,不得已的最后选择,而且具体裁量并不在于股东或公司的自主定义,而需经人民法院审理。

---

① 参见朱慈蕴:《公司法原论》,清华大学出版社 2011 年版,第 365 页。

三、公司清算的类型

(一)破产清算与非破产清算

破产清算是指公司宣告破产后,依照破产程序进行的清算。根据我国《公司法》第 190 条、《企业破产法》第 2 条等规定,公司被依法宣告破产的,依照企业破产法实施破产清算。

非破产清算是指非因破产原因而在破产程序之外进行清算。[①] 由于终止的原因不同,公司清算的程序、要求也有所不同。公司被宣告破产的,适用破产清算,依据《企业破产法》的规定进行清算;公司被解散的,依据《公司法》的规定进行解散清算。

(二)自主清算与强制清算

因公司解散而组织的清算,可称为解散清算,分为自主清算和强制清算,属于非破产清算。[②]

1. 自主清算

自主清算又称"自行清算",是指公司解散事由出现后由公司自主选任清算人,按照法律规定及公司章程规定的程序进行清算,人民法院和公司债权人不直接干预公司清算事务。

《公司法》第 183 条及《公司法解释二》第 2 条规定,公司自主清算的情形有:公司章程规定的营业期限届满或者公司章程规定的其他解散事由出现;股东会或者股东大会决议解散;依法被吊销营业执照、责令关闭或者被撤销;人民法院依法判决解散。出现前述情形之一而解散的,公司应在解散事由出现之日起 15 日内成立清算组,有限责任公司的清算组由股东组成,股份有限公司的清算组由董事或者股东大会确定的人员组成,清算组按照《公司法》规定的流程处理清算事务。

2. 强制清算

强制清算又称"特别清算""司法清算",是指公司出现解散事由后,未及时成立清算组,或清算组未能依法尽责清算,由公司股东或债权人向人民法院申请所启动的一种清算程序。

(1)强制清算的申请主体

根据《公司法》《公司法解释二》及《最高人民法院印发〈关于审理公司强制清算案件工作座谈会纪要〉的通知》(简称《座谈会议纪要》)的规定,强制清算的申请

---

① 参见赵旭东主编:《公司法学》(第四版),高等教育出版社 2015 年版,第 378 页。
② 参见刘敏:《公司解散清算制度》(修订版),北京大学出版社 2012 年版,第 5 页。

主体为公司股东或债权人。

（2）强制清算的事由

根据《公司法解释二》《座谈会议纪要》的规定，债权人和股东申请强制清算的事由包括：①公司解散逾期不成立清算组进行清算的；②虽然成立清算组但故意拖延清算的；③违法清算可能严重损害债权人或者股东利益的。但需要注意的是，公司股东申请强制清算是在出现前述申请强制清算的事由，且债权人未提起清算申请的情况下才能提起。

（3）强制清算中清算组范围

当出现前述事由时，人民法院应当受理，并及时指定清算组。这时的清算组不再由公司成立，而是由人民法院指定。

人民法院指定的清算组成员可从下列人员或机构中产生：公司股东、董事、监事、高级管理人员；依法设立的律师事务所、会计师事务所、破产清算事务所等社会中介机构；依法设立的律师事务所、会计师事务所、破产清算事务所等社会中介机构中具备相关专业知识并取得执业资格的人员。清算组成员未依法履行职责的，人民法院应当依据利害关系人的申请，或依职权及时予以更换。

第二节　清算的程序

一、自主清算程序

（一）成立清算组并登记备案

公司应当在解散事由出现之日起 15 日内成立清算组，开始清算。有限责任公司的清算组由股东组成，股份有限公司的清算组由董事会或者股东大会确定的人员组成。

《公司登记管理条例》第 41 条规定："公司解散，依法应当清算的，清算组应当自成立之日起 10 日内将清算组成员、清算组负责人名单向公司登记机关备案。"

一般备案所需要的基本材料有：

①清算组负责人签署的《公司备案申请书》（填写后需加盖公司公章）。

②股东签署的关于成立清算组的书面文件。

③清算组负责人签署的《指定代表或者共同委托代理人的证明》（公司加盖公章）及指定代表或委托代理人的身份证复印件；应标明指定代表或者共同委托代理人的办理事项、权限、授权期限。

④清算组成员名单及身份证复印件。

⑤公司《企业法人营业执照》副本复印件。

备注:以上材料清单仅供参考,以各地工商行政管理机关的具体规定为准。

(二)清算组接管公司

清算组成立后,公司原法定代表人及其他高级管理人员应当全面向清算组移交公司管理权,需要移交的内容包括但不限于:

①公司的公章、合同章、财务章等,公司进入清算后应当严格控制公司各类印章的使用和保管;

②无遗漏的债权债务清册;

③资产清册及相应实物财产和权利凭证;

④合同书、协议书等各种法律文件应当编制成册;

⑤账务账册、传票、凭证、空白支票等;

⑥职工花名册,含在职和离退休的全体人员的花名册,详细记载工龄、工种、用工形式、工资及工资拖欠、社保拖欠等情形;

⑦企业现金、有价证券、银行账户印鉴、银行票据;

⑧企业的历史档案和其他应当提交的资料。

备注:公司自主清算的《移交清单》见文本 6-2,《债权债务清册》见文本 6-3,《资产清单》见文本 6-4,《职工花名册》见文本 6-5,《印章清单》见文本 6-6。

文本 6-2　××公司自主清算
移交清单

移交日期:

移交地点:

因××公司进行自主清算,根据法律规定,公司原法定代表人及其他高级管理人员向清算组依法移交相关资料,并经清算组确认,制作移交清单如下:

序号	名称	原件或复印件	数量	页数	备注
1					
2					
3					

移交人:　　　　　　　　　　　　　接收人:

××××年××月××日　　　　　　××××年××月××日

文本6-3　××公司自主清算
债权债务清册

××公司债权清册									
									截止××××年××月××日
序号	债权人名称	联系方式	地址	债权金额(元)		债权基准日	有无担保	有无争议	备注
				本金	利息				
1									
2									
3									

××公司债务清册									
序号	债务人名称	联系方式	地址	债权金额(元)		债务基准日	有无担保	有无争议	备注
				本金	利息				
1									
2									
3									

文本6-4　××公司自主清算
资产清单

××公司资产清单(未评估)								
序号	名称	型号	数量	单位	单价(元)	原值(元)	折旧价(元)	备注
1								
2								
3								

文本6-5　××公司自主清算
职工花名册

序号	姓名	职位	性别	出生日期	身份证号	入职时间	用工形式	工种	工资	拖欠工资	拖欠社保	联系方式	备注
1													
2													
3													

××公司

××××年××月××日

文本 6-6　××公司自主清算
印章清单

序号	印章名称	数量(枚)	印章留样	备注
1	××公司公章			
2	××公司财务章			

××公司

××××年××月××日

(三) 清理公司财产

公司清算组正式成立后,公司即开始进入实质性清算程序。清算组要全面清理公司的全部财产。

首先,清算组应当确定公司的财产范围。这种财产范围一般包括:公司经营管理的全部财产(固定资产、流动资产、有形资产、无形资产等);公司享有的债权;公司解散时享有的股权;公司享有的其他财产性权利。

其次,清算组应当接管公司财产。将公司的实物和债权进行清查登记;对公司享有的债权进行确认;调查公司对外投资情况;对公司的其他权利进行登记;对公司的非金钱财产进行财产估价。

最后,清算组应当要求占有清算公司财物的持有人交还其财物。如果相应的财物无法交回,则可以要求相应的持有人作价清偿;如果清算公司向外进行了投资,则应当严格按照《公司法》和相关法律法规的要求回收对外投资;若公司股东抽逃或未缴足出资,需责令相关股东补足出资。

(四) 通知和公告债权人申报债权

清算组应当自成立之日起 10 日内(注意与备案时间相同,应同时进行),将公司解散清算事宜以书面形式通知全体已知债权人,并应当在 60 日内根据公司规模和营业地域范围在全国或者公司注册登记地省级有影响的报纸上进行公告。

债权人应当自接到通知书之日起 30 日内,未接到通知书的自公告之日起 45 日内,向清算组申报其债权。债权人申报债权,应当说明债权的有关事项,并提供证明材料。

清算组应当对债权进行登记。清算组在收到债权人申报债权的同时,要严格审查其所提供债权的证明材料,对符合要求的予以登记,对不符合要求的不予登记。公司清算时,债权人对清算组核定的债权有异议的,可以要求清算组重新核定。清算组不予重新核定,或者债权人对重新核定的债权仍有异议,债权人以公司为被告向人民法院提起诉讼请求确认的,人民法院应予受理。

债权人在规定的期限内未申报债权,在公司清算程序终结前补充申报的,清算组应予以登记。所谓清算程序终结是指,清算报告经股东大会、股东会或人民法院确认完毕。

债权人补充申报的债权,可在公司尚未分配的财产中依法清偿。公司尚未分配的财产不能全额清偿的,债权人有权主张股东以其在剩余财产分配中已经取得的财产予以清偿。但债权人因重大过错未在规定的期限内申报债权的除外。

备注:《公司解散清算及债权人债权申报的通知》见文本6-7,《债权申报的公告》见文本6-8,《债权申报登记表》见文本6-9。

文本6-7 关于××公司解散清算及债权人债权申报的通知

致××公司(债权人):

根据[××公司股东(大)会、公司登记机关、有关主管部门、有关人民法院]做出的[关于解散、吊销、撤销、责令关闭本公司的决议、决定],××公司(简称"本公司")自××××年××月××日起,开始进行解散清算事宜。

如果本公司对于贵公司负有任何债务,无论是否到期,请贵公司于接此通知后30日内,以书面方式向本公司清算组申报贵公司对本公司所享有的债权。若贵公司逾期未能申报债权,本公司将不再受理,贵公司对本公司所享有的债权将被视为放弃。

法人债权申报文件应包括:

1. 贵公司最新的营业执照复印件(加盖贵公司法人印鉴);

2. 贵公司债权申报书,其内容应包括但不限于贵公司的名称、地址、联系方式、联系人及贵公司对本公司享有债权的金额、性质、有无担保、是否为连带债权等具体内容;

3. 贵公司债权形成所依据的合同、协议、裁判文书等债权凭证;

4. 贵公司委托代理人的授权委托书(如贵公司委托他人代为申报的);

5. 贵公司联系人及联系方式。

请贵公司按照如下联系方式向本公司送达债权人申报文件:

债权申报联系人:××先生/女士

通讯地址:

邮政编码:

电话:

传真:

贵公司接此通知后,请按照上述联系方式中所载传真,签署本通知所附回执后,传真回本公司,并将回执原件按上述联系方式挂号邮寄或专人送达本公司。

就本通知,如有任何问题,亦可按上述联系方式与联系人联系。

此致

××公司清算组

（盖章）

××××年××月××日

回　执

本公司确认,已于××××年××月××日收悉贵公司发送的本项债权申报通知。

债权人:××公司(公章)

签署时间:××××年××月××日

文本 6-8　关于××事宜债权申报的公告

经[××公司股东(大)会、公司登记机关、有关主管部门、有关人民法院决议、决定],本公司自××××年××月××日起,开始进入解散清算程序。请本公司债权人自本公告首次刊载之日起[第一次刊载日起]45日内,向本公司清算委员会申报债权,所需提交债权申报文件包括但不限于:债权人最新通过年检的营业执照复印件;载明债权人名称、地址、联系方式、联系人及债权人债权金额、性质、有无担保等具体内容的债权申报书;债权人债权形成所依据的合同、协议等债权凭证。如债权人需委托他人代为申报债权的,还应提交债权人委托代理人的授权委托书。

请债权人按如下联系方式提交上述文件,逾期申报的债权,将不予受理。

债权申报联系人:××先生/女士

通讯地址:

邮政编码:

电话:

传真:

贵公司接此通知后,请按照上述联系方式中所载传真,签署本通知后,传真回本公司,并将回执原件按上述联系方式挂号邮寄或专人送达本公司。

就本通知,如有任何问题,亦可按上述联系方式与联系人联系。

此致

××公司清算组

（盖章）

××××年××月××日

文本 6-9　××公司自主清算
债权申报登记表

编号:

债权人姓名或名称			
法定代表人(自然人债权人请注明居民身份证号码)		受委托人姓名、身份证号码	

(续表)

通讯信息(将用于向债权人寄送文书、发出通知等,请保证通讯信息准确、清楚)	联系地址				
	邮政编码				
	联系人				
	联系电话				
	传真				
申报债权数额(请注明币种)	本金			利息	
	其他			总额	
申报债权性质					
财产担保情况	有无特定财产担保	□有		□无	
	财产担保方式	□抵押	□质押		□留置
	担保财产				
债权涉诉(仲裁)情况	有无涉诉(仲裁)	□有		□无	
	有无生效裁决	□有		□无	
	是否已申请执行	□有		□无	
	已执行金额				
债权证据目录					
备注					

申报人(代理人)签章: 　　　　　申报时间:××××年××月××日

(五)处理公司未了结业务、清理债权债务

为处理公司未了结的业务,清理债权债务,终结公司的各种法律关系,可开展一些必要的"为了结公司业务"范围之内的经营活动。这一环节的主要工作包括:

①为了结公司现有业务而对尚未履行完毕的合同进行清理,包括继续履行或终止履行或解除合同;

②催收应收款,收回债权;

③代表公司参与民事诉讼活动。

(六)申请办理纳税清算

依法纳税是公司的法定义务。在清算过程中,清算组应负责清缴公司在清算前所欠税款以及在清算过程中所产生的税款,取得有关税务机关出具的清税证明。

(七) 编制资产负债表和财产清单

清算组在清理公司财产及债权债务后,应分别编制资产负债表和财产清单,这是公司清算中的基础性工作,只有对公司的资产状况进行清晰了解后,清算组才能进一步执行清算事务。这一环节的主要工作包括:

①编制公司自年初起至决定清算日为止的会计报表,包括资产负债表、利润表及有关附表,凭此进行财产的盘点清查,核证帐实物是否相符;

②清查全部财产、债权债务,编制财产目录和债权债务明细表;

③清查工作结束后,应着手确定财产的清算价值;

④在清算价值确定后,则可按清算要求重新编制资产负债表,然后将资产负债表和财产清单一并交公司股东会或股东大会通过,成为公司清偿债务和分配剩余财产的依据。

清算组在清理公司财产、编制资产负债表和财产清单后,发现公司财产不足以清偿债务的,应当依法向人民法院申请宣告破产。经人民法院裁定宣告公司破产后,清算组应当将清算事务移交给人民法院。

(八) 制订清算方案并报股东(大)会确认

清算组在清理公司财产、编制资产负债表和财产清单后,资产大于债务的,应当制订清算方案。编制出清算方案后,在公司自行组织清算的情况下,应当将清算方案报请股东会或股东大会决议确认。

清算方案的主要内容包括但不限于:

①清算费用;

②应支付的职工工资、社会保险费用和劳动补偿金;

③应缴纳的税款;

④公司债务清偿方案;

⑤对外投资与债权的处理方案;

⑥公司剩余财产的分配方案。

⑦其他公司清算中必须解决的问题。

备注:《清算方案》见文本 6-10。

文本 6-10　××公司清算方案

一、××公司的基本情况

××公司成立于××××年××月××日,取得××市工商行政管理局颁发的注册号为×××号企业法人营业执照。住所:×××;法定代表人:××;公司注册资本为××万元整,实收资本为××万元整;公司类型:×;公司经营范围:……

因[××公司股东(大)会、公司登记机关、有关主管部门、有关人民法院]做出的[关于解散、吊销、撤销、责令关闭本公司的决议、决定],本公司自××××年××月××日起,开始进入解散清算程序。

二、清算工作内容

(一)股东会清算决议

......

(二)成立清算组

本解散事由出现后15日内成立清算组,开始清算。清算组成立之日起10日内通知债权人,并将清算组成员、清算组负责人名单向公司登记机关备案。

1. 清算组的组成

......

2. 清算组在清算期间行使下列职权

(1)清算公司财产,分别编制资产负债表和财产清单;

(2)通知、公告债权人;

(3)处理与清算有关的公司未了结的业务;

(4)清缴所欠税款以及清算过程中产生的税款;

(5)清理债权、债务;

(6)处理公司清偿债务后的剩余财产;

(7)代表公司参与民事诉讼活动。

(三)公司清算组备案

......

(四)注销公告

60日内根据公司规模和营业地域范围在全国或者公司注册登记地省级有影响的报纸上进行公告。

(五)清产核资、清理债权债务、分配财产

1. 债权登记、确认

......

2. 清产核资

清算资产包括:

......

3. 分配财产

清算财产拨付清算费用后按下列顺序清偿:

(1)清算费用;

(2)员工工资、社会保险费用和法定补偿金;

(3)税款;

(4)企业债务;

(5)分配剩余财产

......

4.清算报告

按照股东会确认的清算方案分配完财产,由中介机构出具清算报告,清算报告经确认后,报送公司登记机关,申请注销公司登记,公告公司终止。

(六)税务注销

1.注销地税流程

……

2.注销国税流程

……

(七)银行账户注销(开户银行)

……

(八)海关手续注销(海关)

……

(九)外汇手续注销(外汇管理局)

……

(十)工商注销(工商局)

……

(十一)注销公章印鉴

……

××公司清算组

(盖章)

××××年××月××日

(九) 实施清算方案

清算组在制订清算方案并报股东会或股东大会确认后,由清算组负责组织实施清算方案。对于公司财产在分别支付清算费用、职工工资、社会保险费用和法定补偿金,缴纳所欠税款,清偿公司债务后的剩余财产,有限责任公司按照股东的出资比例分配,股份有限公司按照股东持有的股份比例分配。清算组处分公司的财产应遵循以下原则:

①顺序清偿原则。公司财产的支付应当按照支付清算费用、职工工资、社会保险费用和法定补偿金,缴纳所欠税款,清偿公司债务,股东分配剩余财产的顺序进行清偿。

②先债权后股权原则。清算组必须在清偿公司全部债务后再向股东分配公司的剩余财产。

③风险收益统一原则。清算组在处分公司剩余财产时必须按照股东的出资比例或者持股比例进行分配,不得违反风险与收益统一原则处分公司的剩余财产。

(十) 提交清算报告

清算方案实施完毕,即公司清算结束后,清算组应当制作清算报告。在制作出清算报告后,公司自行组织清算的,应当将清算报告报请股东会或股东大会确认。清算报告的主要内容包括但不限于:

①公司解散原因及日期;
②清算组的构成及何时开始清算;
③清算的形式;
④清算的步骤与安排;
⑤公司债权债务的确认和处理;
⑥清算方案的编制及确认情况;
⑦清算方案的执行情况;
⑧清算组成员履行职责的情况;
⑨其他有必要说明的情况。

备注:①《清算报告》参考格式文本,详见文本 6-11;②《关于确认注销清算报告的股东会决议》参考格式文本,详见文本 6-12。

文本 6-11　××有限公司注销清算报告

××限公司股东会:

根据《公司法》和其他法律法规、本公司章程的有关规定,清算组对××有限公司进行了清算,现清算工作已经完成,清算报告如下:

一、公司基本情况

××有限公司由××投资××万元、××投资××万元、××投资××万元,于××××年××月××日成立。法定代表人:××。经营范围:×××。住所:×××。营业期限:自××××年××月××日至××××年××月××日。

二、清算过程

1. 因××原因,经公司××××年××月××日股东会议决定,解散公司。清算组成员由×××担任,×××为清算组负责人。

2. 清算组已在成立之日起 10 日内通知了所有已知的债权人,并于××××年××月××日在《×××报》上刊登了清算公告,告知全体债权人于第一次公告 45 日之内向公司申报债权。

3. ××××年注销税务,编号为××××;××××年××月××日海关注销,编号为××××。

4. 清算组在清理公司财产、编制资产负债表和财产清单后,制订出清算方案,并已报请股东会确定。

三、债权债务清理情况

经清算组对公司资产负债进行全面清理,截止××××年××月××日,公司支付了清算组费用、职工工资、福利、社保,结清了税款,清偿了所有债务。清算终了时,公司所有债权债务已清理完毕。(公司净资产为××万元,根据公司章程和相关法律、法规的规定,按照投资者实缴的出资比例分配公司净资产:××分得××万元、××分得××万元,××分得××万元。)

特此报告

公司清算组成员签字:

(注:有限责任公司的清算组由股东组成;股份有限公司的清算组由董事或者股东大会确定的人员组成)

××××年××月××日

文本6-12 关于确认注销清算报告的股东会决议

一、会议时间:××××年××月××日

二、会议地点:×××办公室

三、会议参加人:×××、×××、×××[股份有限公司要说明:①董事会于会议召开前××天(临时股东大会需提前15日以上通知,股东大会需提前20日以上通知),以××方式通知所有股东参会;②实际到会股东人数,代表公司股份数及占总股本比例,是否符合《公司法》和公司章程规定;③公司董事、监事参会情况。]

四、会议主持人:×××(注:通常为原董事长或执行董事)

五、会议内容:

经公司全体股东研究,一致形成如下决议:

同意公司注销清算组出具的《××公司注销清算报告》。

自然人股东签字:

法人股东盖章:

(股份有限公司由股东大会会议主持人及出席会议的董事签字确认)

××××年××月××日

(十一) 办理注销登记

在清算报告经股东会、股东大会确认后,清算组应在30日内向原公司登记机关申请注销公司登记,公告公司终止。

办理公司注销登记所需要的主要材料包括但不限于:

①公司清算组负责人签署的《公司注销登记申请书》(加盖公司公章);

②公司签署的《指定代表或者共同委托代理人的证明》(加盖公司公章)及指定代表或委托代理人的身份证复印件(本人签字),应标明具体委托事项、被委托人的权限、委托期限;

③清算组成员《备案确认通知书》;

④股东签署的书面注销决定、注销原因;

⑤经股东签署确认的清算报告;

⑥依法刊登公告的报纸样张;

⑦公司的《营业执照》正、副本;

⑧法律、行政法规规定应当提交的其他文件,一般包括税务机关出具的清税证明、开户银行出具的销户证明等。

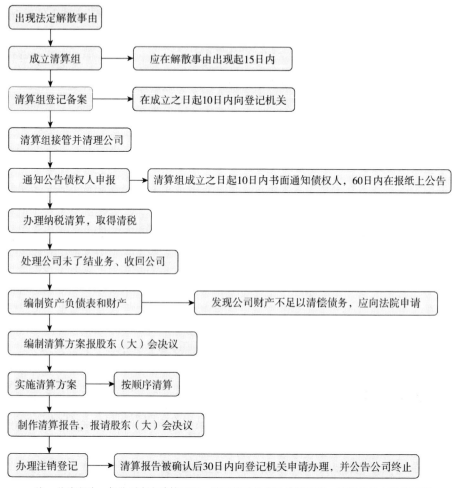

注:此流程为一般公司自主清算流程,涉及特殊公司的清算流程,建议参考本章第五节内容"特殊主体的解散清算"。

图6-1 自主清算业务一般流程

二、强制清算的程序

(一)公司强制清算的申请与受理

1.强制清算申请条件

有下列情形之一,债权人申请人民法院指定清算组进行清算的,人民法院应

予受理:

①公司解散逾期不成立清算组进行清算的;

②虽然成立清算组但故意拖延清算的;

③违法清算可能严重损害债权人或者股东利益的。

2. 强制清算申请主体

向人民法院申请强制清算公司的申请人一般为公司债权人。如果出现上述三种情形,而债权人未提起清算申请的,公司股东有权申请人民法院指定清算组对公司进行清算。

公司债权人或者股东向人民法院申请强制清算应当提交清算申请书。申请书应当载明申请人、被申请人的基本情况和申请的事实及理由。同时,申请人应当向人民法院提交被申请人已经发生解散事由以及申请人对被申请人享有债权或者股权的有关证据。公司解散后已经自行成立清算组进行清算,但债权人或者股东以其故意拖延清算,或者存在其他违法清算行为可能严重损害债权人或者股东利益为由,申请人民法院强制清算的,申请人还应当向人民法院提交公司故意拖延清算,或者存在其他违法清算行为可能严重损害其利益的相应证据材料。

申请人提交的材料需要更正、补充的,人民法院应当责令其于 7 日内予以更正、补充。由于客观原因无法按时更正、补充的,申请人应当向人民法院予以书面说明并提出延期申请,由人民法院决定是否延长期限。

3. 强制清算的管辖法院

对于公司强制清算案件的管辖应当分别从地域管辖和级别管辖两个角度确定。地域管辖法院应为公司住所地的人民法院,即公司主要办事机构所在地人民法院;公司主要办事机构所在地不明确、存在争议的,由公司注册登记地人民法院管辖。级别管辖应当按照公司登记机关的级别予以确定,即基层人民法院管辖县、县级市或者区的公司登记机关核准登记公司的公司强制清算案件;中级人民法院管辖地区、地级市以上的公司登记机关核准登记公司的公司强制清算案件。存在特殊原因的,也可参照适用《企业破产法》第 4 条、《民事诉讼法》第 37、39 条的规定,确定公司强制清算案件的审理法院。

4. 强制清算申请的审查

审理强制清算案件的审判庭审查决定是否受理强制清算申请时,一般应当召开听证会。对于事实清楚、法律关系明确、证据确实充分的案件,书面通知被申请人,若其对书面审查方式无异议的,也可决定不召开听证会,而采用书面方式进行审查。

人民法院决定召开听证会的,应当于听证会召开 5 日前通知申请人、被申请人,并送达相关申请材料。公司股东、实际控制人等利害关系人申请参加听证的,人民法院应予准许。听证会中,人民法院应当组织有关利害关系人对申请人是否具备申请资格、被申请人是否已经发生解散事由、强制清算申请是否符合法律规定等内容进行听证。因补充证据等原因需要再次召开听证会的,应在补充期限届满后10日内进行。

人民法院决定不召开听证会的,应当及时通知申请人和被申请人,并向被申请人送达有关申请材料,同时告知被申请人若对申请人的申请有异议,应当自收到人民法院通知之日起7日内向法院书面提出异议。

5.强制清算申请的受理

人民法院应当在听证会召开之日或者自异议期满之日起10日内,依法作出是否受理强制清算申请的裁定。

被申请人就申请人对其是否享有债权或者股权,或者对被申请人是否发生解散事由提出异议的,人民法院对申请人提出的强制清算申请应不予受理。申请人可就有关争议单独提起诉讼或者仲裁予以确认后,另行向人民法院提起强制清算申请。但上述异议事项已有生效法律文书予以确认,以及发生被吊销企业法人营业执照、责令关闭或者被撤销等解散事由有明确、充分证据的除外。

申请人提供被申请人自主清算中故意拖延清算,或者存在其他违法清算行为可能严重损害债权人或者股东利益的相应证据材料后,被申请人未能举出相反证据的,人民法院对申请人提出的强制清算申请应予受理。债权人申请强制清算,被申请人的主要财产、账册、重要文件等灭失,或者被申请人下落不明,导致无法清算的,人民法院不得以此为由不予受理。

人民法院受理强制清算申请后,经审查发现强制清算申请不符合法律规定的,可以裁定驳回强制清算申请。人民法院裁定不予受理或者驳回受理申请,申请人不服的,可以向上一级人民法院提起诉讼。

6.强制清算申请的撤回

人民法院裁定受理公司强制清算申请前,申请人请求撤回其申请的,应予准许。

公司因其章程规定的营业期限届满或者章程规定的其他解散事由出现,或者股东会、股东大会决议自愿解散的,人民法院受理强制清算申请后,清算组对股东进行剩余财产分配前,申请人以公司修改章程,或者股东会、股东大会决议公司继续存续为由,请求撤回强制清算申请的,人民法院应予准许。

公司因依法被吊销营业执照、责令关闭或者被撤销,或者被人民法院判决行政解散的,人民法院受理强制清算申请后,清算组对股东进行剩余财产分配前,申请人向人民法院申请撤回强制清算申请的,人民法院应不予准许。但申请人有证据证明相关行政决定被撤销,或者人民法院作出解散公司判决后当事人又达成公司存续和解协议的除外。

备注:《强制清算撤回申请书》见文本6-13。

文本6-13 申请书

申请人:×××,男或女,××××年××月××日出生,×族,……(写明工作单位和职务或者职业),住……。联系方式:……。

法定代理人或指定代理人:×××,……。

委托诉讼代理人:×××,……。

(以上写明申请人的姓名或者名称等基本信息)

请求事项:

撤回贵院(××××)…号……(写明案由)一案的强制清算申请。

事实和理由:

……(写明申请撤回强制清算的理由)。

此致

×××人民法院

申请人(签名或者盖章)

××××年××月××日

(二)指定清算组成员

人民法院受理公司清算案件,应当及时指定有关人员组成清算组。清算组成员可以从下列人员或者机构中产生:

①公司股东、董事、监事、高级管理人员;

②依法设立的律师事务所、会计师事务所、破产清算事务所等社会中介机构;

③依法设立的律师事务所、会计师事务所、破产清算事务所等社会中介机构中具备相关专业知识并取得执业资格的人员。

公司股东、董事、监事、高级管理人员能够并且愿意参加清算的,人民法院可优先考虑指定上述人员组成清算组;上述人员不能、不愿进行清算,或者由其负责清算不利于清算工作依法进行的,人民法院可以指定《人民法院中介机构管理人名册》和《人民法院个人管理人名册》中的中介机构或者个人组成清算组;人民法院也可根据实际需要,指定公司股东、董事、监事、高级管理人员,与管理人名册中的中介机构或者个人共同组成清算组。人民法院指定管理人名册中的中介机构或者个人组成清算组,或者担任清算组成员的,应当参照适用最高人民法院《关于审理企业破产案件指定管理人的规定》。

强制清算的清算组成员人数应当为单数。人民法院在指定清算组成员的同时,应当根据清算组成员的推选,或者依职权,指定清算组负责人。清算组负责人代行清算中公司诉讼代表人职权。清算组成员未依法履行职责的,人民法院应当依据利害关系人的申请,或者依职权及时予以更换。

(三)变更清算组成员

人民法院指定的清算组成员有下列情形之一的,可以根据债权人、股东及其他利害关系人的申请,或者依职权更换清算组成员:

①有违反法律或者行政法规的行为;

②丧失执业能力或者民事行为能力;

③有严重损害公司或者债权人利益的行为。

当清算组成员不能胜任职务或者有违反法律规定的情形时,应予以解任更换。人民法院依法更换清算组成员,是监督清算过程的有效方式之一。清算组成员的更换包括依申请更换和依职权更换两种方式。

在强制清算程序中,清算组的成员由人民法院指定产生,是人民法院行使职权的结果,所作出的决定对相关人员都具有约束力。因此,虽然公司股东和债权人应当享有更换清算组成员的权利,但在法律程序上,公司股东或者债权人更换清算组成员应当向人民法院申请,无权擅自更换。有权向人民法院提出更换清算组成员的人员,除《公司法解释二》第9条所指的债权人、股东外,还应包括其他利害关系人,如公司高级管理人员、监事等。

公司强制清算是公司自主清算发生阻碍时,由人民法院以公权力介入,直接指定清算组进行的清算。因此,相比公司自主清算,在强制清算程序中,人民法院除了通过权利人诉讼行使司法权而进行必要的监督,还需要进行相对积极的监督。在指定清算组成员后,这些成员是否能够忠实、谨慎地履行清算义务,依法、高效地处理清算事务,还应当受人民法院的监督。一旦出现不能依法履行职责的情形,人民法院应当依职权予以更换。

备注:《变更清算组申请书》见文本6-14。

文本6-14 变更清算组申请书

申请人:×××,男或女,××××年××月××日出生,×族,……(写明工作单位和职务或者职业),住……。联系方式:……。

法定代理人或指定代理人:×××,……。

委托诉讼代理人:×××,……。

(以上写明申请人的姓名或者名称等基本信息)

请求事项:

申请更换贵院(××××)……号决定书指定的清算组或清算组负责人(写明变更的具体内容)。

事实和理由：

……（写明申请更换的理由）。

此致

×××人民法院

申请人（签名或者盖章）

××××年××月××日

（四）刻制印章和开立账户

清算组成立后，可以凭人民法院解散公司的裁定，股东（大）会同意解散公司的决议，工商行政管理部门吊销公司营业执照、责令关闭或者撤销公司的法律文件，股东（大）会成立清算组的决议，公司公章及致公安机关刻制印章的函件等法定文件材料，按照国家有关规定向公安机关申请刻制清算组印章。

清算组印章只限于清算组履行职责时使用。清算组印章的使用，应当实行审批登记制度。

清算组印章刻制后，清算组可以凭人民法院解散公司的裁定，股东（大）会同意解散公司的决议，工商行政管理部门吊销公司营业执照、责令关闭或者撤销公司的法律文件，股东（大）会成立清算组的决议，公司公章，清算组开立账户的决定及身份证明等文件材料，到银行申请开立清算组账户。

清算组帐户只限于清算组依法履行职责时使用。

（五）清理公司财产、通知债权人、编制资产负债表和财产清单、制订清算方案

清算组在清理公司财产、通知债权人、编制资产负债表和财产清单（上述程序与自主清算相关程序规定一致）后，应当制订清算方案。清算方案制订出来后，在人民法院组织清算的情况下，应当将清算方案报请人民法院确认。清算方案的主要内容与自主清算程序中的相关内容一致。

人民法院指定的清算组在清理公司财产、编制资产负债表和财产清单时，发现公司财产不足以清偿债务的，可以与债权人协商制订有关债务清偿方案。债务清偿方案经全体债权人确认且不损害其他利害关系人利益的，人民法院可依清算组的申请裁定予以认可。清算组依据该清偿方案清偿债务后，应当向人民法院申请裁定终结清算程序。债权人对债务清偿方案不予确认或者人民法院不予认可的，清算组应当依法向人民法院申请宣告破产。

（六）裁定延长清算期限

人民法院组织清算的，清算组应当自成立之日起6个月内清算完毕。因特殊情况无法在6个月内完成清算的，清算组应当向人民法院申请延期。

(七)确认清算报告

清算方案实施完毕,即公司清算结束后,清算组应当制作清算报告。清算报告制作出来后,在人民法院组织清算的情况下,应当将清算报告报请人民法院确认。清算报告的主要内容与自主清算程序中的相关内容一致。

(八)终结清算程序

公司依法清算结束,清算组制作清算报告并报人民法院确认后,人民法院应当裁定终结清算程序。公司登记机关依清算组的申请注销公司登记后,公司终止。

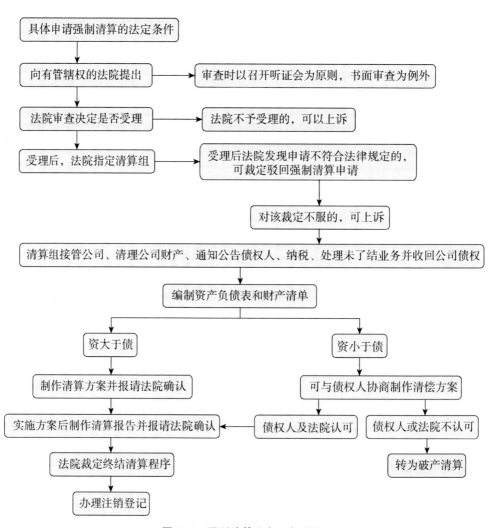

图 6-2 强制清算业务一般流程

三、自主清算与强制清算的衔接

无论自主清算还是强制清算,公司都没有选择的权利,在出现合并或分立之外的解散事由时,公司应先自主清算,即在解散事由出现之日起 15 日内成立清算组进行清算,若逾期不清算、拖延清算、损害债权人或股东利益的,债权人或股东才可启动强制清算程序,故自主清算和强制清算在一定条件下可单向转换。

第三节　公司简易注销

一、公司简易注销及其适用范围

(一)公司简易注销的意义

公司注销是指公司到登记机关申请注销,终止公司法人资格的过程,包括一般注销与简易注销。与一般注销相对,简易注销是指在坚持"便捷高效、公开透明、控制风险"基本原则的基础上,对未开业企业和无债权债务企业实行的条件适当、程序简便、创新高效的注销登记程序。

2016 年 12 月 26 日,国家工商行政管理总局发布了《关于全面推进企业简易注销登记改革的指导意见》,明确指出"为进一步深化商事制度改革,完善市场主体退出机制,根据《国务院关于促进市场公平竞争维护市场正常秩序的若干意见》(国发〔2014〕20 号)、《国务院关于印发 2016 年推进简政放权放管结合优化服务改革工作要点的通知》(国发〔2016〕30 号),自 2017 年 3 月 1 日起,在全国范围内全面实行企业简易注销登记改革"。2019 年 5 月 9 日,国家税务局发布了《关于深化"放管服"改革更大力度推进优化税务注销办理程序工作的通知》,大力度推进优化税务注销办理程序。

(二)简易注销的适用范围

1. 适用的企业类型

简易注销适用于有限责任公司、非公司企业法人、个人独资企业、合伙企业。

2. 适用的法定情形

①未开业,即领取营业执照后未开展经营活动。

②无债权债务,即申请注销登记前未发生债权债务或已将债权债务清算完结。如果人民法院裁定强制清算或裁定宣告破产的,有关企业清算组、企业管理人员可

持人民法院终结强制清算程序的裁定或终结破产程序的裁定,向被强制清算人或破产人的原登记机关申请办理简易注销登记。

符合以上情形的公司,可自主选择适用一般注销程序或简易注销程序。

3. 不适用简易注销的法定情形

①涉及国家规定实施准入特别管理措施的外商投资企业;

②被列入企业经营异常名录或严重违法失信企业名单的;

③存在股权(投资权益)被冻结、出质或动产抵押等情形;

④有正在被立案调查或采取行政强制、司法协助、被予以行政处罚等情形的;

⑤企业所属的非法人分支机构未办理注销登记的;

⑥曾被终止简易注销程序的;

⑦法律、行政法规或者国务院决定规定在注销登记前需经批准的;

⑧不适用企业简易注销登记的其他情形。

二、公司简易注销的操作要点

简易注销主要流程包括:公告(公告期为45日)→企业向登记机关提出注销申请,提交申请材料→登记机关审查→作出是否准予简易注销的决定。

具体操作流程如下:

①企业申请简易注销登记应当先通过国家企业信用信息公示系统《简易注销公告》专栏主动向社会公告拟申请简易注销登记及全体投资人承诺等信息(强制清算终结和破产程序终结的企业除外),公告期为45日。登记机关应当同时通过国家企业信用信息公示系统将企业拟申请简易注销登记的相关信息推送至同级税务、人力资源和社会保障等部门,涉及外商投资企业的还要推送至同级商务主管部门。公告期内,有关利害关系人及相关政府部门可以通过国家企业信用信息公示系统《简易注销公告》专栏"异议留言"功能提出异议并简要陈述理由。

②公告期满后,企业可向企业登记机关提出简易注销登记申请。

③企业申请简易注销登记时需要提交如下申请材料:A.《申请书》。B.《指定代表或者共同委托代理人授权委托书》。C.《全体投资人承诺书》。《全体投资人承诺书》是指全体投资人签署的包含全体投资人决定企业解散注销、组织并完成清算工作等内容的文书。(强制清算终结的企业提交人民法院终结强制清算程序的裁定,破产程序终结的企业提交人民法院终结破产程序的裁定。)D. 营业执照正、副本。

在一般注销程序中,企业向登记机关申请注销需要提供诸多材料,包括清算报告、投资人决议、清税证明、清算组备案证明、刊登公告的报纸样张等材料;而在简易注销中,只需提供上述第一项至第四项材料。简易注销对申请所需材料进行简化,推进企业注销便利化。

④登记机关在收到申请后,应当对申请材料进行形式审查,也可利用国家企业信用信息公示系统对申请简易注销登记企业进行搜索检查,对于不适用简易注销登记限制条件的申请,书面(电子或其他方式)告知申请人不符合简易注销条件;对于公告期内被提出异议的企业,登记机关应当在3个工作日内依法作出不予进行简易注销登记的决定;对于公告期内未被提出异议的企业,登记机关应当在3个工作日内依法作出准予简易注销登记的决定。

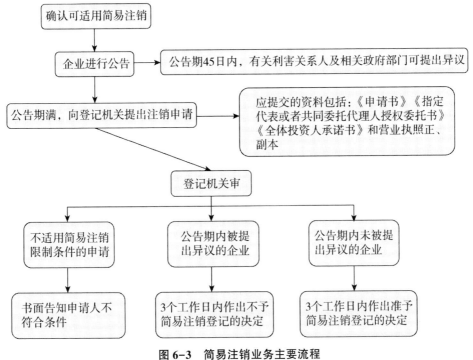

图6-3 简易注销业务主要流程

文本6-15 简易注销相关格式

(一)全体投资人承诺书

现向登记机关申请_____(企业名称)的简易注销登记,并郑重承诺:

本企业申请注销登记前未发生债权债务或已将债权债务清算完结,不存在未结清清算费用、职工工资、社会保险费用、法定补偿金和未交清的应缴纳税款及其他未了结事务,清算工作已全面完结。

本企业承诺申请注销登记时不存在以下情形:涉及国家规定实施准入特别管理措施的外商投资企业;被列入企业经营异常名录或严重违法失信企业名单的;存在股权(投资权益)被冻结、

出质或动产抵押等情形;有正在被立案调查或采取行政强制、司法协助、被予以行政处罚等情形的;企业所属的非法人分支机构未办理注销登记的;曾被终止简易注销程序的;法律、行政法规或者国务院决定规定在注销登记前需经批准的;不适用企业简易注销登记的其他情形。

本企业全体投资人对以上承诺的真实性负责,如果违法失信,则由全体投资人承担相应的法律后果和责任,并自愿接受相关行政执法部门的约束和惩戒。

全体投资人签字(盖章):
年 月 日

第四节 公司解散清算中的律师实务

一、公司解散阶段的律师实务

律师在公司解散前、解散中能为客户提供的法律服务有以下几方面:

(一)为解散类型的选择与程序提供指导意见

在解散前期,律师可根据公司现状、股东关系及公司解散目的等实际情况选择适宜的解散类型,若已达到自行解散条件的,基于主动权在公司,可优先考虑自行解散;若已被吊销营业执照,则必须在被吊销营业执照之日起15日内成立清算组;若公司出现经营困难或僵局,且通过其他途径不能解决的,也可建议公司考虑申请司法解散。

在实务中,很多公司管理层对解散、清算的概念不清晰,对解散与清算先后顺序也不清晰,解散程序所涉文件也是漏洞百出。律师可在解散前向公司高级管理人员讲解解散清算相关类型,对解散程序进行指导。

(二)草拟公司解散文件

虽然各地工商局对公司解散有指导文本,但由于部分地区信息的滞后性,仍存在一部分公司所参照的解散文本不符合要求,也存在部分公司自行修改后的文件存在法律瑕疵等情形。在公司解散阶段,涉及自行解散的,律师可协助公司草拟股东会会议全套文件,包括相关通知、表决票、会议记录、会议决议等,决议内容包含解散事由及指定清算组事宜;涉及司法解散的,可根据相关股东的委托,提起公司解散之诉。

(三)出具专项法律意见书

律师可针对公司解散的合法合规性出具专项法律意见书,此类业务常见于国有公司,此类法律意见书主要包含公司基本情况(如工商登记信息及股权结构是否存在异常)、解散事由(是否符合公司法及公司章程)、解散程序(是否符合公司法及公司章程)等事项。

二、公司清算阶段的律师实务

鉴于破产清算将另行详细阐述,故此部分的律师实务主要针对自主清算及强制清算程序中所涉及的实务问题。

(一) 作为清算组成员参与清算事务

在自主清算中,有限责任公司清算组由股东组成,股份有限公司的清算组由董事或者股东大会确定的人员组成。在破产清算中,清算组管理人仅限于人民法院指定的有关部门、机构的人员。在强制清算中,清算组由人民法院指定,指定范围中包含律师事务所,故律师事务所或律师可被人民法院指定为清算组成员,从事接管公司、清理资产、通知和公告债权人、处理未了结业务、申请办理纳税结算、清理债权债务、编制资产负债表和财产清单、编制和实施清算方案、提交清算报告、办理注销登记等业务。

需要注意的是,全国大部分地区人民法院都设有破产管理人名册,强制清算程序中的清算组多从破产管理人名册中指定。故律师事务所需尽可能入选至当地人民法院的破产管理人名册,为潜在业务的开展做好铺垫。

(二) 为清算组提供法律服务

清算组在履行清算职责过程中,律师可协助清算组办理以下事务:

1. 指导清算的实施

鉴于清算组并非完全由律师事务所或清算事务所组成,故律师可指导非专业的清算组进行清算工作,拟定相关程序指引,协助清算组拟订清算过程中的议事规则,制订清算工作计划,提示各程序的法律风险,指导清算方案的实施,对清算组的日常清算工作进行解答。

2. 协助通知或公告债权人

在清算组成立后,律师可协助清算组在法定期间内通知已知债权人、办理公告,并草拟相关通知、公告文件。

3. 协助接管被清算公司

律师可就公司的财产、印章和账簿、文书等资料的接管,制订接管方案。对已接管的公司财产制作财产清单,协助梳理公司各类印章,编制印章登记册;梳理公司各类合同并编制成册;梳理各类凭证、票据;梳理人事花名册;梳理其他相关档案。对于公司应交接而不能交出的财产或档案材料,应在交接清单上由交接双方予以确认。

4. 协助调查公司的财产

协助清算组对公司的财产状况进行调查,包括但不限于出资情况、货币财产、债权、存货、社保、不动产、无形资产、对外投资、未履行完毕的合同、财产占有状况,并制作财产状况报告。因客观原因无法全面调查财务状况的,应作出相关说明。

5. 管理和处分公司的财产

协助清算组接管公司财产后,根据各类资产的不同性质,制订管理和处分方案并及时采取合理管理和处分措施,包括但不限于权属不明确的依法确权,限制资产经批准后出租,指定专人负责保管易流失财产,不适宜保管或保管费用较高的依法及时变卖,依法行使被投资公司的股东权益,及时对特定财产办理保险手续等,并拟定具体协议。

6. 追收公司财产

在清算组接管公司后,协助清算组书面通知公司债务人及时清偿债务,通知公司财产持有人及时向清算组交付财产,通知未履行出资义务的出资人缴纳出资,追收被抽逃的出资,追收董事、监事、高级管理人员非正常收入和侵占的公司财产,草拟相关通知文件,及时申请财产保全及提起诉讼。

7. 清理债务,代表清算组参加诉讼、仲裁

协助清算组梳理债务合同,根据基础材料、凭证核实债务的真实性、诉讼时效、形成原因、担保情况、与债权人的关系、涉诉情况编制成册。若出现纠纷争议,代表清算组参加公司诉讼、仲裁或者其他法律程序。

8. 协助办理注销登记

公司注销涉及税务、银行销户、工商注销登记,律师可协助清算组与相关部门对接,做好程序衔接,办理注销登记,减少沟通成本。①

(三)为债权人提供法律服务

1. 债权申报

律师在公司自主清算和强制清算中,可担任债权人的代理人,根据清算组发出的通知和发布的公告,在规定期限内及时协助指导债权人收集完整的债权凭证文件并向清算组申报债权,未在规定期限内申报债权的,在公司清算程序终结前补充申报,律师可草拟债权申报书。若债权不被清算组认可,可受债权人委托,向有管

---

① 参见深圳市律师协会编著:《律师从事公司自主清算业务指导标准》,载深圳市律师协会公司解散与破产清算专业委员会编著:《律师从事破产清算业务指导标准》,法律出版社2015年版,第118页。

辖权的人民法院提起确认之诉,同时将起诉状及法律受理文件提交给清算组并留存相关凭证。

2. 提供债权清收意见

律师可根据债权人的委托对债务进行调查,核实其诉讼时效、担保情况、债务人资产等情况后出具债权清收意见,接受债权人的委托并进行财产保全、提起诉讼、调查财产线索、申请执行。

3. 申请破产

根据《企业破产法》第 7 条的规定,公司不能清偿到期债务的,债权人有权向人民法院提出重整、和解或者破产清算申请。故律师可受债权人委托,准备破产申请证据材料,即证明存在到期债权、公司不能清偿等相关证据,向人民法院申请破产重整或破产清算。

(四)为股东提供法律服务

1. 提供清算前期调查

在实务中,大部分股东很少直接参与公司的经营管理,特别是在公司将达到解散清算的条件时,不清楚公司该以何种方式清算,如何清算对股东的损害最小,故律师可接受公司股东的委托,对公司的基本情况包括资产负债进行初步调查,同时审查相关人员的责任,出具调查结论,提示法律风险并给出对策建议。

2. 就股权、资产收购出具法律意见

因公司解散清算的预期结果是注销登记,少有公司股东在解散清算阶段转让股权,但不排除一些股东为掌控公司或为取得清算组主导权而收购公司部分股权或基于其他特殊因素转让股权,故股东既有可能是转让方也有可能是受让方。在股东是转让方的情况下,律师可受股东委托开展尽职调查,核实其基本情况、支付能力(股东作为转让方)、标的股权的权属状态及限制情况(股东作为受让方)、信誉状况等,同时可参与谈判、协助设计交易架构、拟定交易文件并进行程序指导,需要注意的是,大部分工商部门不允许公司清算阶段进行股权转让及工商变更,故律师在交易前需充分向委托方提示法律风险并建议其披露给交易相对方,以免委托方决策基础存在重大误解。

因公司在清算阶段,不得开展与清算无关的经营活动,但在实施已经确认的清算方案时,公司资产可在合法合规前提下进行处理(如变卖、拍卖)。股东不仅是公司的出资人,也可是公司资产的潜在收购人,律师可接受股东的委托对标的资产的权属及限制情况进行调查并出具法律意见,同时根据公司清算具体情况,参与与清算组、其他股东的谈判,以减少资产收购阻碍。

3.代理诉讼

在公司或清算组负责人代表公司就股东未履行出资义务或损害公司利益提起诉讼时，可受股东委托应诉，在合法合规的前期下，充分举证，尽可能减少股东的损失。

三、公司解散清算中的利益平衡

法律是利益平衡的产物，公司是利益平衡的载体。利益平衡是公司法的目的和任务，也是贯穿公司法整个制度体系的核心理念。同时利益平衡也是思考和解决问题的重要方法和指导原则，既是一项立法原则，也是一项司法原则。律师从事公司法业务，无论是非诉业务，还是诉讼业务，都要把握好利益平衡。

律师办理公司解散清算业务，要注意公司解散清算阶段的利益平衡的特点。与法律在公司初创和正常经营阶段向保护股东利益倾斜，兼顾债权人及其他利益相关者的利益不同，法律在清算阶段优先保护债权人及其他利益相关者的利益，兼顾股东利益，这样有利于实现公司股东、债权人等主体之间利益的总体平衡。当然，优先保护债权人利益并不意味着债权人不负任何程序性义务，如果债权人没有妥当履行程序性义务，则其权利应当受到相应限制，以保障清算程序中其他利害关系人的利益。把握好公司解散清算阶段利益平衡的特点，有助于律师正确处理公司解散清算业务。

第五节 公司解散清算重难点

一、特殊主体的解散清算

本章第二节"清算的程序"详细介绍了自主清算和强制清算的程序，该部分可作为一般公司解散清算的指导，但一些特殊类型的公司，基于其性质或行业类型的特殊性，除了需要履行前述一般程序，还需要履行特别程序。

(一)国有企业的解散清算

1.决策程序

国有企业的解散清算属于重大事项，需按该公司及履行出资人职责机构内部决策制度进行决策，重要国有独资、国有资本控股公司的解散清算应当由履行出资人职责的机构报经本级人民政府批准，符合《国有企业清产核资办法》中清产核资标准的，需报同级国有资产监督管理机构批准，涉及职工安置的，安置方案需得到地方劳动保障部门的审核批准。

2. 内部公开程序

根据中共中央办公厅、国务院办公厅《关于在国有企业、集体企业及其控股企业深入实行厂务公开制度的通知》，国有及国有控股单位对这些重大决策事项应当向职工进行公开，必要时征求职工意见。按照国务院办公厅《关于进一步完善国有企业法人治理结构的指导意见》的规定，建立国有企业重大事项信息公开和对外披露制度，故如果条件允许，各股东单位最好履行内部公开程序。

3. 评估程序

根据《企业国有资产法》《国有资产评估管理办法》《国有资产评估管理若干问题的规定》等规定，国有企业清算、解散应当评估。故国有企业解散清算的，应当委托评估机构进行评估。

(二) 商业银行、信托公司、证券公司、保险公司、期货公司、融资性担保公司、金融租赁公司、网贷中介公司的解散清算

根据《商业银行法》第 69 条的规定，商业银行因分立、合并或者出现公司章程规定的解散事由需要解散的，应当向国务院银行业监督管理机构提出申请，并附解散的理由和支付存款的本金和利息等债务清偿计划，经国务院银行业监督管理机构批准后解散。第 71 条规定，商业银行不能支付到期债务，经国务院银行业监督管理机构同意，由人民法院依法宣告其破产。被宣告破产后，由人民法院组织国务院银行业监督管理机构等有关部门和有关人员成立清算组，进行清算。

根据《信托公司管理办法》第 13 条的规定，信托公司出现分立、合并或者公司章程规定的解散事由，申请解散的，经中国银行业监督管理委员会批准后解散，并依法组织清算组清算。

根据《证券公司监督管理条例》《证券公司风险处置条例》的规定，证券公司停业、解散或者破产的，应当经国务院证券监督管理机构批准。

根据《保险公司管理规定》的规定，保险公司依法解散的，应当经中国银保监会批准。保险公司清算组应当自成立之日起 10 日内通知债权人，并于 60 日内在中国银保监会指定的报纸上至少公告 3 次。清算组应当委托资信良好的会计师事务所、律师事务所，对公司债权债务和资产进行评估。

根据《期货交易管理条例》第 19 条的规定，期货公司的解散应当经国务院期货监督管理机构批准。

根据《融资担保公司监督管理条例》《融资性担保公司管理暂行办法》第 14 条的规定，融资性担保公司因分立、合并或出现公司章程规定的解散事由需要解散的，应当经监管部门审查批准。

根据《金融租赁公司管理办法》第 21 条的规定,金融租赁公司出现解散事由的,经中国银保监会批准可以解散。

根据《网络借贷信息中介机构业务活动管理暂行办法》第 8 条的规定,经备案的网络借贷信息中介机构拟终止网络借贷信息中介服务的,应当在终止业务前提前至少 10 个工作日,书面告知工商登记注册地地方金融监管部门,并办理备案注销。

(三) 上市公司的解散清算

上市公司解散除依照一般公司解散清算流程,还需根据股票所在交易所的规则、信息披露管理办法、信息披露制度、公司章程,履行相应内部决策程序和外部披露程序。已发行优先股的公司因解散、破产等原因进行清算时,公司财产在按照公司法和破产法有关规定进行清偿后的剩余财产,应当首先向优先股股东支付未派发的股息和公司章程约定的清算金额,不足以全额支付的,按照优先股股东持股比例分配。

二、解散清算实务中的疑难点

(一) 清算组议事方式

法律法规对公司自主清算和强制清算中清算组议事规则并未予以明确,但从公司法规定清算组的人员范围来看,既有可能是公司股东、董事、监事、高级管理人员,也有可能是中介机构甚至是个人,若清算组按股权比例表决,在有非股东参与的情况下,清算组的决策具有不稳定性。而最高人民法院《关于审理公司强制清算案件工作座谈会纪要》第 23 条规定可以看出,强制清算中的清算组成人员是单数,若按股权比例,规定清算组的单偶数不具有实质意义,故律师在制定议事规则时建议按一人一票"简单多数"表决,同时注意检索案件所在地的各级人民法院是否有内部意见或操作指引等指导性文件予以参考。

(二) 解散清算的撤回问题

根据《公司法》第 181 条及《关于审理公司强制清算案件工作座谈会纪要》第 8 条的规定,自行解散和强制清算符合特定情形时允许撤回。

在自行解散中,公司营业期限届满或公司章程规定的其他解散事由出现,可通过修改公司章程而存续,有限责任公司须经持有 2/3 以上表决权的股东通过,股份有限公司须经出席股东大会会议的股东所持表决权的 2/3 以上通过。

在强制清算中,人民法院裁定受理公司强制清算申请前,申请人可以请求撤回强制清算申请;公司因公司章程规定的营业期限届满或者公司章程规定的其他解散事由出现,或者股东(大)会决议自行解散的,人民法院受理强制清算申请后,清算组对股东进行剩余财产分配前,申请人可以公司修改章程,或者股东(大)会决议公司继续存续为由,向人民法院请求撤回强制清算申请;公司因依法被吊销营业执照、责令关闭或者被撤销,或者被人民法院判决行政解散的,人民法院受理强制清算申请后,清算组对股东进行剩余财产分配前,申请人有证据证明相关行政决定被撤销,或者人民法院作出解散公司判决后当事人又达成公司存续和解协议的,可以向人民法院申请撤回强制清算申请。

(三)解散清算阶段中的股权转让

在解散清算阶段,若存在撤回解散或清算的情况,律师在办理此项业务时可按照常规股权转让业务进行尽职调查、参与谈判、拟订交易架构来协助办理工商登记。在不撤回或撤回不予准许的情况下,工商部门一般不允许在清算程序中转让股权,以防止股东逃避责任。若未履行完出资义务的,也可能被债权人主张就未出资的部分对公司未弥补的债务承担责任。故在解散清算中,律师在处理股权转让业务时,需提前与当地工商部门核实变更登记的可能性,并向委托人充分披露交易风险。

(四)清算阶段中资产负债表的编制

根据《公司法》的规定,公司清算应编制资产负债表,但没有规定资产负债表的基准日标准。实务中,多数公司为节省时间和财力成本,一般情况下以上一年度年报为依据,此时易遗漏债权债务,存在损害债权人、股东利益的风险,同时清算组未尽到勤勉义务,也存在被相关利益方追责的风险。根据清算制度设立的初衷,资产负债表应在公司清产核资后进行编制,而非沿用基准日在清产核资未结束之前的审计报告或者年报。

(五)清算阶段中的评估

《公司法》未规定清算必须经评估,实务中,除了少部分国有公司按国有资产规定进行资产评估,大部分公司的清算也未进行评估,公司清算阶段未评估而直接处置资产的,若处置价格低于资产的价值,则可能导致债权人清偿金额及股东可分配的财产减少,且过程不透明,也会导致清算组处于被动地位。故律师在参与清算业务过程中需关注清算组是否履行评估程序,充分维护委托方的利益。

(六)剩余财产的分配

根据《公司法》的规定,公司清算后的剩余财产,有限责任公司按照股东的出资比例分配,股份有限公司按照股东持有的股份比例分配,但没有规定剩余财产是全部统一实物分割还是拍卖变卖为现金进行分配。鉴于剩余财产是分配给股东,故在含有实物或无形资产的剩余财产分配上,建议清算组在征询股东意见后表决决定是实物分配还是变现,若决定将实物或无形资产变现的,建议进行评估,充分考虑市场的实物价值。

第七章 公司法律尽职调查

法律尽职调查,是法律专业人员对目标公司、目标资产等交易事项进行的法律方面的调查、分析。它是律师的一项重要非诉业务,常与后续的法律服务相关联,是设计交易结构、商业谈判、起草协议文件的基础。

本章共分三节,第一节介绍法律尽职调查的类型、目的和意义,以及如何确定法律尽职调查的范围;第二节介绍法律尽职调查的业务标准、方法和流程;第三节举例说明法律尽职调查的调查重点、主要审阅文件、常见法律问题及其处理。

第一节 法律尽职调查的类型、目的、意义及范围

一、尽职调查的意义及其类型

尽职调查(Due diligence,简称"DD"),又称"审慎调查",是商业活动中对交易对象、交易标的等交易相关事项进行适当的调查、分析和评估。尽职调查有助于消除信息不对称,进而作出正确的判断和决策。成功的尽职调查决定了后续交易的成功。

社会经济的发展使得大量信息带有"专业性",于是当事人聘请第三方专业机构和专业人士进行尽职调查。根据内容的不同,尽职调查分为评估业务前景的商业尽职调查、评估实际资产和负债状况的财务尽职调查、评估税务风险的税务尽职调查、评估法律风险的法律尽职调查、评估木材来源合规性的木材合法性尽职调查等。

二、法律尽职调查及其类型

法律尽职调查,是法律专业人员对目标公司、目标资产等交易相关事项进行的法律方面的调查、分析和评估。其意义在于了解目标企业、目标资产等交易相关事项的合法性和法律风险,作为商业计划或交易决策的依据。

根据委托人拟进行交易的不同,法律尽职调查可以分为公司并购法律尽职调查、证券发行法律尽职调查、融资法律尽职调查、重组法律尽职调查等。交易类型

不同,尽职调查的范围、内容和深度也会有所不同。

根据委托人的不同,法律尽职调查可以分为买方对卖方进行的法律尽职调查、卖方对买方进行的法律尽职调查。客户不同,其需求也不同,尽职调查以客户需求为工作导向。

法律尽职调查不仅适用于证券业务,也适用于公司收购、资产收购、风险投资、股权投资、商业信贷和其他项目。律师所服务的项目和客户的需求,决定了尽职调查的范围、侧重点和深度。其中,律师从事证券法律业务和银行业务尽职调查的范围,有关法律规范对此有较明确的规定,本章不再阐述。资产收购涉及的法律关系相对简单,本章不作重点阐述。风险投资、股权投资与公司收购尽职调查类似。故本章主要阐述公司股权并购法律尽职调查。

三、法律尽职调查的目的和意义

交易双方的企业信息不对等,给交易带来了潜在的风险。法律尽职调查的目的就是通过对目标企业、目标资产等的详细调查,了解目标企业、目标资产的基本情况,从而发现并控制法律风险,评估法律风险并提出解决方案、意见或建议。这个过程,实际上是寻求各利益主体达到利益平衡的过程,最终实现互利共赢。

(一)了解目标企业、目标资产的基本情况

客户委托律师进行尽职调查的目的之一,是希望通过尽职调查了解目标企业、目标资产有关法律、财务、经营、人力资源、债权债务等情况,作为衡量交易标的价值的重要基础。了解目标企业、目标资产基本情况,也是发现法律风险、评估法律风险和规避法律风险的基础。

(二)发现法律风险

客户委托律师尽职调查的另一目的是发现目标企业、目标资产及拟议交易中现存的和潜在的法律风险以及影响交易的各种风险因素。这些风险有些可能在尽职调查之前已经存在,有些可能在尽职调查过程中新出现,也可能是过去潜在风险现在变成了现实。在尽职调查过程中发现了风险,揭示出目标企业或委托调查范围内的所有大大小小的风险,律师的尽职调查工作可以说基本及格。

(三)评估法律风险并提出解决方案、意见或建议

律师发现了风险,接着要对发现的风险进行判断、评估,其一是评估风险性质,其二是评估风险大小,也就是评估风险可能对交易造成什么后果以及对交易的影响。如果把一个小的风险夸大,而实际上没有那么大,就会影响客户的交易或者增

加成本。如果把一个大的风险评估为小风险,跟客户说没风险,或说虽有风险但可以忽略不计,交易后出现风险,律师可能就要承担责任。

客户往往希望律师以解决问题为导向,不仅要善于发现问题,揭示法律风险,还要善于解决问题,规避法律风险。这是律师的业务使命,体现了律师的价值,是律师获得客户尊重的根本。

简言之,客户委托律师尽职调查的目的,主要是希望律师通过尽职调查,了解目标企业、目标资产的基本情况,对目标企业、目标资产的合法性和法律风险及其影响作出客观评价,进而提出相应的法律意见和建议。对买方而言,法律尽职调查有助于识别和判断有关风险,作出是否进行拟议交易的决定,并可以作为与卖方讨价还价以及交易完成后对目标企业、目标资产进行整合的依据。对卖方而言,适当披露,可以促进交易并减少交易后索赔补偿的风险。

四、如何确定法律尽职调查的范围和清单

(一) 了解客户需求

上述法律尽职调查的目的,是客户希望律师保障其交易安全和可执行的普遍需求在尽职调查阶段的体现。

律师尽职调查时,除了必须关注客户希望交易安全和可执行的普遍需求,还应当了解和关注客户在拟议交易项目中的具体需求。当事人的具体需求包括目的和条件。有时当事人提出的设想从法律上几乎行不通,要经过反复沟通和辨析才能识别出当事人的真正需求,律师应适当提炼归纳后向当事人确认,但不可以越俎代庖。

(二) 以客户需求为工作导向

忠诚所托,维护当事人合法权益,是律师天职。这就要求律师以客户需求为工作导向。律师在开展尽职调查工作之前,应当明确客户的具体需求、交易目的,并以此为工作导向。客户交易的目的和服务项目的需求决定了尽职调查的目的、对象、范围和深度。比如,公司的历史沿革及股权状况是股权并购法律尽职调查的重点之一,但往往不是资产收购法律尽职调查重点,甚至不在尽职调查的范围之中。为此,律师应充分了解客户的交易需求和目的,以确定尽职调查的对象、范围和深度。

(三) 与客户协商确定法律尽职调查的范围

尽职调查必须服务于客户需求和交易目的。律师应当充分理解客户在具体项目中的商业计划、关注点、交易目的、交易性质、交易方式,各方在拟议交易中的利

益关系、行业特点、项目特点等交易背景和法律规定，并在考虑交易时间要求和工作成本等因素后，与客户商定尽职调查范围，并在委托协议书中约定委托事项、委托目的、尽职调查的范围、工作时间、律师费等内容。

(四)法律尽职调查的一般范围

法律尽职调查包括公司并购法律尽职调查、证券发行法律尽职调查、融资法律尽职调查、重组法律尽职调查等类型。尽职调查类型不同，尽职调查的范围、内容和深度也会有所不同。

公司并购法律尽职调查的范围，一般包括目标公司的基本情况、业务情况、财务状况、重大资产、重大债权债务、劳动人事、环境保护、安全生产、税务、同业竞争与关联交易、诉讼仲裁及行政处罚和其他事项等。

法律尽职调查的范围一般不包括：①所涉交易事项在经济上或技术上的必要性、可行性及适当性；②为所涉交易事项设计交易架构或模式，但承办律师事务所与客户另有书面约定的除外；③所涉交易事项的商业风险评价；④超出律师法律专业知识领域合理范围的其他事项。

(五)确定法律尽职调查清单

公司股权并购(包括股权转让、增资、合并)法律尽职调查清单通常包括以下内容，律师应当根据具体项目中尽职调查的范围，并结合目标企业及项目实际情况，制作个性化的尽职调查清单、问卷，并征求委托人的意见和建议。示例如文本7-1：

文本7-1　法律尽职调查文件清单

敬启者：

为××公司拟收购××公司之目的，本所接受××公司之委托，代表其对贵公司进行法律尽职调查。请贵公司按照本法律尽职调查文件清单的要求提供××公司基本情况、业务情况、财务状况、重大资产、重大债权债务、劳动人事、环境保护、安全生产、税务、同业竞争与关联交易、诉讼仲裁及行政处罚和其他事项等方面的有关文件。

请注意：

(1)请提供清单中列示的文件资料，并回答相关问题。请以彩色字体进行答复，并将电子文件发给我们；有关答复以附页方式另行作出的，请标明在本清单中对应的序号。

(2)如果没有清单中所列文件，请答复"无"；如某项问题不适用于贵公司，则请答复"不适用"，并说明理由。

(3)对于清单中的有些要求，如果贵公司没有现有的文件，可提供叙述性的书面材料。

(4)下文所述的"子(分)公司"包括贵公司的控股、参股公司及分公司、办事处等组织形式的实体。

(5)下文所述"重大"合同、债权债务、诉讼,指单个合同或债权债务或诉讼标的额超过人民币××万元,或者金额虽未达到××万元,但对公司生产经营有重大影响的合同、诉讼。

(6)文件提交截止日20××年××月××日。本文件清单提供的答复及或文件所涉事项,在拟议的交易完成之前如有任何变化,请及时通知我们。

(7)如果本文件清单中有任何未提及的事项或文件,而该等事项或文件可能会对××公司作出收购决定产生影响,贵公司应当披露这些事项并提供有关文件。

(8)随着尽职调查的展开,本所可能会更新此尽职调查清单或补充尽职调查清单,要求提供额外文件或删除对相关文件的要求。

如有任何问题,请随时和我们联系。感谢贵公司对本所工作的支持!

联系人:

联系电话:　　　　　　　邮箱:

联系地址:　　　　　　　邮编:

顺颂商祺!

××律师事务所
20××年××月××日

法律尽职调查文件清单

事　　项	答　复
一、公司设立相关的文件及许可证照	
1. 请提供公司及子(分)公司现行有效的以下组织性文件: (1)历次修订直至现行有效的公司章程; (2)发起人协议和或股东协议; (3)设立时及历次注册资本变更的验资报告、评估报告(如有); (4)公司成立以来的合并、分立、变更及改制、重组、重大投资、股权转让行为涉及的批复、意见、协议、合同、决议和其他文件; (5)外商投资企业批准、备案证书、合资合同(如有); (6)境外子公司、分支机构的设立批准文件、境外投资企业批准证书和商业登记文件(如有)。	
2. 请提供公司及子(分)公司设立至今的**全部工商登记资料**(从公司注册地工商局或市场监督局调取打印并查询专用章或公章)。	
3. 请提供公司及子(分)公司的以下证照: (1)最新的营业执照; (2)安全生产许可证(如有); (3)外汇登记IC卡(如有); (4)外债登记证(如有); (5)公司设立或经营所需的其他批复批准文件或许可证书。	
4. 请提供公司及子(分)公司印章管理及使用情况说明。	

(续表)

	事　项	答　复
二、股东及实际控制人		
5.	公司股东名册、股东身份证明及股东背景说明。	
6.	请提供公司和关联方上溯至最终自然人股东的股权架构图。	
7.	请说明公司股东、间接持有公司股权的法人或自然人之间是否存在代持股、信托、委托表决、任职及亲属关系。	
8.	关于股权是否质押、查封等权利限制及权属争议情况说明(如有)。	
9.	请提供股权历次变更(包括转让、增资)的相关文件。	
10.	请提供股东协议(如有)。	
11.	请提供每个自然人股东目前在公司(包括附属公司)的任职情况。	
三、公司治理、董事、监事及高级管理人员		
12.	请提供公司内部组织架构图、公司内部的管理体制及各部门之间的职责划分与关系的说明。	
13.	公司股东会、董事会(如有)、监事会(如有)议事规则。	
14.	公司历次股东会、董事会(如有)、监事会(如有)决议。	
15.	请提供公司现任法定代表人、董事、监事及高级管理人员名单,任免文件,并列出其目前的全部任职情况(包括在公司及其他单位的各项任职)。	
16.	请提供前述人员的身份证复印件和个人履历。	
17.	公司与董事、监事、高级管理人员之间如签订有聘用协议或作出过任何承诺文件,请提供。	
18.	公司高级管理人员如存在在股东单位、实际控制人或其控制的其他企业兼职的情况,请提供有关人员最近一年从兼职企业领取收入的情况,以及所享受的其他待遇、退休金计划等。	
19.	现行有效的各项内部规章制度目录清单及重要制度全文、执行情况说明。	
四、对外投资		
20.	请提供公司对外投资企业清单及说明。	
21.	请提供公司对外投资企业设立至今的全部工商登记资料(从公司注册地工商局或市场监督局调取打印并查询专用章或公章)。	
22.	请提供公司对外投资企业审计报告。	
五、业务经营情况		
23.	请简要介绍公司各项经营业务的内容、经营模式和操作流程。	

(续表)

事　项	答复
24. 请简要介绍国家对公司主营业务的现行管理政策及法规。	
25. 请提供公司及子(分)公司已取得的与业务运作相关的各项资质证书、政府批文及授权许可文件。	
26. 公司主要客户范围、供应商范围情况说明。	
27. 公司营销政策、业务发展目标、未来规划的说明。	
六、主要资产、知识产权及经营设施	
28. 公司任何自有或租赁资产、经营设施清单及其权属证明,包括不动产、生产设施、机器设备、主要运输工具、存货等。	
29. 公司主要资产及经营设施的购买合同、租赁合同、转让协议、发票、价款支付凭证、交接确认文件及备案、批准文件(如有)等。	
30. 公司及子(分)公司就截至目前持有的所有土地使用权及房屋所有权(如有)的明细清单[就土地而言,包括权属证明编号、权利人、土地坐落、土地面积、土地用途、土地使用期限、土地出让金或土地转让价的金额、已付款清单;就房屋(如有)而言,包括房屋坐落(幢号)、权属证明编号、权利人、房屋建筑面积、房屋用途及房屋所涉及的土地基本情况],并提供如下有关房地产开发项目的法律文件: (1)《国有土地使用证》; (2)《房屋所有权证》《房地产权证》或《不动产登记证》; (3)建设用地规划许可证; (4)建设工程规划许可证; (5)建设工程施工许可证; (6)竣工验收备案证明书,或其他同类证明; (7)该项目地块系通过招标、拍卖、挂牌方式予以公开出让的,则须提供相关的招拍挂文件、成交确认书及公证文书(如有); (8)公司就取得该项目的土地使用权应支付的所有费用(包括但不限于土地出让金、大市政配套费用、动拆迁费用、土地使用税金及契税等)的清单及付款发票; (9)若占用农村集体土地,请提供《集体建设用地使用证》、国土主管部门批准用地文件、征地协议、租赁协议、转让协议等。	
31. 公司及子(分)公司如存在已签订合同拟取得的土地、房产,请说明付款情况及预计取得产权证的时间,提供购置合同及付款凭证。	
32. 请提供公司拥有的知识产权清单及其权属证书、缴费凭证,包括著作权、商标、专利及非专利技术等。	
33. 公司有关知识产权转让、许可协议、备案或批准文件。	

(续表)

	事　项	答　复
34.	公司及子(分)公司拥有的资产如存在设定抵押、质押的情形,请提供相关文件(包括主债务合同、抵押合同、质押合同等)。	
35.	请提供公司主要资产、知识产权及经营设施权利受限的情况说明。	
36.	是否存在①归公司所有但不由公司占有或使用的资产或②由公司占有或使用但不归公司所有的资产,如有,请提供相关合同。	
37.	公司是否持有第三方公司的股权、股票、债券,如有,请提供相关文件。	
七、劳动社保、安全生产		
38.	公司与员工的劳动合同格式文本(如有多种版本的,各版本提供一份)。	
39.	工会或职工代表与公司签订的集体合同及劳动行政部门出具的审查意见。	
40.	公司自设立至今的职工大会或职工代表大会的决议及会议记录。	
41.	公司的职工福利、奖励制度及员工手册。	
42.	说明公司与其董事、高级管理人员及业务骨干是否就竞业禁止、保密、知识产权归属事项签订任何书面协议,并提供相关法律文件。	
43.	请提供公司社保开户登记资料,包括失业保险、劳动保险、养老保险和医疗保险等方面。请说明公司为员工办理社会保险情况,以及社保费用的缴纳情况。	
44.	请说明公司为员工办理住房公积金情况,以及住房公积金的缴纳情况。	
45.	公司目前用工方式、职工人数、教育程度、年龄分布等情况。	
46.	公司与个人员工之间终身聘用安排的书面说明文件,以及公司与员工签订无固定期限合同的情况(包括符合签订该等合同的员工人数、目前已签订该等合同的职工人数)。	
47.	请说明公司近三年是否存在劳动争议的情况。	
48.	公司如已实施或计划实施股权激励方案,请提供该方案或其主要内容,以及包括贷款安排在内的任何提供给员工的实物或特殊利益的详情。	
49.	确认公司遵守了所有适用的劳动法律法规并且支付了所有适用的税款和福利。	
50.	公司关于安全生产情况的说明。	
51.	公司安全生产制度和事故应急预案。	
52.	公司安全生产许可证,主要负责人、安全生产管理人员、特种作业人员和其他从业人员名册及相关证书证明。	
53.	公司特种设备、强制检测设备检验合格证书。	

(续表)

事 项		答 复
八、重大合同及债权债务		
54.	请提供公司合同管理制度及公司使用的格式合同样本,包括但不限于与客户签订的合同。	
55.	请说明公司的业务模式并提供最近三年内每年与公司业务发生金额排名前五位的供应商、客户的相关业务合同。	
56.	对公司的业务有重大影响的其他合同,包括但不限于公共事业方面的协议(供水、供电、供气、供热及通讯等),合资、合作、联营、合伙、战略合作、委托管理等协议。	
57.	请提供对公司具有重大限制的合同,例如限制竞争协议等。	
58.	请列出公司及子(分)公司尚未履行完毕的交易金额较大(20万元人民币以上)的业务合同(包括房屋买卖、建筑施工、装饰工程、设计等)明细,并提供相关合同。	
59.	请列出所有目前有效、仍在履行(以及已到期未偿还)的贷款(包括大额承兑票据)明细,并提供相关借款合同、授信合同及承兑协议;就授信合同,请说明根据该授信公司目前在债权银行的贷款余额;请提供与公司各项融资相关的担保协议。	
60.	公司所有目前有效对外担保的所有合同、文件、抵押和质押证明(包括相关的反担保文件)。	
61.	公司合同管理制度,目标公司内部对重大合同签署审批流程文件原件,包括但不限于合同签署事项说明单、目标公司内部各部门的审批及意见单、目标公司涉及协议签署的内部各类决议及批示文件等,关于重大合同的履约、是否存在违约情况的说明。	
62.	公司的债权债务清单及说明。	
63.	其他应收、应付余额前15位各自明细。	
64.	有关公司内部贷款的详情,包括与董事、管理人员、员工或股东之间的贷款和负债情况或与该等董事、管理人员、员工或股东利益相关的企业之间的贷款和负债情况。	
65.	或有负债或其他没有记入公司报表的付款承诺的详情。	
66.	企业信用报告。	
九、财务、税务及财政补贴、保险		
67.	请以表格列出公司及子(分)公司目前适用的主要税种和税率。	
68.	公司及子(分)公司最近三年内如享受任何税收优惠,请提供税务主管机关的批复文件;以及任何有关由国家或地方政府发给公司的补助或补贴的协议、批准或其他安排。	

(续表)

	事 项	答 复
69.	与任何财税机关的有关税务的争议或者调查,任何对于税务评估或安排或计划安排的不服及随后的解决方案以及相关回应的复印件,以及一切有关税务的罚款、罚金或罚息的详情和复印件。	
70.	公司最近三年的所得税纳税申报表、完税证明、财务报表、审计报告。	
71.	请确认公司是否还有逾期未缴的税款,如果有,请说明欠缴原因、税种、欠缴数额及处理方式。	
72.	公司财产保险的汇总表,包括但不限于第三者责任险、一般责任险、财产保险、火灾、失窃和意外损失保险等所有保险(公司为公司员工所缴纳的保险除外)。	
73.	公司及其子公司在上述保险单下所申报的损失和提出的索赔或争议之详述及结果;与保险人拒绝赔付或对于未拒绝索赔保留权利有关的所有信函。	
74.	请说明在所有保险单下已付及待付的保险费,已付的请提供付款凭据。	
十、同业竞争与关联交易		
75.	公司关于同业竞争的情况说明。	
76.	股东、实际控制人、董事、高级管理人员关于避免同业竞争所签署的协议、所出具的书面承诺或声明(如有)。	
77.	公司关于关联交易的情况说明,包括对于关联方的认定、关联交易清单、关联交易价格是否公允等。	
78.	公司与关联方进行关联交易的内部决策文件及关联交易合同。	
79.	公司关于关联交易价格与市场同类交易价格的对比分析及定价说明;如无市场同类产品交易价格的,应提供成本确定依据及定价说明。	
十一、环境保护和产品质量、技术标准		
80.	请简要介绍公司及子(分)公司经营活动产生的主要污染物和排放方式。	
81.	请简要介绍公司及子(分)公司主要环保设施的投资、建设、验收及运营情况,并提供相关的验收文件。	
82.	请提供环保主管部门对公司及子(分)公司的环境影响评价报告批复文件。	
83.	请说明环保部门近期对公司环保核查情况。	
84.	公司及子(分)公司排污许可证及排污费缴纳凭证。	
85.	公司及子(分)公司自行处理污染物,包括但不限于收集、贮存、运输、处理的全部政府授权、执照、批准许可(若雇用承包商处理污染物,请提供与该方签订的合同,该方进行污染物收集、贮存、运输、处理的全部政府授权、执照、批准许可)。	

(续表)

事 项		答 复
86.	公司关于产品、服务质量、技术标准的说明。	
87.	公司关于是否存在因其产品、服务引发纠纷、处罚或存在潜在法律风险的说明。	
十二、诉讼、仲裁和行政处罚		
88.	公司及控股子公司、分公司目前如存在尚未了结的诉讼、仲裁或政府调查(所涉金额为20万元以上或有重大影响)的,请说明其在案件中的地位(原告、被告、第三人)、对方当事人、争议事由及管辖机构,并提供与案件有关的文件。	
89.	公司及控股子公司、分公司目前可能存在的潜在诉讼、仲裁或政府调查(所涉金额为20万元以上或有重大影响)的详情,包括当事方、损失和其他赔偿、行为的性质、公司任何实际或潜在的违反合同或侵权的详情,如有请说明。	
90.	列出公司设立至今所受的所有罚款、处罚或其他违反法律法规的详情及相应往来的复印件,并提供处罚通知书(决定书)、缴纳罚款的收费凭据或纠正违法违规行为的说明等相关文件。	
91.	列出公司董事、监事或高级管理人员涉及的任何诉讼(含民事和刑事)、仲裁及行政处罚(包括任何与政府机构有关的调查及行政处分),并提供相关文件。	
92.	公司设立至今被任何政府机关调查或被指称违反法律或法规的行为的通知。	

第二节 法律尽职调查的原则、方法和流程

一、法律尽职调查的原则

律师进行尽职调查,应当独立、客观、公正,遵循审慎及重要性原则,保证其出具文件的真实性、准确性、完整性。

(一) 审慎原则

尽职调查又称"审慎调查","审慎"在尽职调查中的重要性可见一斑。审慎原则,又称"合理审慎原则",是指律师在调查过程中应当尽职尽责,极尽自身专业能力,合理、审慎地进行工作。审慎原则要求律师在法律尽职调查过程中,在可行的限度内以及委托方指示及授权的范围内对其依法调取的信息进行充分谨慎的核查、验证、鉴别,对被调查方提供的信息或在法律尽职调查过程中调取的其他信息

存有疑问或异议的,应主动向被调查方或相关当事人进行核实,要求其作出合理解释或提供相应的依据;如发现被调查方提供的信息与尽职调查过程中获得的信息存在显著区别的,应对有关事项进行独立调查、复核,在合法取证的基础上对各种证据作出客观的法律判断,披露相关法律风险。对此,《律师事务所从事证券法律业务管理办法》第 3 条规定:"律师事务所及其指派的律师从事证券法律业务,应当遵守法律、行政法规及相关规定,遵循诚实、守信、独立、勤勉、尽责的原则,恪守律师职业道德和执业纪律,严格履行法定职责,保证其所出具文件的真实性、准确性、完整性。"第 12 条第 1 款规定:"律师事务所及其指派的律师从事证券法律业务,应当按照依法制定的业务规则,勤勉尽责,审慎履行核查和验证义务。"

按照审慎原则,律师在尽职调查时,对于法律相关的交易事项应当履行法律专业人士的特别注意义务,对非法律的其他交易事项履行普通人的一般注意义务。律师的这种勤勉尽责义务的标准是一种客观标准,不因律师个人的工作分工、能力经验与资历的不同而有所降低。材料表面无瑕疵不能成为律师免除或降低其进一步核查验证义务的理由。

律师在尽职调查中应当履行的法律专业人士的特别注意义务,要求其对法律相关的交易事项进行透彻核查,以其专业能力和专业敏锐性及时发现问题并得出结论。比如核查目标公司一项专利时,不仅要了解其是否拥有专利权,还要明确是专利权还是专利申请权,并进一步核查该专利的法律状态,是否存在权属纠纷、专利注册国、有效期限、专利许可情况、缴费情况、专利效力纠纷等。在核查时,不仅要审阅相关法律文件,还要登录国家知识产权局专利检索系统、中国裁判文书网、百度、谷歌等进行网络检索,并向公司有关人员、国家知识产权局、人民法院等单位查询访谈,进行多渠道的综合查验和透彻检查。对于律师极尽专业能力无法判断的问题,如果未能声明保留意见并说明原因,即使调查过程中已恪尽勤勉也不能免责。当然,按照审慎原则进行透彻核查,也应当适度,不能无限制调查。经验显示,过分的彻底调查往往会减少交易双方的信任感,增加不满情绪。交易双方是平等的民事主体,律师代表一方调查时,不应当命令、凌驾于另一方之上,而应当尊重对方,尽量减少调查给对方正常经营秩序带来的不必要影响。

对于法律事务以外的事项,律师只需以一般人的勤勉程度,即一般人管理自己事务的勤勉程度要求自己,否则不但徒增负担,还会导致无法很好完成任务。

按照审慎原则,使用委托人、被调查企业提供的材料,应当对其内容、性质和效力等进行必要的查验、分析和判断。通过第三方提供的信息进行综合核查和验证是律师尽到审慎义务的重要方法。比如核查一份金额较大的租赁合同,律师应当访谈目标公司管理层,核查合同原件以及与租赁合同履行有关的租金支付或收入、发票、税款等情况,到租赁管理部门访谈以核查租赁合同备案情况,并向合同对方当事人核对合同内容。

按照审慎原则,律师对有关事实、法律问题作出认定和判断,应当有适当经核查和验证的证据和理由。

(二) 重要性原则

重要性原则是指对影响交易的重大事项应重点调查分析,披露所有可能存在的重大法律风险。所谓重大,不仅仅是指百分比或总额,还指一般的、谨慎的调查人员认为非常重要的事项及风险。对交易有影响的重大事项,是指对交易的性质、交易的对价、交易的成交、交易时效性、交易的执行和完成等交易因素有较大影响的事项或问题。

交易应在一定时间内完成,因而尽职调查也必须在限定时间内完成。这就要求律师尽职调查不能全面撒网,不能眉毛胡子一把抓,要抓住重点问题,要找出目标公司、目标资产存在的主要法律问题、法律风险及其对交易的影响,提出恰当解决方案,以体现律师的价值。

按照重要性原则,律师在法律尽职调查过程中,可以根据被调查方的资产状况、经营范围、企业规模、信用程度、财务状况等具体情况,与委托方共同商定尽职调查中可能会涉及的主要财产、重大合同、其他重大债权债务关系、劳动保障、环境保护、安全生产、诉讼、仲裁或行政处罚等事项的核查范围与核查标准,对该等重大法律事项可能严重影响委托方利益或对委托方作出的决策或判断有重大影响的所有方面,应充分发挥其专业能力和水平进行深入调查,并在尽职调查报告中予以适当披露。

按照审慎原则,律师应当如同一个谨慎的人管理自己事务一样,对目标企业、目标资产的所有情况都要了解,但是出于时间、成本、效率等因素,不能事无巨细、平均用力,应主要对影响交易的重大事项、重大法律问题、重大法律风险进行细致调查;对于调查对象日常经营过程中的一般事项、影响较小的程序性瑕疵、非核心问题,予以合理、适当关注。也就是说,律师尽职调查要全面和重点相结合,对目标企业、目标资产进行全面了解、整体把握后,结合客户需求和交易项目特点,厘清重点核查的重大事项和问题。比如,对于劳动密集型企业,有关环境保护、安全生产、劳动用工及社保等合规性问题应予以重点关注;对于高新技术企业,需要重点关注其知识产权来源、权属状态、效力状态、有效期限、许可情况、缴费情况,以及商业秘密和技术成果的保密措施及时效。

核查目标企业合同时,需要依据重要性原则,综合考虑客户意见和目标企业主要财务指标、合同金额、内容和性质等因素,合理确定"重大合同"的标准,仅审阅重大合同。有时如果设定一个具体的金额不能满足客户及尽职调查的需要,也可以把审阅"重大合同"的标准定为审阅与前五大经销商所签订的合同。

审慎原则和重要性原则是衡量律师尽职调查是否符合律师行业要求的基本标准。按照审慎原则和重要性原则，律师在尽职调查中尽到了合理审慎义务，充分查明了对拟议交易有重大影响的事实，即达到了律师尽职调查的行业标准，即使事后交易发生了法律风险，也可以免责。尤其要注意的是，律师是尽职调查的受托人，如发生委托合同纠纷，按照证据规则，律师负有证明其尽职调查达到律师行业标准的举证责任，律师如举证不能就要承担违约赔偿责任。这就要求律师在尽职调查时，对各项调查安排、具体调查行为进行"留痕"，包括制作尽职调查计划，完整记录尽职调查过程中有关参与人员、具体调查方式和内容，保存工作中获取的所有文件、资料，并制作系统的工作底稿。

律师开展尽职调查工作，除应遵循以上审慎原则和重要性原则外，还应当遵守"以事实为依据，以法律为准绳"原则、保密原则、独立原则、客观原则、避免利益冲突原则等，恪守律师职业道德和执业纪律。"以事实为依据，以法律为准绳"原则，保密原则、独立原则、客观原则、避免利益冲突原则等，也是律师开展任何业务都必须遵守的原则，本章不再详细阐述。

二、法律尽职调查的方法

法律尽职调查的方法主要有书面审查、访谈、实地调查、查询和函证、计算、复核等。律师应根据不同的查验事实及核查对象选择合理的查验方法，根据存疑则追加查验方法原则，确保所披露文件真实、准确和完整。

(一) 收集资料并审查

1. 资料收集

律师要求委托人、目标公司按尽职调查清单提供书面文件，是尽职调查最基本的方法，可以要求提供书面文件的一方以书面形式保证其提供的资料真实、准确和完整。

交易双方同意进行尽职调查后，交易对方或目标企业会设立一个现场资料室，或网络虚拟资料室，将根据尽职调查清单所整理和准备的资料放入现场资料室或上传至虚拟资料室，供投资者或其委托的律师审阅；或者将前述文件资料通过复印或扫描提供给投资者或其律师审阅。有时交易对方或目标企业以保密为由仅将文件资料供律师审阅，不允许复印并带走，律师在这种情况下需要适当摘录。

2. 文件审阅

律师在审阅相关的调查文件时应细致认真，对调查文件的完整性、真实性与合法性等问题进行谨慎研究和咨询。

律师在审阅调查文件时应最大限度地甄别、排除虚假事实,尽可能再现被隐瞒或被忽视的事实,其中特别应注意:

①调查文件复印件与原件的一致性;

②调查文件上印鉴的前后一致及其变化的合理衔接;

③调查文件上的盖章、签字是否代表有关单位和个人的真实意思表示;

④对于调查文件中的间接证据,要调查有关单位和人员,核实有关事实的陈述和记载是否真实、准确;

⑤注意调查文件签发时间与相关事实发生时间的合理衔接,排除被调查方变造文件的可能性。

对于调查文件审阅过程中发现的问题,律师可以随时进行标记或书面记录,应尽可能通过编制表格的方式以突出被审阅项目的重点内容。同时,目标公司补充资料或作出解释的,律师也可以进行书面记录。

3. 询问

律师在文件审阅过程中,应对发现的问题根据专业知识进行判断,若该问题可能影响调查报告结论的,应及时与目标公司联系,说明问题的重要性或关联性,并要求其补充文件或在目标公司现场要求其有关人员作出答复。

律师应对目标公司有关人员在现场作出答复的情况进行录音或记录,制作笔录并要求目标公司签字盖章。

(二) 访谈

对影响交易的重大事项,可对目标公司及或交易双方的高级管理人员及相关人员进行访谈,详细记录并要求其签字;未签字的,注明情况。

需要第三方进行确认的事项,第三方接受访谈但不愿出具书面确认文件的,或第三方不接受访谈的,律师应制作笔录并可通过录音、录像或者摄影等方式佐证。

就某些无法以书面文件支持的事实进行访谈,尤其是对调查对象及其工作人员进行访谈时,访谈内容必须明确、具体,并能够反映律师得出结论的经过,而非仅仅就是否存在事实作出询问。

(三) 实地调查

调查目标公司的经营情况时,律师必须亲自赴目标公司及其下属企业的主要经营场地进行现场核查。必要时,可赴目标公司的重要供应商、客户的经营场地进行现场核查。

调查目标公司的房产、土地、机器设备等重大资产时,律师应现场查看。

进行实地核查,要做好核查记录并由参加人员签名,同时对现场情况进行录像拍摄并存档。

(四)查询

律师进行尽职调查,需向相关主管部门查询目标公司及或交易对方的工商登记、重大资产权属、征信、人力资源、社保、环境保护、税务以及诉讼、仲裁或行政处罚等情况,尤其注意核查相关证照、批复、权属证书等重要文件是否真实、合法、有效。如果去某部门查询、访谈时,该部门工作人员拒绝的,律师应制作笔录并通过录音、摄像等方式佐证。

核查公司、企业的主体信息及历史沿革资料,律师应向相关工商部门调取全套工商登记资料,并加盖工商登记资料查询证明章。工商登记资料与目标公司自行提供的资料有冲突的,以工商登记资料为准。因特殊情况无法亲自调阅工商登记资料的,应寻求其他替代方式,但不得仅依靠目标公司提供的工商登记资料作为认定事实的唯一依据。

网络检索,公开媒体查询,政府部门、行业协会官方网站的查询是其他核查方式的有效佐证和补充,律师在对目标公司整体背景资料、无独立第三方证据证明的事实以及存疑事项进行核查时,应充分利用这些方式。

随着信息公开建设的推进,律师通过网络查询相关信息,更加方便。以下是常用查询网址:

(1)企业主体相关信息查询

国家市场监督管理总局"国家企业信用信息公示系统"(http://www.gsxt.gov.cn);

中国人民银行征信中心(http://www.pbccrc.org.cn);

各省市级信用网:如北京市企业信用信息网(http://qyxy.scjgj.beijing.gov.cn);

浙江企业信用网(http://www.zjecredit.org);

各主管部门网站查询交易对方或目标公司所需具备的特殊行业资质,如建筑业资质查询"中华人民共和国住房和城乡建设部"(http://www.mohurd.gov.cn)。

(2)涉诉信息查询

最高人民法院"中国裁判文书网"(http://wenshu.court.gov.cn);

最高人民法院"中国执行信息公开网"(http://zxgk.court.gov.cn/);

最高人民法院"全国法院失信被执行人名单信息公布与查询"(http://zxgk.court.gov.cn/shixin/)。

(3)资产查询

自然资源部不动产登记中心"中国土地市场网"(http://www.landchina.com);

国家知识产权局"专利检索及分析"(http://pss-system.cnipa.gov.cn/sipopublicsearch/portal/uiIndex.shtml);

国家知识产权局商标局"中国商标网"(http://sbj.cnipa.gov.cn);
中国版权保护中心"国家版权登记门户网"(http://www.ccopyright.com.cn)。
(4)投融资信息
中国证监会指定信息披露网站"巨潮资讯网"(https://www.cninfo.com.cn/new/index);
上海证券交易所(http://www.sse.com.cn);
深圳证券交易所(http://www.szse.cn);
全国中小企业股份转让系统(http://www.neeq.com.cn);
中国银行间市场交易商协会(http://www.nafmii.org.cn);
中国债券信息网(中央结算公司)(http://www.chinabond.com.cn)。

(五)函证

对于影响交易的重大事项,可通过向该事项相关方发送函证等方式,进一步了解情况并做好相关记录。

(六)其他方法

律师开展尽职调查时,可与相关中介机构沟通交换意见并参考其专业建议,或在合法范围内调动有关人脉资源,了解相关情况或线索。

律师不得采取不合法手段进行调查,比如采取去被调查单位卧底、私自安装监控等非法方式。

三、法律尽职调查流程

(一)尽职调查的委托与接受

律师事务所与委托人在签订《专项服务委托协议》之前,应当进行预先审查,具体审查内容包括:

(1)应当向委托人初步了解受委托进行法律尽职调查的被调查企业、所涉交易事项和交易背景。

(2)发现法律尽职调查事项或交易事项存在明显的难以克服的法律障碍时,律师应当在委托协议订立之前向委托人进行说明。若委托人仍继续委托进行法律尽职调查的,应在委托协议中载明上述事实。

(3)发现法律尽职调查事项部分涉及境外的,承办律师应当在委托协议订立之前向委托人进行说明,并建议委托人就境外范围的业务委托具备执业资格的境外律师事务所进行法律尽职调查。

(4)法律尽职调查事项是承办律师较为陌生的专业领域,同时又难以及时补充相关专业知识并满足工作需要时,承办律师应寻求与相关专业律师的合作以获得专业指导。

经预审查接受委托的,律师事务所应当与委托人订立相关的委托协议。委托协议通常包括以下内容:①委托范围及要求;②提供法律尽职调查所需资料与信息;③工作期限;④工作成果的形式及提交方式;⑤报酬、费用及其支付方式和期限;⑥违约责任;⑦责任限制;⑧风险提示;⑨其他。

(二)尽职调查的准备

1. 签订保密协议

尽职调查将接触目标公司、交易对方的商业秘密,因此目标公司、交易对方通常会要求尽职调查的委托方及其聘请的中介机构签署保密协议。律师应高度重视保密工作,要求尽职调查参与人员签订保密协议以免泄密。

2. 成立项目小组并召开预备会议

律师事务所接受委托后,应及时组成尽职调查项目小组,合理配备人员。中小型项目,可由3—4人组成一个项目小组,1名合伙人担任项目负责人兼总审,2名承办律师负责调查访谈、独立调查、起草报告等工作,1名律师助理负责文件整理、保管等事务性工作。大型项目,视实际情况可能需要若干律师及助理并细分成几个小组,合理分工、各司其职。

项目小组成立后,项目负责人应尽快与委托人召开预备会议,确认:①委托人拟进行的商业交易、交易目的和要求调查的原因;②委托人已经确定或计划采取的具体商业交易模式;③商业交易基准日;④尽职调查的对象、具体范围、深度和广度;⑤尽职调查完成期限;⑥项目小组成员;⑦各方联络对接人;等等。

3. 制订尽职调查工作方案

(1)制作法律依据文件夹

律师应当根据尽职调查所涉及的领域、目标企业性质、经营范围、行业、商业计划或交易等特点,进行专项法律及行业调研,制作法律依据电子文档,以便调查过程中随时查阅、补充。

(2)制作尽职调查清单

律师应当根据尽职调查工作范围,并结合目标企业及项目实际情况,制作个性化的尽职调查清单、问卷,并征求委托人的意见和建议。

(3)制作工作分工及时间进度表

律师应根据尽职调查各阶段时间控制节点制作每位调查人员的时间表。

(三)尽职调查的开展

1. 发出尽职调查清单

经委托人确认后,应及时将尽职调查清单发给被调查企业,准备相关资料。必要时,律师应就尽职调查清单和被调查企业进行沟通说明,使其能准确填写尽职调查清单问题并提供相关文件资料。

尽职调查过程中,若发现新问题,或者商业计划、商业交易发生变化的,律师应更新或补充尽职调查清单。

2. 收集尽职调查资料

律师应当要求被调查企业对全部资料的真实性、完整性和有效性负责。对于适用于被调查企业但未能提供的相关文件,应当要求被调查企业明确注明未能提供的理由。

3. 核查尽职调查资料并进行全面调查

律师应以尽职调查清单为基础,综合运用书面审查、访谈、实地调查、查询和函证、计算、复核等方法,核查尽职调查资料并全面调查,比较、印证各项调查信息,去伪存真。

律师应保持与会计师、审计师、评估师、税务所等中介机构的有效合作,就业务、财务、税务和法务等相关问题相互提示与补充信息,并在充分发现问题的基础上,寻找多种渠道和方案解决尽职调查中发现的问题,尽可能促成交易目的达成。

4. 编制尽职调查工作底稿并审阅

尽职调查工作底稿是律师在尽职调查过程中形成的工作记录及工作中获取的所有文件、会议纪要、谈话笔录、录像摄影等资料,是撰写尽职调查的基础,也是判断律师是否勤勉尽责的重要依据。

核查完尽职调查资料并进行必要的补充调查后,律师需完整查阅、整理尽职调查过程中取得的全部资料,及时编制尽职调查工作底稿。尽职调查工作底稿应制作目录索引并装订成卷。工作底稿目录索引的结构与尽职调查报告的目录结构类似。

(四)撰写尽职调查报告

编制尽职调查工作底稿的过程也是审阅尽职调查资料、草拟尽职调查报告初稿的过程。

1. 尽职调查报告的体例

法律尽职调查报告一般包括前言、正文和附件三部分。

(1)前言部分

①委托事项;

②法律依据；
③简称与定义项；
④尽职调查方法与限制；
⑤报告所依据的文件及其截止日期；
⑥假设；
⑦免责限制及声明等。

(2) 正文部分

①正文第一部分为重大法律问题摘要，对尽职调查中发现的重大法律问题进行概括和总结，以便委托人迅速把握项目中存在的重大法律风险问题；

②正文第二部分的基本框架通常与尽职调查清单内容相一致，列举在尽职调查过程中获得的所有信息，对发现的所有问题进行法律分析，说明其中可能存在的法律风险及对交易的影响，并提出相应的解决方案或建议。

(3) 附件部分

①不便直接写入报告正文中的各类统计表格，如房产证统计表等；

②出具报告所依据的文件和资料清单等。

2. 尽职调查报告的起草与复核

撰写尽职调查报告，是尽职调查的最后一步，也是法律尽职调查成果的展示。报告的初稿应由总审律师在各起草人员负责撰写部分报告的基础上汇总拟就。

报告初稿应交委托人查阅，并在根据委托人提出的意见进行调整后，最终形成尽职调查的终稿。有时报告初稿除交委托人审阅外，委托人还会要求交易对方审阅，听取交易对方的意见。

在尽职调查过程中，承办律师应当将发现的问题和法律风险，在尽职调查报告中进行提示。承办律师可以选择在每一个题目后进行相应的法律风险提示，也可以选择在尽职调查报告尾部统一提示。特别是，在提示法律风险的同时，还应提出如何规避法律风险的建议。

有下列情形之一的，承办律师应当在尽职调查报告中予以说明，并充分提示其对相关事项的影响程度及风险。

①事实不清楚，材料不充分，不能全面反映被调查企业的情况；

②核查和验证范围受到客观条件的限制，无法取得应有证据；

③承办律师已依法履行勤勉尽责义务，仍不能对全部或者部分事项作出准确判断；

④承办律师认为应当予以说明的其他情形。

尽职调查报告最终责任人（通常为项目负责合伙人或尽职调查"总审律师"）除在报告制作过程中采取适当的控制措施以确保工作的有效性及报告的质量以

外,对于基本形成定稿的尽职调查报告,亦应当尽到最大的审慎勤勉责任,通过进行必要的审阅、抽查、复核、多重校对等工作,确保最终尽职调查报告的质量达到最佳。

抽查和复核,主要关注以下几个方面:

①文字格式复核,即对尽职调查报告的文字和格式进行复核,例如是否出现文字表述前后不一致,是否出现错字、别字、漏字、赘字,是否出现序号混乱,报告信息是否与原始材料信息一致等。

②矛盾事项复核,即审阅尽职调查报告的内容本身是否存在矛盾之处,如历次股权变动是否前后不衔接、所列明的土地总数和土地证数量是否一致等。

③法律问题复核,即审阅尽职调查报告中涉及的法律风险及问题是否已经得到全面反映,是否已经给出解决方案。在尽职调查报告中引用法律政策时应注明完整的名称、文号、款项等,注意该法律政策的效力、溯及力及适用范围等。

3. 尽职调查报告的提交

最终尽职调查报告应由该报告最终责任人签名并加盖所在律师事务所公章,且由该最终责任人向委托人提供。可按照委托人的要求以电子邮件及或邮递方式送达尽职调查报告正本及附件。若以电子邮件的方式提供,建议将最终定稿的报告文本格式转为 PDF 版之后再发出。

第三节 法律尽职调查的内容

本节以境内公司股权并购为例,介绍如何进行具体的法律尽职调查,受篇幅所限,故着重介绍法律尽职调查的调查重点、主要审阅文件、常见法律问题及其解决等内容。

一、对目标公司法人主体资格及其历史沿革的调查

(一) 调查重点

①目标公司是否依法设立,包括股东主体资格、出资方式、注册资本的缴纳等是否合法、合规。

②目标公司是否合法存续,包括目标公司历次变更的程序、资格、条件、方式等是否合法、合规;目标公司是否存在营业执照被吊销、经营期限届满等《公司法》和公司章程规定的需要解散和清算的情形,是否存在其他影响持续经营的情形。

③目标公司所在行业需要特定资质的,其是否取得相关资质。

(二)主要审阅文件

①目标公司设立时的验资报告(如有)、注册资本的缴纳情况、公司章程、股东名册(如有)、设立协议、设立时的批复或批准文件(如有)。

②目标公司股东以非货币财产出资的(如有),对该笔出资的评估报告以及该笔资产过户或移交至目标公司的相关凭证。

③若以国有性质的非货币财产出资的(如有),对该笔国有出资的评估报告及国有资产管理部门出具的该笔资产评估结果的备案或确认文件。

④目标公司历次股东或股东会、董事会(如有)、监事会(如有)决议。

⑤目标公司现行有效的营业执照(正副本)、公司章程、相关资质证书。

⑥目标公司设立至今所有的工商登记档案资料。

⑦国家市场监督总局"国家企业信用信息公示系统"、中国裁判文书网、全国法院失信被执行人名单信息公布与查询、中国法院网"法院公告查询"等的查询结果。

⑧调查问卷、访谈笔录及其他文件。

(三)常见法律问题

1. 公司名称与驰名商标冲突

(1)基本事实

目标公司的现有名称中包含"ABC字样"。20××年××月××日,目标公司就现有名称办理了名称预核准,并于20××年××月××日以现有名称取得了工商行政管理局核发的《企业法人营业执照》。

20××年××月××日,ABC被认定为驰名商标,目标公司的名称中包含"ABC字样",与驰名商标相同。

(2)主要法规

《商标法》第58条,《反不正当竞争法》第17、18条。

(3)主要风险

目标公司的名称与驰名商标存在可能被依法认定为混淆的情况。因此,如根据上述规定,目标公司目前使用的名称若被他人或公司登记主管机关认定为与驰名商标混淆,使他人对市场主体及其商品或者服务的来源产生混淆,目标公司可能被驰名商标的持有人或其他人提起诉讼或其他行政程序,要求目标公司变更登记名称。

目标公司面临的其他风险包括可能被责令停止违法行为,没收违法所得,可能根据情节被处以违法所得1倍以上3倍以下的罚款;情节严重的,可能被吊销营业执照;销售伪劣商品,构成犯罪的,可能被依法追究刑事责任。

（4）解决方案

目标公司可尽快与驰名商标持有人协商，取得驰名商标持有人的许可，或者主动变更公司名称。

2. 目标公司法定代表人资格不符合法定任职条件

（1）基本事实

在律师尽职调查过程中发现现任法定代表人存有到期的大额债务。

（2）主要法规

《企业法人法定代表人登记管理规定》第4、11条。

（3）主要风险

根据主要法律法规规定，目标公司的现任法定代表人已经不具备担任法定代表人的条件，如果继续担任可能存在被登记机关处罚的法律风险。

（4）解决方案

目标公司应尽快变更法定代表人，并办理工商登记。

二、对目标公司股东、股权结构与控股股东、实际控制人的调查

(一) 调查重点

①目标公司股东信息及出资比例（验资报告、资产评估），股东主体资格是否适格，是否存在代持股的情况。

②目标公司历次股权变更（包括转让、增资）是否合法合规、真实有效，确认历次股权变更是否履行了所有必须的批准、核准、备案或其他法定程序。

③确认股东的股权是否存在质押以及质押的具体情况。

④目标公司的股权是否存在被限制转让的情况，目标公司是否实施股权激励措施。

⑤股权转让或增资时，按照公司章程规定其他原有股东是否放弃优先购买权声明。

⑥外资股东(如有)是否适格，是否办理外商投资备案或批准、外汇登记、批复等手续。

⑦公司章程是否存在反收购条款或防御措施。

⑧章程或者股东协议是否存在特殊规定，如委托表决、不按出资比例享有表决权、分红权、一票否决权等。

⑨控股股东、实际控制人与目标公司的控制关系，以及是否存在其他特殊的协议、文件及其主要内容。

(二) 主要审阅文件

①目标公司公司章程、股东名册。

②目标公司关于公司股权结构的说明。

③关于股东背景的情况说明(若股东为自然人的,应该说明该自然人股东不存在为国家公务员、国家机关、国有企业领导干部及负责人的情况;若股东为法人的,应该说明该法人股东的性质,是否为国有企业、金融企业、信托公司、外商投资企业等)。

④股东的身份信息,自然人股东的身份证、护照或其他合法证件,法人股东的营业执照或法人资质证书。

⑤关于股权是否存在质押、查封情况的说明,若存在质押则需审查股权质押的工商登记文件(如有)、股权质押所担保的主债权文件、股权质押协议。

⑥股东是否存在代持股、信托的说明。

⑦控股股东、实际控制人与目标公司之间构成控制关系的结构图。

⑧目标公司实施股权激励的情况。

⑨股权历次变更(包括转让、增资)的相关文件。

⑩目标公司设立至今所有的工商登记档案资料。

⑪国家市场监督总局"国家企业信用信息公示系统"、中国裁判文书网、全国人民法院失信被执行人名单信息公布与查询平台、中国法院网"法院公告查询"等的查询结果。

⑫调查问卷、访谈笔录及其他文件。

(三) 常见法律问题

1. 目标公司股权存在质押情况

(1) 基本事实

尽职调查发现目标公司存在股权质押的情况,尽管合资新设的出资人为目标公司,但委托人实际是看中目标公司股东在当地的稳定资源因此不愿目标公司的股东发生大的变化。基于此,目标公司股东股权是否存在质押等情况成为调查重点,以及在存有上述情况时,提出应对的法律意见及建议。

(2) 主要法规

《民法典》第425、443条。

(3) 主要风险

股权存在质押,若进行股权转让需经质权人同意,因此若实施股权并购,则在未经质权人同意的情况下,存在法律障碍,无法办理工商变更登记。而在合资新设的法律尽职调查中,若出质人未按照主合同约定承担责任,则可能出现质权人通过法律程序处置该部分股权,导致目标公司股东的变化,同样也会影响到未来的合资新设。

(4)解决方案

若实施股权并购,则需要取得出质人同意转让的书面材料;若为合资新设,则应要求股东与质权人进行沟通,以其他财产进行担保,解除质押或者取得相关承诺。

2. 股权转让时股东未放弃优先购买权

(1)基本事实

20××年××月××日目标公司的股东作为转让方,在张三作为受让方签订了股权转让合同,将其持有的目标公司××%的股权转让给张三。就上述股权转让,目标公司已经于20××年××月××日办理了工商变更登记手续。目标公司章程中关于股权转让的约定照抄公司法规定。通过审阅股东会决议、转股协议、放弃优先受让权的声明等文件,尽职调查过程中发现上述股权转让并未书面通知目标公司的其他股东(简称"其他股东"),其他股东也未明确放弃对被转让的股权享有的优先受让权。

(2)主要法规

《公司法》第71条,《公司法解释四》第17、21条。

(3)主要风险

因上述股权转让并没有通知其他股东,其他股东可能以此为由主张股权转让存在程序瑕疵,并就被转让的股权主张优先受让权,向人民法院提起诉讼,要求人民法院判决该项股权转让无效,目标公司现有股东的持股情况因此可能存在潜在争议。

(4)解决方案

目标公司要求转股时的所有股东出具书面确认,明确其放弃对被转让股权的优先购买权。

三、对目标公司组织机构及法人治理结构的调查

(一)调查重点

①目标公司股东(大)会、董事会(执行董事)、监事会(监事)(以下合称"三会")设置是否符合公司章程及《公司法》的规定,实际运作的三会是否对三会、股东、董事、监事的权限有特别规定。

②三会运作是否规范,会议文件是否完整,是否根据公司章程、议事规则和公司有关规定的提案、召集、表决等程序进行表决与决议,是否建立了表决回避制度,决议内容是否违反公司章程、公司法中有关各机构的职责。

③对重大投资、融资、经营决策、对外担保、关联交易等事项的决策,是否符合

公司章程、议事规则和公司法的有关规定。

④三会决议的实际执行情况,是否存在未能执行的决议以及原因。

⑤三会决议是否存在相关争议或诉讼。

⑥目标公司分支机构(分公司)是否办理工商登记。

⑦目标公司董事、监事、高级管理人员是否存在任职资格瑕疵,是否具备和遵守法律法规规定的任职资格和义务。

⑧目标公司董事、监事、高级管理人员的选举、任命是否符合主要法规,是否履行了相关的备案程序,在外兼职是否合规。

⑨目标公司董事、监事、高级管理人员最近三年是否被行政处罚或被禁入证券市场。

⑩目标公司董事、监事、高级管理人员是否存在违反竞业禁止的情况,是否存在潜在的法律风险。

⑪根据目标公司的治理结构,一旦进行了拟议的商业计划或交易,能否实现委托人在目标公司治理结构中的权利和交易目的。

⑫其他可能对拟进行的交易产生影响的事项。

(二)主要审阅文件

①目标公司章程。

②目标公司组织结构图及其说明。

③目标公司提供的三会文件、公司治理制度。

④目标公司提供的三会会议记录及决议。

⑤目标公司董事、监事、高级管理人员的名册及相关简历、身份证明,董事、监事、高级管理人员的任免文件。

⑥董事、监事、高级管理人员兼职情况说明,董事、监事、高级管理人员不存在法律法规禁止性规定的承诺书。

⑦目标公司设立至今所有的工商登记档案资料。

⑧国家市场监督总局"国家企业信用信息公示系统"、中国裁判文书网、全国法院失信被执行人名单信息公布与查询平台、中国法院网"法院公告查询"、百度等的查询结果。

⑨目标公司主要股东、董事、监事和高级管理人员访谈、问卷调查。

(三)常见法律问题

1.公司董事会的构成与公司章程不一致

(1)基本事实

目标公司的章程载明,目标公司不设董事会,设执行董事 1 名,为公司的法定代表人。

目标公司提供的其他文件显示,目标公司目前有 5 名董事,重大事项由董事会开会决定。

(2)主要法规

《公司法》第 22、44、50 条,《公司法解释四》第 1—6 条。

(3)主要风险

根据上述法规,设立执行董事的公司不设立董事会。目标公司设立董事会的行为不符合公司章程的规定。目标公司董事会所作的决议存在被宣告无效的风险。

(4)解决方案

目标公司应变更董事会设置或者修改公司章程,使公司实际组织结构与公司章程相一致。

2. 监事会的组成人员中无职工代表

(1)基本事实

目标公司设立有监事会,由 3 名监事组成,3 名监事均由股东会任命。

(2)主要法规

《公司法》第 51、70、117 条,《上市公司章程指引》(2019 年修订)第 143 条。

(3)主要风险

目标公司的监事会构成不符合上述法律的规定,其作出的监事会决议效力存在瑕疵。

(4)解决方案

目标公司应尽快通过职工代表大会或其他民主形式,选举 1 名职工监事加入监事会,股东会同时免去 1 名其原来任命的监事。

四、对目标公司主要资产与经营设施的调查

(一)调查重点

①目标公司主要财产及经营设施权属证明是否完整明确,是否存在所有权保留,是否存在共有权人,是否存在权属纠纷或其他潜在风险;若未取得相关权属证书,需核实取得相关权属证书是否存在法律障碍。

②目标公司主要财产及经营设施是否存在权利负担、瑕疵,是否存在抵押、质押或第三人权益,是否存在查封、冻结、扣押或监管。

③在建工程是否依法办理报建手续,有关立项批复、环评批复、证件是否齐全,是否完工、竣工,承包人是否具备相应资质。

④目标公司主要财产及经营设施有无办理保险。

⑤知识产权取得方式是否合法,效力状态如何,是否存在效力争议或纠纷。

⑥知识产权是否存在权利限制,保护期限是否届满,是否按期缴纳年费,是否采取了保密措施以及保密措施实效如何。

⑦目标公司主要财产与经营设施的处置情况,是否存在出租、融资租赁、承包经营、出售、置换的情况以及上述法律行为的合法合规性审查。

⑧目标公司主要财产与经营设施是否存在闲置法律风险,是否存在被拆迁、搬迁的风险。

⑨目标公司主要财产与经营设施是否属于国家明令淘汰的设备。

⑩目标公司是否具备足够的与其经营业务相关的经营设施或其他相关财产。

(二)主要审阅文件

①目标公司的主要资产和经营设施清单及相关权属证书,主要包括不动产、生产设施、机器设备、主要运输工具、存货、商标、专利及非专利技术等。

②目标公司主要资产及经营设施的购买合同、转让协议、许可协议、发票、价款支付凭证、交接确认文件、权属证明文件及备案、批准文件(如有)等。

③不动产登记中心、国土资源部门、车辆船舶管理部门、知识产权部门等政府部门查询相应权属登记簿的结果。

④目标公司因租赁或无偿占用取得的重大资产清单、租赁合同及有关履行情况说明。

⑤目标公司主要资产及经营设施存在担保的(如有),主债务及担保协议、不动产登记中心、国土资源部门、车辆船舶管理部门、知识产权部门等出具的担保登记文件。

⑥目标公司以自建方式取得房屋所有权的(含在建工程、临时建筑等),应核查《建设用地批准证书》《建设用地规划许可证》《建设工程规划许可证》《建筑工程施工许可证》《房产证》等相关文件,核查建设过程中涉及的规划、环评、安评、施工、竣工等相关手续是否完备有效。

⑦目标公司存在正在出售、置换资产情况的,应审阅相关协议、内外部批准文件。

⑧各项知识产权缴费凭证。

⑨目标公司保密制度。

⑩国家市场监督总局"国家企业信用信息公示系统"、中国商标网、国家知识产权局"专利检索与分析"、中国版权保护中心、中国裁判文书网、全国法院失信被执行人名单信息公布与查询平台、中国法院网"法院公告查询"、百度等的查询结果。

⑪调查问卷、访谈笔录及其他文件。

(三) 常见法律风险

1. 公司自建的房产未办理不动产权属登记

(1) 基本事实

目标公司目前使用的房产系以自建的方式取得,该等房产(简称"自有房产")总建筑面积为 8000 平方米,目前尚未办理不动产权属登记并领取不动产权属证书。

(2) 主要法规

《民法典》第 209、214、217 条,《不动产登记暂行条例》第 21 条。

(3) 主要风险

因目标公司的自有房产尚未办理不动产权属证书,目标公司对该等房产的权利尚未取得有关政府部门的确认,目标公司在将该等房产处置、质押或行使其他权利主张时存在法律障碍。

(4) 解决方案

目标公司应尽快就该等自有房产办理不动产权属登记并领取不动产权属证书。

2. 土地存在闲置情况

(1) 基本事实

目标公司于 20××年××月××日和某市国有土地管理部门签订了《国有土地出让合同》,根据该合同,目标公司通过出让方式取得了 A 地块(简称"项目地块")的国有土地使用权。该合同约定,目标公司应在 20××年××月××日前开始动工建设。

根据目标公司的说明,目标公司尚未在项目地块开始动工建设,土地闲置状况已达三年。项目地块未能动工的原因主要是公司资金不足,不存在不可抗力或者政府、政府有关部门的行为或者动工开发必需的前期工作造成动工开发延迟等其他原因。

(2) 主要法规

《闲置土地处置办法》第 2 条,国务院《关于促进节约集约用地的通知》第 6、22 条。

(3) 主要风险

如项目地块被有关土地行政主管部门认定为闲置土地,根据上述法规,目标公司可能面临以下风险:

①如被认定为闲置土地未动工开发满 1 年的,目标公司可能被下达《征缴土地闲置费决定书》,按照土地出让或者划拨价款的 20%征缴土地闲置费。土地闲置费不得列入生产成本。

②如被认定为闲置土地未动工开发满两年,目标公司可能被下达《收回国有建设用地使用权决定书》,被无偿收回国有建设用地使用权。

③目标公司可能无法从金融机构取得贷款。

④目标公司可能丧失上市资格。

(4)解决方案

目标公司应当尽快在项目地块上办理报建手续,尽早开工建设,并争取获得当地土地行政管理部门出具的不再收回土地,即征收土地闲置费的书面确认。

五、对目标公司业务经营情况的调查

(一)调查重点

①目标公司的实际经营业务是否与营业执照所载明的经营范围一致。

②根据目标公司的行业特点,审查目标公司是否需要取得其从事经营范围的前置审批,或者其所从事的经营是否需要行业主管机关的审批、备案。

③对于外资企业,还需要核查是否符合我国外商投资产业政策,是否需要中方控股或参股。

④调查以上证明的真实性、核发时间、是否超过有效期,以及目标公司是否已经取得依法应当取得的所有许可和证明。

⑤目标公司经营业务及模式是否合法、合规或存在潜在风险,是否符合国家产业政策。

⑥目标公司的业务是否独立,其财务、人员、业务是否与控股股东、实际控制人及其关联企业分开。

⑦目标公司是否存在超过经营范围或资质经营的情况,及上述情况存在的法律风险。

⑧了解目标公司客户范围,前五大客户与其业务量占比是否合理。

⑨了解目标公司供应商范围,前五大供应商与其采购量占比是否合理。

⑩目标公司是否存在因其产品、服务引发纠纷、处罚或是否有潜在的法律风险。

⑪目标公司的经营模式、合同是否有可能影响公司持续经营的情况。

(二)主要审阅文件

①目标公司目前主要业务的情况说明,包括经营业务种类与范围、相关业务流程、目前的公司业务状况。

②目标公司章程、营业执照、经营业务所需的各类资质证书、特许经营权清单及相关证明文件。

③与进出口经营权有关的批文、合同。

④目标公司主要客户范围、供应商范围的情况说明。

⑤目标公司所从事的业务、所进行的相关项目中涉及的特殊政策、行业规定等文件。

⑥审计报告。

⑦目标公司营销政策、相关业务的发展目标、未来规划的说明。

⑧目标公司设立至今所有的工商登记档案资料。

⑨国家市场监督总局"国家企业信用信息公示系统"、中国裁判文书网、全国法院失信被执行人名单信息公布与查询、中国法院网"法院公告查询"等的查询结果。

⑩与目标公司相关负责人、目标公司主要供应商、客户进行会见访谈笔录、调查问卷及其他文件。

(三) 常见法律问题

1. 因目标公司的经营范围对中方持股比例有要求,导致无法完全实现股权并购

(1) 基本事实

目标公司的经营范围包括城市管道燃气供气,委托人为内资企业与港资合资的中外合资企业,且为港资方控股,在委托人与出让人签订的《股权转让框架协议》中,双方约定由委托人收购目标公司全部股权,但由于委托人为中外合资企业,同时目标公司的经营范围为国家限制外商投资领域,要求该类企业为中方控股,故此次股权并购事宜,委托人无法完全收购目标公司股权。

(2) 主要法规

《自由贸易试验区外商投资准入特别管理措施(负面清单)(2018年版)》。

(3) 主要风险

中外合资企业在股权并购项目中需根据目标公司的经营范围是属于国家鼓励、限制、禁止领域的不同,对于股权并购的股权比例及需要履行的行政手续有所不同。因此,若目标公司的经营范围属于限制领域的,往往需要对股权并购的比例进行计算,以防止因国家法律法规导致无法实现交易目的。

《外商投资准入特别管理措施(负面清单)》每年都会更新,2019年和2020年的负面清单均有所变化。此处案例中放入2018年负面清单的目的是提醒读者不同年份的负面清单有不同的规定,对于某方面的规定是否有所限定需要读者根据最新的负面清单进行确认。

2. 目标公司未取得相关资质

(1) 基本事实(以燃气终端企业为例)

目标公司为燃气终端企业,经营范围除燃气供气外,还有燃气的设计、安装工程,但并未取得设计、安装资质。

(2) 主要法规

《建筑法》第 13、26、64 条,《四川省燃气管理条例》第 13 条。

(3) 主要风险

按照我国主要法律法规的要求,经营燃气设计、安装的企业必须取得相应资质,若未取得相关资质而直接实施经营行为的,需要承担相应的行政责任,例如罚款、没收违法所得等。

(4) 解决方案

建议目标公司暂停相关业务,及时申请相关资质,或者通过分包给有资质的企业来实施,对于潜在的行政责任风险,应通过签订协议等方式进行明确约定。

六、对目标公司重大合同履行情况的调查

(一) 调查重点

①目标公司重大合同是否存在法律风险,包括履约是否存在障碍,目标公司是否存在重大不利的情形。

②目标公司重大合同签订主体是否适格,是否需要经过特定的程序,以及是否已履行上述程序(如有)。

③目标公司重大合同是否合法,是否存在可能导致合同无效、效力瑕疵等情况。

④目标公司重大、长期合同的相对方是否有单方解约权,是否能够比较容易地解除该长期代理或销售关系,目标公司控制权变动后该类合同是否有效、继续履行。

⑤核查目标公司重大合同真实性,这些合同与公司经营业务、财务资料反映的情况是否可相互印证;核查目标公司重大合同商业合理性,合同权利义务是否严重失衡。

⑥目标公司重大合同是否对委托人拟开展的商业、经济活动存在影响。

(二) 主要审阅文件

根据尽职调查项目的不同,重大合同的定义往往存有差异。在尽职调查过程中,审阅重大合同事项主要包括:

①目标公司的大额贷款、借款合同,目标公司对外担保合同。

②对目标公司具有重大限制的合同,例如限制竞争协议等。

③目标公司与供应商或客户签订的与经营业务相关的大额合同(额度取决于

公司的经营规模、业务开展状况等,并不是一个固定的数字)。

④主要资产、经营设备的购买合同(比如房产、土地的买卖,以及大批次的购进经营设备等)。

⑤目标公司因重大兼并、合并、收购、资产出售、剥离、划转等事宜签订的合同。

⑥合资、合作、联营、合伙、战略合作、委托管理等协议。

⑦合同标的额超过一定数额的其他类合同,根据目标公司及尽职调查项目或有不同。

⑧工程建设合同、承包合同等。

⑨目标公司合同管理制度,目标公司内部对重大合同签署审批流程文件原件,包括但不限于合同签署事项说明单、目标公司内部各部门的审批及意见单、目标公司涉及协议签署的内部各类决议及批示文件等,关于重大合同的履约、是否存有违约情况的说明。

⑩跨度时间较长的合同(比如租赁合同、承包经营合同,或者与某一企业长期合作的项目合同等)。

⑪需要注意的是,上述合同应当要求目标公司提供近三年的,或者是正在履行的合同,因为很早前已经履行完毕的合同对于目标公司的现状影响一般较小,而正在履行的合同,或者近三年内的在对目标公司进行尽职调查时影响较大,对于尽职调查结果而言更具有参考意义。

⑫国家市场监督总局"国家企业信用信息公示系统"、中国裁判文书网、全国人民法院失信被执行人名单信息公布与查询平台、中国法院网"法院公告查询"等的查询结果。

⑬与目标公司相关负责人、目标公司主要供应商、客户进行会见访谈笔录、调查问卷、函证及其他文件。

(三) 常见法律问题

1. 目标公司没有提交合同补充协议

(1)基本事实

20××年7月18日,目标公司与B公司签订《建筑工程施工合同》,由B公司承建目标公司发包商业项目工程,合同约定:合同价款为5630万元人民币,支付方式为签订合同后支付合同价格的30%,后续每个月支付当月施工进度款的80%,工程完成验收后保留10%的质保金。本合同依法进行了备案。

20××年7月28日,双方又签订了《施工承包合同补充协议》,协议约定:合同价款按照可调价方式结算,签订合同后不支付预付款,后续根据实际施工进展,每季度支付当季度70%的工程款,工程完成验收后保留5%的质保金。本合同未进行备案。

但是在律师接受委托对目标公司进行法律尽职调查时,目标公司仅仅提供了20××年7月18日的《建筑工程施工合同》,而没有提供20××年7月28日签订的补充协议。

(2)主要法规

《民法典》第146、153、154条,最高人民法院《关于审理建设工程施工合同纠纷案件适用法律问题的解释(一)》第1条。

(3)主要风险

针对目标公司的重大合同调查问题,实践中需要注意"阴阳合同""抽屉协议"等情况。因为尽职调查中律师所获取的重大合同,其往往是目标公司单方面提供,律师无法通过公开渠道获取、核实所拿到的合同是否为完整的、不存在补充协议的合同,甚至是否为真实的合同。所以,虽然律师往往获取的合同皆为双方盖了公章且正在履行的合同,但其是否完整、真实,需要律师尽到谨慎义务,通过多方面的途径核实。

所谓"阴阳合同",是指合同当事人就同一事项订立两份以上的内容不相同的合同,一份对内,一份对外。其中对外的一份并不是双方真实意思表示,而是以逃避国家税收等为目的;对内的一份则是双方真实意思表示,可以是书面形式或口头形式。"阴阳合同"是一种违规行为,在给当事人带来"利益"的同时,也预示着风险。

"抽屉协议"是指银行与企业一同签订的私下协议,平时放在抽屉里,除了协议双方,外人都不知道;一旦发生相关情况就拿出来,因为双方都签字盖章了,具有法律效力,银行可以据此追索。

实践中,如果存在"阴阳合同"或者"抽屉协议",那么目标公司提供给律师方的一般为阳合同或者非抽屉协议。

(4)解决方案

如果存在"阴阳合同"或者"抽屉协议",律师事务所等尽职调查机构可以采取的核实途径有以下几种:

①对目标企业人员及合同相对方进行访谈、实地调查。

通过与目标企业的管理人员,特别是重要岗位的员工、核心管理人员面对面谈话来搜集信息资料,但是访谈时需要注意技巧,目的性不能太强太明显,否则,对方会防备。带着问题和疑问去交谈,需引导式交流,看似无意的闲谈,其实都是有意为之,旁敲侧击,多提些相关问题,以获取更多信息。目标公司的资深管理人员参与项目时间长,对项目了如指掌,占据信息优势,而尽职调查团队则完全陌生,处于劣势。许多重要信息都是从与访谈对象的对话中获取的,弥足珍贵,是合同的补充和辅助。

受被访谈者立场的限制,访谈并不能直接得出某些结论,但是访谈依然是了解合同履行情况、寻找调查线索和佐证调查资料的有效手段。

②分析各类合同与其他费用支付情况。

由于合同是企业经营的载体,任何业务均以合同形式表现。在分析合同的形式、计价模式、付款方式、工程结算等的同时,也要关注合同的风险,如变更、索赔、工期延误、保修期的责任等。

此外,尤其在建设工程领域,关键是比较备案合同与补充协议的差异。建筑行业存在大量的"阴阳合同",备案合同虽符合法律,但有时缺乏可执行性。而"补充协议"更具有可操作性。如果合同当事人一旦发生法律纠纷,法官通常以备案合同为准,其他私下签订的未经备案的补充协议可能无效,当补充协议与备案合同发生矛盾和冲突时,备案合同更具法律效力。关键是调查补充协议与备案合同有无冲突,是否存在法律风险等。

③不同参与方之间互相核对数据。

在尽职调查过程中,律师应当与其他尽职调查机构,如会计师事务所等互通有无,因为律师获取的可能是目标公司从法律尽职调查角度所提供的与法律关系最大的资料,而同法律关系不大的资料,目标公司可能不会提供给律师。所以律师需要与会计师事务所等机构获取的资料进行分享,从而避免信息孤岛,达到更全面地获取资料的目的。

④审核合同。

律师拿到目标公司提供的合同后,第一步需要做的是进行形式审查,将合同文件本身分为三部分:开头(合同名称、编号、双方当事人和鉴于条款)、正文(第一条至最后一条)、签署部分(即双方签字盖章和签署时间)。

形式审查是看一份合同是否完整地具备上述三部分,是否有前后矛盾的地方。常见的错误有:当事人名称不一致、不完全、错误或矛盾,合同名称与实质内容不符、时间签署前后不一致,地址、法定代表人错误等。

同时形式审查还要看是否附有对方营业执照、其他证书、法定代表人身份证明书、委托书等相关材料。看相关文件之间的内容是否有矛盾之处。

第二步是进行实质审查,主要是对合同正文的审查,这是合同最关键的内容,包括合同条款是否完备、合法;合同内容是否公平,是否严重损害目标公司利益;条款内容是否清楚,是否存在重大遗漏或严重隐患、陷阱。

合同条款是否完备的审查包括以下内容(买卖合同为例):

a. 双方名称或姓名和住所。列明当事人的全称、地址、电话、开户银行及账号。

b. 标的。动产应标明名称、型号、规格、品种、等级、花色等;不易确定的无形财产、劳务、工作成果等描述要准确、明白；不动产应注明名称和坐落地点。

　　c. 数量。数量要清楚、准确，计量单位、方法和工具符合国家或者行业规定。

　　d. 质量。国家有强制性标准的，要明确标准代号全称。有多种适用标准的，要在合同中明确适用哪一种，并明确质量检验的方法、责任期限和条件、质量异议期限和条件等。

　　e. 价款或报酬。合同明确规定价款或报酬数额、计算标准、结算方式和程序。

　　f. 履约期限、地点和方式。履行期限要具体明确，地点应冠以省、市、县名称，交付标的物的方式、劳务提供方式和结算方式应具体、清楚。

　　g. 违约责任。应明确规定违约责任，赔偿金数额或具体计算方法。

　　h. 解决争议的方法。选择诉讼或者仲裁其中之一作为争议解决方法，合同中不要出现"既由法院管辖又由仲裁机构裁决"，也不要出现"由法院管辖或者仲裁机构仲裁"的条款。约定通过诉讼解决的，还可以约定管辖法院；约定由仲裁机构裁决的，应写明具体仲裁机构的名称。

　　i. 合同生效条款。一般应当写明"合同自合同双方（或者各方）法定代表人或者授权代表签字并加盖单位公章（合同专用章）之日起生效"。若合同有固定期限的，还应当写明"本合同有效期自某年某月某日起至某年某月某日止"。对于法律法规规定应当经批准或者登记后生效的，或者合同约定须经公证等生效条件的，应当在合同中写明并及时办理相关手续。

　　j. 清洁文本条款。合同中应当写明："本合同正文为清洁打印文本，如双方对此合同有任何修改及补充均应另行签订补充协议。合同正文中任何非打印的文字或者图形，除非经双方确认同意，不产生约束力。"在签署过程中，应注意当合同中有清洁文本条款时，合同中的所有条款文字与数字（签署人签字、时间签署与盖章除外）均应当事先打印完成，不得在合同签字过程中出现合同正文有手写文字或者空白未填写的情况。

　　其中，前八项是《民法典》第470条列出的内容。合同审查时重点关注违约责任的约定是否清楚、完整、公平，是否严重损害目标公司利益，或者是否存在陷阱。

　　如果经过形式审查以及实质审查后，发现某份合同存在较为重大的风险，那么接下来做好第三步沟通、参照就显得十分必要。

　　沟通指的是与合同经办人、起草人进行沟通，就合同谈判、协商及合同目的等内容进行交流。

　　参照指的是找到与所审合同相关的国家合同示范文本、行业推荐的示范合同文本、企业的合同范本等，对照其在条款和内容上有何重大差别，分析或者询问原因。

　　在尽职调查的合同审查中，一定要对照《民法典》合同编和相关司法解释的规定来判断目标公司提供的合同内容是否合法、合理、可行,并寻找肯定或者否定的法律依据、司法实践依据和经济依据。审查有名合同,要看合同法总则和分则对该合同的专门规定;审查无名合同,更要审慎行事。

完成了形式审查、实质审查以及沟通、参照后,律师才可以就相关合同对于目标公司乃至尽职调查事项整体可能带来的影响作出判断。

2. 重大合同中的特殊约定对拟进行的交易存在影响

(1) 基本事实

目标公司作为借款人于20××年××月××日与AB银行签订了《综合授信协议》。该协议约定,目标公司被授予××万元的信用额度。若发生可能影响借款人或担保人财务状况和履约能力的情况,包括但不限于任何形式的合并、联营、与外商合资、合作、承包经营、重组、改制、计划上市等经营方式的变更,减少注册资本、进行重大资产或股权转让、承担重大负债,或在抵押物上设置新的重大负债等,应及时通知贷款人;如借款人采取上述任何一种行为将对其偿债能力产生不利影响的,须事先征得贷款人的同意。在使用授信期间,股东分红需征得贷款人同意。

目标公司的股东现拟将其控股性股权全部转让给CD公司所有。

(2) 相关法规

《民法典》第502、562条。

(3) 主要风险

根据上述协议,目标公司的股权变更可能被认定为对借款人的偿债能力产生重大不利影响,从而拟议交易要实现需要取得贷款人的事先同意。

(4) 解决方案

股权转让征得银行的事先同意,或者交易方案约定股权转让款用于偿还银行贷款,或者征得银行同意的情况下,由目标公司现股东另外提供足额担保等。

七、对目标公司重大债权债务及担保等事项的调查

目标公司重大债权、债务是并购方特别关注点之一,也是常见的并购陷阱之一。

(一) 调查重点

①目标公司相关债权、债务的形成原因是否合法有效,是否影响目标公司的正常经营活动及是否存在重大法律风险或潜在风险。

②目标公司相关债权、债务是否存在担保,相关担保是否存在效力瑕疵,若相关担保需要办理登记手续的,是否已经办理相应的登记手续。

③目标公司贷款用途与实际用途是否一致,是否存在提前还款的法律风险。

④目标公司贷款的金额、还款时间及贷款是否存在违约的情况及违约责任

大小。

⑤目标公司是否存在对外担保的情况,担保的形成原因是否合法、合理,担保期限及相应的担保责任,目标公司内部是否履行审批手续。

⑥目标公司是否存在民间借贷,是否存在向不特定对象借款的情况。

⑦目标公司举借外债是否已办理审批、登记。

⑧目标公司债权、债务诉讼时效是否行将届满,是否存在中断事由,是否存在怠于行使债权的情况。

⑨特别要注意了解是否存在被调查企业因故意或过失未披露的或有负债等。

⑩债权是否存在关联关系。

⑪目标公司债权债务、银行贷款及担保对拟进行的交易事项是否存在法律障碍。

(二) 主要审阅文件

①目标公司近三年的审计报告。

②目标公司的债权债务清单、合同证明文件或证明发生债权债务的其他文件。

③目标公司对外担保的情况说明,担保协议、公司决策决议或文件、与担保有关的主债务合同及其履行情况说明。

④目标公司接受债务人或第三人提供担保的情况说明、担保协议、担保登记证明。

⑤目标公司银行贷款清单,银行贷款合同及履行情况。

⑥目标公司合同管理制度(如有)。

⑦目标公司内部对重大合同签署审批流程文件原件,包括但不限于合同签署事项说明单、目标公司内部各部门的审批及意见单、目标公司涉及协议签署的内部各类决议及批示文件等。

⑧企业信用报告。

⑨国家市场监督总局"国家企业信用信息公示系统"、中国商标网、国家知识产权局"专利检索及分析"、中国版权保护中心、中国裁判文书网、全国法院失信被执行人名单信息公布与查询平台、中国法院网"法院公告查询"、百度等的查询结果。

⑩与目标公司相关负责人、目标公司主要供应商、客户进行会见访谈笔录、调查问卷、函证及其他文件。

(三) 常见法律问题

1. 对外担保未履行内部审批手续

(1) 基本事实

20××年4月30日,A公司与B银行签订借款合同,同日,目标公司为A公司的该笔借款签订了担保合同,担保范围包括借款本金、利息、罚息、违约金及其他一切相关费用。

借款到期后,借款人 A 公司未按期归还借款本息,目标公司也未履行担保义务。B 银行遂诉至人民法院,要求 A 公司归还借款本息,目标公司对其承担连带还款责任。

(2) 主要法规

《公司法》第 16、104、148 条。

(3) 主要风险

对于目标公司对外担保的问题,鉴于《公司法》第 16 条规定,公司向其他企业投资或者为他人提供担保,依照公司章程的规定,由董事会或者股东会、股东大会决议。从该条规定可以看出,公司的担保应当经过股东会、股东大会或者董事会决议。所以,尽职调查过程中需要一一对照担保协议是否有配套的股东会、股东大会或者董事会决议。并且结合公司章程的约定,确认股东会、股东大会、董事会决议是否形成有效的表决(即是否符合章程中规定的表决权比例,是全体股东一致同意,还是 2/3 以上表决权的股东同意)。

如果没有获取到相关决议,即使出借人主观上是善意的,且已经尽到注意义务,对于有限责任公司来讲还是应当偿还因担保不当产生的赔偿责任,故对于目标公司来讲,缺乏相应决议的对外担保是存在瑕疵与风险的。

(4) 解决方案

律师在审查股东对外担保情况时,需要将借款协议、担保协议与公司章程、股东会决议一一对照,每次对外担保都须相应的股东会决议授权,如果缺乏授权,那么对外担保就是无效的,但是对外担保无效不能免除债权人提起诉讼要求公司承担连带责任。

2. 担保财产存在法律瑕疵

(1) 基本事实

目标公司作为委托贷款人于 20××年××月××日通过 A 银行向 B 公司提供了委托贷款,贷款本金为 1000 万元人民币。B 公司为民办学校,有当地教育主管机构颁发的《民办学校办学许可证》。

为担保上述委托贷款的还款,B 公司作为抵押人于 20××年××月××日与目标公司作为抵押权人签订了抵押担保合同,约定以该公司名下的土地使用权及附属教学楼设立抵押担保。

(2) 相关法规

《民法典》第 399 条。

(3) 主要风险

根据上述法条,B 公司用于设立抵押担保的财产属于依法不得设立抵押的财产,因此《抵押担保合同》存在被认定为无效的风险。故目标公司的借款存在不能获得抵押担保的风险。

(4)解决方案

要求B公司另行提供担保;如银行审查存在过失,可以要求银行承担责任。

八、对目标公司同业竞争与关联交易情况的调查

(一)调查要点

①目标公司是否存在关联交易,关联交易是否合法有效,是否存在利用关联交易影响目标公司经营的情况。

②目标公司关联交易是否经目标公司与关联方内部适当程序批准。

③关联方公司是否与目标公司存在关联交易,了解关联交易占同类交易的比重,是否存在通过关联交易虚增利润、转移利润、抽逃资本的情况。

④关联交易定价依据及定价是否公允。

⑤目标公司重要或主要交易对方(如报告期内前五大或前十大客户及供应商)与目标公司是否存在关联关系。

⑥目标公司是否存在同业竞争,对同业竞争规范措施的实行情况及有效性。

⑦目标公司同业竞争与关联交易对委托人拟开展活动是否存在不利影响。

(二)主要审阅文件

①目标公司关于关联交易的情况说明,包括对于关联方的认定、关联交易清单、关联交易价格是否公允等。

②目标公司与关联方进行关联交易的内部决策文件。

③关联交易合同。

④目标公司关于关联交易价格与市场同类交易价格的对比分析及定价说明;若无市场同类产品交易价格的,应提供成本确定依据及定价说明。

⑤人民银行出具的目标公司信用报告(其中包括目标公司关联方企业的信息)。

⑥目标公司关联交易中实际发生的应收、应付款项占目标公司应收、应付款项的比例及对目标公司的影响的说明。

⑦目标公司关于同业竞争的情况说明。

⑧目标公司控股股东、实际控制人、董事、高级管理人员、持有目标公司5%以上股份股东关于避免同业竞争所签署的协议、所出具的书面承诺或声明(如有)。

⑨目标公司设立至今所有的工商登记档案资料。

⑩国家市场监督总局"国家企业信用信息公示系统"、中国裁判文书网、百度等的查询结果；

⑪与目标公司相关负责人、目标公司主要供应商、客户进行会见访谈笔录、调查问卷、函证及其他文件。

(三) 常见法律问题

1. 尽职调查中的关联交易风险

(1) 基本事实

目标公司是 A 公司的全资子公司，王先生是 A 公司的董事长，并且自目标公司设立时起一直担任董事职务，系目标公司的实际控制人。2015 年至 2018 年，A 公司的另一家控股公司 B 公司发生了财务困难，濒临破产。王先生凭借其在目标公司实际控制人的地位，利用关联关系安排目标公司向 B 公司购买生产设备，借此让目标公司向 B 公司输送流动资金，而实际上 B 公司所交付的设备均为废旧设备，根本无法使用。

(2) 主要法规

《公司法》第 21、149 条。

(3) 主要风险

关联交易是企业关联方之间的交易，关联交易是公司运作中经常出现的且易产生不公平结果的交易。

关联交易确定的关键在于对关联方的界定：

从会计准则看，关联方是指一方控制、共同控制另一方或者对另一方施加重大影响，以及两方或两方以上同受一方控制、共同控制或重大影响的，构成关联方。会计上持股比例达到 20%～50% 的属于施加重大影响，超过 50% 的属于控制，因此基本上只要控股股东控制或共同控制的超过 20% 比例的其他公司都属于关联方。

从公司法方面看，关联方是指公司控股股东、实际控制人、董事、监事、高级管理人员直接或者间接控制的企业，更多的要根据实际情况来判断。从中国证监会监管和规范上界定，关联方是指能够控制公司或影响公司决策而损害公司利益的各方，包括潜在关联人。从招股说明书的准则上界定，持 5% 以上股份的股东为关联方。

同业竞争是指公司所从事的业务与其控股股东(包括绝对控股与相对控股，前者是指控股比例 50% 以上，后者是指控股比例 50% 以下，但因股权分散，该股东对上市公司有控制性影响)或实际控制人所控制的其他企业所从事的业务相同或近似，双方构成或可能构成直接或间接的竞争关系。

(4)解决方案

通常目标公司为了达到降低交易成本,增加流动资金的周转率,优化企业之间的合作等目的会进行关联交易,但是具体到尽职调查领域,为了保障委托方的利益,律师在调查目标公司关联交易的情况时,可以采取的途径有以下几种:

①从与公司高级管理人员(董事、监事等)关联的企业入手。律师可以通过网络工具调查企业的董监高及其亲属担任高级管理人员或股东及法定代表人的公司,尤其是担任高级管理人员和股东的应更加注意,因为这方面具有一定的隐蔽性,企业可能会通过一些手段利用这些隐蔽性的公司做关联交易,达到虚构利润或利益输送的目的。

②关注目标公司董事、监事、高级管理人员及股东的变化。目标公司往往会在关联交易发生之前,把关联方的股份转让给关联第三者,从而达到不构成关联交易的目的,使关联交易非关联化。此时,就要关注目标公司关键人员的变化情况,核查是否有代持股份等情况。

③查阅目标公司的资金流水。律师可以会同会计师事务所查阅目标公司的账户流水,关注是否有异常的资金进出,有些公司对于一进一出的关联方资金往来并不记账,从而避免披露关联方的资金往来。

2. 目标公司与其股东、董事之间存在同业竞争

(1)基本事实

目标公司的董事张三,除持有部分目标公司股份外,还持有 A 公司 60%的股权并担任 A 公司总经理,A 公司目前从事与目标公司相同的业务。张三的上述行为尚未取得目标公司股东会的批准。

(2)相关法规

《公司法》第 148 条。

(3)主要风险

张三上述行为,违反了《公司法》的禁止性规定。张三应将其从 A 公司获得的收入无偿转让给目标公司。

(4)解决方案

张三应将其持有的 A 公司股权转让给目标公司或者其他独立第三方,并承诺今后不再投资于任何与目标公司存在同业竞争关系的企业。

九、对目标公司税务及财政补贴情况的调查

(一)调查重点

①目标公司适用的税种及税率,以及是否符合主要法规、规章的规定。

②目标公司享有的各种税收优惠政策及财政补贴的基本情况及是否合法合规,是否取得相关的批准,包括但不限于政府政策文件、批复、证明等,若仅为地方性政策的,是否存在违反国家层面的政策。

③目标公司的纳税情况,包括纳税申报地址与实际经营场所是否一致,是否存在需要补缴或被追缴的情况。

④目标公司是否存在被税务部门立案或行政处罚的情况。

⑤目标公司历史上的分红、以未分配利润等转增资本、支付报酬的,是否履行了代扣代缴义务。

⑥拟进行的交易对目标公司的税收待遇有何影响。

(二)主要审阅文件

①目标公司提供的税种、税率情况说明。

②目标公司享有的税收优惠、财政补贴的情况说明及相关证明文件。

③目标公司是否存在未缴纳、是否受到过税务处罚的情况。

④目标公司近三年的纳税申报表。

⑤目标公司近三年的审计报告。

⑥税务部门出具的完税证明。

⑦国家市场监督总局"国家企业信用信息公示系统"、中国裁判文书网、中国法院网"法院公告查询"、税务部门的行政处罚公示、百度等的查询结果。

⑧与目标公司相关负责人、税务部门访谈笔录、函证及其他文件。

(三)常见法律问题

1. 目标公司存在虚开发票违法行为

(1)基本事实

2017年1月至2018年4月期间,以经营氧化铝、建材、五金、机电设备为主的目标公司根本没有购买货物,却通过支付手续费的方式取得虚开的增值税专用发票903份,先后抵扣的税款高达1428.25万元人民币。

(2)主要法规

《税收征收管理法》第63、65—67条,《刑法》第201、203、204条。

(3)主要风险

纳税人若跨越法律红线,实施逃税、逃避追缴欠税、骗税、抗税、虚开增值税专用发票等违法行为,不仅会受到税务机关的行政处罚,涉嫌犯罪的还将依法被移送司法机关追究刑事责任。

在尽职调查中,若目标公司存在逃税等违法行为,最严重的情形是主要责任人将会承担刑事责任,而目标公司与委托方的合作事宜则很有可能无法继续进行。

(4)解决方案

①税务合规状况的检查。根据《全国税务机关纳税服务规范 2.0 版》第五章优惠办理规范,税收优惠分为批准、核准和事后备案三类。

批准类优惠办理是指,符合优惠条件的纳税人将相关资料报送税务机关,税务机关按规定程序审批后方可享受。

核准类优惠办理是指,符合优惠条件的纳税人将相关资料报送税务机关,税务机关案头审核后方可享受。

事后备案类优惠办理是指,符合优惠条件的纳税人将相关资料报税务机关备案。

在尽职调查中,目标公司如果享受了某项税收优惠政策,那么此项政策的种类以及是否经过相应的审批程序,均十分重要。所以应当对目标公司适用的相关税务规定进行清查,根据对公司整体税负的分析,清查目标公司适用的税收优惠政策,确定目标公司税务是否合规及是否有风险。

②会同会计师、税务师进行审查。以会计师事务所审查目标公司的发票为出发点,一一审查发票的开具情况所对应的合同签订、履行情况,若发现无法对应的情形,则说明可能存在税收方面的风险。

③主动处理。若律师发现目标公司存在税收违法行为,可建议该公司主动处理,要求公司股东及高级管理人员出具承诺函对可能因处罚造成的经济损失承担赔偿责任,并在尽职调查报告中披露。

2. 目标公司税收优惠可能被取消

(1)基本事实

目标公司目前持有《高新技术企业证书》,并享受相应高新技术企业税收优惠政策。因生产规模扩大,目标公司上一年的研发人员数量已经不足企业当年职工总数的 10% 以上。

(2)主要法规

《高新技术企业认定管理办法》第 11 条第(四)项、第 17 条。

(3)主要风险

目标公司因研发人员未能达到法定比例,不再符合高新技术企业的决定条件,其享有的高新技术企业资格可能被认定为无效,其享受的高新技术企业税收优惠待遇可能被撤销。

(4)解决方案

建议目标公司生产性岗位使用部分劳务派遣人员或部分辅助业务外包,以降低目标公司职工总数。

十、对目标公司劳动社保、安全生产情况的调查

(一) 调查重点

①目标公司是否与所有劳动者均签订了书面的劳动合同,是否与符合条件的劳动者签订了无固定期限劳动合同。

②目标公司劳动合同文本是否符合主要法律法规规定,包括劳动合同中有关工资薪金标准、奖金等福利、补贴内容,社会保险、住房公积金标准等是否与国家法律、法规等相关规定一致。

③目标公司与高级管理人员签订的劳动合同及其他协议中的特别约定,包括但不限于保密、竞业禁止等条款,以及是否存在股权激励等激励计划。

④目标公司规章制度制定程序及内容是否合法。

⑤目标公司是否按照相关规定为劳动者缴纳社会保险,是否低于法定标准约定或给员工缴纳社会保险和住房公积金,是否存在不缴、少缴或缴纳期限不足等情况。

⑥目标公司是否组建工会,是否依法拨交工会会费。

⑦目标公司劳动用工是否与劳动合同保持一致,是否存在劳动争议或纠纷,这些劳动争议可能对拟进行的交易有何影响。

⑧目标公司社保是否按期足额缴纳,是否存在欠缴社保或不按规定缴纳的情况。

⑨目标公司安全生产制度是否健全,是否依法设立了安全生产管理机构,是否制订了事故应急预案并定期进行消防及事故应急演练。

⑩目标公司是否依法办理了安全生产许可证,主要负责人、安全生产管理人员、特种作业人员和其他从业人员是否依法参加了培训并取得相应证书,这些证书是否合法有效(如适用)。

⑪目标公司是否发生安全生产事故,是否存在重大安全隐患,特种设备、强制检测设备是否检验合格。

⑫目标公司是否存在违反重大劳动或安全生产的行为,是否被行政处罚、责令整改,整改情况如何。

⑬可能对拟进行的交易有重要影响的劳动社保、安全生产方面的情况。

(二) 主要审阅文件

①目标公司劳动用工情况说明,包括员工人数、员工花名册。

②目标公司劳动合同、竞业禁止协议、保密协议范本。

③目标公司社保缴纳情况说明。

④目标公司按期足额进行社保缴纳的证明文件。

⑤目标公司关于组建工会,依法拨交工会会费的证明文件。

⑥目标公司规章制度、员工(劳动)手册。

⑦目标公司是否存在劳动争议或纠纷的情况说明及相关文件,包括争议主体、原因等。

⑧目标公司关于安全生产情况的说明。

⑨目标公司安全生产制度、事故应急预案。

⑩目标公司安全生产许可证,主要负责人、安全生产管理人员、特种作业人员和其他从业人员名册及相关证书。

⑪公司特种设备、强制检测设备检验合格证书。

⑫国家市场监督总局"国家企业信用信息公示系统",省市人力资源和社会保障部门,消防、安监部门官方网站,中国裁判文书网,全国法院失信被执行人名单信息公布与查询平台,中国法院网"法院公告查询",百度等网站的查询结果。

⑬与目标公司相关负责人、人力资源和社会保障、消防、安监部门访谈笔录、函证及其他文件。

(三)常见法律问题

1. 劳动合同审查实务

(1)基本事实

劳动合同是劳动者与用人单位之间成立劳动关系并明确双方权利和义务的重要书面证明。我国《劳动合同法》规定,建立劳动关系应当订立书面合同,否则企业面临着支付双倍工资的法律后果。一般而言,企业都会准备一个标准版本的劳动合同,与员工签署。部分发展完善的企业,甚至会针对不同人员准备不同版本的劳动合同供签署,诸如适用于高级管理人员的版本、技术人员的版本、一般非技术员工的版本。此外,如存在特殊用工形式的(诸如劳务派遣用工、退休返聘人员等),也会有专门适用的合同版本。另外,部分企业还存在集体协商合同,也应给予特别关注。为提高尽职调查的效率,负责尽职调查的人员可要求目标公司提供所有目前正在使用的合同版本的模板,以进行审阅;同时配以抽查手段,随机挑选若干员工的合同进行审阅。

劳动合同的具体条款涉及企业与员工的具体权利、义务,直接涉及目标公司的义务,同时,收购公司接手目标公司后,原劳动合同所有约定均仍然有效,在接管经营后,可能会修订重要制度,如薪酬制度,不能与劳动合同约定内容冲突。因此,必须对原劳动合同的约定情况予以关注,主要包括用工期限、工作岗位、工作地点、劳动报酬及特别约定等重要内容。

为所有员工缴纳社会保险,这是企业的重要法定义务,如果目标公司之前没有为员工缴纳社会保险,员工可以随时要求现公司补缴,补缴期限可以自入职之日起开始(当地社保统筹建立之日起),某些情况下,这个问题可能会导致十分严重的后果。

对劳动合同条款的审阅则主要关注合同条款的完整性与合法合规性。《劳动合同法》第17条中规定了劳动合同的必备条款,例如劳动合同的期限、工作时间和地点、社会保险、劳动保护、劳动条件和职业危害防护等,目标企业的劳动合同版本应满足上述必备条款的要求。另外,在满足完整性的基础上,应进一步检查条款本身是否合法合规。根据笔者的实务经验,企业(尤其是民营企业)劳动合同条款可能违反法律法规规定的情形主要体现在以下几个方面:

①未取得劳动部门适用特殊工时制批准的情况下,对部分员工工作时间的安排违反了标准工时制度的规定。

②企业单方面解除权的规定与劳动合同法的规定相悖。

③企业对员工进行罚款的权力违反劳动合同法的规定。

④试用期、假期相关规定违反法定时长。

⑤企业和员工约定不符合社保和公积金的缴纳规定。

⑥高级管理人员或其他骨干员工的竞业禁止义务或保密义务违反法律规定,如约定的竞业禁止期限超过了最长的2年法定期限、未约定相应的经济补偿或者补偿标准过低。

(2)主要法规

《劳动合同法》第3、7、8、10、16、17、72条,《社会保险法》第62、63条,《社会保险费征缴暂行条例》第10条。

(3)主要风险

目标公司被收购后,一段时间内,收购公司势必会依赖原有公司原有这类人员,或加强管理,若原劳动合同对于工作岗位及职责约定不明的,有可能需要根据实际情况予以补充;若原劳动合同明确约定岗位或职务的,擅自调动可能违法并造成纠纷。

若目标公司没有为员工办理社会保险,则收购协议中必须对该问题予以关注,补缴将可能会是一笔庞大的金额。

(4)解决方案

首先,尽职调查应当查明签订无固定期限员工的人数,无固定期限劳动合同相对固定期限劳动合同而言,用工关系比较僵化,部分员工可能会缺乏忧患意识,淘汰不胜任工作的员工的成本和难度都较大,对企业规范化管理的要求较高。可能大多数公司并不愿意看到目标公司的员工大多是签订无固定期限劳动合同的员工,故应当事先对此予以关注。

其次,要查明重要员工及管理层人员的工作岗位及职责的约定情况。原劳动合同关于员工劳动报酬的约定情况也必须予以了解,特别是一些涉及绩效考核、年终奖发放、提成约定的条款,均有可能会增加收购公司的义务。

再次,尽职调查必须查明目标公司是否为所有员工缴纳了社会保险,包括没有签订劳动合同的全日制工人。可以要求目标公司提供所有员工的社保缴纳查询记录,以了解缴纳起始时间、缴纳标准、缴纳项目。

最后,还要了解有无其他特别约定条款,如企业年金,特殊福利约定等。

2. 目标公司与部分员工没有及时签订书面合同

(1) 基本事实

截至20××年××月××日,目标公司未能依法与×名员工订立书面劳动合同。

(2) 主要法规

《劳动合同法》第10、82条。

(3) 主要风险

与员工签订书面劳动合同是目标公司的法定义务。目标公司因未能及时履行上述法定义务,可能引发劳动纠纷。目标公司也可能因此向未签订书面劳动合同的员工每月支付2倍的工资。

(4) 解决方案

目标公司应尽快与尚未签订书面劳动合同的员工补签劳动合同,并取得有关员工放弃就《劳动合同法》第82条项下索赔权的书面确认文件。

3. 公司主要负责人未按规定参加安全生产培训并考核合格

(1) 基本事实

目标公司是一家矿山企业,该公司董事长张三尚未通过安全生产考核合格。

(2) 主要法规

《安全生产法》第24、94条。

(3) 主要风险

目标公司是一家矿山企业,其主要负责人和安全生产管理人员,应当由安全生产监督管理部门对其安全生产知识和管理能力考核合格。否则,根据我国《安全生产法》第94条的规定,责令限期改正,可以处5万元以下的罚款;逾期未改正的,责令停产停业整顿,并处5万元以上10万元以下的罚款,对其直接负责的主管人员和其他直接责任人员处1万元以上2万元以下的罚款。

(4) 解决方案

2014年修改后的《安全生产法》将主要负责人和安全生产管理人员"先证后岗"调整为"先岗后证",但这并非取消安全生产的考核,故建议张三尽快安排参加当地安全生产监督管理部门组织的安全生产培训并通过考核。

十一、对目标公司环保情况的调查

(一) 调查重点

①目标公司日常环保运营是否合法合规,是否存在环境保护不达标或者潜在隐患,或者已经给周围环境造成一定程度的污染和影响。

②目标公司是否取得建设项目环境影响评价报告及其他许可证件,环保设施是否验收,排污费是否按期足额缴纳,建设项目是否发生重大变更导致环境影响评价批复失效等。

③环保设施是否实际投入使用。

④根据经营业务情况,是否安全处置固体废物以及具有腐蚀、爆炸等危害性废弃物。

⑤目标公司是否存在环保违法违规情况,是否已经受到环境保护部门的处罚或整改通知。

⑥目标公司环保情况是否符合拟进行的交易。

(二) 主要审阅文件

①目标公司建设项目清单。

②建设项目所有环境影响报告书、环境影响报告表等。

③环保部门对环评报告的审批文件。

④建设项目环保验收批准文件。

⑤目标公司关于环保设施建设、运转使用情况的说明,与具备资质的有关单位签订的危险及固体废弃物处置协议。

⑥排污许可证及排污费缴纳凭证。

⑦相关环保证书及文件。

⑧目标公司关于是否存在因环保问题被进行处罚的情况说明。

⑨目标公司设立至今所有的工商登记档案资料。

⑩国家市场监督总局"国家企业信用信息公示系统"、省市环保部门官方网站、中国裁判文书网、全国法院失信被执行人名单信息公布与查询平台、中国法院网"法院公告查询"、百度等的查询结果。

⑪与目标公司相关负责人、实地调查、走访环保部门访谈笔录、函证及其他文件。

(三)常见法律问题

1. 公司的建设项目尚未办理环保评价手续

(1)基本事实

目标公司于20××年××月××日开始建设A项目(简称"建设项目"),目前该等建设项目已经投入试产,目标公司尚未就该等建设项目办理环境保护评价手续。

(2)主要法规

《环境影响评价法》第16、25、31条,《环境保护法》第61条。

(3)主要风险

目标公司应依法就上述建设项目办理环境影响评价手续。因未履行上述法定义务,目标公司可能被有关环境保护行政主管部门责令停止建设并限期补办手续;逾期不补办手续的,目标公司可能被处以建设项目总投资额1%以上5%以下的罚款,目标公司的直接负责的主管人员和其他直接责任人员可能被依法给予行政处分。

此外,建设主管部门还可能责令目标公司立即停产、恢复原状。

(4)解决方案

目标公司应尽快主动就建设项目补办环境影响评价手续。

2. 租赁物业内建设项目未履行环保手续

(1)基本事实

目标公司作为承租方于20××年××月××日与出租方A公司签订租赁合同。根据该合同,目标公司租赁A公司坐落于××地址的房产(简称"租赁物业")用于生产碗柜。

目标公司在租赁物业内的碗柜生产车间已经于20××年××月××日竣工并投入使用。根据目标公司介绍的情况,目前该生产车间尚未办理任何环保审批手续。

(2)主要法规

国家环境保护总局《关于租赁他人房屋经营新的产业应纳入建设项目环境管理有关问题的复函》。

(3)主要风险

根据上述复函,目标公司的碗柜车间虽然系在租赁物业中建成,但仍需依法办理有关环评报告、审批、验收等手续。

因目标公司未能及时办理上述环保审批手续,目标公司的建设项目可能被有关环境保护行政主管部门责令限期办理;如逾期仍未能办理,目标公司可能被有关环境保护行政主管部门责令停止生产,并可能被处以相应的罚款。

(4)解决方案

目标公司应尽快和有关环境保护行政主管部门联系,补办相关环保审批手续。

十二、对目标公司近三年重大诉讼、仲裁与行政措施的调查

(一)调查重点

①目标公司及其股东、实际控制人近三年已决、未决的重大诉讼、仲裁与行政措施的具体情况。

②上述情况可能给目标公司及其股东、实际控制人造成的最大法律风险。

③上述情况所涉及的仲裁、诉讼或行政处罚是偶发事件,还是由于目标公司的机构性、体制性或制度性缺陷造成的,并评估可能造成的损失。

④上述情况可能对拟进行的交易造成的影响及法律风险。

(二)主要审阅文件

①目标公司关于近三年重大诉讼、仲裁与行政措施的情况说明,包括形成原因、正在进行的重大诉讼、仲裁可能产生的结果及影响、最终结果及影响。

②近三年重大诉讼、仲裁与行政措施的各类法律文书、合同,第三方出具的相关材料。

③国家市场监督总局"国家企业信用信息公示系统"、中国商标网、国家知识产权局"专利检索及分析"、中国版权保护中心、中国裁判文书网、全国法院失信被执行人名单信息公布与查询平台、中国法院网"法院公告查询"、百度等的查询结果。

④访谈笔录、调查问卷、函证及其他文件。

(三)常见法律问题

1.未经海关许可并纳税,擅自将保税货物在境内销售

(1)基本事实

目标公司控股子公司——A公司以保税方式进口某原料10吨,后将该等商品私自运出保税区进行内销。20××年××月××日,当地海关对目标公司的上述行为出具《行政处罚决定书》,对目标公司作出50万元人民币的罚款。

(2)主要法规

《海关法》第33、34、82条,《保税区海关监管办法》第15、21、22条。

(3)主要风险

A公司未经海关许可并纳税,擅自将保税货物在境内销售,属于走私行为,尚

不构成犯罪的,由海关没收走私货物、物品及违法所得,可以并处罚款;构成犯罪的,依法追究刑事责任。

(4)解决方案

建议 A 公司尽快主动缴纳罚款。必要时,建议目标公司尽快剥离其所持有的 A 公司的股权。

2. 目标公司被裁定中止执行

(1)基本事实

目标公司因合同纠纷被其所在地人民法院判决支付 A 公司 3000 万元人民币的违约金,该判决已经发生法律效力。

20××年××月××日,目标公司收到执行法院的裁定书,根据该裁定,因未发现目标公司可供执行的财产,决定中止执行。

拟议交易中,拟向目标公司增资 1000 万元用于公司经营。

(2)主要法规

《民事诉讼法》第 256 条。

(3)主要风险

目标公司负有巨额违约之债,并已进入法院强制执行程序,目前仅因为执行法院未发现目标公司有可供执行的财产而中止执行。

若向目标公司增资,目标公司获得该等增资后,中止执行的理由消失,人民法院随时可以恢复执行有关民事判决,增资的款项存在被用于支付 A 公司违约金的风险。

(4)解决方案

由于存在上述重大法律风险,且解决该风险成本过高,建议终止交易。

下 编

公司诉讼业务

第八章 公司诉讼业务概述

公司是各种要素的集合。它既是多方参与者合作的平台,也是利益博弈的平台,承载着诸多主体追求利益的愿望。各方经过博弈达致平衡的利益关系凝固于具体的公司制度及交易文件中,律师此时主要为委托人提供非诉法律服务,拟制相关的交易文件和制度文件。此后,原来达致的利益平衡被某个行为或事件打破,相关利害关系人因而发生争议、产生纠纷,律师接受委托,参与解决这些纠纷,为委托人提供解决争议的法律服务。公司争议解决法律服务,包括协商谈判、调解、仲裁及诉讼代理。

本章共分四节,分别介绍公司纠纷的特点、类型和处理原则,公司纠纷的解决途径,公司争议解决方案及其制定,并以个案为例介绍公司诉讼方案的设计。

第一节 公司纠纷的特点、类型和处理原则

一、公司纠纷及其特点

(一)公司纠纷的概念

公司法是调整公司的设立、组织、运营、管理、解散、清算以及其他对内对外关系的法律规范的总称。公司纠纷则是因公司法调整的法律关系和活动而发生的争议。非因公司法调整的法律关系和活动发生的争议,则不属于公司纠纷。比如,因民法典合同编、继承编,劳动法调整的法律关系和活动而发生的一般争议,分别属于合同纠纷、继承纠纷、劳动纠纷。

(二)公司纠纷的成因及其本质

公司是多方参与者不同利益的交汇平台和联结点。一方面,这些参与者之间的利益并非完全对立,而是具有相当的一致性,比如都希望公司盈利,而不愿看到公司亏损,更不愿看到公司破产。这种利益的一致性构成利益平衡的基础,也是公司成立的基础。另一方面,这些参与者之间的利益并非完全一致,而是存在一定差异甚至对立。例如公司债权人相对公司股东处于弱势,公司可能会利用其与债权

人之间的信息不对称来欺诈债权人,从而规避债务;又如公司的小股东相对于大股东又处于弱势,大股东可能利用手中的表决权,损害小股东甚至公司利益。人们在观念及利益方面总是存在不一致,这种不一致往往表现为行为的冲突,从而导致各种纠纷的产生。[1]

利益资源的有限性和人们追求利益的无止境性导致了利益冲突。但在公司领域,利益冲突并不必然导致公司纠纷的发生。比如,公司的发起人之间既有利益一致的一面,又有利益冲突的一面。这些发起人经过讨价还价,如果达不成一致意见,没有发起设立公司,就会一拍两散,一般不会发生纠纷;如果发起人之间经协商一致达成利益平衡而设立公司,这时也不会发生纠纷。但是,公司设立后,这种平衡不可能被永久地保持。[2] 随着公司的发展,交易各方各自交易的对价基础(包括资本、实物、知识产权、人力、市场等资源)在长期交易过程中,可能发生巨大变化,如某一方的资源被低估或高估,或者某一方的基础性资源有巨大增长,这时如果按照合作之初的协议分配利益,可能极端不公平。这种情况下感到不公平的一方或因其他情况想要多享有权利少承担义务的交易方,将会寻求机会重新调整权利义务的分配格局,使大家在新的利益格局下进行合作。如果这种寻求重新调整利益分配格局的努力失败了,各方未能协商达成新的利益平衡,就会发生严重的利益冲突,导致公司纠纷的发生。可见,冲突的利益经过博弈,可能出现以下四种结果:①未能达成一致,不合作,不冲突,各走各的"阳光道";②达成一致,利益平衡,合作且不冲突;③合作期间,由于情势变更使利益失衡,经过协商恢复平衡或达成新的利益平衡;④合作期间,由于情势变更使利益失衡,但未能协商回归平衡,因而爆发利益冲突,发生公司纠纷。换言之,公司纠纷中必然存在利益冲突,但利益冲突并不必然导致公司纠纷的发生,导致公司纠纷发生的实质原因是利益平衡被打破。

换言之,公司纠纷的本质是公司的利害关系方相互之间及与公司之间基于出资关系和组织关系而建立的以公司为平衡载体的利益平衡结构及状态被打破,公司或利害关系方为此而发起的回归平衡的救济。回归平衡包括回归原平衡结构和建立新平衡结构。出资关系泛指投资关系,包括股权投资和债权投资。组织关系是指公司股东与公司内部组织机构之间,股东会、董事会、监事会各种组织机构之间,以及公司同公司职员之间在公司存续期内所结成的各种带有管理协作性质的社会关系。这些社会关系主要体现为管理与被管理关系,也包括一些与经济关系

---

[1] 参见常怡主编:《民事诉讼法学》(第四版),中国政法大学出版社2016年版,第8页。
[2] 参见〔美〕E. 博登海默:《法理学——法哲学及其方法》,邓正来、姬敬武译,华夏出版社1987年版,第142页。

有密切联系的人身关系以及公司内部各方之间的平等协商、互相配合、相互制约的关系。其内容主要包括股东的地位、权利义务,股东会、董事会、监事会等公司机关的地位、职权及相互关系,公司机关成员的任职资格、产生办法、法律地位、权利、义务、责任等。[1]

简言之,公司纠纷系因利益平衡被打破且需要补救以回归平衡而产生的。公司在利益平衡——冲突——平衡的循环过程中发展,走向未来。这是公司纠纷产生的原因和解决纠纷的途径。

(三) 公司纠纷的特点

1. 公司纠纷的主体多元而复杂

公司纠纷相关的利益主体众多,包括公司及其股东、债权人、董事、监事、高级管理人员、普通职工等。其中,公司在不同阶段的主体资格呈现出复杂多变的样态:设立中公司、运营中公司、清算中公司等;股东又有发起人、认股人、控股股东、小股东、原始股东、受让股东、转让股东、名义股东、隐名股东等多种样态;债权人又有自愿债权人、非自愿债权人、恶意第三人、善意第三人、侵权之债债权人、违约之债债权人等不同样态。

2. 公司纠纷涉及的利益关系复杂多样

与公司相关的利益主体众多,包括公司及其股东、债权人、善意第三人、董事、监事、高级管理人员、普通职工等。这些主体的经济地位不同,利益追求各异,相互之间便形成了纷繁复杂的利益关系。公司纠纷的显著特点是多个利益主体之间同时存在多重利益冲突,如股东与公司之间,股东之间,股东与管理层之间,管理层之间,管理层与公司之间,债权人与公司、股东之间以及相互交叉之间都可能存在利益冲突。

3. 公司纠纷源于利益平衡被打破

如上所述,公司纠纷系因利益平衡被打破且需要补救以回归平衡而产生的。公司在利益平衡——冲突——平衡的循环过程中发展着,最终在无法循环时终止。

4. 请求权基础与公司制度紧密相连[2]

公司纠纷的形式表现为多种样态,如违约纠纷、侵权纠纷、越权纠纷等。但是,公司纠纷在外部样态下各权利人的请求权基础不同于普通违约或侵权情形,而主要与公司制度紧密相连。其主要原因是公司结构复杂和调整公司主体的规范复杂以及公司纠纷解决机制的特殊性。

---

[1] 参见冯果:《公司法》(第二版),武汉大学出版社 2012 年版,第 15 页。
[2] 参见金剑锋:《公司诉讼的理论与实务问题研究》,人民法院出版社 2008 年版,第 9 页。

二、公司纠纷的类型

公司纠纷是因公司法调整的法律关系和活动而发生的争议。《民事案件案由规定》中的"与公司有关的纠纷"共有 24 类,具体请参见该规定。

虽然《民事案件案由规定》中规定的公司相关诉讼案由已随着公司法的修订和司法实践的发展在不断增加,2000 年规定的与公司有关纠纷为 10 类,2008 年增加到 23 类,再增加到 2011 年的 25 类,然而以上 25 类常见案由也无法涵盖全部公司纠纷类型,每一类案由都可以衍生出不同的诉讼请求权。

在实践中,公司纠纷受理案由并不限于《民事案件案由规定》中涉及的 24 类"与公司有关的纠纷",合同纠纷、侵权责任纠纷、物权纠纷等也可能夹杂公司纠纷,比如徐工集团工程机械股份有限公司诉成都川交工贸有限责任公司等买卖合同纠纷案。① 也就是说,不仅公司诉讼要运用公司法规范,有些其他的民事诉讼、行政诉讼甚至刑事诉讼也可能需要运用公司法规范。

三、公司纠纷的处理原则

(一) 意思自治原则

意思自治原则是民法的一项重要原则,是私法自治原则在民商法领域的具体体现。意思自治原则其实就是自愿原则。② 其含义包括:民法规范民事主体的行为方面,体现当事人意思自治;民事主体根据自己的意愿设立、变更或终止民事法律关系;双方或多方的民事行为的内容及形式由当事人自愿协商。民法中允许"自愿"的,只有一类行为:合法行为,即依法行使权利。③ 在私法领域,法无禁止即自由,对民事主体依法行使权利的任何限制,均须其同意。而在公法领域,法无授权即禁止,权力(非权利)主体不能意思自治。

意思自治不能理解为意思自由,只能理解为意思相对自治。意思自治本质上就是权利义务设定自主,即除维护或恢复稀缺资源归属关系外,权利人的任何义务均须由其自己设定,任何人不得妨碍权利人行使权利。④

在合同法领域,意思自治原则具体体现为合同自由,首先表现为当事人的合意

---

① 参见最高人民法院指导案例 15 号。
② 参见魏振瀛主编:《民法》,北京大学出版社、高等教育出版社 2000 年版,第 25 页;李锡鹤:《民法原理论稿》(第二版),法律出版社 2012 年版,第 107 页。
③ 参见李锡鹤:《民法原理论稿》(第二版),法律出版社 2012 年版,第 107 页。
④ 参见李锡鹤:《民法原理论稿》(第二版),法律出版社 2012 年版,第 107 页。

具有法律效力;其次表现为当事人享有订立合同和确定合同内容等方面的自由。①

在公司法领域,意思自治原则具体体现为公司自治,也就是把公司的事务交给公司及其成员进行自我管理、决策和实施,法律对此予以认可和保护。公司自治的内涵主要包含三个方面:一是指公司作为私法自治主体,具有独立法人人格,依法享有与自然人大体相同的广泛自由;二是指股东作为公司的所有者,享有按照公司章程对公司进行自主管理和经营的自由;三是指公司内部自治,公司的事务由公司根据公司法和公司章程来自主管理和决定,而不是根据政府部门的意志来安排。公司通过章程实现自治,个性化的公司章程是公司自治的载体。②

按照公司契约论,公司乃"一系列合约的联合",是各个当事人讨价还价的结果。③ 故作为确认存在原平衡结构原则之一的意思自治原则,包括契约自由和公司自治。

当事人是自己的最佳法官。当事人经讨价还价达成的利益分配格局凝固在协议、章程、决议等法律文件中。这些法律文件呈现的利益分配格局是意思自治的结果,大家都能接受,是应当予以确认的原利益平衡结构。虽然这种接受或许带有一些无奈,但终究是当事人衡量了自己和他人所分得的利益后,能够接受的。

(二) 合法性原则

所谓合法性原则,是指当事人所进行的行为必须合乎国家法律强制性规定,不存在违法的情形,否则将得到法律的否定性评价:或宣告其无效,或追究其违法责任。在商法领域,"应当遵守法律、行政法规",是指应当遵守法律、行政法规的强制性规定,一般不包括任意性规定。因为法律、行政法规中的任意性规定仅具有补充当事人意思的作用,允许当事人选择适用或进行变更。当然,当事人选择适用任意性规定的,则其行为不得违反该规定,否则该行为将因欠缺合法性而被宣告无效或被撤销,并被追究法律责任。

合法性原则是对意思自治的一种限制,它体现了公共立法对私人自由的控制。由于"利益就其本性来说是盲目的、无节制的、片面的。一句话,它具有无视法律的天生本能"④,因而需要法律对利益进行调整和规范。法律调整的实质是对社会中对立或重叠的利益进行协调,以实现各种利益的平衡。正如商法学者刘俊海教授所说:"公司法调整法律关系的目的在于协调利益冲突,追求公司和利益相关者利

---

① 参见王利明:《合同法研究》,中国人民大学出版社2002年版,第140—160页。
② 参见郭春宏:《公司章程个性化设计与疑难解释》(修订版),法律出版社2018年版,第16页。
③ 参见罗培新:《公司法的合同解释》,北京大学出版社2004年版,第22页;张维迎《理解公司:产权、激励与治理》,上海人民出版社2014年版,第137页。
④ 《马克思恩格斯全集》(第1卷),人民出版社1956年版,第179页。

益最大化。具体来说,其最高目标在于追求利益多赢(包括股东、高级管理人员以及其他利益相关者的利益多赢),最低目标在于避免利益多输,尤其是遏制控股股东对小股东、经营者对股东、公司内部人对公司外部人的机会主义行为。"①因此,在各国的公司制度设计中必须均衡地考虑不同利益主体的不同利益要求。如何平衡公司、股东和债权人及善意第三人等不同利益主体的利益遂成为各国公司法立法的重点和最基本的指导思想。② 公司法因而成为一种利益协调平衡器。③ 从这个意义上来说,公司法既是对意思自治的限制,又是对意思自治的补充:一方面,当事人经协商达成的法律文件不得违反法律强制性规定;另一方面,如果这些法律文件对某些事项没有约定的,则可以适用法律的规定。

(三) 外观主义原则

所谓外观主义,是指在交易关系中,行为相对人对交易行为以及交易中的其他重要事项的外部表现形式为信赖时,该信赖应当受到法律保护。④ 外观主义是商法的一项普遍原则。外观主义在商法制度中体现为两个层面:一是动态层面,相对人对商行为外观的信赖;二是静态层面,相对人对公示的商事信息的信赖。动态层面相对人信赖利益的保护不仅需要商事制度的规范,也需要依赖民法基本制度诸如善意取得、表见代理等的保护;而静态层面相对人信赖利益的保护则主要依赖商事制度本身对商事信息真实性、合法性等特性的确认,换句话说是对公示信息公信力的强制赋予。外观主义在商法静态层面的体现主要是商事登记制度。⑤

依据外观主义,尚未登记的事项不具有对抗效力,应登记而未登记的事实不得被登记义务人援引用以对抗交易相对人和善意第三人。不实登记不能对抗善意第三人,即当商事交易主体之间发生纠纷时,登记义务主体不得援引其所登记的事项与真实的法律状况不符来对抗交易相对人。商事交易双方认定的商事登记簿上所登记的事项有着等同于真实的法律状况的效力。《公司法》第 32 条规定:"有限责任公司应当置备股东名册,记载下列事项:(一)股东的姓名或者名称及住所;(二)股东的出资额;(三)出资证明书编号。记载于股东名册的股东,可以依股东名册主张行使股东权利。公司应当将股东的姓名或者名称向公司登记机关登记;登记事项发生变更的,应当办理变更登记。未经登记或者变更登记的,不得对抗第

---

① 刘俊海:《公司法学》,北京大学出版社 2008 年版,第 23 页。
② 参见江平主编:《新编公司法教程》,法律出版社 1994 年版,第 9—10 页,转引自冯果:《公司法》,武汉大学出版社 2007 年版,第 28 页。
③ 参见冯果:《公司法》,武汉大学出版社 2007 年版,第 29 页。
④ 参见赵万一主编:《商事登记制度法律问题研究》,法律出版社 2013 年版,第 146 页。
⑤ 参见赵万一主编:《商事登记制度法律问题研究》,法律出版社 2013 年版,第 153 页。

三人。"该规定体现了商事外观主义,可作如下解释:

股权是股东与公司之间的法律关系。第三人不参与公司,无从知晓股权法律关系的设立、变更与终止,其主要从登记后的出资证明书、公司章程、股东名册、工商登记的记载中查知股东的信息。若这些具备商业外观的文件记载某个主体是公司股东,则认为该主体为公司股东。换言之,当股权争议涉及善意第三人时,依照外观主义,应从维护交易安全的角度对相关证据进行认证,即公示证据的效力大于未公示的证据。

比如,在借名出资情况下,实际出资人与名义出资人约定,实际出资人以名义出资人的名义参与设立公司、出资并行使股东权利和承担股东义务,而名义出资人本身既没有出资也没有行使股东权的意思表示,且没有实际行使股东权,其仅仅是被借名而已。[1] 当涉及善意第三人时,由于名义出资人在对外关系上是作为公司股东出现的,交易关系中的第三人无法探求公司背后的真实情况。因此为保护交易安全,在对外关系上,名义出资人应承担股东所应承担的民事责任。[2] 名义出资人承担该民事责任后可向实际出资人进行追偿。

(四)公司正义原则

正义是关于法的价值目标的一种整体性概括表述[3],包含了公平、公正、平等的要求,是人们伦理观念在法律上的反映,体现了人们所追求的一种理想和目标。[4] 其基本内涵是公平地分配利益和赏罚,给予每个人所应得到的,而不给予他或她所不应得到。满足个人的合理需要和主张,并与此同时促进生产进步和提高社会内聚性就是正义的目标。[5] 法律必然与正义联系在一起,受到正义的多方检验。

公司正义原则是法律正义原则在公司法领域的呈现。它是以正义理念确定公司法上各个利益主体的权利、义务与责任的基本规则。立法者在制定、修改或废止公司法的某一具体条文时,需要充分考虑公司正义原则,促使公司法的具体制度体现公司正义的精神。适用法律时,公司正义是解释、补充公司法的重要准则,也是解释、评价公司利益相关方行为的依据。

"合同正义与合同自由均为合同法的基本原则,必须相互补充,彼此协力,才能

---

[1] 参见最高人民法院民事审判第二庭编著:《最高人民法院关于公司法解释(三)、清算纪要理解与适用》,人民法院出版社 2011 年版,第 429 页。
[2] 参见最高人民法院民事审判第二庭编著:《最高人民法院关于公司法解释(三)、清算纪要理解与适用》,人民法院出版社 2011 年版,第 430 页。
[3] 参见朱景文主编:《法理学》(第三版),中国人民大学出版社 2015 年版,第 50 页。
[4] 参见孙国华主编:《法理学教程》,中国人民大学出版社 1994 年版,第 91 页。
[5] 参见〔美〕E.博登海默:《法理学:法律哲学与法律方法》,邓正来译,中国政法大学出版社 1999 年版,第 252 页。

实践合同法的机能。"①公司法需要借助公司正义原则对公司自治原则加以制衡，以实现公司法的宗旨与目标。比如，公司法人人格否认、股东代表诉讼等制度是公司正义的产物。

在最高人民法院指导案例 15 号：徐工集团工程机械股份有限公司诉成都川交工贸有限责任公司等买卖合同纠纷案中，三个公司虽然在工商登记部门登记为彼此独立的企业法人，但实际上相互之间界限模糊、人格混同，其中川交工贸公司承担所有关联公司的债务却无力清偿，又使其他关联公司逃避巨额债务，严重损害了债权人的利益，其行为本质和危害结果与《公司法》第 20 条第 3 款规定的情形相当。如果不予债权人保护，是违背公司正义原则的。人民法院遂判决川交机械公司、瑞路公司应当对川交工贸公司的债务承担连带清偿责任。在该案中，如果严格适用《公司法》第 20 条第 3 款，是难以适用法人人格否认使其他关联公司——兄弟公司来承担责任的，该案是对《公司法》法人人格否认的扩张性适用，符合社会公平正义，具有较好的司法导向作用。

(五) 利益平衡原则

利益平衡是在一定的利益格局和利益体系下各方利益相对和平共处、相对均势的状态。在这种利益平衡状态中，每一利益主体都在利益体系中占有一定的利益份额，各利益主体间存在一定的相互依赖的利益关系。

公司是多方参与者不同利益交汇的平台②，既是相关方合作的平台，又是利益博弈与平衡的产物，也是各方讨价还价的结果。各方经过博弈达致平衡的利益关系凝固于具体的公司制度文件中，形成一个大家都接受的利益分配格局。除非严重显失公平，公司法对于这样的利益分配格局予以认可。因此，就其本质而言，可以将公司看作相互交织的众多利益的锁链。这个锁链锁住的利益结构就是初始的利益平衡结构，也可称为原利益平衡结构。

公司相关方之间的利益平衡不是完全静止的状态，而是随着公司设立、运营、解散、清算等发展而作相应动态的调整。随着公司的发展，交易各方各自交易的对价基础可能发生巨大变化，若一方的资源被低估或高估或者某一方提供的基础资源有巨大增长，这一方将会寻求机会调整原利益分配格局，使大家在新的利益分配格局下进行合作。

利益平衡是公司法的目的和任务，也是贯穿公司法整个制度体系的核心理念。③

---

① 王泽鉴：《债法原理》(第 1 册)，中国政法大学出版社 2001 年版，第 76 页。
② 参见梁上上：《论公司正义》，载《现代法学》2017 年第 1 期。
③ 参见江平主编：《新编公司法教程》，法律出版社 1994 年版，第 9—10 页，转引自冯果：《公司法》，武汉大学出版社 2007 年版，第 28 页。

利益平衡是思考和解决问题的重要方法和指导原则，其基本要义是：法律的制定和实施需要全面考虑其所调整的各方面利益关系，对利益进行选择、评价和衡量，以寻求利益的妥当平衡，使法律调整的利益主体各得其所，各安其位，而不过分损害任何一方的利益。由此可以把利益平衡分为法律制度上的利益平衡和司法裁量上的利益平衡。前者可称为状态的利益平衡，即平衡应是法律的最优化状态；后者可称为方法的利益平衡，即解释和适用法律的平衡方法。方法的利益平衡又称为"利益衡量""利益考量"，是贯彻在整个法律解释和适用过程中的思维方式，是在整个法律解释过程中得到广泛运用的论证和验证方法，是针对个案中的利益冲突所进行的利益平衡和考量。[1] 司法中利益衡量的目的是"追求当事人之间及利益衡量的平衡，实现社会正义和公平"[2]。即追求个案正义，兼顾司法统一性。最高人民法院在 2012 年出台的《关于在审判执行工作中切实规范自由裁量权行使保障法律统一适用的指导意见》中正式确认了利益衡量作为司法方法的地位，明确要求要"正确运用利益衡量方法"。

综上，经当事人协商达成的法律文件锁住了当事人之间的原利益平衡结构及状态。依照意思自治原则和合法性原则，除非违反法律、行政法规强制性规定，应当以这些法律文件为依据确认当事人之间的原利益平衡结构及状态。当公司纠纷涉及善意第三人时，依照外观主义，应当从维护交易安全的角度对相关法律文件进行认定，公示证据效力大于未公示的证据，并以此为据确认原利益平衡结构及状态。再以原利益平衡结构为基准，结合利益衡量方法和案件事实，确认原利益平衡结构是否被打破。在原利益平衡结构被打破的情况下，应遵循公司正义原则、合法性原则、利益平衡原则对冲突的利益进行评价，回归原利益平衡结构或建立新利益平衡结构，以恢复社会平衡与秩序，进而解决公司纠纷。

第二节　公司纠纷的解决途径

一、多元化纠纷解决机制及其意义

（一）权利救济与纠纷解决机制

根据《牛津法律大辞典》的定义，救济是纠正、矫正或改正已发生或业已发生

---

[1] 参见王利明：《法学方法论》，中国人民大学出版社 2012 年版，第 623—625 页。
[2] 孟勤国：《也论电视节目预告表的法律保护与利益衡量》，载《法学研究》1996 年第 2 期。

造成伤害、危害、损失或损害的不当行为。① 救济是对实体权利的一种补救措施，其本身也是一种权利或构成完整权利的组成部分。救济是在权利受到侵害，无法正常实现或纠纷发生时启动的事后的、补偿性的程序性措施。

权利救济也可以理解为救济方法或救济程序，进一步延伸为纠纷解决方式或机制。权利救济与纠纷解决密不可分，二者通常体现为同一个过程和相同的目的，即如何通过多元化方式获致救济或正义。②

(二) 多元化纠纷解决机制及其目的

多元化纠纷解决机制，是指由各种性质、功能、程序和形式不同的纠纷解决机制共同构成的整体系统。在这种多元化的系统中，各种制度式程序既有其独立的运作空间，又能形成一种功能互补，以满足社会和当事人的多元化需求与选择自由。

纠纷解决的目的是通过特定的方式和程序解决纠纷与冲突，以恢复社会平衡和秩序。③ 纠纷解决的目的决定了纠纷解决的多元化，也决定了纠纷解决的基本思路。

(三) 多元化纠纷解决机制的基本形态

1. 由私力救济、社会救济和公力救济构成的多元化体系

公力救济，即通过国家公权力对遭受侵害的权利给予救济，同时解决纠纷的制度、组织机构、程序和手段。其中最基本的就是司法救济，即司法机关和司法程序。此外，还有行政机制，包括行政法院、行政救济程序等。

私力救济，指通过私人之间、共同体内部和其他非公权力的民间力量实现个人权利、解决纠纷的非正式机制，包括合法与违法的私力救济。私力救济形式一旦获得国家和法律的认可，就可能转化为社会化的解纷机制。现代社会的私力救济尽管是民间性的，但只能在法律的框架和制约下运行。违法的私力救济会受到法律的禁止或制裁。

社会救济，指社会组织进行的纠纷解决活动，一般由民间组织、社会团体、中介机构建立或主持，包括制度性和非制度性(临时性)机制；准司法或准行政属性的机构组织和民间社会自治组织；公益性和营利性机制等。当代各种社会救济机制已成为非诉讼纠纷解决机制(ADR)的主体，得到国家的支持和鼓励。

---

① 参见〔英〕戴维·M.沃克：《牛津法律大辞典》，社会与发展研究所译，光明日报出版社1988年版，第764页。
② 参见朱景文主编：《法理学》(第三版)，中国人民大学出版社2015年版，第276页。
③ 参见朱景文主编：《法理学》(第三版)，中国人民大学出版社2015年版，第277页。

2. 由协商、调解和裁决及其组合构成的多元化纠纷解决方式

协商(又称谈判、交涉)是当事人之间为了达成和解(特别是诉讼外和解)而进行的对话和交易过程或活动,是一种当事人合意解决纠纷的方式。

调解,是由中立的第三人作为调解人主持的以协商为基础的纠纷解决方式。作为传统纠纷解决方式和当代 ADR 的基本形式,调解在世界各国都被广泛应用,包括人民法院附设调解、行政调解和民间调解等多种形式,亦可在诉讼程序中采用。

裁决,即由纠纷解决机构(或解决者)作出判断和决定,主要应用于仲裁、行政裁决和司法裁判(裁定与判决)。

3. 制度与程序的多元化

在多元化纠纷解决机制中,每一种具体的制度或程序本身同样具有多元化的需要,如民事诉讼程序的多元化,民间性纠纷解决机制程序的多元化,以及根据纠纷类型建立的专门性纠纷解决机制的多元化,如劳动人事争议、交通事故赔偿、婚姻家庭纠纷、消费者纠纷、环境纠纷、医疗纠纷解决机制等。

4. 纠纷解决规范的多元化

除强制性规范外,法律中留有大量任意性规范(包括授权性规范、自治性规范等)的作用空间,允许当事人在纠纷解决中通过协商、约定等自主行使其处分权,并允许地方或社区制定特殊规则或自治性规范。同时,在纠纷解决中,当事人也可以协商在法律与其他社会规范(包括道德规范、自治规范、村规民约、民族习惯、宗教和行业惯例等)之间进行选择,达到情、理、法的融通。

此外,还有地域性、行业性及自治共同体等不同类型的解决机制所构成的纠纷解决的多元化格局。

(四)公司纠纷解决途径及其选择

纠纷解决的目的是恢复社会平衡和秩序。公司是利益平衡的载体。公司在利益平衡——冲突——平衡的循环过程中发展着,最终在无法循环时终止。公司纠纷解决的过程就是回归利益平衡的活动过程。律师围绕公司纠纷解决的一般目的和委托人的具体目的,根据案件具体情况,可以选择协商、调解、仲裁或诉讼及其结合等纠纷解决方式来处理当事人委托的争议事宜。

二、协商

协商谈判是一种历史悠久、使用广泛的纠纷解决方式,它通过当事人双方的交流和对话,达成解决纠纷或预防纠纷的协议。它与其他纠纷解决方式相比,具有以下特点:第一,协商谈判并不是一种制度,它仅仅是一种解决纠纷的手段。因此,即

使在其他替代性纠纷解决方式中,也可以采用协商谈判这种方式。第二,协商谈判没有形式上和程序上的严格要求,当事人可以以各种方式进行谈判。第三,协商谈判无须以第三人的参与为条件,也就是说协商谈判不需要第三人的协助或者主持,只需要双方当事人参与即可进行。但事实上,许多协商谈判都有第三人的参与,所以协商谈判又可以具体分为第三人促成的协商谈判和当事人直接进行的协商谈判。

协商解决纠纷的过程,是一个讨价还价的过程。讨价还价是一种通过可信的威胁和承诺来达成一致的过程。① 这种威胁就是谈判筹码。比如工资集体谈判中,工人可以威胁罢工、怠工或拒绝加班,而雇主可以威胁停工或关厂。

协商解决争议,有时不能一蹴而就,往往边打边谈,以打促谈,通过打来制造谈判筹码。比如,2006年年底,法国达能掀起"达娃之争",宗庆后拿到了杭州仲裁委员会将娃哈哈商标权判归娃哈哈集团的裁决这一关键筹码,使双方博弈朝向有利于宗庆后方面发展。经过两年多的仲裁、诉讼博弈,达能与娃哈哈于2009年9月30日协商达成协议,以达能退出娃哈哈告终。

三、调解

调解是由中立的第三人作为调解人主持的以协商为基础的纠纷解决方式。调解与协商的区别在于:作为调解,有第三方的参与并且第三方对纠纷最终和解起着重要作用。

当双方协商解决争议无法再进一步走下去时,可以引入调解、仲裁等替代性纠纷解决方式。调解实质上是在第三人协助下进行的谈判。与诉讼相比,调解具有高效、费用低、案结事了等优势,因而成为一种比较广泛的纠纷解决方式。对此,全国人民代表大会常务委员会于2010年审议通过了《人民调解法》,最高人民法院分别颁布了《关于审理涉及人民调解协议的民事案件的若干规定》《关于人民调解协议司法确认程序的若干规定》《关于人民法院民事调解工作若干问题的规定》等规定,以促进和规范调解工作。

协商和调解都是通过协商谈判的方式解决纠纷与冲突,以恢复社会平衡和秩序。律师无论是作为一方的代理人参与协商、调解,还是作为调解人参与调解,都要贯彻"回归平衡"的主线。首先,确认原利益平衡结构;其次,确认原利益平衡结构是否被打破;最后,按照利益平衡原则回归平衡。

很多时候,当事人并不需要一场如同决斗一般的审判,而是需要一个他信任的

---

① 参见〔美〕乔恩·埃尔斯特:《解释社会行为:社会科学的机制视角》,刘骥等译,重庆大学出版社2019年版,第396页。

人站在中立的角度告诉他是不是已经得到了公平的结果。

很多情况下,协商谈判存在潜在的达成利益平衡的共赢局势,律师要保持高度的职业敏感性去发现那些可能连当事人都没有注意到的共赢议题,有时甚至需要去创造一些共赢议题。如果律师提出的争议解决方案考虑到对方的合理利益和方案的可操作性,那么会使谈判更容易走出僵局并向前推进。如果普遍使用"斗鸡策略",毫不妥协,则可能造成一种囚徒困境式的情境,每个人都是输家。①

实践中,有些当事人会借协商和调解之机来收集证据,或者借机转移资产或证据,进行恶意协商、调解。还有的当事人误以为协商、调解中所作出的承诺或让步,只要没签订协议就没有法律约束力,因而在协商、调解时未认真考虑就仓促作出一些承诺或让步。协商、调解如未达成协议,原先作出的承诺或让步固然没有法律约束力,但可能会影响法官对案件事实的认定和案件实体处理的心证。律师代理一方当事人参与协商、调解时,要避免误入前述陷阱。如果打算使用协作等策略解决纠纷,那一定要在对方也愿意使用协作策略时,才有可能取得成功。

如果的确无法为改变自己当事人的弱势地位找到谈判筹码,那就千万不试图去扮演一个"纸老虎"的角色,这样只会被人视为"跳梁小丑",输得更惨。许多情况下,如果谈判实力较弱的一方主动采取协作策略,那么往往能获得谈判实力较强一方的积极回应,谈判实力较强一方一般不会因为较弱一方采取协作等策略而变得更加强硬,恰恰相反,实力较强的一方反而会摆出一副公正的模样让较弱一方得到一些利益,这是一般人因道德自我约束和权力抑制而反映出的一种正常心理现象。

四、仲裁

仲裁要根据当事人在纠纷发生前后所达成的仲裁协议,通过人民法院以外的第三方机构,对当事人之间的纠纷以裁判的方式进行解决的方法或制度。它和协商、调解是目前使用比较多的替代性纠纷解决方式。

与诉讼相比,仲裁具有独特的优点:仲裁实行一裁终局且不公开审理;仲裁当事人可以协议选择仲裁委员会、仲裁规则、仲裁员等;仲裁的期限一般较短;等等。当然,仲裁也存在费用高、出现裁决错误难以纠错、仲裁机构公信力参差不齐等问题。

在选择仲裁方式解决公司纠纷时,要综合考虑仲裁的优缺点,选择公信力较强的仲裁机构。

---

① 参见〔美〕乔恩·埃尔斯特:《解释社会行为:社会科学的机制视角》,刘骥等译,重庆大学出版社2019年版,第396页。

五、民事诉讼

民事诉讼,就是人民法院在双方当事人和其他诉讼参与人的参加下,依法审理和解决民事纠纷,以及实现民事权利、义务的程序。

民事诉讼是民事纠纷解决方式中程序相对最为复杂、设计最为精致的一种。从应然的角度讲,民事诉讼最强调,也最能反映民事纠纷解决过程的正当性,尽量满足民事纠纷解决的正义与效率平衡关系的要求。① 民事诉讼除了具有前述优点,还具有程序的刚性化、事实认定的形式化、耗时耗力等局限性。

综上,公司纠纷发生以后,若能通过协商方式解决纠纷就尽量协商解决。当双方协商解决争议无法继续进行时,可以引入调解。经协商或调解之后达不成和解协议的,可根据情况选择仲裁或诉讼来解决。上述任何一种纠纷解决方式既可独立存在,又可递进式发展,还存在一定交错。比如,无法达成协商时,可以通过第三人进行调解,或者申请仲裁、提起诉讼;仲裁、诉讼程序中亦有协商、调解环节。

第三节 争议解决方案及其制定

一、公司争议解决总体目标与思路

(一) 公司争议解决的总的指导思想——势道术

《道德经》有云:"势道术,以势养道,以术谋势。有道无恃,道乃虚空,有恃无道,恃也忽。"势,心也,人心所向,体现为社会发展趋势、政治形势、政策导向等。道,理也,体现为理念、价值、原则。术,技也,体现为策略、方法、技巧。

公司是利益平衡的载体。利益平衡是公司法的目的和任务,也是贯穿公司法整个制度体系的核心理念。利益平衡是思考和解决问题的重要方法和指导原则。换言之,利益平衡思想是解决公司纠纷之"道"。利益平衡之所以是贯穿公司法整个制度体系的核心理念,主要基于正义思想,有利于实现社会公平正义。而追求公平正义是人心所向的"势",正所谓"以势养道"。利益平衡还是一种法学方法论②,指导人们选择和制定解决公司纠纷的策略,可谓"道为术之灵,术为道之体;以道统术,以术得道"。简言之,利益平衡思想上承人心所向之"势",下启诉讼技巧之"术",是解决公司纠纷之"道"。

---

① 参见张卫平:《民事诉讼法》,中国人民大学出版社2011年版,第2页。
② 参见梁慧星:《民法解释学》(第四版),法律出版社2015年版,第318页。

解决公司纠纷,若只讲诉讼技巧之类的术,则术不及道;若只讲原则之类的道,则道不及势。实践中,解决好公司争议,往往还要看大势,看如何操作更符合政治正当性和人心所向。解决争议,如果势道术合一,则所向披靡。

以势养道,以道统术,以术谋势,势道术合一,这是制定公司争议解决方案总的指导思想。

(二)公司争议解决的总体目标与思路

公司纠纷的本质是公司的利害关系方相互之间及与公司之间基于出资关系和组织关系而建立的以公司为平衡载体的利益平衡结构及状态被打破,公司或利害关系方因此而发起的回归平衡的救济。公司纠纷的本质决定解决纠纷的目的是回归利益平衡,包括回归原利益平衡结构和建立新利益平衡结构,并由此决定了解决公司纠纷的思路和方式。

按照利益平衡思维,公司争议解决的总体思路包括战略性思路和战术性思路。战略性思路是以出资关系和组织关系为纽带,具体如下:①确认存在基于法律、惯例和或约定而建立的公司及所有利害关系人之间的利益平衡结构;②确认该平衡已被行为或事故打破;③确认需要利益救济;4)确认救济方式和途径,回归原利益平衡结构或建立新利益平衡结构。战术性思路是:①客户目标,包括最关切目标、最大利益目标和最可实现目标;②客户风险,包括最有损利益风险和最可被证实风险;③客户依据,包括最保护自身依据和最打击对手依据;④途径,包括最便捷途径、最可实现途径和成本最低途径。

律师从利益平衡入手解决公司纠纷,除了要掌握上述思维方法,还需把握各种不同公司纠纷中利益平衡的不同特点,并结合对公司法等法律规范的准确理解和个案具体情况来制定个案纠纷解决的总体目标和思路。

(三)利益平衡思维

上述公司争议解决的势道术、总体目标与思路,是一种总体战的思维,通过全方位的总体战使当事人利益最大化。然而,根据哥德尔不完备定理,总体战思维也有其不足:如果一方利益得到极大保护,而其他方的利益遭到极大破坏,则纠纷不能得到有效解决,各方的矛盾还可能加大,典型如真功夫、雷士照明等案例。

实际上,很多时候,当事人并不需要一场如同战争或决斗一般的审判,而是需要一个公平的结果。因此,在解决公司纠纷的过程中要避免极端思想和极端行为,要坚持利益平衡思维,以回归平衡为原则,而不应让纠纷的解决造成新的严重失衡。当然,如果对方打破平衡的行为过于恶劣,则应采取对等举措予以反击,对等和比例原则应符合利益平衡的理念。

思路决定出路。正确的思路可以使"行将就木"的案件"起死回生""反败为胜",混乱的思路则常常会使人"知途迷返""弄巧成拙"。

二、如何制定公司争议解决方案

律师接受客户委托后,应当围绕客户目标,根据案件事实和相关法律,从利益平衡入手,在总体目标及思路的统领下,拟订争议解决的具体方案,以实现客户目标,甚至超越客户目标。

制定公司争议解决方案的步骤如下:

(一) 了解客户目标及对方目标

忠诚所托,维护当事人合法权益,是律师的天职。客户目标不同,律师思考问题的角度也会不同,争议解决方案自然有所不同。确定当事人的真实目的,有助于驾驭整个争议解决过程。

客户的目标,包括最关切目标、最大利益目标和最可实现目标。最关切目标是客户最迫切希望实现的目标。最大利益目标是对客户最有利或利益最大化的目标,包括短期最大利益目标和中长期最大利益目标。最可实现目标是最可能获得证据和法律支持,因而最可能获得裁判支持的目标。这些目标经分析、评价可分为上、中、下三级目标。

如客户目标不明确,应引导客户尽快明确。一般来说,当事人的目的可以概括为要求继续做某事(如要求对方继续履行合同、支付款项),不愿继续做某事,要求对方赔偿,要求获得什么或得到精神上的慰藉,或者要求认可某种事实,律师适当提炼归纳后向当事人确认。有时当事人的想法从法律上看几乎行不通,要经反复沟通和辨析才能识别出当事人的真正需求,并以此为导向为当事人设计解决方案。如果当事人的利益诉求不切实际甚至荒唐,律师判断法律上不可能支持这种荒唐的诉求时,应当提醒当事人并与当事人就调整需求进行磋商。

除了要明确客户目标,还应当了解对方目标,这有利于预测对方的反应及思路,知己知彼。

分析客户和对方的目标,有时可能发现双方的目的并非水火不容,从而能找到双赢的解决方案。

(二) 吃透案情

律师全面调查收集案件相关证据后,通过梳理资料,列出案件大事记,掌握案件基本事实和争议问题。研究案件时,要注意细节,反复核实与案件相关的所有情况,吃透案情,在法律文书或法庭上描述案情,就像陈述自己亲身经历的事情一样。

研究案件时,要注意研究关于确认存在原利益平衡的证据,确认原平衡被行为或事件打破的证据以及确认回归原平衡或建立新平衡的证据,并注意寻找和研究最保护自身的依据及最打击对手的依据。

掌握案件事实,是律师办理所有诉讼业务必须的,故不展开介绍。

(三) 提炼案件争点

律师需在掌握各方的争议问题和相关事实的基础上提炼出案件争点,包括事实争点和法律争点。案件争点又可分为关于确认存在原利益平衡的争点、关于确认原利益平衡被打破的争点和关于如何回归利益平衡的争点。

提炼出争点后,应当围绕争点检索和研究法律,并搜集和研究类似的判例,提出法律分析意见供客户参考。切忌未经查阅和研究法律,未经对照案件事实并深入思考,而凭模糊记忆分析案件。

整理争点是一个过程,开庭前、庭审中和庭审后都需要不断地对争点进行整理。

(四) 制定总体应对策略

律师应当在吃透案情并提炼案件争点后,在上述总体目标和思路的指导下,制定总体应对策略:

1. 自力救济与反制

救济是对实体权利的一种补救措施,其本身也是一种权利或构成完整权利的组成部分。救济是在权利受到侵害,无法正常实现或纠纷发生时启动的事后的、补偿性的程序性措施。

权利救济包括私力救济、社会救济和公力救济。自力救济属于私力救济,主要是指权利人通过自己行为、公司自治的方式实现个人权利,包括合法自力救济和违法自力救济。

公司自治是公司法的基本原则,公司诉讼是司法对于公司自治的介入,但这种介入是被动的、消极的、谦抑的。因此,《公司法》在许多诉讼制度上都设计了公司内部救济的前置程序,要求必须在穷尽公司内部救济方式尚不能解决后,才能通过公力救济——司法途径解决。比如股东代表诉讼、司法解散公司诉讼等。

实践中,司法对于公司自治范围内的事务一般不予干涉,比如公司依照章程任免公司董事、监事、高级管理人员等。在公司控制权的争夺中,不乏有当事人先下手为强,在合法与违法的边缘,采取控制公司印章、财务资料、银行账户、办公场所、关键资源、罢免对方职务、作出有利于股东会决议、董事会决议等自力救济手段。这些自力救济手段可以反制对方的不当行为,也可以采用逆向思维法进行反制。当然,无论是自力救济还是反制自力救济,只能在法律的框架和制约下进行,至少不违法。违法的自力救济及违法的反制会受到法律的禁止或制裁。

2. 选择合适的手段和恰当的切入点或反击点

案件不同,切入点也有所不同。选择适合的切入点,不是靠感觉,而是靠律师吃透案情和法律后,从利益平衡入手,对诸多要素进行判断。

公司是各种要素(factors)的集合。① 换言之,公司是这些要素所反映的利益关系平衡的载体。控制公司的某些关键性要素资源,可以达到控制公司重要利益甚至控制公司的效果,进而在公司控制权争夺中获得主动权。所谓关键性资源是指这样一些资源,一旦它们从企业中退出,将导致企业团队生产力下降、利润减少甚至企业组织解体。② 关键性资源是一个企业或组织产生、存在或发展的基础,它们的参与状况直接影响到组织结构的大小或其他团队成员的价值。因此,对于有些公司控制权争夺案,在对方控股情况下,往往以控制某项关键性资源为反击点,如控制市场资源、知识产权等。比如,在娃哈哈控制权争夺案中,娃哈哈集团以控制娃哈哈知名商标为反击点,于2007年向杭州仲裁委员会申请,请求确认《商标转让协议》已终止。2007年12月,杭州仲裁委员会作出裁决,认定《商标转让协议》已于1999年12月6日终止。③ 娃哈哈商标最终归娃哈哈集团所有,使达能与娃哈哈集团之间的博弈向有利于娃哈哈集团方向发展,最终迫使达能退出娃哈哈合资公司。

人力资源往往也是公司的关键性资源之一。控制某些关键性职位、岗位往往也能起到控制公司的作用。比如,某发电厂控制权争夺案中,郑某担任公司总经理,控制了公司财务及公章。但是,如果这种控制超过一定限度,严重破坏公司治理结构和利益平衡,使公司相关方利益严重受损,那么造成这种利益失衡所指向的控制点恰恰会成为对手的反击点或切入点。发电厂的代理律师最终以郑某曾任发电厂总经理侵害公司权益作为突破口,根据《公司法》第149、150条(现行《公司法》为第148、149条),将郑某实施的所有侵害公司的行为均作为公司高级管理人员损害公司利益的行为,设计到一个诉讼中。发电厂代理律师设计和选择的法律关系是成功的,人民法院支持了发电厂的诉讼请求。④

公司是利益平衡的载体。打破利益平衡的行为或事件,往往可以作为案件的切入点或反击点。比如,广东电网公司等51位原告诉被告北京国电中兴广告有限公司、胡小军侵权损害赔偿纠纷系列案⑤中,两被告采用欺诈方式与原告订立案涉

---

① Frank H. Easterbrook & Daniel R. Fischel, *The Economic Structure of Corporate Law*, Harvard University Press, 1996, pp. 10-12.
② 参见李自杰:《中外合资企业控制权的动态演进研究》,中国经济出版社2010年版,第97页。
③ 参见吕良彪:《控制公司基业长青的大商之道》(第二版),北京大学出版社2018年版,第33页。
④ 参见最高人民法院(2012)民二终字第66-1号民事判决书、(2013)民四终字第30号民事判决书。
⑤ 参见广东省珠海市中级人民法院(2010)珠中法民二初字第28-314号民事判决书。

广告合同,但合同撤销权已因超过 1 年除斥期间而消灭,并且案涉合同已基本履行完毕,因而选择合同作为该案的请求权基础起诉两被告退还巨额广告费存在极大难度。分析该案可以发现,两被告采用欺诈方式使原、被告双方利益严重失衡,造成这种利益失衡所指向的欺诈恰恰可以作为原告的切入点或反击点。原告律师经研究,巧选以欺诈侵权为请求权基础进行救济,最终获得人民法院支持,达到了实现客户目标的奇效。

3. 综合运用和谈、民事诉讼、仲裁、行政和刑事诉讼等多种手段,甚至多头诉讼围攻

一个案件如果仅从民事诉讼的角度来考虑,往往是不够的。只有将其当成一个系统工程去设计、经营才有可能取得较好的结果。为达到客户目的,有时需要利用刑事诉讼、仲裁、行政程序,并且需要合理运用多个部门的法律。

解决公司纠纷,是启动单项的协商、调解、仲裁、诉讼还是综合运用,要根据案件具体情况且在利益平衡方法论的指引下,慎重选择。如果对方采用了不当行为打破双方或多方利益平衡,那么己方可以采用对等回归平衡原则,启动对应的协商、调解、仲裁、民事诉讼、行政诉讼、刑事诉讼,甚至多头诉讼围攻,以此给对方造成强大压力,迫使对手回归平衡。比如娃哈哈控制权争夺案,双方为实现各自目标,提起多个仲裁、诉讼形成围攻,以此给对手造成强大压力。

在某些公司纠纷中,如发现对方涉嫌行政违法或刑事犯罪的情况,为了化被动为主动而启动刑事或行政程序,追究对方或其高级管理人员违法犯罪问题,则往往可以扭转不利局面。典型如雷士照明控制权争夺案、真功夫控制权争夺案、娃哈哈控制权争夺案。

在某些公司控制权争夺案中,有的当事人比较明智没有随意进行行政举报或刑事报案,而是提起行政诉讼要求撤销行政批复或登记,以达到控制公司的目的。比如徐菊茹与上海市工商行政管理局浦东新区分局行政登记纠纷案。①

还有的公司控制权争夺案中,先提起民事诉讼或仲裁确认股权转让合同无效或解除股权转让合同,获得支持后再据此提起行政诉讼要求撤销行政批复或登记以期达到控制公司的目的。如武汉白沙洲农副产品大市场股权争夺案。②

4. 造势、取势,争取外部支持或排除对方可能给人民法院施加的案外不利影响

公司纠纷解决的过程是双方或多方当事人博弈的过程,纠纷解决的结果是当事人博弈的结果。这种博弈,往往是当事人以其所有有效支配的综合性社会资源

---

① 参见上海市第一中级人民法院(2006)沪一行政字第 62 号行政判决书。
② 参见最高人民法院(2014)民四终字第 33 号民事判决书,北京市第二中级人民法院(2015)二中行初字第 786 号、第 815 号行政判决书,北京市高级人民法院(2017)京行终第 3459 号行政判决书。

为基础的力量博弈。这种社会资源包括道义资源、资本资源、人力资源、市场资源、法律资源、媒体民意资源、政治资源等。诉讼也是一种资源的博弈。律师应指导当事人调动各种资源打好官司。

实践中，不少公司纠纷的当事人都会积极争取舆论支持，意图站在道德制高点，营造己方声势，打压对手气势。这是一种造势、取势策略，其目的在于以势养道，势道术三合一。但是，若势时未到，不要硬去造势，避免成也势败也势。宜顺势而为。

双方角力博弈，如同拔河，争取外部资源支持，尤其获取当地政府有关部门支持往往很重要。实践中，最高人民法院在审判案件及针对下级人民法院的个案请示时，如果该案社会影响大，处理结果对于各级人民法院同类案件具有参考价值，最高人民法院审判庭通常会征求有关部门意见。而地方人民法院审理具体案件时，受到部门或地方的影响更为明显。

要想排除对方可能给人民法院施加的案外不利影响，可采用逆向思维。

5. 答辩策略

一般情况下，被告若不提起管辖异议，就应提出书面答辩，不能当庭突然"袭击"。因为，虽然想"袭击"的是对方律师，让他当庭来不及应对己方主张，但同时也"袭击"了法官，让他当庭来不及消化己方意见。如果不提交书面答辩，法官有可能主观上会认为被告词穷理尽，造成原告挟片面之词先入为主的情形。

一般而言，被告提交的答辩状，仅应对原告诉称的主要事实与理由进行答辩，对诉讼请求表明态度即可，不求详、不求细、不求全。在案件事实和证据具有较强的"可塑性"的情况下，说得越多，越会被人"揪辫子"。

一般来说，被告是否提交书面答辩，如何答辩、反诉等问题，在应诉方案最终确立之前不可贸然定夺。否则，容易过早暴露被告的强点和弱点以及应诉思路，尤其是在整体应诉方案尚未最终确立之前贸然答辩的，有可能把有利及不利的事实和盘托出，使被告更加被动。如果答辩期内来不及提交答辩状，也可在提交证据时一起提交或在开庭前提交人民法院。

6. 以打促谈，理性妥协

天下没有独吞的生意，也没有人可以占尽天下的便宜。诉讼是各方博弈达致平衡的结果。条件适当的和解对于争议双方都是最有利的。理性的妥协，是公司及相关方最大的胜利。因此，无论在哪个阶段，只要有和解希望，且和解方案基本合理，律师均可以建议客户争取和解，但须避免一些和解陷阱。关于和解的策略和技巧以及如何避免和解陷阱，请参考本章第二节相关部分内容。

7. 根据案情变化，围绕客户的目标，及时调整应对策略及具体方案

诉讼是一种利益博弈。按照博弈论，当某种策略实施后，需立即关注对方对这

一策略的反应,再根据对方的反应和情势变化,去判断是调整策略还是继续使用既定的策略。

诉讼如同战争,战场态势出现了新情况,发生了变化,战术乃至战略都需相应调整。实践中,若出现以下两种情况,则诉讼策略及方案需作相应调整:一是基于事实原因,如获取了更多的损失证据或者发现了遗漏项目,需要增加请求金额;二是基于法律原因,如对合同的效力认识发生了变化,可能需要变更诉讼请求或撤诉。

律师制定总体应对策略时,须注意,没有最好的策略,只有在个案中最合适的策略,最厉害的策略一定是在具体个案中或具体个案的具体阶段中最合适的策略。有时,律师应当按规则出牌,否则可能招致不利;有时,律师可以不按规则出牌,否则难以达成奇效。千万不要在一次诉讼中使用某种策略成功后,就想在每一次诉讼中都如法炮制。

(五) 制定具体的争议解决方案

总体应对策略获得客户认可后,律师可以据此制定具体的争议解决方案,包括选择诉讼或仲裁、切入点、诉讼时机、诉讼主体、诉讼请求、诉由、管辖法院、诉讼保全、预测对方抗辩及己方对策等。先前的总体应对策略根据案件情况变化进行调整后,具体的争议解决方案也需相应调整。

在民事诉讼中,原告必须更充分、更全面地做好准备工作,才能胜诉。下文将主要从原告视角详述如何设计具体的争议解决方案。当然,下文阐述的思路、策略和技巧也可以适用于争议两造。

三、如何确定诉讼进行的要素

(一) 决定启动诉讼需考虑的因素

在决定是否起诉时,通常需要考虑诉讼的目的,案件胜诉率,进行一个诉讼是否划算有利,最后再决定是否起诉。

1. 诉讼目的

一般而言,主动提起诉讼的一方主要是为了使己方因对方的违约或侵权行为而遭受的损失得到补偿。这与公司纠纷解决的目的"回归利益平衡"相一致。律师可以从客户最关切目标、最大利益目标和最可实现目标三个方面引导客户明确其诉讼目标。将客户的诉讼目标与案件事实和相关法律对照分析、评价后,又可分为上、中、下三个层次的目标。律师适当提炼归纳后向客户确认,但不可以越俎代庖。当事人是自己利益的最佳法官。

许多情况下,诉讼的目的与客户的商业目的是相同的。但在某些情况下,诉讼目的仅仅是客户多元商业目的中的其中一个,或仅仅是实现客户商业目的的工具之一。

有时候提起诉讼的目的,并不在于诉讼产生的直接结果,而是看中诉讼带来的间接效应,比如给对方施加压力,使之妥协让步,或中断时效或争取有利管辖。

也有的当事人的诉讼目的不在诉讼请求本身,而在于借助司法手段达到其他目的,比如通过诉讼达到查封对方财产的目的,又如通过诉讼将双方之间的协议或安排以生效法律文书固定下来。

在某些情况下,一个诉讼往往不是孤立的,它可能是当事人之间系列纠纷中的一个,也可能是当事人众多交易中的一个,它可能影响其他交易或纠纷的处理。这时起诉的目的在于配合其他诉讼的进行,或中止其他诉讼,或为赢得其他诉讼创造条件。

比如武汉白沙洲农副产品大市场控制权争夺系列案中,王秀群、武汉天九工贸发展有限公司先起诉确认向商务部报批的《武汉白沙洲农副产品大市场有限责任公司股权转让合同》无效,最高人民法院判决该股权转让合同无效后,再据此要求商务部撤销《关于同意外资并购武汉白沙洲农副产品大市场有限责任公司的批复》和《外商投资企业批准证书》,随后又提起相关行政诉讼,意图达到控制白沙洲市场的目的。但由于中国农产品交易有限公司采取了强悍有利的反攻,致使王秀群、武汉天九工贸发展有限公司最终未能实现控制白沙洲市场的目的。①

2. 诉讼结果的预测

一个案件的胜诉是指达到诉讼的目的,主要包括以下三种情形:①诉讼请求得到支持,赢得了结果;②在诉讼中达成了满意的调解或和解,或者起到配合交易、谈判的作用,赢得了过程;③诉求虽然未获得支持,但判决采纳了诉由,赢得了理由,该判决仍然可以被利用。

一个案件到底可为不可为,律师要仔细分析,必须向客户讲清楚。可为,要告诉客户可以打;不可为,要劝阻客户不要打。切忌向客户作出胜诉保证,而应当告知客户诉讼风险。客户的风险包括最有损利益风险和最可被证实风险。

律师有义务让当事人在完全明白他所做选择可能导致的各种后果的情况下,进行有目的选择,而不是让当事人认为他参加的是一场开大还是开小的赌博。诉讼固然是一场利益博弈,但毕竟不是一场赌博。

3. 成本分析

对于很多当事人来说,打官司如同做一笔买卖,是否划算是他们非常关心的问

---

① 参见最高人民法院(2014)民四终字第33号民事判决书,北京市第二中级人民法院(2015)二中行政初字第786号、第815号行政判决书,北京市高级人民法院(2017)京行终第3459号行政判决书。

题。一个案件的成本主要是时间、精力和直接费用(律师费、诉讼费、差旅费等)。一个案件的收益主要是胜诉判决的主文和间接利益,如果一个案件,虽然胜诉,但收益不大或不确定(如难以顺利执行),而且要付出较大成本,或者丧失更大的机会成本,则即使胜诉也不一定愿意起诉。如果败诉的结果与依据合同本应该承担的义务相当,则即使败诉也要坚持到底。因此,律师在为客户提供决策建议时,应该为客户算算账,并基于相关数据进行分析。

(二) 如何选择诉讼的时机

诉讼时机大多数时候在于一个"快"字,但并不仅仅限于快。实践中,诉讼时机受到诉讼时效、法定期限、争议状况进展和此案与彼案之间的关系等因素的影响,需要全面考虑。

1. 诉讼期限

律师需考虑的诉讼期限主要包括诉讼时效、起诉期限、上诉期、申请再审期限、行使撤销权的除斥期间等。期限问题往往直接涉及当事人的权利,因此进行诉讼需要优先考虑。当然,在很多时候,即使超过诉讼时效,也不妨碍提起诉讼。

2. 此案与彼案的关系

主要有以下两种情形:

(1) 抵销正在进行的诉讼

比如在股权代持的场合,名义股东代为持股,实际出资人行使股东权利、享受收益、相安无事。一旦第三人查封名义股东代为持股的股权,则实际出资人往往需要起诉确认其股东资格,以对抗、抵销第三人提起的诉讼。

在某些特殊情况下,即使不存在股权代持,也可以用股东权确认来对抗、抵消第三人申请对争议股权的强制执行。比如在北京首都国际投资管理有限责任公司(简称"首都国际公司")诉安达新世纪·巨鹰投资发展有限公司(简称"安达巨鹰公司")股东权确权赔偿纠纷案中,双方并非股权代持关系,均是协和健康医疗产业发展有限公司(简称"协和健康公司")的股东,首都国际公司履行了出资义务,而安达巨鹰公司一直没有履行股东出资义务,安达巨鹰公司所持股权因与第三人纠纷被浙江省宁波市中级人民法院查封并进入执行程序。于是首都国际公司先起诉要求安达巨鹰公司补足对协和健康公司的出资,在其补足出资前确认安达巨鹰公司不享有对协和健康公司的股东权利;再据此申请宁波市中级人民法院依法中止执行安达巨鹰公司持有的协和健康公司的股权。[①]

---

① 参见最高人民法院(2007)民二终字第93号民事判决书,宁波市中级人民法院(2006)甬执字第93-5号执行裁定书。

(2)辅助将要进行的诉讼、仲裁

有时候,为了破坏正在进行的对己不利的诉讼,或者为了推进对己有利的诉讼顺利进行,可能会启动刑事程序或及行政程序,或者为了破坏正在进行的对己不利的仲裁,而提起民事诉讼。比如,在孟凡勇与 DLP Investment Holdings(Hong Kong)(简称"DLP 公司")合同纠纷一案中,双方签订了一份《增资暨股权转让合同》,该协议约定了股权回购条款及仲裁条款等内容;后在商务部门要求签署《补充协议》时删除了股权回购条款,提交商务部门获得批准。同时,各方又私下签署了《补充协议二》,重新约定"股权回购条款",但未约定争议解决条款。投资领域的"股权回购条款"俗称对赌协议,实践中对于对赌协议的法律效力存在争议,尤其是人民法院和仲裁机构的意见存在一定差异,其中人民法院的意见对孟凡勇这类被投资者有利,仲裁机构的意见对 DLP 公司这类投资者有利。为了破坏正在进行的对己不利的仲裁,孟凡勇代理律师于是以《补充协议二》未约定争议解决条款为由向人民法院起诉,最终人民法院认定"股权回购条款"无效,避免了仲裁机构可能认定"股权回购条款"有效。①

有时候,提出一个民事诉讼是为了辅助下一个民事诉讼。例如需要继承财产,先提出确认股权的诉讼,把登记在他人名下的股权确认为可供继承的财产。

在纠纷过程中,何时提起诉讼,主要由客户衡量。律师需要提示法律问题和各种风险,并提出有关分析建议,供客户决策。

(三) 如何选择主管与管辖

1. 诉讼还是仲裁

商事仲裁具有一裁终局、效率高、程序灵活、保密性强的优点,其缺点是纠错的空间狭窄。民事诉讼则二审终审、保密性不强、纠错空间比仲裁大,相应的判决存在一定的不确定性。究竟选择诉讼还是仲裁,要看具体情况。比如,对对赌协议法律效力的理解,法院和仲裁机构的观点有所不同。这时当事人要按照谁的意见对己方有利来选择诉讼还是仲裁。如上述在孟凡勇与 DLP 公司合同纠纷一案中,为了破坏正在进行的对己不利的仲裁,孟凡勇代理律师以《补充协议二》未约定争议解决条款为由向人民法院起诉,获得了对己有利的结果。

2. 以诉讼制衡仲裁

如上文所述合同纠纷一案中,孟凡勇代理律师采用以诉讼制衡仲裁的策略取得了成功。在达能与宗庆后争夺娃哈哈控制权系列案中,由于双方合营企业合同

---

① 参见河北省沧州市中级人民法院(2016)冀 09 民终 2447 号民事判决书,北京市第四中级人民法院(2017)京 04 民特 10 号民事裁定书。

约定仲裁为国际仲裁,双方都聘请了顶尖律师,打得难分难解,国际仲裁有可能作出对宗庆后不利的裁决。这时,宗庆后方决定采用以诉讼制衡仲裁的策略,由娃哈哈集团的第二大股东娃哈哈工会、职工代表大会对达能提起股东代表诉讼(又称股东派生诉讼、股东代位诉讼),从而绕开仲裁条款,另辟蹊径,向达能发起攻势,以扭转舆论和仲裁上的不利。

在青年汽车集团有限公司等与宁夏石嘴山市矿业(集团)有限责任公司等股东出资纠纷一案①中,宁夏石嘴山市矿业(集团)有限责任公司采用以诉讼破仲裁的策略,获得了最高人民法院支持。

3. 诉讼管辖

(1)依据法律规定,直接选择管辖法院。根据《民事诉讼法》及其司法解释的规定,律师应基于如下原则确定公司诉讼案件的管辖:

①因公司设立、确认股东资格、分配利润、解散、股东名册记载、请求变更公司登记、股东知情权、公司决议、公司合并、公司分立、公司减资、公司增资等纠纷案件,由公司住所地人民法院管辖。

值得注意的是,民事诉讼法条文起草人及最高人民法院法官对《民事诉讼法》第26条中"公司诉讼"作限缩解释,主要是指有关公司设立、确认股东资格、分配利润、公司解散等与公司组织行为有关的诉讼,此类诉讼均关涉公司。对于不具有组织法上纠纷性质的、与公司有关的诉讼,如公司股东与股东之间的出资违约责任诉讼、股权转让诉讼、公司与股东之间的出资纠纷,可以适用一般民事诉讼管辖。所以,对于与公司有关的诉讼是否由公司住所地人民法院管辖,要进行综合的判断和分析,包括纠纷是否涉及公司利益,对该纠纷的法律适用是否适用公司法等。

②对合同类公司纠纷案件,如果合同双方协议约定管辖法院,且约定是有效的(约定法院应该为合同一方所在地、合同签订地、合同履行地的人民法院,且不应违反级别管辖和专属管辖的规定),则由约定的法院管辖;如果合同双方没有协议约定管辖法院,或协议约定无效的,则由被告所在地或合同履行地人民法院管辖。

③对侵权类公司纠纷案件,由被告所在地人民法院或侵权行为地人民法院管辖。

④根据上述原则确定的管辖法院,不应违反最高人民法院关于级别管辖的一般规定。

(2)错列或增加共同被告来选择管辖法院。实践中,有错列或增加共同被告的情形。有的人民法院在立案阶段审查较严。有的案件还存在把不是被告的列为被告、把真正的被告列为第三人的情形,如果被告未在管辖异议期间提出异议,则

---

① 参见最高人民法院(2017)最高法民辖终103号民事裁决书。

原告蒙混过关。

(3)上级人民法院强留案件。上级人民法院有权审理下级人民法院管辖的第一审民事案件；确有必要将本院管辖的第一审民事案件交下级人民法院审理的，应当报请其上级人民法院批准。下级人民法院对它所管辖的第一审民事案件，认为需要由上级人民法院审理的，可以报请上级人民法院审理。

(4)从合同与主合同分开处理。例如签订了借款合同、股权质押合同，履行期限届满后，债务人明显没有履行能力，倘若提起诉讼的目的在于质押人，则债权人有可能和债务人约定管辖人民法院。

(5)实践中为了达到某级人民法院审理的目的，有的当事人分拆诉讼标的，将一个案件拆成几个案件。

(6)实践中还有通过合同权利义务的转让来实现诉讼人民法院的变化，如将债权转让第三人，同时约定如发生争议，将该当事人同时列为被告，债务人作为共同被告参与诉讼。

(7)利用对法律规定管辖的不同理解，争取管辖。

(四)如何选择诉讼主体

选择谁来诉讼，向谁诉讼，对于纠纷的处理和利益的实现具有直接影响。律师应根据法律规定，基于案件事实，并考虑客户意见后确定合适的诉讼主体。选择与确定诉讼主体通常要考虑如下因素：

1. 检索法律规定，审查拟议的原、被告及第三人是否具有诉讼资格

根据诉讼请求和案由确定适格的诉讼主体。《公司法》及相关司法解释已对如何列明原告、被告有明确规定，应依据相关规定确定原、被告。比如，股东会决议效力纠纷，原告可以是公司股东、董事、监事，其中请求撤销股东会决议的原告，应当在起诉时具有公司股东资格；应当列公司为被告；对决议涉及的其他利害关系人，可以依法列为第三人。

2. 考虑执行能力，不要遗漏有承担能力的主体

对于有可能承担连带责任、共同责任、补充责任的被告，要尽可能列为共同被告。但为了特殊诉讼目的的需要，经客户同意不列为被告的除外。比如，虽然债务人没有执行能力，但股东有财产，在符合条件的情况下，可以通过公司法人人格否认，要求股东承担责任。如黑龙江同达煤炭营销有限责任公司诉黑龙江亚细亚房地产综合开发有限公司、亚细亚高科技开发有限公司房屋买卖合同纠纷案[①]，广东电网

[①] 参见钱尧志、张保生、夏东霞主编：《公司诉讼的策划与应对》，法律出版社2009年版，第215—234页。

等诉北京国电、胡小军侵权损害赔偿案①。

3.是否有利于诉讼

比如,在请求权竞合的案件中选择被告时,应综合考虑举证难易情况、管辖人民法院、诉讼时效等多方面因素,选择行使一种请求权,并据此确定相应被告。就举证而言,为了有利于说明案情,有时需要追加主体,有时需要区别对待、慎重选择被告,比如选择起诉部分义务人,让其他人提供有利的证据材料。

再如,当某些人出现在诉讼中有特别的影响,甚至会出现适得其反作用的,则不宜直接列为原告或被告。

四、如何设计诉讼请求

原告起诉时,诉状中必须具体表明其所主张的实体权利或法律关系即诉讼请求。《民事诉讼法》第119条规定,当事人起诉必须有具体的诉讼请求。无诉讼请求则无诉讼。

设计诉讼请求,需综合考虑当事人的利益和意愿、案件事实和法律规定。

(一)确定当事人的诉讼目的

明确当事人诉讼的真实目的,有助于律师驾驭整个诉讼的过程,否则将影响诉讼方案的设计和诉讼的进行,也会影响律师代理。关于如何确定当事人的诉讼目的,前文已详细阐述,此处不再赘述。

(二)确定法律关系和案由

任何请求权都必须依存于特定的民事法律关系之中。法律关系决定诉讼请求,当事人是基于民事法律关系提出诉讼请求。因此,对案件的准确定性是确定当事人权利义务、民事责任分担的前提。对案件的准确定性,也就是确定其属于何种性质的法律关系。在此基础上,对法律关系之要素要进行全面考查,尤其是要考查法律关系的变动情况。

1.考查当事人的认识

正确确定法律关系,首先要考虑当事人当时的认识。当事人的认识和意思表示属于案件事实的一部分。了解当事人的认识有助于厘清头绪,梳理好证据和案件事实。律师可以从以下两方面考查当事人的认识:

①当事人对交易背景和过程的说明。很多交易,光看文件材料难以窥视其究竟。

---

① 参见广东省珠海市中级人民法院(2010)珠中法民二初字第28-314号民事判决书。

②当事人对真实交易目的的说明。实践中名不符实的文件很多,但诉讼中,要考虑当事人的真实意思表示,对于法律关系的认定并不受制于文件名称,通常要结合其内容和实际执行情况及当事人真实意思表示来判断。

2. 考查案件基本事实

确定案件法律关系,需着眼于案件事实的查明,这是案件事实的发现过程,也是律师运用法律眼光来分析案件事实的过程。

对于基本案件事实,需注意以下方面:

①主要文件及引起争议的条款。查看文件文本,对于确定法律关系是必要的,对于文件文本,既要看文件名称,也要看文件内容。在名称与内容不一致时,一般要依据内容确定法律关系。

②实际执行情况。实际执行情况对于确定真实的法律关系也很重要。比如双方签订合作经营合同,但在实践中一方不参与经营,只定期收取红利,这可能被认定为名合作实借贷。

认定案件事实,还要注意考查关于确认存在原利益平衡的证据,确认原平衡被行为或事件打破的证据以及确认回归原平衡或建立新平衡的证据,并注意寻找和研究最保护自身的依据及最打击对手的依据。

3. 识别法律关系并分析其要素

律师掌握案件基本事实后,通常要对案件涉及什么法律关系进行初步识别:首先要确定法律关系所属的法律部门,即面对的究竟是民事法律关系、行政法律关系还是刑事法律关系,抑或兼而有之。其次,对所属具体领域的判断。即使在同一部门法中,也可能涉及不同的具体领域。这就要求对法律关系进行类型化识别。最后,需要对法律关系的要素进行识别,即对法律关系的主体、客体、内容进行识别。法律关系要素的识别,主要是对其内容的识别。

初步识别出案件可能涉及的法律关系后,律师还必须对该法律关系进行分析验证,考查法律关系的主体、客体、内容三要素并对照案件事实进行分析。把握了法律关系的要素,也就能够把握案件的事实要件,并以此寻找规范要件。

4. 对照民事案由检索

案件基本事实对照法律关系构成要件分析验证,确定案件涉及的法律关系,然后对该法律关系逐级类型化、具体化,并检索民事案件案由以确定具体案由。

5. 透析可能涉及的法律关系

许多案件都有其复杂性,即使是标的额较小的案件,也可能蕴含着极其复杂的法律关系。因此要按照上述步骤分析案件可能涉及的每一个法律关系。

一个复杂的案件,往往存在纠缠在一起的多种法律关系,但是这些法律关系在诉讼中的地位并不平等,有些比较重要,是焦点法律关系,有些则只是枝节问题。

因此遇到这种情况时,律师首先要条分缕析出各种权利义务。通过对法律关系的分析和把握,将各种法律关系区分开来,以不同的法律关系确定当事人的权利和义务。其次,要分清焦点问题和一般性问题,分清主要法律关系和次要法律关系,抓住重点。

如何抓住案件的重点、焦点问题?笔者认为,可以从以下几方面入手:①从双方争议焦点入手,分析研究事实认定上的争议焦点和法律适用上的争议焦点。②从利益平衡入手,先分析研究关于确认存在原利益平衡方面的焦点,关于确认原利益平衡被行为或事件打破方面的争点及关于回归利益平衡方面的争点;然后,分析研究造成利益失衡(即被打破平衡)的行为和事件,尤其要分析研究这些事件和行为是否违背意思自治原则、合法性原则、公司正义原则、外观主义原则和利益平衡原则。打破平衡的行为或事件,往往也是案件的切入点或反击点、重点、焦点。比如,广东电网公司等51位原告诉被告北京国电中兴广告有限公司、胡小军侵权损害赔偿纠纷系列案①,某发电厂控制权争夺案②。

(三)确定诉讼请求

1. 选择起诉依据的法律关系

选择法律关系,主要有两种情形:

(1)依法应当选择

若案件事实可能同时构成两个以上的法律关系,这时需要予以选择。实务中也存在都提出来的做法。

(2)基于诉讼策略,选择有利的法律关系

比如,在某发电厂控制权争夺案③中,发电厂总经理郑某实施了以下行为:①擅自将发电厂财务部门整体转移到郑某控制的其他公司办公地点,致使发电厂对其财务部门及财务资料失去实际控制;②以发电厂固定资产作抵押向银行贷款,并将贷款转移到其控制的关联企业;③擅自将发电厂的证照取走,拒不归还;④拒不将财务账簿和财务原始凭证等财务资料返还发电厂;⑤拒不返还其担任总经理期间使用的公司房产及车辆;⑥假冒董事长签名,使用其控制的发电厂公章,将发电厂持有的另一公司的30%股权低价转让给其控制的关联公司。郑某实施的上述多个行为涉及多个法律关系,而发电厂希望尽量通过一个整体的诉讼一揽子解决所有争议,但根据诉讼一般原则,合同之诉和侵权之诉属于完全不同的法律关系,基于不同法律关系的诉讼请求一般难以合并为一个诉讼。经研究,发电厂的代理律

---

① 参见广东省珠海市中级人民法院(2010)珠中法民二初字第28-314号民事判决书。
② 参见最高人民法院(2012)民二终字第66-1号民事判决书、(2013)民四终字第30号民事判决书。
③ 参见最高人民法院(2012)民二终字第66-1号民事判决书、(2013)民四终字第30号民事判决书。

师最终以郑某曾任发电厂总经理作为突破口,根据《公司法》第149、150条(现行《公司法》为第148、149条),将郑某实施的所有侵害公司的行为均作为公司高级管理人员损害公司利益的行为,设计到一个诉讼中。发电厂代理律师在设计和选择法律关系上是成功的,人民法院支持了发电厂的诉讼请求。①

2. 分析法律关系的变动情况

法律关系的变动即法律关系的发生、变更、消灭,对于诉讼请求的提出和诉由安排有重要影响,也影响诉讼请求是否成立、能否获得支持。分析法律关系的变动,尤其要注意对于合同效力的分析,包括合同成立、有效、生效、未生效、无效等。

3. 请求权的竞合与聚合

所谓请求权的竞合,是指同一法律事实产生了多项请求权,当事人可以选择其中一项来行使。② 请求权的竞合与法律关系的选择密切相关,请求权的竞合,是请求权基础规范的竞合。③

所谓请求权聚合,是指同一法律事实产生了多项请求权,当事人可以一并行使。例如,根据我国《民法典》第565条第1款的规定,对方对解除合同有异议的,任何一方当事人均可以请求人民法院或者仲裁机构确认解除行为的效力。依据该条规定,当事人可以请求确认解除合同的效力。同时,第566条第1款规定:"合同解除后……已经履行的,根据履行情况和合同性质,当事人可以请求恢复原状或者采取其他补救措施,并有权请求赔偿损失。"根据该款规定,当事人还可以要求恢复原状、采取其他补救措施,并有权要求赔偿损失。这样,在涉及合同的公司诉讼中,当事人遇到上述两条规定情形的,有可能会同时提出三项诉讼请求:请求确认解除合同的效力;请求恢复原状;请求赔偿损失。这种情况就属于请求权的聚合。④

由于不同的请求权具有不同的权利内容、构成要件、举证责任、诉讼时效等,差异较大,因而如何选择请求权将对当事人产生较大影响。选择得当,其权利将受到较好保护;选择不当,不仅可能发生讼累,甚至可能使自己的权利遭到毁灭性影响。⑤ 例如公司决议之诉中,当事人误把决议撤销之诉混为无效确认之诉,就有可能导致行使撤销权的除斥期间的经过而丧失撤销权。民法典上亦可能发生同样的问题。所以,律师应当对此类问题特别重视。

---

① 参见最高人民法院(2012)民二终字第66-1号民事判决书、(2013)民四终字第30号民事判决书。
② 参见王利明:《法学方法论》,中国人民大学出版社2012年版,第293页。
③ 参见杨立新:《请求权与民事裁判应用》,法律出版社2011年版,第367页。
④ 参见邹碧华:《要件审判九步法》,法律出版社2010年版,第62页。
⑤ 参见邹碧华:《要件审判九步法》,法律出版社2010年版,第63页。

4. 提出诉讼请求

经过上述分析,律师可以提出诉讼请求,但应在正式提出之前回头检视并请客户确认。在检视过程中需要注意以下几点:

①诉讼请求是否顾全了客户目标,前文已有阐述,此处不赘述。

②诉讼请求是否有利于回归平衡,是否符合利益平衡,前文已有阐述,此处不赘述。

③诉讼请求对其他案件的可能影响,需考虑此案与彼案之间的协调,前文已有阐述,此处不赘述。

④诉讼请求对本纠纷进度的影响及裁判的限制。

比如,广西某房地产公司与浙江某公司项目资产整体转让合同纠纷案[①],该案是一个诉讼请求不断变更影响当事人利益、限制判决的典型案件。这个案件中,浙江某公司的诉讼请求多次变更且前、后不同,对本纠纷的进度及裁判的范围产生了较大影响;市政府作为无独立请求权第三人和某房地产开发有限责任公司作为有独立请求权第三人分别提出诉讼请求,以此来限制裁判范围,增加了案件处理难度。

五、如何设计诉讼理由

败诉的案件,其原因各有不同,但一个胜诉的案件,往往是因为首先在诉讼理由的准备工作上做得比较充分。因此,代理律师应当为诉讼方案中的每一项诉讼请求寻找充足的事实与理由,以启发法官的裁判思路并使之被采纳。

(一) 设计诉讼理由需考虑的因素

提出诉由不能仅仅着眼于把一个问题说清楚,还需要考虑以下因素:

1. 把握诉由在整个纠纷处理或诉讼中的地位和作用

①说清楚一个问题,为某个诉讼请求提供支持理由,这是最常见的。

②为裁判提供依据。这与支持诉讼请求不能画等号。为裁判提供依据,是站在裁判者的角度来分析问题,以启发、引导裁判为目的。

③宣泄一种情感,这种情况也常见。当事人已经预料到案件的结果,通过充分表达或宣泄获得一种慰藉。很多情况下,当事人也用诉由讲得好与不好来认定律师的工作。

[①] 参见广西壮族自治区高级人民法院(2004)桂民一终字第 81 号民事判决书、(2006)桂民再字第 31 号民事判决书。

2. 通盘考虑诉由、诉讼请求和纠纷处理

代理律师不应仅围绕诉讼请求展开诉由论述,还应注意以下几点:

①各项诉由和诉求相协调。首先,各项诉由之间相协调,不矛盾,服务于整体;其次,诉由与诉求相协调、不矛盾,不会对相关诉讼请求造成不利影响。

②诉由不会被对方利用。这就要避免己方的诉由成为对方诉求或抗辩的依据。

3. 把握诉状版本诉由与代理词版本的不同功能和区别

诉讼如同战争。起诉状是"先头部队"进行试探性进攻,代理词就是后面的"主力部队"。

(二)寻找诉由

1. 提炼案件争点

提出诉由需要有的放矢,案件争点是其中"的"。争点又称"争议点""争执点"或"争议焦点",是指当事人存在争议的具体事项,包括事实和法律两方面的事项。

提炼、整理是一个动态过程,起诉时、开庭前、庭审中和庭审后都需要不断对争点进行整理。律师提炼整理案件争点,既要跟得上法官,又不能囿于法官的认识。如果律师提炼的争点与法官归纳的争点有所不同,应及时提出不同意见。如果法官不同意律师提出的争点作为法庭归纳的争点,律师可以在代理意见中对法庭归纳的争点阐述意见后就未归入法庭争点的部分发表意见并说明理由。

提炼整理争点的基本方法主要有构成要件分析法、体系分析法、利益平衡分析法、根据诉辩情况总结法等。

(1) 要件分析法

即基于当事人争议的法律关系,从当事人诉辩主张所依据的法律规范出发,发现直接影响法律规范各项要件成立或满足的事实争点,以及争议法律规范能否适用的法律争点。要件分析法主要集中分析法律基础规范的构成要件。本质上,要件分析法与请求权分析法是一致的。

(2) 体系分析法

体系分析法对于合同类公司诉讼案件尤其是对被告而言非常有用处。例如原告起诉要求继续履行合同,被告可以从合同不成立、未生效、无效以及合同客观上不宜继续履行等角度分层次阐述理由。

概括起来,可以从多个层次进行分析:第一层次,是否具备主张的前提;第二层次,是否具备构成要件;第三层次,是否具备免责条件。

体系分析法是升级版的要件分析法,可以称为多层次的要件分析法,是法律基础规范体系化、多层次在案件分析中的应用。

(3) 利益平衡分析法

公司纠纷系因利益平衡被打破而产生。由此从利益平衡入手,案件争点又可

分为关于确认存在原利益平衡的争点,关于确认原利益平衡被打破的争点和关于如何回归利益平衡的争点。打破利益平衡的行为或事件,不仅可以作为案件的切入点或反击点,往往还是案件争议焦点。

(4) 根据诉辩情况总结法

各方主张不一致的地方一般就是争点所在。根据双方诉辩情况总结争点,要特别注意法官询问的问题。这些问题是法庭的关注点,也可能是认定事实和适用法律的关键点。

二审、再审的争点是现成的。但是,有时候要突破原审,往往需要选择新的角度,找准切入点。

2. 研究证据

无论是采用正向司法三段论,还是逆向司法三段论裁判案件,最终都必须"以事实为依据,以法律为准绳"。在司法实践中,大多数疑难案件实际上是事实认定的疑难案件[1],因此,律师提出诉讼理由时必须认真研究与案件有关的证据。律师代理案件,不应"热衷规范而不顾事实"。

由于诉讼双方的事实主张相反,经常会出现"一个事实,两个故事",甚至像"罗生门"那样多个故事的情况,这就要求代理律师认真研究与案件有关证据的合法性、真实性、相关性、证明力和可信性,针对事实焦点提出有说服力的证据解释及推论。在诉讼中,律师需从己方意图主张的事实出发,挖掘可能的支持证据,然后根据所挖掘到的证据,并权衡相反证据,最后利用证据推理推导出己方主张的事实,进而说服裁判者认可己方主张的事实。这就要求律师做好证据挖掘和证据解释、推理工作。证据挖掘和证据解释、推理是证据研究的核心工作。有些证据跟人一样,无法一下摸透,只能"日久见人心",慢慢认识,慢慢了解。

3. 寻找相关法律

寻找相关法律的主要方法有以下几种:

(1) 根据法律关系的性质来寻找、选择适用的法律规范

首先,需要对法律关系的性质进行准确界定。例如,究竟是民事法律关系还是刑事法律关系。

其次,对法律关系逐级类型化,最终实现具体化。对最具体法律关系进行调整的法律规范,就可能是案件的适用法律。

(2) 通过体系思考选择法律规范

民法是一个具有内在逻辑一致性的体系。而每一个案件都可能涉及多个法律规范,因而需要以体系的角度思考,确定与案件事实最密切联系的法律规则。

---

[1] 参见张保生:《事实认定及其在法律推理中的作用》,载《浙江社会科学》2019年第6期。

体系思考需注意以下几点:①把握法律的总分结构;②把握法律条款的先后适用顺序;③考查积极要件和消极要件;④把握条款之间的结合;⑤排除与案件的事实要件缺乏对应性的规范。①

(3)利益平衡法找法

利益平衡是立法和司法的重要原则,前者可称为状态的平衡,即平衡应是法律的最优化状态;后者可称为方法的平衡,即解释和适用法律的平衡方法。方法的利益平衡又称为"利益衡量""利益考量",是贯彻在整个法律解释和适用过程中的思维方式,是在整个法律解释过程中得到广泛运用的论证和验证方法,是针对个案中的利益冲突所进行的利益平衡和考量。② 最高人民法院在2012年出台的《关于审判执行工作中切实规范自由裁量权行使保障法律统一适用的指导意见》中正式确认了利益衡量作为司法方法的地位,明确要求要"正确运用利益衡量方法"。

①利益衡量法找法。民法学者梁慧星教授首先介绍引进日本学者加藤一郎的"利益衡量论",其操作规则可概括为:实质判断加上法律依据。在作出实质判断那一方应当受保护之后,寻找法律依据。③ 如果找到了法律依据,就将该法律依据作为大前提,本案事实作为小前提,依逻辑三段论推理,得出实质判断证成的结论。如果作出实质判断后,无论如何也找不到法律依据,就应当检讨实质判断是否正确?重新进行实质判断,直到找到法律依据。

梁慧星教授介绍引进的利益衡量论,有助于维护委托人权益立场的律师找法,但对于不应先有立场或应持中立立场的法官则不尽然。有不少学者指出,将加藤一郎的"利益衡量论"作为裁判方法介绍给法官,由于缺少约束机制,容易导致利益衡量的恣意。④

②利益平衡法找法。从打破利益平衡的行为或事件入手,寻找与该行为或事件最密切联系的法律,进而对该行为或事件进行合法性分析。

(4)通过法律数据库及互联网检索法律

复杂案件往往涉及多个法律关系,适用的法律可能涉及多部法律甚至多个法律部门,加上各地制定的地方性法规比较庞杂,这就要求律师不但要根据法律关系的性质及体系思考寻找、选择法律规范,还必须通过法律数据库及互联网检索与案件最密切关系的法律,并对检索到的相关法律规范进行分析、选择,最终通过规范

---

① 参见王利明:《法学方法论》,中国人民大学出版社2012年版,第130—139页。
② 参见王利明:《法学方法论》,中国人民大学出版社2012年版,第623—625页。
③ 参见梁慧星:《裁判的方法》(第三版),法律出版社2017年版,第292页。
④ 参见梁上上:《利益衡量论》(第二版),法律出版社2016年版,第1页;张新宝:《侵权责任法立法的利益衡量》,载《中国法学》2009年第4期;王利明:《法学方法论》,中国人民大学出版社2012年版,第637页。

解释确定可适用的规范及其要件。

4. 查阅类似案例

所谓"同案""类案"是指与待决案件在基本事实、争议焦点、法律适用问题等方面相同或相似,且已经人民法院裁判生效的案件,也就是指案件的法律关系及争议焦点相同或类似。按照利益衡量论,待决利益结构及状态相同或相似的案件也属于同案或类案。这种类案,从法官的角度出发,是待决利益状态与法律已经规定的某个利益状态非常相似,以致立法对没有规定的事实情况也会作出相应的规定。①

同案同判、类案类判是司法公正的必然体现。2020年7月,最高人民法院发布《关于统一法律适用加强类案检索的指导意见(试行)》。因此,搜集和研究类似判例变得越来越重要。

(1)查阅指导案例

指导案例是由最高人民法院确定并发布的,对人民法院审判、执行工作具有指导作用的案例。指导案例具有典型性、权威性,所有法官在遇到类似案件时,都应当参照指导案例进行裁判,但与新的法律、行政法规、司法解释相冲突或者为新的指导案例所取代的除外。

(2)查阅上级人民法院类似案例

上级人民法院类似案例包括:①最高人民法院发布的典型案例及裁判生效的案件;②本省(自治区、直辖市)高级人民法院发布的参考性案例及裁判生效的案件;③上一级人民法院及本院裁判生效的案件。上级人民法院类似案例虽然有法定的指导性,但在同案同判、类案类判的司法公正压力下,在没有充分且正当的理由时,法官大多会参照处理。

(3)查阅法官承办的类似案例

查阅法官承办的类似案例,可以了解承办法官的办案方式、审判经历及其类型化的裁判思维。类型化的裁判思维是法官反复处理同类案件而形成的对于该类案件较为固定的处理模式,包括对法律的理解,某类事实的定性方法,认证技巧等思维定势。

通过查阅以上类似案例,既可以为代理律师理解案件、阐述观点提供思路和素材,也可以为裁判者提供依据和启发。

(三)撰写诉由

老老实实、认认真真地写好每一份诉讼文书,就像工匠做好每一件手艺活一

---

① 参见〔德〕伯恩·魏德士:《法理学》,丁小春、吴越译,法律出版社2003年版,第381页。

样,是一名律师的本职。律师要极力追求"一篇文章定乾坤"的至高境界。

1. 诉状诉由与代理词的不同写法

诉状主要从正面阐述己方的诉讼主张及理由。代理词首先从正面详细阐述己方的诉讼主张及理由,其次从反面反驳对方的主张及理由,如同作战,不仅要发起进攻,也要反击对方进攻。这就是举纲目张,正论是纲,反论是目。正论问题解决了,反论的问题就迎刃而解。

撰写诉状的目的,不是要跟对方展开辩论,而是为了顺利通过立案审查。因此,宜简明,不宜复杂——诉状中阐述诉由多的地方,往往就是软肋之处,会向对方暴露出可攻击的软肋。

代理词通常有两种写法:一种是系统式,全面阐述诉讼主张及理由;一种是重点式,着重针对案件焦点问题及对方的主张阐述意见。一审原告通常因诉状不全面阐述诉讼主张及理由,代理词采用系统式较好。一审被告或二审原被告,已在答辩状、上诉状中系统阐述诉讼主张及理由,则代理词可采用重点式。

作为原告律师,即使案件原本为复杂案件,也要在诉状中呈现出简单案件的模样,即便被告随后的答辩立即让法官觉得案件并不简单,也要用诉讼经验让法官确信案件没那么复杂。否则,就难以顺利让法官支持你的诉讼请求。

2. 把握诉由的逻辑和层次

要让诉由具有逻辑和层次,至少需注意以下几点:

①诉由体系化。体系化的诉由,一方面意味着构筑了坚实的"防御工事",另一方面也是步步推进的"坦克群"。

②主次分明,论证深刻、严谨。一个案件,无论多复杂,争议多大,决定胜败的往往是一两个关键点,因此,要牢牢抓住重点,说全说透,切不可点到为止。忌说理有余,证据不足,结构复杂,婆婆妈妈。

3. 把握好进攻与防守

①全线推进与重点突破。如果尚未找到对方防御的薄弱环节,可以采用全线推进进攻战术。如果已经找到了对方防御的薄弱环节,就应重点突破,一定要牢牢抓住并从不同角度、不同层面,说全说透,切不可点到为止、全线推进。因为这样实际上是放过了对方,错过了自己最容易取胜的战机。

②全线防御与重点防御、重点反击。在诉讼中面对对方全线推进,在己方存在防御薄弱环节的情况下,最佳的防御战术应该是全线防御,而不是重点防御。这样一方面可以掩盖己方的薄弱环节——诉讼中的薄弱环节不同于战争中的薄弱环节,往往无法通过重点防御消除;另一方面,由于全线防御导致全线胶着,作为进攻方的对方也输了。当然,这时若能找到对方几个主要薄弱环节,实施重点反击,就有可能使其全线瓦解。

③打乱仗。如果对方跟己方打起了乱仗,那么己方首先应该想到他不会打——在战略上藐视敌人;其次应该想到他可能故意这样乱打——在战术上重视敌人。对付打乱仗的最佳策略:先照自己的套路打——不受干扰!然后回击乱招——毫不留情!

4. 安排好事实论证、法律论证以及事实与法律契合论证

①在军事进攻中,首轮打击应当使用强旅,以达强劲凶猛之效。诉讼反击也是一样,强旅——举证式论证,应当居于一线,弱旅——说理性评论,应当居于二线。当然,如果己方法律依据充足,法律论证也是一支强旅。

②证明了"然"(是这样,不是那样),是"合格"的论证;如果接着又进一步证明了"所以然"(为什么是这样,不是那样),这就是"优良"论证。"合格"的证明,法官应该采信,"优良"的证明足以使法官采信。

③针对一个问题,应在提出论点(诉讼主张)的同时,举出证据,进行论证(阐述证明过程),得出结论。如果提出一个论点(诉讼主张),而不运用论据(证据)加以论证,则不明智。如果遇到有经验且较真的对手,便会给对手提供了一个提出论据、否定自己论点的机会。

④如果在法律上居于优势,在情理上居于劣势,那么就需要设法改变这种态势,以防止道义上的负面形象影响法官的判断。最好的办法就是,找出并利用证据,即使属于与诉讼请求无关的情理性事实,也要说,让法官知道对方并非善主,也不地道。

⑤如果一个诉讼主张没有法律依据,且不符合合同约定,那么这种主张即使在法理上说得通,人民法院也不会接受。摆脱这种困境的办法是:找出与案件事实或待决利益结构相类似的法律规定,以此作为诉讼主张的依据,并说明案件的处理应参照(不是依据)类似规定的理由。

⑥法条是原则的,案件是具体的,二者之间要进行"契合"解释(即"一致性"论证),合理的法条适用解释可以起到引导裁判的作用。

⑦用证据、事实和法律驳斥说理性纠缠:

A. 任何时候也别被对方复杂、令人费解、貌似具有理论水平的诉讼主张吓倒——真理往往是简单的,无须大费口舌、绕来绕去地解说。对付这种主张,不能正面纠缠,打起乱仗,而要回到证据和法律上,用这两把利器,剖开其推导、演绎主张的过程,暴露其病灶。

B. 有时律师明知一个诉讼主张是不成立的,但是基于当事人的要求和诉讼的必要,他也会振振有词地把这个错误主张说得像模像样。这时,有证据,就用证据反驳他;有法律依据,就用法律规定反驳他;如果都没有,就找出案例反驳他。总之,不能上他的当,跟他陷入说理的纠缠之中。

C. 对于对方的欺诈指责,无论其与案件争点有无关系,都应予以反驳。而反驳的基本方法是:仔细研究证据,找出证明己方没有捏造假象或隐瞒真相的证据,让事实说话,不要陷于说理性的争辩之中。

5. 诉讼可视化

诉讼可视化主要是图表化、数据化。复杂案件尤其是涉及多重法律关系的案件,尽量采用列图表、数据的方法,有利于法官理解并掌握整个案件的全貌和所有法律关系及法律事实。这种方法一目了然,而且不会产生遗漏。

6. 精益求精

永远也不要以为自己完成的案件代理意见是终极性的。在提交诉讼文书之后,案件最终结果出来之前,一定要反复自我反省,自找毛病,预测对方律师的反驳意见和法官可能产生的不同看法,从而充实、修正、完善原论证意见。如果提交代理词后探知了法官倾向性意见,而代理词中又未专门阐述,那就应当立即写一份补充代理意见并提交人民法院。

(四)诉由提升

围绕案件诉讼请求及争点撰写完诉由后,还需考虑影响裁判的各种因素,将最具影响力的因素内化在诉由中并简练表达出来。案件事实和相关法律是影响裁判的主要因素,此外,价值判断、利益衡量、司法政策、社会经济政策等也是影响裁判的重要因素。简言之,势道术合一。

在一般案件中,尤其是在基本事实和法律上比较弱势的一方,可以从以下几方面因素提炼诉由,以启发、引导裁判思考的方向,起到画龙点睛的作用。

1. 法律原则的支持

《民法典》规定的基本原则、《公司法》规定的基本原则等法律原则通常用来强调诉由的正当性。在司法实践中,法律原则可以用来约束或指导规则的运用。对于那些在规则上不利的当事人,通常需要从原则寻找依据。

2. 价值判断

价值判断是指在运用司法三段论的过程中,基于特定的价值观念认定事实,选择和解释法律,并最终作出裁判的过程。

法官的价值判断贯穿于法律适用和事实认定当中,统领整个裁判理由。根据不同的价值取向,对同样的法律规则,同样的案件事实可以得出不同的结论。

律师可以从公平正义、立法宗旨、价值位阶等方面寻找对己方有利的价值理念,比如,公平、外观主义、章程自治、商业判断、企业维持等,强调诉由的正当性。

3. 利益衡量

利益衡量,也称为利益考量、利益平衡,是指当各方利益发生冲突时,法官对社会公共利益、当事人的利益等各种利益进行考量,以寻求各方利益的妥当平衡,实现社会公平正义。利益衡量是贯彻在整个法律解释过程中的思维方式,也是一种有效的论证方法,巧妙引导法官作出对己方有利的裁判。

律师可以通过利益平衡法、利益兼顾法、利益选择法、利益位阶法等方法寻找对己方有利的利益衡量,以有效论证诉由的正当性。

4. 从社会发展趋势、政治形势和政策导向等"势"方面寻找正当性

解决纠纷,如果只讲一般诉讼理由、技巧之类的术,则术不及道;如果只讲法律原则之类的道,则道不及势。解决好公司争议,往往要看大势,要让诉讼理由更符合政治正当性和人心所向。势道术合一的诉由,足以让法官采纳。

六、对方诉讼思路的预测与应对

诉讼如同战争,开战之前进行"沙盘演练",有百利而无一害。千万别以为己方诉讼主张形同铁壁,对方律师只能碰壁。实际上,预想得难,准备得充分且辛苦,赢得反而轻松;预想得容易,准备得不够充分,开始好像轻轻松松,想赢就难了。

诉讼是利益与资源的博弈。在博弈中,每个人的决策、行为是相互影响的,每个人都要把他人(对方)的决策、行为考虑到自己的决策和行为中去,从而作出最有利于自己的策略选择。因此律师需预测对方诉讼思路并作出应对。

(一)研究对方可能的抗辩主张及反击手段

原告的诉状暴露了其诉讼思路,被告比较容易了解原告诉讼思路并加以反击。在被告不提交书面答辩状时,原告比较难预测被告的诉讼思路。不过,原告可以从以下几方面预测被告的诉讼思路:

1. 逆向思维法

研究对方诉讼思路,可采用"逆向思维法"来预测对方抗辩主张并找到突破口,即从双方对立的诉讼主张上溯到一个共同问题,对这个问题的不同解答就是双方不同的诉讼主张。这个问题就是案件的关键性问题之一。

2. 请求权基础分析法、构成要件分析法

可采用请求权基础分析法、构成要件分析法来研究对方抗辩主张。先仔细分析案件在法律上有哪些请求权基础规范,比较各个请求权基础规范的构成要件和法律效果,然后设想对方可能针对各个请求权基础规范主张哪些抗辩,最后有针对性地设计己方的诉讼对策。被告可能主张的抗辩包括以下几类:

(1)适用范围抗辩

被告可能主张本案事实不符合原告提出的法律规范的"适用范围"。例如,合同类公司诉讼中,针对原告以《民法典》第577条为请求权基础向被告主张违约责任,被告抗辩主张合同不成立、合同未生效、合同无效、合同已撤销、合同已解除、合同已履行、合同债务已抵销,等适用范围抗辩。如果抗辩成功,法庭将驳回原告的该项诉讼请求。

(2)构成要件抗辩

被告可能主张案件事实不符合原告提出的法律规范的"构成要件"。例如,在王雄平诉藏一楼国石投资管理(北京)有限公司公司解散纠纷案①中,被告主张该案不符合公司解散的构成要件即属构成要件抗辩,法庭经审查认为抗辩理由成立,最终判决驳回原告的诉讼请求。

(3)免责抗辩

被告可能主张其有免除责任的正当理由。例如,主张诉讼时效经过,主张不可抗力免责,主张有法定免责事由等,均属于免责抗辩。如抗辩成功,法庭判决被告不承担责任。

(4)减轻责任抗辩

被告可能主张其有减轻责任的正当理由。例如,主张原告有过错,在违约责任诉讼中主张不可预见规则等,属于减轻责任抗辩。如果抗辩成功,法庭将判决减轻被告的责任。

3.利益平衡分析法

利益平衡分析法即从确认存在原利益平衡、确认原平衡被行为或事件打破和确认回归平衡(回归平衡包括确认需利益救济,确认救济方式:回归原利益平衡和建立新利益平衡)三个方面,分析并预测对方可能的抗辩。

4.举证分析法

即使被告没有提交书面答辩意见,原告也可以从被告的举证情况分析出对方可能的抗辩主张。研究被告提交的证据及其说明,可以了解被告的基本事实主张,进而推测其法律主张。

5.诉讼程序分析法

预测被告可能从程序上提出哪些反击手段。例如反诉、管辖异议、证据保全、调查、申请延期审理、申请中止审理、申请变更当事人、追加第三人等。

6.综合分析法

预测对方可能采取的反击策略:①程序战;②主体战;③证据战;④法律战;⑤

---

① 参见北京市第二中级人民法院(2014)二中民(商)终字第08296号民事判决书。

舆论战;⑥举证战;⑦闪电战;⑧持久战;⑨消耗战;⑩自力救济等。

研究对方可能的反击手段时,力求客观、全面地设想出对方可能的抗辩主张及反击手段,进而有针对性地设计出己方的诉讼对策。

当预知对方的进攻路线时,要设置多重、纵深防线,使阵地坚不可摧。和战争一样,诉讼中的防御体系能够经得住对方的猛烈攻击,全在于诉前精心的设计和倾力的构筑。

(二)模拟法庭

对于重大、复杂、疑难案件,有条件时,可以组织模拟法庭,进行诉讼演练。这样可以更加逼真地预测对方诉讼思路并检验己方应对对策的实际效果,验证我方诉讼方案。

七、影响裁判的策略选择

法律诉讼是一种多主体的诉讼论证博弈,如图8-1所示。

图 8-1　法律诉讼博弈主体

在诉讼论证博弈中,作为论证主体,博弈者包括原告、被告、法官三方,博弈的目的是解决具体法律纠纷,博弈规则是现行有效法律规范,得益是说服目标听众接受其诉讼主张。有博弈就得有策略。为达目的,律师除应研究对方的诉讼策略并相应调整己方策略及方案外,还应研究影响法官裁判的因素并完善己方诉讼策略及方案。

(一)了解影响裁判的因素并采取相应对策

通常认为法官的职责是捍卫和适用法律,整个裁判过程就是从大前提到小前提再到结论的三段论推理过程,法官如同"自动售货机"——输入案件事实及法律条文,自动得出案件的处理结论。然而,这种认识和现实并不完全吻合,如果律师以这种认识代理案件,就可能对案件代理结果产生消极影响,败诉也就不奇怪了。实际上,法官的职责是解决纠纷,适用法律作为手段仅仅是一个环节,案件事实和法律规定仅仅是影响其作出裁判的因素之一。

影响裁判的因素除了前文所述的案件事实、相关法律、价值判断和利益衡量，往往还有以下因素：

1. 法官的个人因素

(1) 裁判思维类型化

这是由于反复处理同一类案件而形成的对于该类案件较为固定的处理模式，形成了思维定势。实践中，对于同一法律规则或事实的认识，民事法官和商事法官的结论往往有所不同，这是裁判思维类型化的体现，也是查阅经办法官类似案例的意义所在。

(2) 知识结构

知识结构和教育背景、生活经验及职业素养密切相关。法官个人的知识结构对于案件的事实认定和法律适用具有重要影响：①事实认定过程往往是一个不易察觉的三段论的证据推理过程，以经验法则为大前提，证据为小前提，推论出法官认定的案件事实。②法官的知识基础不仅影响法官选择法律规范的视野，还影响其对法律规范的理解。

(3) 道德及情感因素

良好的道德素质，是法官公正裁判的最有效保证。情感因素可以在一定程度上左右理性思维。人们批评的关系案、人情案、金钱案都体现了情感因素。

道德与情感，相生相克，法官道德高尚，负情感因素对裁判的负面影响就小，道德低劣，负情感因素对裁判的负面影响就大。

最高人民法院民二庭原审判长吴庆宝在评论"宜昌嘉华置业有限公司与华垦国际贸易有限公司债务纠纷案"时指出："本案中，嘉华公司接手华垦公司转让的项目后，不可能马上见到效益，再加之当年房地产市场并不景气，故而嘉华公司难以偿还债务，其试图通过反悔而免除债务，实属无奈之举。如果从一名诚实守信商人角度看待这问题，其应当主动与华垦协商，请求华垦公司谅解，争取用更长的时间偿还该笔债务，而非以所谓撤销权为由从程序上辩解，替自己开脱，这样反而让法官反感，实际的裁判效果对其更为不利。"①可见，法官的个人情感的确能够影响裁判。

这就要求代理律师在与法官接触时，要对法官表示适当的尊重，律师在当庭陈述、举证、质证、辩论环节，何时诉诸情感性、何时诉诸理性，事先要安排周详。

2. 对审判的监督

(1) 再审、二审

在再审制度改造的背景下，二审人民法院愈加倾向于维持一审，有的高级人

---

① 吴庆宝主编：《权威点评最高人民法院公司法指导案例》，中国法制出版社2010年版，第275页。

民法院规定,若二审维持的,案件被再审改判的责任在一审;若二审改判的,案件被再审改判的责任在二审。实践中,大错可能改,小错肯定维持,就是这个原因。

(2)人大代表监督

人大代表的关注至少可以使案件有了社会影响,判决要考虑社会效果,而强调社会效果往往意味着法律效果可能弱化。

(3)检察院监督

检察院提起抗诉,案件一般会进入再审程序。

(4)新闻舆论监督

新闻舆论监督往往对民事案件的裁判有较大影响,通常情况下会促使裁判的公正,但有时也会矫枉过正。

律师巧用这些监督机制,有时能达到较好效果。

3.当事人及代理人因素

当事人的经济实力、主观意愿,对裁判结果的承受能力等因素,也会对裁判结果产生重要影响。当事人志在必得的决心和信心,可以促使其采取一切手段去争取利益,也能感染和影响裁判者。

这要求律师和当事人必须始终保持足够的自信心,坚信己方的论点正确、论据可靠、论证合理,否则,如果怀疑己方的诉讼目标及方案,缺乏稳定的立场,不仅会让法官觉得可疑,而且还容易被对方抓住"破绽"。

4.社会经济政策

(1)国家政策

司法服务社会经济发展,历来如此:一是最高人民法院制定司法文件(如司法解释、通知、意见)积极回应中央政治要求,为国家政策的贯彻实施积极服务;二是人民法院直接援引政策办案。最高人民法院有关负责人曾指出,凡是法律有明文规定的依法律办,法律无明文规定的按政策办,法律和政策都无明文规定的,坚持以实际出发,按是否符合"三个有利"的标准来衡量。①

(2)部门及地方政策

这体现在:①人民法院在办理案件时直接引用部门或地方规章;②主管部门或地方的意见,人民法院予以充分尊重。部门或地方对个案的影响,最常见的理由是防止国有资产流失和社会稳定。

总之,一个诉讼案件往往并非单纯的法律纠纷,裁判中需要考虑的因素非常复杂,影响裁判的各种因素也彼此影响,每个法官关注的点、面和层次都有所不同,当

---

① 参见江必新:《论"三个有利于"标准与合法性标准之间的关系》,载《人民司法》2000年第2期。

下法官和人民法院裁判仅能做到相对独立,有时候法官决定一个案件,有时候人民法院决定一个案件,有时候是政治经济决定一个案件。在一个案件时,律师需要考虑影响裁判的各种因素,多角度和多层面思考,精心设计诉讼方案,运用有利因素,避免和限制不利因素,尽可能为客户争取最大利益。

(二) 影响法官裁判的策略选择

如上所述,影响法官裁判的因素很多,但无论如何,法官裁判最终都要落脚于"以事实为依据,以法律为准绳"。随着依法治国和法官终身责任追究制的逐步推进,事实和法律将在更多案件中起决定作用。这是律师采取适当策略影响法官裁判的根据。

1. 裁判是原告、被告、法官三方,尤其是双方律师诉讼博弈的结果

在民商事案件中,法官不可能主动挖掘每个案件的每个细节,其所关注的焦点一般就是律师提出的关键点。因而,法官的决策过程实际上就是律师策略逐步引导的过程,只不过,法官决策受到双方律师策略的影响,因而其决策的结果主要取决于双方律师诉讼策略博弈的结果。因此,律师是法官决策的重要资源,选择合适的诉讼策略对法官裁判具有重要影响。

2. 洞悉法官决策机制是律师策略选择的前提,选择合理的策略及方法才能有效影响法官决策

了解到影响裁判的各种因素,律师需结合案件情况和法律规则,采取适当策略运用有利因素并减少不利因素影响,使律师的意见最大限度地为人民法院裁判所采纳。

3. 有效地影响法官内心确信是律师策略选择的重要目标和重点环节

律师主要通过举证、说理等方式协助法官形成内心确信。这个过程需注意以下几点:①要准确概括案件争议的焦点;②要准确把握法官对案件的疑虑,通过适当的方法消除影响法官内心确信的消极因素;③在有关事实认定的证明体系构建上下功夫,与此同时还应当在法律适用上选准依据。[①]

以上阐述了制定公司争议方案的指导思想、总体目标及思路、应对策略以及如何制定争议解决方案,包括如何选择诉讼或仲裁、切入点或反击点、诉讼时机、诉讼主体、诉讼请求、诉由、诉讼保全以及如何预测对方诉讼思路与应对,如何启发、引导法官裁判等。这些指导思想、思路、策略、技巧等适用于争议两造。诉讼是一种利益博弈,利益平衡是博弈的结果。

---

① 参见钱卫清:《法官决策论——影响司法过程的力量》,北京大学出版社 2008 年版,第 272—273 页。

第四节 诉讼方案设计：以个案为例①

本章第三节阐述了公司争议解决方案的设计，本节以广东电网公司等51家供电局诉北京国电中兴广告有限公司、胡小军侵权损害赔偿纠纷系列案②为例，具体说明诉讼方案的设计。

一、案件基本情况

北京国电中兴广告有限公司（简称"国电广告公司"）的工商登记资料显示：国电广告公司于2003年6月5日成立，登记股东为"吴某""文某""何某"三人。经公安机关事后侦查确认："吴某"查无此人，其身份证系伪造的；"文某"身份证曾两次遗失，其本人对国电广告公司的成立、经营事宜一无所知；"何某"的身份证曾被胡小军借用。上述三人从未作出成立国电广告公司的意思表示，未实际出资，未参与公司经营，不享有任何股东权利。事实上是胡小军通过造假、借用等手段取得该三人的身份证件，以三人名义欺骗工商登记部门，虚假设立了国电广告公司，并提供注册资本和经营资金。

国电广告公司成立后，该公司的人事、财务、业务、印章等均由胡小军直接控制、管理，公司财务章、公章由胡小军随身携带。

胡小军借国电广告公司名称中所带"国电"字样，向广东电网公司等51家供电局（简称"51供电公司"）自称为国家电网领导；并对51供电公司的上级单位谎称国电广告公司为原电力部企业，后成为国家电力总公司下属国有企业，且与国内外多家知名公司合作。51供电公司的上级单位信以为真，遂与国电广告公司在2004年3月5日签订了《框架协议书》，确定由国电广告公司制作、安装包括51供电公司在内的各地分、子公司的视觉识别系统。之后，51供电公司分别与国电广告公司陆续签订书面合同或形成事实合同关系。

2007年11月29日，国电广告公司因未按规定年检，北京市工商行政管理局依法吊销其《企业法人营业执照》。之后，胡小军隐瞒国电广告公司被吊销营业执照的事实，继续与51供电公司签订了部分案涉合同。

上述案涉合同签订后，51供电公司支付了大部分合同价款，国电广告公司也

---

① 本书所引用案例的分析，均以办理该案当时现行有效的法律为依据。
② 参见广东省珠海市中级人民法院(2010)珠中法民二初字第28-314号民事判决书。

相应进行施工。除少数案涉合同未履行外,大部分案涉合同已履行完毕。胡小军陆续通过提现、转账等方式将国电广告公司经营所得转入胡小军控制的个人账户供其炒股牟利。

2008年6月,国电广告公司涉嫌偷税,被北京市公安机关立案侦查,胡小军作为国电广告公司实际控制人被提起公诉。至此,51供电公司才知悉国电广告公司和胡小军一直以来的欺诈行为。这期间,国家某部门委托国家发展和改革委员会价格认证中心(简称"发改委价格中心")对51供电公司所涉及的其中276份合同以鉴定基准日的现实市场价格为标准进行价格鉴定。2008年11月7日,发改委价格中心作出《价格鉴定结论书》,确定各项鉴定标的市场单价,并确定该276份合同的市场总价仅为7274.99万元人民币,而约定合同总价高达3亿元人民币。

二、客户目标

51供电公司拟挽回高于现实市场价格的虚高合同价款部分约2.3亿元人民币。

三、案件的难点

①难以认定欺诈行为侵犯了国家利益而导致案涉合同无效;
②合同撤销权因已超过1年除斥期间而消灭;
③案涉合同已基本履行完毕,人民法院可能倾向于维持合同效力;
④国电广告公司可供执行的财产不足。

四、诉讼总体目标与思路

(一)诉讼总体目标与思路

公司诉讼的目的是回归平衡,客户要求挽回高于现实市场价格部分的虚高合同价款与此相一致。客户目标包括最关切目标、最大利益目标和最可实现目标。本案中,客户的最大利益目标是挽回高于市场价的约2.3亿元人民币虚高合同价款,现有证据支持的最可实现目标是约1.9亿元人民币。

回归平衡的诉讼目的决定了本案诉讼的总体思路是:①确认存在基于法律而建立的利益平衡结构;②确认该平衡已被行为或事件打破;③确认回归平衡,包括:A.确认需要利益救济;B.确认利益救济的方式:回归原平衡或建立新平衡。

(二)诉讼总体应对策略

1. 选择案件切入点,突破案件难点

依照利益平衡思维分析本案,可以发现,两被告采用欺诈方式使原、被告之间的利益严重失衡,造成该失衡的欺诈行为恰恰可以作为本案的切入点或突破口。

进一步分析,本案存在以下利益严重失衡:①合同失衡(价格欺诈、营业执照吊销欺诈、字号欺诈);②外观失衡(营业执照吊销);③主体真实失衡(虚假设立、营业执照吊销、人格否定、实际控制)。据此,利益救济回归平衡的目标和途径是损害赔偿而不是恢复主体真实,法人主体否定和外观失真赔偿救济优于合同失衡救济。

根据案件的事实情况和客户目标,51供电公司的律师经研究后认为,应当以胡小军和其违法设立的国电广告公司侵害原告的财产权作为突破口,以公司法中的法人人格否认制度作为依据,即可突破案件的难点,让胡小军和其违法设立的国电广告公司承担连带损害赔偿责任。

2. 巧用刑事诉讼程序

一是借助公安机关收集证据并充分利用;二是充分利用生效的刑事判决书。

3. 利用好外部专家智力资源

由于案件标的额巨大,且对基于欺诈行为而订立的合同能否通过侵权制度调整,法律没有明确规定,因而需委托外部专家对此进行论证并出具专家意见,以打消法官疑虑。

51供电公司接受律师建议,委托江平、王家福、王保树、杨立新、崔建远五位专家进行论证;经论证,肯定了上述诉讼思路。

启示:在复杂、疑难案件中,案件的相关事实正好符合法律明确规定的情况比较少见,否则就不会存在复杂、疑难的问题了。所以,只要事实基本能够符合相关规定,那就应该毫不迟疑地大胆主张,满怀信心地坚持到底。

五、诉讼方案设计

(一)案件当事人

鉴于国电广告公司可供执行财产不足,胡小军有实际执行能力,为确保将来判决得到执行,应列胡小军为共同被告:

第一被告:国电广告公司;

第二被告:胡小军。

(二)诉讼时机

胡小军已经被提起公诉,并且案涉合同撤销权已因超过1年除斥期间而消灭,诉讼时效不久就要届满,必须尽快起诉。

(三)诉讼地点

我国《民事诉讼法》第 28 条规定:"因侵权行为提起的诉讼,由侵权行为地或者被告住所地人民法院管辖。"

2010 年 11 月,51 供电公司根据广东省高级人民法院指定管辖,向广东省珠海市中级人民法院(简称"珠海中院")提起本系列案诉讼。

(四)诉讼请求

1. 选择请求权基础

本案存在请求权竞合。如果选择基于合同关系的债权请求权,就无法突破案件的难点,难以达到 51 供电公司的诉讼目标。

如果选择基于侵权行为的侵权损害赔偿请求权,则可以突破案件的难点,但是对基于欺诈行为而订立的合同能否通过侵权制度调整,仅最高人民法院《关于审理证券市场因虚假陈述引发的民事赔偿案件的若干规定》中有肯定性规定。

51 供电公司的律师经仔细分析认为,考虑到以合同为请求权基础进行救济存在难以逾越的障碍,以侵权为请求权基础进行救济虽然存在一定疑义,但并非不可克服,建议本系列案可以侵权为请求权基础进行救济。51 供电公司同意律师意见,决定诉请侵权损害赔偿。

2. 提出诉讼请求

51 供电公司的律师根据案件事实和相关法律及客户诉讼目标,提出以下诉讼请求:判令两被告赔偿原告经济损失计 227350100 元人民币及利息;判令两被告承担原告因此案而支出的调查取证差旅费、律师费等费用损失;判令被告承担本案的全部诉讼费用。

启示:既然是疑难案件中的疑难问题,那么在多数情况下,解决方案也难谓十全十美。官司是打出来的,有六成把握,就应当打出百分之百的胜诉!

(五)诉讼理由

1. 寻找诉由

(1)提炼争点

①鉴于当事人之间存在合同关系,本案是否可以作为侵权纠纷处理;

②若作为侵权纠纷处理,原告 51 供电公司的损失如何计算;

③国电广告公司和胡小军是否应当承担连带责任。

以上争点,也是本案关键点。

(2) 研究证据

北京市公安机关在办理其他刑事案件时依法采集的证据材料是本案的关键证据，主要包括：①关于胡小军违法设立国电广告公司的系列证据；②关于胡小军是国电广告公司实际控制人的系列证据；③关于胡小军陆续通过提现、转账等方式将国电广告公司经营所得转入胡小军控制的个人账户供其炒股牟利的系列证据；④查封胡小军控制的个人账户资金的相关证据；⑤胡小军和其违法设立国电广告公司对原告实施欺诈行为的系列证据；⑥51供电公司具体损失的证据等系列证据。此外，51供电公司及其代理律师也提供了部分证据。

民商事纠纷中，行为时未留下真凭实据的情况常有发生，而公安机关手段丰富，采集证据的能力远远超过民事诉讼的当事人甚至人民法院。有时候，借助公安机关收集到的证据，是成功办理民商事案件的关键。

(3) 找法

采用请求权基础及抗辩分析法和法律关系分析法，确定本案适用的法律规范如下：

《民法通则》第106条第2款规定："公民、法人由于过错侵害国家的、集体的财产，侵害他人财产、人身的，应当承担民事责任。"

最高人民法院《关于贯彻执行〈中华人民共和国民法通则〉若干问题的意见（试行）》(简称《民通意见》)第68条规定："一方当事人故意告知对方虚假情况，或者故意隐瞒真实情况，诱使对方当事人作出错误意思表示的，可以认定为欺诈行为。"

《侵权责任法》第2条规定："侵害民事权益，应当依照本法承担侵权责任。本法所称民事权益，包括生命权、健康权、姓名权、名誉权、荣誉权、肖像权、隐私权、婚姻自主权、监护权、所有权、用益物权、担保物权、著作权、专利权、商标专用权、发现权、股权、继承权等人身、财产权益。"

《公司法解释二》第10条第1款规定："公司依法清算结束并办理注销登记前，有关公司的民事诉讼，应当以公司的名义进行。"

《公司法》第20条规定："公司股东应当遵守法律、行政法规和公司章程，依法行使股东权利，不得滥用股东权利损害公司或者其他股东的利益；不得滥用公司法人独立地位和股东有限责任损害公司债权人的利益。公司股东滥用股东权利给公司或者其他股东造成损失的，应当依法承担赔偿责任。公司股东滥用公司法人独立地位和股东有限责任，逃避债务，严重损害公司债权人利益的，应当对公司债务承担连带责任。"

最高人民法院《关于审理证券市场因虚假陈述引发的民事赔偿案件的若干规定》第五、六、七节可以参照。

(4) 查找类似案例

对基于欺诈行为而订立的合同能否通过侵权制度调整,仅最高人民法院《关于审理证券市场因虚假陈述引发的民事赔偿案件的若干规定》中有肯定性规定。这就需要查找类似案例,以打消法官疑虑。最好能够找出最高人民法院的类似判决。

以下是最高人民法院曾判决支持以侵权为由起诉合同交易的案例:在中铁十一局集团第四工程有限公司等30家单位与内蒙古华美牧工商联合总公司、内蒙古自治区呼和浩特市人民政府、呼和浩特市城市发展建设(集团)有限责任公司、内蒙古会计师事务所、呼和浩特汽车城(集团)有限责任公司侵权纠纷案①中,该案被告内蒙古华美牧工商联合总公司(简称"华美公司")与该案原告通过签订建筑工程施工合同、购销合同、合建合同、房屋租赁合同等形式,收取了质保金。合同履行过程中,华美公司发出停工通知,未再施工,各方发生争议。原告对华美公司先提起违约之诉,后变更为侵权之诉。最高人民法院作出终审判决书,支持了原告对华美公司提出的侵权之诉。

(5) 专家论证

51供电公司委托江平、王家福、王保树、杨立新、崔建远五位民法、公司法、民事诉讼法、合同法领域的顶级专家进行论证并出具专家意见,肯定对基于欺诈行为而订立的合同可以通过侵权制度调整,以打消法官疑虑。

2. 提出诉由

51供电公司的律师围绕本案争议焦点提出了以下诉由:

诉由一:胡小军虚假设立并实际控制国电广告公司,以欺诈方式和畸高价格与原告订立合同,国电广告公司和胡小军的行为符合侵权行为要件,其行为严重侵害了51供电公司的财产权

(1) 本案是侵权之诉,并非合同之诉

《民法通则》第106条第2款规定:"公民、法人由于过错侵害国家的、集体的财产,侵害他人财产、人身的,应当承担民事责任。"

胡小军利用虚假设立的国电广告公司骗取原告与之签订合同并支付巨额价款,严重侵害了原告的财产权益,胡小军存在重大过错。该行为违反的是法律规定的不得侵害他人合法权益的一般性义务,而不是合同当事方在合同中自行约定的、仅针对合同双方的合同义务。原告的起诉不是针对合同履行中的问题,而是胡小军利用国电广告公司骗取原告与之签订合同并支付巨额价款,从而构成对原告侵权的问题,合同只是胡小军及国电广告公司侵权行为中的一个表现方式和手段。因此,本案是侵权之诉,而不是合同之诉。

---

① 参见最高人民法院(2009)民二终字第82号民事判决书。

(2)胡小军及国电广告公司的行为严重侵害了原告的财产权,符合一般侵权行为构成要件

第一,胡小军利用国电广告公司实施了一般侵权行为。

《民通意见》第68条规定:"一方当事人故意告知对方虚假情况,或者故意隐瞒真实情况,诱使对方当事人作出错误意思表示的,可以认定为欺诈行为。"

国电广告公司因胡小军的虚假注册成立而在形式上具备法人外观,但因人事、财务、业务、印章等皆由胡小军直接控制管理而丧失独立法人人格,实质上仅为胡小军实施后续侵权行为的工具。胡小军作为国电广告公司的实际控制人,以法定代表人的名义与51供电公司的上级单位和51位原告洽谈合同,谎称国电广告公司为国有企业,使原告误认国电广告公司企业性质;故意隐瞒涉案工程的真实价格,以畸高市场价格订立涉案合同;收取畸高合同价款后,将之全部据为己有并集中购买股票以牟利;更有27份合同系在国电广告公司被吊销营业执照后,胡小军故意隐瞒真相而与原告订立的。因此,胡小军利用国电广告公司进行的上述行为,应属于欺诈行为。

基于该欺诈行为,虽然国电广告公司、胡小军与51位原告有订立合同的行为外观,但其收取畸高价格获取非法利益的行为已严重侵害了国有资产和原告的法人财产权,根据《民法通则》第106条第2款和《侵权责任法》第2条的规定属于一般侵权行为。

第二,国电广告公司和胡小军基于故意而实施了前述一系列侵权行为。

公民、法人负有不得侵害他人合法权益的一般性义务。本案中,胡小军利用虚假成立的国电广告公司,谎称国电广告公司为国有企业,隐瞒涉案工程的真实价格以及国电广告公司被吊销营业执照的真实情况,欺骗原告与之签订合同,且将收取的合同价款转入个人账户,严重减损了国电广告公司的资信能力与偿债能力。胡小军明知上述行为会严重损害原告财产权和国有资产,但却希望并追求该结果的发生,违反了不得侵害他人合法权益的一般性义务,对于原告的损失具有重大过错。

第三,51位原告客观上受到了严重损害。

由于国电广告公司与胡小军的欺诈行为,51位原告误认国电广告公司为国有企业,与虚假成立的国电广告公司签订了合同,付出了远高于现实市场价格的合同价款,其法人财产权受到严重损害。

第四,胡小军利用国电广告公司进行的欺诈行为,与51位原告法人财产权的损害结果间存在直接因果关系。

正是基于胡小军利用国电广告公司进行的欺诈行为,导致51位原告作出了错误的意思表示,与国电广告公司签订合同并付出巨额价款,该款项随之被胡小军据

为己有,51位原告遭受了重大经济损失。该损失是胡小军利用国电广告公司进行欺诈行为的必然结果,与该行为有直接因果关系,胡小军及国电广告公司应承担侵权的民事责任。

综上,原告认为胡小军虚假设立并实际控制国电广告公司以欺诈方式和虚高价格与原告订立合同,国电广告公司和胡小军严重侵害了原告的财产权,其行为构成侵权。

诉由二:胡小军和国电广告公司应对广东电网公司等51位原告的损失承担连带赔偿责任

国电广告公司作为名义上与51位原告进行交易的主体,虽然已被吊销营业执照,但根据《公司法解释二》第10条第1款"公司依法清算结束并办理注销登记前,有关公司的民事诉讼,应当以公司的名义进行"的规定,国电广告公司形式上具有诉讼主体资格。

同时,国电广告公司实际上不具备正常的法人治理结构,其人事、财务、业务、印章等均由胡小军直接控制、管理,财产也转入胡小军个人控制的账户被胡小军用以个人牟利。原告提供的证据材料显示,国电广告公司只是胡小军用以骗取原告信任、从事不法经营活动并侵占原告巨额财产的工具。胡小军利用虚假设立的国电广告公司骗取原告支付高于正常市场价格几倍的合同价款,并将这些价款完全据为己有,已经侵害了原告的法人财产权,应当承担侵权责任。参照《公司法》第20条第3款"公司股东滥用公司法人独立地位和股东有限责任,逃避债务,严重损害公司债权人利益的,应当对公司债务承担连带责任"的规定,胡小军作为国电广告公司的实际控制人,应就其滥用公司法人人格侵占他人财产的行为,与国电广告公司连带承担对广东电网公司等51位原告损失的赔偿责任。

诉由三:原告具体损失数额的计算

(1)在其他司法程序中作出的《价格鉴定结论书》适用于本案

虽然《价格鉴定结论书》是国家发改委价格中心根据国家某部门委托作出,适用于胡小军刑事案件,但其也应适用于本系列案。原因如下:

其一,委托机关和鉴定机关分别为国家某部门和国家发改委价格认证中心,均系国家公权部门,主体上具备价格鉴定的中立性和权威性。

其二,鉴定方法上,该价格鉴定采取市场比较法,以2004年6月至2008年4月作为价格鉴定基准日期,通过向政府有关管理部门、行业协会、广东省地区正规经营的类似企业进行市场调查。通过调查确定在鉴定基准日期期间所涉及的几类广告及标准在广东省地区的价格水平变化不大,并确定案涉合同签订时的标的单价和价格鉴定总价,且鉴定方法科学合理。

其三,根据《价格鉴定结论书》的鉴定过程和国电广告公司员工在胡小军逃税案侦查过程中的证言,此《价格鉴定结论书》的价格鉴定标的单价已包含了合理利润,且远高于国电广告公司与其他企业订立的有关合同产品的价格。

因此,《价格鉴定结论书》与其中经鉴定且决定起诉的257份合同具备直接关联性,其可适用于此257份合同。

(2)《价格鉴定结论书》也适用于提起诉讼但未经价格鉴定的30份合同

本系列案中另外30份合同虽然未经价格鉴定,但所有合同均以51供电公司的上级单位签订的《框架协议书》为基础,其具体项目类型与价格鉴定标的相同,且类似标的在广东省地区的价格水平变化不大。因此,《价格鉴定结论书》中的鉴定结论同样适用于30份未经价格鉴定的案涉合同。

(3)各份合同损失本金的类型化确定

提起诉讼的287份案涉合同可分为三类:第一类,原告已付款、被告完全未履行的合同;第二类,原告已付款、被告已履行,合同未约定具体工程量的合同;第三类,原告已付款、被告已履行,合同约定具体工程量的合同。对此三类合同,在具体计算各份合同损失本金时,应采用不同的方法。

第一,关于原告已付款、被告完全未履行的合同损失本金的确定。对于该类案件,鉴于51供电公司已按照案涉合同支付工程款,但国电广告公司完全未实际履行,故应直接以51供电公司已付款金额作为损失本金。

第二,关于原告已付款、被告已履行,合同未约定具体工程量的合同损失本金的确定。未约定具体工程量的合同,是指所涉合同中没有约定具体项目类型和每一具体项目类型的单项工程量,仅约定合同总价款的合同。

根据《价格鉴定结论书》,对经过价格鉴定且在本系列案中起诉的257份合同,其现实市场价格应为6400余万元人民币,而合同约定金额高达2.81亿元人民币。即现实市场价格为合同约定金额的22.8%(现实市场价格÷合同约定金额)。因此,各合同的现实价格=各合同的约定金额×22.8%,而此类合同的损失本金=各合同已付款金额-合同的现实市场价格。

第三,关于原告已付款、被告已履行,合同约定具体工程量的合同损失本金的确定。约定具体工程量的合同,是指在所涉合同中约定了具体项目类型,每一具体项目类型的单项工程量,以及各具体项目类型经累加计算的合同总价款。

因《价格鉴定结论书》附有各鉴定标的的现实市场价格,故可计算此类合同的现实市场价格。现实市场价格=各单项工程市场价格总和(各单项工程市场价格=各单项工程约定的工程量×《价格鉴定结论书》中价格鉴定标的单价)+安装费(安装费=按各单项工程市场价格总和×合同约定的安装费比例)。而此类合同的损失本金=各合同已付款金额-各合同的现实市场价格。

依据上述方法,分别计算出案涉287份合同的损失本金,以此作为51供电公司诉讼请求的本金金额。

(六)诉讼保全措施

北京市某人民法院因其他刑事案件对胡某控制的银行账户和证券股票账户中的大量资产进行查封、冻结。51供电公司申请珠海中院对胡某控制的银行账户和证券股票账户进行轮候查封、冻结。

六、案件处理结果

(一)一审情况

本案开庭审理后,经珠海中院审判委员会讨论,肯定和采纳了51供电公司代理律师的上述代理意见。2011年12月,珠海中院对本系列案作出一审民事判决书,判决内容如下:国电广告公司和胡小军向51供电公司赔偿损失共计190874381.84元人民币及利息(利率为同期中国人民银行规定的一年期流动资金贷款利率,自2008年11月7日起计至判决指定的履行期限届满之日止);驳回51供电公司要求国电广告公司和胡小军赔偿调查取证差旅费、律师费等其他费用损失的诉讼请求;国电广告公司和胡小军承担本案主要诉讼费用。

(二)二审情况

一审判决作出后,胡小军向广东省高级人民法院(简称"广东高院")提出上诉,但未缴纳上诉费。

2012年11月,广东高院作出民事裁定书,裁定:本系列案按上诉人胡小军自动撤回上诉处理,一审民事判决书自二审民事裁定书送达之日起发生法律效力。据此,本案一审民事判决书于2013年2月13日发生法律效力。

(三)执行情况

因胡小军可供执行的财产为其以他人身份证开立的证券、股票、银行账户,上述账户实际归属于胡小军的事实已为生效的刑事判决书所认定。2013年5月,珠海中院通过变现证券股票、扣划银行资金的方式,将生效判决确定的本金和利息全部执行到位。

七、案例启示

以本案为例,总结公司诉讼(也适用于一般民商事诉讼)的方案筹划,有这样几个关键节点:

(一) 确认客户需求

确认客户的需求就是通过专业判断确认正确的诉讼请求。

本案中客户需求为"挽回高于现实市场价格的虚高合同价款部分"。这个需求是公允且平衡的,也符合法官的审判意识。我们常说律师要了解法官的审判意识,那到底什么是法官的审判意识呢?其实最重要的意识就是个案公平意识,通俗讲就是把被破坏了的利益平衡再重新建立起来,重建后的结果是中立且平衡的,即,不仅对争议所涉各方而且对社会大众都说得过去,而且,重建的途径是现实中行得通的。

本案中,一方面,国电广告公司和胡小军利用诈欺性的主体与 51 供电公司签署违反市场公允平衡价格的系列合同;另一方面,系列合同基本已履行完毕。因此,按市场公允价格裁量和确认双方的利益应当是最为平衡和公允的,符合公平原则和利益平衡原则,也符合法官审判意识。

(二) 总结争议焦点

实践中,律师论证后确认的诉讼请求可能与法官的审判意识相符,也可能不相符。如何检验呢?最朴素的专业方法就是进行争点的归纳总结,也就是模拟法官的自由心证,看看法官可能从哪些方面来确认证据从而确认事实;可能从哪些方面来确认争议各方之间建立、变更或和消灭了哪些法律关系从而确认各方的权利、义务和责任;在确认事实和法律关系的基础上,可能通过哪些途径对被破坏的利益平衡进行矫正、补救和重建。

本案中,法官审理此案时,心中的焦点会有哪些呢?从专业上分析,不外乎:51 供电公司的损失究竟有多少?如何看待及认定双方签署了形式合法的合同且合同基本已履行的法律后果?本案究竟是合同纠纷、侵权纠纷还是二者竞合?如果 51 供电公司的损失能够确认,胡小军应不应该承担连带赔偿责任?笔者认为,51 供电公司代理律师提炼的争点与法官总结的争点应该是相吻合的。完整、准确总结争点就为了在相同的语境内争取法官坚定自己的个案审判意识(诉讼请求符合审判意识)或改变原有认知(诉讼请求与审判意识不符),采信律师意见,打好必要基础。

(三) 确定诉讼战略

根据争议焦点和诉讼请求制定诉讼整体规划就是确定诉讼战略。成功的诉讼战略应当能够合理回答所有争议问题,并且所有答案都能够支持诉讼请求。

本案中,51 供电公司的代理律师制定的诉讼战略是:以胡小军和其违法设立的国电广告公司侵害原告的财产权作为突破口,以公司法中的法人人格否认制度作为依据,让胡小军和其违法设立的国电广告公司以虚高合同价款为目标承担连带损害赔偿责任。这一战略使合同失衡(价格欺诈、营业执照吊销欺诈、字号欺诈)、外观失衡(营业执照吊销)、主体真实失衡(虚假设立、人格否定)等被破坏的平衡能够通过诉讼得以补救和重建,是被失衡侵害的51供电公司的诉讼请求能够得到支持的可行途径,也有效地回应了法官心中可能的争点,有利于影响法官的个案审判意识。

(四) 确定办案策略

办案策略是诉讼战略的实现途径,是诉讼规划的落实。从实体上说,办案策略主要包括争议事实复原和法律关系梳理两大任务;从流程上说,办案策略包括证据组织、庭审准备、参加庭审、发表代理意见以及管辖选择、申请保全等具体工作。想要有效影响法官的个案审判意识,全凭办案策略的筹划和实施。

本案中,51供电公司的代理律师在办案策略的筹划和实施,尤其在证据组织和发表代理意见方面都颇有成效。通过调取侦查机关获得的证据可以有效地证明侵权构成要件的客观存在;通过《价格鉴定结论书》可以有效地证明51供电公司诉讼请求的公允性、中立性以及应该重建的利益平衡的给付量化标准;通过法学家的专家意见可以有效地推动法官从法理、常识乃至价值观方面接受代理律师的诉讼战略,促使法官同意原告的利益损失真实存在、被告赔付虚高的合同价款是应当重建的利益平衡、被告侵权是原被告之间的根本法律关系、两被告应当承担连带赔偿责任等原告意见。值得注意的是,延请法学家发表法律意见主要不在于借助专家来认定事实,而在于识别和厘清当事人之间的法律关系,剖析当事人之间应有的权利、义务和责任,以专业的眼光梳理纷繁的线条,让良知、常识、价值观和法的精神指引审判,让被打破的平衡重归和谐。

总之,处理与公司有关的复杂纠纷,律师应认真研究案情,梳理案件事实和法律关系,从利益平衡入手,选择对客户最有利的切入点,提出创造性的解决方案。唯有如此,才能充分体现律师的最大价值。这也是平庸与优秀的分水岭。

第九章 公司设立与出资纠纷

与公司设立和出资相关的纠纷包括公司设立纠纷、发起人责任纠纷、股东出资纠纷、股东资格确认纠纷和股东名册记载纠纷等,导致这些纠纷发生的实质原因是基于发起人(股东)之间及其与公司之间的合意、法律和或惯例而建立起的利益平衡结构及状态被打破,解决纠纷的目的是恢复利益平衡。解决纠纷的目的决定了纠纷解决的方法和途径。

本章共分五节,分别介绍公司设立纠纷、发起人责任纠纷、股东出资纠纷、股东资格确认纠纷和股东名册记载纠纷。

第一节 公司设立纠纷

一、公司设立纠纷概述

(一)公司设立定义

公司设立,是指发起人依照法律规定的条件和程序,为组建公司并使其具备法人资格而依法完成的一系列法律行为的总称。[①] 根据《公司法解释三》第1条的规定,发起人既可以是股份有限公司的发起人,也可以是有限责任公司设立时的股东。

(二)公司设立纠纷定义

公司设立纠纷是指在公司设立过程中,发起人、设立中的公司和债权人等利害关系人因相互之间的权利义务争议而产生的纠纷。[②] 该类案件最大的特点是该案由经常被其他案由所吸收,且多与发起人责任纠纷案由竞合。

[①] 参见最高人民法院民事案件案由规定课题组编著:《最高人民法院民事案件案由规定理解与适用》(2011年修订版),人民法院出版社2011年版,第388页。

[②] 参见景汉朝主编:《民事案件案由新释新解与适用指南》(第二版),中国法制出版社2018年版,第909页。

(三) 公司设立纠纷类型

理论界和实务界关于公司设立纠纷和发起人责任纠纷分类的边界不太清晰,笔者在此根据审判实务和人民法院案例将公司设立纠纷案件划分为三类:①公司设立协议纠纷;②因先公司合同引发的纠纷;③发起人向公司请求承担垫付费用引发的纠纷。

二、公司设立纠纷的常见法律问题

(一) 设立中公司的法律地位

设立中公司是一个向法人形式过渡的组织,具有合伙性质,但不具有法人资格,学术界关于其法律性质有无权利能力学说、合伙说、折中说和非法人团体说。《公司法解释三》第1条首提设立中公司的概念,规定了发起人可以以设立中公司名义签订合同,但同时在第2、3条又规定公司债权人只有在公司成立后才能向公司主张权利,在公司未成立情况下,债权人提起诉讼的对象只能是全体或部分发起人,故该司法解释确认设立中公司不拥有民事主体资格,不能作为诉讼主体参与诉讼。但应注意设立中公司不具有民事主体资格,并不影响以设立中公司的名义签订合同的效力,该合同权利义务或归于成立后的公司,或归于发起人。

(二) 公司设立无效和撤销

严格来说,公司设立无效和撤销不是公司设立纠纷的内容,虽然公司设立无效的后果一直是理论界争议的热点,但为了对公司设立严重瑕疵的后果有一个清晰认识,还是有必要在此进行简单介绍。

1. 公司设立无效

如果已获准登记的公司由于其设立时存在严重的、不可补正的瑕疵,不符合公司设立条件,则被认定为公司设立无效。公司设立无效在广义上有两种情形:一是设立失败;二是设立无效。狭义的公司设立无效仅指后者,即公司设立虽然在形式上已经完成,甚至已经获得营业执照,但实质上却存在条件或程序方面的缺陷,或者设立有瑕疵,故法律上认为该公司应当予以撤销,该公司的设立应当被认定为无效。[①]

对于严重瑕疵是否导致设立无效,英美法系与大陆法系的态度截然不同。英美法系从交易安全与交易效率角度考虑,认为公司成立,就成为交易网中的一个结点,若宣告公司设立无效,必然使以此点为中心的众多利益受到损害,因此对瑕疵

---

① 参见王林清:《公司纠纷裁判思路与规范释解》(第二版),法律出版社2017年版,第49页。

设立持较为宽松的态度。而大陆法系对严重瑕疵设立持否定的态度,多采用设立无效或者撤销公司设立的做法。

2. 我国的行政撤销公司登记制度

(1)我国行政撤销公司登记制度规定及特点

我国是大陆法系,虽然对公司设立严重瑕疵持否定态度,但是我国并没有公司设立无效制度。我国《公司法》第198条规定:"违反本法规定,虚报注册资本、提交虚假材料或者采取其他欺诈手段隐瞒重要事实取得公司登记的,由公司登记机关责令改正,对虚报注册资本的公司,处以虚报注册资本金额百分之五以上百分之十五以下的罚款;对提交虚假材料或者采取其他欺诈手段隐瞒重要事实的公司,处以五万元以上五十万元以下的罚款;情节严重的,撤销公司登记或者吊销营业执照。"故我国采用的是行政撤销公司登记制度。该制度是行政部门依职权主动启动的一种行政处罚行为,相关民事主体并没有主动权,只能向行政部门提出申请,这也是我国行政撤销公司登记制度与其他大陆法系国家公司设立无效是由利害关系人可以行使的一种私法自治权利最根本的不同。

2013年3月14日,最高人民法院《关于山西星座房地产开发有限公司不服山西省工商行政管理局工商行政登记一案法律适用问题的答复》称"《中华人民共和国公司法》一百九十九条规定的撤销公司登记,其行为性质不属于行政处罚",应属于纠正违法行为。

(2)撤销公司设立登记是否具有溯及力

撤销公司设立登记不具有溯及力。撤销公司登记是一种行政处罚,行政处罚一般不应成为否定民事行为效力的依据,故作为行政处罚的撤销公司登记应不具有溯及力。为保护交易的安全和经济秩序的稳定,撤销公司登记决定也应区别于民法中无效和可撤销的民事行为自始无效的认定,确认其无溯及力,不应对撤销决定前公司、股东及善意第三人间的权利和义务产生影响。

3. 公司设立轻微瑕疵补正

除出资外,《公司法》第23条规定的条件都易满足,因《公司法》2013年12月28日第三次修订时取消了最低注册资本的限制,故公司设立瑕疵,均指不符合特殊行业要求的出资瑕疵。我国《公司法》第30、93条规定了公司的股东或发起人负有"资本充实责任",即当实际出资达到特殊行业的法定最低资本额而未达到认缴资本额时,负有缴付义务的股东或发起人应补足其差额,设立时的其他股东或发起人承担连带责任。可见为了维护公司登记的严肃性及保护交易的安全性和善意第三人,若实际出资达到了法定最低资本额而未达到认缴资本额,且符合《公司法》第23条规定的条件,我国立法宗旨允许公司于成立之后进行补正,并不否认设立轻微瑕疵时公司设立的效力。

4. 设立协议无效并不必然导致公司设立无效

发起人订立的公司设立协议无效,并不能导致已经设立的公司无效,或者被登记机关撤销登记。其原因在于:首先,设立协议效力仅及于设立阶段,调整的是发起人之间的关系。根据合同相对性原理,设立协议不能调整公司成立后的公司法人和股东。其次,设立协议不是公司成立的必备条件,没有签订书面的设立协议并不妨碍公司的设立。最后,公司成立和解散只能根据公司法的相关规定执行,不受设立协议的影响。

(三)设立中公司起始和终止时间

设立中公司的起始时间有依据订立发起人协议时间确定和依据订立公司章程时间确定两种争议。作为公司大纲的公司章程,并不能预定公司设立中的权利义务关系,尤其是股份有限公司章程在公司创立大会通过后生效,故公司章程的订立时间不宜作为设立中公司的起始日,设立中的公司宜以发起人订立设立协议时间确定。

设立中公司终止时间因设立中公司的命运不同而不同。如果公司设立成功,设立中公司终止于公司登记注册之日;如果公司设立失败,虽然法律并未要求此时发起人对设立中公司清算,但设立中公司必然产生费用,会在发起人之间、发起人与外部之间产生各种法律关系,所以公司设立失败后,发起人需要履行类似清算的程序,设立中公司应自这种事实上的清算程序结束时归于终止。

(四)公司设立协议和公司章程

1. 公司设立协议和公司章程的区别

公司设立协议,是发起人之间达成的关于公司设立事项的协议。公司章程由股东或发起人制订,是规范公司机构和运行规范性文件。二者既有联系,又有区别,其联系在于设立协议是股东设立公司的想法,故其内容往往体现于公司章程中;其区别主要有三点:第一,公司章程是公司必备文件,设立协议则不是;第二,公司章程是依照《公司法》制定的文件,设立协议是按照《合同法》达成的文件;第三,公司章程约束公司、股东和高级管理人员,调整公司内部组织关系和经营行为,而设立协议约束的只是发起人的行为。

因为法律并不强制要求有限责任公司发起人签订设立协议,故实践中常见发起人并没有签订设立协议,而直接签订了公司章程,并将公司章程作为设立协议指导公司设立过程,此时章程具有两重意义:一是未来规范公司组织行为和运行的宪章,二是指导公司设立行为符合章程要求。

2. 公司成立后,设立协议和公司章程的适用

首先,在公司章程没有规定的情况下,适用设立协议。但设立协议的效力仅及

于发起人。其次,若设立协议和公司章程均有规定,看纠纷发生在哪个阶段及当事人范围。如果纠纷发生在公司设立阶段,或者纠纷主体均为发起人,则适用设立协议;如果纠纷发生在公司成立之后,或者公司与股东之间,公司与管理层之间,则适用公司章程。最后,公司设立协议终于公司成立,但设立协议仍然可以约束发起人,发起人应需承担违反设立协议的责任。

(五)设立中公司行为的归属

1. 发起人为设立公司以自己的名义对外签订合同而产生纠纷的主体认定

(1) 发起人以自己名义签订的先公司合同产生纠纷时合同主体的确定

发起人以自己名义为设立公司签订合同,按照合同法应由缔约发起人承担责任。当然如果公司成立后,对该行为予以追认的,应对公司产生约束力。但在此情况下,是否由公司取代缔约发起人的责任,从合同法的角度来说,还需要交易相对人的同意,对此《公司法解释三》第2条规定了合同相对人选择权,合同相对人有权选择缔约发起人或者成立后的公司承担责任。

(2) 公司成立后承继权利义务情况下,合同相对人可否将缔约发起人和公司作为共同被告

公司成立后一旦介入合同,实际享有了先公司合同的履约利益,缔约发起人就退出了合同,公司替代缔约发起人的地位成为合同主体。除非有约定,否则二者没有承担共同责任和连带责任的法律依据。

实务中很多原告为了保险起见,将缔约发起人和公司作为共同被告一同起诉,但根据案件审理要求,法官应要求原告明确请求权基础是基于《公司法解释三》第2条前款还是后款?而原告应在被告答辩前明确自己的诉讼请求和请求权基础。有些案件法官没有释明,这种情形看似原告没有明确选择缔约发起人还是公司作为合同的相对方,但可以从原告起诉公司来认定原告放弃了缔约发起人为相对人,认可公司作为合同相对方的替代地位,所以此时人民法院均判决公司承担责任。

(3) 公司成立后承继先公司合同权利义务的情况下,合同相对人是否有权选择被告,即合同相对人是否有权不同意将先公司合同权利义务转让给公司

合同是双方合意的结果,如果缔约发起人以自己的名义签订合同,事先没有向合同相对人明示为设立公司签订合同,则合同相对人有权根据《民法典》第555条的规定,不同意变更合同主体。即便合同签订后由公司来履行义务,合同相对人也有权根据合同相对性原则选择缔约发起人为被告,此时公司履行义务可以视为代缔约发起人履行合同。

2. 发起人为设立公司以设立中公司的名义签订合同而产生纠纷的主体认定

(1) 发起人以设立中公司名义签订的先公司合同纠纷中合同主体的确定

设立中的公司不具备合格主体资格,以设立中公司名义签订合同,在公司未成立情况下,由缔约发起人承担责任不存在争议,但公司成立后是否自然承继还是有争议的,该问题实质上就是设立中公司和成立后公司的关系问题。德国公司法通说为"修正同体说",即设立中公司与成立后公司有着相同的组织本质,所以以设立中公司名义订立的先公司合同的权利义务关系无须借助另外的转移手续即可由成立后公司继受,但是这种继受是有限制的,即发起人必须为设立行为而产生法律关系才能继受。《公司法解释三》接受了这一观点,第3条规定公司成立后自动承继相应的法律关系。但为防止发起人滥用,该条第2款同时作了限制性规定,明确公司不承担发起人利用设立中公司名义为自己的利益与相对人签订合同的法律后果。

(2) 公司成立后承继先公司合同权利义务情况下,合同相对人或者要求缔约发起人,或者要求缔约发起人与公司共同承担责任的问题

发起人以设立中公司的名义签订合同,可以认定签约时缔约发起人已经向合同相对人告知,该项合同交易主体是公司而非签约者个人,在公司成立情形下,要求缔约发起人承担责任或者要求缔约发起人与公司共同承担责任违反合同相对性原则,混淆合同相对方,其对缔约发起人的诉讼请求应予以驳回。同理,如果合同相对方违反先公司合同约定,公司成立的,也应由成立后的公司提起诉讼。

此类案件应注意合同中必须具有以设立中公司签订合同的意思表示,公司成立后履行合同的情况也可以作为公司已经成为合同相对方的证据。

(六) 发起人为保有商机签订合同

在公司设立过程中根据合同目的,可以分为以设立公司为目的签订的合同和为设立后的公司保有商机而签订的经营合同,后者不是设立公司的必要行为,《公司登记管理条例》第19条规定,企业名称核准后,在保留期间不得用于从事生产经营活动,设立中公司局限于与设立有关的法律行为,不得进行经营行为。同时根据《民诉法解释》第62条的规定,法人或者其他组织应登记而未登记,行为人即以该法人或者其他组织名义进行民事活动的,以行为人为当事人。故为保有商机签订的合同不适用《公司法解释三》第2、3条,其意思表示并不自然对成立后的公司产生效力,此类合同在公司成立后,应进行合同主体变更,不能自然承继。但应该注意的是,除非设立中公司存在长期规避监管,从事与设立公司无关的营业行为,否则此类合同并未违反强制性效力性规定,不应认定为无效合同。

(七) 发起人筹集资金行为

发起人筹集出资款与设立公司无关。发起人在设立阶段往往会因为借款等筹资行为而与第三人签订合同,形成发起人与第三人之间的法律关系。发起人向公司出资是发起人的义务,所以作为出资人筹集出资资金的民事活动属于发起人的个人行为,因此这种融资行为形成的纠纷主体和责任均为发起人个人,与设立中公司或者此后设立的公司均没有法律上的权利义务关系,该类合同纠纷不属于公司设立纠纷。

(八) 公司设立纠纷案由和其他几种相关案由案件的区分

1. 公司设立纠纷和发起人责任纠纷的区别

发起人责任纠纷主要是规范公司设立过程中发起人的法定责任承担而产生的纠纷。在公司设立失败时,发起人应对设立行为所产生的债务和费用负连带责任,对认股人已缴纳的股款负返还股款并加算银行同期存款利息的连带责任等;在公司成立时,发起人应对公司承担资本充实责任、损害赔偿责任等。而公司设立纠纷主要是发起人之间因设立协议(发起人协议)所产生的(履行、违约、撤销、无效、解除)纠纷,以及公司成立时,发起人就设立费用与公司产生的纠纷。准确区分这两个案由的关键是原告自身的法律地位及其诉讼请求中要求承担责任的对象和法律依据。

2. 公司设立纠纷和股东出资纠纷的区别

发起人之间在设立阶段因出资违约引发的纠纷是公司设立纠纷的常见类型。若部分发起人没有按照公司设立协议的约定履行出资义务而导致设立失败,此时已经完全履行出资义务的发起人股东就发起人协议的约定起诉没有完全履行出资义务的发起人承担出资违约责任的,属于就设立协议引发的公司设立纠纷。若公司设立后,因部分发起人、股东虚假出资、出资方式不符合约定、出资不足、逾期出资和抽逃出资,公司或者已经完全履行出资义务的股东依据公司法规定、公司章程约定起诉该发起人、股东承担出资义务责任的,则应属于股东出资纠纷。

三、公司设立纠纷诉讼指引

(一) 总体思路

公司设立纠纷是公司设立过程中,因为设立中公司的相关交易合同而发生的发起人、设立中公司和债权人等利害关系人之间的权利义务归属纠纷。按照利益平衡原则,这种权利义务的归属应当充分体现债权人利益与公司利益、发起人利益之间的平衡。

实践中,如何正确确认纠纷当事人之间的原利益平衡结构,往往取决于对发起人和设立中公司的法律地位、法律关系等问题的认识正确与否。如果不能正确认识发起人和设立中公司的法律地位、法律关系等,就无法正确把握因公司设立行为而产生的权利义务关系,进而无法确认和衡量发起人、设立中公司和债权人之间的利益平衡,导致不能正确处理公司设立纠纷。关于发起人、设立中公司的法律地位、法律关系,请参见本节前述部分。

律师应在把握发起人和设立中公司的法律地位、法律关系基础上,结合个案具体情况,制定个案纠纷解决的总体目标和总体思路及策略。关于如何制定解决纠纷的总体目标和思路,请参见本书第八章第三节和第四节。

(二) 实务处理注意点

本节不讨论先公司合同纠纷这一类型的实务操作。

处理公司设立纠纷,除了要把握该纠纷当事人之间利益平衡的特点,还要注意该纠纷在诉讼案由、诉讼主体、诉讼时效、诉讼管辖及抗辩主张等方面的特点,并在把握这些特点的基础上,结合个案具体情况来制定具体的诉讼方案。关于如何制定公司争议解决方案,请参见本书第八章第三节和第四节。

1. 诉讼主体

(1) 原告(发起人)

发起人作为原告起诉的公司设立纠纷主要有两种情形:一种情形是发起人之间因公司设立协议产生的纠纷。但应注意《公司法》第28条仅仅将有限责任公司违约责任的请求权赋予了按期足额缴纳出资的发起人,未守约的发起人无权要求其他守约发起人承担违约责任。另一种情形是,在公司成立情形下,发起人向公司追偿为设立公司垫付的费用,包括发起人因为公司违反先公司合同义务代公司承担违约责任而垫付的费用。

(2) 被告

①发起人。发起人作为公司设立纠纷的被告主要出现在发起人之间因公司设立协议而产生纠纷的情形中,此类案件原、被告均为发起人。

②公司。公司作为公司设立纠纷的被告主要出现在公司成立后,发起人向公司追偿为设立公司垫付的费用而产生纠纷的情形中,这里的费用也包括因公司违反先公司合同义务代公司承担违约责任而支付的费用。

2. 管辖的确定

公司设立纠纷属于与公司有关的纠纷,故应适用《民事诉讼法》第26条的规定,由公司住所地人民法院管辖。公司住所地是指公司主要办事机构所在地。公司办事机构不明确的,由其注册地人民法院管辖。但绝大多数公司设立纠纷都是在公司设立失败情况下提起的,因设立协议也是合同纠纷,故在公司设立失败情形下,应当转而根据《民事诉讼法》第23条确定地域管辖,即由被告住所地或者合同履行地人民法院管辖。如果此时当事人在设立协议中已经根据《民事诉讼法》第34条选择了被告住所地、原告住所地、合同履行地、合同签订地、标的物所在地等与争议有实际联系地点的人民法院管辖,该条应为有效条款。

3. 诉讼时效

公司设立纠纷的诉讼时效适用一般诉讼时效,即"向人民法院请求保护民事权利的诉讼时效期间为三年"。

4. 诉讼请求

(1)公司设立纠纷的诉讼请求

如是发起人因公司设立协议发生纠纷,则基于合同法,发起人可以选择请求确定公司设立协议无效、撤销、解除或继续履行,同时要求收取股款的发起人返还出资款(认股款)、违约发起人承担违约责任和赔偿损失、分得设立阶段设立中公司取得的利润。

如是发起人与公司为设立公司垫付费用发生纠纷,发起人可以请求公司归还为设立公司垫付的费用及利息损失。

(2)撤销公司设立和设立协议无效的选择

因为我国确认的是公司撤销,不是设立无效,若当事人认为公司设立过程中设立行为存在瑕疵而请求撤销公司设立的,应当首先依法向公司登记机关请求撤销登记。若不服公司登记机关的处理决定,且符合起诉条件的,可以依法提起行政诉讼。若当事人直接提起民事诉讼,请求判令撤销公司设立的,人民法院会以有关公司撤销设立争议的处理不属于人民法院受理的民事诉讼范围,驳回起诉或不予受理。但如果当事人为发起人,设立协议约定无效、可撤销或者可解除条件,则可以选择以设立协议提起公司设立纠纷诉讼,请求确定设立协议无效,或撤销,或解除,同时要求返还投资款,人民法院则可以以公司设立纠纷立案。虽然此方式没有得到法律确认撤销公司设立,但至少在经济上得到了救济,也达到发起人退出公司的目的。

5. 被告的抗辩

如果发起人之间因为公司设立协议产生纠纷,被告可从三个方面进行抗辩:①公司设立协议中各发起人承担义务约定不明,各自的损失各自承担,各方对于公司设立失败互不承担责任;②各发起人均有过错;③如果是出资违约,根据《公司法》第28条第2款的规定,提起诉讼的是按期足额缴纳出资的发起人,没有按期足额缴纳出资的发起人无权提起诉讼。尽管有学者认为该条有违《民法典》第

592条①,但是目前查询到的人民法院判例支持的都是履约发起人的诉讼请求,驳回违约发起人的诉讼请求。

如果是发起人要求公司承担垫付费用,公司可从费用性质进行抗辩,即产生费用的行为是公司设立的必要行为、保有公司商机行为所产生的费用,还是公司成立前,无照经营所产生的费用。前者由公司承担,后者只有在公司承继时,才由公司承担责任。

6.公司设立纠纷证据组织

①设立协议。发起人之间订立设立公司协议是公司设立纠纷的前提。设立协议约定了各发起人在设立公司中的不同义务,若公司设立失败,则据此来确定各发起人的责任。如果设立失败是由于不应归于某一发起人的原因,应按照设立协议约定的投资比例分担损失。

②发起人对于设立费用支出的决议。如果没有发起人决议,其他能证明各发起人同意支出费用的证据也可以。

③原告损失的证明,即实际支出凭证或者证明。应注意公司设立前经营造成亏损的承担,未完成公司登记注册即开展经营与相关法律相悖,故不知情、不同意的发起人无须承担责任。

四、经典案例评析

(一)案情概要

案例:王军诉李成军、尤明军等12人公司设立纠纷案②

原告:王军

被告:李成军等12人

2005年4月李成军等12人以李成军名义出资270万元人民币,设立个体工商户,字号为"乌拉特前旗秦安磁选厂"(简称"秦安磁选厂")。2007年8月20日,合伙人会议决议同意成立"秦安矿业有限责任公司"(简称"秦安公司"),在设立公司时引进新资金。2007年8月26日,王军与李成军等12人谈判后形成第一次股东会议决议:①同意将秦安磁选厂变更为秦安公司,将磁选厂合伙人投入的资金转为公司股金。②2007年8月20日公司成立股东会。核定公司股东12人,股金270万元人民币。③选举王军为董事长、李成军为副董事长,确定杨荣莲为出纳。④公司自2007年8月21日起运行,并指定专人到相关部门办理公司注册登记等相关

---

① 《民法典》施行前为《民法通则》第113条和《合同法》第120条。
② 参见陕西省高级人民法院(2012)陕民再字第00010号民事判决书。

手续。2007年9月6日,企业名称核准为"乌拉特前旗秦安矿业有限责任公司",预先核准的企业名称保留至2008年3月6日。

2007年9月7日,秦安公司出纳杨荣莲给王军出具了加盖有秦安公司印章的收条一张,载明"收到王军现金1396324元整"。同年12月1日,杨荣莲根据财务资料整理,写明秦安磁选厂在2007年9月至12月实际生产经营73天,盈利687902元人民币。2007年9月、10月、11月三个月秦安磁选厂购买设备、建筑材料等物品、支付人员工资等支出花费总计金额为233409.7元人民币。

2007年12月25日王军提起诉讼,请求:①退还投资款1396324元人民币。②按出资比例分配秦安公司名称预留登记期间的经营利润或者赔偿投资款项的利息损失(按银行同期贷款利率的4倍计算)。③按投资比例分割库存商品、新增固定资产。

双方均认可秦安公司设立期间的账务与秦安磁选厂的账务无法区分,均表示可以忽略不计。会计董才胜出具证明:生产73天利润总额687902元人民币。出纳杨荣莲出具的固定资产投资和支出费用明细,总合计233409.7元人民币。

(二) 争议焦点

1. 王军对其参与经营73天的利润及资产是否有权请求分配?
2. 如果有权分配,经营期间产生的利润及资产有多少,该如何给王军进行分配?

(三) 一审判决

一审人民法院经审理认为:12名秦安磁选厂合伙人商议将该厂改组为秦安公司,决定在设立公司时引进新资金,王军拟与李成军等12人共同出资设立秦安公司,并于2007年8月25日就公司设立的基本问题形成了谈判纪要,办理了公司预留名称登记,故双方共同出资设立公司的意思表示是真实、明确的。秦安公司最终未依法设立,双方均有一定责任。《公司法》对有限责任公司发起人或投资者在公司没有成立时,可否抽回出资没有明确予以禁止,故王军请求撤回出资应予以准许。公司设立期间产生的债务、盈利、新增固定资产价值应由全体股东按出资比例承担或分配,因此,对王军要求按比例分割盈利及新增固定资产价值[687902+233409.7)×34%=313245.97元]的诉讼请求予以支持。企业库存商品变现后扣除成本才是利润,现没有变现产生利润,故分配库存商品不予支持。判决李成军等12人退还王军出资款1396324元人民币;支付王军在共同经营期间的盈利款、新增固定资产价值313245.97元人民币,共计1709569.97元人民币。

(四) 二审判决

王军、李成军等均不服一审判决而提起上诉。王军要求分割库存商品,李成军等人认为王军加入的是秦安磁选厂,其投资已成为合伙企业财产,未经清算,无权要求分割,更不能仅仅分割投资期间的盈利,应清算合伙期间的盈利和亏损,要求撤销一审判决。

王军二审庭审中自认 2007 年 4 月就开始考察秦安磁选厂,其明确除已经投资的 1396324 元人民币外,再未投入资金。庭审中各方均认可王军加入前秦安磁选厂账面上无流动资金,处于亏损状态。

二审人民法院经审理认为:将本案定性为公司设立纠纷是正确的。李成军、尤明军仅以秦安磁选厂部分会议记录载明有王军参加为由主张王军入伙的是秦安磁选厂的理由不成立。公司设立已经不可能,双方也一致认可公司设立期间无债权债务,因此李成军等 12 人应该全额退还王军的投资款。由于王军设立公司的投资款实际被李成军等人用于秦安磁选厂的经营,所以李成军等 12 人应酌情对王军予以补偿。2007 年 9 月至 12 月的生产经营实际属于秦安磁选厂的行为,产生的利润、库存商品和所谓"新增固定资产"均属于秦安磁选厂的财产,王军无权要求分割。判决退还王军出资款 1396324 元人民币,并按该款项补偿王军自 2007 年 8 月 31 日起至 2007 年 12 月 15 日期间按中国人民银行同期同类贷款利率计算的利息。

(五) 再审判决

王军不服二审判决,向最高人民法院申请再审。最高人民法院指令陕西省高级人民法院再审本案。

本案的争议焦点是王军对其参与经营 73 天的利润及资产是否有权请求分配。秦安公司设立过程中,秦安磁选厂并未解散,无论从其机构设置及人员组成,还是运营资金来源以及经营行为等情况看,秦安磁选厂实际是为设立中的秦安公司从事生产经营。《公司法解释三》第 4 条规定,公司设立不能时,发起人按出资比例承担该设立阶段产生的债务,但并未规定设立中公司在公司设立阶段从事经营活动产生的盈利如何分配。根据权利义务相一致的法理以及民法的公平原则,公司设立阶段的债权分配,应比照适用债务承担的规定,发起人有权按照出资比例分配公司设立阶段从事经营行为所产生的盈利。故王军有按照出资比例参与分配其参与经营的 73 天产生的利润及资产。因库存商品中铁精粉不包含在利润中,故支持王军要求分割铁精粉的请求。因王军如果后购买机器及其他费用支出是所投资资金物化,返还投资款同时要求分配资产属于重复分配,不予支持。判令退还王军出资款 1396324 元人民币,李成军等 12 人支付王军在共同经营期间的盈利款和库存商品中铁精粉的利润共计 268546.09 元人民币。

(六) 焦点问题评析

本案的争议焦点是:王军对秦安公司经营 73 天的利润及资产是否有权请求分

配,该焦点的实质就是王军参与经营的是秦安公司还是秦安磁选厂,对此可以从以下三个方面进行确定:①2007年8月26日通过的股东会决议确定了秦安公司的董事长和副董事长,以及秦安公司其他主要人员,确定公司自2007年8月21日开始运营。2007年9月6日取得预先核准的企业名称,故双方设立秦安公司意思表示明确,且已经实施了设立行为。②股东会决议已将秦安磁选厂的资金转入秦安公司,王军投资款也转入秦安公司,故秦安磁选厂无运营资产。③王军以秦安公司董事长身份负责经营,重大事项由秦安公司董事会或者股东会开会决定。故从上述三个事实可见,虽然秦安公司设立过程中秦安磁选厂并未解散,但无论从其机构设置及人员组成,还是运营资金来源以及经营行为等情况看,都是以设立中的秦安公司从事生产经营。秦安公司是设立中的公司,根据权利义务对等原则,公司设立阶段的债权分配,应比照适用债务承担的规定,故王军作为秦安公司发起人有权按照出资比例分配公司设立阶段从事经营行为所产生的盈利。《公司法》第94条及《公司法解释三》第4条的法理根据在于发起人之间是合伙关系,设立中的公司是为设立公司这一特定目的而组建的临时性合伙。公司设立不能时,发起人之间应当按照合伙关系处理临时性合伙产生的权利义务和责任,以平衡发起人之间的利益。

(七) 案例启示

本案被告虽然是发起人股东,但原告请求的并不是发起人的法定责任,故不是发起人责任纠纷,而是公司设立纠纷中的公司设立协议解除纠纷,是双方就解除后的财产返还和归属产生的纠纷。

正确处理与公司设立相关的纠纷,取决于对发起人和设立中公司的法律地位、法律关系等问题的认识正确与否。公司设立过程中:一方面,发起人是设立中公司的机关,对外代表设立中公司实施公司设立行为,其产生的责任应当归属于设立中公司。由于设立中的公司与成立后的公司是同一实体,所以发起人因设立行为所产生的权利义务自然归属于将来成立的公司。另一方面,发起人之间是合伙关系,如果公司未能合法成立,发起人对其设立行为所产生的义务向第三人负连带责任。公司设立过程中产生的债权债务的归属应当充分体现发起人之间及公司、股东、债权人之间的利益平衡,有利于交易安全。

《公司法解释三》第4条规定了公司设立不能时,发起人按出资比例承担该设立阶段产生的债务,但并未规定设立中公司在公司设立阶段从事经营活动产生的盈利如何分配。该案明确了在公司未成立情形下根据权利义务一致的法理以及民法的公平原则,比照公司设立阶段债务承担的规定,该收益应按照出资比例由发起人进行内部分配,发起人对前述收益具有分配请求权。

应注意的是:一方面,虽然设立中的公司实施的设立行为限于与设立有关的行为,但《公司登记管理条例》第19条"不得用于经营活动"的规定,应当为管理性强制性规定,发起人在公司设立阶段从事生产经营的行为若违反公司登记管理有关规定,可由公司登记机关进行行政处罚,而民事法律行为只有在违反效力性强制性规定时才无效;另一方面,设立中公司经营违反管理性规定的处罚方式中并未没收收入,故在公司未能成立情形下,公司设立阶段收益应归属全体发起人所有。

尽管发起人可以要求分得设立阶段的收益,但设立中公司从事经营行为毕竟是法律禁止行为,发起人在公司设立阶段从事经营行为风险很大。该行为无论是否为发起人以设立中公司名义实行,公司在设立后均有是否认可的主动权。若公司成立后承认,该行为可以归入公司;若公司不承认,应视为发起人个人行为,同意该行为的发起人承担连带责任。

第二节 发起人责任纠纷[①]

一、发起人责任纠纷概述

(一) 发起人责任纠纷的含义

发起人是指依照公司法的规定为设立公司而签署公司章程、向公司认购出资或者股份并履行公司设立职责的人。根据《公司法解释三》第1条的规定,有限责任公司设立时的股东和股份有限责任公司的发起人统称为发起人。

发起人责任纠纷是指发起人在设立公司过程中,因公司不能成立时对认股人所应承担的责任,或者在公司成立时因发起人自身的过失行为致使公司利益受损应当承担相应责任时所产生的纠纷。

(二) 发起人责任纠纷类型

同公司设立纠纷相同,实务界和理论界对发起人责任纠纷的分类不是很清晰,且多出现案由的转换与吸收。笔者在此根据审判实务和人民法院案例将发起人责任案件划分为四类:①公司设立失败时的发起人责任纠纷;②公司成立时的发起人资本充实责任纠纷;③发起人因设立公司发生职务侵权行为时的损害赔偿责任纠纷;④发起人过失致公司利益受到损害时的赔偿责任纠纷。

---

① 发起人责任纠纷和公司设立纠纷是相关联的案由,很多法律问题也相同,故请与公司设立纠纷章节结合阅读。

二、发起人责任纠纷的常见法律问题

(一)发起人资格认定

《公司法解释三》第 1 条规定:"为设立公司而签署公司章程、向公司认购出资或者股份并履行公司设立职责的人,应当认定为公司的发起人,包括有限责任公司设立时的股东。"根据此条,发起人需具备三个法律特征:①签署公司章程;②认购公司出资或者股份;③履行公司设立责任。其中履行公司设立职责是认定发起人资格的实质条件。发起人实施的设立公司行为是执行职务行为,故其在履行职务侵害他人利益时,由其代表的机关承担责任。

发起人区别于股东的最显著特征是发起人不但要认缴出资或者股份,而且还要履行设立公司的职责,有限责任公司成立时的原始股东和以发起形式设立的股份有限责任公司的原始股东均是发起人。

(二)公司未成立,发起人对公司设立费用和债务的承担

1. 发起人承担设立费用和债务应采用实际发生原则进行确定

公司设立失败,发起人只限于对实际发生的费用承担连带责任。没有实际支付的,不能认定实际损失发生。①

2. 应对发起人承担的费用和债务进行目的性和合理性限制

首先,发起人只承担因设立公司所产生的费用和债务,与公司设立无关的,由作出该行为的发起人承担;其次,发起人承担的费用和债务也应当限制在合理范围之内,不能超过必要的限度。

(三)发起人的善良管理人注意义务

发起人执行公司设立职责时,难免会发生因过失给公司造成损害的情况,若发起人对此提出免责抗辩,其必须证明自己已经尽到了一个善良管理人应注意到的义务。善良管理人的注意义务也称为勤勉义务,即发起人在履行发起人职责时必须是诚信的,履行方式必须是合理的,具备为了公司的最佳利益,并且达到普通谨慎之人在类似的地位和情况下所应有的合理注意。借鉴美国《示范公司法》,善良管理人的注意义务认定标准可以分为两个方面:

主观上,必须善意且合理地相信行事方式符合公司的最大利益。所谓"善意",是对行为人诚实状态的一种心理或者道德的主观评价。在公司法上,只要发

---

① 参见最高人民法院(2015)民二终字第 90 号民事判决书,该判决书只将实际发生并已经支付的费用认定为实际损失。

起人不是明知或者不可能知道某一项行为可能对公司产生不利影响,就应推定其为善意。所谓"合理地相信",是指发起人在履行职责时,必须根据自己的判断,以自己认为最符合公司利益的方式行事。"合理地相信"前提是发起人有信赖的积极行为,并且该信赖是合理的。故要证明自己"合理地相信",发起人应提供在作出商业决策时,进行必要的了解和调查的证据,并且是基于此,以审慎和严谨的态度作出决策。"合理地相信"并不排除发起人基于对专业人士所提供的信息、意见、报告或者说明的合理信赖而作出的商业判断。

客观上,发起人应当以一名在类似情况下普通审慎的人应有的谨慎履行职责。"普通审慎的人"是指有能力完成公司分派的一个特定任务的"通才",但不需要是"专才"。一般而言,履行发起人职责,不要求有特别的专门技术。

(四)发起人身份的法律限制

1. 特殊主体不能成为发起人

所有不能成为股东的主体,同样不能成为发起人。根据北京市市场监督管理局网站,下列组织或者个人不能成为投资人(股东):

①各级党政机关(含政法机关)、军队、武警部队。

②各级党政机关所属事业单位,除非其属于下列性质。

属于新闻、出版、科研、设计、医院、院校、图书馆、博物馆、公园、影剧院、演出团体类性质,或本市各区县所设乡镇集体资产运营中心可以成为投资者,但所办企业不得再投资兴办企业。

③党政机关(含政法机关)主办的社会团体。

④合伙企业、个人独资企业等非企业法人企业或者组织不能成为一人有限公司股东。

⑤一个自然人只能投资设立一个一人有限责任公司。该一人有限责任公司不能投资设立新的一人有限责任公司。

⑥法律、法规禁止从事营利性活动的人(如公务员、现役军人)。

⑦律师事务所。

⑧法律、行政法规规定的其他情形。

2. 限制行为能力人是否可以成为发起人

对于限制行为能力人是否可以成为发起人,有赞成和反对两种观点。赞成观点认为,"法不禁止即可行",《公司法》及其相关规定没有明文禁止限制行为能力人成为发起人,限制行为能力人的法定监护人可以履行限制行为能力人的发起人职责。而反对观点认为,限制行为能力人作为发起人影响交易安全。笔者认为,限制行为能力人作为发起人不影响交易安全,但是限制行为能力人不能作为发起人:

一是,发起人承担履行设立公司行为的职责时,应遵守《公司法》第六章对董事、监事、高级管理人员的要求,在履行职责时负有善良管理人应尽的注意义务,而由法定监护人代为履行,不但无从考查该发起人是否尽到善良管理人注意义务,而且这种长期委托他人履行职责本身就是未尽到善良管理人应尽的义务表现;二是,设立中公司发起人之间的关系适用合伙关系,而《合伙企业法》第 14 条明确规定,合伙人为自然人的,应当具有完全民事行为能力,故发起人必须是具有完全行为能力的人。

实践中,常见的是父母作为发起人参与公司设立,公司成立时却以子女作为股东的情形。对此情形,法律上一直没有给予定性。笔者认为,应将该情形认定为子女不具有发起人身份,尤其是未成年子女为名义股东、父母为隐名股东时,如此认定也有利于打击实务中大量不诚信的逃避债务之人。

(五) 公司未成立时,发起人承担责任的归责原则

在公司未成立,发起人对外承担责任时,不论公司未成立是否由于部分发起人过错造成,所有发起人均应对债权人承担连带责任,发起人不得以约定的出资比例或没有过错为由进行抗辩。而在发起人对外承担责任之后,在内部责任划分上,没有过错的发起人可以要求有过错的发起人承担责任。有过错的发起人承担责任后仍然存在责任的,则所有发起人再按照《公司法解释三》第 4 条第 2 款的规定分担责任。

三、发起人责任纠纷诉讼指引

(一) 总体思路

解决发起人责任纠纷的总体思路也像解决其他公司纠纷一样,可以从利益平衡入手,包括战略性思维和战术性思维。由于发起人责任有其自身特点,因而在确认原利益平衡和回归利益平衡方面有一些特殊之处。一般地,义务或责任总是与权利或职权相对应、相平衡,有什么样的职权就有什么样的责任。同时,职权又是以其所处的地位为依托的。有什么样的地位,就有什么样的职权;有什么样的职权,就有什么样的责任。

发起人进行公司设立行为,会与行为相对人发生相应法律关系。①从发起人与认股人的关系来看,发起人处于主动的优势地位,认股人处于被动的劣势地位;二者的信息不对称、地位实际上不平等,容易为发起人所利用。基于公平正义的理念,公司法为平衡发起人与认股人的利益,只让作为设立中公司机关的发起人对公司设立行为所生之债和费用负全部责任,认股人可向公司设立失败时的发起人请求返还其所认缴的股款及利息。②从发起人与成立后公司的关系来看,发起人是设立中公司的机关,对外代表设立中公司实施设立行为。在设立公司过程中,发起人完全有可能利用其特殊地位,实施机会主义谋取私利,而让成立后的公司承担不利后果。与发起人相比,成立后的公司处于弱者的地位。公司法为平衡二者关系,对发起人的违法违规行为课以重责,如规定发起人因怠于职守而负担赔偿责任。③从发起人和债权人之间的关系来看,二者地位平等,但后者对设立中公司信息的了解往往不充分,与发起人相比,债权人居于信息劣势。公司法为平衡发起人与债权人的利益,规定发起人对公司不能成立时设立行为所产生的债务(包括合同之债和侵权之债)和费用承担连带赔偿责任。④从发起人之间的关系来看,发起人之间是合伙关系,地位平等,适用意思自治等私法原则,课以违约责任即可平衡发起人之间的利益。总之,无论是理论上还是现实中,发起人责任是平衡这些不同主体利益的产物。

律师运用利益平衡思维分析和解决发起人责任纠纷时,需关注上述发起人与相关利益主体之间利益平衡的特点,以公司法相关规定作为确认和衡量发起人与公司、认股人之间利益平衡的基准;以公司法相关规定和交易协议作为确认和衡量发起人与债权人之间利益平衡的基准;以设立协议作为确认和衡量发起人之间利益平衡的基准,设立协议没有约定或约定不明时,适用相关法律规定。当然,确认和衡量公司法上的利益平衡,应当遵循意思自治原则、合法性原则、公司正义原则、外观主义和利益平衡原则。

律师应在把握发起人责任利益平衡特点的基础上,结合个案具体情况,制定纠纷解决的总体目标和总体思路。关于如何制定纠纷解决的总体目标及思路,请参见本书第八章第三节和第四节。

(二)实务处理注意点

处理发起人责任纠纷,除了要把握纠纷当事人之间利益平衡的特殊点,还要注意该纠纷在诉讼主体、诉讼时效、诉讼管辖及抗辩主张等方面特点,并在把握这些特殊点的基础上,结合个案具体情况来制定具体的诉讼方案。关于如何制定公司争议解决方案,请参见本书第八章第三节和第四节。

1. 诉讼主体

(1)原告及其诉讼请求

根据发起人责任纠纷案件的不同类型,可以将该类案件的原告分为四类:债权人、认股人(出资人)、公司和发起人。

①债权人。债权人,包括被赊欠设立费用的债权人和合同之债的债权人。赊欠设立费用债权人可以请求判令被告发起人向原告支付费用,确认其他被告发起人对该费用承担连带清偿责任;对于合同之债的债权人,可以根据合同法的规定,强求被告履行合同义务、支付款项(费用)、交付货物、支付违约金、赔偿损失等。

应该注意的是,该类纠纷根据诉讼请求依据的特定法律关系确定案由,发起人责任只是其确定被告的依据,也有人民法院按照特定法律关系和发起人责任纠纷两个案由审理。

②认股人(出资人)。认股人不具有发起人地位,不承担设立公司职责,故公司设立失败时,不需要承担设立公司的费用和债务,其地位相当于各发起人的债权人,可以请求发起人返还股款,并支付银行同期贷款利率,同时请求各发起人对此债务承担连带责任。

③公司。公司设立成功后,公司作为原告要求发起人承担的责任可分为两类:第一类,公司可以请求未(足额)出资发起人向其履行出资义务,并请求其他发起人就该出资承担连带责任,但该类纠纷常被股东出资纠纷吸收;第二类,公司可以请求在设立过程中因过失或者过错造成损害公司利益的发起人承担赔偿责任。

(2)被告

发起人责任纠纷案件中被告均是发起人,但在选择被告时还应注意以下两点问题:

其一,几种发起人责任纠纷类型中,除发起人过失致使公司利益受损的赔偿损失责任是就特定有过失的发起人提起诉讼,要求特定发起人承担责任外,其他纠纷都可以将所有发起人作为被告,要求所有的发起人承担连带责任。当然原告也可以就特定发起人提起诉讼,但该发起人承担责任后,可以向其他发起人追偿。

其二,应注意发起人在履行公司设立职责时致人损害,在公司成立情形下,《公司法解释三》第5条已经明确了责任主体,故受害人应起诉公司承担责任,并承担侵权发起人在履行设立公司职责时造成损害的举证责任。

(3)第三人

公司因故未成立,对于股款和公司设立过程中产生的费用和债务,认股人、债权人作为原告有权选择向全部或者部分发起人请求责任承担,因发起人间承担的是连带责任,不是必要共同责任,故在债权人起诉部分发起人时,人民法院不负有通知其他发起人参与诉讼的义务。但因案件的结果对全体发起人产生直接影响,故未被起诉的发起人有权向人民法院申请以第三人身份参与诉讼。

2. 管辖的确定

根据全国人民代表大会常务委员会法制工作委员会民法室和最高人民法院法官的意见①,发起人责任纠纷诉讼适用《民事诉讼法》第26条关于公司相关纠纷的

---

① 参见全国人大常委会法制工作委员会民法室编著:《2012民事诉讼法修改决定条文解释》,中国法制出版社2012年版,第28—29页;沈德咏主编:《最高人民法院民事诉讼法司法解释理解与适用》,人民法院出版社2015年版,第161—167页。

管辖规定。但在公司设立失败情形下,则不适用《民事诉讼法》第 26 条公司诉讼管辖,北京市高级人民法院《关于立案工作中适用〈民事诉讼法〉若干问题的解答》中对此进行了明确规定。

3. 诉讼时效

发起人责任纠纷的诉讼时效适用一般诉讼时效,即"向人民法院请求保护民事权利的诉讼时效期间为三年"。如果公司设立失败,则从确定公司设立失败之日起 3 年;如果公司成立,则从权益受到损害之日起 3 年。

4. 被告抗辩

发起人责任纠纷的被告均为发起人,通常发起人可从以下几个方面进行抗辩:①发起人并没有实际参与公司设立行为,不符合《公司法解释三》第 1 条的发起人资格,尤其是没有履行设立公司的职责;②发起人行为是设立公司过程中的职务行为,应由公司承担赔偿责任;③发起人实施职务侵权时已经尽到善良管理人的注意义务,并且已经按照设立协议或者合伙人同意的方式履行职务,应豁免责任;④对设立公司的费用和债务超过必要性和合理性进行抗辩;⑤受害人请求全体发起人承担责任时,非直接责任发起人可以抗辩直接责任发起人非履行设立公司发生的侵害,由其个人承担责任。

5. 证据组织

发起人可提供的证据有:①发起人资格认定的证据,主要有设立协议、公司名称核准时提交的资料等;②设立公司的费用和债务,即损失实际发生的证据,应注意的是,费用仅指设立公司必备行为产生的费用,其他非必备行为,只有全体发起人认可的才能确定为公司设立的费用;③侵权行为和损害具有直接的因果关系及损失数额的证据;④已经实际缴纳出资的证据。

四、经典案例评析

(一)案情概要

案例:江苏科特涂饰有限公司与温作挺发起人责任纠纷案①

原告:江苏科特涂饰有限公司(简称"科特公司")

被告:温作挺

2007 年 8 月 23 日至同年 12 月 30 日期间,科特公司多次向黄朝鹤供应油漆等货物。2008 年 4 月 30 日,黄朝鹤与科特公司经对账,出具金桥公司的送货统计清单,载明截止 2007 年 12 月 30 日结欠货款总额为 216676 元人民币。黄朝鹤在该送

---

① 参见江苏省无锡市中级人民法院(2011)锡商终字第 0215 号民事判决书。

货统计单上签名并注明"以上货物确认已收无误"。2008年2月25日,黄朝鹤、温作挺签订金桥公司章程,并于同年6月24日共同出资设立了金桥公司。2008年7月9日,金桥公司向科特公司出具还款计划书,明确"金桥公司2007年度共欠款22.1万元,自2008年7月份开始还款,单月还款2万元,双月还款1万元,并开始继续供货"。但金桥公司未按约履行上述还款计划,科特公司于2009年8月17日以黄朝鹤、金桥公司为被告诉至江苏省无锡市锡山区人民法院(简称"锡山法院")。诉讼期间,科特公司认为黄朝鹤结欠科特公司货款22.1万元人民币的行为发生在金桥公司设立之前,故应视为黄朝鹤的个人行为,应由黄朝鹤个人承担民事责任;金桥公司向科特公司出具还款计划是其债务加入行为,故要求黄朝鹤、金桥公司承担共同还款责任。锡山人民法院经审理于2010年2月5日作出(2009)锡法民二初字第1417号民事判决(简称"1417判决"),确认黄朝鹤、金桥公司应共同向科特公司支付货款22.1万元人民币及逾期付款利息。因黄朝鹤、金桥公司未履行1417判决确定的付款义务,科特公司于2010年7月21日再次诉至锡山人民法院,请求判令金桥公司的另一发起人温作挺对1417民事判决确定的黄朝鹤、金桥公司的还款义务承担连带责任。

(二) 争议焦点

1. 科特公司的债权是否发生在金桥公司设立阶段？
2. 温作挺是否应对科特公司的债权承担连带责任？

(三) 一审判决

一审判决认为:科特公司以温作挺为被告要求其承担连带还款责任,系基于温作挺的金桥公司发起人身份,针对设立中公司的行为承担发起人责任,故本案案由应确定为发起人责任纠纷。科特公司要求温作挺对黄朝鹤以设立中公司名义发生的业务往来及结欠的货款承担连带责任,没有法律依据。其一,发生业务往来时的实际买受人系黄朝鹤;其二,黄朝鹤以设立中公司名义发生的业务往来及结欠货款的行为均发生于金桥公司签订公司章程(设立协议)之前,科特公司要求温作挺承担公司设立之前的债务没有法律依据;其三,黄朝鹤以金桥公司名义与科特公司发生的业务往来,系设立公司非必要的民事行为。金桥公司设立后就黄朝鹤以其名义与科特公司发生的业务往来及结欠货款订立还款协议的行为,系金桥公司成立后对上述行为的承认。公司发起人以设立中公司名义对外为设立公司非必要民事行为的,债权人只能要求公司发起人承担民事责任,但成立后的公司对该行为予以承认的,可以要求成立后的公司承担民事责任。黄朝鹤以金桥公司名义与科特公司发生业务往来的行为,对金桥公司而言系效力待定的行为,成立后的金桥公司就结欠货款订立还款协议的行为即是对该行为的承认,该行为后果应由金桥公司承担,故科特公司要求温作挺承担连带责任没有法律依据。驳回科特公司的诉讼请求。

(四)二审判决

二审查明,2008年2月22日工商部门出具名称预先登记核定情况表,载明:受理日期为2008年2月21日;受理意见为该拟设公司名称于2007年10月18日已过保留期,现重新上报审批。2008年2月22日,工商部门出具名称预先登记核准通知书,明确金桥公司的企业名称已经核准,该名称保留期延至2008年8月22日止,在保留期内,不得从事经营活动,不得转让等。2008年6月24日,工商部门向金桥公司颁发营业执照。二审期间,科特公司认可金桥公司没有办理工商注销手续,也没有被工商部门强制吊销营业执照。锡山人民法院开庭审理期间,科特公司当庭陈述:黄朝鹤结欠科特公司货款22.1万元人民币发生在金桥公司设立之前,故应视为黄朝鹤的个人行为,应由黄朝鹤个人承担民事责任,金桥公司出具还款计划书的行为是债务加入。

二审判决认为:①金桥公司虽于2007年4月即向工商部门预先申请企业名称,但该公司发起人黄朝鹤、温作挺签订公司章程及工商部门批准设立金桥公司并颁发营业执照的时间均在2008年2月以后,应认定科特公司向黄朝鹤供货期间属金桥公司名称审核阶段而非公司设立阶段,故温作挺此时并非法律意义上的发起人。②黄朝鹤收货后,金桥公司事后以其名义与科特公司进行对账并出具还款计划,属金桥公司对其他债务的认可,其自愿承担还款义务并不违反法律规定。但这与公司设立阶段的发起人责任没有直接的关联性。③科特公司在2009年8月7日就同一债务向锡山人民法院起诉黄朝鹤和金桥公司时,明确黄朝鹤收受货物系个人行为,金桥公司向科特公司出具还款计划系债务加入,并已得到锡山人民法院的判决支持。此系债权人科特公司在合同利益归属不是非常明确的情况下作出的自主选择。④公司设立失败,是指发起人在筹办公司设立事务后,由于主客观原因,公司最终没有成立。现有证据证实,金桥公司于2008年6月24日经工商部门核准领取了营业执照。综上,科特公司要求温作挺承担发起人责任的上诉理由因无事实和法律依据,人民法院不予采信,驳回科特公司的上诉请求。

(五)焦点问题评析

本案的焦点是科特公司的债权是否发生在金桥公司设立阶段,温作挺是否应对科特公司的债权承担连带责任。

1.科特公司设立期间认定有待商榷

本案二审判决从公司设立始于公司章程或设立协议签订之日,终于公司营业执照签发之日出发,认定金桥公司设立期间始于黄朝鹤、温作挺2008年2月25日签订金桥公司章程,终于同年 6 月 24 日依法设立。但实践中很多时候各发起人在公司设立阶段,直到公司成立都没有签订公司设立协议,所以不能机械地认定设立协议只有书面合同一种形式,只要形成了设立公司的合意,并开始实施设立行为,就可以认定形成了事实上的设立协议,公司设立阶段就应该开始起算。黄朝鹤、温作挺共同向工商部门申请名称预先核准行为,并在申请书上签字的行为可以视为形成设立公司的合意,故本案设立公司起算点应从向工商部门提交申请名称预先核准时起算。本案中,2008 年 2 月 22 日工商部门核准通知书明确名称保留期延长至 2008 年 8 月 22 日,即设立阶段起算日应为申请之日(2007 年 4 月 17 日)。本案债权发生在 2007 年 12 月 30 日,故应认定为设立期间发生的债权。

2. 科特公司债权的基础合同是非必要的设立行为

双方对于科特公司债权产生的性质为非设立公司的必要行为均没有异议,故该债权并不必然由成立后的公司承继。只有在设立后的公司对该行为予以承认的,才承担责任。如果成立后的公司不予承认,债权人只能要求缔约发起人承担责任。

3. 金桥公司对科特公司债权承担责任

尽管锡山人民法院 1417 判决确认黄朝鹤、金桥公司应共同向科特公司支付货款 22.1 万元人民币及逾期付款利息,但该判决是基于科特公司认可金桥公司出具的还款计划书是债务加入行为,而不是因为发起人设立行为而承继原合同权利义务。故金桥公司债务加入与其发起人没有关系,金桥公司发起人并不因此承担发起人责任。

(六) 案例启示

发起人责任纠纷与公司设立纠纷一样,都是因设立公司行为引发的纠纷。发起人责任是平衡发起人、认股人、设立中公司、成立后公司和债权人利益的产物。因此,正确认识发起人和设立中公司及成立后公司的法律地位、法律关系,才能正确把握因公司设立行为产生的权利义务关系,进而正确确认和衡量发起人、设立中公司、成立后公司和债权人之间的利益平衡,从而正确处理发起人责任纠纷。关于发起人和设立中公司的法律地位、法律关系,请参考本章第一节。

本案判决发生在 2011 年,此时《公司法解释三》已经颁布,但本案更多体现的是 2003 年江苏省高级人民法院颁布的《关于审理适用公司法案件若干问题的意见(试行)》的第 34、36、37 条的精神,该意见至今仍然生效。

上述意见第 34 条第 1 款规定:"设立中公司是指为履行公司设立必要行为而存在的组织,始于公司章程或设立协议签订之日,终于公司营业执照签发之日。"《公司法解释三》没有对此作出规定。设立中公司起始时间有依据订立发起人协议时间确定和依据订立公司章程时间确定两种争议。但作为公司大纲的公司章程,其并不能预定公司设立中的权利义务关系,尤其是股份有限公司章程在公司创立大会通过后生效,故公司章程的订立时间不宜作为设立中公司的起始日,设立中公司的起始日宜以发起人订立设立协议时间而定。设立协议的合意也不能单单理解为签订书面合同一种方式,无论什么形式,只要形成共同设立公司的意思表示,均可以认定达成了设立公司的合意。

上述意见第36条规定:"公司发起人以设立中公司名义对外为设立公司非必要的民事行为的,债权人只能要求公司发起人承担民事责任,但成立后的公司对该行为予以承认的,可以要求成立后的公司承担民事责任。"《公司法解释三》没有关于公司设立非必要的民事行为的规定,但目前江苏省高级人民法院的意见还是主流观点。

上述意见第37条规定:"公司发起人以自己名义为公司设立行为的,债权人可以直接以该发起人为被告起诉要求其承担相应的民事责任。公司追认发起人行为或该行为的利益归于公司的,债权人可以选择该发起人或成立后的公司为被告要求其承担民事责任,但债权人一经选定被告后,不得再行变更。"该条款与《公司法解释三》第3条观点一致。

缔约发起人如果是以自己的名义订立合同,合同相对方自然可以要求缔约发起人承担责任,但是在公司承继先公司合同权利义务后,合同相对方或者选择公司,或者选择缔约发起人承担责任,二者没有承担共同或者连带责任的法律依据。如果缔约发起人以设立中的公司订立合同,公司成立后,只能要求公司承担责任,不能要求缔约发起人承担责任。建议在签订先公司合同时,将合同主体的承继表达清楚。若合同签订人为公司发起人,该合同为设立中公司签订的,缔约发起人的责任截止到公司成立并接受合同之时。

第三节 股东出资纠纷

一、股东出资纠纷概述

(一) 股东出资纠纷定义

股东出资是指公司股东(包括发起人和认购人)在公司设立或者增加资本时,为取得股份或者股权,根据认缴出资的承诺向公司交付财产或履行其他给付义务的法律行为。出资是股东的基本义务,也是形成公司财产的基础。

股东出资纠纷是指公司股东违反出资义务造成公司或者其他已履行出资义务的出资人损失而产生的纠纷。[1]

(二)股东出资纠纷的类型

公司可以选择要求违约出资的股东继续履行出资义务、限制股东权利或解除股东资格三种责任后果,其中要求违约出资股东继续履行出资义务是股东出资纠纷,其余两种责任方式的程序要求公司以股东会决议方式作出,故这两种责任方式引发的纠纷为股东和公司因股东会决议引发的纠纷,应归入公司决议纠纷。

继续履行出资纠纷包括公司要求虚假出资、出资不足、逾期出资(该三种统称为瑕疵出资)和抽逃出资的股东继续履行出资义务而引起的纠纷,故可分为如下四类纠纷:①虚假出资纠纷;②出资不足纠纷;③逾期出资纠纷;④抽逃出资纠纷。

二、股东出资纠纷常见法律问题

(一)非货币出资的条件和类型

为鼓励创业,我国现行《公司法》大大缓和了出资形式法定主义,一方面允许出资形式多样化,另一方面规定了非货币财产出资的法定条件,二者有机结合,较好地平衡了股东与债权人和公司的利益。

1. 非货币财产出资的条件

《公司法》第27条确立以非货币形式的财产出资应当满足三个条件:一是必须为公司生产经营所需要,应当具备实现公司目的的品质和功效;二是可以用货币评估作价,即能以评估方式合理估值,如果评估价显著低于公司章程所定价额,则认定为出资不足;三是可以独立转让,必须能够转让使其价值迅速变现。要特别注意的是,非货币财产出资评估作价是法定要求。

2. 非货币财产出资的类型

《公司法》第27条列举了三种非货币财产出资方式:①实物,包括动产与不动产;②土地使用权;③知识产权,知识产权一般包括专利权、商标权、著作权和邻接权、技术秘密权(非专利技术)、集成电路布图设计权、植物新品种权等。《公司法解释三》对土地使用权、房产、知识产权、股权出资作了进一步规定。《企业财务通则》第14条规定,企业可以接受投资者以货币资金、实物、无形资产、股权、特定债权等形式的出资。《公司法》第27条及相关规定不但有利于融资的便利,而且给未来潜在的融资方式预留了空间。

---

[1] 参见景汉朝主编:《民事案件案由新释新解与适用指南》(第二版),中国法制出版社2018年版,508页。

《公司法》赋予法律、行政法规可以根据实际情况,对不得作为出资的财产进行了规定。《公司登记管理条例》第 14 条规定,股东不得以劳务、信用、自然人姓名、商誉、特许经营权或者设定担保的财产等作价出资。在这里尤其应注意有限责任公司股东不能以劳务进行出资,而《合伙企业法》16 条规定合伙人可以用劳务出资。

3.非货币财产的评估

根据《公司法》第 27、82 条的规定,以非货币财产出资,应依法评估作价,评估作价是出资人的法定义务。依法评估作价包括两个方面:一是必须进行评估作价;二是评估作价要合法,包括评估师、评估程序、评估方法等方面的合法。

(二)无权处分财产出资效力的认定

出资人未经所有权人同意,以他人财产出资的,属于无权处分行为,应为无效,但从保护善意第三人利益和交易安全出发,《公司法解释三》第 7 条规定,无权处分符合《民法典》第 311 条的,应认定为有效。

《民法典》第 311 条确立了善意取得制度。公司作为善意取得人应同时符合下列条件:①公司在接受出资时是善意的。对于动产,善意标准是基于出资人占有并支配出资财产的事实而信赖出资人有处分财产的权利;对于不动产,善意标准是不动产登记中心查询出资财产登记于出资人名下,且无异议登记。②出资财产转让价格合理,一般应是评估价格不能显著低于公司章程所定价格。③出资财产已经登记到公司名下,不需要登记的,已经实际交付给公司。只有同时符合上述三个条件,才能认定公司善意取得出资财产所有权,否则原财产所有人有权取回出资财产。

货币是种类物,推定占有人即为所有权人,其享有货币处分权,故出资人将非法所得的货币出资给公司,公司取得货币所有权的,出资应为有效。但因出资取得的股权是非法所得货币转换的价值,故可以将股权视为违法犯罪所得进行追缴,该股权的处置方式可以是拍卖和变卖。

(三)划拨土地使用权和设定权利负担的土地使用权出资的效力

土地使用权划拨是指县级以上人民政府依法批准,在土地使用者缴纳补偿、安置等费用后将该幅土地交其使用,或者将土地使用权无偿交付给土地使用者的行为。划拨的土地使用权一般都为无偿取得,同时为了公共利益,其使用用途也有一定限制,不得擅自进入流通市场。设定权利负担的土地不仅在权利行使和处分上受到限制,而且土地使用权本身也面临追索、价值丧失的风险。若这种两种权利瑕疵的财产用于出资,将使出资不能或者出资不实,公司资本面临较大不确定性,违背资本确定性原则。如果公司与出资人因此发生纠纷,从公司资本稳定性和彻底解决当事人纠纷出发,人民法院应给予出资人合理期限补正,逾期未补正的,应认定出资人未履行相应的出资义务。

(四) 房屋、土地使用权和知识产权实际交付和权属变更登记

需要办理权属登记的财产出资不但要实际交付,还要履行权属变更登记,但往往出资人或者只实际交付了出资财产,或者只变更了权属登记。那么如何确定出资人是否出资及出资时间呢?

1. 出资人实际交付了出资财产但没有办理权属变更登记时出资的认定

出资财产虽然没有办理权属变更登记,但是财产已经实际交付,公司已经实际利用,并发挥了资本的价值,也达到了出资的目的,因此如果能在合理期间补正,办理权属变更手续,则可以认定其实际交付之日即履行了出资义务。如果办理不了权属变更登记,则出资人应承担不能出资的后果。

2. 出资财产办理了权属变更登记但没有实际交付时出资的认定

出资财产虽然变更了登记,但是因为没有实际交付,公司并没有实际利用,该财产不能发挥其公司资产的功能,损失了公司的利益,故此种情形应以实际交付之日作为出资人履行出资义务的日期。若出资人未主动进行权属变更登记,公司也可以提起变更登记之诉。

(五) 股权出资效力的认定

根据《公司法解释三》第11条的规定,股权出资应该满足四个条件:

①出资的股权由出资人合法持有并依法可以转让。出资人合法持有是指出资人取得股权符合法律规定,不存在非法事由。依法可以转让是指出资股权没有权利限制,主要指股份有限公司的发起人、董事、监事、高级管理人员持有的在限售期的股份。若公司章程对股权转让作了特别的限制,那么受限制期间也不能转让。

②出资的股权无权利瑕疵或者权利负担。股权瑕疵指未履行或者未完全履行出资义务,即未出资、出资不足、虚假出资、抽逃出资,或者股权权属有争议。权利负担指股权存在质押或者查封等情形。权利瑕疵和权利负担会使出资存在不确定性,进而威胁到公司资本金充足,故不能认定为履行出资。

③出资人已履行关于股权转让的法定手续。股权转移包括股权权属变更和权能转移。有限责任公司股权权属变更指股东名册变更和工商登记变更,股份有限公司股份权属变更指背书后者证券登记机关过户。股权权能转移是指出资人将股东的各种权利交由公司行使,是股权的事实转移。

④出资的股权已依法进行了价值评估。股权是非货币资产出资,评估是其法定要求。

如果出资人不符合以上第一项至第三项条件的,应给予其合理期限予以补正。

指定期限补正了,可以认定其已履行出资义务。若逾期不能补正的,应认定其未依法全面履行出资义务。若不符合以上第四项条件的,应委托具有合法资质的评估机构进行评估,如果评估价值显著低于公司章程所定价额的,应认定为未依法全面履行出资义务。

(六)抽逃出资的认定

《公司法解释三》第12条除明确规定了四种抽逃出资情形外,还设置了一个兜底条款,一般下列情形可以初步认定为该兜底条款所称的"其他未经法定程序将出资抽回的行为":①股东在公司成立且资本到位后,以出资的货币购买设备等为名,用假购物收据入账,或无采购发票而虚构存货或固定资产;②公司的注册资本全部到位,且正常开展生产经营,但将公司的产品部分或全部无偿交给股东,或者将公司销售产品的销货款归股东所有;③以先分利润的名义达到抽逃注册资金的目的;④股东在公司设立不久后将注册资金中的货币出资全部或部分抽走,并在公司的财务账目上采取虚假挂账;⑤股东在公司成立后,将注册资金中的货币出资全部或部分抽走,再虚构其他非货币资产补账或者以低值资产高估补账;⑥公司未弥补亏损、提取法定公积金即先行分配利润,或者公司用虚报利润的方法,不担或少担储备基金、职工奖励及福利基金,而在短期内以分配利润名义提走;⑦在股权转让中,采用转让方为转让其所持股权而先将其对公司的出资全部抽回,再由受让人以同等资本投入公司的方式,但在转让方抽出其出资后,受让方又未实际投入;⑧公司收购股东的股份,但未按规定处置该股份;⑨通过公司对其股东的捐赠、提供抵押担保等形式来抽逃注册资金;⑩股东将公司注册资金的非货币部分,再次进行投资,而投资主体非该公司,而是原出资股东。

抽逃出资的形式多种多样,很难予以穷尽,其实质条件是未经法定程序将其出资抽回并且损害公司利益。

(七)瑕疵出资股东、抽逃出资股东的法律责任(后果)

瑕疵出资股东和抽逃出资股东应对公司和其他已足额出资的股东承担责任(后果)。

1.瑕疵出资股东和抽逃出资股东对公司的责任(后果)

①被公司除名。

②股东权利被限制。

③继续履行(返还)出资义务。对于有履行能力的瑕疵出资股东和抽逃出资股东,公司也可以不行使除名程序,而要求其继续履行或者返还出资义务。经公司追缴,瑕疵出资股东和抽逃出资股东仍不履行义务的,也可以提起诉讼,请求人民法院强制其履行义务。

④损害赔偿。当其他救济手段不足以弥补公司所遭受的损失时,公司仍可向瑕疵出资股东和抽逃出资股东请求因此而遭受的全部损失。

2. 瑕疵出资股东对其他股东的违约责任

瑕疵出资股东没有按照公司设立协议约定履行、迟延履行或没有适当履行其出资义务的,构成对其他已经履行出资义务的股东违约,应承担违约责任。

3. 瑕疵出资股东和抽逃出资股东对债权人的责任

根据《公司法解释三》第13条的规定,瑕疵出资股东和抽逃出资股东应在未出资本息范围内对债权人承担补充赔偿责任,若瑕疵股东是发起人,则其他发起人与瑕疵股东承担连带责任。

(八) 公司对瑕疵出资和抽逃出资股东权利限制的注意问题

一方面,《公司法解释三》第17条是一个概括式列举规定,即对瑕疵出资、抽逃出资股东的利润分配请求权、新股优先认购权和剩余财产分配请求权等作出合理限制。除此之外,公司还可以在公司章程中约定对瑕疵出资、抽逃出资股东的其他权利进行限制,尤其是表决权。

另一方面,并不是所有的股东权利都可以限制,股东的固有权利是不能被限制的,如股东知情权、账簿查阅权、质询权、股权回购权、股东代表诉讼,非固有权利是可以限制的,如表决权、利润分配权、剩余财产分配请求权。

(九) 股东除名条件和程序

股东除名行为虽然能解决公司资本亏空问题,但后果是使股东丧失股东资格,对股东的权利影响重大,故法律规定除名要符合一定条件和程序:

①除名只适用于严重违反出资义务的情形,即"未出资"或"抽逃全部出资",而未完全履行出资义务和抽逃部分出资的情形适用于《公司法解释三》第17条对股东权利进行合理限制的规定。

②除名前,给股东以补正机会,即应当有催告股东在合理期限内缴纳出资或返还出资的前置程序。

③公司应当召开股东会,作出股东会除名决议。股东会除名决议不属于《公司法》规定的特别事项,若公司章程无特别约定,则经代表1/2表决权股东通过即可。

④股东除名后,其认缴的出资由其他股东或第三人认缴。其他股东或第三人不愿意认缴的,若被除名股东是在公司增资时认缴的出资,则可以通过股东会作出以公积金充实或者减资的决议,并重新分配股权比例;若被除名股东是在公司成立时认缴的出资,公司除可以选择上述方式外,还可以要求公司发起人股东对被除名股东的出资承担连带缴纳责任。总之除名不得导致公司出资不实或抽逃出资。

(十)被除名的股东是否应对其被除名前的出资不实行为继续承担责任

公司将未履行出资义务或抽逃全部出资的股东除名后,被除名的股东所认缴的出资依旧处于"空洞"状态。为向公司债权人转达更真实的信息,保证公司债权人的利益,公司应及时办理法定减资或由其他股东或第三人缴纳相应出资,以填补公司资本中的"空洞"。根据《公司法解释三》第18条第2款的规定,公司办理法定减资程序或者由其他股东或第三人缴纳相应的出资之前,被除名的股东仍然应当承担此前由于其未履行出资义务或者抽逃全部出资所导致的对公司债权人的相应法律责任。

(十一)未到出资期限的出资是否加速到期

公司债权人在公司不能清偿债务时,可以要求瑕疵出资和抽逃出资股东在未出资或抽逃出资范围内承担连带责任。但是在公司负有巨额到期债务时,债权人是否有权要求未到出资期限的出资加速到期呢?2015年12月24日最高人民法院《关于当前商事审判工作中的若干具体问题》和2019年11月8日最高人民法院《全国法院民商事审判工作会议纪要》对此问题持否定态度,所以在类似诉讼中,若股东不能自行提前缴纳出资以清偿债务,债权人应启动破产程序来寻求救济。也就是说,债权人直接诉请股东承担补充赔偿责任的,人民法院不予支持,但可通过启动破产程序使得股东未到期的出资义务加速到期。当然《全国法院民商事审判工作会议纪要》规定了两种例外情况:一是公司作为被执行人的案件,人民法院穷尽执行措施无财产可供执行,已具备破产原因,但不申请破产的;二是在公司债务产生后,公司股东(大)会决议或以其他方式延长股东出资期限的。

(十二)瑕疵出资股东能否向其他瑕疵出资股东主张违约责任

根据《公司法》第28条的规定,股东未履行出资的,除应当向公司足额缴纳外,还应当向已按期足额履行出资的股东承担违约责任。此处有权利主张违约责任的是按期足额出资的股东,请求权基础为违约责任,案由不是股东出资纠纷。至于足额出资股东因违约受到的损失,如果没有约定违约金的计算方式,则很难确定。

(十三)瑕疵出资股东能否向其他瑕疵出资股东主张出资追缴

《公司法解释三》第18条并没有排除瑕疵出资股东向其他瑕疵出资股东主张出资追缴的权利。股东出资是股东法定的、最重要的义务,也是资本维持制度的必然要求,相应地,股东追缴出资权利也是法定权利,该权利不应被限制,也不应该以股东出资存在瑕疵而被限制。

(十四)瑕疵出资股东股权转让后的出资责任应否由受让人承担

根据责任自负原则,不管瑕疵出资股东持有的股权是否已经转让给他人,也不问该股权转让多少次,瑕疵出资股东作为过错行为的始作俑者都要对自己出资不实行为负责,即对公司及债权人承担补充赔偿责任。

虽然出资是股东的一项基本义务,但法律和章程仅规定认缴出资额及认购股份的股东负有出资义务。故受让人作为合同关系相对人,在支付了股权转让款后,原则上无须替代原股东向公司承担出资责任。但是,受让人对此知道或者应当知道原股东没有履行或者没有完全履行出资义务的,公司可以请求原股东履行出资义务,并要求受让人对此承担连带责任;公司债权人也可以要求原股东在未履行出资范围内承担责任,并要求受让人承担连带责任。当然受让人承担责任后,可以向原股东进行追偿。

三、股东出资纠纷诉讼指引

(一) 总体思路

解决股东出资纠纷,可以从利益平衡入手拟订处理该纠纷的总体思路。由于股东出资制度具有与公司设立制度不同的特点,当处理股东出资纠纷时,在确认原利益平衡结构、确认利益平衡被打破和回归利益平衡方面有其特点。资本是公司成立的基本条件,公司资本来源于股东出资。出资是取得股权之对价,是股东取得股权的事实根据和法律根据。出资是股东最基本、最主要的义务。

公司资本集创造价值功能和担保功能于一身,它既是公司进行经营活动的物质基础,又是公司对外承担责任的基本保障。公司以其全部财产对其债务承担责任,股东以其认缴的出资额或认购的股份为限对公司承担责任。由此,达致股东、公司、债权人之间的利益平衡,这是公司立法在公司资本形成与股东出资制度中体现的股东、公司和债权人之间的利益平衡状态。

实践中,要维持公司股东出资制度中的这种利益平衡,就要确保股东依法履行出资义务,不侵犯公司财产。否则,股东、公司和债权人之间的利益平衡将荡然无存,公司和债权人的利益朝夕不保,影响社会经济发展。故公司法赋予因利益失衡而受损的利益主体救济的权利,追究打破利益平衡之行为主体的法律责任,以恢复(回归)原来的利益平衡。因此,解决股东出资纠纷的主线就是:确认存在基于法律、约定和(或)惯例而建立的公司及所有利害关系人之间的利益平衡结构→确认该平衡已被行为或事件打破→确认需要利益救济→确认救济方式和途径→回归原利益平衡或建立新利益平衡。这是处理股东出资纠纷的总体思路。其中,股东出资义务和股东出资责任是关键抓手,股东出资义务既是约定义务又是法定义务,股东出资责任是股东违反出资义务依法应承担的法律后果。

律师处理股东出资纠纷时,应抓住股东出资义务和股东出资责任这两个抓手,结合个案具体情况来制定纠纷解决的总体目标和思路。关于如何制定纠纷解决的总体目标及思路，请参见第八章第三节和第四节。

(二) 实务处理注意点

处理股东出资纠纷，除了把握好该纠纷当事人之间利益平衡的特点，还要注意该纠纷在诉讼主体、诉讼管辖、诉讼时效、诉讼请求、抗辩事由等方面的特点，并在把握这些特殊点的基础上，结合个案具体情况来制定具体的诉讼方案。关于如何制定诉讼方案，请参考本书第八章第三节和第四节。

1. 诉讼主体

(1) 原告

股东出资纠纷案件的原告有两类：

①公司。公司作为股东缴纳出资的接受主体，其向未出资股东主张权利是顺理成章之事。实践中，公司也是最常见的股东出资纠纷案件的原告。

②股东。股东作为原告提起诉讼分为三种情况：第一，股东可以根据《公司法解释三》第 13 条的规定，向瑕疵出资、抽逃出资股东提起诉讼，要求瑕疵股东、抽逃出资股东向公司履行出资义务；第二，股东就股东会限制其股东权利或者除名决议提起诉讼，此时案由为公司决议撤销纠纷；第三，按时足额履行出资义务的股东向违约出资股东提起违约诉讼，此时案由为合同纠纷或者公司设立纠纷。

此外，债权人可以根据《公司法解释三》第 13 条第 2 款、第 14 条第 2 款，要求股东在未出资或抽逃出资范围对公司债务承担补充赔偿责任，债权人该权利的法理基础是合同法意义上的代位权。同时债权人还可以进一步根据《公司法解释三》第 13 条第 3 款，要求公司发起人承担连带责任，债权人该权利的法理基础是发起人之间的对公司资本充实的连带责任。但这两种情形下的案由被债权人与公司之间纠纷的具体案由所吸收，只是在认定与第一被告连带责任时适用上述规定。

(2) 被告

①负有出资义务的股东。股东未(完全)出资或者抽逃出资违反的是法定义务和公司章程约定的义务，未(完全)出资或者抽逃出资的股东是股东出资纠纷的第一被告。

②公司股东的开办单位、自然人股东的承继人或继承人。如果未出资股东是公司，其没有清算即注销的，股东的开办单位或者接受财产单位应承担责任；如果未出资股东是自然人，则未出资股东死亡时，其继承人在继承遗产范围内承担责任。

③连带责任人——公司成立时的发起人。公司发起人负有公司资本充实的法定连带责任，债权人可以根据《公司法解释三》第 13 条第 3 款，要求公司发起人承担连带责任。此时，发起人责任纠纷案由被股东出资纠纷案由所吸收。

④协助抽逃出资的股东、董事、高级管理人员、实际控制人。公司向抽逃出资的股东主张承担返还出资义务时，或者公司债权人要求抽逃出资股东承担补充赔偿责任时，可以根据《公司法解释三》第14第2款，要求协助抽逃出资的其他股东、董事、高级管理人员和实际控制人承担连带责任。

⑤承担资产评估、验资或者验证机构。根据《公司法》第207条第3款的，承担资产评估、验资或者验证机构因其出具的评估结果、验资或验证证明不实，给公司债权人造成损失的，除了能证明自己没有过错的，在其评估或者证明不实的金额范围内承担赔偿责任。

⑥受让股东。瑕疵出资股东股权转让，受让人知晓该股东出资存在瑕疵的，公司可以根据《公司法解释三》第18条，要求转让股东和受让股东承担连带责任。

⑦公司。因权利受到限制或者被除名的股东起诉公司，要求撤销股东会决议。

(3) 第三人

股东根据《公司法解释三》第13条提起的诉讼，应以瑕疵出资、抽逃出资股东为被告，此时应列公司为第三人。

2. 管辖的确定

因股东出资纠纷提起的诉讼，属于给付性质的纠纷，应适用《民事诉讼法》中关于地域管辖的一般原则，但同时应结合《民事诉讼法》第26条和《民诉法解释》第22条的规定，综合考虑确定管辖。但在公司为第三人的情形下，不应以《民事诉讼法》第26条来确定管辖法院。[①]

3. 诉讼时效

股东出资义务的履行不受诉讼时效的限制，此系资本维持原则的要求。如果允许瑕疵股东以诉讼时效对抗公司，公司将无法追回出资而导致自身资本出资虚空，严重损害公司、其他股东和债权人的利益，故最高人民法院《关于审理民事案件适用诉讼时效制度若干问题的规定》第1条规定，基于投资关系产生的缴付出资请求权不适用诉讼时效，股东不能以超过诉讼时效对向公司缴纳出资进行抗辩。《公司法解释三》第20条进一步明确规定，人民法院对股东出资纠纷案件中的诉讼时效抗辩，不予支持。

4. 诉讼请求

不同类型的股东出资纠纷，诉讼请求不同：

①继续履行出资纠纷案件诉讼请求一般为判令被告支付（返还）出资本息，并赔偿损失，公司成立时的发起人承担连带责任，未尽勤勉和忠实义务或者协助抽逃的其他股东、董事和高级管理人员承担连带责任。

[①] 参见最高人民法院(2018)最高法民辖终140号裁定书。

②瑕疵出资和抽逃出资股东权利限制纠纷案件,一般由被限制权利的股东提起,诉讼请求为撤销股东会决议。

5. 被告抗辩

股东出资纠纷因出资方式的不同,被告抗辩事由也不同。对于以货币形式出资的股东,可以出资时间未到,出资没有加速到期为由进行抗辩。对于以实物出资的股东,可以实物已经实际交付并没有影响公司使用,公司已经受益进行抗辩。对于抽逃出资的股东,可以交易正常、公司取得对价为抗辩事由。

6. 证据组织

(1) 证明股东资格的证据

见股东资格确认纠纷章节相关内容。

(2) 履行出资的证据

股东出资纠纷最核心的证据就是股东履行出资的证据。出资方式不同,出资证明也不同,常见的有出资证明书、汇款凭证、收据、过户手续、实物交接单、债权转移书、股权转移登记等。因此类纠纷的原告不同,向公司履行出资的举证能力差距很大,公司最强,股东次之,公司债权人最弱。虽然《民事诉讼法》中举证责任分配是"谁主张,谁举证",但这是一般原则,若适用于股东和债权人,要求其证明被告股东未出资,无疑要求过高。对此,《公司法解释三》第21条规定,原告提供合理怀疑被告股东未履行出资义务的证据后,举证责任倒置,被告股东应就其已履行出资义务承担举证责任。

(3) 限制股东权利和除名的股东会决议

对未出资或者抽逃出资股东的权利进行限制或除名股东,需要股东会决议通过,故股东会决议是其前置条件,公司应提交股东会决议。

(4) 原告自身向公司履行出资义务的证据

根据《公司法》第28条的规定,只有按期足额履行出资义务的股东才能向未(全部)履行出资义务的股东要求承担违约责任。若原告也非守约方,则无权要求被告对其承担没有履行出资义务的违约责任。故向违约股东主张违约责任时,应提交自身履行出资义务的证据。

四、经典案例评析

(一) 案情概要

案例:青海铭方智远投资有限公司与赵敏、卫占青等股东出资纠纷案[①]

---

① 参见最高人民法院(2018)最高法民终374号民事判决书。

原告:青海铭方智远投资有限公司(简称"铭方公司")

被告:赵敏、卫占青等

西宁黄河实业有限公司(简称"黄河公司")于 2001 年成立。2013 年 1 月 13 日黄河公司 9 名合伙人签订《大通县百货公司资产共有协议》(简称"资产共有协议"),对开发项目大通百货公司总建筑面积、资产范围、各共有人占有比例及所涉大通百货公司的其他权利义务进行了约定。

2015 年 6 月 14 日,黄河公司股东会决议:①至 2015 年 5 月所有开发项目清算(预估)完成后,认定每股预估价值为人民币 167 万元(以 100 股计算);②决定注册成立铭方公司,实收资本暂定人民币 2 亿元,将共有资产以实体资本方式投至铭方公司作为实收资本,并以新公司股份形式置换原共有资产,按约定比例配至 9 名股东名下。2015 年 6 月 17 日,黄河公司作为发起人制定铭方公司章程,约定注册资本为人民币 2 亿元。2015 年 6 月 30 日,铭方公司取得营业执照。

黄河公司与铭方公司于 2015 年 8 月 12 日就出资的房屋建筑物办理了财产交接手续,截至 2015 年 8 月 13 日,铭方公司收到股东黄河公司实物出资人民币 11136.6 万元。

2015 年 11 月 12 日铭方公司作出股东会决议,决议黄河公司将股权转让到 9 名合伙人名下,并确定了各合伙人出资比例,其中赵敏出资人民币 3500 万元,占 17.5%股权。2015 年 11 月 12 日铭方公司章程载明了现有 9 名股东年末尚需补齐的相应出资金额。后黄河公司与各方签订了股权转让合同,确定截止 2015 年 11 月 12 日黄河公司实物出资人民币 11136.3 万元,剩余出资由受让人履行。2015 年 12 月 12 日黄河公司与铭方公司签订协议,约定黄河公司名下资产(大通百货现经营资产)转入铭方公司。

2016 年 1 月 7 日东大重装钢结构有限公司(简称"东大公司")向股东康作新、赵敏转款人民币 8000 万元,大通众帮机动车检测公司向康作新借款人民币 863.9 万,两人分别将其中的 4520.2 万元和 1551.1 万元转至铭方公司作为补充出资,其他转至另外 7 名股东名下,其他 7 名股东又分别转至铭方公司作为补充出资。2016 年 1 月 14 日完成验资后,铭方公司未经法定程序,将补充的现金出资人民币 8000 万转入黄河公司,同日黄河公司又将该款转入东大公司。

2016 年 1 月 15 日,时任铭方公司总经理的赵敏向公司财务部门出具《情况说明》,证明"以上捌仟万元款项来源,以董事长赵总个人名义从青海东大借款,用于股东增资及担保公司注册,后因担保公司注册未成,故转入黄河公司给东大予以还款",赵敏、康作新在该《情况说明》上签字。

2016 年 1 月 24 日铭方公司董事会汇报 2015 年之前经营状况及盈亏情况为:剩余未销售产值(实际成交价)人民币 8029 万元,已售未回款人民币 7166 万元;

1087万元人民币贷款保证金;两个未开工项目金水湖畔投资11526万元人民币,交通局3120万元人民币;大百固定资产入账11136万元人民币,以上合计42064万元人民币。公司负债17439万元人民币(14791万元贷款、欠黄河公司2648万元人民币)。

2016年9月13日赵敏将其所持铭方公司17.5%股权以1750万元人民币转让给铭方公司现有股东。

后因原股东之间发生内部矛盾,铭方公司向一审法院起诉请求:赵敏及另外两位股东,向铭方公司返还出资1551.1万元人民币及利息。

(二) 争议焦点

赵敏等是否构成抽逃出资？

(三) 一审判决

一审法院经审理认为:赵敏等将从东大公司所借款项转入铭方公司账户验资后,未经铭方公司同意,通过黄河公司账户返还给东大公司。依照《公司法解释三》第12条的规定,能够认定铭方公司股东赵敏等并未按照公司章程将现金出资部分补足。赵敏等作为铭方公司股东,按公司章程认缴出资,依约定期限向公司缴纳股款并不得抽回出资是其基本义务。铭方公司诉求赵敏等返还出资款并承担利息符合法律规定,予以支持。

(四) 二审判决

赵敏不服一审判决向最高人民法院提起上诉,二审法院经审理认为:铭方公司有关赵敏等抽逃出资的证据不足,驳回其诉讼请求。主要理由如下:第一,从铭方公司的成立及运作模式看,铭方公司由黄河公司原合伙人成立,资产均在黄河公司,其出资采取由黄河公司移转的方式,各股东获得的股权也是由黄河公司出让的,而给付的对价实际上也即黄河公司原有资产。8000万元人民币打入黄河公司,名义上是购买黄河公司房产,一方面可以完成黄河公司资产向铭方公司合法移转,另一方面在黄河公司将上述款项给付东大公司后,又形成黄河公司对赵敏等的代还款事实,形成各股东对黄河公司名下合伙共有资产的分配。该出资模式符合2015年6月14日黄河公司股东会决议。第二,从铭方公司名下的资产充实看,黄河公司有关资产并未实际移转属资产登记问题,并不影响本案上述资产移转模式和股东出资方式的成立。从股东大会决议看,铭方公司已将黄河公司名下的资产作为自己的资产,资产额盈余达24625万元人民币。黄河公司的资产,作为合伙资产进入铭方公司后,按比例作为各股东出资,黄河公司的股东会决议与之能相互印证。第三,虽然本案中,铭方公司没有召开股东大会,但各股东均是受益人,也均接受了上述出资方式。第四,赵敏等的出资与铭方公司登记的出资额2922.5万元人民币(167万元/股×17.5股)相差无几,实际上已完成出资,而出资以借款验资加以完备仅具有形式的意义。现赵敏转让价格1750万元人民币低于之前的估值,再行补缴出资实际将造成明显不公。

(五)焦点问题评析

本案的争点是赵敏等是否构成抽逃出资。本案的两个"事实"存在一定的迷惑性,容易对当事人的行为认定产生误判:一是该笔出资验资后随即转出公司账户,经过黄河公司转回东大公司,由黄河公司代替赵敏向东大公司偿还借款,似乎是资金空转一圈又回到原点,表面上符合抽回出资的特征。二是该笔出资转出铭方公司未经过股东会决议程序。一审判决以此确认赵敏构成抽逃出资。

二审判决从公司充实角度和被告股东缴纳出资数额上进行分析确认本案不构成抽逃出资。从公司资本充实角度,二审判决认为形式上虽然是股东借款进入公司后随即被抽回,但其实在资金被抽回的同时,铭方公司获得了黄河公司价值相当的资产,这种模式也符合铭方公司股东本意,铭方公司出资还是充实的,铭方公司的资产并没有减少,不应认定为抽逃出资。从原告缴纳出资数额上分析,赵敏缴纳的出资价值2922.5万元人民币,与约定出资额相差无几,且考虑到赵敏转让给公司其他股东的股权价值1750万元人民币,让其补缴出资明显不公。故驳回铭方公司的诉讼请求。

(六)案例启示

本案股东的出资方式比较特殊。为此,最高人民法院遵循实质重于形式的原则,在不违反法律法规强制性规定的前提下,探求当事人的真实意思表示,对案件出资是否充实的事实进行法理分析。判定是否构成抽逃出资,不能仅凭出资是否转出这一表面行为,还应该从资本是否充实的角度切入,进行实质性判断。真正的抽逃出资,必然引起公司资本的减少,如果资金转出并没有引起公司资本减少,不能认定为抽逃出资。

最高人民法院二审判决实际上认可了赵敏出资存在577.5万元人民币(3500万元-2922.5万元)的瑕疵,但认为这种出资方式是铭方股东的真实意思,且各股东对8000万元人民币出资模式均认可,也认可各股东不需要再单独出资。赵敏股权转让价格1750万元人民币,赵敏实际获得的价值低于该股权实际价值,和铭方公司其他股东相比,并没有获得更多的利益,故确认赵敏不需要再行补缴出资。在此,最高人民法院从法律的更高层次的公平价值出发,对赵敏是否完全履行出资的认定有所突破。公平是法律的最高价值追求。从利益的视角来看,公平就是相对人之间利益平衡。以符合铭方公司股东原意方式出资,并没有打破原有利益平衡。原有利益平衡没有被打破,就不存在需要救济的利益,故应驳回其诉讼请求。

第四节 股东资格确认纠纷

一、股东资格确认纠纷概述

(一)股东资格确认纠纷定义

股东资格又称"股东地位",是指民事主体作为公司股东的一种身份和地位。具有股东资格,就意味着股东享有包括自益权和共益权在内的各项权利,同时也意味着需要承担股东应当承担的相应义务。

股东资格确认纠纷是指股东与股东之间或者股东与公司之间就股东资格是否存在,或者因股东持有股份数额、股权比例而产生的纠纷。[①] 该类纠纷既可以发生在股东与公司之间,也可以发生在股东与股东之间。单纯的股东资格确认纠纷比较常见,但实践中还有很多股东资格纠纷被其他与公司有关纠纷的案由吸收,如债权人要求出资瑕疵股东承担责任,被告抗辩称其不是股东,原告主张向公司行使知情权、撤销公司决议,被告公司主张原告不是公司股东,此时是否需要先行提起股东资格确认之诉?通常情况下,如果是被告以股东资格作为抗辩事由,应该将股东资格确认作为一个争点一并审理;如果原告是以股东资格提起的诉讼,则法官应当向原告释明,将股东资格确认作为一项单独的诉讼请求。

(二)股东资格确认纠纷类型

股东资格确认纠纷主要有三种类型:①股东与公司之间的股东资格确认纠纷;②股东与股东之间的股东资格确认纠纷;③股东与债权人之间的股东资格确认纠纷。

二、股东资格确认纠纷的常见法律问题

(一)股份有限公司股东资格确认

股份有限公司发行的股票分为记名股票和无记名股票。因股份有限公司是完全资合性公司,股票转让不需要其他股东或者公司同意,故无记名股票的转让,由股东将该股票交付给受让人后即发生转让的效力。记名股票一般经背书即发生转让效力,股票最后被背书人即为股东。由此,发行无记名股票的股份有限公司以持

[①] 参见最高人民法院民事案件案由规定课题组编著:《最高人民法院民事案件案由规定理解与适用》(2011年修订版),人民法院出版社2011年版,378页。

有股票者为股东,发行记名股票的股份有限公司以股票上最后一个被背书人为股东。

(二)有限责任公司股东资格的确认

1. 确定有限责任公司股东资格权利主体

股东投资指向的对象是公司,而不是股东,故股东资格确认的权利主体是公司,当然公司基于人合性特征,在行使这一权利时,需要取得半数以上股东同意。

2. 确认有限责任公司股东资格的证据及证明力

股东是公司对成员资格的认可,一个规范运作的有限责任公司,其股东应具备下列特征:①公司章程中记载其为股东,并在章程上签字或盖章,表明其受公司章程的约束;②已向公司认缴出资,并承诺按照约定期限足额缴纳出资;③在工商登记的公司文件中被列明为股东;④在公司成立后取得公司签发的出资证明书;⑤被记载入股东名册;⑥在公司中享有资产收益、重大决策和选择管理者等权利。实践中完全具备上述特征的有限责任公司股东并不多见,更多的只具备部分特征,而以上各个特征,对股东资格确认的证明力是不同的。

(1) 签署公司章程并在章程中记载为股东,对股东资格认定具有决定性的意义

《公司法》第 25 条规定,公司章程应当记载股东的姓名或者名称,股东应当在公司章程上签名、盖章。在公司设立时,发起人、股东共同制订公司章程,将股东姓名或名称作为绝对必要记载事项记入公司章程并签章;在股东转让出资时,公司要变更章程中的股东姓名或名称事项,并通过章程修正案决议或重新对公司章程签章。据此,无论是原始取得公司股权,还是继受取得公司股权,公司章程是公司认可股东身份的最有利证据,即章程修正案决议或者签署修订后章程的行为,既说明其有作为公司股东的真实意思表示,也说明公司认可被记载者为公司股东,所以签署公司章程并在公司章程中记载为股东,对股东资格认定具有决定性意义,可以确认为股东。

(2) 缴纳出资与股东资格并非一一对应关系

虽然缴纳出资是股东对公司负有的最重要义务,但向公司缴纳出资与股东资格并非一一对应的关系,有限责任公司人合性的特征决定了成为股东的实质条件是经其他半数以上股东的同意,向公司出资只是考查股东资格的相关因素,与股东资格并没有必然的因果关系。2013 年《公司法》的第三次修改取消了公司最低注册资本限制,没有缴纳出资并不会导致公司设立被撤销,由此股东资格确认彻底摆脱了实际出资的要求,没有缴纳出资的股东也并不因此丧失股东资格。

(3) 工商登记为股东,在股东资格认定时具有相对优先(外部)的效力

工商登记具有对善意第三人宣示的作用,目的是向社会公示股权归属,但并无

创设股东资格的效力。创设股东资格的主体是公司,应按公司和股东之间的真实意思表示来确认股东资格,而不受公司登记左右。当然工商登记是政府对进入市场交易的市场主体资格进行的审查,工商档案对外具有公示的效力,第三人仍可认为登记内容是真实的,并可以要求所登记的股东按照登记的内容对外承担责任,即公司登记机关对公司股东的登记,在股东资格外部认定时具有相对优先的效力。

(4)出资证明是认定股东资格的初步证明

根据《公司法》第31条的规定,公司成立后应依法向股东签发出资证明书,并应在其上记载股东的姓名或者名称、缴纳出资额和出资日期,最后由公司盖章,由此出资证明书持有人可以证明股东履行了出资义务。出资证明书本身并无设权效力,只要股东持有出资证明就应认定其已合法出资,但不能仅以出资证明书认定出资人具有股东资格。持有出资证明书不是认定股东资格的必要条件,没有出资证明书也可能被认定为股东,出资证明书和缴纳出资的效果基本上是一致的。

(5)在公司股东名册中记载为股东具有确定股东资格的推定力

根据《公司法》第32条的规定,"有限责任公司应当置备股东名册……记载于股东名册的股东,可以依股东名册主张行使股东权利",故股东名册就是公司确定股东成员的书面法律文书,将股东记入公司股东名册是公司的义务,记载在股东名册上的股东可以据此证明公司对其股东资格的确认,公司否认股东名册上记载的股东的资格,应当承担举证责任。尚未记载于股东名册的股东,也不是必然没有股东资格,应从其他五个特征确认是否具有股东资格。

(6)实际享有股东权利原则上可以认定为具有股东资格

实际享有股东资格也表明其他股东对其成为股东的认可,符合有限责任公司的人合性要求,所以原则上将实际享有股东权利的当事人认定为具有股东资格。对此,最高人民法院《全国法院民商事审判工作会议纪要》第28条进一步明确了实际享有股东权利当事人的股东资格。但是不能反过来认为没有实际享有股东权利的就不是股东,因为实践中存在大量被公司不当剥夺或限制股东权利的股东以及公司成立后从不召开股东会、不分配利润的公司。

(三) 几种特殊的股东的资格认定

1. "干股"股东

"干股"股东是指由其他股东或公司赠与股权而获得股东资格的人。"干股"是现实商业社会中公司的股东(老板)为了留住重要合作伙伴或员工(管理人员或重要技术人员),确保其个人利益与公司利益相一致而采取的激励措施,并非严格的法律概念。"干股"常被认为是股东以劳务或其他资源(如客户资源)进行出资而获取对价,这一观点违反了公司资本充实原则,是错误的。我国《公司登记管理条例》明确规定"股东不得以劳务、信用、自然人姓名、商誉、特许经营权或者设定担保的财产等作价出资"。实际上,"干股"或是从他人处获赠取得股权,或由他人代为缴付出资而取得股权,这两种情况都属于民法上的赠与行为,应为有效行为。

实践中,很多公司配送的"干股"没有登记,但"干股"未登记并不影响公司内部股东之间所签配送"干股"协议的效力,只是该"干股"不能产生对抗公司、股东以外的第三人的效力。

现实中还常见以接受贿赂等违法犯罪行为取得"干股",该"干股"同贿赂联系在一起,如何处理,"干股"股东资格如何认定是一个现实问题。《公司法解释三》第7条仅规定了"以贪污、受贿、侵占、挪用等违法犯罪所得的货币出资后取得股权的,对违法犯罪行为予以追究、处罚时,应当采取拍卖或者变卖的方式处置其股权",而没有规定受贿者股东身份问题。笔者认为,该犯罪行为发生后,司法机关应将其"干股"进行拍卖转让,其转让款作为违法所得予以没收。至于贿赂后司法查封前这段时间内"干股"股东资格的认定,笔者认为,为了维护公司正常的运行,维护交易安全,股权的主体不能处于"真空期",受贿以后行使的股东权利应为有效行为,受贿行为不应影响"干股"股东资格的认定。

2. 有限责任公司名义股东和隐名股东

(1)名义股东和隐名股东定义

名义股东,又称"借名股东""挂名股东",是指具有股东的形式特征,但基于与他人(公司其他股东或公司登记股东以外的第三人)的约定,其名下的出资全部或部分由他人投入,并由他人享受股东权利的人。与名义股东相对应,该实际出资人通常被称为隐名股东。

(2)隐名股东涉及的三个法律关系

第一,名义股东与隐名股东之间的关系。根据《公司法解释三》第24条的规定,名义股东和隐名股东之间的关系按照双方签订的代持协议据实确认,该协议影响的是名义股东和隐名股东个人,与民法上其他协议并无不同,按照协议内容确认名义股东和隐名股东之间的权利义务关系,该协议涉及公司的内容不对公司发生效力。如果公司只有两名股东,其实质是隐名股东既想自己独自经营,又想利用有限责任公司的形式承担有限责任,由于双方对规避《公司法》的规定通常都是明知的,应认定该公司为一人有限公司。"公司"内部的权利义务关系按代持协议的约定处理,"公司"对外债务应由出资人承担无限责任。

如果名义股东和隐名股东没有签订代持协议,就看其他证据,如有其他协议或者证据能证明双方是借款关系,按照借款关系处理,名义股东只承担还款付息义务。如果有其他协议或者证据能证明是股权代持关系,投资权益归隐名股东享有。如果既无证据证明是借款关系,也无证据证明是股权代持关系,则推定股东名册上登记的人享有股东资格。

第二,公司与隐名股东之间的关系。如果隐名股东以实际履行出资义务主张权利,向公司要求显名,公司其他股东半数以上同意的,则公司应认可其股东身份。如果公司或公司所有股东知道或应当知道代持协议或隐名者已经以自己的名义行使股东权利的,在股东与公司之间发生争议时,若不违反法律法规规定,则可直接认定隐名者的股东资格。

第三,隐名股东与善意第三人的关系。当名义股东或隐名股东与第三人发生争议时,应以工商登记来确定股东资格。根据《公司法解释三》第26条的规定,如果公司债权人以名义股东未履行出资义务为由,请求其对公司债务不能清偿的部分在未出资本息范围内承担补充赔偿责任的,名义股东不能以代持协议约定对抗债权人,但名义股东承担赔偿责任后,可以向隐名股东追偿。

(3)隐名股东防范风险的措施

首先,隐名股东与名义股东签订书面股权代持协议。协议应明确股权出资人为隐名股东,股权实际权利人也为隐名股东,登记于名义股东名下属于代持行为,股东权利的行使应征求隐名股东的意见,收益权归隐名股东,名义股东未经隐名股东同意不能转让股权。

其次,让其他股东在代持协议上签字确认,确定其他股东认可隐名股东的股东身份,隐名股东成为股东符合人合性的要求。

最后,隐名股东应积极参与公司管理,尤其是在一些决议类文件上以股东名义签字,表明自己实际享有股东权利,履行股东义务。

3.冒名股东

冒名股东包括以根本不存在的人的名义(死人或虚构者)出资并登记和盗用真实的人的名义出资并登记两种情形。特别是被冒名股东不知情,实际出资人自己行使股东权利。根据《公司法解释三》第28条的规定,应认定实际出资人取得股东资格,即由冒名登记行为人对内对外都承担责任。因为被冒名人对此一无所知,不具备股东的任何本质特征,不应当认定被冒名人为股东。但如果认定被冒名人不具备股东资格导致出现一人公司,就应当由冒名登记的股东对外承担无限责任。

2019年6月28日国家市场监督管理总局发布《关于撤销冒用他人身份信息取得公司登记的指导意见》。根据该规定,被冒名者可以向公司登记机关反映被冒用情况,并可一并提交身份证丢失证明、笔迹鉴定等证据,登记机关在公示期间进行调查,登记机关调查认定冒名登记基本事实清楚,或者公司和相关人员无法取得联系或不配合调查且公示期内无利害关系人提出异议的,应依法作出撤销登记决定。如有证据证明被冒名者对该次登记知情或者事后曾予追认,或者公示期内利害关系人提出异议经调查属实的,应依法作出不予撤销登记决定。

4. 未成年股东

法律除对公司发起人股东有民事行为能力的限制外,并没有对自然人成为股东有任何限制。有限责任公司本质上还是资合公司,公司所有权与经营权相分离,股东不必须参与公司管理,所以只要有出资能力,每个自然人都可以成为股东。同时由于股东也应履行法定和公司章程约定义务,所以未成年人成为股东,应该获得其合法监护人的同意。

(四) 股权共有

1. 股权共有人的股东资格问题

股权共有是指股权为数人所共有的情形。我国《公司法》没有提及股权共有,但按照民法的共有理论,如果股东名册上的股东是以家庭或其他共有财产购买股权,那么其他共有人也是该股权的共有人。共有股权的股东分为两种情形:一是,共有人都登记于某一股权名下,则所有共有人都为显名股东。显名共有因共有人都记载于公司股东名册,所以不存在共有人资格证明问题,共有人依照法律和公司章程进行股权分割后,向公司申请登记股东资格,公司应当予以登记并履行相应登记程序。二是,登记名册上的股东只是该股权的代表人,并没将所有共有人都记载于公司股东名册上。对于有限责任公司,如果股权代表人并没有向公司明示该股权为数人共有,则股权共有又与隐名股东问题交织在一起。这时首先要根据隐名股东标准来确定共有人股东身份,如果按照已有事实无法判断股东身份,则应根据公司章程和《公司法》中有限责任公司股东向非股东转让股权的程序来确认共有人的股东资格。

2. 夫妻离婚时共有股权的分割

夫妻均为某一有限责任公司股东时,注册的股权比例往往带有一定的随意性或是仅仅出于形式上的需要,并不反映夫妻实际权益的分配。因此,工商登记中载明的夫妻投资比例并不能绝对等同于夫妻之间的财产约定,如果没有证据证明夫妻双方有财产约定,则婚姻关系存续期间,用夫妻共同财产投资取得的股权及所产生的收益均属于夫妻共同财产。夫妻离婚时,要对共同投资取得的股权进行分割,因夫妻共同持有不同类型的公司股权,使得离婚时对共有股权的分割差异很大。

(1) 夫妻共同持有有限责任公司股权的分割

《婚姻家庭编解释一》第73条规定,夫妻双方协商一致将出资额部分或者全部转让给该股东的配偶,其他股东过半数同意,并且其他股东均明确表示放弃优先购买权的,该股东的配偶可以成为该公司股东;夫妻双方就出资额转让份额和转让价格等事项协商一致后,其他股东半数以上不同意转让,但愿意以同等条件购买该出资额的,人民法院可以对转让出资所得财产进行分割。股东半数以上不同意转让,也不愿意以同等条件购买该出资额的,视为其同意转让,该股东的配偶可以成为该公司股东。该条对于夫妻中不是公司股东的一方是否可以取得股东身份有明确的规定,在维护有限责任公司的人合性同时,也尊重了公民的财产权,且操作性很强,故在实务中并无争议。

(2)夫妻共同持有股份有限公司的股权分割及"土豆条款"①的设计

因股份有限公司是完全资合公司,故股份转让不需要公司过半数以上股东同意,相应对夫妻分割共同股权也没有任何限制。但是有上市计划或者已经上市的公司实际控制人离婚时分割共同股权会造成实际控制人发生变化,由此尤其很多有上市计划的公司都设计了"土豆条款"。"土豆条款"最好设计成婚内财产分配协议,约定在未来股份处理上,如转让、抵押无须经过未登记一方的同意。若双方离婚,该股权直接归入登记一方所有,并由登记一方给予另外一方补偿。

三、股东资格确认纠纷诉讼指引

(一)总体思路

股权是股东享有的权利,股权法律关系实际上是股东基于其地位而与公司之间形成的法律关系。因此,一个民事主体要想成为一个公司的股东,首先必须考查该主体有无成为该公司股东的真实意思,其次必须获得公司的同意与认可(公司意志包含两方面内容:第一,公司章程;第二,公司机关职务意志),即该主体与公司就双方成立股权法律关系达成合意,这个合意包含了认缴出资额或认购股份之类等价交换的交易内容,如果双方未达成合意,股权法律关系就无从成立。双方的合意之所以包含认缴出资额或认购股份的内容,是由"公司以其全部财产对公司的债务承担责任,股东以其认缴的出资额或认购股为限对公司承担责任"的公司制度安排所决定的。公司制度安排是平衡公司多方参与者众多利益的结果,体现意思自治的合意不得违反公司制度。换言之,公司制度安排构成双方合意的默示条款。

律师运用利益平衡思维分析和解决股东资格确认纠纷,需特别注意两点:①公司制度安排构成股东与公司合意的默示条款。考查民事主体与公司之间是否发生、变更或终止股权法律关系,应抓住合意和出资的实质要件。②原告与公司之间

---

① 因土豆网在申请美国纳斯达克上市的关键时刻,其创始人王维离婚诉讼,导致上市"流产"。故为了防止实际控制人离婚导致公司控制人转移而设置的条款称为"土豆条款"。

如果没有达成成立股权法律关系的合意,则原告与公司就没有利益关系。双方之间没有利益关系却要以"双方存在利益关系"来处理,就会使一方利益受损,产生不公平,违背利益平衡原则。在把握这两点的基础上,结合个案具体情况来制定纠纷解决的总体目标和思路。关于如何制定诉讼方案,请参见本书第八章第三节和第四节。

(二)实务处理注意点

处理股东资格确认纠纷,除了要把握该纠纷当事人之间利益平衡的特殊点,还要注意该纠纷在诉讼主体、诉讼时效、诉讼管辖及抗辩主张等方面的特点,并在把握这些特殊点的基础上,结合个案具体情况来制定具体的诉讼方案。关于如何制定公司争议解决方案,请参考第八章本书第三节和第四节。

1. 诉讼主体

(1) 原告

股东资格确认纠纷的原告均为股东资格不被确认的投资人。

(2) 被告和第三人

虽然《公司法解释三》第21条规定,"当事人向人民法院起诉请求确认其股东资格的,应当以公司为被告,与案件争议股权有利害关系的人作为第三人参加诉讼",但因为股东资格确认纠纷请求往往不是单一请求,其常常与确认股权比例相伴随,与其有利害关系的股东为实质对抗方,为此实务中该类案件被告为公司或利害关系股东,同时列另一方为第三人。

2. 地域管辖和级别管辖

根据《民事诉讼法》第26条的规定,因确认股东资格纠纷提起的诉讼,由公司住所地人民法院管辖。公司住所地指公司主要办事机构所在地,办事机构不明确的,由其注册地人民法院管辖。

股东资格的确认是对股权归属的确认,因股权属于综合性权利,既包括财产性权利,也包含非财产性权利,故股东资格确认纠纷亦涉及诉讼标的额,因此股东资格确认之诉适用于级别管辖。[①]

3. 诉讼时效

只有请求权诉讼才适用诉讼时效,确定股东资格非请求权,故股东资格确认纠纷不适用诉讼时效。同时最高人民法院《关于审理中央级财政资金转为部分中央企业国家资本金有关纠纷案件的通知》第3条第2款规定:"当事人主张确认公司或企业出资人权益请求权不适用诉讼时效的规定。"

[①] 参见最高人民法院(2017)最高法民辖终64号民事裁定书。

4. 诉讼请求

股东资格确认纠纷诉讼请求表述为:确认原告为被告(第三人)股东,并持有被告(第三人)相应比例的股权,或被告(第三人)名下相应比例的股权归原告所有。一般原告在请求确认股东资格的同时会提起股东名册记载纠纷和请求变更公司登记纠纷,此时诉讼请求表述为:判令被告向原告签发出资证明书,将原告记载于股东名册,并办理原告股东工商登记,此时股东名册记载纠纷和请求公司变更纠纷被股东资格纠纷所吸收。

5. 被告抗辩

被告可以从以下两方面进行抗辩:一是股东和公司没有合意,即公司半数以上股东不曾同意,现在也不同意原告成为公司股东;二是原告并没有在公司成立或者增资时认缴公司出资。

6. 证据组织

股东资格确认纠纷有六大类证据:①公司章程,包括章程修正案;②向公司缴纳出资的证明,包括汇款凭证;③工商登记;④出资证明书,包括用途为出资的收据;⑤股东名册;⑥实际享有股东权利,包括签字的公司股东会决议、股东会会议纪要、股东会会议通知等。可以将这些证据分为两类:工商登记、公司章程和股东名册的记载属于形式证据,实际出资、取得出资证明书及实际享有股东权利属于实质证据。

当上述证据相互之间发生矛盾和冲突时,应当按照双方争议的具体情况,根据下列原则优先选择适用的证据对股东资格进行确认:

①处理股东与公司以外第三人的关系应根据形式证据,特别是工商登记来认定股东资格。工商登记文件中载明的股东一般不能以自己实际上是名义股东为由,要求免除其对公司债权人应承担的出资不到位的民事责任,但其承担对外责任后可以向实际股东(隐名股东)追偿。应注意该类案例案由不是股东资格确认纠纷。

②股东与公司之间就股东资格发生争议时,应优先根据公司章程、股东名册的记载进行认定,但根据实质证据能作出相反认定且其他股东或公司应当知情的,依实际享有股东权利进行股东资格确认。

③隐名股东和名义股东发生争议时,双方的约定不得对抗公司。但隐名股东已经以股东身份直接享有并行使股东权利,其请求否定名义股东资格,并确认自己股东资格的,若无违反法律、行政法规禁止性规定的情形,人民法院应予支持。隐名股东以他人名义出资,双方未约定股权归属、投资风险承担,且无法确认隐名股东具有股东资格的,隐名股东与名义股东之间按借贷关系处理。

四、经典案例评析

(一)案情概要

案例:钱忠平诉江阴市华源科技有限公司股东资格确认纠纷案①

原告:钱忠平

被告:江阴市华源科技有限公司(简称"华源公司")

华源公司工商登记反映:2005年9月8日钱忠平认缴华源公司增资900万元人民币而成为股东,2006年5月25日认缴华源公司增资1400万元人民币。自2005年9月8日起,华源公司历次办理工商变更登记的材料中均有钱忠平的身份证复印件,均加盖了"与原件核对无误"或"此复印件与原件一致"的印章,其中2011年9月23日之前的材料中留存的均是老版身份证复印件,之后留存的均是新版身份证复印件。

后查明,2005年9月6日江阴市南闸斌斌日杂用品店申请开具了以该日杂用品店为收款人的900万元人民币银行本票,后背书给了华源公司;2006年5月22日经江阴市宝阳金属材料有限公司申请开具了以华源公司为收款人的1400万元人民币银行本票。两笔款项均作为钱忠平增资款缴存到了华源公司。

2014年6月23日,一审人民法院受理了江阴南工锻造有限公司(简称"南工公司")与华源公司、钱忠平等追偿权纠纷一案。该案中,南工公司要求钱忠平等股东在抽逃出资3800万元人民币本息范围内对南工公司承担补充赔偿责任,由于钱忠平认为其并非华源公司股东,遂提起本案诉讼。

钱忠平陈述:其对于被登记为华源公司股东完全不知情,既没有出资,也没有参与经营管理;身份证从未遗失补办过,也从未交由华源公司办理工商登记;华源公司法定代表人张根华曾向其要过一张身份证复印件,其代表所在公司在从华源公司提走模具或样品时,也曾给过华源公司门卫身份证复印件。

华源公司陈述:钱忠平身份符合了当时吸引外地资金的要求,但是钱忠平没有参与出资和工商办理,也没有参与过公司的管理或取得公司分红。

一审人民法院委托鉴定机构对华源公司工商登记材料中"钱忠平"签名字迹(共计28处)进行了鉴定,"钱忠平"签名字迹均非钱忠平本人所签。

(二)争议焦点

钱忠平是否被冒名登记为华源公司股东?

---

① 参见江苏省高级人民法院(2016)苏民终837号民事判决书。

(三) 一审判决

一审判决认为,冒名登记和借名登记都是实际出资人以他人的名义自己行使股权,名义出资人没有成为公司股东的意思,实际不出资、不参与公司管理,二者区别在于名义出资人是否知情。本案从现有证据看,尚不足以证明钱忠平是被冒名登记为华源公司股东。第一,钱忠平确实有向张根华出借身份证复印件的情况存在。第二,钱忠平称只是向张根华出借过一次,其余是在华源公司门卫留存的,但无证据予以佐证,故在华源公司门卫留存的说法不足为信。而工商资料中留存的身份证复印件不仅有老版的,还有新版的,显然不是出借一次能够形成的,钱忠平对被登记为华源公司股东不知情的可能性较低。第三,从工商资料中留存的钱忠平的身份证复印件看,均加盖了"与原件核对无误"或"此复印件与原件一致"的印章,从常理分析,当时应当提供了钱忠平的身份证原件,钱忠平不知情的可能性较低。故判决驳回钱忠平的诉讼请求。

(四) 二审判决

二审判决对一审已查明未表述的事实认定如下:①钱忠平系飞轮公司的工作人员,公司领导安排钱忠平负责华源公司订单的生产、质量处理。②钱忠平平均工资为6120.8元人民币。③钱忠平爱人领取残疾人证。

二审中钱忠平提交了以下证据:①张根华出庭作证,证明为了华源公司能享受税收优惠,便以完善客户资料为由,向钱忠平借了身份证,并没有告知钱忠平身份证的实际用途。②张根兴出庭作证,证明张根华告诉他钱忠平本人对于自己是华源公司股东并不知情。钱忠平在华源公司的财务上留有身份证复印件。③许建出庭作证,证明办理工商登记时没有拿到钱忠平的身份证原件,钱忠平的身份证复印件来自财务资料。④飞轮公司于2010年10月16日的"联系函"内容"兹有我公司员工钱忠平前往贵公司处理产品质量问题……",函尾括号注明"附钱忠平身份证复印件一份"。

二审判决认为,判断冒名还是借名,最主要的依据是被冒名者对其名称被冒用是否知情。二审法院认定华源公司冒名操作具有高度的可能性,理由在于:其一,"钱忠平"签名字迹(共28处),均非钱忠平本人所签。如果钱忠平确为公司股东或自愿被借名,由其本人签名不存在障碍。其二,两次增资款来源的日杂店、宝阳公司与钱忠平并无关联关系。其三,钱忠平只是飞轮公司的一名普通员工,不足以承担如此大的投资。其四,钱忠平从未在华源公司参与管理,也未享受华源公司的分红。其五,钱忠平与华源公司的其他股东、实际控制人并无过深交情,缺乏为华源公司借名登记而使华源公司完成招商引资任务或享有优惠政策的利益驱动。其六,华源公司从未给股东"钱忠平"分过红。其七,工商部门在办理"钱忠平"入股手续时是否严格核对身份证原件并不确实,联系函上有钱忠平的身份证复印件,不排除被华源公司所利用的可能。故认定钱忠平系被冒名登记为华源公司股东,判决撤销一审判决,确认钱忠平不具有华源公司股东资格。

(五)焦点问题评析

冒名股东是指,以根本不存在的人的名义(死人或虚构者)出资并登记和盗用真实的人的名义出资并登记的股东。冒名股东最大特点是被冒名者对于自己被冒名登记为股东不知情,没有出资的合意,冒名股东"持有"的股权由实际出资人实际行使股东权利。冒名股东的认定实质是投资者是否与公司有出资的合意,如被冒名者从来没有向公司表达过成为股东的意思表示,对于认定股东资格的六大证据,被冒名者均应不知情,可以认定为冒名股东。如果有证据证明被冒名者知情,则应认定为名义股东。本案原告从未作出过持有股权的意思表示,应被认定为冒名股东。

本案还有一个特点是,原被告双方实际上没有什么争议,但因另案在该院审理,判决结果对另案有很大影响,本案客观上没有可以认定原告不知情的证据,很大程度上靠法官的内心确认来认定,故一审在证据不足的情况下,判决认定原告为冒名股东证据不足,驳回其诉讼请求。二审时原告补充了证据,冒名行为的客观证据有所加强,所以二审判决认定了原告冒名股东的身份。

(六)案例启示

因为公司登记机关不要求股东本人到场,所以司法实践中被冒名的情况较多。对于冒名股东,《公司法解释三》第28条规定了"冒用他人名义出资并将该他人作为股东在公司登记机关登记的,冒名登记行为人应当承担相应责任",所以确认冒名股东的大部分案件都是因为债权人要求股东承担连带责任,冒名股东才提起确认不是公司股东之诉。如果没有这种背景的冒名股东案件,不涉及第三人,冒名股东不但可以根据不知情,而且可以按照公司和股东的真实意思表示来确定冒名股东的股东资格,公司在这种案件中基本上没有证据可提供,且公司也没有动力死扛着,冒名股东基本都可以胜诉。但如果有债权人要求承担连带责任的,要根据工商登记信息来确定股东身份,即便公司承认了冒名行为,因为有利害关系,法庭也不会因此采信,案件的争点必然就是冒名股东是否知情,但不知情是一个主观行为,这种主观行为要通过客观证据证明。其中被不认识的人冒名,比较容易确定,但多数情形是被熟人冒名,且有身份证出借行为,这种情形下要证明被冒名者不知情需要有客观、合理性基础。故实务中如果存在冒名股东,应及早提起确认不具有股东资格之诉,不能等到债权人提起连带责任诉讼。

第五节　股东名册记载纠纷

一、股东名册记载纠纷概述

(一) 股东名册记载纠纷定义

股东名册是指公司依法置备的记载股东及其持股情况的簿册。根据《公司法》第32、96条和《公司法解释三》第23条的规定，股东名册是有限责任公司和股份有限公司必须具备的文件，对于有限责任公司以及发行记名股票的股份有限公司而言，股东名册记载全体股东的姓名或名称、住所和持股数量，而非发行记名股票的股份有限公司的股东名册只记载发起人的信息。

股东名册记载纠纷是指依照《公司法》规定股东名册必须记载股东的姓名或名称、持股数量等内容，但在公司成立时或者在股权转让等发生应当变更股东名册记载事项时，由于公司或受让股东的懈怠或者过失未记载或未变更记载于股东名册所产生的纠纷。股东名册记载与股东利益密切相关，其直接关系到股东资格的确认与股东权利的行使，故实践中股东名册记载纠纷常与股东资格确认纠纷、请求变更公司登记纠纷、增资纠纷等案由一并提起诉讼，而原告请求股东名册记载往往不是第一项诉讼请求，故该纠纷被其他与公司有关的案由所吸收，实践中有法院认为应将涉及这三个案由的案件确定为上级案由，即与公司有关的纠纷。[①]

(二) 股东名册记载纠纷类型

股东名册记载纠纷主要包括以下两种类型：①因转让方股东怠于通知公司变更登记产生的纠纷；②因公司不履行记载义务产生的纠纷。

二、股东名册记载纠纷的常见法律问题

(一) 股东名册的作用

股东名册表明了股东与公司之间的关系，具有确认和证明股东身份的作用，是公司认可股东身份的标志，记载于股东名册中的股东即可主张行使股东的权利。

---

① 参见北京二中院(2018)京02民终2121号民事判决书。

股东名册也是公司向股东发出通知、确定股东资格、确认出资转让效力的依据。股东名册应向公司登记机关备案,并置备于公司,股东有权随时查阅。当名册记载内容发生变更时,应及时报登记机关备案。

(二)股东名册的法律效力

1. 股东名册的权利推定效力

《公司法》第32条第2款规定:"记载于股东名册的股东,可以依股东名册主张行使股东权利。"该款表明法律认可股东名册具有权利推定效力,即在股东名册上记载为股东的人,无须向公司出示股票或者出资证明书,也无须向公司举证证明自己的实质性权利,仅凭股东名册记载本身就可主张自己为股东。

2. 股东名册的对抗效力及其局限性

由于公司怠于及时进行工商登记变更,实务中经常出现股东名册的登记与公司工商登记不一致的情形,当涉及公司以外第三人时,应以哪种登记为标准呢?根据《公司法》第32条的规定,"记载于股东名册的股东,可以依股东名册主张行使股东权利。公司应当将股东的姓名或者名称向公司登记机关登记;登记事项发生变更的,应当办理变更登记。未经登记或者变更登记的,不得对抗第三人"。股东名册是股东主张行使股东权利的重要证明,但由于股东名册仅仅是一种宣示性登记,具有其局限性,即股东名册仅在公司与股东之间、股东之间、股权转让受让人和转让人之间证明股东资格。如果受让人已经实质上取得了股权,但未经登记,则不得对抗第三人,不能向第三人主张股权的存在。

3. 股东名册的变更

确定股东身份就是公司对股东身份的认可,而公司对新股东的认可正是通过股东名册的变更体现的。股权转让经半数以上股东同意,受让人履行支付价款手续后,需要转让方和受让方共同向公司申请变更股东名册,公司认可受让方的股东身份,应将受让方记载于股东名册。若公司拒绝记载,则表明其仍然认可转让方为股东,并向其发送通知,分配股利,故公司接到通知后怠于变更,则受让方可向公司主张权利。

(三)办理股权变更登记的义务人是公司

根据《公司法》第73条和《公司法解释三》第23条的规定,签发出资证明书、记载股东名册,并办理工商登记的义务人为公司。一般情况下,在转让方通知其他股东行使优先购买权时,公司即已经知道股权转让的事实,股权转让款支付完毕后,转让方应知会公司变更股权,包括变更股东名称和工商登记。

三、股东名册记载纠纷诉讼指引

(一) 总体思路

处理股东名册记载纠纷的总体思路是,抓住股东法律关系发生、变更、消灭这条主线,把握合意与出资的实质要件。如果原、被告之间存在股权法律关系,就可以确认原、被告之间存在基于法律、约定和或惯例而建立的利益平衡结构;然后确认打破该利益平衡之行为——即导致未办理股东名册原因行为之责任;再根据责任确认救济的方式,若属公司应登记而未登记的,则公司应履行登记义务,以回归原平衡。如果原、被告之间不存在股权法律关系或股权法律关系已经消灭的,则公司无须履行登记义务。

(二) 实务处理注意点

处理股东名册记载纠纷,除了要把握该纠纷当事人之间利益平衡的特殊点,还要注意该纠纷在诉讼主体、诉讼时效、诉讼管辖、抗辩主张及证据组织等方面的特点,并在把握这些特殊点的基础上,结合个案具体情况来制定具体的诉讼方案。关于如何制定公司争议解决方案,请参见本书第八章第三节和第四节。

1. 诉讼主体

单一的股东名册记载纠纷案件,主体比较单一,原告是对股东名册记载有异议的当事人,被告是公司。

2. 管辖的确定

《民诉法解释》第22条规定:"因股东名册记载、请求变更公司登记、股东知情权、公司决议、公司合并、公司分立、公司减资、公司增资等纠纷提起的诉讼,依照民事诉讼法第二十六条规定确定管辖。"《民事诉讼法》第26条规定:"因公司设立、确认股东资格、分配利润、解散等纠纷提起的诉讼,由公司住所地人民法院管辖。"故根据上述规定,因股东名册记载纠纷而提起的诉讼应该以公司住所地人民法院为管辖法院。

3. 诉讼时效

股东名册记载纠纷案件不适用诉讼时效。当事人请求人民法院或仲裁机构变更股东名册记载的,均非实体法上的请求权,不适用诉讼时效。

4. 诉讼请求

股东名册记载纠纷常与股东资格确认纠纷、请求变更公司登记纠纷一并提起,故将一般诉讼请求表述为确认原告为被告公司股东,判令被告向原告签发出资证明书,将原告记载于股东名册,并办理工商变更登记。很多纠纷同时还请求确认原告持有被告的股权比例。

5. 被告抗辩

股东名册记载纠纷实质是公司不认可原告股东资格时引起的纠纷,故此类纠纷中公司作为被告的抗辩与股东资格纠纷中被告的抗辩相同。

6. 证据组织

①取得股东资格的证据。根据原告股东资格取得方式,可以是证明原告向公司增资的证据,也可以是受让股权的证据,还可以是继承股东的证据。

②确认股东资格的六大证据,具体可参见股东资格纠纷的证据。

③原告已经向公司申请股东名册变更的证据。

四、经典案例评析

(一) 案情概要

案例:陈祖民与远东控股集团有限公司股东名册记载纠纷上诉案[1]

上诉人:陈祖民

被上诉人:远东控股集团有限公司(简称"远东公司")

2002年1月1日,陈祖民向远东公司缴纳股本金238万元人民币,同日远东公司向陈祖民发放了法定代表人签名并加盖单位公章的股权证书,但陈祖民的名字未在股东名册及公司章程中出现。远东公司章程第12条规定,公司签发的股权证持有者是股东,股东按照持有的股份享有权利,履行义务。远东公司于2006年12月17日解除与陈祖民的劳动关系。

2011年7月13日陈祖民因与远东公司知情权纠纷诉至人民法院,该案一审、二审判决均确认陈祖民自2002年1月1日起已经是远东公司的股东,依法享有股东知情权。

远东公司2013年12月20日股东会决议,股东人数由8人增加至50人,公司注册资本由3亿元人民币增加至6.66亿元人民币。同日远东公司办理了公司注册资本及股东等变更登记,但远东公司未将陈祖民作为新增加股东在股东名册中予以记载,并办理变更登记。陈祖民诉至人民法院,请求判令远东公司将其记载在远东公司股东名册上并办理股东工商登记。一审法院就有限责任公司股东名册记载人数向公司登记机关进行了咨询,答复称股东名册记载人数在50人以下的记载,超出部分的股东不予记载。

---

[1] 参见江苏省无锡市中级人民法院(2015)锡商终字第0542号民事判决书。

(二) 争议焦点

陈祖民要求远东公司将其记载在远东公司股东名册上并办理股东工商登记的诉讼请求能否得到支持？

(三) 一审判决

一审法院经审理认为：陈祖民自 2002 年 1 月 1 日起为远东公司股东的事实，已经法院生效的法律文书予以确认。现因远东公司记载于股东名册中的股东人数已达到法律规定的上限，远东公司可通过变更为股份有限公司增加股东人数，或者陈祖民通过转让股份等其他形式实现。但陈祖民现要求远东公司进行股东名册记载、登记出资额并办理股东工商登记的主张于法无据，人民法院不予支持。依照《公司法》第 24 条之规定，驳回陈祖民的诉讼请求

(四) 二审判决

陈祖民上诉称：远东公司有能力也应当将其股东身份和出资额记载于股东名册上，至于工商登记可以通过变更有限责任公司为股份有限公司的形式来实现。一审判决一方面认为，远东公司应当将陈祖民记载于股东名册上；另一方面又认为，股东人数已达有限责任公司的上限而认定上诉人的主张于法无据，逻辑矛盾。故请求依法改判。

二审判决认为，因远东公司记载于股东名册的股东人数已达到法律规定的上限，陈祖民要求将其记载入股东名册并办理股东工商登记，需远东公司变更公司性质为股份有限公司增加股东人数或进行股权回购等其他方式实现，但该实现途径非本案审理范畴，故陈祖民有关进行股东名册记载并办理股东工商登记等上诉诉请，不予支持。

(五) 焦点问题评析

因为有在先的生效判决确认，本案一审、二审判决并没有否定陈祖民为远东公司股东，也没有将陈祖民是否为远东公司的股东作为争点，案件的焦点为陈祖民在远东公司股东人数已经达到法律上限的情况下可否请求法院判令远东公司将其记载在远东公司股东名册上并办理股东工商登记。虽然《公司法》第 24 条明确规定了有限责任公司股东不得超过 50 人的限制，为慎重起见，一审法院还是咨询了当地公司登记机关，答复是否定的。在此情形下，如果判决支持陈祖民的诉讼请求，不但干预公司登记机关的行政管理职权，而且也导致判决无法执行，故一审、二审法院不予支持陈祖民的诉讼请求是正确的。

(六) 上诉人策略反思

上诉人的诉讼策略失误直接导致了本案的诉讼请求无法得到支持。远东公司

增加股东人数的股东会决议明显为恶意,应属于无效决议,陈祖民也意识到了这一点。因此,如陈祖民提起本案之前,先提起一个撤销公司决议之诉,待生效判决确认股东会决议无效后,再提起股东名册记载请求之诉将会得到支持。即便上诉人之前没有提起撤销公司决议之诉,在法庭就公司登记机关答复向双方释明后,也应该申请中止审理,随即提起撤销公司决议之诉。

(七) 案例启示

股东资格分两个层面:一是公司及其他股东认可,在公司内部发生效力;二是工商登记,发生对世效力。任何一个层面不完善,有瑕疵,都有可能造成股东资格不被认可,股东资格处于模糊状态,如果再发生股东变动情形,就极易产生纠纷。故投资者在自身股东资格有瑕疵,但还没有发生争议的时候,就应该尽早地组织有利于自己的证据,即便不方便要求公司出具出资证明书、股权证,也应该寻求其他证据,或者说可以有意创造证据,例如参加股东会,在股东会决议上签字;要求公司向其送达股东会通知、向股东会提交提案等。一旦掌握了能证明股东身份的实质证据,则应该立即启动股东资格的确定工作。

第十章 股权转让纠纷

随着社会经济发展,股权已成为财富的重要载体,股权流转(转让)日益频繁。股权转让将重组原来以公司为平台而形成的利益格局。利益重组容易导致利益冲突,引发股权转让纠纷。与公司股权转让有关的纠纷包括股权转让纠纷、上市公司收购纠纷,本章第一、二节分别予以介绍。

第一节 股权转让纠纷

一、股权转让纠纷概述

(一)股权转让及其类型

股权转让,是指股东依照法律及公司章程的规定将自己的股权转让给他人的行为。股权转让是一种股权买卖行为,不改变公司的法人资格。投资者在向公司投资后,原则上不能以退股的方式要求公司返还出资,也不能直接支配自己投资所构成的公司财产。于是股权转让成为投资者收回投资的主要途径。合理的股权转让制度对于保护公司股东,特别是中小股东收回投资,提高资本运行效率具有重要意义。

非上市挂牌公司对外转让股权活动,往往是一个动态的过程。在公司章程未另作规定的情况下,股权对外转让往往会经历以下五个步骤或程序:其一,转让股东与受让人签订股权转让合同;其二,转让股东书面通知公司其他股东征求意见,其他股东过半数同意或视为同意且不行使优先购买权;其三,转让股东告知公司上述股权转让情况;其四,公司内部办理注销原股东的出资证明书、向新股东签发出资证明书,并相应修改公司章程和股东名册中有关股东及其出资额的记载;其五,公司向工商行政管理部门申请办理股权变更登记。

股权转让纠纷,是指股东之间、股东与非股东之间进行股权转让而发生的纠纷。

股权转让包括有限责任公司股权转让和股份有限公司股份转让。我国司法实践中,有限责任公司股权转让纠纷数量是股份有限公司股权转让纠纷数量的几十倍,以中国裁判文书网显示的2021年6月30日数据为例:从2001年1月1日起至2021年6月30日止,查询关键词:民事案件→股权转让→股份有限公司,显示如下数据:股权转让纠纷58682件,股份有限公司股权转让924件,仅占股权转让纠纷案件的1.57%。故本节重点阐述有限责任公司股权转让纠纷。

(二)股权转让纠纷及其主要类型

股权转让纠纷,是指股东之间、股东与非股东之间进行股权转让而发生的纠纷。①

根据当事人提出诉求的内容和目的不同,可以将股权转让纠纷之诉分为请求确认合同无效的确认之诉,请求继续履行或承担违约责任的给付之诉,以及请求撤销合同和解除合同的变更之诉。此外,股权转让纠纷还包括一些特殊类型的股权转让纠纷,如股权的继承、股权的分割、股权的遗赠以及夫妻共有股权的法律纠纷等。②

二、股权转让纠纷的常见法律问题

(一)股权转让合同成立与生效的认定

1. 股权转让合同成立的认定

合同的签订一般需要经过要约、承诺两个阶段,大多数的合同通过双方的合同往来或者谈判完成这两个阶段。依据《民法典》第483条的规定,承诺生效时合同成立;依据《民法典》第490条的规定,当事人采用合同形式订立合同的,自当事人均签字、盖章或者按指印时合同成立。关于有限责任公司股权转让合同的成立,《公司法》没有特别规定,因此其成立如同其他合同一样,适用《民法典》合同编的规定,自当事人签字或者盖章之时或者承诺生效时成立。

在司法实践中,股东之间相互转让股权时,有时并不签署书面的股权转让合同,而是将双方口头约定的内容付诸实施,实际履行股权转让的主要条款,支付股权转让款、参与股东会、退出经营活动等,以实际履行行为完成他们预期的股权转让活动,包括转让方退出经营管理、受让方交付转让价款、参与经营活动等。这种情况符合《民法典》第490条的规定,仍然认定股权转让合同成立。

司法实践中,有关公司成立前的股权转让合同是否成立?争议比较大,有人认

---

① 参见最高人民法院民事案件案由规定课题组编著:《最高人民法院民事案件案由规定理解与适用》(2011年修订版),人民法院出版社2011年版,第386页。

② 参见最高人民法院民事案件案由规定课题组编著:《最高人民法院民事案件案由规定理解与适用》(2011年修订版),人民法院出版社2011年版,第386页。

为公司没有成立,将来是否成立尚不确定,如果准许其在公司登记前,将其出资或者应缴纳的出资转让的,并不属于股权转让。另外,该转让已破坏了公司的人合性,损害了其他投资者的利益,干扰了公司正常的设立活动。还有观点认为,由于公司尚未成立,公司的股权尚不存在,有关法律关系的权利义务缺乏对象,就不存在的股权签订股权转让合同。这种以将来的股权或者权益进行转让的合同,合同效力并不以标的物是否存在作为认定合同效力的前提或理由。没有所有权的标的物买卖也可以认定合同有效,作为将来的标的物,是一种期权,尽管其并不具有所有权或者无处分权,但其是转让双方的真实意思表示,转让的标的物并非为法律禁止流通或者限制流通,也并不属于《民法典》规定的无效情形,应该认定其效力,因此该种股权转让合同是成立的。

意向股权转让合同是否能认定股权转让合同成立呢?不能一概而论。在并购过程中,收购方为了收购目标公司,需先行了解目标公司,被收购方出于并购考虑,应让收购方对目标公司进行全面尽职调查,但考虑收购方最终是否达到收购目标公司股权的目的不确定,需要就保密、收购诚意金、并购推进安排、股权转让排他等签订意向性协议。这种情况下,双方未就股权转让合同的基本条款进行约定,仅仅就尽职调查、保密、股权转让合同签订时间等作出约定,不构成股权转让合同的权利义务约定,股权转让合同未成立。当然,实践中还可能就股权转让合同的相关基本条款达成意向,这种意向,可能表达为协议书、备忘录、双方来函确认等,还有的没有签订书面协议,但有支付定金、诚意金、预付款、限制转让等履行意向协议中部分义务的行为。双方没有就合同的约束力进行排除约定,诸如违反本协议约定转让股权给第三方或不签订股权转让合同等应当承担违约责任,或者明确该合同为预约合同,此时的合同,是为了缔约的目的而订立的预约合同,依据《民法典》第495条"当事人约定在将来一定期限内订立合同的认购书、订购书、预订书等,构成预约合同。当事人一方不履行预约合同约定的订立合同义务的,对方可以请求其承担预约合同的违约责任"的规定,应当承担违约责任。预约合同中已经明确股权转让基本条款的,构成本约,股权转让合同成立并产生法律效力。

缺少标的、数量、价格等主要条款的股权转让合同是否成立呢?实践中,转让方或出让方出于各种原因,签订的股权转让合同没有约定标的、数量或者价款三个主要条款,导致该合同不具备必备条款,合同不具可履行性。若仅缺少价款条款,是否成立呢?双方就标的、数量达成合意,合同已成立,其他条款可以通过《民法典》第510、511、466条等规定予以确定,因此缺少价款条款的股权转让合同是成立的。

2. 股权转让合同生效的认定与例外

有限责任公司股权转让合同成立后,如其他合同一样,也会涉及法律评价的问题,因此,股权转让合同的效力也存在有效、无效、可变更或可撤销、效力待定之别。但股权转让合同究竟自成立时生效,抑或自办理批准、登记等手续完毕时生效,作为特别法的《公司法》未作明确规定。根据《民法典》第 502 条的规定,股权转让合同效力的认定应以成立生效制为原则,以批准生效制或登记生效制为例外。也就是说,除法律、行政法规(主要限于国有股权、外资企业股权等情形)另行规定批准或者办理登记后生效以外,股权转让合同原则上自合同成立之日起生效。①

股权转让合同为私法行为,从私法的角度来看,该合同的成立与否是股权转让合同双方意思自治的结果,法律对该意思表示不应过多干预,国家公权力的干预范围越小,越充分体现私法的意思自治,市场经济越充分。当然,通过附条件或附期限的方式控制股权转让合同的效力,也是《民法典》第 158 条的规定,当事人对合同的效力可以约定附条件。附生效条件的合同,自条件成就时生效。附解除条件的合同,自条件成就时失效。《民法典》第 160 条规定,当事人对合同的效力可以约定附期限。附生效期限的合同,自期限届至时生效。附终止期限的合同,自期限届满时失效。通常表现为三种形式:第一种是以合同履行某种形式作为合同生效的要件,如约定合同须经过公证、加盖公章等附加形式条件;第二种是以经过股东会批准或国有股权转让中经主管部门批准为条件;第三种是以某一合同义务的履行作为合同生效的要件,如受让人支付转让款,转让人交付公司账簿和文件资料或公章,转让人取得其他股东同意等作为合同生效条件。

前述第一种和第三种所附形式条件只要不违反法律、行政法规的强制性规定,未成就时,合同不生效,对当事人不具有约束力。实践中,约定的第一种和第三种条件尚未成就,即合同尚未发生效力时,合同一方就实际履行或部分履行了合同,另一方又接受了履行,如受让人支付转让款或实际行使了股权,转让人交付了公司资料,取得其他股东同意等。双方的主要义务已实际履行的意思表示,也表现得一览无遗。《民法典》第 490 条第 2 款规定:"法律、行政法规规定或者当事人约定合同应当采用书面形式订立,当事人未采用书面形式但是一方已经履行主要义务,对方接受时,该合同成立。"其目的是维护公司交易安全和秩序,应视为双方变更了合同约定。因此,附生效条件股权转让合同经由实际履行行为修改或废除,股权转让合同自成立时生效。对于设定负担行为的股权转让合同(负担行为),以处分行为(如股权过户登记)完成后,负担行为才生效的附条件,从逻辑上看,实有本末倒置之嫌,没有合同行为(债权行为或负担行为)的生效,后续的股权变动行为以及股权变更登记行为(物权行为或处分行为)将不复存在。因此,股权转让合同的生效

---

① 参见刘俊海:《现代公司法》(第三版),法律出版社 2015 年版,第 458 页。

不应将股权变动行为作为生效条件。此种约定应视为未约定。

前述第二种条件本身为法律或行政法规所要求,不宜将其作为合同所附生效条件,更不能像前述第一种和第三种附条件的处理方式,简单以当事人实际履行作为变更该条件的理由,认定合同生效。但如果合同一方当事人故意制造人为障碍使合同生效条件没有成就的,另一方当事人可以请求法院确认合同生效条件成就,也可追究责任方的缔约过失责任。①

公司成立前的股权转让合同是否有效呢?有学者认为,如果公司尚未完成设立登记,转让人是否能够成为股东尚不确定,其股款可能尚未缴足,如果允许其转让,将使公司的组成成员和资本结构处于不安定、不确定的状态,进而影响到交易安全。依法理,公司尚未成立,作为转让合同标的的股权尚不存在,法律关系之权利义务缺乏对象,该种转让协议如何能发生效力?因此,公司成立前的股权转让应以无效处理较为妥当。② 上述观点值得商榷。以标的物尚未存在的理由论述转让合同无效,似乎有些牵强。合同的效力并不以标的物是否存在作为认定效力的主要理由,以将来生产或者建成的商品作为买卖的标的物,进而签订买卖合同,其效力并不能当然认定为无效。比如,原《买卖合同解释》第3条第1款规定:"当事人一方以出卖人在缔约时对标的物没有所有权或者处分权为由主张合同无效的,人民法院不予支持。"从该规定来看,标的物没有所有权与标的物尚不存在二者区别并不太大,既然可以认定标的物没有所有权签订的买卖合同为有效,为何作为股权的标的物暂时不存在,签订的股权转让合同就无效了呢?合同效力的认定,还是应当依据《合同法》第52条来确定,只要没有违反该条规定,就应当认定为有效。③《民法典》也作出了类似规定。

(二)股权转让合同效力与股权变动效力的关系

1.股权转让合同是引起股权变动的原因之一

股权转让合同是引起股权变动的原因之一。股权转让与股权变动是原因和结果的关系。若股权转让合同被确认无效或被撤销,应按照《民法典》第157条之规定进行处理,即买方有义务将其依据无效或被撤销的股权转让合同所取得的股权返还给卖方,公司有义务协助卖方办理股权回转的相关手续(如修改章程、变更股东名册、前往公司登记机关办理股权变更手续)。

2.股权转让合同的效力与股权变动的效力,实行区分原则

股权的实质是股东与公司之间的法律关系。如果股权转让违反《公司法》或

---

① 参见刘俊海:《现代公司法》(第三版),法律出版社2015年版,第459页。
② 参见施天涛:《公司法论》(第三版),法律出版社2014年版,第272页。
③ 参见王林清:《公司纠纷裁判思路与规范释解》(第二版),法律出版社2017年版,第580页。

公司章程的限制性条款,则公司有权拒绝办理股权变更登记,这时股权转让合同就会发生履行不能。合同效力属于合同订立范畴,履行不能属于合同履行范畴,合同履行结果不影响合同效力,否则将本末倒置、逻辑不通。故股权转让合同效力与股权变动的效力,实行区分原则。人民法院或仲裁机构不得以股权变动尚未发生为由否认股权转让合同的效力。生效的股权转让合同仅产生卖方将其所持股权让渡给买方的合同义务,而非导致股权自动、当然的变动。股权转让合同生效后,若卖方拒绝或怠于协助买方将合同项下的股权过户给买方,股权仍属于卖方,只不过买方有权根据《合同法》有关规定追究卖方的违约责任。①《民法典》也作出了类似规定。

因此,股权转让合同的有效并不当然表明股权的实际交付或移转,而股权的变动无效也并不意味着转让合同本身的无效。因为法律对不同的行为可能规定了不同的生效要件和无效原因。②

(三) 公司章程限制条款对股权转让的影响

请参见本书第二章第三节。

(四) 侵害其他股东优先购买权的转让股权合同的效力

按照区分原则即合同效力与权利变动结果相区分,除转让股东与第三人恶意串通损害其他股东优先购买权订立的合同无效外,一般情况下,转让股东与第三人之间订立的合同有效。③ 对此,《公司法解释四》第 21 条作出如下规定:

"有限责任公司的股东向股东以外的人转让股权,未就其股权转让事项征求其他股东意见,或者以欺诈、恶意串通等手段,损害其他股东优先购买权,其他股东主张按照同等条件购买该转让股权的,人民法院应当予以支持,但其他股东自知道或者应当知道行使优先购买权的同等条件之日起三十日内没有主张,或者自股权变更登记之日起超过一年的除外。

"前款规定的其他股东仅提出确认股权转让合同及股权变动效力等请求,未同时主张按照同等条件购买转让股权的,人民法院不予支持,但其他股东非因自身原因导致无法行使优先购买权,请求损害赔偿的除外。

"股东以外的股权受让人,因股东行使优先购买权而不能实现合同目的的,可以依法请求转让股东承担相应民事责任。"

---

① 参见刘俊海:《公司法学》,北京大学出版社 2008 年版,第 185 页。
② 参见赵旭东主编:《公司法学》(第四版),高等教育出版社 2015 年版,第 250 页。
③ 参见杜万华主编:《最高人民法院公司法司法解释(四)理解与适用》,人民法院出版社 2017 年版,第 461 页。

(五) 转让股权部分权能的合同效力

前述的股权转让,是股东整体性、概括性地将自己的全部或部分股权转让给他人,取得股东资格。当然,也有股东将自己所持股权中的一项或多项权能(如股利分配请求权、剩余财产分配请求权、新股认购优先权、表决权、代表诉讼提起权、临时股东大会召集请求权、股东会和董事会决议撤销诉权、会计账簿查阅权、公司解散请求权、表决权等)转让给他人。但这些股权权能的转让效力如何?股权权能分为自益权(指股东为自身利益而可单独主张的权利)和共益权(指股东为公司利益兼为自己利益,必须基于股东大会或董事会的决议才能具体化的权利)。自益权包括股利分配请求权、剩余财产分配请求权、新股认购优先权等,尽管是一种财产性权利,但也是抽象股东资格中的特定权能,只有经由股东会决议后,才能成为股东自主处分的民事权利,才能成为股东的债权,才可以成为转让的对象。共益权更是一种基于股东大会或董事会的决议才能具体化的权利。因此,只有当这些权利已经被具体化并独立成为"债权性权利"后,才可以成为转让的对象。

例如,股东(大)会作出盈余分配决议,股东抽象的盈余分配请求权就转化为具体的盈余分配请求权。当股东(大)会通过关于盈余分配的决议时,股东就取得了特定数额的盈余分配请求权。这特定数额的具体盈余分配请求权虽源自股东抽象的盈余分配请求权,但已特定化,成了债权性质的权利。即使股东转让股权,具体盈余分配请求权也不理所当然地随之转移,其可以被单独转让。

又如,表决权是指股东通过股东大会上的意思表示,按所持股份参加股东共同的意思决定的权利。对于表决权能否单独转让,存在争议。反对者认为,如果允许表决权自由买卖,则公司重大活动的决策内容和价值取向极易走向广大股东利益的反面,最终损害出卖表决权股东的利益。同时,表决权作为共益权,其行使既涉及股东自身利益,又涉及公司利益,如果允许表决权在股权之外自由转让,也可能导致在公司持有很少股份甚至根本不持有股份的人操纵公司重大决策,任意摆布公司广大股东的投资利益,这显然有违表决权的共益权本质。赞成者则认为,股东是自己利益的最佳判断者,上市公司表决权征集普遍存在就说明市场不认可反对理由,反对者所谓损人不利己的理由牵强。

再如,股东依据《公司法》第34条享有的优先认缴出资的权利,在未经其他股东同意的情况下就不能让渡给第三人。由于第三人不具有股东资格,则其是否有权优先认缴出资有赖于其他股东的同意。

还有股东的代表诉讼提起权。依据《公司法》第151条的规定,提起权均以股东资格存在为前提。第三人缺乏股东资格,自然无权提起股东代表诉讼。

会计账簿查阅权兼有共益权和自益权的特点,其行使既涉及股东自身利益,又涉及公司利益。如果允许会计账簿查阅权在股权之外自由转让,也可能使他人用于其他目的,损害公司利益,这显然有违共益权本质。

综上所述,为尽量拓展当事人的合同自由空间,在不违反强制性法律规定、公序良俗原则、诚实信用原则与公司本质的前提下,股权部分权能分开转让行为的效力原则上应受到尊重。①

(六)通过股权转让方式实现土地使用权收购的股权转让合同的效力

通常情况下,房地产公司的股东将其对公司的股权全部或大部分转让给受让方,受让方成为房地产公司的唯一股东或大股东,通过对房地产公司的股权控制,间接实现了控制房地产公司土地使用权的行使目标。之所以会大量出现这样的交易安排,基于两方面考虑:一是该类安排简化了交易手续。股权转让一般仅需依法履行协议、办理工商变更登记手续,无须经审批和过户;而土地使用权转让需要办理过户登记变更手续,周期长、手续复杂,且能否过户还应符合《城市房地产管理法》规定的条件。二是该类安排节省了交易成本。土地使用权转让中需交纳土地增值税、契税、印花税等税费,股权转让为转让方节省了土地增值税及附加、契税等,大大减少了交易成本。在转让方转让公司全部股权或大部分股权的情况下,受让方虽未变更登记为土地使用权主体,但实质上控制了公司名下的土地使用权,甚至实践中存在很多房地产公司名下仅有土地使用权,或房地产公司本身即为转让土地使用权而成立的情形,进一步凸显了转让方和受让方"名为股权转让、实为土地使用权转让"的交易意图。该情形下,有关股权转让合同有效与否难免产生争议。

《公司法》第3条第1款规定:"公司是企业法人,有独立的法人财产,享有法人财产权。公司以其全部财产对公司的债务承担责任。"第4条规定:"公司股东依法享有资产收益、参与重大决策和选择管理者等权利。"笔者认为,公司自取得法人资格时起,即成为独立的主体,股东的出资成为公司所有的财产,而股东一旦将财产投入公司,即丧失了所有权,股东不能凭借其股权直接支配公司的具体财产,包括土地使用权资产等。股东依法享有的是公司资产的收益与公司重大决策和选择管理者等股东权益。股权变动是投资人对公司的控制权和收益权的变动;公司的资产变动属于公司财产的交易,财产的主体发生变化。公司股权转让受公司法保护,股权转让不导致公司资产的权属转让。股权对内、对外转让的程序和条件是依据《公司法》第71条的规定,土地使用权的转让是根据《城市房地产管理法》第39条的规定。股权转让行为与公司土地使用权转让行为彼此独立,股权转让的主体并

---

① 参见刘俊海:《现代公司法》(第三版),法律出版社2015年版,第465页。

非公司,股权转让并不导致土地使用权的主体发生变更,该股权转让没有侵害到任何第三人利益和国家利益,因此,股权转让合同不符合《合同法》第52条规定的合同无效情形的,不能认定为取得土地使用权的股权转让合同无效。最高人民法院第二巡回法庭持此观点,认为在股权转让行为中,不应因涉及取得目标公司的土地使用权而即认定为无效。① 对于《公司股权转让合同书》的效力问题,认为无论是否构成刑事犯罪,该合同效力不必然归于无效。通过控制公司的方式开发使用涉案土地,此行为属于商事交易中投资者对目标公司的投资行为,是基于股权转让而就相应的权利义务以及履行的方法进行的约定,既不改变目标公司本身,亦未变动涉案土地使用权之主体,故在无效力性强制性规范予以禁止的前提下,相应条款合法有效。比如,最高人民法院在马庆泉、马松坚与湖北瑞尚置业有限公司股权转让纠纷案中持此观点。②

股权转让的实际效果是控制公司及其土地使用权的处置权,是否存在以合法形式掩盖非法目的,从而导致股权转让合同无效的推论呢?股东股权转让后公司资产权属不发生任何变化,股权转让是依据《公司法》的规定,其法律后果仅是公司控制权发生变化,受让股东并不享有土地使用权。但取得公司控制权后,变相控制了土地使用权。是否属于规避了《城市房地产管理法》第39条的强制性规定?显然不是,因为受让股东取得的仅为公司的控制权和收益权,并非土地使用权。因此,不存在利用法律体系漏洞而规避房地产法律制度强制性规定的情形。最高人民法院在佳隆集团有限公司与香港宏业橡胶轮胎贸易有限公司、烟台中策橡胶有限公司股权转让纠纷案中也持此观点。③

至于逃避土地增值税问题,股权转让交易同样应就股权增值部分缴纳所得税,国家的税收可通过另一途径得以实现。当然,如果双方约定的股权价格背离公司资产,存在逃税的证据,则属于应当判定交易合同中价格条款无效的问题。但是,合同交易价格的条款无效,并不会导致通过股权转让的方式实现土地使用权转让的整个合同无效,以逃避土地增值税作为认定整个合同无效的理由是不正确的。④

(七)通过股权转让方式实现矿业权收购的股权转让合同的效力

收购股东出于商业目的考虑,往往通过股权转让方式实现矿业权收购,受让方收购矿业公司的全部或大部分股权,成为矿业公司的实际控制人或大股东,取得矿

---

① 参见最高人民法院(2016)最高法民终222号民事判决书(最高人民法院第二巡回法庭发布的关于公正审理跨省重大民商事和行政案件十件典型案例之八)。
② 参见最高人民法院(2014)民二终字第264号民事判决书。
③ 参见最高人民法院(2014)民四终字第23号民事判决书。
④ 参见王林清:《公司纠纷裁判思路与规范释解》(第二版),法律出版社2017年版,第691页。

业公司的控制权,间接实现了控制矿业公司矿业权的行使的目标。这是矿业领域常见的投资模式,但是,这一模式下股权转让合同的法律效力,在实践中颇受争议,主要有"合同无效说"和"合同有效说"两大类。

"合同无效说"认为,名为股权转让合同,实为变相转让矿业权,应为无效合同。该合同规避了行政审批程序,也可能造成矿业权还未达到法定的年限条件就多次流转,损害国家和社会的公共利益。

司法审判实践中,普遍认可"合同有效说",认为该类股权转让合同并未违反法律、行政法规的效力性强制性规定,股权转让的标的是股权,而非矿业公司名下的矿业权,股权转让取得的是矿业公司的资产收益、参与重大决策和选择管理者等权利,股权转让合同是否有效,应当依据《公司法》及其他法律、行政法规的强制性规定进行判断,不能以享有矿业公司矿业权益的变动作为判断标准。股权变动,一般来说,并不导致矿业公司经营管理人员和技术人员(如矿长)的变更,也不影响矿业权的行政管理秩序,不损害国家利益,因此该类合同有效。

最高人民法院在薛梦懿等四人与西藏国能矿业发展有限公司、西藏龙辉矿业有限公司股权转让合同纠纷案[1]中认为,《合作协议》及转让合同的性质应为股权转让,而非矿业权转让;矿山企业股权转让合同不属于法律、行政法规规定的必须办理批准、登记等手续才生效的合同,《合作协议》依法成立并生效。

该判决观点揭示了股权与矿业权是不同的民事权利,其性质、内容及适用的法律有所区别。矿山企业的股权属社员权,由股东享有,受公司法调整。矿山企业的股权转让导致股东变化,不当然导致矿业权主体变更,不构成以合法的矿山企业股权转让之形式,逃避行政监管,实现实质上非法的矿业权转让目的,不宜认定为变相的矿业权转让,径行判令无效。若股权转让合同中同时约定了矿业权转让、矿业权人变更等实质性内容,则应根据矿业权转让的法律法规认定该部分内容的效力。

(八) 未履行转让国有股权相关手续的股权转让合同的效力

鉴于国有股权转让涉及国家股东的切身利益,《企业国有资产法》《企业国有资产监督管理暂行条例》《国有资产评估管理办法》等法律、行政法规,以及《企业国有资产交易监督管理办法》《企业国有资产评估管理暂行办法》《国有资产评估管理若干问题的规定》等行政规章,规定了企业国有股权转让主要应履行批准、审计评估、进场(竞价)交易三类法定程序。未履行三类程序的企业国有股权转让合同效力如何?

---

[1] 参见最高人民法院(2014)民二终字第205号民事判决书(最高人民法院发布的十起审理矿业权民事纠纷案件典型案例之七)。

依据《企业国有资产法》第 53 条和《企业国有资产交易监督管理办法》第 7、8 条的规定,企业国有股权转让应当依法履行批准程序。例如,转让全部国有资产的,或者转让部分国有资产致使国家对该企业不再具有控股地位的,应当报请本级人民政府批准。《民法典》第 502 条第 2 款规定:"依照法律、行政法规的规定,合同应当办理批准等手续的,依照其规定。未办理批准等手续影响合同生效的,不影响合同中履行报批等义务条款以及相关条款的效力。应当办理申请批准等手续的当事人未履行义务的,对方可以请求其承担违反该义务的责任。"最高人民法院在陈发树与云南红塔集团有限公司股权转让纠纷上诉案[1]中认为:本案所涉《股份转让协议》依法属于应当办理批准手续的合同,须经财政部批准才能生效,但因红塔有限公司上级主管部门中烟总公司不同意本次股权转让,报批程序已经结束,《股份转让协议》已确定无法得到有权机关批准,故应依法认定为不生效合同。《合同法》第 44 条和《合同法解释一》第 9 条对合同生效的要求,是合同的法定生效条件,属于强制性规定,不允许当事人通过约定的方式予以变更,故尽管当事人对合同生效有相关约定,仍应依据以上法律规定来判断合同的效力。

但是,有义务办理申请批准手续的一方当事人未按照法律规定或者合同约定办理申请批准手续的,根据《民法典》第 502 条的规定,对方可以请求其承担违反该义务的责任。《九民会议纪要》第 38 条也规定:"须经行政机关批准生效的合同,对报批义务及未履行报批义务的违约责任等相关内容作出专门约定的,该约定独立生效。一方因另一方不履行报批义务,请求解除合同并请求其承担合同约定的相应违约责任的,人民法院依法予以支持。"因此,未履行报批义务的,依然要独立承担相应的法律责任。最高人民法院在陈发树与云南红塔集团有限公司股权转让纠纷申请再审案[2]中认为,红塔有限公司已经按照《股份转让协议》的约定,积极履行了报批、信息披露等法律手续,只是由于其上级主管机构中烟总公司不同意本次股权转让而导致《股份转让协议》未生效。二审判决据此未予认定红塔有限公司构成缔约过失责任,有事实依据。

《企业国有资产法》第 47 条、《企业国有资产交易监督管理办法》第 11 条均规定了企业国有股权转让事项经批准后,应由转让方委托会计师事务所对转让标的企业进行审计,并应依法委托具有相应资质的评估机构对转让标的进行资产评估。《企业国有资产法》第 54 条、《企业国有资产交易监督管理办法》第 13 条又规定了企业国有股权转让事项经批准、审计评估后,除国家规定可以直接协议转让的以外,股权转让应当在依法设立的产权交易场所公开进行;当征集产生的受让方为两

---

[1] 参见最高人民法院(2013)民二终字第 42 号民事判决书。
[2] 参见最高人民法院(2015)民申字第 1 号民事裁定书。

个以上主体时,应竞价交易。对此,最高人民法院的主流裁判意见认为,关于国有资产转让须经评估的强制性规定是管理性的,而非效力性的。比如,最高人民法院在深圳市新世纪投资发展有限公司与东北石油大学合同纠纷案[①]中认为,国有股权转让未评估不影响转让合同或协议的效力。

对于未经进场(竞价)交易的企业国有股权转让合同,司法实践未直接评价该等法定程序规定是否为效力性强制性规定。对于国有资产监管部门未进行否定的转让合同,最高人民法院并未否定其转让效力,如北京安联置业发展有限公司与北京安恒达投资有限公司等股权转让纠纷上诉案。[②] 但是,上海高级人民法院的裁判意见与之相反,以未按规定进场交易为由认定股权转让合同无效,如巴菲特投资有限公司与上海自来水投资建设有限公司股权转让纠纷上诉案。[③]

(九) 未经行政主管机关审批的外商投资企业股权转让合同的效力

关于外商投资企业的审批,《外商投资法》第 29 条规定:"外商投资需要办理投资项目核准、备案的,按照国家有关规定执行。"第 30 条规定:"外国投资者在依法需要取得许可的行业、领域进行投资的,应当依法办理相关许可手续。有关主管部门应当按照与内资一致的条件和程序,审核外国投资者的许可申请,法律、行政法规另有规定的除外。"

关于未经行政主管机构审批的外商投资企业股权转让合同的效力问题,《外商投资企业解释一》第 1 条规定:"当事人在外商投资企业设立、变更等过程中订立的合同,依法律、行政法规的规定应当经外商投资企业审批机关批准后才生效的,自批准之日起生效;未经批准的,人民法院应当认定该合同未生效。当事人请求确认该合同无效的,人民法院不予支持。"尽管是未生效的合同,但仍具有形式上的法律约束力,任何一方均不得单方面变更、解除。负有义务一方应促成合同的生效,如有违反,另一方有权依据《民法典》第 502 条之规定请求对方履行,也可自己办理有关手续,并对由此产生的费用和造成的实际损失,请求对方承担损害赔偿责任。

此外,《外商投资法解释》第 2 条规定:"对外商投资法第四条所指的外商投资准入负面清单之外的领域形成的投资合同,当事人以合同未经有关行政主管部门批准、登记为由主张合同无效或者未生效的,人民法院不予支持。前款规定的投资合同签订于外商投资法施行前,但人民法院在外商投资法施行时尚未作出生效裁判的,适用前款规定认定合同的效力。"第 3 条规定:"外国投资者投资外商投资准

---

① 参见最高人民法院(2015)民二终字第 129 号民事判决书(最高人民法院第二巡回法庭发布的关于公正审理跨省重大民商事和行政案件十件典型案例之六)。
② 参见最高人民法院(2015)民二终字第 399 号民事判决书。
③ 参见上海市高级人民法院(2009)沪高民二(商)终字第 22 号民事判决书。

入负面清单规定禁止投资的领域,当事人主张投资合同无效的,人民法院应予支持。"第4条规定:"外国投资者投资外商投资准入负面清单规定限制投资的领域,当事人以违反限制性准入特别管理措施为由,主张投资合同无效的,人民法院应予支持。人民法院作出生效裁判前,当事人采取必要措施满足准入特别管理措施的要求,当事人主张前款规定的投资合同有效的,应予支持。"

(十) 股权转让合同不成立、无效或者被撤销的处理

股权转让合同无效的处理与其他合同处理一样,无非返还财产(折价补偿)与赔偿损失,但尤其需要注意,股权转让合同返还的财产和赔偿的损失有其特殊性,诸如:受让方取得股权后,到确认无效期间取得的公司利润,配送新股及因该股份而认购的新股等,都需要如数返还,因其配送或认购新股而支付对价的,转让方也应予以返还,合同双方当事人之间的利益关系恢复到无效合同缔结前的状态。至于受到的损失,因各自过错而给对方造成的实际财产损失(包括直接财产损失与间接财产损失)应承担赔偿责任。赔偿的损失仅限于返还财产之后仍无法弥补的财产损失,不包括公司利益直接受损、转让方作为股东利益间接受损的部分,更不包括受让方参与公司后正常经营下的公司盈亏。有关受让方参与公司经营,违背诚信义务(包括忠诚与勤勉义务)损害公司利益,造成公司损失的,应通过公司或者股东代表诉讼,追究其相关的赔偿责任。

《民法典》第157条规定:"民事法律行为无效、被撤销或者确定不发生效力后,行为人因该行为取得的财产,应当予以返还;不能返还或者没有必要返还的,应当折价补偿。有过错的一方应当赔偿对方由此所受到的损失;各方都有过错的,应当各自承担相应的责任。法律另有规定的,依照其规定。"该规定同样适用于股权转让合同。

(十一) 股权转让合同的解除

股权转让合同纠纷中,不可避免地存在构成根本性违约的法律问题。股权转让合同的一方,在履行股权转让合同中,构成根本性违约,致使合同的目的落空,已经符合约定或法定解除条件的,另一方有权依法解除合同。但有三种特殊情形:一是股权转让合同受让人虽未按期支付转让款,但合同解除不利于保护既成交易关系的,转让人不得要求解除合同。股权转让合同中,转让人在受让人未按期履行股权转让金支付等其他合同义务的前提下,办理了股权变更登记,产生了对外公示效力,且受让人在股东变更后又将股权转让给了第三人的,此时转让人因受让人未履行合同约定支付转让款等义务请求解除股权转让合同,显然不利于公司的稳定和保护既成的交易关系。二是已支付大部分股权转让款的,视为合同目的已实现,无权再解除合同,故对前两种情形下的诉讼请求,人民法院可不予支持。三是有限责

任公司的股权分期支付出现违约时,不适用《合同法》关于分期付款买卖中未支付到期价款达到全部价款的 1/5 即可解除合同的规定。①

(十二) 公司章程强制转让条款的合法性问题②

强制转让条款是公司章程在"同意条款"和"优先购买权"之外经常采用的一种限制性措施。一般认为,强制转让是在公司章程规定的强制转让条件被触发时,触发条件的股东应当按照章程规定之价格和方式,将股权转让给章程指定的对象。

我国《公司法》虽然没有规定股权强制转让,但也没有明确禁止。如果公司章程在股东自治基础上作出的强制股权转让条款已包含了"自愿性因素",只要不违反法律、行政法规强制性规定,就应当认定为有效。这就如同附条件生效的合同或合同条款。具体理由如下:

(1)《公司法》已经授权公司章程可就股权转让另行规定

我国《公司法》第 71 条第 4 款授权公司章程可以对有限责任公司的股权转让另行规定,这就为公司通过章程设定股权强制转让留下了空间。

(2) 股东已事先同意或认可,并不违法

转让股权将直接导致丧失股东身份与地位,涉及股东的根本利益,未经法律许可,非自愿地强制剥夺股东资格属于严重侵犯股东权益的行为,显然无效。但股东事先已同意或认可的,则属于权利自由处分范畴,并不违法。只要股东同意,原则上对他而言并非不公正。如果股东事先已同意或认可股权强制转让条款,但该条款规定的强制转让条件被触发后,触发条件的股东又拒绝执行的,有违诚信原则,事后反悔无效。

因此,基于对公司内部意思自治的尊重,法律对公司章程中强制转让安排并不予以干涉,但前提是强制转让的安排在内容和程序上应当合法、合理。③ 南京市中级人民法院在戴登艺与南京扬子信息技术有限责任公司与公司有关纠纷上诉案持此观点。④ 威海市中级人民法院在威海新东方钟表有限公司与郭振波等股东资格确认纠纷案中持此观点。⑤

---

① 参见汤长龙诉周士海股权转让纠纷案,最高人民法院(2015)民申字第 2532 号,来源:最高人民法院第 14 批指导案例第 67 号。
② 参见郭春宏:《公司章程个性化设计与疑难解释》(修订版),法律出版社 2018 年版,第 132—133 页。
③ 参见虞政平:《公司法案例教学》,人民法院出版社 2012 年版,第 926 页。
④ 参见江苏省南京市中级人民法院(2016)苏 01 民终 1070 号民事判决书。
⑤ 参见山东省威海市中级人民法院(2015)威商终字第 358 号民事判决书。

(十三) 公司章程能否限制或取消股东优先购买权

《公司法》第 71 条第 4 款规定,公司章程对股权转让另有规定的,从其规定。根据公司自治原则,该规定赋予了公司股东自主决定股权转让事项的权利。结合《公司法》第 71 条第 1 至 4 款来看,经全体股东一致同意,公司章程可以排除其他股东的同意权和优先购买权。

三、股权转让纠纷诉讼指引

(一) 总体思路

股权转让是一种股权买卖行为,但不同于一般的买卖行为。一般的买卖只涉及双方法律关系即买方与卖方之间的买卖合同法律关系,而股权买卖则涉及三方法律关系,即买方与卖方之间以股权为标的的买卖合同法律关系以及股东与公司之间的股权法律关系。简言之,股权转让涉及买方、卖方与标的公司三方法律关系。

实务中,有不少人把股权转让需办理股权变更登记手续,类比为房屋转让需办理不动产变更登记手续。这种类比是错误的,因为与一般房屋转让只涉及双方法律关系不同,股权转让涉及买方、卖方和标的公司三方法律关系,这是由股权的本质特点所决定的。股权法律关系的实质是股东与公司之间的法律关系,股东对公司享有权利并承担义务,公司对股东享有权利并承担义务。股权转让的实质是权利义务概括转让。权利义务概括转让未经三方合意的,对非签约方不发生效力。换言之,转让方欲转让其股权应通知标的公司并取得该公司同意,否则对非签约方的标的公司不发生效力。股权转让的这个特点,启发律师在处理股权转让纠纷时,可以从以下几个维度寻找案件突破口:

第一,就公司章程联结起来的转让方与公司、其他股东关系的维度而言,每一股东都负有遵守公司章程的义务,谁都无权不经法定程序随意更改公司章程,更不能违背章程限制,擅自转让股权。否则,就是打破既存的利益格局,侵害其他利益相关者的利益,受到损害的股东有权请求补救。如果轻率承认该股权转让对公司发生效力,就会鼓励所有人不守成规,作出逆向选择,甚至导致整个公司秩序荡然无存,给公司利益相关者带来最坏的结果。

第二,就转让方与受让方股权转让交易关系的维度而言,基于公司章程所进行的权利义务配置,其效力只能及于公司团体的内部组织关系,而不能直接导致其成员与第三人之间交易关系无效。否则,社会关系势必难以稳定,第三人的合法权益将会落空。

第三,就受让方与公司及其他股东关系的维度而言,公司及其他股东并非股权转让合同当事人,他们无权也无须将手伸得太长,介入股权交易当事人之间的合同关系;公司还可以秉持隔岸观火、以静制动的立场,等到股权转让双方当事人请求公司过户登记时方提出自己章程设限的权利抗辩,以阻止股权变动的发生,使得受让方不能取得公司的股东资格。[①] 股权是股东与公司之间的法律关系。受让方要取得标的公司的股东资格,必须与公司就双方成立股权法律关系达成合意。在股东继受取得的情形下,公司已经成立,公司章程业已生效。备案公示的公司章程不仅是公司宪章,对公司、股东、董事、监事、高级管理人员都有约束力,也是招揽潜在股东的公开要约,类似于悬赏合同。当一个主体以符合公司章程的方式承认章程并出资,就是一种承诺,该主体与公司就成立股权关系达成合意。若股权转让不符合公司法和公司章程的规定,公司有权拒绝办理股权变更登记。[②] 因为该股权转让行为不符合公司招揽股东的公开要约而不构成承诺,公司不受该股权转让行为的约束。这种情形下,股权转让合同自始不能履行。

找到案件突破口后,再结合个案具体情况制定诉讼总体目标和思路。关于如何制定纠纷解决的总体目标及思路,请参见本书第八章第三节和第四节。

(二) 实务操作注意点

处理股权转让纠纷,除了要从多个维度把握好利益平衡,还要注意该纠纷在诉讼主体、诉讼管辖、诉讼时效、诉讼请求、抗辩事由等方面的特点,并结合个案具体情况来制定具体的诉讼方案。关于如何制定诉讼方案,请参见本书第八章第三节和第四节。

1. 管辖

法律对于股权转让纠纷和一般公司诉讼纠纷在管辖上有不同的规定,一般公司诉讼依据《民事诉讼法》第 26 条、《民诉法解释》第 22 条规定的特殊地域管辖,适用于股东名册记载、请求变更公司登记、股东知情权、公司决议、公司合并、公司分立、公司减资、公司增资等公司的组织法性质的诉讼。股权转让纠纷中大多为给付之诉、撤销之诉、无效确认之诉,虽然或多或少与公司有关,涉及公司法上的权利义务,但并不具有组织法上纠纷的性质,属于传统的合同纠纷范畴,适用合同纠纷诉讼管辖规定确定管辖法院。最高人民法院在中诚信托有限责任公司与焦金柱、焦金栋等股权转让纠纷案[③]中明确指出,股权转让纠纷是合同纠纷,当事人可以协议管辖。

[①] 参见吴建斌:《公司冲突权利配置实证研究》,法律出版社 2014 年版,第 155—157 页。
[②] 参见赵旭东主编:《公司法学》(第四版),高等教育出版社 2015 年版,第 258 页。
[③] 参见最高人民法院(2016)最高法民辖终 81 号民事裁定书。

已选择协议管辖或者仲裁解决的股权转让纠纷案件,就不能追加公司或者其他第三人作为本案的当事人;行使第三人撤销权的,只能选择被告所在地人民法院管辖,除非行使撤销权的是协议的一方;但请求公司收购属于组织法性质的诉讼,应适用特殊的地域管辖。

2. 诉讼主体

一般的股权转让纠纷,受让方与转让方就股权转让合同的效力或者其履行发生纠纷的,原则上只列转让方与受让方为诉讼当事人。但若公司违反法律或者公司章程规定限制股东转让股权的,或者以股东会决议或者董事会决议强制转让股权或者强行代转让方决定股权转让价格、付款时间或者其他条件的,认为股东权利受到侵犯的股东可以公司为被告提起侵权之诉。

股东以优先购买权受侵害为由提起诉讼的,应列股权转让方与受让方为被告,股权转让已经由公司申请办理了变更登记的,则应当将公司列为第三人。公司不及时变更股东名册并到工商行政管理部门变更登记的,股权转让方和受让方均可以公司为被告提起请求公司变更登记之诉,转让合同中约定转让方有协助义务而转让方不予协助的,受让方可以将转让方和公司作为共同被告。

股份有限公司以当年利润分派新股,以及股东大会对向原有股东发行新股的种类及数额作出决议,侵犯股东优先认购权的,股东可以公司为被告提起侵权之诉。

3. 诉讼请求与抗辩

诉讼请求的内容与诉讼目的和公司诉讼案由、诉讼主体、诉讼切入点、管辖人民法院、诉讼保全措施等相关。原告的代理律师需要从诉讼主体是否有权利提起特定诉讼请求和诉讼的真实意图、焦点及实质性原因入手进行审查。被告的代理律师对此也不是没有对策或者作为,可在办理案件时从主体资格、诉讼请求等是否具有事实和法律依据等方面加以抗辩。

4. 诉讼结果的特殊性

股权转让纠纷诉讼的程序较之一般买卖合同纠纷诉讼程序更复杂,而且公司章程、股东会决议等对于案件的审理及判决结果影响较大。例如股权转让中,国有股权、外资企业股权转让需要有批准、登记等前置程序;享有优先购买权的股东明确其购买股权后,股权转让合同的目的不能实现,判决结果只能是终止合同,转让方可能承担违约责任。对于股权转让的程序规定,无论是原告代理律师还是被告代理律师都要有足够的重视,否则即使案件在实体方面具有充分的事实依据与法律依据,但由于程序上违反法律规定或公司章程规定等,仍然会产生不利的诉讼结果。

另外,股权转让纠纷中解除合同的条件不同于一般的买卖合同。股权转让合同的解除直接影响公司的股权结构和治理结构,影响公司、股东以及公司债权人等的利益。当股权转让合同履行后,受让方通过受让股权可以进入公司的管理层、参与公司的实际经营,如果该合同事后被撤销,将会造成公司股权结构、治理结构以及实际经营等较大波动,有可能导致公司陷入无尽的诉讼中,甚至导致公司经营管理停滞,不利于公司的稳定和保护既定的交易关系。因此,代理律师应充分了解股权转让合同解除纠纷的特点,注意前述三种股权转让合同不能解除的特殊情形,否则,将会导致诉讼策略失灵和诉讼目的落空。

5. 举证

由于公司诉讼主体的特殊性,并且诉讼主体所拥有或控制的公司资源、信息等并不对等,因此,公司诉讼在举证责任分配上需要根据证据持有的实际情况等因素来考查举证责任分配的合理性,而不是简单地遵循一般民事诉讼的"谁主张,谁举证"原则。因此,律师在设计诉讼方案时,应充分注意证据的收集及举证责任主体,切忌完全按照"谁主张,谁举证"原则,应将掌握着证据或者能够证明其有与案件主要事实相关的主要证据的公司及股东等纳入诉讼中来,这样才能增加胜算。

6. 诉讼时效或起诉期间

公司诉讼中涉及一些诉讼时效或起诉期间,一旦超过就会产生相应的后果。例如股东向股东以外的人转让股权时,股东须就其股权转让事项书面通知其他股东并征求同意,其他股东自接到书面通知之日起满 30 日未答复的,视为同意转让;人民法院依照法律规定的强制执行程序转让股东的股权时,其他股东在同等条件下有优先购买权,其他股东自人民法院通知之日起满 20 日不行使优先购买权的,视为放弃购买;股东主张优先购买转让股权的,自知道或者应当知道行使优先购买权的同等条件之日起 30 日内没有主张,自股权变更登记之日起超过 1 年的,不再享有优先购买权,除章程或协议另有约定以外。再如,对股东会某项决议投反对票的股东,自股东会会议决议通过之日起 60 日内,与公司不能达成股权收购协议的,可以自股东会会议决议通过之日起 90 日内向人民法院提起诉讼。这些有关股权转让中涉及时间的规定,无论是原告代理律师还是被告代理律师,都应有充分的了解;否则,会导致诉讼方案失败。

四、经典案例评析

(一) 案情概要[①]

2015 年 1 月 12 日,曾大、曾二(出让方)与吴某某、王某某(受让方)就其持有

---

① 该案系笔者办理的一件典型的股权转让案件,因当事人不同意公开,故隐去案号及当事人相关信息。

某某市公交汽车驾驶培训有限公司(简称"公交驾校")股权转让事宜签订《股权转让合同》,约定转让标的为出让方持有的公交驾校100%股权,含出让方经营的某某电子科技大学附属的某某成电机动车驾驶培训学校(简称"成电驾校")与公交驾校《合作办学协议》。若受让方在2015年3月31日前付清全部价款,则股权转让总价款为2100万元人民币;若受让方在2015年7月12日前付清全部价款,则股权转让总价款为2225万元人民币。出让方应保证公交驾校资产情况、训练场租赁、项目开发情况等均真实、合法;公交驾校得到的授权、批准、许可持续合法有效,不存在失效的潜在风险。股权转让前债务由出让方承担。任何一方违约需承担转让总价款20%的违约金,赔偿范围包括诉讼费和律师费。双方就前述资产未办理移交清单。股权变更登记后的2015年2月初,成电驾校训练场地因不符合土地规划用途被责令绿化覆盖,可使用面积从70亩缩减至25亩,出让方所移交资产存在重大瑕疵。吴某某和王某某支付2000万元人民币后,拒绝支付后续款项。双方发生争议。

(二)争议焦点

1. 由于曾大、曾二违约,吴某某和王某某是否有权抗辩,拒绝支付后续款项,股权转让总价款的金额仍应按2000万元确定?

2. 股权转让时,公交驾校的全部资产、权益是否包括曾大、曾二已收取的保证金、学费、联营调整资金等?

3. 成电驾校训练场地合法性及承诺和保证不符,曾大和曾二是否构成违约及是否应承担违约责任;由于其训练场地瑕疵,导致股权价值减少的,是否可以此减少股权转让总价款?

(三)法院判决认定理由

1. 关于曾大、曾二与吴某某、王某某之间股权转让的总价款数额问题

人民法院认为,《股权转让合同》载明合同标的转让总价款为"如受让方在2015年3月31日前付清全部价款,则股权转让总价款为2100万元人民币;如受让方在2015年7月12日前付清全部价款,则股权转让总价款为2225万元人民币"。显而易见,这是一种附时间条件的转让价款选择表述方式。由于双方在合同中只确定了付清全部转让款项的两个时间节点条件下的转让总价款数额,所以合同中虽然没有载明超出最后付款期限付款时的转让总价款,但是根据交易习惯和日常生活经验规则,双方实际上对股权转让价款是确定的,即由吴某某、王某某选择是按第一支付时间段付清全部转让总价款2100万元人民币,还是按第二支付时间段推迟3个多月付清总价款,但需要多支付125万元人民币,总价款为2225万元人民币。反之,如果双方对2015年7月12日后付清转让价款情况下的转让总价款没有约定(虽然能够确定股权转让金额不会低于2225万元人民币),自然表明此种

情形下支付转让价款时间不确定,也意味着双方对股权转让价款及支付没有达成合意,该合同无法履行,显然这完全不符合常理。因此,该合同约定的总价款应该是确定的,自然不会低于2225万元人民币。

2. 关于股权转让时公交驾校的全部资产、权益应包括哪些财产的问题

人民法院认为,本案中,曾大、曾二与吴某某、王某某之间进行原公交驾校全部股权转让,同时以曾大、曾二按约定移交所掌管、控制的公交驾校全部资产、权益为条件。但是,曾大、曾二、吴某某、王某某在合同中约定,由曾大、曾二结算和中止在该合同签署之前原公交驾校的所有债权、债务、劳资关系和劳动纠纷等,并承担该合同签署前的债务,该协议生效后公交驾校的债权债务及公交驾校在该协议签署前的全部资产、权益由受让方享有。由于曾大、曾二与吴某某、王某某未对合同签署前原公交驾校的所有债权、债务等进行结算确认,而且没有按该合同约定对曾大、曾二应交付的原公交驾校全部收益、资产制作双方确认的移交清单作为合同附件,导致合同签署之时的原公交驾校资产及债权债务情况等并不明确。根据我国《企业财务会计报告条例》第9条的规定,资产是指过去的交易、事项形成并由企业拥有或者控制的资源,该资源预期会给企业带来经济利益;资产包括流动资产、长期投资、固定资产、无形资产及其他资产。所以,案涉股权转让前原公交驾校的资产应包括公交驾校以其名义交易并收取的款项,如保证金、学费、联营股资等资金,以及公交驾校以其名义对外交易所形成的债权。因曾大、曾二没有履行对合同签署前原公交驾校的所有债权、债务等进行结算的先行义务,甚至连自己单方确认的原公交驾校资产与债权、债务情况的移交清单都没有向吴某某、王某某提交过,从而导致其应按约移交的原公交驾校资产不明。因此,根据公司股权转让的交易习惯和企业资产的相关规定,以及公平合理原则,曾大、曾二依约应向吴某某、王某某移交的公交驾校资产即为签署合同之日公交驾校名下的全部资产,应包括流动资产、长期投资、固定资产、无形资产及其他资产,但是曾大、曾二、吴某某、王某某之间对债权债务归属有明确约定的除外。由此,曾大、曾二以原公交驾校名义交易并收取的款项,如保证金、学费、联营股资等资金,以及以公交驾校名义对外交易所形成的债权均应属于公交驾校资产,曾大、曾二应予退还。

3. 曾大、曾二不能保证成电驾校训练场地的合法性是否构成违约及责任承担问题

人民法院认为,曾大、曾二作为出让方在合同中承诺:"出让方向受让方提供或移交的公交驾校的全部材料均完全真实合法有效,包括但不限于财务情况、生产经营情况、公司工商登记情况、资产情况、训练场租赁、项目开发情况等均为真实、合法。"根据该约定,除非曾大、曾二在股权转让合同签订前向对方告知了公交驾校所租用训练场地存在使用土地违法违规的情况,曾大、曾二应保证移交的公交驾校的

全部材料包括训练场地租赁、项目开发情况真实合法;否则,会因违反承诺而构成违约。从查明事实看,曾大、曾二在股权转让合同签订前,没有将上述联合办学所租赁使用的成电驾校的部分训练场地存在违法违规使用土地的真实情况告知吴某某、王某某,而成电驾校训练场地的大部分确因违反土地使用用途的强制性规定,在案涉股权转让后被有关国家机关责令整改,导致该训练场大部分被要求恢复绿化覆盖而不能继续使用。故曾大、曾二既没有履行股权转让前的如实告知义务,又不能保证移交的公交驾校的全部材料包括训练场地租赁、项目开发情况真实、合法,其行为已构成违约,应承担相应违约责任。但是,本案涉及公司全部股权的整体转让,转让价款特别巨大,按常理,吴某某、王某某作为股权转让交易的受让方,应当对受让股权的目标公司的营业范围、资质、财务、资产及经营状况等情况进行必要的调查了解,特别是吴某某作为之前与原公交驾校存在合作关系的当事人,对成电驾校训练场作为公交驾校使用中的训练场地的重要性不可能不清楚,加之某市绕城高速路外侧500米为绿化带,不得违反规划内容进行建设,也是公众容易知晓的政府公开信息。因此,人民法院认为,吴某某、王某某对在不知晓上述租赁训练场地存在违法用地情况下签订《股权转让合同》,自身也具有一定过错,应当适当减轻曾大、曾二的违约责任,加之违约金约定过高,也应适当降低。

4.由于公交驾校的核心资产训练场地使用瑕疵,导致股权价值的减少,是否应以此减少股权转让总价款的问题

吴某某、王某某以成电驾校训练场严重缩水造成公交驾校的资产减少300余万元人民币而使公交驾校股权价值减少为由,要求确认股权转让价款减少300万元人民币的理由不成立,人民法院不予支持,原因如下:通常公司股权价值多少不仅要受公司资产本身的影响,还会受公司的经营状况、盈利能力、收益前景,以及转让双方当时自身情况等多种因素的影响。所以,案涉租用成电驾校训练场地大面积缩水虽然会对原公交驾校股权价值产生一定影响,但体现在转让价款上究竟是多少,主要是取决于转让双方当事人的协商一致。本案中,股权转让合同开始履行后时间不长,成电驾校训练场地即因违法用地被大部分绿化覆盖而使面积严重缩水,但吴某某、王某某没有因此以其不清楚租赁使用的成电驾校训练场地存在违法而造成自己对转让股权价款金额的误判才签订合同,且与曾大、曾二协商变更不成为由,而提出过撤销合同,在审理中也明确表示不愿意解除合同。所以,吴某某、王某某在这种情形下单方主张减少股权价款300万元人民币,缺乏事实和法律依据。

(四) 法院裁判结果

①吴某某、王某某于判决生效之日起10日内,向曾大、曾二支付剩余股权转让款225万元人民币;

②曾大、曾二于判决生效之日起 10 日内,向吴某某、王某某交付公交驾校在 2015 年 1 月 13 日前收取的各项费用 1514395.94 元人民币;

③曾大、曾二于判决生效之日起 10 日内,向吴某某、王某某支付违约金 220 万元人民币;

④曾大、曾二于判决生效之日起 10 日内,向吴某某、王某某交付公交驾校在 2015 年 1 月 13 日前收取教练保证金资料;

⑤驳回曾大、曾二的其他诉讼请求;

⑥驳回吴某某、王某某的其他诉讼请求。

上述互付款项抵销后,曾大、曾二还应向吴某某、王某某支付 1464395.94 元人民币。

(五) 案例启示

对价关系,含价款和交易标的的具体范围,是交易的基础和起点,其明确、具体的约定对交易的顺利推进十分必要。本案中,股权转让交易双方对股权价款、股权所对应资产的范围约定不够具体和明确,导致利益边界不清晰,为本案争议埋下了隐患。承办律师以股权转让合同和有关法律及交易惯例为依据厘清了本案所转让股权的资产范围、明确了转让价款的金额,为委托人及目标公司追回了被侵占的资产,依法维护了委托人的合法权益。

诚实信用是市场经济活动的一项基本准则。若交易中任何一方不诚信,很可能给交易各方带来争议和纠纷。本案中出让方的虚假承诺和保证直接导致双方对簿公堂。承办律师通过代理词充分阐明了出让方的虚假承诺和保证构成重大违约,动摇了交易对价关系,给受让方造成了巨大经济损失,说服承办法官依法追究出让方的违约责任,维护了委托人的合法权益。

交易所交割的不仅是物等有形资产,更要交割有形资产背后的权利。合同中详尽合理的交割安排对交易的顺利进行和交易方的权益保障都十分必要和重要。本案中,交易双方单一交割行为的时间、方式、质量、条件多有不明确之处,导致违约情形出现时不能合理调整交易安排,交易方对如何履约手足无措,延误合法权利的行使。本案中承办律师依法最大限度主张抗辩权,避免了委托人承担依法不应承担的不利后果。

资产转让与股权转让虽然不同,但当所转让股权的比例是 100% 时,公司资产的实际控制人——公司的成员必然全部更换,会涉及资产移交。基于对此的充分阐释,可以促使委托人作为目标公司新的全额出资人代公司领受和控制资产,成功解决公司并非诉讼当事人带来的资产返还和移交难题。

启示:详尽的事实调查、全面清晰的逻辑分析、简明有力的诉讼观点和充分的沟通是说服法官的利器。当交易文件对双方利益的约定不明时,可以法律规定、交易惯例为依据界定双方利益的范围。

第二节　上市公司收购纠纷

一、上市公司收购纠纷概述

上市公司收购是指收购人(投资者及其一致行动人)拥有权益的股份(包括登记在其名下的股份和虽未登记在其名下但该投资者可以实际支配表决权的股份)达到或超过一个上市公司已发行股份的法定比例,导致其获得或可能获得以及巩固对该公司的实际控制权的行为。[①] 上市公司收购的实质就是上市公司的股份转让,与普通股权(份)转让相比,上市公司收购活动不仅要遵守《公司法》的规定,还要遵守《证券法》的规定。由于上市公司收购涉及众多投资者,对资本市场具有重要影响,因此上市公司收购受到严格监管。

按照《证券法》的规定,上市公司收购分为公开市场收购(又称二级市场收购)、要约收购和协议收购。按照《上市公司收购管理办法》的规定,上市公司收购既包括股份转让,也包括通过投资关系、协议和其他安排的途径成为上市公司的实际控制人,上市公司收购既包括对股票等证券的收购,也包括对表决权的征集或收购。

上市公司收购纠纷是指收购人在购买上市公司股份以获得其控制权的过程中与被收购人之间发生的纠纷。收购人之间发生的纠纷不属于此案由。[②]

二、上市公司收购纠纷的常见法律问题

上市公司收购纠纷主要集中在信息披露制度、一致行动人、要约收购与强制收购、股份转让限制等方面。

(一)信息披露制度

为保护中小股东,防止内幕交易、维护"资本三公原则",法律规定了权益披露制度,要求持股达到5%的时候必须报告和公示;以后每增加5%,都要公开。如此,

---

[①] 参见范健、王建文:《证券法》(第二版),法律出版社2010年版,第203页。
[②] 参见最高人民法院民事案件案由规定课题组编著:《最高人民法院民事案件案由规定理解与适用》(2011年修订版),人民法院出版社2011年版,第403页。

股价就会很快上涨,目标公司管理层也有时间采取各种防范措施来挫败收购人的收购意图。

信息披露制度包含以下主要内容:

(1) 大额持股披露

大额持股披露是指当股东持股达到一定比例时,有报告并披露其股份增减状况和持股意图的义务,并在持股达到法定比例时,有强制收购的义务。大额持股往往是收购的前兆,大额持股披露一方面使广大投资者对迅速积累股票的行为及其可能引起公司控股权的变动情势有足够的警觉,另一方面又提醒其对所持有股票的真正价值重新加以评估,以保护投资公众在充分掌握信息的基础上自主地作出投资判断,防止大股东以逐步收购的方式形成事实上的信息垄断和对股权的操纵。我国《证券法》第63、64条对此作出明确规定。

(2) 收购要约和收购意图的披露

收购人收购要约的具体内容和收购意图是目标公司股东作出投资判断(保有或卖出)的主要依据,因此为保护广大股东的合法权益,防止有关人士利用内幕信息进行交易,各国的上市公司收购立法都对此作出了相当严格的规定。这也是保障股东平等待遇原则得以贯彻的基本前提。我国《证券法》第66条对此作出明确规定。

(3) 目标公司董事会对收购所持意见及理由的披露

在上市公司收购中,虽然收购实际上是收购人与目标公司股东之间的股份交易,与目标公司的董事无关,但由于上市公司收购会导致目标公司控制权的转移,而控制权转移的后果往往意味着公司经营者的更换和公司经营策略的变化,这对目标公司原有经营者的利益、目标公司股东的利益都至关重要。实践中,目标公司的董事们为了维护自己或公司的利益,经常利用自己经营公司的权力促成收购或采取各种措施来挫败收购。无论是哪一种情况,都直接关系到目标公司股东的合法权益。而且,目标公司股东在决定是否接受收购要约之际,目标公司经营者的态度往往是一项重要的参考。因此,信息披露制度要求目标公司董事会公开其对收购所持的意见和理由,这是防止董事会成员谋取私利的一种有效措施,也是对董事会成员的一种强有力的监督方式。《上市公司收购管理办法》第32条对此作出明确规定。

(二) 一致行动人

顾名思义,一致行动人是指采取一致行动的人。广义上来说,一致行动人是指通过协议等形式承诺在面对某些事情时保持一致行动的自然人或法人。在上市公司收购过程中,如果收购人签署一致行动协议,那么当上市公司召开股东会,协议约定某些事项或进行表决时,签署一致行动协议的收购方可能先在签署一致行动协议的各方中讨论出一个表决结果,然后签署该一致行动协议的收购方在上市公司召开的股东会上再进行表决。在上市公司收购中,一致行动极具隐蔽性,收购人通过一致行动能够解决融资难题,分散风险。但收购人极可能通过采取一致行动达到规避法律义务、操纵证券市场等目的。因此,世界各国法律大多对一致行动进行相应的规制。

如《上市公司收购管理办法》第83、13、14条,对一致行动人的认定作了规定,并对持股比例达到一定要求后必须进行披露作了规定。收购人及其一致行动人通过证券交易或者协议转让,拥有的股份拟达到或者超过上市公司已发行股份的5%时,应当在该事实发生之日起3日内编制权益变动报告书,履行公告、报告等信息披露义务,并通知上市公司。如果一致行动人违反收购协议或违反法律法规规定的相关披露义务,给公司带来损失的,则应承担连带赔偿责任。

(三)协议收购和要约收购

1. 协议收购

上市公司收购中的协议收购是指投资者在证券交易场所之外与目标公司的股东就股票价格、数量等方面进行私下协商,购买目标公司的股票,以期达到对目标公司的控股或兼并目的。

根据《上市公司收购管理办法》第47、14条和第55条第2款等条款的规定,收购人通过协议方式在一个上市公司中拥有权益的股份达到或者超过该公司已发行股份的5%,但未超过30%的,应当按照权益披露的相关规定履行披露义务,未履行披露义务的,不予办理股份转让和过户登记手续。

2. 要约收购

要约收购包含部分自愿要约与全面强制要约两种类型。部分自愿要约,是指收购人依据目标公司总股本确定预计收购的股份比例,在该比例范围内向目标公司所有股东发出收购要约,预受要约的数量超过收购人要约收购的数量时,收购人应当按照同等比例收购预受要约的股份。全面强制要约是指通过证券交易所的证券交易,投资者持有或者通过协议、其他安排与他人共同持有一个上市公司已发行的股份达到30%时,继续进行收购的,应当依法向该上市公司所有股东发出收购上市公司全部或者部分股份的要约。

要约收购与协议收购相比,其最大的特点是在所有股东平等获取信息的基础上由股东自主作出选择,因此被视为完全市场化的规范的收购模式,有利于防止各种内幕交易,保障全体股东尤其是中小股东的利益。本节仅介绍全面强制要约,下文所称要约收购均指全面强制要约。

《上市公司收购管理办法》第 24 条规定："通过证券交易所的证券交易,收购人持有一个上市公司的股份达到该公司已发行股份的 30% 时,继续增持股份的,应当采取要约方式进行,发出全面要约或者部分要约。"

《上市公司收购管理办法》第 31 条第 2 款规定："收购人作出要约收购提示性公告后,在公告要约收购报告书之前,拟自行取消收购计划的,应当公告原因;自公告之日起 12 个月内,该收购人不得再次对同一上市公司进行收购。"

根据上述规定在公告要约收购报告书前,可自行采用申请和公告的方式取消收购计划。

(四) 上市公司反收购措施及其限制

上市公司收购有善意收购与敌意收购之分。为防止敌意收购,可以采取相关反收购措施。法律不禁止反收购,但从反面对反收购措施加以规制。也就是说,法律允许采取反收购措施,但不得违反法律的强制性规定。

实务中,常见的上市公司反收购措施主要有以下几种:

1. 收购要约前的反收购策略

(1) 绝对多数条款

这是指在公司章程中规定涉及修改章程、公司合并、分立、解散清算、出售重大资产等重大事项的特别决议必须经过绝对多数表决权同意才能通过,比如必须经全体股东所持表决权的 4/5 以上通过。这就增加了收购人接管、改组被收购公司的难度和成本,从而降低收购人的收购意愿。这项策略并不违反我国《公司法》的规定。

(2) 董事轮换制

这是指在公司章程中规定每年或每次只能更换 1/3 甚至 1/5 的董事,并规定修改该项规定需通过特别决议。这意味着,即使收购人获得了被收购公司的多数股权也不能一次性更换全体董事,使其难以在短期获得被收购公司董事会的控制权,从而降低收购人的收购意愿。这在我国上市公司已普遍应用。

(3) 双重股权结构

双重股权结构下,公司股票按投票权划分为高级和低级两等,低级股票每股拥有一个投票权,高级股票每股拥有数倍的投票权,但高级股票股息较低,低级股票的股息较高。高级股票可以按一定的条件转换为低级股票。这时,即使收购人获得了大量的低级股票,也难以取得公司的控制权。我国公司法对此尚未明确规定,但我国科创板允许双重股权公司上市。

(4) "毒丸"计划

这是指在公司章程中预先制定一些对"袭击者"极为不利的规定,这些规定就是"毒丸"。它在平时可能安然无事,一旦目标公司被收购人收购,这些"毒丸"的"毒性"马上起作用:①稀释"袭击者"手中的股份;②增加"袭击者"的收购成本;③目标公司"自我伤害"。

(5)构建"防鲨网"

这是指建立适当的股权结构使公司股权难以足量转移到收购人手上,从而成功地反对敌意收购。这种股权结构可以是以下几种策略的组合:①自我控股;②交叉持股或相互持股,即关联公司或关系友好公司之间相互持有对方股权,在其中一方受到威胁时,另一方给予支援;③员工持股计划。

2. 收购要约后的反收购策略

(1)股票回购

这是指当公司受到收购威胁时购回发行在外的股份,减少在外流通的股份,使收购人难以收到足够的股份。

我国现行《公司法》仅允许股份有限公司在四种特定情形下回购本公司股份,但反收购不在其列,故该策略目前尚不可直接适用。不过,这可以转化适用:①股东收购;②由成立的关联公司或友好公司出面收购;③员工持股计划。

(2)资产剥离

这是指在面对敌意收购时,出售自身最有价值的资产或收购人最感兴趣的资产,减少自身价值从而降低收购人的收购意愿。

(3)邀请"白衣骑士"

这是指面对敌意收购时,主动寻找第三方以更高的价格来对付敌意收购,从而出现竞价收购局面。面对"白衣骑士"的挑战,收购人要么支付更昂贵的收购成本,要么放弃。

我国法律规定"白衣骑士"最迟应在收购人要约收购期限届满前15日发出竞争性要约,并且被收购公司不得利用资源向其提供任何形式的财务资助。

(4)反向收购(帕克曼防御)

这是指目标公司面对敌意收购时,不是消极防守,而是积极进攻,向收购人发出反向收购要约以收购对方。

(5)降落伞计划

降落伞计划包括金色降落伞、灰色降落伞和锡降落伞。

金色降落伞是指目标公司董事会通过决议,由公司董事及高层管理人员与公司签订聘用合同,一旦目标公司被收购,其董事及高层管理人员被解雇,则目标公司必须一次性支付巨额的解雇费、股票选择权收入或额外津贴。

灰色降落伞主要是向中层管理人员提供较金色降落伞逊色的同类被解雇保护。

锡降落伞是指目标公司的普通员工在公司被收购后一段时间内被解雇时,可领取员工遣散费。

(6)诉诸法律

目标公司可以反垄断、披露不充分、收购人不具备相关条件等为由向人民法院起诉收购方或向相关机关举报请求查处,从而达到阻止或延缓被收购或提高收购价款的目的。

上市公司收购与反收购是一种利益博弈。为平衡各方利益,《证券法》《上市公司收购管理办法》对于反收购措施作出了一些限制性规定:

①公司管理层应公平对待收购本公司的所有收购人。《上市公司收购管理办法》第8条第1款规定:"被收购公司的董事、监事、高级管理人员对公司负有忠实义务和勤勉义务,应当公平对待收购本公司的所有收购人。"依此,上市公司管理层在实施反收购措施时,必须公平对待所有收购人,而不得对某一收购人采取特别措施。

②公司管理层不得非法采取反收购措施。《上市公司收购管理办法》第8条第2款规定:"被收购公司董事会针对收购所做出的决策及采取的措施,应当有利于维护公司及其股东的利益,不得滥用职权对收购设置不适当的障碍,不得利用公司资源向收购人提供任何形式的财务资助,不得损害公司及其股东的合法权益。"这是对被收购公司董事会采取反收购措施的限制性规定。依此,被收购公司董事会可采取反收购措施,但不得为维护自身利益而损害公司及其股东的利益。该规定未对具体的反收购措施限制作出明确规定,人民法院可依该原则性规定具体裁决。

③要约收购的反收购规则。《上市公司收购管理办法》第33条规定:"收购人作出提示性公告后至要约收购完成前,被收购公司除继续从事正常的经营活动或者执行股东大会已经作出的决议外,未经股东大会批准,被收购公司董事会不得通过处置公司资产、对外投资、调整公司主要业务、担保、贷款等方式,对公司的资产、负债、权益或者经营成果造成重大影响。"此外,《上市公司收购管理办法》第34条还设置了董事不得辞任的规定:"在要约收购期间,被收购公司董事不得辞职。"这些较为原则的规定为被收购公司实施反收购行为作了相应规制,但也为反收购留下了必要的空间。

④协议收购的反收购规则。依据《上市公司收购管理办法》第52条之规定,以协议方式进行上市公司收购的,自签订收购协议起至相关股份完成过户的过渡期内,被收购公司不得公开发行股份募集资金,不得进行重大购买、出售资产及重大投资行为。

三、上市公司收购纠纷诉讼指引

(一) 总体思路

上市公司控制权的转移,对收购人、目标公司、目标公司股东以及目标公司高级管理人员、雇员、债权人乃至证券市场产生重要影响,尤其是目标公司中小股东利益容易受到收购人和目标公司管理层双重损害,各国均对上市公司收购活动予以规制,以平衡上市公司收购对各方利益的影响。与非上市公司股权转让相比,上市公司收购受到更多监督:①强制信息披露;②强化中小股东权益保护;③对董事会、管理层进行必要的限制;④强化内幕信息保密;⑤法定情形下要求引进中介机构的财务顾问、律师事务所协助和监管收购交易。

律师处理因上市公司收购而发生的纠纷,可以从研究案件是否违反上市公司收购监管着手,找出对方在履行强制性义务方面的漏洞,制定解决纠纷的总体目标和思路。关于如何制定解决纠纷的总体目标和思路,请参见本书第八章第三节和第四节。

(二) 实务处理注意点

1. 案由

司法实践中,因上市公司收购发生的纠纷并非一律纳入上市公司收购纠纷这一案由,比如因收购人的收购行为违反《证券法》第63、65、73条规定的披露义务和强制要约收购义务,被收购上市公司的股东要求其承担侵权损害赔偿,因为案件构成要件更符合虚假陈述责任纠纷,所以被归入"虚假陈述责任纠纷",而非上市公司收购纠纷。

此外,当目标公司管理层采取反收购措施,收购人或目标公司中小股东可针对反收购措施相应提起公司决议纠纷、损害公司利益责任纠纷、损害股东责任纠纷等诉讼,对反收购措施进行反制。

2. 诉讼主体

(1) 原告

收购人、目标公司、目标公司股东均可以提起上市公司收购纠纷诉讼。

(2) 被告

收购人、目标公司、目标公司股东均可以成为被告。

3. 管辖

因上市公司收购纠纷提起的诉讼,原则上以《民事诉讼法》中管辖的相关规定为基础,综合考虑公司所在地等因素来确定管辖法院。

4. 诉讼时效

上市公司收购纠纷诉讼适用一般诉讼时效,为3年,自权利人知道或者应当知道权利受到损害以及义务人之日起计算。

四、经典案例评析

(一) 案情概要

案例:银江股份有限公司诉李欣合同纠纷案①

原告:银江股份有限公司(简称"银江公司")

被告:李欣

银江公司系中国境内创业板上市公司,银江公司和李欣系银江公司重大资产并购重组交易的交易对手,其中银江公司为资产收购方,李欣为被收购方。2013年8月,银江公司及全资孙公司北京银江智慧城市规划设计院有限公司(简称"北京银江公司")拟通过非公开发行股票和支付现金相结合的方式向李欣及其他12名交易相对方收购其持有的北京亚太安讯科技股份有限公司(现公司名为"北京亚太安讯科技有限责任公司",简称"亚太公司")100%股份。2013年9月,银江公司、北京银江公司、李欣及其他12名交易相对方、亚太公司签署了《银江公司与亚太公司全体股东关于现金及发行股份购买资产协议》(简称《购买资产协议》),对本次资产交易价格、交易方案、业绩承诺及补偿等内容作了约定。为了对亚太公司的盈利业绩承诺进行考核,银江公司、北京银江公司、李欣、亚太公司另行签署《银江公司与亚太公司大股东现金及发行股份购买资产之盈利预测补偿协议》(简称《盈利预测补偿协议》),其中第3条对相应考核年度亚太公司的实际盈利数低于承诺情形下的补偿方式作了具体约定,第7条约定该协议自签署之日起成立,并于银江公司本次重大资产重组完成后生效。

上述《购买资产协议》及《盈利预测补偿协议》签署后,银江公司分别于2013年9月5日召开第二届董事会第二十八次会议、于2013年9月23日召开2013年第一次临时股东大会,就本次重大资产并购重组事项和公司签署《购买资产协议》及《盈利预测补偿协议》等事项予以审议通过,并确定本次公司发行股份的发行价格为21.33元/股。之后,银江公司于2013年12月30日收到中国证监会出具的《关于核准银江股份有限公司向李欣等发行股份购买资产并募集配套资金的批复》。至此,《购买资产协议》的合同生效条件均已实现,合同正式生效。银江公司

---

① 参见浙江省高级人民法院(2016)浙民初6号民事判决书,最高人民法院(2017)最高法民终833号民事裁定书。

也均按照创业板上市公司信息披露规则就上述重大事项在中国证监会指定的信息披露网站进行了公告披露。

《购买资产协议》生效后,各方正式实施本次重大资产重组的相关交易方案,包括办理亚太公司股权过户、银江公司发行新股以及银江公司支付现金对价等。发行新股的具体情况为:银江公司于2014年3月向李欣及其他12名交易相对方以21.33元/股的价格发行新股,合计发行23441162股,李欣实际获得17587245股。2014年3月25日,在各方就本次重大资产重组交易事项均已实施完毕的情况下,银江公司在中国证监会指定的信息披露网站发布了《重大资产重组事实进展公告》,正式公告本次重大资产重组已完成。至此,《盈利预测补偿协议》的合同生效条件均已实现,合同正式生效。

本次重大资产并购重组交易完成后,银江公司按约对亚太公司的业绩承诺进行考核:2013年度,亚太公司达到了李欣承诺的利润额;2014年度,亚太公司归属于母公司股东的扣除非经常性损益的净利润为4262.8万元人民币,未达到李欣承诺的利润额5750万元人民币,据此,结合银江公司于2015年6月2日实施权益分派(即银江公司向全体股东每10股转增12股)的事实,李欣按约向银江公司交付了公司股份5074307股作为补偿,后银江公司于2015年9月17日予以注销;2015年度,根据银江公司委托的瑞华会计师事务所出具的专项审核报告,亚太公司归属于母公司股东的扣除非经常性损益的净利润为-412.37万元人民币,与李欣承诺的2015年度利润额6613万元人民币相去甚远。根据《盈利预测补偿协议》的约定,李欣需向银江公司交付公司股份25240153股作为补偿,并由银江公司予以注销。

李欣已于2016年7月向北京市海淀区人民法院提起案号为(2016)京0108民初字第24911号的诉讼,要求撤销瑞华会计师事务所作出的瑞华核字[2016]33080014号审核报告,李欣于2016年9月27日向人民法院申请,本案应以(2016)京0108民初字第24911号案件的审理结果为依据,请求中止本案的审理。

另查明:目前李欣合计持有银江公司股份总数为27835840股(含22000股流通股,27813840股限售股)。其中,27813840股限售股被质押给案外人浙商资管公司并于2015年4月、5月在中国证券登记结算有限公司办理了质押登记手续。2016年5月,浙商资管公司就质押股份向杭州市中级人民法院申请强制执行,至本案起诉前,杭州市中级人民法院已将李欣所持的银江公司27813840股限售股进行冻结,银江公司提出执行异议,被该院驳回。银江公司不服,又向杭州市中级人民法院提起案外人执行异议之诉,要求立即停止对其中25240153股股份的强制执行。该院于2017年3月13日作出(2016)浙01民初899号民事判决,判决驳回银江公司的诉讼请求。银江公司仍不服,向浙江省高级人民法院提起上诉。

(二) 争议焦点

1.《盈利预测补偿协议》的效力问题以及该协议第3条应认定为预约合同条款还是本约合同条款？

2.《购买资产协议》《盈利预测补偿协议》中约定的业绩补偿条件是否已成就？

3. 若业绩补偿条件已成就，李欣是否有交付股票的义务，本案中李欣应以何种方式就对价进行业绩补偿？

(三) 法院裁判理由

1.《盈利预测补偿协议》的效力问题，以及该协议第3条应认定为预约合同条款还是本约合同条款

《盈利预测补偿协议》由甲方银江公司及北京银江公司、乙方李欣、丙方亚太公司三方签订，并经三方签字盖章确认。李欣辩称签订该协议并非出于其真实意思表示，但并未提供相应证据证明，该抗辩难以成立。根据《盈利预测补偿协议》第7.1条的约定，该协议已自各方签署之日起成立。

关于《盈利预测补偿协议》的效力问题，李欣主张重组交易完成后其已失去对亚太公司的控制权，《盈利预测补偿协议》不具有履行可能性，故应认定无效。对此，分析如下：首先，从订约内容看，《资产购买协议》约定的资产交易方案与《盈利预测补偿协议》约定的业绩承诺及补偿方案属交易各方在自愿平等协商基础上达成的商业安排，且不违反法律、行政法规的强制性规定，应依法确认有效。本次重大资产重组交易经中国证监会核准后正式实施，完成了包括亚太公司股权过户、银江公司向李欣等人发行新股、银江公司支付对价等交易事项。至此，《盈利预测补偿协议》第7.1条约定的合同生效条件已经成就，协议正式生效。其次，李欣关于其失去公司控制权的主张不能成立。银江公司、北京银江公司受让亚太公司100%股份后，依照《资产购买协议》第7条的约定向亚太公司派驻了董事及财务人员，同时李欣亦依约留任亚太公司的董事长及经理职务，并仍任亚太公司的法定代表人。银江公司及其全资控制公司虽持有亚太公司100%股份，但按照现代公司治理结构，股东的所有权与对公司的控制权相分离，结合亚太公司章程对董事长、经理职权范围的约定，亚太公司的日常经营决策仍由李欣负责，李欣并未失去对亚太公司的实际控制权。最后，从实际履约情况看，因亚太公司2014年的盈利数未达到李欣承诺的5750万元人民币，李欣已按《盈利预测补偿协议》的约定向银江公司交付了5074307股作为补偿，并由银江公司于2015年9月17日予以注销。在此过程中李欣并未提出任何异议，也印证了《盈利预测补偿协议》系双方真实意思表示且一直被正常履行，并不存在李欣主张的履约基础丧失的事实。综上，李欣关于《盈利预测补偿协议》应认定无效的主张，无相应事实及法律依据，人民法院不予采纳。

至于《盈利预测补偿协议》第 3 条"补偿方式的确认"应认定为预约合同条款还是本约合同条款,该问题将直接影响银江公司在约定的业绩补偿条件成就时行使请求权的方式及范围。预约是指约定将来订立一定契约的契约。学理上一般认为,要判断合同属预约还是本约,应通观合同的全部内容进行判断:若合同要素已明确合致,已无另行订立合同之必要,应认定为本约,否则认定为预约。审判实践中,界定当事人之间订立的合同是预约还是本约,根本标准应当是当事人的意思表示,即应当综合审查相关协议的内容以及当事人嗣后为达成交易进行的磋商甚至具体的履行行为等事实,从中探寻当事人的真实意思,并据此对当事人之间法律关系的性质作出准确的界定。本案从以下三个方面足以判定《盈利预测补偿协议》第 3 条应属本约合同条款:①从合同整体看,《盈利预测补偿协议》对补偿条件(明确了 2013 年、2014 年、2015 年的承诺盈利数)、补偿标的(即交付股份)、补偿数量(明确了计算公式)、回购及注销股份的时间安排等内容约定详实,双方当事人的意思表示具体明确。在合同要素齐备的情况下,一旦约定的补偿条件成就,双方当事人可依《盈利预测补偿协议》直接履行,实无另行订立新约之必要。②《盈利预测补偿协议》中并未约定将来需另行签订一个新的合同,也没有体现出当事人有意在将来就合同条款作进一步磋商的任何意思表示。与本约相比,预约应属交易之例外,在当事人并未就将来需订立本约作特别约定的情况下,一般宜认定合同为本约。③《上市公司重大资产重组管理办法》第 35 条的规定亦印证了此类盈利预测补偿协议的本约性质:交易对方应当与上市公司就相关资产实际盈利数不足利润预测数的情况签订明确可行的补偿协议。所谓"明确可行",即要求交易双方签订的《盈利预测补偿协议》须具备可直接履行性。现李欣主张业绩补偿条件成就后,银江公司仅有"缔约请求权"而无"交付请求权",显然与《上市公司重大资产重组管理办法》的上述规定相悖。因此,在综合合同整体内容、当事人磋商真意、相关规章规定等因素的基础上,结合李欣上一年度依约交付股份的合同履行行为,应当认定《盈利预测补偿协议》第 3 条属本约性质。

因此,李欣关于《盈利预测补偿协议》无效及第 3 条属预约合同条款的抗辩意见不能成立。《盈利预测补偿协议》对双方当事人具有约束力,若亚太公司未能实现协议约定的承诺业绩,银江公司有权依据该协议第 3 条,请求李欣交付补偿股份或以现金方式补足差额。

2.《购买资产协议》《盈利预测补偿协议》中约定的业绩补偿条件是否已成就

在认定作为案涉重大资产重组交易的两份基础合同《购买资产协议》《盈利预测补偿协议》有效的前提下,本案的第二个争议焦点为该两份协议中约定的 2015 年业绩补偿条件是否已经成就,即亚太公司 2015 年的实际盈利数是否已达到李欣承诺的 6613 万元人民币。

瑞华会计师事务所出具的瑞华核字〔2016〕33080014号《关于银江公司收购亚太公司业绩承诺实现情况的专项审核报告》显示,经审计,亚太公司2015年度扣除非经常性损益后归属于母公司的净利润为-412.37万元人民币,未完成业绩承诺数6613万元人民币。对此李欣认为,瑞华会计师事务所系由银江公司单方委托,该专项审核报告不客观、不真实,不能作为银江公司要求李欣进行业绩补偿的依据。人民法院认为,李欣的主张不能成立。首先,《购买资产协议》第6.2条约定,"委派甲方年度财务报表审计机构对丙方出具专项审核意见"。瑞华会计师事务所作为银江公司2015年财务报表的审计机构,银江公司有权单方委托其对亚太公司2015年度的业绩承诺实现情况进行专项审核。其次,结合2013年度、2014年度的专项审核情况,银江公司亦是依约委托当年审计银江公司财务报表的机构对亚太公司作专项审核,李欣对前两年银江公司单方委托的审计机构均未提出异议,印证了其认可并已实际履行协议中关于银江公司有权单方委托审计机构审核的合同内容。最后,李欣一方在庭审中主张审计结果不实,亚太公司2015年度的实际盈利应为7000多万元人民币,但并未提供相应证据证明,也未提交重新委托第三方进行审计的鉴定申请。在李欣没有充分相反证据推翻前述专项审核报告的情况下,应当认定亚太公司2015年度扣除非经常性损益后归属于母公司的净利润为-412.37万元人民币。

鉴于亚太公司2015年度的经营业绩远未达到《购买资产协议》和《盈利预测补偿协议》约定的该年度承诺盈利数6613万元人民币,两份协议约定的业绩补偿条件业已成就。

3.若业绩补偿条件已成就,李欣是否有交付股票的义务,本案中李欣应以何种方式就对价进行业绩补偿

《盈利预测补偿协议》第3.1条约定,若亚太公司对应年度实际盈利数不足李欣承诺盈利数的,李欣负有股份补偿义务,由银江公司以1元的价格进行回购,"补偿股份数=(截至当期期末累计承诺盈利数-截至当期期末累计实际盈利数)÷各年承诺盈利数总合×(拟购买资产作价÷本次发行股份价格)"。同时,该第3.1条还在注意事项④中约定:"乙方承诺,如其所持甲方股份数不足以补偿盈利专项审核意见所确定净利润差额时,乙方将在补偿义务发生之日起10日内,以现金方式补足差额或者从证券交易市场购买相应数额的甲方股份弥补不足部分,并由甲方依照本协议进行回购。如以现金方式补足差额的,应补偿的现金金额=(应补足的股份总数-已经补偿的股份数量×本次发行股份的发行价)。"根据前述约定的回购股份计算公式,银江公司经计算得出李欣应向银江公司交付的补偿股份数量为25240153股,即银江公司在本案中主张的第一项诉讼请求。本案审理过程中,李欣对前述股份补偿及现金补偿的计算方式均无异议,但认为其持有的所有银江公

司股份已被质押且被司法冻结,即使人民法院最终判令自己以股票补偿,也无法实现,本案只能以现金方式补偿。

根据已查明的事实,目前李欣共计持有银江公司27835840股(含22000股流通股,27813840股限售股),虽然27813840股限售股已被质押给案外人浙商资管公司且相关执行程序正在进行中,但并不影响银江公司对其余22000股流通股享有的权利主张。何况,银江公司提出的第一项和第二项诉请,事实上已经包含了先以25240153股股份补偿、股份交付不能实现情形下再以现金折算的替代方案。即便银江公司对除22000股流通股以外李欣所持的其他股份因执行顺位等原因无法求偿到位,银江公司也有权按《盈利补偿协议》第3.1条的约定,要求李欣以现金方式或从证券交易市场购买相应数额的银江公司股份补足差额。因此,李欣提出的本案只能以现金方式补偿的抗辩意见不能成立,银江公司要求李欣交付相应股份,以及在交付不足情形下折算现金补偿的两项诉请有相应合同依据,应依法予以支持。

(四)裁判结果

①李欣于判决生效之日起10日内向银江公司交付银江公司股份25240153股,由银江公司以1元价格回购并注销。

②如李欣不能足额交付上述25240153股股份,则于判决生效之日起10日内将交付不足部分的股份数折算为补偿金支付给银江公司(补偿金=股份发行价×交付不足部分的股份数÷2.2)。

如果未按判决指定的期间履行给付金钱义务,应当依照《民事诉讼法》第253条的规定,加倍支付迟延履行期间的债务利息。

案件受理费1843947元,申请保全费5000元,由李欣负担。

李欣不服该判决,向最高人民法院提起上诉。由于李欣未在法定期限内交纳二审案件受理费,最高人民法院按自动撤回上诉处理。

(五)案例启示

银江公司发行股份购买资产可以从两个角度来理解。对上市公司而言,上市公司向收购人发行新股,取得收购人的资产;对收购人而言,收购人通过以资产认购新股的方式,取得上市公司股份。由此可见,发行股份购买资产既是上市公司资产并购重组行为,又是新股发行行为,同时可能构成上市公司收购,因而同时受到《上市公司证券发行管理办法》《上市公司非公开发行股票实施细则》《上市公司重大资产重组管理办法》和《上市公司收购管理办法》等法规的规范。

律师处理因上市公司收购而发生的纠纷,首先要研究案件是否违反上市公司收购监管,找出对方在履行强制性义务方面的漏洞。本案中,银江公司依法进行申报并取得了中国证监会出具的《关于核准银江股份有限公司向李欣等发行股份购买资产并募集配套资金的批复》,且已经按照创业板上市公司信息披露规则就本次交易在中国证监会指定的信息披露网站进行了公告披露,本次交易合法合规,让李欣找不到银江公司履行强制性义务方面的漏洞,因而比较主动。

银江公司与李欣签订的《盈利预测补偿协议》约定的业绩承诺及补偿方案属于对赌条款,李欣以此为由主张该协议无效,是错误的。最高人民法院在海富公司与甘肃世恒等增资纠纷再审案①中虽然首次明确了"投资者与股东对赌有效、与公司对赌无效"的裁判原则,但是并非"投资者与公司对赌一律无效"。本案中李欣向银江公司作出业绩承诺及补偿,不会损害公司债权人的利益,且不违反法律、行政法规的强制性规定,应依法确认有效。

---

① 参见最高人民法院(2012)民提字第 11 号民事判决书,载《最高人民法院公报》2014 年第 8 期。

第十一章 股东权益保护纠纷

保护股东权益,可以从两个维度来理解:一是从维护所有者与经营者之间利益平衡的视角来看,现代公司制度是所有权与经营权分离的产物,在所有权与经营权分离的背景下,如何平衡所有者利益与经营者利益,最大限度减少代理成本是公司治理的核心价值。保护股东利益,有利于实现公司治理的核心价值。二是从维护股东与股东之间利益平衡的视角来看,股东主要依赖表决权去影响公司决策。多数决是公司决策的主要形式。由此,造成少数股东在其与多数股东的利益冲突中处于劣势。只有处于弱势的中小股东的利益得到了充分保障,股东之间的利益才能达到真正的平衡。

本章共有五节,分别介绍股东知情权纠纷、公司盈余分配纠纷、请求公司收购股份纠纷、损害股东利益责任纠纷、公司决议纠纷,均可从以上两个维度理解和把握。

第一节 股东知情权纠纷

一、股东知情权纠纷概述

股东知情权纠纷是股东行使股东知情权时产生的纠纷。

股东知情权是股东依法了解和掌握公司经营管理等相关信息的权利。股东知情权是股东依法享有的法定权利、固有权利。实践中,许多中小股东之所以长期被公司大股东和管理层压制,甚至难以获得正常的盈余分配,其主要原因即在于双方获取的公司财务状况和运营状况等方面的信息不对称。因此,股东知情权是股东依法行使资产收益、参与重大决策和选择管理者等其他一切权利的必要前提和基础。但同时应该注意到,不受约束的股东知情权会给公司增加不必要的负担,影响公司正常经营,不利于公司商业秘密的保护,甚至可能诱发股东滥用知情权损害公司及其他股东的利益。因此,公司法对股东知情权的行使主体、内容范围和行使方式等方面作出了一定的约束和限制。在处理股东知情权问题上,既要保障股东知情权,又要防止其滥用权利损害公司利益,维护股东和公司之间利益的平衡。

二、股东知情权纠纷的常见法律问题

(一)公司对股东"不正当目的"的抗辩与证明问题

《公司法》第 33 条第 2 款规定,股东要求查阅公司会计账簿的,应当向公司提出书面请求,说明目的。公司有合理根据认为股东查阅会计账簿有不正当目的,可能损害公司合法利益的,可以拒绝提供查阅。据此,"有不正当目的,可能损害公司合法利益"是公司抗辩股东行使会计账簿查阅权的法定理由。"公司有合理根据认为"意味着公司对此抗辩理由负有举证责任。亦即,公司应举证证明股东有不正当目的,可能损害公司合法利益。"可能损害公司合法利益"意味着不要求损害实际发生或必然发生,只要根据常理判断具有较大可能性即可满足这一要求。① 而"不正当目的"这一主观心理状态本身难以证明,只能通过客观事实或外在行为来合理推定。司法实践中知情权诉讼当事人常为此争论不休,人民法院的认定标准的差异也很大。《公司法解释四》为股东具有不正当目的的认定提供了标准,即具有如下四种情形之一的,可认定股东具有不正当目的:

①股东自营或者为他人经营与公司主营业务有实质性竞争关系业务的,但公司章程另有规定或全体股东另有约定的除外。所谓"自营"是指股东自身所经营的业务,既包括法人股东本身所从事的业务,也包括自然人股东除该公司之外投资的其他公司所从事的业务。"主营业务"是指企业为完成其经营目标而从事日常活动中的主要业务,一般需要根据企业营业执照上载明的主要业务来确定其主营业务范围。所谓实质性竞争关系是指股东和公司之间存在利益冲突。② 值得注意的是,该情形只是作为据以认定股东行使会计账簿查阅权具有"不正当目的"的一个事实证据,但公司法上股东并无竞业禁止的法定义务,因此股东可以通过公司章程或全体股东另行约定的方式排除该情形的适用。

②股东为了向他人通报有关信息而查阅公司会计账簿,可能损害公司合法利益的。这里的"他人"往往是公司的竞争者或诉讼对手,但不排除其他第三人③;"有关信息"是指股东要求查阅的会计账簿所包含的信息,包括但不限于商业秘密;"可能损害公司合法利益"要求的只是一种损失的可能性、或然性,且因此可能

---

① 参见杜万华主编:《最高人民法院公司法司法解释(四)理解与适用》,人民法院出版社 2017 年版,第 185 页。
② 参见杜万华主编:《最高人民法院公司法司法解释(四)理解与适用》,人民法院出版社 2017 年版,第 186 页。
③ 参见杜万华主编:《最高人民法院公司法司法解释(四)理解与适用》,人民法院出版社 2017 年版,第 186 页。

损害的应当是公司的合法利益。①

③股东在向公司提出查阅请求之日前 3 年内,曾通过查阅公司会计账簿,向他人通报有关信息而损害公司合法利益的。该情形设立了一项法律推定,即公司有理由认为有此劣迹的不诚信股东在一定时期内会重复此种行为,应推定其有不正当目的,体现了对不诚信股东的惩罚。鉴于人民法院是针对公司拒绝股东查阅时是否有不正当目的而作出裁判的,故"前 3 年"应为股东提出查阅请求且公司拒绝之日前 3 年,而非起诉日前 3 年。② 显然该推定体现了保护公司利益的价值取向。

④股东有不正当目的的其他情形。其他情形应当是性质、损害风险与前三项相当的情形。为防止股东滥用知情权,如股东过于频繁行使知情权,增加公司负担,使公司不堪其扰,可能对公司正常经营造成损害的,或如股东查账旨在刺探国有控股企业的核心军工产品机密,或获取用户的个人隐私与商业秘密的,可认定为存在不正当目的的其他情形。

公司如能证明股东具有如上情形之一,即可认定为公司有合理根据认为股东查阅会计账簿有不正当目的,如因此可能损害公司合法利益的,公司可依法拒绝提供查阅。

(二) 公司章程、股东协议中约定限制股东知情权条款的效力问题

实务中,有的公司大股东以保守公司商业秘密为由,在公司章程中设定相关条款或与其他股东签订协议,约定限制股东行使法定知情权,或为股东行使知情权设置很高的门槛,导致中小股东知情权的行使面临实质性障碍。

对此,《公司法解释四》第 9 条规定:"公司章程、股东之间的协议等实质性剥夺股东依据公司法第三十三条、第九十七条规定查阅或者复制公司文件材料的权利,公司以此为由拒绝股东查阅或者复制的,人民法院不予支持。"《公司法》第 33、97 条规定的股东知情权是股东的法定权利、固有权利,也是对股东知情权的最低保障标准,不容限制、剥夺,因而该两条款也是强制性法律规范,不容违背,以任何方式实质性剥夺股东依《公司法》第 33、97 条享有的知情权的,均为无效。

所谓"实质性剥夺"的判断,"主要应从限制性约定是否可能会对《公司法》第 33、97 条赋予股东的法定知情权造成实质性损害进行判断;而是否会造成权利实质性损害,主要应从法定知情权的内涵和外延来确定","公司章程、股东间协议等

---

① 参见杜万华主编:《最高人民法院公司法司法解释(四)理解与适用》,人民法院出版社 2017 年版,第 187 页。

② 参见杜万华主编:《最高人民法院公司法司法解释(四)理解与适用》,人民法院出版社 2017 年版,第 188 页。

只有对《公司法》第 33、97 条规定的知情权主体、对象和权利行使方式等作出了实质性限制且将导致股东知情权可能被架空的情况下,该限制性约定才构成对法定知情权的实质性剥夺"。① 比如,章程或股东间协议约定只有超过一定比例的股东同意才能行使《公司法》第 33、97 条规定的知情权,或约定须经特定的其他股东同意或经股东会决议同意或经董事会决议同意方可行使,或约定不得查阅会计账簿等,均将导致股东的法定知情权被架空,该等约定无效。即使股东在章程或股东间协议中承诺放弃知情权,该股东仍可基于法律规定及该权利的固有权属性行使其知情权,因为该权利不因其放弃声明而消灭。这里的章程,既包括公司设立时全体股东一致同意的初始章程,也包括经过依法修改的修订章程;这里的协议包括股东间协议、股东与公司间协议、股权转让方与受让方间协议等,此外还包括股东(大)会决议、董事会决定等形式。② 只要是实质性剥夺股东法定知情权的,不论以何种文件载体的形式出现,均属无效。当然,如果股东通过章程或协议对知情权行使的程序、方式作出详细、具体的约定以便于操作而不增加知情权行使的难度、不削减其权利范围、不导致知情权被架空等实质性剥夺的结果,则属于公司内部自治范畴,自应允许。

(三)公司章程或股东协议扩展股东知情权范围的条款效力问题

如前所述,《公司法》第 33、97 条赋予股东的是知情权的最低保障标准要求,如果章程或股东协议在《公司法》第 33、97 条基础上约定增加、扩展股东知情权,则是股东共同意志的体现,属于公司自治范畴,未违反法律、行政法规强制性规定,应为有效。根据《公司法》第 11 条的规定,"公司章程对公司、股东、董事、监事、高级管理人员具有约束力",公司及其管理者应按章程规定满足股东的知情权请求,故对于股东依据章程提出的知情权请求,即使超出《公司法》第 33、97 条规定的法定范围,一般也能得到人民法院的支持。③

(四)关于股东能否查阅会计原始凭证问题

《公司法》第 33 条第 1 款规定,股东有权查阅、复制公司财务会计报告。同时,第 2 款规定"股东可以要求查阅公司会计账簿",但未明确规定可以查阅原始凭证。对于股东能否查阅原始凭证,理论界和实务界争议很大,有支持的,也有反对的。

---

① 参见杜万华:《最高人民法院公司法司法解释(四)理解与适用》,人民法院出版社 2017 年版,第 209 页。
② 参见杜万华:《最高人民法院公司法司法解释(四)理解与适用》,人民法院出版社 2017 年版,第 209—210 页。
③ 参见杜万华:《最高人民法院公司法司法解释(四)理解与适用》,人民法院出版社 2017 年版,第 211 页。

支持者认为,为保护股东知情权,股东有权获得真实、完整、充分的财务信息及经营信息,因此应对公司法作扩张性解释,股东可查阅的范围还应包括作为会计账簿制作依据及其内容证据的原始凭证,这是股东验证会计账簿真实性及证明股东权益是否受到侵害所必要的,也是应对现阶段我国公司治理不规范现状的适应性举措。账簿可以做假,原始信息不容易做假,如果一概不允许股东查阅原始凭证,对股东知情权的保护力度将大大削弱。司法实践中也有不少案例持支持该观点。2011年第 8 期《中华人民共和国最高人民法院公报》刊登的"李淑君、吴湘、孙杰、王国兴诉江苏佳德置业发展有限公司股东知情权纠纷案"中,二审人民法院认为,账簿查阅权是股东知情权的重要内容,股东对公司经营状况的知悉,最重要的内容之一就是通过查阅公司账簿了解公司财务状况,公司的具体经营活动只通过查阅原始凭证才能知晓,不查阅原始凭证,中小股东可能无法准确了解公司的真正的经营状况。根据会计准则,相关契约等有关资料也是编制记账凭证的依据,应当作为原始凭证的附件入账备查。据此,股东查阅权行使的范围应包括会计账簿(含总账、明细账、日记账和其他辅助性账簿)和会计凭证(含记账凭证、相关原始凭证及作为原始凭证附件入账备查的有关资料)。对于四股东要求查阅其他公司资料的诉请,因超出了公司法规定的股东行使知情权的查阅范围,不予支持。① 更有判决尖锐地指出,"会计账簿的真实性和完整性只有通过原始凭证才能反映出来。若不允许股东查阅公司的原始凭证,股东很难真正了解公司的实际情况,股东的知情权并未获得实际落实,从落实股东知情权角度出发,股东有权查阅公司的原始凭证"②。反对者认为,会计账簿与会计凭证是完全不同的概念,公司法对股东知情权的范围采用列举式体例,规定的是会计账簿的查阅,没有包括会计凭证,因此原始会计凭证不在股东查阅范围内。③

《最高人民法院关于适用〈中华人民共和国公司法〉若干问题的规定(四)》征求意见稿中曾规定股东可以查阅原始凭证,但最终通过的版本删除了这一规定,这体现了司法解释制定者在此问题上的立场和观点的变化。据解释,删除的主要原因是《公司法》第 33 条第 2 款明确规定股东可以查阅的是会计账簿,未包括原始凭证和记账凭证,因此该问题留待今后的司法实践进一步探索。"司法解释出台后人民法院应当严格按照法律和司法解释处理案件,不应当随意超越法律和司法解释的规定。在具体案件处理过程中,要平衡好股东知情权和公司利益的保

---

① 参见李淑君、吴湘、孙杰、王国兴诉江苏佳德置业发展有限公司股东知情权纠纷案,载《中华人民共和国最高人民法院公报》2011 年第 8 期。
② 湖南省高级人民法院(2016)湘民再 2 号民事判决书。
③ 参见杜万华主编:《最高人民法院公司法司法解释(四)理解与适用》,人民法院出版社 2017 年版,第 189—192 页。

护二者关系。"①尽管如此,《公司法》第 33 条第 2 款规定股东可以查阅公司会计账簿,并未明确规定不包括原始凭证,是否包括原始凭证应属于未明确的事项,而在此立法现状之下已经有不少判决将查阅原始凭证解释为为实现查阅会计账簿的目的所必需而予以支持。《公司法解释四》将此问题暂时搁置,也为司法实践继续探索、积累裁判经验留下空间。因此,不难预见,今后的司法实践在此问题上势必将继续争论,实践中仍将出现持不同观点的判决。

(五)母公司的股东能否请求查阅子公司的文件

对此,存在两种不同的观点:否定说和肯定说。

否定说认为,子公司具有独立的法人地位,母公司股东并不具有子公司的股东资格,因此不符合法律规定的起诉主体条件。②

肯定说认为,母子公司之间往往存在非常紧密的经济联系,特别是在企业集团中,子公司的经营状况往往对母公司的经营状况产生较大影响,而且在实践中母子公司之间也多发生关联交易,特别是在母公司的管理层控制此类交易的情况下,很难说母公司的全部股东对此完全知情。如果母公司股东无法查阅子公司文件,那么其利益将很难得到有效保护。③

笔者认为,基于股东权的基本特性和公司具有独立法人的地位,股东查阅权原则上仅应及于股东直接投资的公司,而不应及于其他具有独立法人资格的法律实体。但在企业集团普遍存在的社会经济现实面前,一概拒绝母公司股东查阅子公司文件就显得不合时宜。在个案中允许符合条件的行权股东查阅子公司文件,并非对公司法人制度和股东权益基本特性的否定,而是对公司法人制度和股东权益的维护。这就好比公司法人人格否认不是对公司人格独立制度的否定,而是对公司法人人格制度的维护和完善,是对公司当事人之间利益失衡的一种事后救济。④

母公司股东在特定情形下可以直接查阅子公司文件,被称为股东查阅权穿越行使。有不少学者为此提出了"母子公司人格混同理论""单一企业理论""公司跨层治理理论""控制或支配理论"等,以论证股东查阅权穿越行使的正当性。

事实上,商人、会计师和投资者早就将公司集团作为一个整体而不是独立的各

---

① 杜万华主编:《最高人民法院公司法司法解释(四)理解与适用》,人民法院出版社 2017 年版,第 192—193 页。
② 参见李建伟:《公司诉讼专题研究》,中国政法大学出版社 2008 年版,第 313 页。
③ 参见袁达松、王喜平:《股东查阅权穿越:母公司股东权益保护的利器——相关美国法理论、实践及我国制度的构建》,载《东方法学》2010 年第 4 期。
④ 参见赵旭东主编:《公司法学》(第二版),高等教育出版社 2006 年版,第 9 页。

个实体来关注,比如会计合并报表。

当母公司董事会获得对子公司的掌控之后,如果绕开母公司股东自行决定出售子公司重大资产或与特定利益关系人进行交易,就将掏空公司,从而侵害母公司其他股东的利益。这种情况下,如果不允许母公司股东查阅子公司文件,这就相当于允许母公司控股股东或实际控制人"滥用法律"。

由此可见,股东查阅权穿越行使有着深厚的理论基础,也是对社会经济中普遍存在企业集团的回应。股东查阅权穿越行使,是对股东查阅权的扩张,具有丰富股东获取公司信息内容、提高股东决策能力和监管能力以及约束控股股东和管理层的行为等功能,对于完善公司治理具有重大意义。[1] 美国、日本等国的公司法均已确认股东查阅权穿越行使规则。

然而,股东查阅权穿越行使不仅关系到母公司商业秘密的保护问题,还涉及从属子公司商业秘密的保护问题,故为平衡股东查阅权与母、子公司经营权的矛盾,对于股东查阅权穿越行使,应严格把握以下几点:

(1)穿越行使应遵循"个案化"原则

股东查阅权穿越行使与公司法人人格否认规则一样,只是一种例外,仅仅在特定场合、特定个案中才能运用,其效力不涉及公司的其他法律关系,并且不影响该公司作为一个独立法人实体而继续合法存在。

(2)行权股东应符合查阅第三层、第四层公司文件的条件

当公司没有证据证明股东查阅目的不正当,且股东能提供较为充分的证据证明其查阅是善意、合理且直接相关的,并证明非经查阅子公司文件,不足以验证母公司账簿的真实性和合法性,或者不足以有效实现其正当目的,或者将使自己的切身利益受到不可避免的损害等必要性的,为维护个案的公平正义,对该善意股东应提供高标准的保护,允许其查阅与其查阅目的直接相关的子公司文件。

对此,域外公司法有类似规定。例如,《日本公司法》第 433 条第 3 款规定,母公司股东请求查阅子公司会计账簿及相关资料,首先应符合股东会计账簿查阅权的一般要求,包括查阅权主体条件、查阅的对象范围、查阅权的行使、公司拒绝查阅的事由等内容;其次,股东查阅权穿越行使的目的限定为母公司的股东为了追究母公司董事、执行官等对其子公司的指挥监督等违反善良管理义务责任所必要等情况。[2]

---

[1] 参见赵万一主编:《公司治理的法律设计与制度创新》,法律出版社 2015 年版,第 392 页。
[2] 参见〔日〕前田庸:《公司法入门》(第十二版),王作全译,北京大学出版社 2012 年版,第 299、436 页;〔日〕近藤光男:《最新日本公司法》(第七版),梁爽译,法律出版社 2016 年版,第 339 页。

三、股东知情权纠纷诉讼指引

(一) 总体思路

股权知情权是一项基本股东权,同时也是行使其他股东权的前提和基础,法律应该对此予以保护。但少数股东利用知情权获得公司核心信息后损害公司利益的现象也时有发生。由此,法律在保障股东知情权的同时,对知情权的行使予以一定限制,防止股东滥用知情权而损害公司利益,以实现股东与公司间利益的平衡。比如,如何确定具体个案中股东查阅权的范围,往往取决于控股股东是否存在滥用控制权及小股东查阅目的是否正当、是否存在滥用股东权利等情况。这是裁判者处理股东知情权纠纷时需要秉持的司法立场。律师办理此类案件,应当从该立场着手寻找案件突破口,研究案件是否符合公司法和公司章程规定的知情权行使条件和行使程序,包括是否具备股东资格、目的是否正当、查阅材料是否与查阅目的相关以及行使方式是否合法等。找到案件突破口后,再制定争议解决的总体目标和思路。关于如何制定解决纠纷的总体目标和思路,请参见本书第八章第三节和第四节。

(二) 实务处理注意点

1. 确定诉讼主体

(1) 适格原告的确定

股东知情权诉讼是侵权之诉,按其性质,原告应当是知情权受到侵害的股东。

知情权是股东固有的权利,股东知情权纠纷中适格原告主体的确认取决于股东资格的确认。对于股东资格确实存在争议的,原告应先通过诉讼确认其股东资格,再根据确认其股东资格的生效法律文书提起知情权诉讼。

(2) 被告

股东知情权指向的对象是公司的经营管理信息和财务信息,是对公司事务的知情权,权利指向的义务主体是公司,即公司负有向股东提供财务会计报告等资料的义务,因此适格的被告应当是公司。

2. 确定管辖法院

《民诉法解释》第 22 条规定:"因股东名册记载、请求变更公司登记、股东知情权、公司决议、公司合并、公司分立、公司减资、公司增资等纠纷提起的诉讼,依照民事诉讼法第二十六条规定确定管辖。"《民事诉讼法》第 26 条规定:"因公司设立、确认股东资格、分配利润、解散等纠纷提起的诉讼,由公司住所地人民法院管辖。"据此,股东知情权诉讼应向公司住所地人民法院提起。

3. 诉讼准备与诉讼请求

（1）履行诉讼前置程序

有限责任公司股东要求查阅公司会计账簿的，需先向公司提出书面请求，说明目的，这是必须履行的前置程序；公司自股东提出书面请求之日起15日内答复股东拒绝提供查阅或逾期未作答复也不提供查阅的，股东方可起诉请求公司提供查阅。

公司对于股东要求查阅会计账簿的书面请求，有合理根据认为股东查阅有不正当目的、可能损害公司合法利益的，可以拒绝提供查阅，并应当自股东提出书面请求之日起15日内书面答复股东并说明理由；公司认为股东有不正当目的的，应对此进行举证，以证明股东具有《公司法解释四》第8条规定的情形之一。

（2）诉讼请求的确定

股东知情权诉讼应根据《公司法》第33、97条及公司章程规定的知情权范围提出诉讼请求，即：

有限责任公司股东可以请求判令被告向原告提供公司章程、股东会会议记录、董事会会议决议、监事会会议决议及财务会计报告以供原告查阅和复制，可以请求判令被告向原告提供会计账簿以供原告查阅，还可以要求被告提供章程规定的股东可以查阅或复制的其他特定文件材料供原告查阅或复制。

股份有限公司股东可以请求判令被告向原告提供公司章程、股东名册、公司债券存根、股东大会会议记录、董事会会议决议、监事会会议决议、财务会计报告供原告查阅，也可以要求被告提供章程规定的股东可以查阅或复制的其他特定文件材料供原告查阅或复制。

4. 应提供的主要证据

根据民事诉讼"谁主张、谁举证"的基本证据规则，原告应举证证明其具备股东资格及主张行使知情权的事实与理由，以支持其诉讼请求，通常主要提供如下证据：

①证明原告具有提起诉讼的主体资格的证据，即证明原告具有股东身份的证据，如股东名册、公司登记材料、公司章程、出资证明书、股权证明书等；如果是前股东主张行使其持股期间的知情权，应举证证明其具体持股期间及持股期间其合法权益受到损害的初步证据。

②根据章程规定要求行使法定知情权范围之外的知情权的，应提供章程，以证明章程规定的具体知情权范围。

③证明原告曾要求被告提供相应的资料而被告并未提供的证据，如原、被告之间的往来函件、邮寄记录等；如要求查阅会计账簿的，应提供已经履行前置程序的证据。

作为被告的公司,应对其抗辩主张和反驳意见举证:如果认为原告不是股东、无起诉资格的,应提供原告不是股东的相关证据,即应提供公司实际股东情况的相关证据;如果认为原告要求查阅会计账簿有不正当目的,可能损害公司合法利益的,应提供证据证明存在《公司法解释四》第8条规定的情形之一。

5. 注意事项

①在确定股东可以主张的知情权范围时,除了关注公司法规定,还应关注公司章程的规定。在确定股东可以主张要求查阅、复制的公司特定文件材料的范围时,除了关注《公司法》第33、97条规定,还应关注公司章程的规定;法律没有规定但章程规定股东可以查阅的,也属股东可以主张的知情权范围。

②应注意区分请求行使绝对查阅权和相对查阅权的不同条件和程序。如前所述,如果股东要求行使的是绝对查阅权,无须履行任何前置程序即可要求公司在合理的时间、地点提供查阅;如果股东要求行使的是相对查阅权,则应当按要求向公司提出书面请求并说明目的,在履行此程序后公司拒绝查阅的,方可起诉要求查阅。

③必要时可申请人民法院保全公司的特定文件材料。股东行使知情权的目的通常是为了进一步行使其他权利(如盈余分配权等),而公司或其实际控制人为了自身利益或为了对抗行权股东,可能采取隐匿、转移、篡改甚至销毁会计账簿、财务资料等手段来阻挠原告股东行使知情权,因此,为保证人民法院日后作出的判决能得到有效执行,必要时可以及时向人民法院申请对该等特定文件材料进行保全。

四、经典案例评析

(一)案情概要

案例:北京阿格蕾雅科技发展有限公司与金治国股东知情权纠纷上诉案[①]

原告:金治国

被告:北京阿格蕾雅科技发展有限公司

北京阿格蕾雅科技发展有限公司(简称"阿格蕾雅公司")系由包括金治国等在内的7位股东出资设立,其中,金治国的持股比例为4.9%。

阿格蕾雅公司章程第25条规定:"股东有权查阅公司章程、股东会会议记录和财务会计报告。公司应当在每年股东会定期会议召开20日前,将上述文件置备于公司,供股东查阅;如股东提出临时查阅上述文件的申请或查阅公司其他文件或经营信息的,应当以书面形式向公司提交申请并说明查阅目的,公司收到申请后15

---

① 参见北京市第一中级人民法院(2018)京01民终2778号民事判决书。

日内在不影响正常经营的前提下可以安排股东查阅。"第 26 条规定:"股东申请查阅会计账簿的,须召开临时股东会会议,经三分之二以上表决权股东同意的,公司可安排查阅。"

2016 年 5 月,金治国等股东以对阿格蕾雅公司及所属控股公司历年财务及运营情况了解的需求为由,向阿格蕾雅公司发出书面申请,要求其提供 2010 年度至 2015 年度所有股东会决议、董事会决议、财务会计报告以及上述年度所有的会计账簿及财务原始记账凭证供查阅、复制。同日,阿格蕾雅公司向金治国等股东提交了上述年度的股东会决议、财务审计报告的复印件,但拒绝了复印要求,亦未提供历年会计账簿及财务原始记账凭证。为此,金治国向一审人民法院提起诉讼,要求判令阿格蕾雅公司向其提供上述股东会决议、董事会决议、财务会计报告供其查阅、复制并提供会计账簿及财务原始记账凭证供其查阅。

一审中,阿格蕾雅公司称金治国要求查阅公司经营状况,但不清楚金治国的真实目的,不清楚是否会损害公司合法利益。

(二)争议焦点

公司能否以公司章程规定的前置性程序来对抗股东行使知情权?

(三)一审判决

一审人民法院认为,股东有权查阅、复制公司章程、股东会会议记录、董事会会议记录、监事会会议决议和财务会计报告,因此金治国作为阿格蕾雅公司的股东,有权要求查阅、复制该公司的上述资料原件。

关于金治国要求查阅公司会计账簿,虽然阿格蕾雅公司章程第 26 条规定,股东申请查阅会计账簿的须召开临时股东会会议,经 2/3 以上表决权股东同意的,公司方可安排查阅。但上述规定在极大程度上导致股东不能查阅公司会计账簿,是对股东行使股东知情权的实质性剥夺。阿格蕾雅公司以章程规定为由要求金治国履行前置程序的辩称理由,法院不予支持。另外,金治国已就查阅公司会计账簿及凭证提出书面申请,并说明了理由,阿格蕾雅公司并未举证证明金治国查阅公司会计账簿及凭证有不正当目的,可能损害公司合法利益,故对阿格蕾雅公司要求金治国说明查询公司会计账簿目的的主张,法院亦不予支持。

另外,根据《会计法》的规定,"会计帐簿登记,必须以经过审核的会计凭证为依据""会计凭证包括原始凭证和记账凭证"原始记账凭证是会计账簿的记录依据,因而金治国行使对会计账簿的知情权应及于财务原始记账凭证,故对金治国要求查阅财务原始记账凭证的请求予以支持。

综上,一审判决支持了金治国的诉讼请求。

(四) 二审判决

二审人民法院认为,根据《公司法》第 33 条的规定,股东查阅、复制公司股东会会议记录、董事会会议决议和财务会计报告,是股东的法定权利。阿格蕾雅公司未提供证据证明金治国的查阅、复制申请影响其公司正常经营,故一审判决支持金治国的该项诉讼请求,并无不当。

关于金治国要求查阅公司会计账簿,金治国已说明了查阅目的,阿格蕾雅公司亦未提供证据证明其查阅具有不正当目的,故一审判决支持金治国的该项诉讼请求,也并无不当。

此外,虽然阿格蕾雅公司章程规定股东查阅会计账簿需召开临时股东会会议,并经 2/3 以上表决权股东同意。但上述规定是以资本多数决的形式对小股东的知情权进行限制,构成资本多数决的滥用,将导致小股东无法行使知情权,无法了解公司的经营、管理情况。根据《公司法解释四》第 9 条 "公司章程、股东之间的协议等实质性剥夺股东依据公司法第三十三条、第九十七条规定查阅或者复制公司文件材料的权利,公司以此为由拒绝股东查阅或者复制的,人民法院不予支持" 之规定,对阿格蕾雅公司的该项上诉意见亦不予支持。

关于阿格蕾雅公司上诉认为金治国查阅公司会计账簿目的不纯,有意干扰公司正常经营秩序的问题。该院认为,结合现有证据,无法认定金治国查阅公司会计账簿的目的具有不正当性,对阿格蕾雅公司的该项上诉意见亦不予支持。

综上,判决驳回上诉,维持原判。

(五) 焦点问题评析

股东知情权是股东的固有权利,公司章程、股东协议、公司决议和公司其他任何文件均不得实质性剥夺股东的法定知情权,不得限制或排除股东知情权的行使。《公司法解释四》第 9 条的规定充分体现了现行公司法保障股东知情权、维护中小股东合法权益的精神。

本案主要的争议焦点在于阿格蕾雅公司能否以公司章程规定的前置性程序来对抗股东行使知情权。本案中,阿格蕾雅公司章程的违法性体现在两方面:一是规定股东查阅章程、股东会会议记录和财务会计报告需提前书面申请并 "说明查阅目的",而上述文件材料属于《公司法》第 33 条第 1 款规定的范围,属于绝对知情权范围,依法不需要说明查阅目的;二是规定股东申请查阅会计账簿的,须经 2/3 以上表决权股东同意,将股东能否行使查阅会计账簿的知情权取决于其他股东的意见,实质上剥夺了公司法赋予股东的对会计账簿的知情权。

因此,本案两级人民法院均认为阿格蕾雅公司章程规定的知情权行使前置性程序阻碍了股东查阅公司会计账簿,构成对股东查阅或复制公司文件材料权利的实质性剥夺,因此不认可该限制条款的效力。

此外,公司法规定公司有合理根据认为股东查阅会计账簿有不正当目的、可能损害公司利益的,可以说明理由并拒绝查阅,但公司对此"不正当目的"抗辩主张负举证责任。本案中,阿格蕾雅公司一审时称不清楚股东的真实目的、不清楚是否会损害公司合法利益,二审时认为股东查阅会计账簿目的不纯、有意干扰公司正常经营秩序,但都未能举证证明其有不正当目的,因此人民法院对其抗辩主张不予采纳。

对于查阅会计账簿是否包括原始凭证的问题,公司法未作明确规定,实务中有争议。本案判决从《会计法》关于"会计帐簿登记,必须以经过审核的会计凭证为依据""会计凭证包括原始凭证和记帐凭证"等规定,认为会计凭证是会计账簿的记录依据和登记依据,因而行使对会计账簿的知情权应当及于财务原始记账凭证,并据此支持股东关于查阅会计账簿及财务原始记账凭证的诉讼请求,可谓有理有据。

(六) 案例启示

本案裁判较好地体现了利益平衡的理念,具有较高参考价值:第一,严格落实《公司法解释四》第9条背后的法律理念,赋予股东知情权以强行法性质的保障,体现了司法权力对公司自治的适度干预;第二,强调了公司对其关于股东行使知情权具有不正当目的的主张负证明责任,防止公司滥用保守商业秘密等抗辩主张阻碍股东合理的行使权利;第三,对会计账簿查阅范围作出了有利于真正落实股东知情权行使的认定和裁判。另外,《公司法解释四》第9条的适用问题在于如何理解"实质性剥夺",目前主要依靠人民法院的自由裁量。

第二节　公司盈余分配纠纷

一、公司盈余分配纠纷概述

公司盈余分配纠纷是指当公司满足盈余分配条件时,因股东行使对公司的盈余分配请求权而产生的纠纷。

盈余分配请求权又称"分红请求权",是公司具备盈余分配条件时,股东基于自己的股东身份和地位依法请求公司按其持股比例和性质给予分配股利的请求权。一方面,盈余分配请求权是股东依法享有资产收益权的体现,是股东固有的一项最基本、最重要的财产权利;另一方面,资本又是公司经营的基本要素,分配盈余也可能会影响公司经营计划和投资方案的实施。因此在是否分配盈余的问题上，股东和公司之间常会因利益的冲突发生纠纷。

二、公司盈余分配纠纷常见法律问题

(一)股东行使盈余分配请求权的条件

给股东分红，意味着公司留存利润减少，债权人风险增加。如果股东滥用盈余分配请权，不但会损害公司和债权人的利益，还会损害国家税收，甚至危及公司正常秩序。为协调平衡各方利益，法律规定了股东行使盈余分配请求权的实体条件和程序条件。

1. 股利分配的实体条件

分享股利是股东投资的主要目的。而股利分配不仅涉及股东分红的实现问题，也涉及债权人及其他利益相关者的利益保护问题。妥善解决前述两个问题的关键是必须确保股利源于公司的可分配利润。这也是股利分配的实质条件，即公司有可分配的利润。可分配利润，又称"盈余"，是指公司弥补亏损和提取公积金后所余税后利润。① 易言之，无盈不分。否则，将违反资本维持原则，损害公司和债权人的利益，构成违法分配，股东必须将违反规定分配的利润返还给公司。

我国《公司法》第 166 条明确规定："公司分配当年税后利润时，应当提取利润的百分之十列入公司法定公积金。公司法定公积金累计额为公司注册资本的百分之五十以上的，可以不再提取。公司的法定公积金不足以弥补以前年度亏损的，在依照前款规定提取法定公积金之前，应当先用当年利润弥补亏损。公司从税后利润中提取法定公积金后，经股东会或者股东大会决议，还可以从税后利润中提取任意公积金。公司弥补亏损和提取公积金后所余税后利润，有限责任公司依照本法第三十四条的规定分配；股份有限公司按照股东持有的股份比例分配，但股份有限公司章程规定不按持股比例分配的除外。股东会、股东大会或者董事会违反前款规定，在公司弥补亏损和提取法定公积金之前向股东分配利润的，股东必须将违反规定分配的利润退还公司。公司持有的本公司股份不得分配利润。"该条规定兼顾了股东、债权人、公司及社会公众利益，明确税后利润首先用于弥补公司亏损，其次应提留公司公积金，最后才能分红。法律设定股利分配的实体条件，主要是为了平衡股东与公司外部债权人的利益。

---

① 参见王保树、崔勤之：《中国公司法原理》(最新修订第三版)，社会科学文献出版社 2006 年版，第 277 页。

2. 股利分配的程序条件

当公司有盈余时,是否分红以及如何分红,关涉公司的存在与发展、市场的竞争状况以及政策法律法规的影响等因素,需由公司进行商业判断并作出决议。根据我国《公司法》第37、99条的规定,股利分配的程序要件是股东会或股东大会依法作出股利分配决议。公司法规定董事会制订公司的利润分配方案、股东(大)会审议批准公司的利润分配方案,主要是为了平衡股东与公司之间以及股东之间的内部利益,体现了公司权力的内部制衡。

只有同时具备股利分配的实体要件和程序要件,公司的分红才有效,股东的抽象分红权才可转化为具体分红权,股东才能行使盈余分配(分红)请求权。

当股利分配的实体条件和程序条件成就时,公司必须向股东分红。此时,如果公司拒绝分红的,可依法诉请人民法院。《公司法解释四》第14条对此明确规定:"股东提交载明具体分配方案的股东会或者股东大会的有效决议,请求公司分配利润,公司拒绝分配利润且其关于无法执行决议的抗辩理由不成立的,人民法院应当判决公司按照决议载明的具体分配方案向股东分配利润。"

当公司、控股股东为了自己的利益不正当阻止股利分配的条件成就的,视为条件成就,否则,将会使股东与公司之间尤其是大股东与小股东之间的利益安排严重失衡。为此,《公司法解释四》第15条明确规定:"股东未提交载明具体分配方案的股东会或者股东大会决议,请求公司分配利润的,人民法院应当驳回其诉讼请求,但违反法律规定滥用股东权利导致公司不分配利润,给其他股东造成损失的除外。"

(二)公司是否可以召开股东会对公司章程约定的利润分配条件、比例进行修改

作为股东固有的个人权利,只要公司章程明确授予股东利润分配请求权,任何人不得以任何方式予以剥夺。因此,虽然股东可以通过股东会修改公司章程,但如果修改公司章程使股东的利润分配请求权受到限制、减损的,必须得到股东的同意。我国《公司法》第34条规定:"股东按照实缴的出资比例分取红利;公司新增资本时,股东有权优先按照实缴的出资比例认缴出资。但是,全体股东约定不按照出资比例分取红利或者不按照出资比例优先认缴出资的除外。"根据该规定,经全体股东一致同意,可以股东会决议对利润分配的条件和比例另行约定。

(三)公司能否以新的决议抗辩股东的利润分配请求权问题

股东会作出分配利润的决议后、公司实施分配前,股东会作出新的决议否决原分配利润的决议,减少分配金额或不再分配,公司以此为由抗辩股东利润分配请求权的,如何处理存在争议。对此,通常认为,股东会利润分配决议一经作出,除非存在决议无效、不成立或者可撤销事由并依法被确认无效、不成立或被撤销,否则,原

则上不应随意变更或撤销,因为股东会载明具体分配方案的利润分配决议作出后,股东的利润分配请求权就转化为股东对公司享有的债权,性质与普通债权无异,股东依民法债的制度对公司享有确定的债权,该债权不受此后股东(大)会作出的新决议的约束或限制。[1] 因此,股东仍可依原利润分配决议主张利润分配请求权。当然,如果全体股东一致同意新的决议,应视为全体股东均自愿放弃依原决议享有的利润分配请求权,根据民事权利处分原则,股东不应再依据原决议提出请求。

(四) 关于公司无法执行利润分配决议的抗辩问题

股东根据股东(大)会作出的利润分配决议请求公司分配利润,公司拒绝分配的,通常会提出其无法执行决议的抗辩理由。此类抗辩理由包括两方面:一方面是关于公司利润分配决议的效力瑕疵,包括公司决议无效、不成立或可撤销。对于股东(大)会决议无效、不成立的主张,任何人均有权提出,人民法院应主动审查,如存在无效或不成立情形,应驳回原告起诉;对决议可撤销的主张,应由股东另行提起撤销之诉,并在撤销之诉审理过程中申请中止利润分配请求权的诉讼。如决议被撤销,具体的利润分配请求权基础不复存在,其起诉将被驳回;如不存在决议无效、不成立或可撤销之情形,则此抗辩理由不成立。另一方面是公司经营情况、财务状况变化而导致无力或不宜执行利润分配决议。对此,人民法院将综合各方面事实情况审查认定该抗辩理由是否成立。通常有理由认为,股东(大)会分配利润决议是股东会根据可分配利润、公司资金需求等因素审慎作出的,且决议作出后股东利润分配请求权已转化为对公司的债权,公司理应及时付诸实施,向股东支付利润,以决议作出后公司经营、财务变化为由主张无法执行的,虽应适当兼顾公司资金实际困难及其债权人利益的保护,以实现各方利益的平衡,但对此主张,人民法院通常会从严掌握,不轻易采信;人民法院认为公司抗辩理由不成立的,判决公司按决议载明的利润分配方案向股东分配。

三、公司盈余分配纠纷诉讼指引

(一) 总体思路

为平衡公司内、外部相关利益者之间的利益,法律规定了公司盈余分配的实体条件和程序条件。处理公司盈余分配纠纷,应当在利益平衡原则的指导下准确把握股利分配的实体条件和程序条件及其成就与否,并在此基础上结合个案具体情况制定诉讼方案。关于如何制定诉讼方案,请参见本书第八章第三节和第四节。

---

[1] 参见杜万华主编:《最高人民法院公司法司法解释(四)理解与适用》,人民法院出版社2017年版,第309页。

(二)实务处理注意点

1.确定诉讼主体

(1)原告

提起公司盈余分配诉讼的原告应当是公司股东。盈余分配请求权是股东依法对公司享有的一项固有权利,因此原告具备股东资格系提起公司盈余分配诉讼的前提,为此原告需提交股东名册、公司章程、公司登记等方面的证据加以证明。只要是公司股东,不受持股时间长短和持股比例限制,均可作为原告起诉。经过审理查明,如果原告不具备股东资格的,法院则将以原告主体不适格为由,裁定驳回原告的起诉。

一审法庭辩论终结前,其他股东基于同一分配方案请求分配利润并申请参加诉讼的,应当列为共同原告。

需要注意的是,如果请求的是具体利润分配请求权,原告应为公司股东(大)会作出具体利润分配决议时的公司股东,因为在决议作出时,利润分配请求权即已转化为当时的股东对公司的债权;而如果请求的是抽象的利润分配请求权,则原告起诉时应为公司股东。

(2)被告

公司利润分配诉讼的被告应为公司。

利润分配请求权源于股东的股权,股权是股东对公司的权利。利润分配请求权的行使对象是公司,故应以公司为被告,而不是以反对分配的其他股东为被告。

(3)第三人

不同意分配利润的股东以及其他与公司盈余分配纠纷的处理结果有利害关系的当事人,应为第三人。

股东利润分配纠纷的本质源于股东之间有不同意见,尤其是大股东反对利润分配。对于不同意分配利润的股东,如其申请参加诉讼,其诉讼地位应为第三人,因为公司分配利润势必对所有股东产生影响,案件处理结果显然与反对分配的股东有法律上的利害关系。

2.确定管辖法院

根据《民事诉讼法》第26条的规定,因公司分配利润纠纷提起的诉讼,由公司住所地人民法院管辖。

3.原告诉讼请求

对于股东(大)会已经作出载明具体分配方案的决议,原告应根据决议确定的分配方案及原告的实缴出资比例(或持有的股份比例)请求公司支付确定金额的红利。

对于股东(大)会未作出载明具体分配方案的决议,但存在违反法律规定滥用股东权利导致公司不分配利润、给原告股东造成损失情形的,可以请求人民法院判决公司给付确定金额的利润,也可以请求人民法院判决公司在一定期限内作出分配利润的决议及其决议必须符合的条件要求(如最低分配比例等),还可以在此基础上进一步请求人民法院判决若公司在确定的期限内未作出分配利润决议的,公司应向股东分配的利润额。对于此类情形下的请求公司分配利润之诉,各地人民法院的具体裁判方法不尽相同,故应关注和研究管辖法院适用的相关司法裁判指导意见及其类似案例。

4. 证据

根据民事诉讼"谁主张、谁举证"的基本证据规则,原告应提供足够的证据证明其事实主张和诉讼请求成立,主要包括:

①证明原告股东身份的证据,原告应提供股东名册、公司章程、公司登记等方面的证据;如果对股东资格有争议的,应提供确认股东资格的生效法律文书。

②提交载明具体分配方案的股东(大)会的有效决议。

③公司股东(大)会未作出载明具体分配方案的决议,原告认为若存在违反法律规定滥用股东权利导致公司不分配利润、给原告股东造成损失的情形而据此起诉的,应提交证明存在该等情形的证据,包括公司存在可分配利润的证据,如公司财务报告(包括资产负债表、利润表、现金流量表等)、审计报告等;证明大股东滥用权利排挤或压榨小股东、拒不分配利润、损害原告股东利益的证据。

作为被告则应提交抗辩证据,具体包括:如果公司认为原告不具有股东身份,应提交证明公司真实股东的相关证据及反驳原告股东身份主张的证据;如被告认为原告提交的股东(大)会决议有效力瑕疵,应提交证明其瑕疵存在的证据;如果公司抗辩其无法执行决议的,应提交证明其无法执行的具体证据;如果认为原告主张存在违反法律规定滥用股东权利导致公司不分配利润、给原告股东造成损失的情形不符合事实,应提交相关证据反驳原告主张。

此外,如果认为原告据以主张权利的股东(大)会决议无效或不成立的,公司可提出效力主张,其他股东也可以作为第三人在诉讼中提出主张;如果认为决议存在可撤销事由的,其他股东可以提出决议撤销之诉,公司可据此申请中止公司盈余分配诉讼。

四、经典案例评析

(一)案情概要

案例:甘肃居立门业有限责任公司与庆阳市太一热力有限公司、李昕军公司盈

余分配纠纷案①

原告:甘肃居立门业有限责任公司(简称"居立公司")
被告:庆阳市太一热力有限公司(简称"太一热力公司")
被告:李昕军

居立公司、太一工贸公司均系太一热力公司股东。其中,太一工贸公司持股60%,居立公司持股40%。2009年,经庆阳市人民政府决定,太一热力公司的资产,除留下32.7亩土地允许该公司开发以外,其他全部资产被庆阳市政府整体收购。整体收购后,太一热力公司未再开展经营活动,也未进行财务清算。

李昕军系太一热力公司执行董事、法定代表人,在公司资产被整体收购后,其未经公司股东会同意,将资产转让所得款项中5600万余元人民币转入其关联公司并由该公司长期占用。

太一热力公司的两方股东未形成任何公司股利分配方案或者作出有关决定。居立公司向一审人民法院提起诉讼,要求判令太一热力公司对盈余的现金和土地向居立公司进行分配,并判令李昕军承担连带责任。太一热力公司认可公司存在盈余,但不能提供具体盈余数额。经人民法院委托会计师事务所审计确认,太一热力公司存在未分配利润(清算净收益)7597余万元人民币。

(二)争议焦点

1. 太一热力公司是否应向居立门业公司进行盈余分配?
2. 李昕军是否应对太一热力公司的盈余分配给付不能承担赔偿责任?

(三)一审判决

一审人民法院认为:2009年太一热力公司全部资产被庆阳市政府整体收购,至本案诉讼前,太一热力公司两股东未形成任何股利分配方案或者作出决定。太一热力公司存在可供分配的利润,但长期不向股东分配,严重损害股东合法权益。故太一热力公司应按居立公司的出资比例,向其分配相应的盈余。此外,因太一热力公司长期占用居立公司应分配利润,应当按中国人民银行同期贷款利率支付资金占用期间的利息。

另外,李昕军作为太一热力公司执行董事、法定代表人,违反法律及公司章程规定,未经公司股东会决策同意,将资产转让所得款项转入其关联公司,由该公司长期占用,形成太一热力公司账面巨额应收款项,严重损害公司股东利益,给公司造成损失,应当对太一热力公司支付居立公司的盈余分配款承担赔偿责任。

---

① 参见最高人民法院(2016)最高法民终528号民事判决书。

综上,判决太一热力公司应向居立公司支付相关盈余分配款及相应利息,若太一热力公司到期不能履行上述给付,由李昕军承担赔偿责任。

(四)二审判决

二审人民法院认为:公司是否进行盈余分配,原则上属于公司自治范畴,但是当部分股东变相分配利润、隐瞒或转移公司利润时,则会损害其他股东的实体利益,已非公司自治所能解决,此时若司法不加以适度干预则不能制止权利滥用,亦有违司法正义。本案中,太一热力公司的全部资产被整体收购后没有其他经营活动,且存在巨额的可分配利润,公司具备进行盈余分配的前提条件;此外,李昕军同为太一热力公司及其控股股东太一工贸公司法定代表人,未经公司另一股东居立公司同意,没有合理事由将5600万余元人民币公司资产转让款转入其关联公司账户。转移公司利润给居立公司造成损失,属于太一工贸公司滥用股东权利,符合《公司法解释四》第15条规定的应进行强制盈余分配的实质要件,故太一热力公司应进行相关的盈余分配。

关于太一热力公司是否应向居立公司支付盈余分配款利息的问题。公司经营利润款产生的利息属于公司收入的一部分,在未进行盈余分配前,相关款项均归属于公司。公司股东(大)会作出盈余分配决议时,在公司与股东之间即形成债权债务关系,若未按照决议及时给付则应计付利息;而司法干预的强制盈余分配则不然,在盈余分配判决未生效之前,公司不负有法定给付义务,故不应计付利息。因此,本案中不存在太一热力公司占用居立公司资金及应付利息的问题,一审判决太一热力公司给付相关利息,缺乏依据,应予纠正。

关于李昕军是否应对太一热力公司的盈余分配给付不能承担赔偿责任的问题。盈余分配是用公司的利润进行给付,公司本身是给付义务的主体,若公司的应分配资金因被部分股东变相分配利润、隐瞒或转移公司利润而不足以现实支付时,不仅直接损害到公司的利益,也损害到其他股东的利益,利益受损的股东可直接依据《公司法》第20条第2款的规定,向滥用股东权利的公司股东主张赔偿责任。本案中,李昕军利用关联关系将太一热力公司5600万余元资产转让款转入其关联公司,居立公司应得的盈余分配先是用太一热力公司的盈余资金进行给付,在给付不能时,则李昕军转移太一热力公司财产的行为损及该公司股东居立公司利益,居立公司可要求李昕军在太一热力公司给付不能的范围内承担赔偿责任。因此,一审判决太一热力公司到期不能履行本案盈余分配款的给付义务则由李昕军承担赔偿责任,并无不当。

(五)焦点问题评析

公司在经营中存在可分配的税后利润时,各股东在没有恶意滥用权利的情况下基于不同角度考虑,可能对是否分配盈余持有不同意见,且难言对错。因此,根据《公司法》的规定,是否进行公司盈余分配及具体分配方案,由股东会作出决议决定,亦即将此事项归属公司自治和公司商业判断范畴,原则上司法不予干预。但当出现大股东排挤、压榨小股东,公司长期不分红,部分股东变相分配利润、隐瞒或转移公司利润等情形以致损害其他股东的实体利益时,大小股东之间的利益严重失衡,公司自治已无法处理,此时需要司法介入适度干预,以公平维护股东利益,恢复股东间应有的利益平衡,实现司法正义。

因此,《公司法解释四》第15条规定,对于股东未提交载明具体分配方案的股东(大)会决议,请求公司分配利润的,人民法院应当驳回其诉讼请求,但对于违反法律规定滥用股东权利导致公司不分配利润,给其他股东造成损失的,即使股东未能提交载明具体分配方案的股东(大)会决议而直接请求公司分配利润,人民法院也可以做出分配利润的判决,进行强制分配。

本案太一热力公司的全部资产被整体收购后已没有实际经营活动,但有巨额可分配利润,公司股东会未作出分配利润的决议,控股股东及其实际控制人却无正当理由将公司巨额资金转移到其关联公司,转移公司利润,给居立公司造成损失,此属控股股东滥用股东权利导致公司不分配利润,符合《公司法解释四》第15条但书条款规定的应进行强制盈余分配的实质要件,故人民法院判决强制分配。

同时,该判例明确了在人民法院强制分配的判决生效前,公司并不负有向股东支付利润款的义务,因此不存在支付此前的利润款之利息的问题。

值得关注的是,本案判决滥用股东权利的公司股东的实际控制人对公司不能给付的利润分配款承担赔偿责任。《公司法》第20条第2款规定,公司股东滥用股东权利给公司或其他股东造成损失的,应当依法承担赔偿责任。本案太一热力公司的控股股东为太一工贸公司,二者法定代表人同为李昕军,人民法院不是判决控股股东太一工贸公司承担赔偿责任,而是判决其实际控制人李昕军承担赔偿责任,原因在于李昕军利用实际控制人的地位将公司资金转移至其关联公司(而不是转移至控股股东),其行为损害了居立公司的利益,故应承担赔偿责任。该项判决是对《公司法》第20条的创造性应用。

(六) 案例启示

本案是适用《公司法解释四》第15条但书条款的典型案例,其意义在于确立强制分配的裁判规则,意味着人民法院今后不再单纯以利润分配属于公司自治范畴为由而对违反法律规定滥用股东权利、恶意拒不分配利润的行为坐视不管。

第三节 请求公司收购股份纠纷

一、请求公司收购股份纠纷概述

异议股东股份收购请求权,又称"异议股东股权回购请求权""股东退股权",是在股东会就导致公司重大变化的特定事项作出决议的情况下,对该决议持反对态度的股东依法可以请求公司以合理的价格收购其股份,从而退出公司的权利。

作为一个团体组织,公司意思决定往往以资本多数决的方式形成。在资本多数决原则下,小股东的意志往往得不到体现,其投资的预期利益可能因为股东会决议而突然受到影响。有限责任公司的股权因无公开市场难以实现有价值的退出,为平衡大、小股东的利益,《公司法》第74条确认了异议股东股份收购请求权。

股份有限公司的资合性决定了其股份转让比较自由,尤其是公开上市公司的异议股东可以随时通过证券市场卖出股份,所以《公司法》对股份有限公司回购本公司发行在外的股份持"原则禁止,例外允许"的立场,第142条对此明确规定。

请求公司收购股份纠纷是异议股东行使股份收购请求权时产生的纠纷,包括请求有限责任公司收购股份纠纷和请求股份有限公司收购股份纠纷两种类型。

二、请求公司收购股份纠纷的常见法律问题

(一)关于公司转让"主要财产"的认定问题

《公司法》第74条第1款第(二)项规定,公司转让主要财产的,异议股东有权请求公司按照合理的价格收购其股权。但如何界定"主要财产",法律和司法解释都未确定具体的标准。通常认为,这里的"主要财产"指的是公司赖以开展经营活动的主要资产,大致可以从质和量两方面把握:从"质"的角度看,是否为主要财产,应看该财产是否为公司经济利益和收入的主要来源,财产转让是否会影响公司的正常经营或导致公司的核心业务、资产结构发生根本性的重大变化;从"量"的角度看,转让的资产是否达到公司资产总额或净资产的一定比例,但认定比例因缺乏确定标准而并不统一。实务中,法官会根据具体案情作自由裁量。司法实践中,有从转让资产所占总资产或净资产比例的"量"的角度认定的,也有从转让资产在公司所处地位和性质的"质"的角度认定的,也有结合二者综合判断作出认定的。

在杨建新诉南通中铁经贸发展有限公司公司收购股权纠纷案中,一审人民法

院认为,"主要财产"应指公司起决定作用的或影响公司存续基础的财产,可以从量和质两个方面认定:在量上,参照《公司法》第121条的规定,以转让财产的价值占公司资产总额的比例为标准,超过公司资产总额30%的资产,即可视为公司的"主要资产";在质上,以该财产转让行为是否对公司的生产经营产生重大影响为标准,比如是否属于公司的优质资产,是否为公司创造了主要的经营利润。① 上述裁判观点体现了"质"和"量"相结合的认定标准。

如前所述,判断公司转让的财产是不是"主要财产",目的是认定异议股东请求公司收购其股权能否成立。因此,"主要财产"的实质判断标准应是该财产是否为公司经营存续不可或缺的部分,其转让是否会导致公司的正常经营和盈利发生根本性变化,是否会损害股东利益,是否使股东原先对公司的预期和期望落空,因而不应仅仅是简单的量化标准,而应结合质和量两个角度作综合判断。

此外,母公司股东对子公司重大资产转让行为表示异议能否请求公司收购股权,也是实务中争议较大、较复杂的问题。一方面,母公司对子公司的出资不影响子公司的财产独立,子公司转让重大资产是对其自身财产的处分;另一方面,子公司转让重大资产时必然会影响母公司基于股东身份所获得的股东权益,这种股东权益的减损实质上也是母公司财产的减损。另外,在母公司实际控制子公司的情形下,也有可能出现母公司的股东会作出关于转让子公司重大资产的决议。在此情况下,若母公司的股东对子公司转让重大资产表示异议,是否属于对母公司转让主要财产表示异议?

对此,笔者认为,应同时考虑两个因素:首先,应考虑子公司及其转让的资产在母公司资产中所处的地位。如果子公司的资产和业务本身在母公司处于主要、核心的地位(比如母公司是壳公司,主要依赖于其投资拥有的子公司开展业务并获得投资收益),而子公司转让的又是主要财产,则可以认定为与转让母公司主要财产具有同等效果。其次,应考虑子公司转让主要财产的决定是否由母公司作出或在母公司实际控制下作出。如果是,子公司转让主要财产的行为可以认定为是母公司的决定,母公司大股东对因此导致的公司发生重大变化、小股东的期望落空负有责任,异议股东应有权请求公司收购股权;相反,如果子公司独立作出转让主要财产的决定且母公司无法控制(如子公司还有其他股东,母公司在其中不占控股地位),母公司的小股东则无权请求公司收购股权。

(二)收购"合理价格"的确定

股权收购价格是股东请求公司收购股份纠纷案中的核心问题。"异议股东股

---

① 参见江苏省南通市港闸区人民法院(2014)港商初字第00320号民事判决书。

权回购请求权这一制度的核心价值在于给小股东一个体面退出公司的途径,而是否'体面',关键在于公司回购其股份的价格,即回购价格一定要公平。"①《公司法》第 74 条仅规定股东可以请求公司按照合理的价格收购其股权,而何谓"合理的价格"及如何确定均未作规定。

公司法规定异议股东提出收购请求后,股东与公司可以在股东会决议通过之日起 60 日内就股权收购协议进行协商;如经协商就收购价格达成一致,应以协商一致的价格为准。

在公司章程对股东退股价格有明确规定的情况下,一般应当按照章程的规定执行,除非控制股东故意利用"资本多数决"规则通过对小股东不利的退股方案,而小股东在章程修正时投反对票。比如,公司章程规定持股职工退休时其股份由公司收购,以当时会计报表为准计算其股权净额退还给本人,此时可以按照公司净资产额确定退股的价格。此外,若公司章程规定以股份的面值为退股价格,而股份的实际价值已经大大低于或远远高于此股份面值,以股份面值为退股价格将显失公平的,此时可以根据异议股东或公司的申请参照公司净资产额予以适当调整,当然是否调整取决于具体案件事实情况及人民法院的自由裁量。

评估通常采取净资产评估法,即先对公司整体净资产进行评估,再按异议股东持股比例确定收购的合理价格,当然从评估报告到收购价格的确定过程,也可能需要人民法院酌情调整。在评估过程中,公司应按要求提供反映公司资产、财务状况的资料。如公司主张有部分财务资料缺失或拒不提供完整的财务资料时,异议股东可以提供线索或初步证据证明公司的净资产情况。在公司无法作出合理解释或提供证据反驳的情况下,人民法院也会采信异议股东提供的资产数额。在上海建维工贸有限公司诉上海尊蓝山餐饮有限公司股份收购请求权纠纷案中,由于被告公司"拒不提供",以致出现被告公司资产无法进行评估的情况,人民法院由此推定原告主张的被告当前净资产 1000 万元人民币的事实成立。②

参照类似股权转让价格确定,是指在公司近期有其他股东转让股权的真实价格存在且不存在重大变化或差异因素的情况下,参照该类股权转让交易价格确定公司收购的合理价格。在孙某诉海某集团有限公司收购股份纠纷案中,一审人民法院认为,公司董事会提出的股权交易价格议案已经公司股东会审议通过,确定为出资额的 2.5 倍,该价格也被 14 名自然人股东和 184 名持股会会员所认可,且已真实转让股权完成交易。该 198 名自然人对公司的股价均有其理性的判断,也期待自身利益最大化,诸多交易所采纳的 2.5 倍价格较客观地反映了公司的真实股

---

① 朱慈蕴:《公司法原论》,清华大学出版社 2011 年版,第 254 页。
② 参见上海市第二中级人民法院(2010)沪二中民四(商)终字第 1406 号民事裁定书。

价,因此,人民法院采纳了原告对公司以出资额的2.5倍收购原告股份的主张。①

(三) 与公司对赌协议效力问题

《公司法》第74、142条规定了异议股东有权请求公司收购其股权的法定事由,此属法定的股权收购请求权。但股东能否与公司自愿约定特定条件下由公司收购股东的股权？该约定的效力又如何？近年来,这种做法大量出现于股权投资的对赌协议中,并引发投资者能否根据对赌协议请求目标公司收购其所持股权的问题。

值得注意的是,与公司对赌协议中的回购条款和异议股东股份收购请求权不是一回事,而是两个性质不同的问题。因对赌协议股份回购产生的纠纷是履行对赌协议过程中产生的纠纷,不是异议股东行使股份收购请求权时产生的纠纷,不属于请求公司收购股份纠纷,二者不宜混为一谈。

关于与公司对赌协议效力的问题,《九民会议纪要》第5条规定,投资方与目标公司订立的"对赌协议"在不存在法定无效事由的情况下,目标公司仅以存在股权回购或者金钱补偿约定为由,主张"对赌协议"无效的,人民法院不予支持;但投资方主张实际履行的,人民法院应当审查是否符合公司法关于"股东不得抽逃出资"及股份回购的强制性规定,判决是否支持其诉讼请求。

投资方请求目标公司回购股权的,人民法院应当依据《公司法》第35条关于"股东不得抽逃出资"或者第142条关于股份回购的强制性规定进行审查。经审查,目标公司未完成减资程序的,人民法院应当驳回其诉讼请求。

投资方请求目标公司承担金钱补偿义务的,人民法院应当依据《公司法》第35条关于"股东不得抽逃出资"和第166条关于利润分配的强制性规定进行审查。经审查,目标公司没有利润或者虽有利润但不足以补偿投资方的,人民法院应当驳回或者部分支持其诉讼请求。今后目标公司有利润时,投资方还可以依据该事实另行提起诉讼。

(四) 异议股东与公司协商是否是起诉公司的前置程序

《公司法》第74条第2款规定,自股东会会议决议通过之日起60日内,股东与公司不能达成股权收购协议的,股东可以自股东会会议决议通过之日起90日内向人民法院提起诉讼。《公司法》规定异议股东与公司的先行协商机制可使双方以尽可能少的时间、金钱、机会等成本解决问题,减轻公司和人民法院的负担。因此,有限责任公司股东只有与公司协商不能达成协议的,方可向人民法院起诉;有限责任公司股东未与公司协商,直接起诉的,不符合《公司法》第74条第2款规定的特别程序,人民法院应裁定不予受理。《公司法》对股份有限公司未作程序性特别规

---

① 参见浙江省舟山市定海区人民法院(2015)舟定商初字第525号民事判决书。

定,应当遵守民事诉讼法的一般规定;不过,《公司法》也并未将股东的该项权利规定为形成诉权,对于一般的权利而言,无损害即无救济。因此,股份有限公司股东未与公司协商,直接起诉的,人民法院应判决驳回诉讼请求。

(五) 公司章程能否限制或剥夺异议股东的股份收购请求权

股份收购请求权是股东为了个人利益而单独行使的权利,是自益权。虽然学界通说认为自益权多为非固有权[①],但并不能因此就认为股份收购请求权属于非固有权而可由公司章程予以限制或剥夺。因为股份收购请求权是反对股东享有的权利,是少数股东的法定权利,它是为防止中小股东被公司控制者掠夺及优化公司治理所必要的,所以股份收购请求权属于股东的自益权和固有权,公司章程不能限制或剥夺。

三、请求公司收购股份纠纷诉讼指引

(一) 总体思路

公司法赋予异议股东股份收购请求权是为了平衡公司与股东、多数股东与少数股东之间的利益,是效率优先兼顾公平的产物。一方面,出于多数股东的利益考量,应允许公司依照多数股东的意思推动特定公司行为,提升公司经营效率;另一方面,出于少数股东的利益考量,不能强迫少数股东接受因特定公司行为引起的公司重大变化,而应为他们提供退出公司的机会,或者在少数股东被排挤或压制时必须保障其得到公平的股份价格,实现股东之间的公平与均衡。此外,需考量公司债权人的利益,避免因公司回购股份而减少公司资本,从而危及债权人债权的实现。为平衡前述公司利益相关者之间的利益,公司法规定了异议股东股份收购请求权的适用条件和程序。

律师在处理请求公司收购股份纠纷过程中,研究案件是否符合公司法和公司章程规定的适用条件及程序时,可以运用利益平衡原则和公平正义原则来解释该适用条件及程序,从而找到案件突破口并制定争议解决的总体目标及思路。关于如何制定解决纠纷的总体目标和思路,请参见本书第八章第三节和第四节。

(二) 实务处理注意点

1. 确定诉讼主体

原告一般为异议股东,被告一般为公司。按照我国《公司法》规定,异议股东无权请求其他股东收购股份。如果公司章程或股东协议规定异议股东可以请求其

---

① 参见赵旭东主编:《公司法学》(第二版),高等教育出版社2006年版,第316页;柯芳枝:《公司法论》,三民书局2005年版,第172页;刘清景主编:《公司法逐条整理》,学知出版事业公司2000年版,第205页。

他股东收购其股份的,则可列其他股东为被告。

2. 管辖

根据《民事诉讼法》第 26 条及《民诉法解释》第 22 条的规定,此类诉讼一般由公司住所地人民法院管辖。

如果依据股东协议或投资协议诉请其他股东收购其股份的,适用合同纠纷管辖规定,由被告所在地或合同履行地的人民法院管辖。

3. 起诉期间

《公司法》第 74 条第 2 款规定:"自股东会会议决议通过之日起六十日内,股东与公司不能达成股权收购协议的,股东可以自股东会会议决议通过之日起九十日内向人民法院提起诉讼。"如果异议股东没有在 90 日内向人民法院起诉,根据《公司法解释一》第 3 条的规定,裁定不予受理。

但在特殊情况下,如果股东能够证明超过法定期限存在正当理由的,也有人民法院受理并作出裁判的案例。如下述案例:

李鸿骏诉常州市创联生活用品有限公司收购股份纠纷上诉案中[1],李鸿骏因对常州市创联生活用品有限公司(简称"创联公司")经营期限届满、股东会作出延长公司经营期限的决议不满,持股东会决议复印件(显示日期为 2011 年 4 月 28 日),于 2011 年 7 月 25 日提起诉讼,在法律规定的 90 天起诉期间内。但在该次诉讼中,创联公司及其他两位股东否认曾作出该股东会决议,而李鸿骏因客观原因无法提供股东会决议原件,只得撤回请求公司收购股份诉讼,另行提起公司解散诉讼。在公司解散诉讼中,创联公司提交了此前李鸿骏主张的股东会决议且已经在工商部门办理了延长经营期限手续。李鸿骏遂又撤回公司解散诉讼,再次提起请求公司收购股份诉讼。二审人民法院认为,李鸿骏撤回前次请求公司收购股份诉讼,完全是创联公司及其他股东违反诚实信用原则,恶意否认召开过该次股东会,导致了诉讼程序的变化。现李鸿骏依据该股东会决议再次提起请求公司收购股份诉讼,应视为前次诉讼之延续,其起诉未违反法律关于提起公司回购股权之诉的除斥期间的规定。二审人民法院遂指定一审人民法院进行实体审理。

4. 诉讼准备与诉讼请求

如前所述,根据《公司法》第 74、142 条请求公司收购股份,需要具备法定事由,因此,诉讼前原告首先要确定根据何种法定事由请求公司收购股份;其次,要确定原告是否符合异议股东的身份条件,即是否对相关议案投了反对票,如果没有,责任是否在公司,应作出合理的解释和说明;最后,根据《公司法》第 74 条请求公司收购股份,应先与公司协商,若股东会决议通过后 60 日内未能同公司达成收购股权

---

[1] 参见江苏省常州市中级人民法院(2014)常商终字第 133 号民事裁定书。

协议,应在股东会决议通过之日起90日内向人民法院提起诉讼。因此原告应先履行与公司协商的前置程序。

诉讼请求应为请求公司以合理的价格收购原告持有的股权(股份),且应当是收购全部股权而不应是部分股权,并明确具体的收购价格或收购价格的确定方法(如以人民法院委托评估鉴定的价格为准或按公司经审计的对应股份比例的净资产为准等)。

5. 主要证据

①证明原告主体资格的证据,包括证明其股东身份、出资情况、持有公司的股份数额等方面的证据。

②证明具备请求公司收购股份的法定事由的证据,即公司股东(大)会通过的导致公司发生重大变化的股东(大)会决议,即《公司法》第74、142条第1款第(四)项所列明内容的股东(大)会决议;对于是否属于法定事由可能存在争议的(如是否属于转让公司主要财产等),还应提供能证明构成法定事由的证据。

③证明原告为异议股东的证据,即证明原告对《公司法》第74条列明的股东会决议投了反对票或对《公司法》第142条第1款第(四)项决议持有异议的证据,包括股东(大)会决议的记载、会议记录、原告投票及提出异议的证据;如果公司未召开股东会而直接实施法定事由范围内的相关行为或虽有召开但未通知原告参加,导致原告没有机会投反对票或提出异议,则应作出合理解释并提供相应证据。

④证明有限责任公司异议股东已经在股东会决议通过后60日内与公司就收购股权事宜进行协商但不能达成协议的证据,包括但不限于协商请求、协商过程记录、协商结果等。

⑤证明股份价格合理的证据,包括但不限于公司的资产负债表等财务报告、股权价值的评估报告等;由于股权价格的确定比较复杂,原告与公司通常难以就收购价格达成一致,如原告无法提供确实充分的证明股权价值的证据,应向人民法院提交评估鉴定股权收购合理价格的申请。

⑥证明案件事实和诉讼请求的其他证据。

四、经典案例评析

(一) 案情概要

案例:翁启凡与杭州余杭长途汽车运输有限公司股权收购请求权纠纷上诉案[①]

原告:翁启凡

---

① 参见浙江省杭州市中级人民法院(2011)浙杭商终字第742号民事判决书。

被告：杭州余杭长途汽车运输有限公司（简称"长运公司"）

翁启凡系长运公司股东之一，自 2004 年 9 月 28 日起至今，长运公司均以公司章程、工商登记等形式确认翁启凡对长运公司的投资额为 9 万元人民币，占长运公司注册资本的 1.33%。因公司经营所需，长运公司于 2010 年 3 月 16 日向浙江省杭州市工商行政管理局余杭分局（简称"余杭工商分局"）申请设立由长运公司独资的杭州余杭长渡客运出租有限公司（简称"长渡公司"），经余杭工商分局核准，长渡公司于 2010 年 4 月 8 日成立，经营范围为出租车客运。

为此，长运公司经杭州市余杭区公路运输管理所及杭州市公安局交通警察支队车辆管理所许可后，将约占公司 1/4 资产的 74 辆出租车的经营权与所有权转入长渡公司，同时长运公司于 2010 年 5 月 14 日向余杭工商分局申请注销了原经营汽车出租业务的长运公司出租汽车分公司。2010 年 6 月 24 日，长运公司董事会向翁启凡等公司股东发出定于 2010 年 7 月 6 日上午 9 时在长运公司办公楼召开股东大会的通知，以对长运公司经营范围变更涉及的章程修改等进行表决。经翁启凡及长运公司另一股东唐德忠授权后，徐向明代表翁启凡、唐德忠参加了长运公司于 2010 年 7 月 6 日召开的第四届第三次股东大会，并就在该股东大会上进行表决的《关于变更公司经营范围修改公司章程的提案》投了反对票，该提案内容为"根据区地税局要求，从 6 月份起公司下属非独立核算部门不能单独领取发票，必须由公司统一申领。为维持公司正常生产经营，公司的经营范围需要增加'设计、制作、发布国内广告；室内装潢'的内容。由于出租公司已注册为独立核算部门，在公司的经营范围中需注销'客运出租'的内容。现提请公司四届三次股东会，对公司章程的经营范围进行变更修改，请审议通过"。因表决同意该提案的股东占 96.45%，故长运公司股东大会决议通过了该提案。后长运公司根据该股东会决议至余杭工商分局办理了相应的变更登记手续。因翁启凡、唐德忠认为长运公司设立长渡公司并将长运公司所有的 74 辆出租车的所有权与经营权转让给长渡公司的行为已构成公司分立及转让主要财产，其有权要求长运公司按照合理的价格收购其在长运公司的股权，遂于 2010 年 9 月 16 日一并诉至原审人民法院，要求判令长运公司按入股价 10 倍的价格即 90 万元人民币收购翁启凡在长运公司的股份、150 万元人民币收购唐德忠在长运公司的股份，原审人民法院于 2010 年 11 月 29 日作出（2010）杭余商初字第 1697 号民事裁定书，认为翁启凡与唐德忠应分案提起诉讼而裁定驳回了翁启凡、唐德忠的起诉，后翁启凡再次起诉，请求判决长运公司按照合理的价格收购其在长运公司的股权。

(二)争议焦点

1. 全资设立子公司能否视为公司分立？

2. 约定将占公司 1/4 资产的 74 辆出租车的经营权与所有权转入子公司能否视为转让主要财产？

3. 翁启凡能否要求长运公司以入股价 10 倍的价格收购其股份？

(三) 一审判决

一审人民法院认为：

①《公司法》第 14 条规定："公司可以设立分公司。设立分公司，应当向公司登记机关申请登记，领取营业执照。分公司不具有法人资格，其民事责任由公司承担。公司可以设立子公司，子公司具有法人资格，依法独立承担民事责任。"第 176 条规定："公司分立，其财产作相应的分割。公司分立，应当编制资产负债表及财产清单。公司应当自作出分立决议之日起十日内通知债权人，并于三十日内在报纸上公告。"故本案中长运公司设立全资子公司长渡公司，而将原长运公司出租汽车分公司注销的行为系其正常投资经营行为，而非长运公司的公司分立行为。

②长运公司因经营所需而将 74 辆出租车的所有权与经营权过户给长渡公司，由于长渡公司系由长运公司独资，且翁启凡与长运公司均确认该部分资产约占长运公司总资产的 1/4，故该行为亦不属于长运公司转让主要财产。

③《公司法》第 75 条第 1 款(现行《公司法》为第 74 条第 1 款)规定："有下列情形之一的，对股东会该项决议投反对票的股东可以请求公司按照合理的价格收购其股权：(一)公司连续五年不向股东分配利润，而公司该五年连续盈利，并且符合本法规定的分配利润条件的；(二)公司合并、分立、转让主要财产的；(三)公司章程规定的营业期限届满或者章程规定的其他解散事由出现，股东会会议通过决议修改章程使公司存续的。"本案中，翁启凡于 2010 年 7 月 6 日所投反对票的股东会决议内容为，长运公司因经营范围的修改与变更而引起的公司章程的变更，并无长运公司的公司分立或转让主要财产的相关内容，翁启凡亦无其他证据证实有其作为长运公司股东对长运公司关于公司分立、转让主要财产的股东会决议投反对票的情形存在。综上，翁启凡的诉讼请求无事实与法律依据，不予支持。据此判决驳回翁启凡的诉讼请求。

(四) 二审判决

二审人民法院另查明：长运公司股东会于 2005 年 3 月 25 日二届六次股东会会议通过关于进一步明确公司股东股份变动相关问题的决议。该决议主要内容为：①同意出资经营新一轮公司的股东限于本公司编制内的中层以上干部。②同意本公司股东发生职务变动，职务股同时作相应调整。免职或降职的股东，保留基础股 3 万元人民币，减持的职务股股份必须转让给公司。③同意股东到达法定年龄退休的，其基础股 3 万元人民币在公司经营期内(2014 年 11 月 2 日前)保留3年。④同意劳动人事关系调出本公司或公司解除劳动关系的股东,在调出或解除的同时,公司返还全部股金(基础股和职务股),不再享有股东权利和义务。⑤同意发生上述②、③、④项情况,股东在变动发生之日起,仍拒绝将股份转让给公司的,不再享受分红,并不计利息。翁启凡作为股东签字赞成该决议。

二审人民法院认为,长运公司转入长渡公司资产的行为不能认定为转让公司主要财产。另外,长运公司于2005年3月25日股东会会议上通过的关于明确公司股东股份变动相关问题的决议上,也对股东股份变动的有关情况作出了规定,翁启凡也在该决议上签字认可。现翁启凡要求长运公司以入股价10倍的价格收购其在长运公司的股份,该主张违反了相关股东会决议,所提价格依据不足,不应予以支持。综上,翁启凡的上诉请求缺乏事实和法律依据,二审人民法院不予支持,并判决驳回上诉,维持原判。

(五)焦点问题评析

1. 关于全资设立子公司能否视为公司分立

母子公司是按照外部组织关系对公司进行的分类,即在不同公司之间存在的控制与被控制、依附与被依附的关系,子公司是与母公司相对的概念。全资子公司是指其股份被母公司全部控制,但其具有独立的法人资格。公司派生分立是指公司以其部分财产和业务另设一个新的公司,原公司存续。

可见,设立全资子公司与公司派生分立是两个不同的概念。二者的相同点是原公司均继续存续,但公司设立全资子公司不应被看作公司派生分立的一种形态,二者的债务清偿机制也不同。母公司设立全资子公司后,母公司享有对子公司的股权,母公司的债权人可以通过执行该股权来维护自己的权益,此时就不必在设立子公司程序上予以限制,否则对母公司而言太过苛刻,另外也会造成法律对公司决策自主权进行过多的干预和限制,进而影响公司设立子公司的效率。而在公司派生分立中,就要适用法律规定的分立程序,即在分立场合要依法通知债权人,分立后的公司若未经债权人同意,则需对原公司债务承担无限连带清偿责任。因此,设立全资子公司不同于公司派生分立。

本案中,长运公司出资设立全资子公司长渡公司的行为并不是公司的分立行为。长运公司股东权益并无变化,没有通知和公告债权人,也没有关于债权债务承担的约定。

2. 关于约定将占公司1/4资产的74辆出租车的经营权与所有权转入子公司能否视为转让主要财产

"主要财产"应当指对公司"起决定作用的"或者"影响公司存续基础的"财产。

具体从如下两个方面来界定：

第一，从量的维度衡量来看，转让的财产应当是价值占公司资产总额的比重较大的财产。也可以说是公司的重大资产，这是判断主要财产的基础。《公司法》第121条规定，上市公司在一年内购买、出售重大资产或者担保金额超过公司资产总额30%的，应当由股东大会作出决议，并经出席会议的股东所持表决权的2/3以上通过。这是整部《公司法》中唯一的一处可以借鉴作为界定"重大资产"的规定。因此，从保持公司经营的稳定性来说，主要财产或者重大资产所占公司总资产的比例不应低于30%，否则，允许股东动辄请求公司回购股权，不但不利于公司的长远发展，亦不符合公司法立法的目的。本案中，翁启凡与长运公司均确认该部分资产约占长运公司资产的1/4，故该行为亦不属于长运公司转让主要财产。

第二，从质的维度衡量来看，转让的财产应当是影响公司存续基础的财产，这是判断主要财产的关键性因素，也就是说，该财产的转让将对公司生产经营产生重大影响，如公司因财产转让而无法维持营业或者不得不大幅度地缩减营业规模等。判断的标准可以从公司的经营范围和经营业务入手，如果公司转让该财产后，其持续的实质性商业活动受到不利影响，改变了公司的经营范围或者经营业务，甚至实质性影响了公司设立之目的及公司存续，损害了公司和股东利益等，则该财产属于公司的主要财产。

3. 关于翁启凡能否要求长运公司以入股价10倍的价格收购其股份

我国司法实践中，在双方当事人无法就回购价格达成协议的情况下，通常采用司法评估价格。本案中，长运公司在2005年3月25日股东会会议上通过的关于明确公司股东股份变动相关问题的决议上，对股东股份变动的有关情况作出了规定，翁启凡也在该决议上签字认可。现翁启凡要求长运公司以入股价10倍的价格收购其在长运公司的股份，该主张违反了相关股东会决议，所提价格依据不足，不应予以支持。

(六) 案例启示

实践中如何正确处理请求公司收购股份纠纷，往往取决于对异议股东股份收购请求权的行使条件、行使程序等问题的认识正确与否。如果不能正确认识股份收购请求权的行使条件、行使程序，就无法正确把握公司、大股东、小股东之间的利益平衡，导致最终不能正确处理请求公司收购股份纠纷。本案中，原告不能正确认识何谓"公司分立"，何谓"转让主要资产"，最终导致败诉。

法律对于"公司合并""公司分立"有明确界定，而对"转让主要资产"则尚无明确界定。对于法律尚无明确界定的事项，运用利益平衡、公平正义和立法目的解释予以阐明，有助于获得法院支持。

第四节 损害股东利益责任纠纷

一、损害股东利益责任纠纷概述

(一)损害股东利益责任纠纷的含义

我国公司法学界通说认为,公司与其董事、监事、高级管理人员(董事、监事、高级管理人员)之间的关系为委托(委任)合同关系[1],董事、监事、高级管理人员因而对公司及其全体股东负有信义义务[2],这是所有权与经营权相分离的应有之义。信义义务又称"受信义务",包括忠实义务和勤勉义务。如果董事、监事、高级管理人员违反受信义务,给公司、股东造成损失的,应当承担赔偿责任,股东可分别提起股东代表诉讼、股东直接诉讼。股东对此直接提起的诉讼就是损害股东利益责任纠纷之诉。

所谓损害股东利益责任纠纷,是指公司董事、高级管理人员违反法律、行政法规或者公司章程的规定,损害股东利益,应当对股东承担损害赔偿责任而与股东发生的纠纷。所谓高级管理人员包括公司的经理、副经理、财务负责人、上市公司董事会秘书和公司章程规定的其他人员。[3]

(二)损害股东利益责任纠纷的常见类型

根据法律法规、司法解释和司法实践的情况,常见的损害股东利益责任纠纷主要有如下类型:①股东请求在公司增资时未尽勤勉义务导致其他股东出资存在瑕疵的董事、高级管理人员承担赔偿责任纠纷;②股东请求协助抽逃出资的董事、高级管理人员承担赔偿责任纠纷;③受让股东请求对股权转让未及时变更登记有过错的董事、高级管理人员承担赔偿责任纠纷;④股东请求未依法履行置备公司文件职责的董事、高级管理人员承担赔偿责任纠纷。

---

[1] 参见刘俊海:《公司法学》,北京大学出版社 2008 年版,第 255 页;朱慈蕴:《公司法原论》,清华大学出版社 2011 年版,第 325 页;范健、王建文:《公司法》(第三版),法律出版社 2011 年版,第 410 页。

[2] 参见施天涛:《公司法论》(第四版),法律出版社 2018 年版,第 366—374 页;刘俊海:《公司法学》,北京大学出版社 2008 年版,第 255 页。

[3] 参见最高人民法院民事案件案由规定课题组编著:《最高人民法院民事案件案由规定理解与适用》(2011 年修订版),人民法院出版社 2011 年版,第 392 页。

二、损害股东利益责任纠纷的常见法律问题

(一)关于股东能否对监事提起损害股东利益责任诉讼的问题

《公司法》第 152 条规定,董事、高级管理人员违反法律、行政法规或者公司章程的规定,损害股东利益的,股东可向人民法院提起诉讼。其中并未规定可对监事提起诉讼。从《公司法》第 53 条规定的监事职权看,其主要职权是检查公司财务,监督董事、高级管理人员,提议召开临时股东会会议,在董事会不履行《公司法》规定的召集和主持股东会会议职责时召集和主持股东会会议,依法对董事、高级管理人员提起诉讼等,可见其主要职权就是监督董事、高级管理人员依法履职,维护公司和股东利益,因此监事直接侵害股东利益的可能性较小。但实践中,股东对监事提起诉讼要求承担赔偿责任的案件仍有发生。在苏茂谦等与陈彬等损害股东利益责任纠纷案上诉中,人民法院以监事会主席不是《公司法》第 152 条规定项下的诉请对象为由驳回了原告的诉讼请求。[①] 在休宁中静华东有色投资有限公司与张跃宁等损害股东利益责任纠纷上诉案中,人民法院也驳回了原告的诉讼请求。[②]

股东以《公司法》第 152 条为依据对监事提起直接诉讼,明显与法相悖,因为第 152 条仅规定股东可对董事、高级管理人员提起诉讼,未包括监事,故直接诉讼往往不能得到人民法院的支持。

(二)董事、高级管理人员违反忠实义务的判断标准问题

董事、高级管理人员负有忠实义务的法律依据为我国《公司法》第 147 条的规定,即董事、监事、高级管理人员应当遵守法律、行政法规和公司章程,对公司负有忠实义务和勤勉义务。该条文指明忠实义务的渊源可以是法律、行政法规和公司章程。

《公司法》相关条文规定了董事、高级管理人员违反忠实义务的具体行为表现,包括但不限于:

①利用职权收受贿赂或者其他非法收入,规定于《公司法》第 147 条第 2 款、第 148 条第 1 款第(六)项;

②违反规定擅自处理公司财产,规定于《公司法》第 148 条第 1 款第(一)、(二)、(三)项;

③违反规定自我交易,规定于《公司法》第 148 条第 1 款第(四)项;

---

① 参见安徽省高级人民法院(2015)皖民二终字第 00054 号民事判决书,最高人民法院(2015)民申字第 3353 号民事裁定书。

② 参见江苏省南京市中级人民法院(2014)宁商终初字第 920 号民事判决书。

④篡夺公司的商业机会,违反竞业禁止义务与公司非法竞争,规定于《公司法》第 148 条第 1 款第(五)项;

⑤擅自披露公司秘密,规定于《公司法》第 148 条第 1 款第(七)项;

⑥利用关联交易损害公司利益,规定于《公司法》第 21 条。

此外,《公司法》第 148 条第 1 款第(八)项规定董事、高级管理人员不得有违反对公司忠实义务的其他行为,这是兜底性条款,涉及具体如何对一项法律没有作明确规定的行为是否违反忠实义务进行判断的问题。

对此,实务中可以从实质标准上进行判断:一为主观标准,即董事、高级管理人员应当在强行性法律规范与公序良俗允许的范围之内,以最大限度实现和保护公司利益作为衡量自己职务的标准,全心全意地为公司利益服务;二为客观标准,即董事、高级管理人员实施的与公司有关的行为必须具有公平性,必须符合公司的整体利益,在个人私利与公司利益发生冲突时,必须以公司利益为先,不得利用其在公司中的优势地位为自己或与自己有利害关系的第三人谋求在常规交易中不能或者很难获得的利益。① 亦即董事、高级管理人员不得利用职权为自己谋取利益,作出与公司利益相冲突的行为。

此外,公司章程可以就法律规定的忠实义务进行具体内容的填充,也可在类型上有所增加,以此便可根据章程的规定对一项具体行为是否违背忠实义务作出认定。

(三)董事、高级管理人员违反勤勉义务的判断标准问题

董事、高级管理人员勤勉义务的法律依据为《公司法》第 147 条第 1 款。勤勉义务与忠实义务同属于英美法系中的信义义务。勤勉义务与忠实义务是信义义务的两个层面。勤勉义务要求董事、高级管理人员以善良管理人的注意来处理公司事务,强调在执行职务过程中要尽心尽责,不得消极怠工、不作为,并且要注重工作能力的提升,处理工作时要保持一般人在同等情况下的注意程度,以积极的态度对待职责范围内的事务;而忠实义务侧重于道德评价,强调利益冲突时董事、高级管理人员应当如何选择的问题,要求董事、高级管理人员不得背信公司,利用公司谋求自己的利益,而损害其他股东的利益。

在确定勤勉义务的具体范围问题上,法律、行政法规中任何关于董事、高级管理人员的职权规定都可以作为直接依据。公司章程对董事、高级管理人员亦可另作补充规定。在根据明文规定无法确定是否尽到勤勉义务时,判断董事、高级管理人员的行为是否违反勤勉义务可以采取以客观标准为主、以主观标准为辅的原则。

---

① 参见孙宏涛:《论董事之忠实义务》,载《西南交通大学学报(社会科学版)》2013 年第 2 期。

客观上,先将勤勉义务分为决策行为和非决策行为。① 对于决策行为,按照一般处理此类事务的工作方式或者公司内部文件的规定,考查董事、高级管理人员作出决策前是否已充分收集信息、合理履行程序、向专家做必要咨询等。如在北京市通县京乐线袋厂崇文经销部诉王淑华等损害股东利益责任纠纷案中,人民法院依据公司章程认定董事的决议行为符合规定,未滥用职权违反勤勉义务。② 对于非决策行为,应注重以"结果"为导向,即董事、高级管理人员的行为结果是否符合公司的预期计划、是否与处在同等地位的人员在运用相匹配的知识技能后达到的结果一致,并与过往类似行为的结果进行综合比较。

在吉林万国机械制造有限公司与王宪生损害股东利益责任纠纷一案中③,人民法院对作为董事长的王宪生是否违反勤勉义务的判断正是选择以客观标准为主的路径,将对勤勉义务的判断与对工作职责范围确定联系起来。人民法院认为,根据公司章程的规定,总经理负责日常生产、技术和经营管理工作,而王宪生担任公司董事长,其并不负责公司的日常经营管理,缴纳专利年费亦不属于董事会决定的重大事宜,而是属于公司经营管理范畴。因此万国机械制造有限公司主张王宪生未尽勤勉义务导致专利技术提前终止、损害股东利益的主张缺乏依据。

主观标准则是作为辅助手段,从执行职务时的工作态度是否积极、审慎的角度去判断董事、高级管理人员有无违反勤勉义务的一般性要求。

三、损害股东利益责任纠纷诉讼指引

(一) 总体思路

随着公司的所有权与经营权相分离,董事和高级管理人员在公司中的地位不断提升,并日益成为公司经营管理的枢纽和公司的主宰,与此相适应,各国公司立法纷纷强化董事、监事、高级管理人员的义务,并赋予股东诉权,以制衡董事、监事和高级管理人员。如果董事、监事、高级管理人员违反信义义务,则将打破公司所有者与经营者的利益平衡,损害公司及股东的利益,股东有权起诉要求违反该义务的董事、监事和高级管理人员依法承担赔偿责任,使受到侵害的权利或利益恢复到被侵害前的状态。在不能"恢复原状"的情况下,应给予合理补偿。同时,为制约股东滥用诉权加重董事、高级管理人员的额外责任,法律规定了损害股东利益责任

---

① 参见赵骏:《董事勤勉义务研究:从域外理论到中国实践——以行为法经济学为视角》,载《浙江学刊》2013 年第 2 期。
② 参见北京市高级人民法院(2017)京民申 4471 号民事裁定书。
③ 参见吉林省长春市中级人民法院(2017)吉 01 民终 3193 号民事判决书。

的构成要件,用以判断董事、高级管理人员是否应负侵权责任。以此为视角理解损害股东利益责任及其构成要件,有助于找到案件的突破口。

此外,董事、高级管理人员违反忠实义务,谋求私利是无法免除其法律责任的,但是对因疏忽等原因导致公司及股东利益受损的,则在存在一定的免责事由时可以免除其责任。否则,过于严格的勤勉义务标准可能会不利于公司吸引那些有能力、称职的人担任董事、监事、高级管理人员。同时,也可能导致企业经营者过于保守,对实现公司及股东价值最大化会有不利影响。因此,适当的免责事由,有利于平衡公司所有者与经营者的利益。免责事由主要包括:①符合"商事判断规则"。即如果董事在作出决议时是基于合理的资料作出的合理行为,即使该决议结果对公司产生损害,董事也不承担责任。②股东会的追认。美英公司法规定董事的某些不当行为可以经股东会作出决议进行追认,以免除其责任,但是对董事的恶意行为则不能追认。③章程规定责任的免除或限制。公司章程可以规定在何情况下免除或减少高级管理人员的责任。尤其是风险极高或志在创新的行业,如果一有损失便追究高级管理人员责任,恐怕没人愿意担任。以此视角理解损害股东利益责任构成要件及其免责事由,有助于找到案件突破口。

找到案件突破口后,再结合下文中"实务处理注意点"制定诉讼方案。关于如何制定诉讼方案,请参见本书第八章第三节和第四节。

(二)实务处理注意点

1. 确定诉讼主体

(1)原告

提起损害股东利益责任诉讼的原告主体应为公司股东。不同于对股份有限公司股东提起股东代表诉讼有持股期限和持股比例的要求,损害股东利益责任诉讼对于原告股东没有持股期限和持股比例的要求,只要是有限责任公司或股份有限公司的股东,均有起诉资格。

(2)被告

就损害股东利益责任纠纷提起诉讼的请求权依据是《公司法》第152条,根据该规定,被告是违反法律、行政法规或者公司章程规定的董事、高级管理人员,不包括监事。

2. 管辖法院

损害股东利益责任纠纷案件的特征是董事、高级管理人员违反规定,侵犯股东权利,造成股东利益受损,股东因而提起诉讼,在性质上应属侵权纠纷,不关涉公司,故应按照侵权案件确定管辖法院。《民事诉讼法》第28条规定:"因侵权行为提起的诉讼,由侵权行为地或者被告住所地人民法院管辖。"因此,原告可以向侵权行为地或被告住所地人民法院提起诉讼。侵权行为地包括侵权行为实施地和侵权结果发生地。公司董事、高级管理人员侵犯股东权利行为的实施地和结果发生地通常与公司所在地一致,因此,此类案件的侵权行为地人民法院通常为公司所在地人民法院。

3. 诉讼请求

损害股东利益责任纠纷案件的诉讼请求通常为请求被告赔偿损失;若董事、高级管理人员侵害股东利益的行为还在继续,则可请求停止侵害股东利益的行为。

4. 主要证据

①证明原告为公司股东的证据;
②证明被告为公司董事或高级管理人员的证据;
③证明被告实施了违反法律、行政法规或公司章程规定的行为的证据;
④证明被告的行为给股东造成损害和损失的证据;
⑤证明被告行为和损害、损失之间具有因果关系的证据;
⑥与案件事实相关的其他证据。

四、经典案例评析

(一) 案情概要

案例:李健诉郝贵东等损害股东利益责任纠纷再审案①

原告:李健

被告:郝贵东

被告:通化矿业(集团)有限责任公司(简称"通化矿业集团")

第三人:通化矿业(集团)道清选煤有限公司(简称"道清选煤公司")

李健曾经为道清选煤公司的股东,持股比例为30%,后李健将其持有的上述股份全部转让给他人。在转让上述股份之后,李健向人民法院提起诉讼,主张在其为道清选煤公司的股东期间,公司董事长郝贵东存在对外低价销售公司精煤的行为,给道清选煤公司和其本人造成了经济损失,因而要求郝贵东承担赔偿责任。

(二) 争议焦点

股东能否以公司高级管理人员低价处置公司资产间接损害其权益为由直接起诉该高级管理人员?

---

① 参见最高人民法院(2016)最高法民申84号民事裁定书。

(三) 一审判决

一审认为,李健原系道清选煤公司股东,其认为公司董事长郝贵东在履行职务时给道清选煤公司造成损失,损害了李健作为股东时的权益。根据《公司法》第151条的规定,李健本应履行先请求该公司的董事会或者不设董事会的有限责任公司的执行董事向人民法院提起诉讼的前置程序,但因李健在本案诉讼前已将自己在道清选煤公司的股份转让给通化矿业集团,其已不再是道清选煤公司的股东,不具备穷尽公司内部救济的身份条件,故李健的起诉可不受该前置程序的限制,李健可依据《公司法》第152条"董事、高级管理人员违反法律、行政法规或者公司章程的规定,损害股东利益的,股东可以向人民法院提起诉讼"的规定,向人民法院提起诉讼。

但关于道清选煤公司董事长郝贵东执行公司职务时违反公司章程,给道清选煤公司及股东造成损失,应承担赔偿责任的诉讼请求依据不足。因此,判决驳回李健的诉讼请求。

(四) 二审裁定

二审人民法院认为,李健提起本案诉讼的理由主要为,郝贵东作为道清选煤公司的董事、高级管理人员违反法律、行政法规或公司章程的规定,侵害了道清选煤公司和当时作为股东的李健的权益。对于公司的董事、高级管理人员违反忠实勤勉义务侵害公司或股东利益的救济方式,《公司法》第149、151、152条已经作出明确规定,前述法律规定与《民法通则》(已失效)第106条规定的关系,属于特别规定与一般规定的关系。根据《立法法》第92条"同一机关制定的法律、行政法规、地方性法规、自治条例和单行条例、规章,特别规定与一般规定不一致的,适用特别规定;新的规定与旧的规定不一致的,适用新的规定"的规定,《民法通则》第106条不能作为本案的裁判依据。《公司法》第151、152条均规定,提起诉讼的主体为"股东",李健提起本案诉讼时已不具有道清选煤公司的股东资格,不再享有《公司法》规定的股东权利,包括股东代表诉讼和股东直接诉讼的权利。

因此,李健与本案无直接利害关系,李健的起诉不具备《民事诉讼法》第119条第(一)项规定的起诉条件,一审人民法院受理并作出判决,适用法律错误。判决撤销一审判决并驳回李健的起诉。

(五) 再审审查意见

李健不服,向最高人民法院申请再审,主要理由如下:依照《公司法》第152条的规定,即使起诉时李健的股权已出让,不再具有股东身份,但是法律并未规定原股东不能享有其作为股东期间受到侵权损害的赔偿请求权;另外,郝贵东所实施的侵害行为既违反了公司法,也违反了侵权责任法,即使按原裁定,李健无权以公司法提起诉讼,但其仍有权按侵权责任法追究郝贵东的侵权责任。

最高人民法院经审查认为,李健提起本案诉讼时已将其持有的公司股份全部转让,已不再具备股东资格,股份的全部转让,意味着附着在上述股份上的股东权利亦概括转移至受让人。因李健已不再是道清选煤公司股东,亦不再享有相应的股东权利及诉权。

《公司法》第152条虽然赋予股东可以就高级管理人员的侵权行为提起股东直接诉讼,但由于公司财产与股东财产系存在相互分离,本案中即便存在李健所主张的道清选煤公司董事长郝贵东低价销售精煤的行为,首先是对公司造成"损失",仅是间接损害了李健作为股东的利益,而与其自身财产权益之间并无直接的因果关系,且因其股权的转让,李健主张的所谓损失与其也并无利害关系。因此,基于李健已转让其股权,其与本案无直接利害关系,不具备本案原告主体资格。

此外,李健主张以侵权责任法规定作为其行使请求权的法律依据,但本案系李健基于其曾是道清选煤公司股东的身份而对公司董事提起的诉讼,并非一般意义上的侵权之诉,故应当适用公司法的相关规定审查其与本案是否存在直接利害关系。基于前述分析,原审裁定驳回李健起诉并无不当。

综上,裁定驳回李健的再审申请。

(六)焦点问题评析

股东根据《公司法》第152条提起的损害股东利益责任诉讼,必须是针对公司董事、高级管理人员直接侵害股东自身利益而提起的诉讼,是股东直接诉讼;董事、高级管理人员的行为损害公司利益,应根据《公司法》第149条向公司承担赔偿责任,应由公司提出赔偿主张,尽管股东作为公司的最终所有者其利益也受到间接损害,但由于股东与此损害没有直接利害关系,其无权直接提起诉讼,只能依据《公司法》第151条提起股东代表诉讼,诉讼利益归于公司。

本案原告以公司董事长低价销售精煤、损害公司及其股东利益为由提起诉讼,即便其主张属实,直接损害的是公司利益,应由公司提出权利主张,股东只能根据《公司法》第151条在履行规定的前置程序后提起代表诉讼;并且本案原告已将股权全部转让给他人,故其也不再有提起股东代表诉讼的资格。

事实上,本案原告是根据《公司法》第152条提起损害股东利益责任诉讼的,此类诉讼要求的事实前提是董事、高级管理人员违反法律、行政法规或公司章程的行为直接损害了股东的利益。根据《公司法》规定,股东在向公司完成出资、成为公司股东后只能依法享有分取红利、分配剩余财产等权利,但公司财产与股东财产是相分离的。李健所主张的道清选煤公司董事长郝贵东低价销售精煤的行为,其直接损害的是公司利益,李健只是作为道清选煤公司的最终所有者其利益受到了间接损害,公司遭受的损害与其并没有直接的利害关系,故其无权就此根据《公司法》第152条提起损害股东利益责任的直接诉讼。

(七)案例启示

司法救济的根本目的就是使受到侵害的权利或者利益得以恢复到被侵害前的状态。在不能"恢复原状"的情况下,予以合理补偿。何种利益受到损害,就对受损的利益进行何种救济。公司与股东是不同的主体,公司享有独立的法人财产权,公司的财产与股东的财产明显有别。虽然股东依据其股权可以获得公司财产的经营收益,但二者毕竟分别属于不同的法律范畴,法律对于遭受侵害的公司利益和股东利益分别给予不同的救济途径。因此,李健无权以公司利益受损为由,直接要求郝贵东赔偿其股东利益的"损失"。

第五节　公司决议纠纷

一、公司决议纠纷概述

公司作为法律上拟制的人,其意思要通过相应机关形成并表达。股东(大)会是公司的权力机关,董事会是公司的经营决策机关,它们通过召开会议形成决议来行使法律和章程赋予的职权。这些决议一旦作出并生效,即作为公司的意思表示产生法律上的约束力,对公司、股东或其他利害关系人产生约束或重大影响。因此法律必须对公司决议予以一定的规范和约束,并针对有瑕疵的决议,赋予相关当事方适当的救济渠道。

公司决议瑕疵是指股东(大)会、董事会决议的内容或程序违反了法律、行政法规或公司章程规定的情形,分为内容瑕疵和程序瑕疵。内容瑕疵是指决议内容违反了法律、行政法规或公司章程。程序瑕疵发生于决议形成的过程中,主要表现为会议召集程序、表决方式违反法律、行政法规或者公司章程的瑕疵。内容瑕疵与程序瑕疵相比,具有不可逆转性,即不论公司采取何种补救措施均不得作出与此内容相同的决议。不同的瑕疵,可能对决议的效力产生不同的影响。

公司决议纠纷便是股东、董事、监事等主体与公司之间因公司的决议瑕疵产生的纠纷。在最高人民法院《民事案件案由规定》中,"公司决议纠纷"被分为"公司决议效力确认纠纷"和"公司决议撤销纠纷"。

二、公司决议纠纷的常见法律问题

(一) 程序瑕疵对决议效力的影响问题

1. 遗漏通知股东、董事参加会议对决议效力的影响

未就股东会、董事会会议的召开逐一通知的股东会、董事会全体成员,在此情况下所作决议的效力,常引起争议。笔者认为,对此应根据遗漏情节及其造成后果的严重程度确定其对决议效力的影响。若因遗漏通知造成出席会议人数或股东所持表决权不符合法律或章程规定要求的,应认定为决议不成立;不存在此情形,被遗漏通知的股东、董事应有权以会议召集程序瑕疵为由依法请求撤销决议。

2. 关于容忍轻微瑕疵的"裁量驳回"问题

《公司法》第22条第2款规定,股东(大)会、董事会的会议召集程序、表决方式违反法律、行政法规或公司章程,或决议内容违反公司章程的,股东可以自决议作出之日起60日内请求人民法院撤销。这里没有区分瑕疵的轻重、影响的大小,似乎只要存在瑕疵情形都可以撤销;《公司法解释四》第4条规定,会议召集程序或者表决方式仅有轻微瑕疵,且对决议未产生实质影响的,人民法院对撤销请求不予支持。也就是说,人民法院对于程序瑕疵,并非"一刀切"地撤销,而是根据具体情况酌情驳回撤销请求,此即公司决议诉讼中的"裁量驳回"制度。该制度的宗旨是兼顾公平和效率原则,容忍轻微程序瑕疵,对于某些只是有非实质性程序瑕疵的决议,赋予人民法院自由裁量权以驳回撤销请求而维持决议的效力。

从上述规定看,裁量驳回制度的构成要件包括:①仅适用于会议召集程序或者表决方式存在瑕疵的情况,对于内容违反公司章程的瑕疵,不适用该制度。②该制度仅容忍轻微瑕疵,因此决议存在的程序瑕疵只能是轻微的,如果是严重瑕疵,也不适用该制度。是否属于轻微瑕疵的判断,具体可以程序瑕疵是否会导致各个股东无法公平地参与多数意思的形成以及获取对此所需的信息为判断标准。[①] 比如,公司章程规定以邮寄书面通知的方式发送会议通知,实际上以电子邮件或短信、微信通知且各方均已收到也未提出异议,该瑕疵并没有影响各个股东公平参会并获取其所需的信息,应属于可以裁量驳回的轻微瑕疵;再如,对于通知期限或公告期限瑕疵的情形,若通知期限仅晚于法律或公司章程规定的一日甚或几小时,而公司的全体股东按时参加会议并作出表决,此时构成应予容忍的轻微瑕疵情形。③对决议未产生实质影响,是指该瑕疵的存在不会影响或改变决议结果。上述三

---

① 参见杜万华主编:《最高人民法院公司法司法解释(四)理解与适用》,人民法院出版社2017年版,第116页。

个要件必须同时具备,缺一不可;同时,容忍轻微瑕疵,意味着如果是严重瑕疵,则无论实际上是否造成实质影响,都不能适用裁量驳回。①

(二)关于公司决议的撤销能否向仲裁机构申请的问题

根据《公司法》第 22 条第 2 款的规定,股东如认为公司决议符合撤销条件要求撤销的,可以在规定期限内向人民法院请求撤销,这里强调的是不能由股东单方通知撤销,而必须诉诸司法程序。但该条款规定的是向人民法院请求撤销,并未提及仲裁机构,股东是否可以根据仲裁条款向仲裁机构申请仲裁? 笔者认为,虽然《公司法》第 22 条第 2 款只规定向人民法院起诉而未规定向仲裁机构申请仲裁,但这应当是立法技术的问题。②《民法典》在"民事法律行为的效力"一节中,其第 147 条至第 151 条规定的是涉及重大误解、欺诈、胁迫、显失公平的可撤销民事法律行为,其中无一例外地规定可以向人民法院或者仲裁机构请求撤销。如前所述,公司决议也属于民事法律行为,有权对其撤销的机构没有理由例外,故若股东各方在公司章程中规定或者在争议发生后达成的协议中约定选择由仲裁机构仲裁,也不违反法律的规定,股东可依仲裁条款向仲裁机构请求撤销。

(三)关于决议撤销权行使期限的问题

《公司法》第 22 条规定,股东可以自决议作出之日起 60 日内请求人民法院撤销。实践中常有股东原先并不知道公司作出了决议,而待知道时已超过了 60 日,若此时起诉请求撤销,则超出了决议作出之日起 60 日的期限。对此,有观点主张应将该条款中的 60 日解释为"知道或应当知道决议作出之日起 60 日"③。司法实践中,有的法院认为,虽然公司法就此规定了除斥期间,但"该撤销之诉的行使应以股东在股东会决议作出之时便知晓股东会决议内容为前提,否则该撤销权将不具有行使的可能性"④。也有人民法院认为,该"除斥期间的起算时间应自当事人知道或者应当知道其权利受到侵害时起计算"⑤。但笔者认为,首先,该条款规定的 60 日的性质是除斥期间,除斥期间是固定期间,不能中断、中止或延长,除斥期间的起算是从权利成立之日起(除非法律有相反规定),期间届满权利即消灭。其

---

① 参见杜万华主编:《最高人民法院公司法司法解释(四)理解与适用》,人民法院出版社 2017 年版,第 117 页。
② 参见杜万华主编:《最高人民法院公司法司法解释(四)理解与适用》,人民法院出版社 2017 年版,第 118 页。
③ 杜万华主编:《最高人民法院公司法司法解释(四)理解与适用》,人民法院出版社 2017 年版,第 120 页。
④ 上海市第一中级人民法院(2015)沪一中民四(商)终字第 801 号民事判决书。
⑤ 山东省烟台市中级人民法院(2015)烟商二终字第 194 号民事判决书。

次,从该条款规定的文义解释看,60 日的起诉期间明确规定的是自决议作出之日起算,与股东是否知情无关,条文并无歧义。对此,全国人民代表大会常务委员会法制工作委员会编的《中华人民共和国公司法释义》(2005 年版)中也明确指出,"撤销之诉需由股东自决议做出之日起 60 日内提起;超过 60 日的,股东便失去这一权利,人民法院不再受理该撤销之诉"①。《公司法解释一》第 3 条也规定:"原告以公司法第二十二条第二款、第七十四条第二款规定事由,向人民法院提起诉讼时,超过公司法规定期限的,人民法院不予受理。"也就是说,该撤销权是形成权,只能在规定的除斥期间内行使。最后,从立法目的看,可撤销的决议只是程序瑕疵或内容违反章程,未达到无效的程度,为维护公司治理的稳定性,规定了 60 日的撤销期,若对此做扩大解释则与立法宗旨相悖。至于小股东不知公司作出了决议而错过起诉期间,通常是因为大股东或实际控制人蓄意不通知,甚至没有召集会议或表决就直接炮制出决议,对此类情形,可以诉请人民法院确认公司决议无效或不成立,该诉讼为确认之诉,不受 60 日期限的限制。

三、公司决议纠纷诉讼指引

(一)总体思路

公司具有独立的法律上的人格。人格的本质是意志的存在资格。② 具有自己的意志(意思),是公司具有法律人格的基础。独立的意思是公司法律人格之本质要素。③

股东(大)会及董事会决议(简称"公司决议")是公司内部的意思(意志)形成,即以团体成员决议的形式形成团体意思。④ 公司决议作为公司的意思表示,其本质是通过会议形成并根据多数决的规则作出的。因此,只有公司决议的程序公正和内容合法才能发生法律效力。⑤ 如果公司决议的程序或者内容违反法律法规和公司章程的规定,则因存在瑕疵不能被认定为是公司团体的意思,应对其效力作出否定性评价。故律师处理公司决议纠纷时,首先可以从公司团体意思的形成着手,寻找案件突破口。其次,公司决议属于公司内部机关对公司其他机关作出的内

---

① 全国人民代表大会常务委员会法制工作委员会编:《中华人民共和国公司法释义》,法律出版社 2005 年版,第 48 页。
② 参见李锡鹤:《民法原理论稿》(第二版),法律出版社 2012 年版,第 66 页。
③ 参见范健、王建文:《公司法》(第三版),法律出版社 2011 年版,第 240 页。
④ 参见杜万华主编:《最高人民法院公司法司法解释(四)理解与适用》,人民法院出版社 2017 年版,第 96 页。
⑤ 参见杜万华主编:《最高人民法院公司法司法解释(四)理解与适用》,人民法院出版社 2017 年版,第 120 页。

部指令①,在公司内部有法律约束力②。决议背后的经济实质是股东与股东、董事等不同主体之间的实体利益。决议违反公司法及或公司章程将影响公司内部的利益平衡。因此,处理公司决议纠纷,还可以从利益平衡的视角入手,比如,从控股股东滥用权利、公司管理层权力失衡、小股东救济等视角分析,寻找案件突破口。

通过以上两方面的着手研究,找到案件突破口后,再制定案件代理思路。关于如何制定代理思路,请参见本书第八章第三节和第四节。

(二)实务处理注意点

1. 判断决议是否具有可诉性

律师办理公司决议纠纷,首先应对决议是否具有可诉性作出判断。根据《公司法》及其司法解释规定,可以提起公司决议效力确认之诉与决议撤销之诉的决议必须是股东(大)会或董事会的决议,其他类型的公司决议属于公司内部自治范畴,纠纷产生后,由公司内部解决,司法权力原则上不轻易介入,故无法通过司法途径解决纠纷。

2. 确定诉讼主体

(1)原告

确认决议无效或不成立的诉讼在性质上均属确认之诉,公司法对此没有限定原告主体范围,在理论上,具有诉讼利益的任何人都可提起诉讼。《公司法解释四》第1条规定,公司股东、董事、监事等请求确认股东会或者股东大会、董事会决议无效或者不成立的,人民法院应当依法予以受理。股东作为公司的社员,是当然的适格原告;监事依据公司法规定负有监督之责,其提起诉讼属于对监督职责的履行;董事作为公司权力的行使者,依法受到决议的约束,理应有权提起诉讼。③ 但可以提起此类诉讼的不仅限于这三类主体,故《公司法解释四》第1条中出现"等"的表述,这里的"等"是指与决议有直接利害关系从而构成民事诉讼法上的"诉因"条件的其他人,也就是决议涉及的其他主体。根据该规定,与公司决议内容有直接利害关系的公司高级管理人员、员工、债权人等在一定情况下也可以作为原告提起诉讼。

相关规定对于决议撤销之诉的原告则有严格的要求,依据《公司法解释四》第

---

① 参见杜万华主编:《最高人民法院公司法司法解释(四)理解与适用》,人民法院出版社2017年版,第97页。
② 参见李志刚:《公司股东大会决议问题研究——团体法的视角》,中国法制出版社2012年版,第136页;杜万华主编:《最高人民法院公司法司法解释(四)理解与适用》,人民法院出版社2017年版,第151页。
③ 参见杜万华主编:《最高人民法院公司法司法解释(四)理解与适用》,人民法院出版社2017年版,第25页。

2条的规定,请求撤销公司决议之诉的原告应当在起诉时具有公司股东资格。

依据《公司法解释四》第3条第2款的规定,在一审法庭辩论终结前,满足前述原告主体资格的,若有相同的诉讼请求,也可以申请参加诉讼,可以列为共同原告。

(2)被告主体

《公司法解释四》第3条第1款规定,对于请求确认决议无效、不成立或撤销决议的案件,应当列公司为被告。

公司决议是股东通过股东会、董事通过董事会形成的公司意思,虽然其来源于股东、董事的会议表决,但一旦形成决议,即脱离股东、董事个体而成为公司的意思,故公司决议纠纷只能以公司为被告,其他主体都不是适格被告。

(3)第三人

根据《民事诉讼法》的规定,讼争决议涉及的其他利害关系人,可以依法列为第三人。

尽管公司决议纠纷诉讼是原告和公司之间的诉讼,但其背后的实质又是股东之间、董事之间的利益之争。对于反对原告诉讼请求的其他主体(股东、董事),因其与案件有法律上的利害关系,可由其申请或人民法院通知其作为第三人参加诉讼。①

3. 确定管辖法院

《民诉法解释》第22条规定:"因股东名册记载、请求变更公司登记、股东知情权、公司决议、公司合并、公司分立、公司减资、公司增资等纠纷提起的诉讼,依照民事诉讼法第二十六条规定确定管辖。"第26条规定:"因公司设立、确认股东资格、分配利润、解散等纠纷提起的诉讼,由公司住所地人民法院管辖。"故因公司决议纠纷而提起的诉讼应以公司住所地人民法院为管辖法院。

4. 分析判断公司决议是否存在决议效力瑕疵事由

(1)是否存在无效情形

分析判断决议内容是否存在违反法律、行政法规的情形,即判断是否存在股东滥用股东权利通过决议损害公司或者其他股东的利益,决议过度分配利润、进行重大不当关联交易等导致公司债权人利益受到损害的其他违反法律、行政法规等强制性规定的情形。

(2)是否存在决议不成立情形

分析判断是否存在《公司法解释四》第5条规定的未召开会议、会议未对决议事项进行表决、出席会议的人数或者股东所持表决权不符合公司法或者公司章程

---

① 参见杜万华主编:《最高人民法院公司法司法解释(四)理解与适用》,人民法院出版社2017年版,第85—92页。

规定、会议的表决结果未达到公司法或者公司章程规定的通过比例等情形。

（3）是否存在决议可撤销的情形

分析判断决议是否可撤销，应区分以下情形：是否存在《公司法》第22条第2款规定的会议召集程序、表决方式违反法律、行政法规或者公司章程，或者决议内容违反公司章程的情形；如果会议召集程序、表决方式存在瑕疵，是否仅为轻微瑕疵且未对决议产生实质影响，并判断撤销请求是否存在被"裁量驳回"的可能性。

5. 诉讼请求的确定及应提供的主要证据

（1）诉讼请求的确定

经分析判定，当提起确认公司决议无效或不成立之诉时，诉讼请求应为：请求判决确认被告于某年某月某日作出的股东会（股东大会）或董事会决议无效或不成立；当提起撤销公司决议之诉时，诉讼请求应为：请求撤销被告于某年某月某日作出的股东会（股东大会）或董事会决议。

如果公司已经根据决议办理相关变更登记的，还可以提出判决被告向公司登记机关申请撤销变更登记的诉讼请求。

（2）应提供的主要证据

根据民事诉讼"谁主张、谁举证"的基本证据规则，原告应该举证证明其主张的事实存在，并据以支持其诉讼请求，通常主要应提供如下证据：

①证明原告具有提起诉讼的主体资格的证据，包括证明原告具有股东身份或具有董事、监事、高级管理人员身份或具有其他适格主体资格的证据；②证明诉争公司决议的存在及其内容的证据；③证明诉争决议存在瑕疵的证据，包括与会议召开（含会议召集、表决情况）相关的证据，以及公司的章程及其他议事规则文件；等等。

6. 起诉期限

《公司法》第22条第2款规定了撤销公司决议的除斥期间，即股东欲撤销公司决议，必须自公司决议作出之日起60日内向人民法院提起，逾期则不再享有通过诉讼撤销决议的权利。该除斥期间不适用于请求确认决议无效或不成立之诉。

四、经典案例评析

（一）案情概要

案例：王宁等与广东广济堂医药实业股份有限公司公司决议撤销纠纷案[①]

原告：王宁、李莎

---

① 参见广东省广州市中级人民法院(2017)粤01民终16215号民事判决书。

被告:广东广济堂医药实业股份有限公司(简称"广济堂公司")

王宁和李莎系广济堂公司的股东,王宁持股5.84%,李莎持股3.39%。

2016年7月20日,广济堂公司董事会发布了关于召开2015年度公司股东大会的通知,并在通知中载明了会议召开的时间、地点和审议事项等内容。2016年7月28日,公司董事会联系人洪向群通过邮件方式向王宁发送了上述会议通知,并在该邮件中注明了"相关议案内容将后续补发"。2016年8月9日和10日,洪向群通过邮件方式向王宁发送了上述会议的议案。

2016年8月11日,广济堂公司召开2015年度股东大会,审议通过《关于调整公司部分高级管理人员定向增发股份额度的议案》《关于公司增加注册资本的议案》《关于2016年度董事薪酬的议案》等。上述会议的会议记录记载,本次会议的参会人员包括雷教明、周明等12人,其中王宁、李莎两位股东系委托杨宁武参会。

王宁、李莎认为上述股东大会的通知程序违法,且广济堂公司的法定代表人雷教明利用其股权优势,无视王宁和李莎的反对,强行通过相关议案,故向人民法院提起诉讼,请求判令撤销上述股东大会决议。

(二) 争议焦点

1. 股东大会的决议是否存在瑕疵?
2. 瑕疵是否足以撤销决议?

(三) 一审判决

一审人民法院认为:广济堂公司于2016年7月21日发布通知,会议于2016年8月11日召开,已将会议召开的时间、地点和审议事项于会议召开20日前通知各股东,符合公司法的规定。即使王宁和李莎认为其收到通知的时间未在会议召开20日以前,但是王宁和李莎委托代理人到会参加该次股东大会并充分行使股东权利,并没有因未到会而未行使股东权利,从而被排除在该次会议表决事项之外,广济堂公司发出通知的目的已经达到,即使通知时间存在瑕疵,也因王宁和李莎的到会行为得以弥补。故王宁和李莎主张以通知程序违法要求撤销案涉股东大会决议的请求不成立。

此外,案涉股东大会通过的议案的有效选票代表的股权数已经达到法定比例,且现有的证据不能证明王宁和李莎的表决权受到不当干扰,故王宁和李莎主张表决程序违法的请求不成立,一审人民法院不予支持。

综上,一审人民法院判决驳回王宁和李莎的诉讼请求。

(四) 二审判决

二审人民法院认为:根据《公司法》第102条的规定,召开股东大会会议,应提前20日通知各股东。本案中王宁和李莎收到通知的时间未在会议召开20日以前,股东大会通知时间确实存在瑕疵,但是王宁和李莎收到通知后,委托了代理人到会参加了股东大会并充分行使股东权利,会议通知时间上的瑕疵,并未对决议产生实质影响。根据《公司法解释四》第4条的规定,股东大会的会议召集程序或者表决方式仅有轻微瑕疵,且对决议未产生实质影响的,人民法院对撤销决议请求不予支持。故王宁和李莎主张以召集程序违法为由,要求撤销案涉股东大会决议的请求不成立。

另外,本案中,案涉股东大会通过的议案的有效选票代表的股权数已经达到法定比例,符合公司法及公司章程的规定。同时,相关法律、行政法规或者广济堂公司章程并未规定股东大会审议《关于调整公司部分高级管理人员定向增发股份额度的议案》《关于2016年度董事薪酬的议案》等时,作为公司法定代表人的雷教明应当回避,不能代表委托股东参与上述议案的表决,也没有证据显示王宁和李莎的表决权受到不当干扰。因此,案涉股东大会表决方式并未违反法律或者公司章程的规定,王宁和李莎以此为由主张撤销案涉股东大会决议的请求不成立。

综上,二审判决驳回上诉,维持原判。

(五) 焦点问题评析

公司决议发生法律效力可能因内容瑕疵和程序瑕疵受阻。内容瑕疵是指决议内容违反了法律、行政法规或公司章程规定的瑕疵类型。程序瑕疵则是指作出决议的会议召集程序、表决方式存在瑕疵。而依据《公司法解释四》第4条的规定,瑕疵又可以分为轻微瑕疵和非轻微瑕疵。如果属于程序上的轻微瑕疵且该瑕疵对决议未产生实质性影响,则该决议不应被撤销,此为对公司决议撤销请求的"裁量驳回"制度。

本案的争议焦点在于股东大会的决议是否存在瑕疵及瑕疵是否足以撤销决议的问题。广济堂公司召集股东大会未按公司法及公司章程要求将会议召开的时间、地点和审议的事项在会议召开20日前通知股东王宁、李莎,会议通知时间违反法律和章程的规定,属于召集程序的瑕疵;但股东王宁和李莎之后委托他人按时参加了股东大会,行使了表决权。因此会议通知时间晚于20日前并没有影响其会议参与权和表决权的行使,没有对决议产生实质性影响,属于《公司法解释四》第4条规定的会议召集程序仅有轻微瑕疵且对决议未产生实质影响的情形,故人民法院根据裁量驳回原则依法不支持其以召集程序瑕疵为由否认决议效力的主张。至于会议表决方式问题,王宁、李莎主张法定代表人雷教明利用股权优势、无视其反对强行通过关于调整公司部分高级管理人员定向增发股份额度及董事薪酬等议案,表决程序违法。但事实上,公司法和公司章程都规定了"一股一表决权"的股权平等原则,法律和公司章程均未规定在此情况下作为法定代表人的股东雷教明应当回避或其不能代表委托股东参与表决,故其表决程序违法的主张不能成立。

从本案裁判思路可以看出,程序瑕疵是否轻微的判断标准与是否"对决议产生实质性影响"密切相关。这种实质性影响的界定往往从股东行使权利是否受限、意思表示是否真实等路径出发。但同时,程序瑕疵轻微和未对决议产生实质性影响是构成裁量驳回的并列条件,二者缺一不可。

(六) 案例启示

公司法始终是在效率与公平之间寻求协调和平衡,这种平衡不是在每个制度中都同样折中协调,而是在公司的不同发展阶段和不同制度中各有侧重,以实现公司法总体目标上的价值平衡。

提高公司经营效率是公司追求的重要目标,由此,多数决、程序决成为股东(大)会、董事会决议的主要形式,此时体现了"效率优先兼顾公平"。然而在实务中,多数决却很容易被控股股东滥用,异化为控股股东"合法"侵占小股东正当利益的工具。为克服多数决异化,公司法设立了累积投票制、表决回避制、表决权限制制度,规定控股股东诚信义务,赋予小股东特定的救济权等制约措施,从而在公司内部形成利益平衡格局。比如,公司决议瑕疵诉讼旨在赋予弱势主体救济权,通过启动对公司决议程序和内容的合法性审查来保护弱势主体的正当利益,恢复利益平衡。实务中,也有少数中小股东滥用诉权影响公司正常经营,造成诉累。为制约中小股东滥用诉权,在公司决议瑕疵诉讼中设立了诉讼担保和裁量驳回制度。其中,裁量驳回制度的宗旨在于,法律除了追求公正价值,也需要关注效率价值,体现了"公平优先兼顾效率"。本案涉诉决议在程序上存在瑕疵,但该瑕疵显著轻微且对决议未产生实质性影响,人民法院基于利益衡量裁定驳回原告诉求,维持决议效力。

第十二章 公司权益保护纠纷

本章共分三节,分别介绍公司证照返还纠纷、损害公司利益责任纠纷及公司关联交易损害责任纠纷。本章介绍的三个案由本质上均属侵权纠纷。其中损害公司利益责任纠纷同公司证照返还纠纷及公司关联交易损害责任纠纷之间甚至可以归结为包含与被包含的关系,即公司证照返还纠纷及公司关联交易损害责任纠纷为损害公司利益责任纠纷的一类特定情形。

第一节 公司证照返还纠纷

一、公司证照返还纠纷概述

(一)公司证照返还纠纷的含义

公司证照返还纠纷,是指保管、持有公司证照的公司相关人员在特定情形下不履行将公司证照返还公司的义务而产生的纠纷。个别情况下,公司人员之外的第三人也有可能非法侵占公司证照而拒不返还。

顾名思义,公司证照是指公司经营所必需的许可证、营业执照等证件执照。但必须注意,公司可以提起公司证照返还之诉请求返还的除了公司证件执照,还包括公司的印章、网银密钥以及会计凭证等重要材料。这些证照、印章、网银密钥以及会计凭证往往由专人保管。当保管人发生变化,以前有权保管的人员不再继续享有保管权利,此时即应将原保管之物返还给公司。如果相关人员不履行该返还义务,则发生公司证照返还纠纷。个别情况下,无权保管人员也有可能非法侵占公司的证照、印章、网银密钥以及会计凭证等资料拒不返还而发生公司证照返还纠纷。此外,公司控制权之争,常常引发公司证照返还纠纷。

(二)公司证照的意义

在商事登记制度改革的推动下,原来企业登记时依次申请,分别由工商行政管理部门核发工商营业执照、质量技术监督部门核发组织机构代码证、税务部门核发税务登记证、社会保险经办机构核发社会保险登记证和统计机构核发统计登记证等四证一照(即俗称的公司证照),改为一次申请,由工商行政管理部门核发一个营业执照,实现"工商营业执照、组织机构代码证、税务登记证、社会保险登记证和统计登记证五证合一、一照一码"。营业执照签发日期为公司成立日期。公司成立后,凭营业执照刻制印章,开设银行账户。

随着商事登记制度和放管服改革的大力推进,国务院先后取消或下放了数批行政审批项目,公司设立或经营所需的审批大幅压缩,但涉及银行、保险、证券、医药、国防等特定行业和特定经营项目依然需要行政许可。故从事这些特定行业,需事先申请并取得相应行政许可证或批准文件。

根据《公司法》第6、7条等规定,取得营业执照就意味着公司成立,取得了公司法人资格、经营资格及公司名称专用权;公司取得特定行业许可证或批准文件,则意味着公司取得了在该领域从事经营活动的资质(资格)。公司证照可以用来证明公司具有经营资格,但不能用来表示公司意志。故持有这些公司营业执照和许可证,并不能据此推定公司同意持有人可以代表公司或代理公司。

(三)公司印章的意义

1. 公司印章本身的意义

实务中,公司印章包括公章、专用章、人名章等。公章是指公司的法定名称章,又称"公司行政章"。专用章包括财务专用章、合同专用章、资料专用章、技术专用章、人事专用章等。人名章是指公司法定代表人人名章,又称"名章""法定代表人私章"。公司凭据《企业法人营业执照》刻制公章。

公章通过刻制于其上的印文表明权利主体。公章是代表权利主体的符号,是权利主体作出意思表示的工具和载体。简言之,公章可以用来代表公司意志。[1]换言之,印章是公司意思表示的推定,除非有相反的证据可以推翻该推定。[2]

2. 盖章行为的法律意义

公章可以用来代表公司意思表示,故我国《民法典》第165、490条等规定,盖章与签字具有同等效力,是对书面形式的意思表示的确认。

司法实践中,有些公司有意刻制两套甚至多套公章,有的法定代表人或者代理人甚至私刻公章,订立合同时恶意加盖非备案的公章或者假公章,发生纠纷后法人以加盖的是假公章为由否定合同效力的情形并不鲜见。根据《九民会议纪要》第41条之规定,人民法院在审理案件时,应当主要审查签约人于盖章之时有无代表权或者代理权,从而根据代表或者代理的相关规则来确定合同的效力。

---

[1] 参见贺小荣主编:《最高人民法院第二巡回法庭法官会议纪要》(第一辑),人民法院出版社2019年版,第5页。虞政平:《公司法案例教学》,人民法院出版社2012年版,第106页。

[2] 参见赵旭东主编:《公司法学》(第四版),高等教育出版社2015年版,第150—151页。

法定代表人或者其授权之人在合同上加盖法人公章的行为,表明其是以法人名义签订合同,除《公司法》第 16 条等法律对其职权有特别规定的情形外,应当由法人承担相应的法律后果。法人以法定代表人事后已无代表权、加盖的是假章、所盖之章与备案公章不一致等为由否定合同效力的,人民法院不予支持。

代理人以被代理人名义签订合同,须取得合法授权。代理人取得合法授权后,以被代理人名义签订的合同,应当由被代理人承担责任。被代理人以代理人事后已无代理权、加盖假章、所盖之章与备案公章不一致等理由否定合同效力的,人民法院不予支持。

二、公司证照返还纠纷的常见法律问题

(一)公司已刊登遗失公告并办理了新证照,不妨碍其主张返还已作废的证照

以北京顺鑫建筑规划设计研究院有限公司与邢融融公司证照返还纠纷案[①]为例,北京顺鑫建筑规划设计研究院有限公司(简称"顺鑫公司")为了维持公司正常经营,已在报纸上刊登遗失公告,声明相关公司证照遗失,并办理了新的公司证照。同时起诉邢融融要求其返还占有原来的公司证照。青岛市中级人民法院生效判决认定:"原告公司虽然通过刊登遗失公告的方式办理了新的证章,但这并不妨碍公司请求返还原来的证章,否则将使公司的民事行为能力受到限制,财产安全处于风险之中。"

(二)公司证照返还纠纷并不适用债权人留置制度进行抗辩

以林敦国际贸易(上海)有限公司诉孙文公司证照返还纠纷案[②]为例,孙文及其父亲在林敦国际贸易(上海)有限公司(简称"林敦公司")工作期间基于工作需要保管了林敦公司的相关证照,但离职后却不予交还,孙文辩称系因林敦公司未履行应为其补缴社会保险费的义务。上海市浦东新区人民法院一审判决认为:"根据我国《物权法》第 231 条的规定,债权人留置的动产应当与债权属于同一法律关系,而本案中社会保险费债权和公司财物显然并不属于同一法律关系,孙文及其父离职后继续持有林敦公司财物没有法律依据。"上海市第一中级人民法院的生效裁判[③]维持了原判。

(三)对公司证照的保全

在公司证照返还纠纷中,就原告能否对要求返还的公司证照之使用申请行为

[①] 参见山东省青岛市中级人民法院(2016)鲁 02 民终 3806 号民事判决书。
[②] 参见上海市浦东新区人民法院(2014)浦民二(商)初字第 2353 号民事裁定书。
[③] 参见上海市第一中级人民法院(2015)沪一中民四(商)终字第 127 号民事判决书。

保全,实践中存有差异。通过检索案例发现,多数人民法院持同意意见,亦有少数人民法院持反对意见,以"山西森宇房地产开发有限公司与李喜全公司证照返还纠纷"[①]为例,山西省阳泉市平定县人民法院以"保全措施会影响公司正常经营,引发不必要的社会矛盾"为由裁定驳回案涉原告的财产保全申请。鉴于此,笔者认为,作为原告,因诉讼期间自身不占有公司证照,对被告使用公司证照的行为的后果无法控制,为避免因公司证照的违规使用产生其他争议,原告应积极提出对公司证照使用的行为保全;同时作为被告,为防止原告滥用诉讼权利,恶意保全公司证照,对公司正常经营造成困扰,被告应同人民法院充分沟通;此外,人民法院在审理对公司证照申请保全案件中,亦应当主动同被告充分沟通,审查双方已有的证据材料,审慎裁定。

(四)证照被侵占的情况下,公司在其他民商事案件中如何应诉

关于公司印章被侵占期间,公司在其他民商事诉讼中如何进行起诉或应诉的问题,现行相关法律及司法解释并无明确的规定。但可借鉴部分地区高级人民法院的指导意见,例如江苏省高级人民法院《关于审理适用公司法案件若干问题的意见(试行)》第15条规定,公司公章被侵占,公司以董事长签名的诉状起诉的,应当受理,但董事长已被股东大会罢免的除外;山东省高级人民法院《关于审理公司纠纷案件若干问题的意见(试行)》第85条规定,股东、董事、经理及他人侵占公司印鉴,公司起诉要求其返还印鉴并赔偿损失的,人民法院应予支持。前款之诉讼,以及印鉴被侵占期间公司需要参加的其他诉讼,公司以法定代表人签署之文件起诉或应诉的,人民法院应予准许。

(五)公司证照、印章的所有与控制

公司证照、印章标记了公司的名称,依法归公司所有,并由公司自主管理和控制,即按照公司意志管理和控制公司证照、印章。公司是法律上拟制的人,没有自然人的思维器官,公司的意思表示必须通过其机关形成和作出,最终借助于自然人来完成。

1. 按章程对公司证照、印章进行管理

章程是公司的自治规章,由全体股东按照多数决(或一致决)原则通过并被拟制为公司意志[②],对公司、股东、董事、监事、高级管理人员具有约束力。现行有效的章程代表了公司当下的意志,如果章程对于公司证照、印章的管理作出了规定,就应按照其章程进行管理(包括保管、使用等)。

---

① 参见山西省平定县人民法院(2019)晋0321民初868号之一民事裁定书。
② 参见刘俊海:《公司法学》,北京大学出版社2008年版,第68页。

2. 按股东（大）会决议对公司证照、印章进行管理

股东（大）会作为公司的组织结构之一，就其性质而言，属于公司的意思形成机构，就其地位而言，是公司最高权力机关。公司通过股东（大）会决议形成公司意志。股东（大）会决议可以通过章程修正案对公司证照、印章的管理作出规定，也可以作出管理公司证照、印章的专门规定，公司其他机关及工作人员应遵照执行。

3. 按董事会决议对公司证照、印章进行管理

董事会是公司的业务执行机关，有独立的决策权限和责任，也是公司意思的决定机关之一。董事会按多数决原则通过的决议，是公司意思的体现。当然，股东（大）会是公司最高意思决定机关，董事会决议不得违反公司章程和股东（大）会决议。如果公司章程、股东（大）会均没有关于公司证照、印章的管理规定，则董事会可以作出关于公司证照、印章管理的规定，或者包含在其制定的公司基本管理制度中，或者作出专门规定。如果股东会后来以决议形式作出新的证照、印章管理规定，则应按照新规定执行。

不设董事会而设执行董事的公司，其执行董事的职权与董事会相同，其作出的决议是公司意思的体现。

4. 按经理制定的公司制度对公司证照、印章进行管理

公司经理是公司的辅助性业务执行机关[①]，不是正式的公司意思决定机关。经理由董事会聘任，对董事会负责，其职权由公司章程规定。如果公司章程、股东（大）会决议、董事会决议均没有关于公司证照、印章的管理规定或者规定不明，则经理在公司章程规定的制定公司制度的职权范围内制定出的管理公司证照、印章的规定，可以视为公司的意思，公司的证照、印章应当按照该规定进行管理。如股东（大）会或董事会决议作出新的公司证照、印章管理规定，则应当按照新规定执行。

5. 按公司惯例对公司证照、印章进行管理

实务中，有的公司虽然没有正式的公司证照、印章管理制度，股东会、董事会均未对此作出过决议，但是其证照、印章仍按照不成文的惯例保管和使用，比如由公司财务负责人或办公室负责人或董事长（执行董事）或经理甚至由实际控制人等进行保管，且行之有年。这种情况下，应当视为公司同意证照、印章按照该惯例或做法进行管理，因为公司股东、董事明知此做法而未提出异议，也没有对此作出有关决议，所以可以推定这些股东、董事同意按照该做法管理公司证照、印章，直到股

[①] 参见刘俊海：《公司法学》，北京大学出版社2008年版，第245页；冯果：《公司法》（第二版），武汉大学出版社2012年版，第256页。

东(大)会或董事会决议作出新规定。公司通过股东(大)会、董事会决议形成公司意思表示,股东、董事对此惯例、做法没有异议而视为同意,当然也可以推定公司同意该惯例或做法。比如,最高人民法院在张辉强与林丽琼公司证照返还纠纷一案[①]中认为:本案中,根据已生效判决书认定的事实,张长天为禾山公司的实际出资人,禾山公司实际上长期亦由张长天控制管理并经营,在禾山公司股权争议并未作出最终认定的情况下,张长天作为禾山公司实际出资人控制该公司相关证照并不构成非法侵占。

公司法定代表人是依法自动享有对外代表公司实施法律行为的权利的自然人,是公司对外代表机关。除非公司章程特别授权或其兼任公司执行董事或经理而享有授权,法定代表人一般无权作出关于公司证照、印章管理的决议或规定。因为法定代表人仅仅是公司意思的对外代表机关,不是公司意思的决定机关。公司意思决定机关没有作出意思表示,法定代表人就无权自行代表公司作出意思表示。

公司的股东、董事、经理及实际控制人等内部成员之间就公司证照、印章的管理与控制发生争议的,应按照以上治理规则进行处理。

公司一般工作人员或为公司提供服务的主体因为办理特定事项持有证照、印章,事后却拒不归还的,是一般侵权纠纷,不涉及公司内部治理层面的争议,按一般侵权纠纷规则处理。

公司之外的第三方基于承包、租赁、融资等合作关系而控制公司证照、印章,公司要求第三方归还证照、印章而产生的争议,一般按照合作协议的约定来处理。

三、公司证照返还纠纷诉讼指引

(一)总体思路

公司证照返还纠纷属于侵权纠纷。权利救济的根本目的是使受到侵害的权利或利益恢复到被侵害前的状态,具体到公司证照返还纠纷中,即公司证照是公司重要的专属资产,应由公司自主控制,应按照公司意思控制管理并使用公司证照。脱离公司意思控制或使用公司证照,构成非法侵占或非法使用,没有法律效力。因此,分析当前公司证照是否按照公司意思控制或使用是律师处理此类纠纷的关键,以此为突破口,论证本案是否符合侵权责任的构成要件,并结合实务操作注意点制定具体的诉讼方案。关于如何制定诉讼方案,请参见本书第八章第三节和第四节。

[①] 参见最高人民法院(2018)最高法民申 2951 号民事裁定书。

(二) 实务处理注意点

1. 可提起公司证照返还诉讼的原告

(1) 公司作为原告

证照作为公司法人财产,在受到侵占时,公司当然有权依据《民法典》第 235 条等规定,以公司名义向占有人提起公司证照返还诉讼。以公司名义提起公司证照返还纠纷分为下列三种情形:

①加盖公司公章直接提起诉讼

在没有丧失对公司公章的控制而其他公司证照被占有的情形下,公司提起返还证照诉讼同一般以公司为原告提起诉讼的案件操作一致,由公司在诉状上加盖公章提交起诉材料即可。

②公司法定代表人签字代表公司提起诉讼

在公司公章被侵占的情形下,公司提起诉讼面临原告主体资格确认的难题,如起诉材料无法加盖公司印章等。依照《民法典》第 61 条、《民事诉讼法》第 48 条等规定,法定代表人作为法定的公司意志代表人,依法可以签字代表公司向占有人主张返还请求权。

另需关注的是,对于虽未办理工商变更登记但经股东会决议确定的新公司法定代表人,其对内效力已经股东会决议合法确定,在公司证照返还纠纷未涉及善意第三人的情形下,新法定代表人同样有权签字代表公司提起诉讼。

③公司清算组负责人签字代表公司提起诉讼

公司依法清算结束并办理注销登记前,有关公司的民事诉讼,应当以公司的名义进行。公司成立清算组的,由清算组负责人代表公司参加诉讼;尚未成立清算组的,由原法定代表人代表公司参加诉讼。

(2) 股东作为原告

《公司法》第 151 条规定,在事先书面请求监事会或监事或者董事会、执行董事向人民法院提起诉讼遭拒,或者满足情况紧急、不立即提起诉讼将会使公司利益受到难以弥补的损害时,公司股东可直接以自己的名义向人民法院提起证照返还诉讼,即适用股东代表诉讼制度。

2. 适格被告的确定

确定公司证照的返还义务人,即公司证照返还纠纷诉讼的被告,是该类案件成功立案以及胜诉的关键要素之一。部分人民法院立案庭法官在审查立案材料时,要求审核被告目前实际占有公司证照的证据。即便立案庭法官未过多关注,该问题也是承办法官审查案件的重点。若公司无法提供证据证明被告确实占有公司证照并有返还义务,人民法院往往因公司举证不能而不支持原告诉请。

3. 确定案由应当注意的问题

此类案件的返还标的——公司公章一般具有对外代表公司意志的表象,因公司证照返还引发的纠纷,其实质往往涉及公司内部治理中对公司控制权的争夺。而普通的损害公司权益的财产返还诉讼在返还标的上并无特殊限制,且无关公司控制权的争夺,因此,此类案件与普通的损害公司权益的财产返还诉讼案件有所区别。

4. 如何确定管辖

关于公司证照返还诉讼的管辖确定,目前没有统一规定。理论界存在两种观点:一种认为公司证照返还纠纷被归入《民事案件案由规定》第八部分"与公司有关"项下,涉及公司主体,应适用《民事诉讼法》第26条及《民诉法解释》第22条规定,即由公司住所地人民法院管辖;另一种观点认为公司证照返还纠纷的请求权基础实际为侵权法律关系,应当适用《民事诉讼法》第28条"因侵权行为提起的诉讼,由侵权行为地或者被告住所地人民法院管辖"的规定。后者为目前司法实践的普遍处理原则,人民法院均以侵权之诉的管辖规定来处理公司证照返还诉讼。根据《民诉法解释》第24条,侵权行为地包括侵权行为实施地、侵权结果发生地。因此,原告提起公司证照返还纠纷时,宜选择向侵权行为实施地、侵权结果发生地或被告住所地人民法院提起诉讼。当然,实践中侵权行为实施地往往与侵权结果发生地重合。

5. 诉讼时效

《民法典》第235条规定:"无权占有不动产或者动产的,权利人可以请求返还原物。"提起证照返还的权利基础应是原物返还请求权,原物返还请求权不受诉讼时效限制。故提起公司证照返还纠纷无诉讼时效限制。

6. 诉讼请求

侵占公司证照的行为,其本质也是一种侵权行为。依据《民法典》第179条之规定,在请求返还公司证照的同时,若侵占行为本身给公司带来了损失,除提起返还之诉,可同时提起赔偿之诉。

7. 提起公司证照返还诉讼应提交的证据

提起证照返还诉讼时,提交的证据应主要把握两点:一是能够证明被告在诉讼期间占有公司证照的证据,这类证据主要包括被告自认由其本人或者关联人持有公司证照的陈述以及公司内部印章移交的交接单(没有交接单,也可以是相关经办人员的证人证言、往来邮件、相关通讯软件聊天记录等)。二是能够证明被告系无权占有公司证照的证据。此类证据主要包括公司章程、股东(大)会决议、董事会决议以及一些特定的协议,详见上文"(五)公司证照、印章的所有与控制"部分。

8. 注意事项

公司证照返还纠纷普遍涉及公司内部治理中对于公司控制权的争夺,基于此,实践中公司证照返还纠纷呈现如下需予关注的特点:

(1)案件审理期限相对较长

一方面,因为此类案件往往牵涉的关系复杂,使查清案情本身难度较大,客观上直接导致审理期限相对较长。另一方面,由于被告往往通过提起管辖权异议、延期举证等方式故意拖延诉讼,为自己利用公司证照控制公司权利争取时间。

(2)容易引发后续诉讼

此类案件常伴随个别股东或者公司董事、监事、高级管理人员利用职权作出违反法定义务、损害公司利益的行为发生,一旦公司证照返还诉讼获得生效判决,公司实际管理权得到确认,掌权者常常会紧随提起损害公司利益责任纠纷、公司关联交易损害责任纠纷、股东知情权纠纷、股东盈余分配纠纷等与公司有关的后续诉讼。

(3)调解难度较大

此类纠纷背后往往涉及公司内部治理中对公司控制权的争夺,多因公司董事、股东或高级管理人员之间发生矛盾并到了不得不通过诉讼解决的地步,较难达成和解。

四、经典案例评析

(一)案情概要

案例:陈玉高与无锡市联众出租汽车有限公司证照返还纠纷案①

原告:无锡市联众出租汽车有限公司(简称"联众公司")

被告:陈玉高

联众公司系于2001年3月22日经工商行政管理部门注册登记成立的有限责任公司,本案诉讼时登记的法定代表人(董事长)为陈玉高,注册资金为20万元,公司有自然人股东陈玉高、李达进等共20人,每人出资1万元,各持有公司5%的股份。联众公司2012年3月9日修订的公司章程第18条约定:"股东会以对公司增加或减少注册资本、合并、分立、解散、变更公司形式、修改公司章程作出决议时,必须经代表三分之二以上表决权的股东通过。"第20条约定:"股东会对其他事项作出决议,必须经代表60%以上表决权的股东通过。"

2013年2月7日,陈玉高以EMS邮政特快专递或当面领取方式向联众公司全

---

① 参见江苏省高级人民法院(2014)苏审三商申字第0247号民事裁定书。

体股东送达2013年2月23日股东会通知及推荐表。通知的内容为:"根据2013年2月4日公司董事会决议,现定于2013年2月23日19:00召开股东大会,进行换届选举。"2013年2月23日19时,联众公司股东大会在无锡市北塘区金色海岸酒店如期举行,会议由陈玉高主持,除股东林瑜明缺席外,其他19名股东均出席会议,无锡市工商行政管理局北塘分局和无锡市北塘区人民法院相关部门人员受邀到场旁听。投票结果为董事长职位陈玉高7票,李达进12票。股东会决议内容包括:①免去原陈玉高、徐嘉栋、谢进良、朱麒麟、胡建阴、吴惠明、陈荣福7名董事职务,选举李达进、武杰、徐林林、吴惠明、胡建阴、朱昭明、严华7名为新董事。②免去原钟长军、武杰、严华、尹建华、徐林林5名监事职务,选举钟长军、谢进良、尹建华、陈熊、程小弟5名为新监事。随后,除严华外,李达进、武杰、徐林林、吴惠明、胡建阴、朱昭明6人在董事会决议上签名,董事会决议内容为:①免去陈玉高联众公司董事长(法定代表人)职务。②选举李达进担任联众公司董事长(法定代表人)职务。但陈玉高最后宣布选举结果未经代表2/3以上表决权的股东通过,根据公司章程无法形成决议,原董事、监事、管理人员继续履行职责。2013年3月12日,李达进向无锡市工商行政管理局北塘分局提交联众公司法定代表人变更登记申请,无锡市工商行政管理局北塘分局于2013年3月15日作出锡工商北登不受企字(2013)第001号《企业登记不予受理通知书》,认为李达进代表联众公司提交的变更登记材料中,《有限责任公司变更登记申请书》《法定代表人信息》《指定代表或者共同委托代理人的证明》《董事、监事、经理信息》均未加盖公章,不符合法定形式,决定对该法定代表人变更登记申请不予受理。后李达进个人签字代表联众公司诉至无锡市北塘区人民法院,请求判令:陈玉高立即向联众公司返还证照(包括营业执照、财务登记证、组织机构代码证、税务登记证)、印鉴章(包括公章、合同专用章、财务专用章)及财务账册或负责追回上述证照、印鉴章和财务账册。

(二)争议焦点

未经工商变更登记的法定代表人是否有权签字代表公司提起诉讼?

(三)一审判决

一审无锡市北塘区人民法院经审理认为:联众公司经过2013年2月23日的换届选举股东大会,已经选举出新任董事长(法定代表人)、董事会成员、监事会成员。……陈玉高作为联众公司原董事长和法定代表人,是公司财产的法定管理人,必然是公司证照、印鉴章、财务账册的占有者、使用者和管理者;即使陈玉高不直接保管联众公司的证照、印鉴章、财务账册,但无论由谁来保管,均源自陈玉高的授权;2013年2月23日股东会决议作出后,陈玉高已失去管理者的职权,已无权再继续持有、掌管联众公司的证照、印鉴章和财务账册,应当积极配合联众公司办理财务移交手续,并配合办理工商变更登记。联众公司要求陈玉高返回公司证照、印鉴章、财务账册或负责追回上述证照、印鉴章、财务账册的诉讼请求,于法有据,人民法院予以支持。判决:陈玉高返还联众公司的证照(包括营业执照、组织机构代码证、财务登记证、税务登记证)、印鉴章(包括公章、合同专用章、财务专用章)、财务账册或负责追回上述证照、印鉴章和财务账册并返还联众公司。

(四) 二审判决或终审判决

陈玉高不服一审判决,向无锡市中级人民法院提起上诉,被驳回,遂向江苏省高级人民法院申请再审,称:一、二审人民法院没有依法审查原告资格。联众公司起诉时并没有出示任何材料以证明其原告资格,起诉状上未加盖联众公司的印章,也没有其工商登记的董事长和法定代表人陈玉高的签名。……江苏省高级人民法院经审理认为:公司法定代表人的变更登记属于备案性质,未办理工商变更登记并不影响股东会决议确定李达进担任联众公司法定代表人的效力。李达进作为新任公司董事长和法定代表人,有权代表联众公司提起诉讼。遂裁定,驳回陈玉高的再审申请。

(五) 焦点问题评析

本案焦点之一是未经工商变更登记的法定代表人是否有权签字代表公司提起诉讼?实践中经常出现公司印章被原法定代表人或他人占有,在此期间公司通过有效的股东(大)会决议等程序变更确立了新的法定代表人,但苦于失去印章的控制,不能在工商部门办理有效变更登记。依商事法"内外有别"原则,虽然未经工商变更登记,不具备对外公示效力,但是对公司内部而言,公司股东会决议对公司内部已经产生法律效力,新法定代表人已经具备了代表公司实施法律行为的实质条件。因公司证照返还纠纷属于公司内部纠纷,与公司外部主体无关,不会涉及善意第三人,故公司新选举出的法定代表人,有权签字代表公司提起诉讼。进而得出结论,当原法定代表人与新法定代表人发生冲突时,应以新的法定代表人作为公司的诉讼代表人,并有权要求原法定代表人返还公司印章及相关证照。

(六) 案例启示

公司证照、印章是公司的重要财产,归属公司所有,应按照公司意思使用和管理。本案中,联众公司的证照、印章及财务账册自始由公司法定代表人掌管,行之有年。联众公司对管理层进行改组,产生了"新"的董事会和董事长(法定代表人)。新、老法定代表人因而发生了争夺公司证照、印章及财务账册的纠纷。如果2013年2月23日召开的股东会关于改组公司董事会、监事会的决议不符合该公司章程第 20 条"股东会对其他事项作出决议,必须经代表 60%以上表决权的股东通过"的规定,则陈玉高可另行提起公司决议之诉,请求撤销该股东会决议和董事会决议,以对抗本案诉讼。

此外,本案判决给实践中处理原法定代表人侵占公司证照的案件带来启示,即如果侵占公司证照的侵权行为人为公司现行登记备案的法定代表人,为避免对方以公司法定代表人身份应诉,并出现利用法定代表人身份否认公司提起诉讼行为的意思表示而造成公司意志矛盾的局面,应当及时在起诉前通过有效的股东(大)会决议或董事会决议免除其法定代表人职务,并在庭审时提交有效股东(大)会决议加以证明。

第二节 损害公司利益责任纠纷

一、损害公司利益责任纠纷概述

(一)什么是公司利益

天下熙熙,皆为利来;天下攘攘,皆为利往。这种利益或是物质的,或是精神的,或者二者皆有,是当事人交易或行为的动机与目的。当事人往往要进行许多交易,每一次交易的动机或目的可能有所不同,以此观之,当事人的利益不是一个静态的概念,而是动态变化的。这就导致对于什么是自然人的利益、什么是公司的利益,很难用几句话讲清楚。因此,法律并没有对"公司利益"给出定义或界定其内涵和外延。但这并不妨碍在具体个案中对损害公司利益行为的认定。

针对公司利益与相关利益主体之间可能发生的利益冲突,公司法作出一整套制度安排,规范各方行为,平衡各方利益。如果一方打破基于制度、协议和惯例存在的利益格局,则可追究该方法律责任,以恢复利益平衡。

(二)损害公司利益责任纠纷及其类型

损害公司利益责任纠纷是指公司股东滥用股东权利或者董事、监事、高级管理人员违反法定义务,损害公司利益而引发的纠纷。[①] 第三人由于侵权行为或违约行为损害公司利益的纠纷,不属于损害公司利益责任纠纷。

实务中,损害公司利益责任纠纷的典型形态主要包括股东滥用股东权利损害公司利益责任纠纷和公司董事、监事、高级管理人员损害公司利益责任纠纷。

---

① 参见最高人民法院民事案件案由规定课题组编著:《最高人民法院民事案件案由规定理解与适用》(2011 年修订版),人民法院出版社 2011 年版,第 393 页。

二、损害公司利益责任纠纷的常见法律问题

(一)违反忠实义务的认定

本书第十一章第四节已对此做了阐述,请参见该部分,此处不赘述。

(二)违反勤勉义务的认定

本书第十一章第四节已对此做了阐述,请参见该部分,此处不赘述。

(三)实际控制人能否成为损害公司利益责任纠纷的被告

实际控制人,是指虽不是公司的股东,但通过投资关系、协议或者其他安排,能够实际支配公司行为的人。对于实际控制人能否作为损害公司利益责任纠纷的被告,司法实践中存在争议。

一种观点认为,如果公司实际控制人损害公司利益,则应当承担赔偿责任,成为损害公司利益责任纠纷的被告。其理由是:(1)实际控制人对公司负有信义义务。对此,《公司法》第21条明确规定:"公司的控股股东、实际控制人、董事、监事、高级管理人员不得利用其关联关系损害公司利益。违反前款规定,给公司造成损失的,应当承担赔偿责任。"(2)《公司法》第151条第3款规定:"他人侵犯公司合法权益,给公司造成损失的,本条第一款规定的股东可以依照前两款的规定向人民法院提起诉讼。"公司是独立的法人,公司股东、实际控制人是独立于公司法人的民事主体,这里的"他人"是指除了该条列举的"董事、监事、高级管理人员"以外的包括公司股东、实际控制人在内的所有对公司实施不正当行为而对公司负有民事责任的人。

另一种观点认为,损害公司利益责任纠纷的被告限于公司股东或者董事、监事、高级管理人员,实际控制人不能成为损害公司利益责任纠纷的适格被告。一方面,从理论上来说,实际控制人并不是公司的登记股东,其身份未合法化,在实际控制人未显名前,从法律意义上来看其应为公司外部第三人,其对于公司的相应侵权损害,应适用于一般侵权类纠纷,而不应当被认定为此类纠纷的适格被告。另一方面,从审判实践来看,确认实际控制人的股东身份应属"股东资格确认纠纷",与损害公司利益责任纠纷属于不同的法律关系,在审理损害公司利益责任纠纷案件中,不能一并处理实际控制人的股东身份问题。并且,股东资格确认纠纷的发起人往往是隐名股东(实际控制人)本人,而损害公司利益责任纠纷的原告为公司,二者的启动程序本身存在矛盾。所以,实际控制人不应也无法作为损害公司利益纠纷的适格被告。

(四) 董事、监事、高级管理人员的免责事由

本书第三章第三节已对此详细阐述，请参见该节相应部分。

(五) 与刑事案件交叉时的"先刑后民"原则

一些董事、监事或高级管理人员在经营管理过程中违反忠实义务侵占或挪用公司的财产，从而构成职务侵占罪或挪用资金罪等。公司选择向公安机关报案的同时可能向人民法院提起损害公司利益责任纠纷诉讼要求民事赔偿。在处理这种刑民交叉的案件时，人民法院会遵从"先刑后民"原则。所谓"先刑后民"原则是指，在民事诉讼程序中发现涉嫌犯罪行为的，待侦查机关查清涉嫌犯罪事实后，应由人民法院先对刑事犯罪进行审判，再由有管辖权的人民法院对民事纠纷进行审判或由刑事案件审理人民法院同时附带审理民事纠纷；但人民法院在刑事判决前不应单独就民事责任进行审理。

三、损害公司利益责任纠纷诉讼指引

(一) 总体思路

损害公司利益责任在法律性质上是一种侵权责任，必须符合侵权责任的构成要件：过错、违法行为、违法行为与损失之间有因果关系。故律师办理此类纠纷可以此为依据制定代理的思路。另外，与一般侵权纠纷相比，损害公司利益责任纠纷还具有以下特点：

董事、监事、高级管理人员基于其与公司的委任关系而掌握公司较大权力，《公司法》因而规定董事、监事、高级管理人员对公司负有忠实和勤勉义务，以防止其滥用权力或渎职损害公司利益。可见，与公司之外的第三人相比，董事、监事、高级管理人员不仅仅负有尊重并不得侵犯公司权益的一般义务，还负有信义义务。原告律师可以此作为处理此类纠纷的切入口。

商业风险无处不在，董事、监事、高级管理人员因而享有一定的免责抗辩权，以抗衡公司及股东的追责，平衡好公司与董事、监事、高级管理人员之间的利益。显然，损害公司利益责任纠纷诉讼的被告除了享有侵权责任法上的一般免责和减轻责任的抗辩权，还享有公司法上特定的免责抗辩权，关于董事、监事、高级管理人员的免责事由，请参见本书第三章第三节。被告律师可以以此作为办案切入口。

找到突破口后，再结合案件具体情况制定诉讼方案。关于如何制定诉讼方案，请参见本书第八章第三节和第四节。

(二) 实务处理注意点

1. 诉讼主体

(1) 原告

损害公司利益责任纠纷中,公司为遭受利益损失的一方。因此,根据侵权责任法原理,理应由公司作为原告提出诉请。

此外,依据《公司法》第 151 条规定,在监事会、不设监事会的有限责任公司的监事,或者董事会、执行董事收到股东书面请求后拒绝提起诉讼,或者自收到请求之日起 30 日内未提起诉讼,或者情况紧急、不立即提起诉讼将会使公司利益受到难以弥补的损害的,有限责任公司的股东、股份有限公司连续 180 日以上单独或者合计持有公司 1% 以上股份的股东,可以作为原告直接向人民法院提起损害公司利益责任纠纷诉讼。

(2) 被告

根据《公司法》第 20、21、149 条规定,损害公司利益责任纠纷的适格被告应包括董事、监事、高级管理人员及公司股东、实际控制人。

2. 确定案由应当注意的问题

一方面,损害公司利益责任纠纷,是指公司股东滥用股东权利或者董事、监事、高级管理人员违反法定义务,损害公司利益而引发的纠纷。此类纠纷的行为主体限定为公司股东、董事、监事、高级管理人员,除上述人员外的第三人由于侵权行为或者违约行为损害了公司利益,不属于此类纠纷。

另一方面,根据《民事案件案由规定》,与损害公司利益责任纠纷联系最密切的案由是损害股东利益责任纠纷及公司关联交易损害责任纠纷。其中损害公司利益责任纠纷与损害股东利益责任纠纷主要区别在于直接侵害的利益主体不同,与公司关联交易损害责任纠纷的主要区别在于侵权行为的表现方式不同。因本章第三节将对公司关联交易损害责任纠纷进行详细论述,同时本书第十一章第四节已对损害股东利益责任纠纷进行详细论述,在此不再赘述。

3. 如何确定管辖

关于损害公司利益责任纠纷的诉讼管辖问题,有人民法院的裁判观点认为应以有关公司争议的管辖原则确定管辖法院,即统一适用公司住所地的人民法院管辖。

笔者认为,《民事诉讼法》第 26 条以及《民诉法解释》第 22 条规定,由公司住所地人民法院管辖的诉讼种类中并未明确包含损害公司利益责任纠纷。损害公司利益责任纠纷本质上属于侵权诉讼,应当适用侵权诉讼的管辖规定,即以侵权行为地或被告住所地作为管辖法院。最高人民法院有关判例持此观点。

4. 诉讼时效

损害公司利益责任纠纷的诉讼时效适用一般诉讼时效,即"向人民法院请求保护民事权利的诉讼时效期间为三年"。

5. 诉讼请求

发生损害公司利益责任纠纷时,有多种请求权基础可供选择。如侵权人侵占公司财物的,公司可根据《民法典》第 235 条等规定请求返还原物;如侵权人违反忠实义务获得收入的,公司可根据《公司法》第 148 条第 2 款之规定,行使归入权,即主张收入归公司所有;如侵权人的侵权行为对公司造成损失的,公司可根据《公司法》第 149 条及《民法典》第 179 条等规定,请求侵权人承担损害赔偿责任。

6. 举证责任的分配

"谁主张、谁举证"系一般举证原则,但在损害公司利益责任纠纷中有时适用举证责任倒置的规则。

(1)董事、监事、高级管理人员违反忠实义务的举证

原告需要承担如下举证义务:①被告在公司具有特殊身份,应负有忠实义务;②被告违反了忠实义务;③违反行为导致公司利益受损。被告如能举证证明其从事被诉行为前已向公司披露且经公司股东会或者董事会合法批准的,举证责任将转移到原告,由原告证明被诉行为的非适当性。

(2)谋取商业机会的举证

原告需证明案件所涉的商业机会属于本公司且被告利用了这一商业机会,若能证明上述事实,则举证责任发生转换,由被告证明已将该商业机会向公司股东或董事进行披露、公司放弃该商业机会或者虽未披露但利用该机会符合公平原则等。

(3)董事、监事、高级管理人员违反勤勉义务的举证

由原告证明被告的行为并非出于善意;被告在商业决策中存在重大过失;公司受到损失;损失与被告行为之间具有因果关系。由被告证明其行为满足商业判断规则的要求。

四、经典案例评析

(一) 案情概要

案例:吉欣(宁波)有限公司与周莺燕损害公司利益责任纠纷案①
原告:吉欣(宁波)有限公司(简称"吉欣公司")
被告:周莺燕

---

① 参见浙江省高级人民法院(2016)浙民终 163 号民事判决书。

吉欣公司的唯一董事帕斯科·侯亚(简称"帕斯科")与周莺燕于 2005 年 7 月 27 日登记结婚，2005 年 12 月 30 日，双方在中国香港设立吉欣公司。2007 年 3 月 21 日，吉欣公司在宁波设立代表处。吉欣公司自成立以来所有经营活动实际均在宁波开展。帕斯科负责吉欣公司在国外的业务，周莺燕负责吉欣公司在国内的采购业务，吉欣公司公章、吉欣公司宁波代表处公章均由周莺燕掌管。在经营过程中，吉欣公司曾委托代理商——宁波凯越国际贸易有限公司(简称"凯越公司")代理出口货物。2013 年初，因帕斯科与周莺燕夫妻关系恶化，在协议离婚未果的情况下，帕斯科两次诉至宁波市江东区人民法院要求与周莺燕离婚，宁波市江东区人民法院于 2014 年 8 月 16 日作出(2014)甬东民初字第 935 号民事判决书，判决准许离婚，并对夫妻部分共同财产进行了分割。

2013 年 6 月 13 日，周莺燕擅自将吉欣公司存放于凯越公司用于支付国内供应商货款的 613731 元人民币转入其个人银行账户。2013 年 6 月 16 日，周莺燕又通过网上银行将吉欣公司在交通银行宁波市分行离岸账户中的 204800 美元转入宁波宜和实业有限公司(简称"宜和公司")，扣除手续费，宜和公司实收 204746 美元。宜和公司收款后，分别于 2013 年 7 月 10 日、8 月 1 日将该款中的 60000 美元、45450 美元，合计 105450 美元汇给凯越公司，于 2013 年 7 月 15 日汇给日邮物流(中国)有限公司宁波分公司 33800 美元，于 2013 年 7 月 24 日汇给深圳市森洋国际货运代理有限公司 1300 美元，于 2013 年 8 月 1 日汇给海宁市众享五金制品有限公司 13427 美元、汇给 SundanceGlobal 公司 2595 美元，于 2013 年 8 月 9 日汇给 Phoenix 公司 13733.40 美元。上述宜和公司汇出款项合计 170305.40 美元，余款 34440.60 美元结汇成人民币后给付周莺燕。

吉欣公司认为由于自身资金被周莺燕挪用，无力偿还货款，周莺燕作为吉欣公司高级管理人员，其行为已严重损害吉欣公司利益，应当依法返还挪用款项并赔偿相应损失。故诉至宁波市中级人民法院，请求人民法院判令：一、周莺燕返还从凯越公司划走的 613731 元人民币，并赔偿自 2013 年 6 月 13 日起至判决生效日止按银行同期贷款利率计算的利息损失；二、周莺燕返还从吉欣公司离岸账户划走的 204800 美元，并赔偿自 2013 年 6 月 16 日起至判决生效日止按银行同期贷款利率计算的利息损失。

(二) 争议焦点

1. 周莺燕是否系吉欣公司高级管理人员？
2. 周莺燕转走案涉款项的行为是否损害吉欣公司的权益？

(三) 一审判决

一审人民法院经审理认为：吉欣公司系周莺燕与帕斯科婚姻关系存续期间共

同设立的,周莺燕作为吉欣公司设立人之一,同时实际负责吉欣公司国内采购业务,负责与公司经营相关的日常事务,掌管并有权决定公司公章的使用,尽管吉欣公司并没有正式任命周莺燕担任公司高级管理人员,但从其实际行使的职权看,其拥有的权力已相当于吉欣公司高级管理人的职权。周莺燕利用职权擅自将吉欣公司存放于代理公司名下用于支付国内供应商货款的资金 613731 元人民币转入其个人名下,还擅自将吉欣公司银行账户内资金 204746 美元转入案外人宜和公司名下,显然违反了其对吉欣公司应尽的义务,侵害了吉欣公司的合法权益,扣除用于清偿吉欣公司对外债务后的剩余款项 521731 元人民币及 48174 美元应当返还吉欣公司并赔偿相应损失,吉欣公司主张按银行同期贷款利率计算损失符合法律规定,予以支持。遂判决:一、周莺燕于判决生效之日起 7 日内返还吉欣公司 521731 元人民币,并赔偿自 2013 年 6 月 13 日起至判决生效之日止,按中国人民银行公布的同期贷款基准利率计算的损失;二、周莺燕于判决生效之日起 7 日内返还吉欣公司 48174 美元,并赔偿自 2013 年 6 月 16 日起至判决生效之日止,按中国人民银行公布的同期同类贷款基准利率计算的损失。

(四)二审判决或终审判决

周莺燕不服一审判决向浙江省高级人民法院提出上诉,称:一、双方当事人诉讼主体均不适格,一审判决认定周莺燕系吉欣公司高级管理人没有事实依据。①吉欣公司未提供在中国香港注册成立以及参与诉讼的相关公证认证文件,不具备代表公司提起诉讼的权利;②周莺燕非公司高级管理人员。二、一审判决将涉案法律关系认定为损害公司利益责任纠纷显然系错误。①根据最高人民法院《民事案件案由规定》第 256 条规定,第三人侵权或者违约行为损害公司利益,不属于此案由纠纷;②损害公司利益责任纠纷保护两位股东以上的公司利益,不适用一人公司;③周莺燕与吉欣公司董事帕斯科原系夫妻关系,该公司是夫妻关系存续期间的共同财产,应属于《婚姻法》调整范围。浙江省高级人民法院经审理总结案件争议焦点为:一、周莺燕是否系吉欣公司高级管理人员;二、周莺燕转走案涉款项的行为是否侵害吉欣公司的权益,其应返还吉欣公司的金额是多少。浙江省高级人民法院认为:其一,周莺燕与吉欣公司唯一董事帕斯科原系夫妻关系,吉欣公司设立于婚姻存续期间。公司虽成立于中国香港特别行政区,但其主要的业务均发生在内地,日常的业务联系及公司管理亦均由周莺燕负责。周莺燕掌握公司的印章及账户等,可与之印证。虽然周莺燕未经吉欣公司形式上的任命,但鉴于公司营运的实际情况,以及周莺燕与吉欣公司的利害关系,一审认定周莺燕为吉欣公司的高级管理人,并无不当。其二,周莺燕于 2013 年 6 月 13 日将吉欣公司存放于代理公司名下用以支付国内供应商货款的资金 613731 元人民币转至个人名下,于同年 6 月 16

日将吉欣公司银行账户内资金 204746 美元转入案外人宜和公司名下,显然超越了职务行为范畴,侵害了吉欣公司的权益,理应承担返还的义务。遂判决:驳回上诉,维持原判。

(五)焦点问题评析

关于焦点一,周莺燕是否系吉欣公司高级管理人员。一般意义上,公司高级管理人员是指经法律、章程或董事会授权,由董事会聘任,对内执行公司日常经营管理业务,对外代表公司的公司行政首脑或负责人。① 根据《公司法》第 216 条第 1 项的规定"高级管理人员,是指公司的经理、副经理、财务负责人,上市公司董事会秘书和公司章程规定的其他人员。"对于高级管理人员的职责及范围,法律尊重公司自治。鉴于吉欣公司实际系"夫妻"公司,其管理不规范,没有正式书面任命手续,但是从其实际负责吉欣公司国内采购业务,负责与公司经营相关的日常事务,掌管并有权决定使用公司公章的行为等事实来看,被告显然是经原告执行董事授权并聘任的高级管理人员。

关于焦点二,周莺燕转走案涉款项的行为是否侵害吉欣公司的权益。损害公司利益责任纠纷也是一种侵权纠纷,被告承担损害赔偿责任的前提条件是被告实施了侵害公司利益的违法行为,符合侵权责任的构成要件。本案中,被告实施了侵害公司原告利益的违法行为,造成了原告较大的经济损失,依照《公司法》第 149 条之规定,应当承担赔偿责任。

(六)案例启示

由于董事、监事、高级管理人员享有较大权力,按照权利与义务相平衡的法理,董事、监事、高级管理人员必须负有相应的信义义务。否则,必然导致权利滥用,使公司与董事、监事、高级管理人员之间利益严重失衡。

法律设置损害公司利益责任纠纷诉讼的目的就是使受到侵害的公司权利或者利益得以恢复到被侵害前的状态。在不能"恢复原状"的情况下,通过合理补偿方式恢复原来的利益平衡。故在本案中,被告违反信义义务,将公司财产擅自转移至个人名下,损害了公司利益,原告不仅有权要求返还本金,还有权要求赔偿利息损失。

本案的判决,也给实践中处理损害公司利益责任纠纷中举证被告适格带来启示:如公司工商登记材料、公司章程、股东(大)会或董事会决议等材料已对被告的董事、监事、高级管理人员及公司股东身份作出规定,原告提交该类证据自不待言。但是对于没有上述材料直接证明被告身份的案件,原告可以通过收集能够证明当

---

① 参见施天涛:《公司法论》(第四版),法律出版社 2018 年版,第 367 页。

事人在公司管理中权力地位的证据材料来达到证明被告主体适格的目的,如对职位及岗位职责有充分描述的人事任免材料,与客户签订的重要合同文件,参与公司重大会议的会议纪要,参与公司重大活动的报道和宣传材料,公司其他董事、监事、高级管理人员的证人证言等。

第三节 公司关联交易损害责任纠纷

一、公司关联交易损害责任纠纷概述

(一)公司关联交易损害责任纠纷释义

公司关联交易损害责任纠纷是指公司的控股股东、实际控制人、董事、监事、高级管理人员利用其关联关系损害公司利益,给公司造成损失而产生的纠纷。[①] 如果该等关联方并非利用关联交易损害公司利益,则不属于此案由。

(二)关联交易的概念及特征

所谓关联交易,又称"关联方交易",是指公司与关联方之间转移资源、劳务或义务的交易行为。根据《企业会计准则第36号——关联方披露》第3条第1款的规定,一方控制、共同控制另一方或对另一方施加重大影响,以及两方或两方以上同受一方控制、共同控制或重大影响的,构成关联方。该准则第4条进一步明确,下列各方构成企业的关联方:①该企业的母公司。②该企业的子公司。③与该企业受同一母公司控制的其他企业。④对该企业实施共同控制的投资方。⑤对该企业施加重大影响的投资方。⑥该企业的合营企业。⑦该企业的联营企业。⑧该企业的主要投资者个人及与其关系密切的家庭成员。主要投资者个人,是指能够控制、共同控制一个企业或者对一个企业施加重大影响的个人投资者。⑨该企业或其母公司的关键管理人员及与其关系密切的家庭成员。关键管理人员,是指有权力并负责计划、指挥和控制企业活动的人员。与主要投资者个人或关键管理人员关系密切的家庭成员,是指在处理与企业的交易时可能影响该个人或受该个人影响的家庭成员。⑩该企业主要投资者个人、关键管理人员或与其关系密切的家庭成员控制、共同控制或施加重大影响的其他企业。

关联交易作为一种商业交易行为,形式上既具有一般交易行为的共性,又有其

[①] 参见景汉朝主编:《民事案件案由新释新解与适用指南》(第二版),中国法制出版社2018年版,第921—922页。

特征:①关联交易是涉及转移资产、资源、劳务或义务的交易,比一般商业交易的范围更加广泛。《企业会计准则第 36 号——关联方披露》列举了 11 种关联交易类型。②关联交易主体之间存在控制或重大影响,导致一方交易主体的意思可能被虚置。

(三) 法律对关联交易的规制

关联交易的以上特点,一方面有助于提高公司的交易效率、节省交易成本,另一方面又存在侵害公司及利益相关者的风险,使公司与关联方之间的利益严重失衡。因此,法律在认可关联交易的同时,应对关联交易进行必要的规制,即对不正当的关联交易进行如下严格限制:

1. 信息披露

即将关联信息向特定的人或公众公开披露,以防止不正当交易。《企业会计准则第 36 号——关联方披露》第 10 条规定,企业与关联方发生关联方交易的,应当在附注中披露该关联方关系的性质、交易类型及交易要素。公司章程可以对此作出补充规定。

2. 表决回避

即当公司股东、董事与股东(大)会或董事会表决的议案存在关联关系时,这些关联股东及董事以及其代理人应当进行回避,不能以其所持表决权参与表决。《公司法》第 16、124 条对此作了规定,公司章程可以对此进行补充规定。

3. 效力否定

其一,否决关联交易决议。当关联方违反表决回避制度时,可根据《公司法》第 22 条及相关司法解释诉请人民法院否决该关联交易决议。

其二,否决关联交易合同效力。除了寻求公司法的救济外,公司利益相关者还可以寻求《民法典》的救济,比如以"恶意串通,损害他人合法权益"为由请求宣告关联交易合同无效;以"显失公平"为由请求撤销关联交易合同。

其三,公司债权人还可以在符合法定条件时行使合同法中的代位权与撤销权。税务机关可以按照合理方法对公司的应纳税额进行调整。

4. 追究法律责任

其一,追究赔偿责任。《公司法》第 21 条规定:"公司的控股股东、实际控制人、董事、监事、高级管理人员不得利用其关联关系损害公司利益。违反前款规定,给公司造成损失的,应当承担赔偿责任。"中小股东可依法提起股东代表诉讼。

其二,否定公司法人人格。《公司法》第 20 条第 3 款引入了公司法人人格否认制度,即当公司股东通过不正当关联交易掠夺公司财产,导致公司无法清偿债务的,公司债权人可以诉请该股东对公司债务承担连带责任。

其三,追究刑事责任。利用关联关系损害上市公司利益,致使上市公司遭受重大损失的,可依法追究刑事责任。

以上限制可以归纳为两点:其一,交易过程应遵守程序性规则,比如对利益冲突和关联信息进行披露后,经由无利益冲突的股东事先授权或批准;其二,关联交易的结果包括交易的条件和价格等要素符合实质公平的要求。总之,要求交易程序和结果均公平公正。

二、公司关联交易损害责任纠纷的常见法律问题

(一) 公司关联交易损害责任的认定

《公司法》第21条规定:"公司的控股股东、实际控制人、董事、监事、高级管理人员不得利用其关联关系损害公司利益。违反前款规定,给公司造成损失的,应当承担赔偿责任。"这是我国法律体系中关于公司关联交易总括性的规定。由此可以明确,公司法并不禁止关联交易,而禁止利用关联交易损害公司利益。"利用关联关系"和"损害公司利益"是判定损害赔偿责任的两项根本标准,具体可从责任主体、行为动机、损害行为和损害结果四个方面进行分析:

1. 责任主体

《公司法》第21条第1款规定:"公司的控股股东、实际控制人、董事、监事、高级管理人员不得利用其关联关系损害公司利益。"第216条第(四)项规定,"关联关系,是指公司控股股东、实际控制人、董事、监事、高级管理人员与其直接或者间接控制的企业之间的关系,以及可能导致公司利益转移的其他关系"。公司关联交易损害责任主体应包括:控股股东、实际控制人、董事、监事及高级管理人员。《公司法》第216条前三项明晰了部分主要责任主体的具体含义:"(一)高级管理人员,是指公司的经理、副经理、财务负责人,上市公司董事会秘书和公司章程规定的其他人员。(二)控股股东,是指其出资额占有限责任公司资本总额百分之五十以上或者其持有的股份占股份有限公司股本总额百分之五十以上的股东;出资额或者持有股份的比例虽然不足百分之五十,但依其出资额或者持有的股份所享有的表决权已足以对股东会、股东大会的决议产生重大影响的股东。(三)实际控制人,是指虽不是公司的股东,但通过投资关系、协议或者其他安排,能够实际支配公司行为的人。"

2. 行为动机

关联交易牵涉关联人和公司的利益,交易时关联人可能为牟取私利而损害公司利益,也可能利用其掌握公司信息的便利条件促成公司的交易,达到关联人与公司双赢。关联交易的目的并非当然不正当,但在损害公司利益的关联交易中,恶意

的交易动机是认定关联交易损害责任的必备因素。但恶意的交易动机对原告的举证责任提出了较高要求,人民法院在认定是否构成恶意动机时往往会考虑关联交易的客观必要性。举例说明,假如公司以往一直以市场价从固定商家购入某原料,其间供应商没有出现过错,突然有一笔交易是在公司高级管理人员指示下从一家新供应商以明显高于市场价购入某原料,此交易便明显不具备客观必要性,需仔细核查交易动机。

3. 损害行为

《公司法》所规制的关联交易行为限于不正当交易行为,即控股股东、实际控制人、董事、监事及高级管理人员滥用其控制、管理权利与关联方从事损害公司利益的关联交易行为。该行为通常表现为关联方之间就收益与支出分配不合理或不公正。具体表现参见本节一、(二)所列举的常见九类不正当关联交易行为。

4. 损害结果

关联交易本身无谓好坏,或给公司带来利益,或给公司造成损失,抑或不对公司造成任何影响。依据《公司法》第 21 条规定,只有关联交易行为给公司带来现实的或明显可能发生的损失时,公司或相关权利人才有权提起公司关联交易损害责任纠纷之诉,要求责任人承担赔偿责任。

(二)人民法院对关联交易是否合法有效的审查标准

各国大体上采取双轨制的方式对公司关联交易行为实行规制:即一方面,通过证券法律、法规要求公司对其与关联方之间的所有重大交易进行披露;另一方面,通过有关公司法律规范对公司与其关联方之间的交易实施实质性的限制。因此,各国对于关联交易是否合法有效的审查大多包含实质条件和程序条件两个方面。我国司法实践中,人民法院对关联交易是否合法有效的审查,具体分为三个方面:

(1)交易信息是否充分披露

这一要求是从政府监管的角度提出的。由于市场中信息不对称,充分披露交易信息有利于市场监管,方便部分不负责经营的小股东了解企业经营状况,确保信息准确和披露充分,使交易暴露在阳光下。《企业会计准则第 36 号——关联方披露》为关联交易中的信息披露确立了依据。

(2)交易程序是否合法

审查交易程序是否合法主要包括:对本次交易是否取得必要的授权、授权程序是否合法合规、是否符合《公司法》规定及公司章程规定、公司内部各项决议是否有效、交易各方是否履行必要的报批程序等。

(3) 交易对价是否公允

买卖双方的成交价格应当符合行业内的普遍成交价格,或者达到在一定条件下可以被买卖的价格。公允价值的确定,需要依靠专业人员的职业判断,实践中通常借助资产评估机构评估确定。

(三) 股东代表诉讼中股东对不当关联交易的救济途径

由于关联交易的结果与股东有利害关系,当这种不当关联交易侵害到股东的利益时,应当为股东提供一种既能达到保护其权利的目的,又符合民商法基本理论的救济通道——股东代表诉讼,《公司法》第151条第2款对此作出了相关规定。笔者认为此种情形下,股东对关联交易的救济权应是依据股东自己的意思表示就能行使的权利,无须公司批准。股东可以选择以下具体的救济途径:

①变更权。即股东根据自己的意思表示,请求人民法院变更不当关联交易的权利和义务内容的权利。

②撤销权。即股东根据自己的意思表示,请求人民法院撤销不当关联交易的权利。

③无效确认权。即股东依单方意思表示,请求人民法院确认不当关联交易无效的权利。

④代位权。即当不当关联交易对公司造成重大损失,公司怠于向关联人行使赔偿请求权时,股东可依自己的意思代表公司向关联人主张损失赔偿的权利。

(四) 程序合法能否构成绝对抗辩事由

《公司法》第16条规定,公司为其股东或者实际控制人提供担保的,关联股东或者受实际控制人支配的股东,不得参加该项表决。《公司法》第124条规定,上市公司董事与董事会会议决议事项所涉及的企业有关联关系的,不得对该项决议行使表决权,也不得代理其他董事行使表决权。该董事会会议由过半数的无关联关系董事出席即可举行,董事会会议所作决议须经无关联关系董事过半数通过。出席董事会的无关联关系董事人数不足三人的,应将该事项提交上市公司股东大会审议。公司的关联股东或关联董事违反上述规定,参与公司决议的,构成违法行为,造成损害的,应当承担民事责任。但是,公司的关联股东或关联董事遵守了上述规定是否可以绝对免责,各界意见尚未统一。对此,必须明确,程序和实体虽然紧密相关,但为两个不同性质的问题,《公司法》第21条规定的公司关联方对不当关联交易的赔偿责任并不以程序违法为构成要件。即使公司的关联股东或关联董事已经按照法定程序予以回避,但是通过施加影响诱使公司进行不公正关联交易的,仍然应当承担赔偿责任。

三、公司关联交易损害责任纠纷诉讼指引

(一) 总体思路

公司关联交易损害责任纠纷属于侵权纠纷,应具备侵权责任的一般构成要件。因此,律师代理此类纠纷的基本思路,与代理一般侵权纠纷类似。但由于关联交易主体之间存在控制与被控制关系或一方可对另一方施加重大影响,导致形式上平等的交易主体可能实质上并不平等,由此可知《公司法》第 21 条旨在防止因关联交易导致公司利益受损,侧重于交易的公平公正,该条与《民法典》第 1165 条规制内容各有侧重,其构成要件、举证责任与一般侵权纠纷相比,存在不同特点,这些特点详见下文,可能成为处理此类纠纷的突破口。

找到突破口后,再结合案件具体情况制定诉讼方案。关于如何制定诉讼方案,请参见本书第八章第三节和第四节。

(二) 实务操作注意点

1. 诉讼主体

(1) 原告

依照《民事诉讼法》第 119 条"原告是与本案有直接利害关系的公民、法人和其他组织"的规定,公司关联交易损害责任纠纷中原告可分为以下几种:

①公司作为原告。公司作为被侵权人,有权请求侵权人承担侵权责任。

②监事会或者不设监事会的有限责任公司的监事作为原告。依照《公司法》第 151 条第 1 款规定,如董事、高级管理人员利用关联交易损害公司利益时,监事会或者不设监事会的有限责任公司的监事可以向人民法院提起诉讼。

③董事会或者不设董事会的有限责任公司的执行董事作为原告。依照《公司法》第 151 条第 1 款规定,如监事利用关联交易损害公司利益时,董事会或者不设董事会的有限责任公司的执行董事可以向人民法院提起诉讼。

④有限责任公司的股东、股份有限公司连续 180 日以上单独或者合计持有公司 1%以上股份的股东作为原告。依照《公司法》第 151 条第 2 款规定,如董事、监事、高级管理人员利用关联交易损害公司利益时,股东经过相应的前置条件[①],或者情况紧急、不立即提起诉讼将会使公司利益受到难以弥补的损害的,符合条件的股东有权为了公司的利益以自己的名义直接向人民法院提起诉讼。

[①] 即监事会、不设监事会的有限责任公司的监事,或者董事会、执行董事收到股东书面请求后拒绝提起诉讼,或者自收到请求之日起 30 日内未提起诉讼。

（2）被告

利用关联交易损害公司利益的侵权人为被告。依照《公司法》第21、216条，公司关联交易损害责任纠纷的适格被告应包括公司控股股东、实际控制人、董事、监事、高级管理人员。与上述人员共同侵权的关联交易相对方也可成为本纠纷的适格被告。

（3）第三人

为查明事实，当以公司控股股东、实际控制人、董事、监事、高级管理人员为被告时，与其有直接或者间接关联关系的主体往往会被作为第三人参加诉讼。

2. 确定该案由应当注意的问题

公司关联交易损害责任纠纷，发生在公司的控股股东、实际控制人、董事、监事、高级管理人员等关联方利用其关联关系损害公司利益之时。如果该等关联方损害了公司利益，但并非利用关联交易的形式，则不属于此案由。

3. 管辖

关于公司关联交易损害责任纠纷的诉讼管辖问题，目前并无统一规定。有观点认为，应以公司争议的管辖原则确定管辖法院，即统一适用公司住所地人民法院管辖；亦有观点认为，应以侵权纠纷的管辖原则确定管辖法院，即适用侵权行为地或被告所在地作为管辖法院。笔者认为，一般情况下应以侵权责任法规定的侵权行为地或被告住所地人民法院管辖为基础，并结合《民事诉讼法》第26条以及《民诉法解释》第22条关于公司住所地人民法院管辖的规定综合考虑。一方面，公司关联交易损害责任纠纷之诉本质上属于侵权诉讼，符合适用侵权诉讼管辖规定的所有条件，应首先考虑选择适用侵权责任法的管辖规定；另一方面，公司关联交易损害责任纠纷侵权方式多样，涉及的法律关系复杂，很多案件难免涉及股东资格的确认、股东知情权、公司决议等，此情况下，可以尝试选择适用公司住所地人民法院进行特殊管辖。

4. 公司关联交易损害责任纠纷的诉讼时效

依据《民法典》第188条"向人民法院请求保护民事权利的诉讼时效期间为三年"对诉讼时效的规定，公司关联交易损害责任纠纷适用一般诉讼时效3年的规定，自权利人知道或应当知道权利遭受损害以及义务人之日起计算。

5. 诉讼请求

发生公司关联交易损害责任纠纷时，可根据《公司法》第21、149、151条，《公司法解释五》第2条及《民法典》第179条等规定，请求确认关联交易合同无效、可撤销或者对公司不发生效力，并要求侵权人承担损害赔偿责任。

6. 举证责任分配

鉴于控股股东、实际控制人、董事、监事、高级管理人员在公司的优势地位，在公司关联交易损害责任纠纷中,实行过错推定和部分举证责任倒置比较恰当。①过错推定原则是从损害事实本身推定行为人有过错,由其举证证明自己没有过错,此举免除了公司关联交易损害责任纠纷中的受害公司证明侵害方存在过错的举证责任。实行部分举证责任倒置制度可以减轻受害公司的诉讼负担,由行为人举证证明其已尽到忠实、勤勉的义务,对公司或其他关联人是公平的。如证明某笔交易的正当性,需自证该交易符合程序规定,即证明交易前后已经过董事会、股东(大)会的审议决策或者追认,董事会、股东(大)会在审议时确系由未参与利益冲突交易的董事、股东进行表决,即适用非利害关系人多数同意规则。

控股股东、实际控制人、董事、监事、高级管理人员举证证明该交易满足了程序公平的要求,则主张交易不公平的一方需要举证证明交易结果的不公平。②

7. 注意事项

律师在介入公司关联交易损害责任纠纷后,首先需要充分查明各方主体资格。其次需要充分研究并熟悉公司章程,查阅关于公司的重大决议、重大交易中的董事会和股东(大)会议事规则或其他在先约定。如有必要,需组织对重大资产或交易进行充分的尽职调查,如果受公司普通股东委托,应协助其行使股东知情权,查阅公司会计账簿或其他必要材料,充分了解公司的运营状况。最后,在诉讼过程中尽量通过搜集公司内部财务资料固定相关损害后果,必要时可以委托第三方机构进行司法鉴定,明确遭受损失的数额。

四、经典案例评析

(一) 案情概要

案例:迪美斯(太仓)窗型材有限公司与彼得·容根费尔德公司关联交易损害责任纠纷案③

原告:迪美斯(太仓)窗型材有限公司(简称"太仓迪美斯公司")

被告:彼得·容根费尔德(简称"彼得")

太仓迪美斯公司原来由德国 MDB 公司全资子公司德国迪美斯公司于 1999 年 6 月 7 日投资设立。2009 年 12 月 24 日,公司股东变更为香港迪美斯公司。2010 年 4 月 15 日,公司股东再次变更为香港迪美斯公司和西安高科建材科技有限公司。彼得自 1999 年 6 月公司设立起担任公司董事,至 2009 年 12 月公司股权变更

---

① 参见冯果:《公司法》,武汉大学出版社 2007 年版,第 238 页。
② 参见王守春:《公司实际控制人诚信义务》,中国法制出版社 2019 年版,第 87 页。
③ 参见江苏省高级人民法院(2013)苏商外终字第 0008 号民事判决书。

后免去董事职务。

太仓迪美斯公司向江苏省苏州市中级人民法院诉称:彼得是德国 MDB 公司的董事长,系太仓迪美斯公司的实际控制人。2007 年至 2008 年间,德国迪美斯公司在欧洲全资拥有的另一家子公司奥地利迪美斯公司发生了财务困难,濒临破产。为向奥地利迪美斯公司提供财务融资,彼得凭借其实际控制人的地位,利用关联关系,以安排太仓迪美斯公司向奥地利迪美斯公司购买二手生产设备的方式,向奥地利迪美斯公司提供流动资金。彼得操控太仓迪美斯公司先后向奥地利迪美斯公司输送资金高达 645689 欧元,而奥地利迪美斯公司所交付的设备均为废旧设备,根本无法使用。彼得上述行为严重损害了太仓迪美斯公司的利益,应当承担相应的法律责任。请求人民法院判令:彼得赔偿太仓迪美斯公司损失 645689 欧元。

彼得辩称:①太仓迪美斯公司与奥地利迪美斯公司之间的交易属于企业之间正常的商业买卖行为,与彼得个人无关。其中购买设备协议系公司总经理任磊签署,董事长赫克也参与了相关谈判。彼得仅为公司董事,并不是实际控制人,也没有通过德国 MDB 公司强制太仓迪美斯公司与奥地利迪美斯公司交易的行为。②涉案合同至今并无纠纷,太仓迪美斯公司至今未向奥地利迪美斯公司主张合同项下权利义务。时隔多年,即便设备无法使用,也是因为太仓迪美斯公司怠于行使权利以及未尽合理义务防止损失扩大所致。③太仓迪美斯公司诉称的损失无依据,其认为合同损害其利益,首先应当通过法律途径追究奥地利迪美斯公司的责任,在人民法院认定奥地利迪美斯公司应当承担责任并无力履行的情况下,才可提出本案是否存在关联交易损害责任诉讼,并且关联交易并不为中国法律师事务所禁止,涉案交易经太仓迪美斯公司董事会集体决议,依法完成进口手续,没有任何违法和不当之处。综上,请求驳回太仓迪美斯公司的诉讼请求。

(二) 争议焦点

1. 彼得是否存在如太仓迪美斯公司所主张的损害公司利益的行为?
2. 如上述行为存在,彼得应承担何种民事责任?

(三) 一审判决

江苏省苏州市中级人民法院经审理认为:太仓迪美斯公司主张彼得系公司实际控制人,但其提供的现有证据,仅能反映出彼得在任职公司董事期间同时兼任了集团总公司德国 MDB 公司董事长职务,以及在太仓迪美斯公司董事会决议中发表意见和进行表决。上述行为均未超越公司章程或董事会授权的权利范围,也未发现彼得存在通过个人投资关系、协议或其他安排对公司的经营计划、方针、财务、人事等事务具有决定权的情形,故太仓迪美斯公司提供的现有证据不足以证明彼得符合公司法规定的实际控制人的构成要件。关于彼得是否利用其关联关系进行交易,由于交易的双方主体太仓迪美斯公司、奥地利迪美斯公司均系德国迪美斯公司投资的子公司,因此涉案交易系与股东之间存在关联,并非与董事彼得存在经济利益的关联,也未有证据显示彼得有权直接或者间接控制上述企业进行交易或谋取私利。事实上,涉案生产设备采购合同系经太仓迪美斯公司董事会成员一致同意下所作决策,客观上代表了出资股东的真实意志。董事彼得仅是依据法律和公司章程规定参与公司经营管理,以及会同其他董事参与了涉案交易的决策。因此,即便是该决策的实施客观上可能给公司造成损失,对该损失要求参与决策的其中一名董事独立承担损害赔偿责任,亦没有事实和法律依据,不能成立。据此,判决驳回太仓迪美斯公司的诉讼请求。

(四)二审判决或终审判决

太仓迪美斯公司不服一审判决,向江苏省高级人民法院提起上诉,称:①彼得是德国MDB公司的董事长,自太仓迪美斯公司成立至2009年12月一直担任上诉人的董事职务,彼得既是太仓迪美斯公司的董事,又是整个MDB集团最高领导人,系太仓迪美斯公司的实际控制人。②彼得与涉案设备交易存在关联关系。其一,《公司法》规定的关联关系不局限于经济利益关系;其二,彼得系利用了其在MDB集团的特殊地位控制了涉案交易,彼得既实际控制太仓迪美斯公司,同时也与涉案交易相对方奥地利迪美斯公司的总经理具有亲属关系。

二审人民法院经审理认为:法律并不禁止所有关联交易,只是禁止不公平的、损害公司利益的关联交易。太仓迪美斯公司主张彼得构成实际控制人、董事利用关联关系损害公司利益的主张不能成立。首先,现有证据不足以证明彼得系太仓迪美斯公司的实际控制人。涉案交易发生时,太仓迪美斯公司及其交易相对方奥地利迪美斯公司的股东均为德国迪美斯公司。虽然MDB公司作为德国迪美斯公司的股东,与奥地利迪美斯公司及太仓迪美斯公司之间存在关联关系,但彼得担任MDB公司董事长并不意味着其个人系太仓迪美斯公司的实际控制人。太仓迪美斯公司主张彼得是太仓迪美斯公司实际控制人的直接证据是证人赫克、毕恩的证人证言,但是上述证人正是在董事会决议中同意涉案交易的四位董事中的两位成员,且赫克在涉案交易时系太仓迪美斯公司的法定代表人,而且该两位证人持有太仓迪美斯公司现股东香港迪美斯公司的股权,与太仓迪美斯公司存在利害关系,上述证言不足以认定彼得系太仓迪美斯公司的实际控制人及涉案交易系在彼得恶意操纵下完成。其次,太仓迪美斯公司二审中还主张彼得构成董事利用关联交易损害公司利益。对此,人民法院认为,其一,涉案交易经太仓迪美斯公司董事会决议一致同意,并非彼得个人未经董事会同意之行为,并不违反公司的相关规定。其二,彼得在任职太仓迪美斯公司董事期间,其在公司董事会做出涉案交易决议中发表意见和进行表决,是履行董事职责,并未超越公司章程或者董事会授权的权利范围。其三,如果存在董事利用关联交易损害公司利益的情况,也应当由做出涉案交易决定的全体董事承担责任,而不是仅由其中的某一位董事承担全部责任,故太仓迪美斯公司仅要求董事彼得承担全部可能的侵权责任,于法无据,人民法院不予支持。遂作出终审判决:驳回上诉,维持原判。

(五) 焦点问题评析

本案判决形成于 2013 年,其裁判观点"公司法对于关联交易并不禁止,禁止的是利用关联交易损害公司利益的不当关联交易"现已成为当下处理此类案件的指引。故引用本案例供读者参考。

但是,对本案一审人民法院与二审人民法院共同假设的观点,即在公司关联交易中,假如涉案交易经董事会决议一致同意,即使存在个别董事利用关联交易损害公司利益的情况,也应当由做出涉案交易决定的全体董事承担责任,而非由该个别董事承担的观点,值得商榷。依据侵权责任构成理论,对全体董事来说,全体董事因缺少"过错"而无须承担侵权责任。该个别董事多数情况下不会主动告知甚至会刻意隐瞒不当关联交易要素,其他董事此时很难发现交易存在漏洞,同意交易的董事会决议便在上述隐瞒中形成。在此情况下认定全体董事存在过错未免过于苛刻且不合理。对该个别董事来说,既然已认定该个别董事存在利用关联交易损害公司利益的情况,言下之意即侵权损害主体为该个别董事、损害行为是关联交易、损害结果为公司利益受损、过错为主观故意"利用",该个别董事侵权责任构成要件已全部具备,理应依法由该个别董事承担侵权责任。

(六) 案例启示

太仓迪美斯公司股权变更后,该公司在新股东控制下向原股东委派的董事提起公司关联交易损害责任纠纷诉讼。由此引申出一个问题:假定本案符合公司关联交易损害责任的构成要件,在股权变更的情况下,变更后的公司关于关联交易损害赔偿的主张应否支持?单纯从公司与股东是不同主体、各自独立来看,貌似应予以支持。如果认为公司毕竟是股东的公司,尤其新股东在明知此类关联交易的情况下,在股权转让交易时却不提出,似又不应支持,否则将使新旧股东之间利益失衡。由于这是一个有争议的问题,为避免发生类似争议,律师在办理公司并购或股权转让业务时需提醒客户关注此类问题,并在交易文件中对此问题的处理事先作出妥当安排。

第十三章　债权人权益保护纠纷

　　建立在公司独立人格和股东有限责任之上的现代公司制度,既推动了现代经济文化的高度发展,又为公司控制者获取不正当利益提供了土壤。为防止股东利用公司法人人格和有限责任规避法律责任,损害公司、债权人和社会的合法利益,公司法在确立股东有限责任原则的同时,也明确了有限责任的例外,当股东出资不实、未尽清算义务或存在其他滥用公司人格之情形时,股东应对公司和债权人承担相应的财产责任。本章共分三节,从股东在设立阶段、运营阶段、清算阶段可能损害债权人利益之责任三个方面进行阐述,对应公司法人人格否认纠纷、股东因出资瑕疵损害债权人利益责任纠纷、股东未尽清算义务损害债权人利益责任纠纷。

第一节　公司法人人格否认纠纷

一、损害公司债权人利益责任纠纷概述

　　损害公司债权人利益责任纠纷是指公司股东因滥用公司法人独立地位和股东的有限责任,逃避债务,严重损害公司债权人利益,对公司债务承担责任的民事纠纷。

　　正常情况下,公司股东不直接对公司债权人负责,而由公司以其全部财产对公司的债务承担责任,即股东与债权人之间隔着公司这堵"墙"。当股东出资不实,未尽清算义务或存在其他滥用公司人格之情形时,公司债权人可以穿越公司这堵"墙",要求该股东承担相应的财产责任。

　　实务中,损害公司债权人利益责任纠纷包括以下三种类型:①公司法人人格否认纠纷;②股东出资瑕疵损害债权人利益纠纷;③股东未尽清算义务损害债权人利益纠纷。

二、公司法人人格否认概述

(一)公司法人人格否认的含义

　　公司法人人格否认,又称"刺破公司面纱""揭开公司面纱""股东直索责任"

"穿透责任",一般是指当人民法院认定股东滥用公司人格和股东有限责任时,基于正义与衡平的理念,在个案中漠视或忽视其公司人格,将公司股东和公司视为一体,由股东与公司对公司债务承担连带责任。

股东有限责任和公司人格独立是同一事物的两方面,前者从股东角度而言,后者则从公司角度而言。若不承认股东有限责任,股东与公司的民事主体资格就难以实现彻底分离,公司人格独立便无从谈起;反之,若不承认公司人格,实际上就等于否认了股东有限责任。

知名经济法学者吴建斌先生指出,公司独立人格与股东有限责任作为现代公司的基石,应当具备两个前提条件:一是股东按章程足额出资,二是公司以其全部资产对债权人承担连带清偿责任。[①] 笔者认为,根据我国《公司法》第 20 条的规定,还应当增加一个前提条件,即股东不得滥用公司独立人格和股东有限责任。这三个条件是维持公司股东与债权人利益平衡的支柱,缺一不可。当股东滥用公司独立人格严重损害债权人利益时,股东所享有的有限责任待遇便应当被剥夺,以弥补债权人因此所遭受的损失,使股东、公司以及债权人之间的利益恢复平衡。

对此,我国《公司法》第 20 条规定,公司股东应当遵守法律、行政法规和公司章程,依法行使股东权利,不得滥用股东权利损害公司或者其他股东的利益;不得滥用公司法人独立地位和股东有限责任损害公司债权人的利益。公司股东滥用股东权利给公司或者其他股东造成损失的,应当依法承担赔偿责任。公司股东滥用公司法人独立地位和股东有限责任,逃避债务,严重损害公司债权人利益的,应当对公司债务承担连带责任。

(二)公司法人人格否认纠纷的常见类型

按照《民事案件案由规定》,公司法人人格否认纠纷称为"损害公司债权人利益责任纠纷",如无特别说明,本书仍按照司法实践及学理名称称为"公司法人人格否认纠纷"。

司法实践中,公司法人人格否认纠纷往往是一种从纠纷,纠纷的引起从属于原告与公司被告之间的基本民事法律关系。比如,原告与公司之间存在借贷等债权债务法律关系,为了实现债权,诉讼中直接列公司股东为被告或在执行程序中申请特定股东作为被执行人。但是,人格否认纠纷又具有其自身独立性,并非完全属于原告与公司被告之间的基本民事纠纷。在司法实践中需要对二者进行综合分析,从而判断公司独立人格受到滥用的程度、是否达到人格否认的程度,并以此作为判断特定公司股东与公司对债权人等利害关系人承担连带责任或特定责任的依据。

[①] 参见朱娟:《吴建斌序》,载宋娟:《公司股东直索责任边界研究》,法律出版社 2015 年版,第 1 页。

公司法人人格否认纠纷常见的类型有:①公司法人人格完全否认;②公司法人人格自始不完整;③虚设公司人格;④利用公司回避合同义务;⑤利用公司规避法律义务。

三、公司法人人格否认纠纷的常见法律问题

(一)公司法人人格否认的构成要件

滥用公司人格的行为是典型的侵权行为,公司人格否认案件是侵权纠纷案件。[1] 因此,公司法人人格否认的构成要件与一般侵权责任的构成要件类似,但有其特点。

1. 当事人适格

原告是滥用公司法人人格行为的实际受害者,通常是公司的自愿债权人和非自愿债权人。

被告是实施了滥用公司法人独立地位和股东有限责任行为的股东,且为严重损害了公司债权人利益的股东,而不是其他股东。不能让无辜的股东受到牵连,否则有违公司人格独立和股东有限责任的基本原则。

2. 股东实施了滥用公司法人人格的行为

如实施了人格混同、过度支配与控制、资本显著不足等滥用公司人格的违法行为。

3. 存在对债权人的严重损害

首先,无损害,则无救济。公司人格否认的目的在于对失衡的利益予以矫正,对受害的公司债权人予以救济。虽有滥用公司人格之行为,但并没有损害事实的发生,客观上自无适用公司人格否认的必要。

其次,受到的损害必须达到严重程度,才有必要否定公司人格,让股东对公司债务承担连带责任。何谓"严重损害",法律对此未明确规定。有学者指出,"严重损害"应以股东滥用公司人格使得公司丧失偿债能力为界限。[2]

4. 滥用公司人格的行为与损害事实之间存在直接的因果关系

这里所说的损害事实,指的是公司债权人的债务不能得到清偿的法律事实。

---

[1] 参见周友苏等:《公司法学理与判例研究》,法律出版社2008年版,第264页;最高人民法院民事审判第二庭编著:《〈全国法院民商事审判工作会议纪要〉理解与适用》,人民法院出版社2019年版,第147页。

[2] 参见刘俊海:《公司法学》,北京大学出版社2008年版,第284页;朱慈蕴:《公司法人格否认制度理论与实践》,人民法院出版社2009年版,第71页;陈群峰:《审判视野下的公司诉讼研究》,法律出版社2013年版,第243页。

股东实施"滥用"行为是"因",债权人的债务不能得到清偿是"果"。虽然债权人受到严重损害,如果不是股东"滥用"行为造成的,而是有其他原因,如市场原因、公司经营管理不善等,那么就不能突破公司法人独立地位和股东有限责任的基本原则。

鉴于股东的滥用公司独立人格行为当然损害公司清偿能力,有学者认为对此应适用因果关系推定,与过错推定效果一样,将举证责任交给股东方为妥当。[①]

5. 行为人主观上有过错

从行为人的主观过错来看,滥用公司法人独立地位和股东有限责任的股东其目的是逃避债务,主观上有明显过错,是故意为之。如果股东主观上没有过错或者过错不明显,属于过失,也没有必要否定公司人格。[②]

探究当事人主观意图的唯一途径就是通过其行为来推断。只要存在出资严重不足、混同、过度控制等行为或状态,便有理由相信股东存在滥用公司法人人格之恶意,主观上没有过错的举证责任应落到股东头上。[③]

(二)人格混同的认定标准

人格混同是一种典型的滥用公司法人人格的行为,一般是指公司与股东人格混同。关联公司之间也可能发生人格混同,比如最高人民法院发布的《指导案例15号:徐工集团工程机械股份有限公司诉成都川交工贸有限责任公司等买卖合同纠纷案》。

认定公司人格与股东人格有无混同,最根本的判断标准是公司是否具有独立意思和独立财产,最主要的表现是公司的财产与股东的财产是否混同且无法区分。在认定是否构成人格混同时,应当综合考虑以下因素:

①股东无偿使用公司资金或者财产,不作财务记载的;

②股东用公司的资金偿还个人债务,或者将公司的资金供关联公司无偿使用,不作财务记载的;

③公司账簿与股东账簿不分,使公司财产与股东财产无法区分的;

④股东自身收益与公司盈利不加区分,使双方利益难以分清的;

⑤公司的财产记载于股东名下,由股东占有、使用的;

⑥人格混同的其他情形。

当出现人格混同时,往往同时出现以下混同:公司业务和股东业务混同;公司

---

① 参见朱慈蕴:《公司法人格否认制度理论与实践》,人民法院出版社2009年版,第71页。
② 参见最高人民法院民事审判第二庭编著:《〈全国法院民商事审判工作会议纪要〉理解与适用》,人民法院出版社2019年版,第146页。
③ 参见朱慈蕴:《公司法人格否认制度理论与实践》,人民法院出版社2009年版,第71页。

员工与股东员工混同,特别是财务人员混同;公司住所与股东住所混同。人民法院在审理案件时,关键要审查是否构成人格混同,而不要求同时具备其他方面的混同,其他方面的混同往往只是人格混同的补强。

(三) 过度控制与支配的认定标准

股东对公司过度控制与支配也是一种典型的滥用公司法人人格的行为,一般是指股东通过对公司的控制而实施了不正当的甚至非法的影响,使公司完全丧失独立性,沦为控制股东的工具或躯壳。

公司控制股东对公司过度支配与控制,操纵公司的决策过程,使公司完全丧失独立性,沦为控制股东的工具或躯壳,严重损害公司债权人利益,应当否认公司人格,由滥用控制权的股东对公司债务承担连带责任。实践中常见的情形包括:

①母子公司或者子公司之间进行利益输送的;
②母子公司或者子公司之间进行交易,收益归一方,损失却由另一方承担的;
③先从原公司抽走资金,再成立经营目的相同或者类似的公司,逃避原公司债务的;
④先解散公司,再以原公司场所、设备、人员及相同或者相似的经营目的另设公司,逃避原公司债务的;
⑤过度支配与控制的其他情形。

控制股东或实际控制人控制多个子公司或者关联公司,滥用控制权使多个子公司或者关联公司财产边界不清、财务混同,利益相互输送,丧失人格独立性,沦为控制股东逃避债务、非法经营,甚至违法犯罪工具的,可以综合案件事实,否认子公司或者关联公司法人人格,令其承担连带责任。

(四) 资本显著不足的认定标准

资本显著不足也是一种典型的滥用公司法人人格的表现,一般是指公司成立后,在经营过程中,股东实际投入公司的资本额与公司经营所隐含的风险相比明显不匹配,即资本不能满足公司经营规模、范围、潜在责任的需求。股东利用较少资本从事力所不及的经营,表明其没有从事公司经营的诚意,实质是恶意利用公司独立人格和股东有限责任把投资风险转嫁给债权人。由于资本显著不足的判断标准有很大的模糊性,特别是要与公司采取"以小博大"的正常经营方式相区分,因此在适用时需十分谨慎,应当与其他因素结合起来综合判断。

(五) 股东之间的共有关系可否作为否认公司法人人格的事由

无论是在学界抑或实务界,常常否认股东之间存在财产共有关系的公司的法人人格,对于夫妻公司更是毫不留情。此种认识,实为对《公司法》的误解。

首先,法人人格的独立性表现为独立的财产、独立的意思和独立的责任。法人财产独立性是指法人的财产独立于其出资人、经营管理人员以及其他社会主体。法人财产独立性并不包括出资人之间财产的相互独立。公司出资人之间是否存在共有关系并不影响公司法人人格的独立。

其次,否认公司法人人格必须具备各个要件,最主要的是必须存在股东滥用公司法人独立地位和股东有限责任的行为。股东之间的共有关系只是提供了这种滥用的可能,绝不等同于滥用行为本身。

最后,对于一人公司我国法律予以认可,而不盲目否定其独立人格,举轻以明重,对共有人之间的公司更无理由仅因为股东之间存在共有关系而否认其法人人格。

(六)诉讼请求的变更

司法实践中,公司债权人对公司提起侵权、合同等诉讼后(案件审理过程中),发现公司股东存在滥用公司独立法人人格或股东有限责任的情形,笔者认为,应当允许公司债权人变更诉讼请求。

四、公司法人人格否认纠纷诉讼指引

(一)总体思路

公司人格独立是公司法的一般原则,公司人格否认制度是公司人格独立原则的例外。公司人格否认制度不应动摇公司独立人格在公司制度中的基石地位,前者只能是后者的例外和有益补充,使二者保持一种反思性平衡。处理公司人格否认案件的总体思路是在利益平衡原则的指导下,准确把握否认公司人格的构成要件,并关注以下实务处理注意点,然后在此基础上结合个案具体情况制定诉讼方案。关于如何制定诉讼方案,请参见本书第八章第三节和第四节。

(二)实务处理注意点

1. 案由

案由是案件的由来,是人民法院对诉讼案件所涉及的法律关系的性质进行概括后形成的案件名称,也就是作为原告一方当事人起诉的诉因。案由的确定主要从当事人之间的法律关系入手,诉讼实践中一般以当事人之间的具体债的发生依据为案由。

公司法人人格否认纠纷诉讼中存在两种法律关系:一种是原告与公司之间的债的关系;另一种是原告与公司特定股东之间,因股东滥用公司法人人格而引发的法律关系。两种法律关系均具有一定的独立性。因此,根据哪些原则确定案由不仅仅是一个程序性问题,而是关乎整个案件的审理流程。鉴于公司法人人格否认纠纷的复杂性、专业性、隐蔽性及证明标准的模糊性等特点,并且在实践中仍以公司法人独立责任为基础、以法人人格否认为例外,笔者认为在确定案由时,应以公司法人人格否认具体纠纷为主。

2. 管辖

司法实践中,管辖问题往往也是当事人之间激烈争论的问题之一。人格否认纠纷诉讼中至少存在两种或两种以上法律关系,其中至少一种是原告与公司之间债的关系,另一种是公司法人人格否认关系。由于合同等因素,前者大量存在约定管辖的情形,而人格否认法律关系属于法定关系,不是约定事项,导致诉讼实践中,多以原告与公司被告之间的法律关系来确定管辖法院。对此类管辖冲突,最高人民法院并无明确规定。

原告可根据个案实际情况及诉讼策略选择管辖法院。另外,也可考虑按照"与最无辜者联系最密切原则"来确定管辖法院,即根据公司独立法人地位和股东有限责任制度,以法人人格否认为由同时起诉公司及股东,股东具备一种天然的"无辜性",因此按照人格否认纠纷具体情形来确定管辖法院更为合适。

3. 诉讼主体

公司法人人格纠纷诉讼中的原告,应为因股东滥用公司法人独立人格和股东有限责任而受到损害的债权人及其他利益相关者。

被告有几种情形:第一种是公司与股东均为被告。第二种是直接以股东为被告。这种情形多数存在于公司无财产或无法送达影响诉讼效率的情况下,但是司法实践中往往把公司追加为第三人。第三种是先起诉公司,在诉讼过程中发现公司法人人格否认相关证据的,再追加股东为当事人并变更诉讼请求,或者在判决生效后的执行过程中发现相关证据的,或者基于诉讼策略的考虑,另行以法人人格否认为由起诉股东。

人民法院审理公司人格否认纠纷案件时,将根据以下不同情形确定当事人的诉讼地位:

①债权人对债务人公司享有的债权已由生效裁判确认,其另行提起公司人格否认诉讼,请求股东对公司债务承担连带责任的,列股东为被告,公司为第三人。

②债权人对债务人公司享有的债权提起诉讼,同时提起公司人格否认诉讼,请求股东对公司债务承担连带责任的,列公司和股东为共同被告。

③债权人对债务人公司享有的债权尚未经生效裁判确认,直接提起公司人格否认诉讼,请求公司股东对公司债务承担连带责任的,人民法院应当向债权人释明,告知其追加公司为共同被告。债权人拒绝追加的,人民法院应当裁定驳回起诉。

4. 举证

《公司法》第 20 条第 3 款的规定，并未就证明责任作出任何表述，因此人民法院在适用《公司法》第 20 条第 3 款进行相关审查时，应当根据《民事诉讼法》第 64 条的规定，由提出公司法人格否认诉求主张的当事人进行举证，而且其有责任提供证据。当然，提起诉讼的债权人对于自己的债权受到损害容易提供证明，即证明自己的债权到期得不到清偿，但是，充分证明股东有滥用公司法人独立人格和股东有限责任的行为以及有逃避债务的故意，则相对困难。因此，只要债权人证明股东有出资不足或虚假出资的情形，公司资本严重不足，财产、业务及人事混同，以及股东与公司之间存在大量交易行为等即可，而进一步的证明责任应当转至公司股东。至于股东是否具有逃避债务之目的，即主观故意，则以债权人已经提供的上述证据来推断。当债权人的证明责任完成后，如果公司及股东不能提出相反的证据证明股东不存在《公司法》第 20 条第 3 款所描述的情况，则有可能导致公司的法人人格被否认。①

实务中，债权人主张股东滥用公司法人独立地位和股东有限责任的，应对股东滥用公司法人独立地位和股东有限责任的事实承担初步举证责任，对于其因客观原因无法举证的部分，包括公司账簿、会计凭证、会议记录等相关证据，可以向人民法院申请调查取证。

对于《公司法》第 63 条的规定而言，在一人公司场合下，如果发生公司财产与股东财产不分的情况，则把债权人主张揭开公司面纱之诉求的举证责任倒置给公司股东，即"一人有限责任公司的股东不能证明公司财产独立于股东自己的财产的，应当对公司债务承担连带责任"。之所以如此规定，主要是因为一人公司的股东更容易控制公司并滥用公司独立人格谋取不当利益，加重其举证责任，有利于约束其合理、合法地利用公司形式追求利益最大化。但是，必须明确，一人公司场合下提起公司法人人格否认的举证责任倒置，仅限于一人公司股东证明自己的财产与公司财产是否混同的情况，如果一人股东存在其他滥用公司人格的行为，当然可以并且应当依照《公司法》第 20 条第 3 款进行公司法人人格否认之诉。

5. 诉讼时效

法律对于法人人格否认纠纷的诉讼时效，没有特别规定，适用一般诉讼时效的规定。诉讼时效应自债权人知道或应当知道股东滥用公司法人独立地位和有限责任导致公司财产不能清偿所负债务之日起计算。债权人超过诉讼时效起诉的，股东享有诉讼时效抗辩权。

---

① 参见朱慈蕴：《公司法原论》，清华大学出版社 2011 年版，第 53 页；最高人民法院民事审判第二庭编：《公司案件审判指导》，法律出版社 2014 年版，第 55 页。

五、经典案例评析

(一) 案情概要

案例:应高峰诉嘉美德(上海)商贸有限公司、陈惠美其他合同纠纷案①

原告:应高峰

被告:嘉美德(上海)商贸有限公司(简称"嘉美德公司")、陈惠美

被告嘉美德公司成立于 2006 年 8 月 9 日,目前该公司注册资本为 100 万元,实收资本为 100 万元,公司类型为有限责任公司(台港澳自然人独资),股东及法定代表人均为陈惠美。

2012 年 8 月 2 日,原告应高峰与嘉美德公司、案外人陈倬坚签订《投资合同》,各方约定:应高峰对嘉美德公司进行投资,用于最大化建设现有的经营品牌。总投资额为 1000 万元,并取得嘉美德公司 51%的股份。应高峰出资分期缴付:第一笔股金 200 万元,自合同签订之日起 3 日内汇入指定账户;第二笔股金 200 万元,自合同签订之日起 90 日内汇入指定账户;剩余股金 600 万元,于合同签订后 18 个月内按嘉美德公司营运需求及指示,汇入指定账户内。嘉美德公司同意应高峰第一次汇入 200 万元至指定账户后即有权行使股东权利。签约后 3 个月内,若应高峰对于嘉美德公司在签约前或签约后所提供的财务报表和经营报表有不同意见,且双方无法协调取得共识或嘉美德公司违反本合约条款时,应高峰保留撤销此投资合约的权利。若应高峰书面通知公司撤销此合约,公司同意无条件将应高峰所汇入账户内的资金于应高峰通知后 60 日内汇入应高峰所指定的银行账户内,并终止此合约。协议另约定:应高峰与嘉美德公司签约后 60 日内,陈倬坚将 Amada 中国港澳地区品牌所有权完全转移给嘉美德公司,嘉美德公司独家拥有该品牌在中国港澳地区品牌所有的任何权利。上海均岱日用礼品有限公司(简称"均岱公司")的所有业务转移给嘉美德公司。嘉美德公司的财务收支由应高峰与公司双方共同签章后执行。嘉美德公司所有股东和公司的合作文件、公司代理权合约,应高峰有权于签约前先行确认。在各方签订上述《投资合同》前,案外人张梓良参与了协商事宜,并曾向陈倬坚、陈惠美发送过草拟的合同文本。

2012 年 8 月 6 日,原告应高峰向被告嘉美德公司支付投资款 2081633 元。

2012 年 8 月至 9 月期间,案外人张梓良曾至被告嘉美德公司,签署请款单、付款通知、付款凭单,并曾持有该公司的 U 盾,张梓良将 U 盾返还被告陈惠美。

2012 年 9 月 29 日,原告应高峰委托案外人余信村向被告陈惠美、陈倬坚发送

---

① 《最高人民法院公报》2016 年第 10 期(总第 240 期)。

电子邮件,内容为:本周于贵公司审计完成,从贵公司的库存盘点清查和贵司的财务报表和会计凭证的缺失,数字不符,且贵公司自身对财务状况不了解,我们对于此投资深感忧虑。经我们内部讨论,决定中止此合约,并根据合约退还汇款 2081633 元。对于还款时间和方式,请尽快确认。

2012 年 10 月 22 日,上海申洲大通会计师事务所有限公司根据案外人欧德龙公司的委托,在对被告嘉美德公司及均岱公司 2012 年 1 至 8 月汇总合并内部管理财务报表进行审计后,出具《专项审计报告》,该报告认定:嘉美德公司主营业务收入账面数为 1072883.46 元,均岱公司主营业务收入账面数为 3211001.43 元;但合并汇总利润表与两公司账面数相加合计金额相差 2909993.21 元。嘉美德公司主营业务成本账面数为 853941.12 元,均岱公司主营业务成本账面数为 2208777.86 元;但合并汇总利润与两公司账面数相加合计相差 586845.18 元。按汇总合并资产负债表期初未分配利润 7632686.49 元,加本期净利润 366605.96 元,期末未分配利润为 7999292.45 元,但汇总合并资产负债表期末未分配利润列示为 6110244.03 元,二者数据相差 1889048.42 元。报告另注明:仅供委托人欧德龙公司对嘉美德公司和均岱公司汇总合并内部管理财务报表评价与分析使用,不适用其他用途。

2012 年 11 月 21 日,被告陈惠美向余信村发送电子邮件,内容为:关于退股机制,我们非常尊重贵方选择。我方已于周五汇还 40 万元,这是投资额所剩现金。50 万元商品,周一会列出清单,投资额已付货款,我方只能退还货物。另外 110 万元已付各种费用,我方只能保留 5%股权给贵方。

当日,案外人胡华靖农业银行账户内收到被告嘉美德公司支付的 40 万元,交易用途为货款。原、被告一致确认该款项即嘉美德公司退还原告应高峰的投资款。

2012 年 11 月 28 日,原告应高峰向被告嘉美德公司、陈俾坚发送存证信函,要求其在一周内返还余款 168 万元。

2012 年 12 月 4 日,被告嘉美德公司向原告应高峰发送回函,认为应高峰从未与公司协商沟通,即发函要求撤销《投资合同》并要求公司返还余款 168 万元,与契约真意及目的不符。应高峰支付的投资款 208 万元,依会计师核算净值及扣除投资期间装潢、进货、房租、货款、购买设备、工资等相关费用,公司已经尽最大努力将 40 万元汇入应高峰指定账户,并无 168 万元未返还。应高峰的要求无任何契约或法律依据,有失诚信及公允。2012 年 12 月 6 日,被告陈惠美发送电子邮件对存证信函进行回复,称其一直与应高峰协商退股机制,应高峰一直不同意,要求应高峰的会计师给予一个计算方式。

2012 年 12 月 13 日,原告应高峰委托律师向被告嘉美德公司发出律师函,表明应高峰不同意其于同年 12 月 4 日所发送的回函,再次要求其退还投资款。

另查明,2012年8月至2013年6月期间,被告嘉美德公司对外支付多笔款项,涉及货运费、代理费、仓储费、服务费、税费、装修费、房屋租金、物业费、电信月租费等,金额共计370万余元。

另查明,均岱公司为有限责任公司(国内合资),成立于2004年6月28日,注册资本、实收资本均为50万元,法定代表人为某某如,股东为某某如、某某峰。

一审中,被告嘉美德公司确认,其与均岱公司仅为贸易伙伴,两公司之间并无关联。被告嘉美德公司、陈惠美确认,Amada品牌的所有权及均岱公司的业务至今未转至嘉美德公司名下。另,就嘉美德公司所抗辩的其已经将原告应高峰支付的投资款用于公司经营,上海市长宁区人民法院曾征询嘉美德公司意见,是否需就此进行审计,并向嘉美德公司释明了其应承担的举证责任及不进行审计可能产生的后果,但嘉美德公司坚持不进行审计。

(二) 争议焦点

1. 嘉美德公司是否应返还应高峰投资款余额?
2. 被告陈惠美是否应对嘉美德公司的还款义务承担连带清偿责任?

(三) 一审判决

一审人民法院认为,就第一个争议焦点,《投资合同》明确:原告应高峰与被告嘉美德公司签约后3个月内,若应高峰对于嘉美德公司在签约前或签约后所提供的财务报表和经营报表有不同意见,且双方无法协调取得共识或嘉美德公司违反合同条款时,应高峰保留撤销《投资合同》的权利。若应高峰书面通知嘉美德公司撤销此合同,嘉美德公司同意无条件将应高峰汇入其账户内的资金于应高峰通知后60日内汇入应高峰所指定银行账户内,并终止《投资合同》。根据人民法院查明的事实可以认定,被告陈惠美已经向应高峰提供了嘉美德公司相关报表,虽然应高峰未能以自己的名义申请审计机构对此进行审计,但是申请人为欧德龙公司的《审计报告》中已经指出了报表所存在的问题,这些问题是毋庸置疑的。应高峰据此向嘉美德公司提出解除《投资合同》、返还投资款的要求,其行为并未违反《投资合同》约定。此后,陈惠美向应高峰发送电子邮件,并未对应高峰指出的问题及解除《投资合同》的要求加以否认或提出异议,就此可以认定应高峰与嘉美德公司对解除《投资合同》已经形成合意。嘉美德公司抗辩称,应高峰要求抽回出资违反《公司法》的规定,应属无效。人民法院认为,原、被告签订的是涉及股权、品牌所有权、业务划转等在内的《投资合同》,并不仅限于公司出资。在2012年9月应高峰向嘉美德公司提出解除合同时,双方均未办理公司变更登记手续,应高峰尚未成为嘉美德公司的股东,故应高峰要求返还投资款的请求与法不悖,嘉美德公司的抗辩意见难以成立。

关于返还投资款,被告陈惠美曾向原告应高峰发送电子邮件,表示同意退还应高峰40万元钱款、价值50万元的商品,另以5%的股权折抵110万元钱款。由此可见,被告嘉美德公司对于应返还应高峰投资款的金额并无异议,仅对返还全部钱款还是以货物、股权折抵部分钱款提出了己方意见,并由此与应高峰产生争议。鉴于应高峰并未接受嘉美德公司上述意见,而《投资合同》中也未约定在解除合同后,嘉美德公司可以货物、股权等折抵应返还的投资款,故嘉美德公司上述要求仅为其单方意思表示,缺乏依据,难以成立。此外,在解除《投资合同》后,应高峰不再对嘉美德公司进行投资,也必然不可能成为该公司的股东,嘉美德公司要求以公司股份折抵返还的投资款显然违背了双方的本意,亦不具有可执行性。综上,嘉美德公司应返还应高峰投资款。

就第二个争议焦点,被告嘉美德公司系被告陈惠美投资的一人有限责任公司,根据《公司法》第63条之规定,一人有限责任公司的股东不能证明公司财产独立于股东自己的财产的,应当对公司债务承担连带责任。陈惠美作为嘉美德公司的股东,代表嘉美德公司与原告应高峰就投资事宜进行磋商,签订《投资合同》,还代表嘉美德公司就应否返还投资款事宜向应高峰发送电子邮件,其与嘉美德公司之间意思表示一致,并不是相互独立的。此外,作为嘉美德公司的唯一股东,陈惠美未能向人民法院提供证据证明嘉美德公司的财产独立于其个人财产,又因嘉美德公司坚持不进行审计,故无法证明应高峰所交付的投资款已用于嘉美德公司而排除另做他用的可能性。综上,为防止一人公司的唯一股东滥用公司独立人格,增强对公司债权人的保护,应高峰要求陈惠美对嘉美德公司的债务承担连带清偿责任的诉讼请求应予以准许。

据此,上海市长宁区人民法院判决:①被告嘉美德公司应于本判决生效之日起10日内返还原告应高峰投资款1681633元;②被告嘉美德公司应于本判决生效之日起十日内赔偿原告应高峰逾期返还投资款的利息损失,以1681633元为基数,自2013年5月30日起至本判决生效之日止,按照中国人民银行同期同类贷款基准利率计算;③被告陈惠美对上述第一、二项判决中被告嘉美德公司的债务承担连带清偿责任。

嘉美德公司及陈惠美不服一审判决,向上海市第一中级人民法院提起上诉。

(四)二审判决

上海市第一中级人民法院经二审,确认了一审查明的事实。

两上诉人在二审期间提供了如下证据:2011年度至2013年度的《财务报表及审计报告》、2011年度《外汇收支情况表审核报告》及2012年度至2013年度的《外商投资企业外方权益确认表审核报告》,欲证明上诉人嘉美德公司有独立的财务账目,与上诉人陈惠美个人不存在财产混同。经质证,被上诉人应高峰认为这些报告都是根据财务报告的固定项目表述的,无法证明嘉美德公司与陈惠美个人之间不存在财产混同的事实,且2013年度报告载明嘉美德公司不存在未披露的未结诉讼等事项,但本案纠纷是从2013年6月延续到现在,故对报告内容的真实性不予认可。

被上诉人应高峰在二审期间提供了注册于中国台湾地区的均岱有限公司的企业档案信息,欲证明上海的均岱公司由上诉人陈惠美实际控制,陈惠美通过上海的均岱公司自由支配、转移上诉人嘉美德公司的资产为己所用。经质证,两上诉人对上述证据的真实性无异议,但认为上海的均岱公司并不完全受嘉美德公司的控制。

经审查,人民法院认为,两上诉人提供的各份财务报告已出示原件,真实性可以确认,且与本案争议有关,人民法院依法予以采纳。被上诉人应高峰提供的注册于中国台湾地区的均岱有限公司的企业资料,因该公司并非上海均岱公司的投资公司,与本案争议无直接关联,不予采纳。

人民法院据此另查明:2011至2013年间,上诉人嘉美德公司委托有关会计师事务所对公司的财务报表等分别进行了审计、审核,2011至2013年度的《财务报表及审计报告》确认,嘉美德公司的财务报表在所有重大方面按照小企业会计准则的规定编制,公允反映了嘉美德公司的财务状况以及经营成果和现金流量;2012至2013年度的《外商投资企业外方权益确认表审核报告》及2011年度《外汇收支情况表审核报告》确认,嘉美德公司的外方权益确认表及外汇收支情况表的编制在所有重大方面符合国家外汇管理的有关规定。

二审中,两上诉人陈述,上诉人嘉美德公司对均岱公司有实际控制,故可以保证按照《投资合同》的约定将均岱公司的所有业务转移给嘉美德公司。

上海市第一中级人民法院二审认为,本案二审争议焦点在于:①投资合同解除后,上诉人嘉美德公司应当全额返还被上诉人应高峰的投资款,还是按照投资款的剩余残值进行返还;②上诉人陈惠美是否应对返还投资款承担连带清偿责任。

第一,关于上诉人嘉美德公司应如何返还投资款的问题。人民法院认为,根据《投资合同》的约定,签约后3个月内,若被上诉人应高峰对于嘉美德公司的财务报表和经营报表有不同意见,且双方无法协调取得共识时,应高峰有权撤销投资合同,嘉美德公司同意无条件返还应高峰的投资资金,并终止此合同。合同履行中,应高峰于2012年9月29日通知嘉美德公司终止投资合同,并要求退还全部投资款。上诉人陈惠美代表嘉美德公司于同年11月21日回复称,尊重应高峰的选择,已向应高峰汇出40万元,同时提出其余投资款已用于支付货款及各种费用等。由此可以看出,应高峰要求嘉美德公司返还全额投资款的诉请符合双方的合同约定,在应高峰通知解除投资合同后,嘉美德公司对应当全额返还投资款也未提出异议,至于投资款是否已经用于经营以及嘉美德公司是否无力还款的事实并不能改变双方的合同约定,也不能据此免除嘉美德公司的还款义务。嘉美德公司的此项上诉理由不能成立,原判判令嘉美德公司承担全额还款责任正确,应予维持。

第二,关于上诉人陈惠美个人是否应承担连带还款责任的问题。人民法院认为,根据《公司法》第63条之规定,一人有限责任公司的股东不能证明公司财产独立于股东自己的财产的,应当对公司债务承担连带责任。上述法律规定要求一人有限责任公司的股东将公司财产与个人财务严格分离,且股东应就其个人财产是否与公司财产相分离负举证责任。本案中,陈惠美提供了上诉人嘉美德公司的相关审计报告,可以反映嘉美德公司有独立完整的财务制度,相关财务报表亦符合会计准则及国家外汇管理的规定,且未见有公司财产与股东个人财产混同的迹象,可以基本反映嘉美德公司财产与陈惠美个人财产相分离的事实。应高峰认为上述证据不足以证明嘉美德公司财产与陈惠美个人财产没有混同,并提出如下异议:审计报告未反映本案诉讼情况;嘉美德公司一审中提供的银行收支报告反映,应高峰投资后仅一周,嘉美德公司就向均岱公司转移了96万余元,包括发放均岱公司员工工资等。人民法院认为,我国《公司法》第63条的规定,意在限制一人有限责任公司股东采用将公司财产与个人财产混同等手段,逃避债务,损害公司债权人的利益,因此股东对公司债务承担连带清偿责任的前提是该股东的个人财产与公司财产出现了混同。然而从本案目前的证据材料可以看出,嘉美德公司收到应高峰的投资款后,虽部分用于支付均岱公司的员工工资及货款等,但是,根据双方投资合同的约定,应高峰投资后,均岱公司的业务将全部转入嘉美德公司,因此均岱公司的业务支出与应高峰的投资项目直接有关;这些费用的支出均用于均岱公司的业务支出,并无款项转入陈惠美个人账户的记录,而审计报告中是否记载本案诉讼的情况也与财产混同问题无涉。因此,应高峰提出的异议并不能反映嘉美德公司财产与陈惠美个人财产有混同的迹象,不足以否定上诉人的举证。陈惠美的上诉理由成立,一审判令陈惠美对嘉美德公司的债务承担连带清偿责任不当,应依法予以纠正。

综上,上海市第一中级人民法院判决:①维持上海市长宁区人民法院(2013)长民二(商)初字第S829号民事判决第一项、第二项;②撤销上海市长宁区人民法院(2013)长民二(商)初字第S829号民事判决第三项;③驳回应高峰的其余诉讼请求。

(五)焦点问题评析

关于焦点一,嘉美德公司是否应返还应高峰投资款余额。嘉美德公司抗辩称,应高峰要求抽回出资违反《公司法》的规定,应属无效。人民法院认为,原、被告签订的是涉及股权、品牌所有权、业务划转等在内的《投资合同》,并不仅限于公司出资。在 2012 年 9 月应高峰向嘉美德公司提出解除合同时,双方均未办理公司变更登记手续,应高峰尚未成为嘉美德公司的股东,故应高峰要求返还投资款的请求与法不悖,嘉美德公司的抗辩意见难以成立。笔者认为,人民法院认定"在 2012 年 9 月应高峰向嘉美德公司提出解除合同时,双方均未办理公司变更登记手续,应高峰尚未成为嘉美德公司的股东"值得商榷。股权是股东与公司之间的法律关系。按照法律关系和法律行为的基本法理,具备合意和出资两个要件即可成为公司股东。所谓合意是指与公司达成合意,所谓出资是指实际出资或认缴出资。本案中,应高峰与嘉美德公司签订了《投资合同》且嘉美德公司原持有 100%股份的股东陈惠美也在该合同上签字,故据此认定应高峰与公司达成了成为该公司股东的合意,应高峰认缴了 1000 万元出资并实缴了第一期出资款,此外应高峰委派案外人张梓良参与了公司实际管理。显然,应高峰已成为了嘉美德公司的股东。况且,根据《公司法》第 32 条第 3 款的规定:"公司应当将股东的姓名或者名称向公司登记机关登记;登记事项发生变更的,应当办理变更登记。未经登记或者变更登记的,不得对抗第三人。"工商登记并非设权登记,是宣示性证权登记,只具有对外公示效力。故一审人民法院关于"双方均未办理公司变更登记手续,应高峰尚未成为嘉美德公司的股东"之意见是错误的。

关于焦点二,本案被告陈惠美是否承担连带责任,关键在于陈惠美的个人财产与嘉美德公司财产是否存在混同。嘉美德公司为一人有限公司,陈惠美既是法定代表人又是唯一股东,陈惠美对其个人财产独立于公司财产承担举证责任。依据《公司法》第 63 条之规定,一人有限责任公司的股东不能证明公司财产独立于股东自己的财产的,应当对公司债务承担连带责任。

造成一、二审人民法院判决截然不同的根源在于,陈惠美在一审未对公司财产与个人财产不存在混同进行充分举证。陈惠美二审补充提交了证据,证明其个人财产与公司财产相分离,没有混同。二审人民法院于是认定嘉美德公司财产与陈惠美个人财产不存在混同,陈惠美不应对公司债务承担连带清偿责任,并依法纠正了一审判决。二审人民法院对此认定是正确的。

(六) 案例启示

公司法律人格要素包括公司的意思独立和财产独立,而公司独立法律人格的维护,必须借助于能够实现权力制约与利益平衡的良好的治理结构。[①] 一人有限责任公司在一人股东的完全控制下,不仅公司的独立意思难以体现,而且公司财产极易在公司与股东之间随意流动,较之其他的公司形式,更容易发生股东滥用公司

[①] 参见范健、王建文:《公司法》(第三版),法律出版社 2011 年版,第 252 页。

法人独立地位和股东有限责任的情况。鉴于此,《公司法》第63条作出特别规定,一人有限责任公司的股东不能证明公司财产独立于股东自己的财产的,应当对公司债务承担连带责任。

适用该规定时,需注意以下几点:

其一,该规定仅适用于公司和股东财产混同的情形,且不以逃避债务为条件,也不以严重损害公司债权人利益为结果。只要一人有限责任公司不能证明公司财产与股东自己的财产相互独立,则股东无条件对公司债务承担连带责任。故公司应当积极举证。一人有限公司依照《公司法》第62条规定,应当在每一会计年度终了时编制财务会计报告,并经会计师事务所审计。按照本公报案例,公司提交财务会计审计报告,即可视为完成了《公司法》第63条规定的举证责任,股东不需对公司债务承担连带清偿责任。

其二,该规定实际上是关于举证责任倒置的规定,但其范围仅限于公司财产和股东财产混同的情形。也即是说,在一人有限责任公司中如果发生财产混同以外的股东滥用公司法人独立地位和股东有限责任的行为,债权人不得以本条为依据主张举证责任倒置,而需自己承担证明责任。

其三,该规定并不排除《公司法》第20条对一人有限责任公司的适用。一人有限责任公司是特殊的公司,其当然适用列于《公司法》第20条的规定。但是,如果一人有限责任公司债权人以第20条为依据,主张公司财产和股东财产混同,要求股东对公司债务承担连带责任的,债权人须承担证明责任。

第二节 股东出资瑕疵损害债权人利益责任纠纷

一、股东出资瑕疵损害债权人利益责任纠纷概述

随着公司资本制度的改革,设立公司的门槛降低,"零现金"也能设立公司,成为公司股东。这一制度一方面推动了创新创业,繁荣了市场主体;但是,另一方面也必将给公司资本带来一定的不确定性。如果出现出资瑕疵,表现在公司内部,是股东对公司的民事责任;表现在外部,是股东对公司债权人的民事责任。因此,从实务角度出发,探究出资瑕疵对债权人利益损害责任的问题,将对律师厘清追责程序和实体责任起到引导作用。

(一)股东出资瑕疵损害债权人利益内涵

股东依法缴纳出资并以其认缴的出资额或认购的股份为限对公司承担责任,

既是股东的法定义务,又是公司法确定的基本原则。因此,出资义务是股东的首要义务。无论是实缴出资还是认缴出资,股东均应依照公司法或者公司章程的规定进行出资。公司设立时或设立后,全体或部分股东未按照公司法或公司章程规定缴纳出资,即为出资瑕疵。

所谓瑕疵出资有广义和狭义之分。狭义的瑕疵出资是指股东交付出资的财产存在权利或物的瑕疵,如所缴纳的财产存在着第三人的合法权利或不符合约定的质量标准等。广义的瑕疵出资是指具有虚假出资、抽逃出资或者出资不实的行为,泛指违反出资义务的行为。

瑕疵出资的法律责任包括瑕疵出资股东对公司的责任、瑕疵出资股东对其他股东的违约责任和瑕疵出资股东对债权人的责任。本节主要阐述瑕疵出资股东对债权人的责任,又称"股东出资瑕疵损害债权人利益责任"。

根据《公司法解释三》第13条的规定,出资瑕疵的股东应在未出资本息范围内对债权人承担补充赔偿责任,如瑕疵股东是发起人,则其他发起人与瑕疵股东承担连带责任。

(二)股东出资瑕疵损害债权人利益责任纠纷辨析

股东出资瑕疵损害债权人利益责任纠纷是指,公司股东因出资瑕疵损害公司债权人利益而对公司债务承担责任的民事纠纷,属于损害公司债权人利益责任纠纷的一种类型,与股东出资纠纷不同,应注意区分。

股东出资纠纷是股东违反出资义务造成公司或其他已履行出资义务的出资人的损失而产生的纠纷,公司或其他已履行出资义务的出资人藉以向出资瑕疵股东主张权利的法理基础是公司法和合同法意义上的出资违约责任;而股东因出资瑕疵损害债权人利益责任纠纷是股东违反出资义务造成公司债权人损失而产生的纠纷,债权人向出资瑕疵股东主张权利的法理基础是合同法意义上的债权人代位权。

二、股东出资瑕疵损害债权人利益责任纠纷的常见法律问题

(一)股东出资瑕疵与债权人利益相关的法律责任

1. 一般性理解

本节主要探讨股东出资瑕疵对公司债权人的责任,对于股东内部责任暂且不论。公司债权人是指,以公司作为债务人所形成的债的关系中有权请求公司为一定行为的权利主体。公司对其债权人承担的是无限责任,而公司财产是公司承担债务的基础,任何损害或减损动摇公司财产的行为,无论积极还是消极行为,势必对公司债的清偿产生影响。

基于股东有限责任这一公司法的基本原则,一般情形下,债权人无法揭开公司面纱,穿透股东有限责任,直接让股东对公司债务承担责任。而出资瑕疵是对股东有限责任的动摇,这种动摇一旦被法庭证实,就意味着出现了股东直接承担公司之债的责任问题。

2. 出资瑕疵情形下股东对公司债权人责任的法律性质

(1) 直接责任或间接责任

股东直接责任,为股东间接责任的对称,是指股东对自己的行为依法应直接承担的民事责任。根据现代各国民法中的"自己责任原则",任何有民事行为能力的主体均应直接承受自己行为的后果。但这一基本原则又受到各国法律中监护制度、代理制度、连带责任制度和其他法律制度的限制。由此形成直接责任与间接责任并列的状况。

股东间接责任,为股东直接责任的对称,是指股东依法对与其有特定联系的他人(如公司或公司其他股东)之行为应当承担的责任。间接责任本质上是民法中"自己责任"的例外。根据不同国家的法律,与股东有特定联系的当事人可负有无条件的替代责任,学理上称先行偿付责任和补充责任等为间接责任。

公司股东对于公司债权人的责任在性质上属于间接责任,不能独立于公司而存在。这一点对于债权人实现权益的诉讼程序及诉讼当事人配置具有重要意义。

(2) 连带责任或补充责任

连带责任是"民事责任承担"的一种,指数个债务人就同一债务各负全部给付的一种责任形式。即债权人可对债务人中的一人、数人或全体,同时或先后请求全部或部分给付的一种债务形式。

补充责任是指因同一债务,在应承担清偿责任的主责任人财产不足以给付时,由补充责任人基于与主责任人的某种特定法律关系或因为存在某种与债务相关的过错而承担补充清偿的民事责任。究其实质,相当于一种保证责任,与保证制度中的一般保证类似。

股东对公司债的责任,既不是简单的连带责任,也不是简单的补充责任,要根据案件实际情况确定。

(3) 限额责任或无限责任

限额责任是指全体股东因公司存在出资瑕疵而产生的对公司债务的赔偿责任。一般情况下,出资瑕疵并非否定股东的有限责任,而是要求股东完整履行其有限责任。发起人股东之间对瑕疵出资承担的是连带责任,某一股东或全体股东承担的是限额责任,责任限额以公司章程规定的出资额为限。

可见,股东出资瑕疵对公司债权人承担的是限额责任,而不是无限责任。

(4)股东因出资瑕疵对公司债权人承担的责任性质

综上所述,股东出资的本质是股东享有股东权对应的股东义务。这种义务具有有限责任属性,以出资额为责任限额,而且发起人股东之间(无论其本人是否适格出资)承担相互连带责任。这种责任从程序上还属于间接责任,不独立于公司责任而存在。

3. 出资瑕疵股东对公司债权人的责任承担

实践中,往往把出资瑕疵分为一般性瑕疵和重大瑕疵,由此产生对公司债权人的不同责任。

(1)一般出资瑕疵时,股东对公司债权人的责任

所谓一般出资瑕疵,是指不影响公司法人人格的出资瑕疵。如上所述,未履行出资义务的股东对公司负有补足出资的法定义务,在出资不足的范围内对债权人承担清偿责任,属于代位履行责任。对已履行出资义务的股东来说,是否也应当承担责任呢?已履行出资义务的发起人股东应当在未履行出资义务的股东无法履行的范围内,向债权人承担连带清偿责任,而非发起人的股东则不应当担责。

(2)重大出资瑕疵时,股东对公司债权人的责任

如果因股东存在重大出资瑕疵导致公司法人人格否认的,股东应对公司债务承担连带责任。

(二)被冒用名义的股东是否对公司债权人承担瑕疵出资责任

根据《公司法解释三》第28条的规定,冒用他人名义出资并将该他人作为股东在公司登记机关登记的,冒名登记行为人应当承担相应责任;公司、其他股东或者公司债权人不能以未履行出资义务为由,请求被冒名登记的股东承担补足出资责任或者对公司债务不能清偿部分的赔偿责任。此处的被冒用名义的股东和上述名义股东是有区别的。被冒用名义的股东对其被登记为股东的事实并不知情,对被登记为股东的法律后果无法预见。此时如让被冒用名义的股东承担该冒用行为的法律后果,显然是不公平的。实践中,也确实存在用他人丢失的身份证登记为股东,设立公司而损害债权人利益的情形,被冒用名义的他人依法不应对其被冒名的法律后果承担责任,其中既包括对其他股东的违约责任,也包括对公司债权人的补充赔偿责任。对此,债权人在与公司进行交易时,应适当关注公司股东和公司之间的关联性,以避免此类债权届时落空。

三、股东出资瑕疵损害债权人利益责任纠纷诉讼指引

(一)总体思路

公司是企业法人,有独立的财产,享有法人财产权。公司以其全部财产对其债

务承担责任。公司资本是公司从事经营活动的物质基础,是公司对外承担债务的信用保障,也是对公司债务的一般担保。股东违反出资义务,直接危害公司资本,进而损害公司债权人利益,使股东与债权人的利益严重失衡。公司法为矫正这种失衡,对出资瑕疵股东科以出资责任,以恢复股东与债权人之间的利益平衡。

股东一般不直接对公司债权人负责,因此公司债权人不得随意追究股东责任。公司债权人向股东追责,须符合以下前提条件,才能获得法律支持:①股东违反出资义务。如果股东未违反出资义务,则不应当承担出资责任。②该股东尚未承担出资责任。股东承担了出资责任,等同于"治愈"了出资瑕疵。没有出资瑕疵,就不应再承担出资责任。根据一事不再罚原则,不能让已经承担了出资责任的股东再承担同样的出资责任。③公司财产不能清偿到期债务。如果公司能够清偿债务,则股东违反出资义务的行为尚未损害债权人利益。

故处理股东因出资瑕疵损害债权人利益责任纠纷,认真研究个案是否符合上述前提条件是解决此类纠纷的关键。同时,还需关注以下实务处理注意点。经认真研究后,再制定相应的诉讼方案。关于如何制定诉讼方案,请参见本书第八章第三节和第四节。

(二)实务处理注意点

1.诉讼当事人的确定

①债权人的主体地位。本节探讨的是出资瑕疵所致公司债权人利益损害责任,因此公司债权人为案件当然之原告。债权人对公司享有真实的债权,即基于合同关系、侵权关系或劳动关系而对公司享有债的请求权。

②公司的诉讼主体地位。对于公司债务而言,公司承担的是直接责任,是诉讼程序中当然之被告。还需要讨论的是,如果公司对债权人承担担保责任,此种情形与公司为主债务人无异。

③出资瑕疵股东的主体地位。出资瑕疵股东违反出资义务,而在违反义务的范围内(出资限额内)承担直接清偿责任。故在诉讼中也作为被告。

④非瑕疵股东因其他股东出资瑕疵在诉讼中的主体地位。基于发起人股东之间对出资义务互负连带责任原则,其他股东一般也在诉讼中作为被告。

⑤名义股东的诉讼主体地位。名义股东是指基于工商登记显名但并未实际出资的股东,一般与公司实际出资人为代持法律关系,工商登记股东为显名股东,实际出资人为隐名股东。

2.债权诉讼与出资瑕疵诉讼分别诉讼中当事人的确定

分别诉讼是指公司债权人对公司进行诉讼,取得判决或调解确认的债的结果。随后,公司债权人再因公司存在股东出资瑕疵而另行起诉公司股东。此时,公司在诉讼中一般作为第三人。即出资瑕疵诉讼中各方诉讼主体的地位分别是:公司债权人是原告;公司全体股东是被告;公司是第三人。

3.出资瑕疵诉讼中诉讼请求的确定

股东对公司承担的出资责任是一种有限责任,是以其出资额为限对公司承担责任。因此,出资瑕疵诉讼中股东的责任应以出资额为限。

故诉讼请求的确定原则上按照全体股东在未出资范围内连带承担直接清偿责任。具体要点包括:

①判令股东甲在其未出资范围内承担清偿责任;

②判决股东乙在其未出资范围内承担清偿责任;

③判令股东……

④判令股东甲、乙……对其他股东出资不实部分承担连带清偿责任。

当然,出于诉讼策略等考虑,立案时一般把出资瑕疵责任直接替换为未出资责任或出资不实责任;在诉讼中,再根据双方提出的证据调整为出资瑕疵责任。

另外,基于律师视角和法官判决视角的不同,诉讼请求中充满着夸大的或者明显有利于原告的责任方式。比如,瑕疵出资诉讼中,股东对公司债务应当承担连带责任还是限额责任或是补充赔偿责任。即便律师明知应当承担什么责任,在诉讼中一般都会选择较重的连带责任,而不会选择较轻的补充赔偿责任。

4.事实与理由的确定

事实与理由最主要的依据就是工商登记档案中关于出资方面的记载和其他关于出资的证据。其责任来源、履行方式需对照公司章程的记载与描述。具体理由如下:

①股东以不享有处分权的财产出资的。

②股东以划拨土地使用权出资,或者以设定权利负担的土地使用权出资,股东有义务在合理期间内办理土地变更手续或者解除权利负担,但逾期未办理或者未解除的。

③股东以非货币财产出资,未依法评估作价的。债权人认为该作价金额显著低于章程所定价额的。

④股东以房屋、土地使用权或者需要办理权属登记的知识产权等财产出资,已经交付公司使用但未办理权属变更手续的;或者办理了权属变更手续,但是未交付公司使用的。

⑤股东以其他公司股权出资,不符合下列条件的:A.出资的股权由出资人合法持有并依法可以转让;B.出资的股权无权利瑕疵或者权利负担;C.出资人已履行关于股权转让的法定手续;D.出资的股权已依法进行了价值评估。

⑥股东出资后,存在下列行为的:A.将出资款项转入公司账户验资后又转出;

B. 虚构债权债务关系将其出资转出；C. 制作虚假财务会计报表虚增利润进行分配；D. 利用关联交易将出资转出；E. 其他未经法定程序将出资抽回的行为。

5. 管辖的确定

①基于公司债权人与公司之间债的产生理论确定管辖法院。可选择被告所在地、合同履行地、约定管辖地。

②基于公司出资瑕疵诉讼确定管辖法院。与公司有关的纠纷，一般由公司注册地人民法院管辖。

③原告是否存在管辖权滥用的情形。在债权诉讼中引入了瑕疵出资诉讼，扩大了被告的范围，从而也扩大了原告对诉讼管辖法院的选择范围。目前管辖理论尚不发达，对于瑕疵出资诉讼这一新的诉讼形式，管辖冲突理论尚不完善，不排除管辖权滥用的情形。

6. 诉讼时效

根据《公司法解释三》第19条的规定，债权人请求未履行或者未全面履行出资义务或者抽逃出资的股东承担其未出资本息范围内的补充赔偿责任，只要公司债权人的债权未过诉讼时效期间，无论该股东的出资义务或者返还出资的义务是否超过诉讼时效期间，债权人的请求均不会以超过诉讼时效而不被支持。因为，该股东的出资瑕疵行为始终处于持续过程中，并未完结，当然不必计算诉讼时效。故被告股东以出资义务或者返还出资义务超过诉讼时效期间为由进行抗辩的，人民法院不予支持。

7. 举证责任

当事人之间对是否已履行出资义务发生争议，原告举证责任为提供对股东履行出资义务产生合理怀疑的证据，比如工商登记记载、公司章程、验资报告、银行流水、产权证明等；在原告进行初步举证后，举证责任发生转移，公司及被告股东应当就其已履行出资义务承担举证责任。

四、经典案例评析

(一) 案情概要

案例：马岩与吉林粮食集团收储经销有限公司、吉林粮食集团有限公司、四川中恒信实业有限公司、吉林省人民政府国有资产监督管理委员会、大连港集团有限公司民间借贷纠纷案①

---

① 参见吉林省吉林市中级人民法院(2017)吉02民初219号民事判决书,吉林省高级人民法院(2018)吉民终204号民事判决书。

原告：马岩
被告：吉林粮食集团收储经销有限公司（简称"收储公司"）
被告：吉林粮食集团有限公司（简称"吉粮集团"）
被告：四川中恒信实业有限公司（简称"中恒信公司"）
被告：吉林省人民政府国有资产监督管理委员会（简称"国资委"）
被告：大连港集团有限公司（简称"大连港"）

马岩、收储公司、吉粮集团三方于2014年5月23日签订借款合同，约定：马岩借给收储公司1000万元，借款期限为15天，借款利率为月3%；合同到期收储公司一次性还清借款本金及利息，如未按期偿还本金，则属违约，按日1.5‰承担违约金至借款还清之日止；马岩与收储公司的借款利息不受借款期限的限制，直至收储公司清偿全部借款本金、利息、罚息为止；吉粮集团承诺为全部借款和利息提供无限连带保证责任担保。同日，收储公司向马岩出具借据一张。马岩向收储公司指定的账户转账1000万元，收储公司向马岩出具收款确认书。马岩、收储公司、吉粮集团三方又于2014年5月30日签订借款合同，约定：马岩借给收储公司500万元，借款期限为30天，借款利率为月3%；其余合同条款及保证责任约定与2014年5月23日的借款合同相同。同日，收储公司向马岩出具借据一张。马岩于当日向收储公司指定的账户转账500万元，收储公司向马岩出具收款确认书。

2015年3月11日，马岩、收储公司、吉粮集团又签订了两份补充协议书，对案涉的1000万元及500万元借款的金额、期限、利息及吉粮集团提供无限连带保证责任担保的相关内容进行了确认，并约定：三方确认原借款合同仍然有效，本补充协议是原借款合同的必要补充，与原借款合同具有同等的法律效力；吉粮集团继续为收储公司向马岩承担无限连带保证责任担保，直至收储公司偿还全部本、息及为其所发生的费用止。2017年1月20日，马岩分别向借款人收储公司、保证人吉粮集团出具了两份借款催收函，对案涉的1000万元及500万元借款的金额、期限、利息及吉粮集团提供无限连带保证责任担保的相关内容再次进行了确认，并提出如下要求：原借款合同和补充协议书仍然有效和履行。在接到本借款催收函后，借款人收储公司应立即组织偿还欠款本金及利息，担保人吉粮集团继续为借款人收储公司提供连带保证责任，保证范围等仍按借款合同和补充协议书履行，保证期间自本借款催收函签收之日起至主债务包括本、息等全部清偿时止。收储公司及吉粮集团均盖章确认。庭审中，经马岩和收储公司对账确认，收储公司向马岩偿还利息145万元，借款本金1500万元未予归还。

另查明，2013年12月14日，受吉粮集团委托，中和资产评估有限公司吉林分公司作出(2013)第CHV1016D001号中恒信公司拟以其持有的新大新公司股东全部权益增资吉粮集团项目资产评估报告书，确定新大新公司基准日2013年11月

30日股东全部权益价值89898.55万元。该评估报告载明:本次新大新公司申报评估的房地产34825.04平方米,已全部抵押,其中有五项房产面积为10844.91平方米,已被人民法院查封、冻结。根据被评估企业说明,上述主要是借款到期未还,人民法院查封、冻结,并承诺如因上述事项发生相关争议,由其自行协商解决,本次评估对上述抵押、查封财产暂予以正常评估。同日,中和资产评估有限公司吉林分公司作出(2013)第CHV1016D002号中恒信公司拟以其持有的刘达公司股东全部权益增资吉粮集团项目资产评估报告书,确定刘达公司基准日2013年11月30日股东全部权益价值22991.24万元。该评估报告载明:刘达公司拥有的张家界市永定区大庸府城B栋、C1栋、C2栋底层商铺共计5540.50平方米,房产证号分别为张房权证永字第712001636号、第712001634号、第712001635号房产已在"五矿信托矿资源宝矿一期——东南利成结构化集合信托计划"中提供抵押担保。根据被评估企业承诺未来如因上述事项发生的相关争议,由其自行协商解决,上述抵押财产本次暂予以正常评估。

2014年2月12日,国资委、中恒信公司、大连港召开吉粮集团股东会,同意由吉粮集团股东中恒信公司以股权方式增资吉粮集团,中恒信公司以其持有的新大新公司100%股权和持有的刘达公司100%股权对吉粮集团进行股权增资。增资完成后吉粮集团的注册资本由100000万元增加至191195.06万元。根据股东会决议,国资委、中恒信公司、大连港签订增资协议书,约定:本次增资额全部由吉粮集团现股东中恒信公司认缴,中恒信公司本次增资的工商变更登记完成后90日内,对所持有的吉粮集团股权进行分拆,分别由不同股东持有,以保证吉粮集团国有相对控股。其中具体增资方式部分,将资产评估报告书确定的新大新公司股权评估值89898.55万元,以及刘达公司股权评估值22991.24万元计入增资数额。最终确认中恒信公司本次增资数额总计为130408.93万元,折算后计入注册资本91195.06万元。本次增资后国资委持股22.0223%,中恒信公司持股74.1238%,大连港持股3.8539%。另约定:本协议签订之日起3日内,根据本协议及相关部门的要求签署股权转让合同,中恒信公司分别将持有的新大新公司和刘达公司的股权过户到吉粮集团名下。中恒信公司将持有的新大新公司和刘达公司的股权过户到吉粮集团名下之日起30日内,中恒信公司将新大新公司和刘达公司名下被抵押、查封、冻结的资产全部解除抵押、查封、冻结。上述手续完成后,且长春市工商局启动年检之日起10日内,各方股东办理吉粮集团注册资本变更的工商登记。中恒信公司本次增资完成后,至国资委按照同比例增资完成前(两年期间内),为本协议约定的过渡期。在过渡期内吉粮集团对外担保、质押、抵押、保证事项,国资委享有一票否决权。

2014年3月4日,长春市工商行政登记管理机关为中恒信公司的本次增资办理了变更登记。变更登记时,涉案的新大新公司名下的房产,共计14777.99平方米已全部由刘卫向闫怀舜设定抵押,抵押金额为6500万元,至2017年11月14日上述房产均未能解除抵押。新大新公司名下的房产,共计13125.70平方米,已全部由刘卫向黄炎设定抵押。抵押金额为1.1亿元人民币,抵押期限为2013年8月16日至2014年8月27日。刘达公司名下的房产,共计5540.50平方米已全部由丰镇市东南利成矿产资源开发有限公司向五矿国际信托有限公司设定抵押,抵押金额为38099万元,抵押期限为2012年3月23日至2014年3月23日。

再查明,2012年6月5日,刘卫因收购新大新公司的股权向周志国借款8000万元。2013年8月22日,刘卫成为新大新公司的独资股东。2013年8月29日,刘卫与中恒信公司签订了协议书并约定:双方确认刘卫系新大新公司、刘达公司及相关资产的实际控制人。刘卫同意中恒信公司用新大新公司、刘达公司的相关资产作为中恒信公司在吉粮集团增资的资产,投资入股吉粮集团。中恒信公司承诺在2014年1月之前完成将前述注资资产向吉粮集团的增资,并取得相关股东权益。中恒信公司在2014年1月30日前向刘卫支付4.5亿元人民币,具体方式为中恒信公司承担刘卫指定的不超过4.5亿元的债务。中恒信公司同意除前述4.5亿元的款项外,还另外将其在吉粮集团价值8.5亿元的等值股权按吉粮集团总股权的12%补偿给刘卫,刘卫同意暂由中恒信公司代持该股权。中恒信公司同时承诺在本次吉粮集团增资完成后2年内完成股权变更登记到刘卫指定的公司或自然人名下,并得到吉粮集团以及其他股东无条件许可等。为完成前述约定内容,刘卫同意中恒信公司受让新大新公司100%的股权及刘达公司100%的股权,并签订相关股权转让合同等法律文件。同时中恒信公司承诺在刘卫未得到本协议相应款项及相关权益之前,刘卫仍然享有新大新公司、刘达公司的控制权、经营权、管理权。刘卫仍然担任新大新公司、刘达公司的法定代表人。中恒信公司同意用其在吉粮集团所有的股权为本协议的履行以及相关责任作为担保。同日,中恒信公司成为新大新公司的独资股东。2015年4月,刘卫、新大新公司、刘达公司、张家界吉粮旅游投资有限公司(2014年9月4日设立,吉粮集团为独资股东,刘卫为法定代表人),就刘卫向周志国借款的8000万元签署债务本金确认函、债务利息确认函,分别确认了本金、利息数额、还款时间等内容,并由刘卫、新大新公司、刘达公司、张家界吉粮旅游投资有限公司承担共同的连带保证责任。该笔借款已被张家界市中级人民法院(2015)张中民二初字第30号民事判决所确认。

2013年8月15日,黄炎与张家界德皇房地产开发有限公司(2002年5月23日设立,彭顺彪、余湘庸、刘卫为股东,刘卫任法定代表人)、刘卫、新大新公司、彭顺彪签订借款协议,黄炎向张家界德皇房地产开发有限公司出借1.1亿元人民币。同时,黄炎与新大新公司签订房地产抵押合同,并办理了相应的不动产抵押登记。2014年9月18日,黄炎与张家界德皇房地产开发有限公司、刘卫、新大新公司、彭顺彪签订借款协议补充协议二,约定了借款展期、未付利息金额等内容,并约定在借款人提供经黄炎认可的新的担保方式并交付未付利息后,黄炎同意配合解除原有房产抵押。2014年9月,黄炎与吉粮集团签订连带责任保证合同,约定吉粮集团就该笔1.1亿元人民币的借款提供连带责任担保。2014年10月26日,吉林粮食集团米业有限公司与黄炎亦签订了连带责任保证合同。后因借款未还,黄炎以保证合同纠纷为由,对吉粮集团、吉林粮食集团米业有限公司提起诉讼。2017年2月22日,上海市高级人民法院作出判决,判令吉粮集团、吉林粮食集团米业有限公司向黄炎承担连带责任。同时,2014年11月3日,吉粮集团出具临时股东会决议,用置换出的抵押权人为黄炎的前述房产再次抵押给湖北长江小额贷款有限公司,借款金额为3.6亿元人民币,借款人为新大新公司,该抵押房地产至2017年11月14日未解除抵押。

2014年4月17日,刘卫向郑宏宝借款5800万元,用于偿还五矿信托欠款、王育滨欠款及物业收购尾款,并用新大新公司所有的张房权证字第××号(原抵押权人为王育滨)房产进行抵押。新大新公司的股东吉粮集团为刘卫的该笔借款出具了股东会决定。因借款到期未还郑宏宝起诉,该案经深圳市中级人民法院判决后,已进入执行程序。新大新公司位于张家界市永定区大庸府城F栋101、201房产(面积为6921.29平方米)已被强制拍卖。

目前,通过人民法院执行程序,成都盛安洋商贸有限公司已取得中恒信公司在吉粮集团15%的股权,中和中小企业融资担保股份有限公司已取得7%的股权,汪延财已取得3%的股权,成都青羊中融汇小额贷款有限公司已取得4.77%的股权。

马岩向一审人民法院提出诉讼请求:①判令收储公司给付借款本金1500万元。②判令收储公司给付借款利息(自2014年7月23日起以借款本金1000万元为基数,按月利息2%给付利息,并至全部1000万元借款本金给付完毕时止;自2014年7月30日起以借款本金500万元为基数,按月利息2%给付利息,并至全部500万元借款本金给付完毕时止;截至2017年6月26日利息为10666666元。本息合计25666666元)。③判令吉粮集团对上述款项承担连带保证责任。④判令中恒信公司在未全面履行出资义务范围内对吉粮集团债务不能清偿的部分承担补充赔偿责任。⑤判令国资委、大连港、中恒信公司承担连带责任。

(二)争议焦点

1. 马岩与收储公司之间是否成立民间借贷法律关系,收储公司应否向马岩偿还借款本金及利息?

2. 吉粮集团应否承担连带清偿保证责任？

3. 中恒信公司应否承担补充赔偿责任？

4. 国资委、大连港应否与中恒信公司承担连带责任？

(三) 一审判决

一审人民法院认为：

1. 马岩与收储公司之间成立民间借贷法律关系，收储公司应当向马岩清偿借款本金及利息

马岩、收储公司、吉粮集团签订的借款合同、补充协议书、借款催收函均系当事人的真实意思表示，不违反法律、行政法规的效力性、禁止性规定，均为有效合同，对各方当事人均有法律约束力。收储公司在庭审中对借款本金未予偿还及利息计算方式均无异议，其应当承担向马岩清偿借款本金及利息的法律责任。收储公司与马岩在签订的两份借款合同中约定，借款利率为月利率3%，同时约定如收储公司未按期偿还本金，按日1.5‰承担违约金。现马岩诉请要求收储公司按年利率24%计算逾期利息，符合法律规定，人民法院予以支持，但对收储公司已偿还马岩的利息145万元，应按照年利率36%予以计算。以1000万元为本金，按照年利率36%计算，每日发生利息1万元，自2014年5月23日(含该日)至2014年5月30日(不含该日)，共计7天，实际发生利息7万元。以1500万元为本金，按照年利率36%计算，每日发生利息1.5万元，自2014年5月30日(含该日)至2014年8月31日(不含该日)，共计92天，实际发生利息138万元。依据上述计算方式可知，至2014年8月31日(不含该日)，发生利息为145万元，故收储公司应自2014年8月31日(含该日)起至本息清偿之日止，以1500万元为本金，按照年利率24%计算，向马岩承担给付逾期利息的法律责任。

2. 吉粮集团应向马岩承担连带保证责任

案涉的借款合同、补充协议书、借款催收函中，吉粮集团对其就案涉借款承担连带保证责任进行了多次确认，均加盖了吉粮集团的公章。庭审中，吉粮集团并未对公章的真实性提出异议，2017年1月20日的借款催收函中，约定吉粮集团为借款人收储公司提供连带保证责任，保证期间自本借款催收函签收之日起(即当日)，至主债务包括本、息等全部清偿时止，依据最高人民法院《关于适用〈中华人民共和国担保法〉若干问题的解释》第32条第2款规定，吉粮集团的保证期间应为2017年1月20日起2年，故马岩于2017年7月4日提起本案诉讼，要求吉粮集团承担连带保证责任，未超过法律规定的保证期间。关于吉粮集团辩称案涉借款的担保未经董事会决议不应承担保证责任的问题。人民法院认为，《公司法》第16条并不是效力性、强制性规定，属于程序性规定，仅约束公司，不能约束担保合同相对人,对公司以未经董事会决议为由主张对外担保无效的,人民法院不予支持。故对吉粮集团的该项抗辩人民法院不予支持。

3. 中恒信公司应在未出资本息的范围内,对收储公司的债务不能清偿的部分承担补充赔偿责任

本案中,中恒信公司以其在新大新公司、刘达公司的股东全部权益,对吉粮集团进行增资。股东权益又称"净资产",即所有者权益,是指公司总资产中扣除负债所余下的部分,是指股本、资本公积金、盈余公积金、未分配利润之和,代表了股东对企业的所有权,反映了股东在企业资产中享有的经济利益。股东权益的计算公式为资产总额减去负债总额。经审理查明,在对新大新公司、刘达公司的股权价值进行评估时,两公司的全部房地产均处于抵押、查封、冻结状态。中和资产评估有限公司吉林分公司出具的资产评估报告书载明,未考虑涉案房地产的抵押、查封、冻结因素,予以正常评估,故新大新公司的固定资产评估值为103179.83万元,刘达公司的固定资产评估价值为27538.53万元。而中恒信公司在增资节点时已查明的涉及新大新公司的房产未解除抵押、查封、冻结的,共有27903.76平方米(总房产面积为34825.04平方米)。涉及刘达公司的房产全部未解除抵押。显而易见,中恒信公司并未履行在增资时解除涉案全部房产抵押、查封和冻结的义务,其仍按照资产评估报告确定的评估价值作价增资,致使吉粮集团实际并未享有在新大新公司、刘达公司资产中的经济利益,应属股东在公司增资时未全面履行出资义务的情形,故依据《公司法解释三》第13条第2款的规定,马岩作为吉粮集团的债权人,请求未全面履行出资义务的中恒信公司在未出资本息范围内对公司债务不能清偿的部分承担补充赔偿责任,应予支持。

关于中恒信公司未出资本息范围的认定问题。因增资时未解除抵押、查封、冻结的房产面积为33444.26平方米,而评估总面积为40365.54平方米(占比为82.85%)。对此,本案马岩诉请的债权金额为本金1500万元,至立案时的利息为10240000。中恒信公司出资不实的金额已远远超过马岩诉请的金额,为减少当事人的讼累,无须再启动对中恒信公司未出资本息范围的评估鉴定程序。关于是否应当责令中恒信公司在指定的合理期间内采取补偿措施的问题,根据目前查询到的情况,新大新公司涉案的6921.29平方米房产已被深圳市中级人民法院强制拍卖,且涉案其余房产仍处于抵押、查封、冻结状态,所涉案件已有部分进入执行程序,故要求中恒信公司解除对新大新公司、刘达公司评估房产的抵押、查封和冻结,客观上已不具备可行性,故可以认定中恒信公司未依法全面履行出资义务。

4. 国资委、大连港集团应当与中恒信公司承担连带责任

《司法解释三》第13条第3款规定:"股东在公司设立时未履行或者未全面履

行出资义务,依照本条第一款或者第二款提起诉讼的原告,请求公司的发起人与被告股东承担连带责任的,人民法院应予支持;公司的发起人承担责任后,可以向被告股东追偿。"第 14 条第 2 款规定,"公司债权人请求抽逃出资的股东在抽逃出资本息范围内对公司债务不能清偿的部分承担补充赔偿责任、协助抽逃出资的其他股东、董事、高级管理人员或者实际控制人对此承担连带责任的,人民法院应予支持"。最高人民法院 33 号复函认为公司增加注册资金是扩张经营规模、增强责任能力的行为,公司股东若有增资瑕疵,应承担与公司设立时的出资瑕疵相同的责任。[①] 本案中,通过人民法院查明的事实可知,中恒信公司存在增资不实及抽逃出资的行为。对此,作为吉粮集团股东的国资委及大连港均有责任,应依照上述法律及司法解释的规定,就案涉借款本息向公司债权人马岩承担连带责任。

综上,判决:(1)收储公司于本判决生效后立即清偿马岩借款本金 1500 万元及利息[自 2014 年 8 月 31 日(含该日)起至本息清偿之日止,以 1500 万元为本金按照年利率 24%计算];(2)吉粮集团对本判决第一项确定的收储公司的债务承担连带保证责任;吉粮集团承担责任后,有权向收储公司追偿;(3)中恒信公司对本判决第一项、第二项不能清偿的部分向马岩承担补充赔偿责任;(4)中恒信公司、国资委、大连港在本判决第一项、第二项不能清偿的部分向马岩承担连带责任;国资委、大连港承担责任后,有权向中恒信公司追偿;(5)驳回马岩的其他诉讼请求。

(四)二审判决

二审人民法院认为:根据《公司法解释三》第 11 条关于"出资人以其他公司股权出资,符合下列条件的,人民法院应当认定出资人已履行出资义务:(一)出资的股权由出资人合法持有并依法可以转让;(二)出资的股权无权利瑕疵或者权利负担;(三)出资人已履行关于股权转让的法定手续;(四)出资的股权已依法进行了价值评估"的规定,一审判决中恒信公司在以股权增资时,未解除抵押、查封、冻结的房产为由,认定其出资的股权有权利负担,属于未全面履行出资义务,并据此判决出资股东中恒信公司对公司债权人在增资范围内承担补充赔偿责任。对此,中恒信公司未提起上诉,故人民法院对中恒信公司存在增资瑕疵,不再赘述。同时,一审以增资股东应承担与公司设立时出资瑕疵相同的责任及中恒信公司存在抽逃出资为由,进而判决其他股东国资委和大连港与增资股东中恒信公司承担连带责任。国资委、大连港不服该判决,提起上诉,故本案的争议焦点为:一是其他股东国

---

① 参见《最高人民法院执行工作办公室关于股东因公司设立后的增资瑕疵应予对公司债权人承担责任问题的复函》(〔2003〕执他字第 33 号)。

资委和大连港是否与增资股东中恒信公司一并承担连带责任;二是国资委和大连港是否协助中恒信公司抽逃出资,并承担连带责任。

关于争议焦点一,在公司增资时未履行全面出资义务,应由瑕疵股东承担补充赔偿责任,其他股东不承担连带责任,主要理由为:

第一,其他股东与发起人的职责范围不同。首先,发起人在公司设立时,基于其发起人身份而享有权利、义务和职责。在公司设立时,各种设立行为均为发起人实施,发起人在公司设立的各种法律关系中处于核心地位,对外代表公司,对内执行设立任务,对公司具有实质影响。而公司成立后,发起人也因签署章程、缴纳出资而成为股东。除公司设立阶段之外,发起人作为公司股东,与其他股东权利义务相同,均是以股东会的方式间接参与公司经营。其次,其他股东,是在公司成立后,股东会作出增资决议的所有股东,依其出资情况,可分为增资股东和其他股东。根据权责一致原则,发起人和增资股东、其他股东,在公司设立和增资不同阶段,各自具有不同的法律地位,各自具有不同的职责范围,故发起人对设立行为所产生的债务负有连带责任,而增资股东和其他股东对设立行为不承担责任。

第二,其他股东与发起人的民事责任不同。根据公司法规定,发起人负有资本充实责任。之所以发起人要承担连带责任,是因为公司设立时,发起人共同订立设立协议,性质属于合伙协议,彼此对外担保出资义务的履行。因此,设立协议是发起人承担连带责任的法理基础。公司成立后,公司即具有独立的法人资格,对外独立承担责任,公司股东包括发起人不再代表公司。在公司增资时,股东会形成增资决议,由增资股东与公司签订出资协议,履行出资义务。但是,股东会的增资决议不是协议,决议是由多数人意思表示一致就可以成立,不需要所有当事人意思表示一致,属于按公司章程的议事方式和表决程序作出的民事法律行为,与设立协议具有明显区别。若出现增资瑕疵时,增资股东对内向公司承担违约责任,对外向公司债权人承担补充赔偿责任。由此可见,增资股东与发起人,均应当承担资本充实责任。而其他股东与增资股东、发起人的责任范围不同,其他股东未与公司形成增资协议关系,无出资义务;与增资股东之间无合伙关系,不承担彼此担保出资的义务。如将公司增资时等同于公司设立时,要求增资股东全体对外承担连带责任,无疑是将其他股东与增资股东之间的关系等同于设立协议的合伙关系,直接否定了公司的独立人格。因此,资本充实责任是法定责任,其承担者不能随意扩张到其他股东。

第三,其他股东对瑕疵增资承担连带责任的法律依据不足。一方面,其他股东与增资股东对外承担连带责任,在公司法及司法解释中无明文规定。另一方面,最高人民法院33号复函,属于对具体应用法律问题的请示所作的答复,不适用本案,其主要理由为:其一,该复函认为"公司增加的注册资金与公司设立时的原始出资在本质上是没有区别的",进而认定"公司股东在公司设立后若有增资瑕疵,其应当承担与公司设立时的出资相同的责任",即增资股东与发起人一样,对出资不足部分承担连带责任。该责任方式与《公司法解释三》第13条规定承担补充赔偿责任方式不一致。其二,2003年复函的意见,在2005年和2013年公司法修正时,以及历次司法解释修正过程中,都未吸收和采用复函的精神。其三,《公司法解释三》第13条第3款关于"股东在公司设立时未履行或者未全面履行出资义务,依照本条第一款或者第二款提起诉讼的原告,请求公司的发起人与被告股东承担连带责任的,人民法院应予支持;公司的发起人承担责任后,可以向被告股东追偿"的规定和第4款关于"股东在公司增资时未履行或者未全面履行出资义务,依照本条第一款或者第二款提起诉讼的原告,请求未尽公司法第一百四十八条第一款规定的义务而使出资未缴足的董事、高级管理人员承担相应责任的,人民法院应予支持;董事、高级管理人员承担责任后,可以向被告股东追偿"的规定,前述解释对瑕疵出资的具体情形,还是责任承担主体及责任承担方式,均有具体、清晰、明确的规定,从法律解释上,不能得出其他股东对瑕疵增资承担连带责任的结论。据此,复函的意见与公司法解释就瑕疵出资的规定不一致,应当依据《公司法解释三》对本案各方当事人的权利义务进行调整,故一审判决对其他股东责任论述错误,属于适用法律不当,人民法院予以纠正。

第四,最高人民法院(2013)民申字第1504号民事裁定书的裁判理由,对本案不具有可参照性。诚然,上级人民法院已先作出裁决,下级人民法院应当参照,并且不应背离上级人民法院的裁判思路,这也是法律统一适用的必然要求。但是,该民事裁定是以复函的意见作为裁判依据。根据前文分析,复函不适用本案。况且,本案审理的公司增资方式和增资过程相关事实、案件的争点、特定诉讼程序以及公司债权人在发生借贷关系时,对公司偿债能力的信赖和增资的预期,是否有因果关系,都存在不同之处,故经案件比对,该民事裁定对本案不具有可参照性。

关于争议焦点二,本案是以股权出资,不是以股权所在公司的资产出资。增资登记变更后,公司仅是取得了目标公司的股东身份和相应股权。本案中,中恒信公司以其在新大新公司和刘达公司的股权作为向吉粮集团的增资,而非该两个公司的资产。中恒信公司签订了股权增资协议,且通过了吉粮集团股东会决议。中介机构对股权所在公司的资产进行了整体评估,确定了股权价值,且在工商行政部门办理了股权变更登记,吉粮集团成为新大新公司和刘达公司的唯一股东。前述增资过程,符合公司法的规定,国资委和大连港作为其他股东,尽到了股东的注意义务。公司增资后,应由董事会和高级管理人员代表吉粮集团行使在新大新公司和刘达公司的股东权利,包括作出股东会决议同意新大新公司对外提供担保。而对德皇公司的担保、对长江小额贷公司的担保,均是吉粮集团的管理者代表公司做出的经营活动。况且,没有证据证明在前述经营活动中,国资委和大连港作为其他股东存在协助抽逃出资行为。据此,一审判决依据《公司法解释三》第14条规定,判决国资委和大连港承担抽逃出资责任,属于适用法律不当,二审人民法院一并纠正。

综上,国资委和大连港对公司增资瑕疵不承担连带责任的上诉请求,应予支持。原判决适用法律不当,人民法院予以纠正。据此判决:(1)变更吉林省吉林市中级人民法院(2017)吉02民初219号民事判决主文第四项为"四川中恒信实业有限公司在本判决第一项、第二项不能清偿的部分向马岩承担连带责任";(2)驳回国资委和大连港其他诉讼请求。

(五)焦点问题评析

本案被告中恒信公司是收储公司中的出资瑕疵股东,国资委和大连港是收储公司的非出资瑕疵股东,按照规定履行了出资义务。本案中,马岩作为收储公司的债权人,当其行使债权时,中恒信公司作为出资瑕疵股东就应对收储公司的这笔债务中不能履行的部分承担出资瑕疵范围内的清偿责任。

一、二审人民法院之所以对于本案作出截然不同的判决,是因为一、二审人民法院对于资本充实责任的理解存在偏差。公司法学及各国公司立法将股东出资责任分为出资违约责任和资本充实责任。出资违约责任适用于对一般股东出资责任的追究;资本充实责任适用于对公司设立时的发起人的出资责任追究。所谓资本充实责任,是指为贯彻资本充实原则,由公司发起人共同承担的相互担保出资义务履行的民事责任。资本充实责任的特点是其因公司设立行为而产生,仅限于公司发起人承担。[①] 公司设立行为与公司增资行为是两种不同性质的行为,而一审人民法院把公司设立行为与公司增资行为混为一谈,导致适用法律错误,因而作出错误判决。二审人民法院正确理解设立行为与公司增资行为是两种不同性质的行为,故二审判决是正确的。

(六)案例启示

一、二审人民法院对于本案作出截然不同的判决,告诉我们,对法律概念的准确理解是正确适用法律的基础。因此,掌握公司法的基本概念、基本制度、基本原则等理论知识,是成为一名合格公司法律师的必备条件。

---

① 参见陈甦:《公司设立者的出资违约责任与资本充实责任》,载《法学研究》1995年第6期。转引自最高人民法院民事审判第二庭编著:《最高人民法院关于公司法解释(三)、清算纪要理解与适用》,人民法院出版社2011年版,第210页。

第三节 股东未尽清算义务损害债权人利益责任纠纷

一、股东未尽清算义务损害债权人利益责任纠纷概述

(一)股东清算义务与清算义务人

股东清算义务,是指股东在公司解散时应依法组织清算的义务。清算义务是股东的法定义务。公司解散时,组织清算既是股东的权利也是股东的义务。

清算义务人,是指基于其与公司之间存在的特定法律关系而在公司解散时对公司负有依法组织清算义务,并在公司未及时清算给相关权利人造成损害时依法应承担相应责任的民事主体。有限责任公司的股东是公司解散后的清算义务人,股份有限公司的董事和控股股东是公司解散后的清算义务人。

(二)股东未尽清算义务应承担的民事责任

公司解散后,清算义务人负有在法定期间内组织清算组对公司依法进行清算的法定义务,因清算义务人不履行或不适当履行清算义务给公司及债权人造成损失的,应当承担相应的民事责任。

清算义务人损害公司及债权人利益的行为,可分为作为和不作为两种情形:不作为的行为包括,未在法定期限内组成清算组进行清算给公司财产造成损失和怠于履行清算义务导致公司无法清算等情形;作为的行为包括恶意处置公司财产给债权人造成损失和未经清算以虚假清算报告骗取公司登记机关办理法人注销登记等情形。关于清算义务人不作为导致的民事责任,《公司法解释二》第18条已对此作了规定,第19条规定了清算义务人因其恶意处置公司财产和欺诈注销等作为行为对公司债务承担民事责任的两种情形。①

二、股东未尽清算义务损害债权人利益责任纠纷的常见法律问题

(一)清算赔偿责任的构成要件

清算赔偿责任为债权侵权损害赔偿责任,在责任构成上必须具备以下要件:

第一,清算义务人有违反法律规定,怠于或不适当履行清算义务的行为。

---

① 参见最高人民法院民事审判第二庭编著:《最高人民法院关于公司法司法解释(一)、(二)理解与适用》,人民法院出版社2015年版,第420页。

清算义务人在公司解散后未在法定时间内开展清算事务或未在法定时间内完成清算事务,主观上存在不作为的过错。另外还包括清算义务人不适当地执行清算事务,侵犯了股东和债权人的利益。例如,清算人在公司歇业或被吊销营业执照后不组织清算,或者清算人虽然已组织清算,但出于个别清偿的目的对部分债权人优先给付。

第二,清算义务人的行为造成了公司财产或债权人、股东利益的直接损失。

清算义务人怠于或不适当履行清算义务的行为给公司财产造成的直接损失,包括两种情况:一是被清算公司有效资产的直接减损。二是公司债务的增加。例如,由于公司清算人疏于管理而导致公司财产毁损甚至流失,或者由于清算人不积极行使公司的债权导致因诉讼时效经过而无法得到法律保护。

第三,清算义务人怠于或不适当履行清算义务的行为与公司财产或债权人、股东利益的损失之间具有法律上的因果关系,亦即因为清算义务人作为和不作为的侵权行为直接导致了债权人债权的不能实现或者不能完全实现。①

有限责任公司的股东举证证明其"怠于履行义务"的消极不作为与"公司主要财产、账册、重要文件等灭失,无法进行清算"的结果之间没有因果关系,主张其不应对公司债务承担连带清偿责任的,人民法院依法予以支持。

(二)公司无法清算的认定

公司的董事和控股股东因怠于履行义务,导致公司主要财产、账册、重要文件等灭失,无法进行清算的,应当对公司的债务承担连带清偿责任。此处"无法进行清算"是指,由于公司据以进行清算的财产、账册、重要文件等灭失,无法按照法律规定的程序对公司的债权债务进行正常的清理,造成公司的财产和负债范围无法确定,债权人的债权无法得以清偿。

《公司法解释二》第18条主要是针对"借解散逃避债务""人去楼空"的现象作出的特别规定。公司无法进行正常清算,并不意味着公司可以不经过清算就直接向公司登记机关申请注销登记。根据《公司登记管理条例》的规定,进行清算并提交清算报告,仍是申请公司注销登记的必经程序。清算过程中,如果发现据以进行清算的客观依据已经灭失,无法全面、客观地进行债权债务清理的,清算组仍应出具清算报告并在清算报告中对此情形予以说明。②

"无法清算"情形下对有限责任公司的股东、股份有限公司的董事和控股股东

---

① 参见最高人民法院民事审判第二庭编著:《最高人民法院关于公司法司法解释(一)、(二)理解与适用》,人民法院出版社2015年版,第411—413页。
② 参见最高人民法院民事审判第二庭编著:《最高人民法院关于公司法司法解释(一)、(二)理解与适用》,人民法院出版社2015年版,第419页。

无限责任的追究,不以启动清算程序为前提。只要债权人能够举证证明由于有限责任公司的股东、股份有限公司的董事和控股股东怠于履行义务,导致公司主要财产、账册、重要文件等灭失,无法进行清算的,人民法院即应对其要求有限责任公司的股东、股份有限公司的董事和控股股东等清算义务人承担连带责任的诉讼请求予以支持。这里主要是举证问题。如果债权人无法自行举证证明债务人"无法清算"的,可以先行向人民法院申请对债务人进行破产清算或者强制清算。人民法院依法受理债权人的破产清算申请或者强制清算申请后,由于债务人"人去楼空"无人提交,或者债务人的有关人员拒不向人民法院提交,或者提交不真实的财产状况说明、债务清册、债权清册、有关财务会计报告以及职工工资的支付情况和社会保险费用的缴纳情况,人民法院以无法清算或者无法全面清算为由裁定终结破产清算程序或者强制清算程序的,债权人可以依据人民法院作出的终结裁定另行向人民法院提起诉讼,请求判决有限责任公司的股东、股份有限公司的董事和控股股东等清算义务人对公司债务承担无限责任,人民法院可以根据破产清算和强制清算中作出的无法清算和无法全面清算的裁定,径行判决有限责任公司的股东、股份有限公司的董事和控股股东对公司债务承担清偿责任,而无须债权人再行举证证明,即人民法院作出的无法清算和无法全面清算的终结裁定具有当然的证据效力。①

(三)怠于履行清算义务的认定

《公司法解释二》第 18 条第 2 款规定的"怠于履行义务",是指有限责任公司的股东在法定清算事由出现后,在能履行清算义务的情况下,故意拖延、拒绝履行清算义务,或者因过失导致无法进行清算的消极行为。股东举证证明其已经为履行清算义务采取了积极措施,或者小股东举证证明其既不是公司董事会或者监事会成员,也没有选派人员担任该机关成员,且从未参与公司经营管理,以不构成"怠于履行义务"为由,主张其不应对公司债务承担连带清偿责任的,人民法院依法予以支持。

三、股东未尽清算义务损害债权人利益责任纠纷诉讼指引

(一)总体思路

股东未尽清算义务损害债权人利益责任属于侵权责任②,故应符合侵权责任的基本构成要件。由于此类纠纷还应受公司法调整,该类纠纷的构成要件及其认

---

① 参见最高人民法院民事审判第二庭编:《公司案件审判指导》,法律出版社 2014 年版,第 613 页。
② 参见冯果:《公司法》(第二版),武汉大学出版社 2012 年版,第 309 页;最高人民法院民事审判第二庭编:《最高人民法院关于公司法司法解释(一)、(二)理解与适用》,人民法院出版社 2015 年版,第 411 页。

定有其特点,具体请参见上文"股东未尽清算义务损害债权人利益责任纠纷的常见法律问题"及下文"实务处理注意点"两部分。

处理此类纠纷的总体思路是在利益平衡原则指导下,准确把握此类纠纷的构成要件,并在此基础上结合个案具体情况制定诉讼方案。关于如何制定诉讼方案,请参见本书第八章第三节和第四节。

(二)实务处理注意点

1. 诉讼主体的确定

(1)公司债权人的诉讼主体地位。债权人主张权利,在诉讼中处于原告地位。

(2)公司的主体地位。公司法人人格不因公司解散而消亡,只有公司被注销才产生公司法人人格消灭的法律后果。故在公司未注销前,公司是当然之被告。

(3)股东的主体地位。依照公司法及相关司法解释的规定,有限责任公司的全体股东及股份有限公司的控股股东负有清算责任。故负有清算义务的股东与公司作为共同被告。

2. 诉讼请求的确定

根据司法实践和裁判标准,往往存在原告主张一种较重的责任,而判决确定一种较轻的责任。比如,债权人往往不区分股东积极或消极违反清算义务,一概主张股东(在怠于履行清算义务情形下)对公司债务承担连带责任;而人民法院审理后判决承担较轻的责任——补充赔偿责任。司法实践中,还不存在精准化诉讼请求的判决技术或者判决习惯。因此,在确定诉讼请求的往往主张较重的连带责任。

3. 事实与理由的确定

(1)确定公司存在法定或约定解散事由

公司解散是清算责任的开始,也是股东清算义务的发端。因此解散事由的确定,是公司债权人向股东主张违反清算义务并承担赔偿责任的基础事实。依照《公司法》第180条的规定,公司因下列原因解散:①公司章程规定的营业期限届满或者公司章程规定的其他解散事由出现;②股东会或者股东大会决议解散;③因公司合并或者分立需要解散;④依法被吊销营业执照、责令关闭或者被撤销;⑤人民法院依照《公司法》第182条的规定予以解散。上述规定中,仅有第④项有明确的证据指向。其他情形,因受制于公司内部信息不对称,往往很难实现。

(2)确定公司未依照规定成立清算组的事实或者成立后怠于履行义务的事实。公司成立清算组需遵循外观主义原则,因此成立与否,较容易证明;后者是指清算组虽然成立,但怠于履行清算义务,这一事实证明起来较难。

(3)确定公司财产减损的事实,不论这种减损是故意转移财产等积极违反清算义务的行为,还是消极不履行清算义务客观上导致财产减损的行为。

(4) 确定无法清算的事实

参见上文"公司无法清算的认定"部分。

4. 管辖法院

(1) 债的责任与清算赔偿责任一并诉讼的管辖法院确定

清算赔偿责任诉讼中，法律关系的主线是公司债权人与公司之间的债权债务关系，管辖的确定取决于二者之间的合同约定或者法律规定。法律关系的辅线是公司股东清算赔偿责任。清算义务关系指向的是公司与股东。

案件存在两条法律关系线，民事诉讼法虽规定了因公司设立、确认股东资格、分配利润、解散等纠纷提起的诉讼，由公司住所地人民法院管辖。但更多的判例表明，这一规定不属于专属管辖，不排除债的关系适用的管辖。

(2) 债的责任诉讼结束后，另行提起清算赔偿责任诉讼管辖的确定

一般认为，不能在执行程序中直接追加股东为被执行人。因此，在债的诉讼结束后，判决执行完毕前，作为被执行人的公司如果在判决之前存在或判决之后新发生股东清算责任的，一般允许债权人另行对股东提起清算赔偿责任之诉。此时，公司可以作为第三人存在。

单一的清算赔偿责任之诉，是否要遵循《民事诉讼法》第 26 条公司纠纷特定管辖，在实务中尚无定论。目前通常做法是在公司住所地及股东住所地均可提起。

5. 诉讼时效

公司债权人请求股东对公司债务承担连带清偿责任，股东以公司债权人对公司的债权已经超过诉讼时效期间为由抗辩，经查证属实的，人民法院依法予以支持。

公司债权人以《公司法解释二》第 18 条第 2 款为依据，请求有限责任公司的股东对公司债务承担连带清偿责任的，诉讼时效期间自公司债权人知道或者应当知道公司无法进行清算之日起计算。

6. 举证

由于公司解散后的控制权掌握在清算义务人手中，公司会计账簿等重要文件由其保管。相对于清算义务人而言，公司债权人作为外部人，其离证据的距离较远，举证能力较弱，往往难以完成对这些清算赔偿责任要件的举证。在这种情况下，人民法院往往对此类事实的证明责任采用举证责任倒置和因果关系推定。[①]在举证责任的具体规则上，人民法院往往作如下分配：(1) 债权人的举证责任：债权人与公司间合法存在的债权事实；公司被吊销营业执照的事实；股东怠于清算的事实；公司财产流失、贬值、灭失，与股东财产混同、被股东侵占、股东抽逃资金恶意

---

① 参见最高人民法院民事审判第二庭编：《公司案件审判指导》，法律出版社 2014 年版，第 608 页。

处置公司财产的初步事实(如果债权人能够提供)。(2)清算义务人的举证责任：怠于清算具有法定免责事由的事实；公司解散时的资产状况与目前的资产状况(即损失范围)；通过财务资料反映出来的公司资产贬值、流失、灭失的数额；上述资产减损的原因属于天灾及其他不可抗力等原因；股东不存在侵占、恶意处置公司财产及抽逃出资的行为。

在因果关系的推定上，股东怠于履行清算义务是一种消极不作为的行为，应当包含两层因果关系。一是公司资产的减少与债权得不到清偿具有因果关系。这一层因果关系争议不太，因为公司资产是公司经营的基础，资产减少必将影响公司对外的清偿能力。二是股东怠于清算的不作为与公司资产的减少具有因果关系。导致公司资产减少的原因既有人为因素，也有自然因素。股东的清算责任就在于预防和排除这些因素对公司资产可能带来的损害。清算义务人的代理律师应积极提供证据证明公司在解散时已经因正常经营亏损、达到破产状态，而不是由于其他原因(如财产被股东挪用、侵占、抽逃出资等)无法清偿或者全额清偿债权人，以否定这一层因果关系的推定，进而全部免除或者部分免除清算义务人的责任。

简言之，债权人的代理律师需要举证证明公司出现解散事由以及公司股东怠于清算的基本事实，并提供无法清算的初步证据。

实践中可以借鉴"人去楼空"标准，如债权人能够证明公司已处于"人去楼空"的状态，人民法院一般推定其已无法清算。如债权人已提供初步证据证明公司无法清算的，公司股东应对其仍能清算承担举证责任，否则人民法院一般认定公司已无法清算。证明公司"不能清算"需证明财务账册等已经灭失，但债权人作为公司外部人，证明此事项难度极大，几乎只能以申请人民法院强制清算的方式进行。如要求债权人完全承担举证责任，实际上等同于将强制清算作为股东承担连带责任的前置程序。实务中，若未经强制清算程序，有些人民法院会合理分配以下举证责任：先依据具体情形初步判断公司已处于不能清算状态，如股东不能举证推翻此判断，可认定公司已无法清算。

四、经典案例评析

(一) 案情概要

案例：上海存亮贸易有限公司诉蒋志东、王卫明等买卖合同纠纷案①
原告：上海存亮贸易有限公司(简称"存亮公司")

---

① 参见最高人民法院公布的第 9 号指导案例。该案例已被《最高人民法院关于部分指导案例不再参照的通知》宣布 2021 年 1 月 1 日起不再参照。

被告：常州拓恒机械设备有限公司（简称"拓恒公司"）
被告：房恒福
被告：蒋志东
被告：王卫明

原告存亮公司诉称：其向被告拓恒公司供应钢材，拓恒公司尚欠货款1395228.6元。被告房恒福、蒋志东和王卫明为拓恒公司的股东，拓恒公司未年检，被工商部门吊销营业执照，至今未组织清算。因其怠于履行清算义务，导致公司财产流失、灭失，存亮公司的债权得不到清偿。根据公司法及相关司法解释规定，房恒福、蒋志东和王卫明应对拓恒公司的债务承担连带责任。故请求判令拓恒公司偿还存亮公司货款1395228.6元及违约金，房恒福、蒋志东和王卫明对拓恒公司的债务承担连带清偿责任。

被告蒋志东、王卫明辩称：其一，两人从未参与过拓恒公司的经营管理；其二，拓恒公司实际由大股东房恒福控制，两人无法对其进行清算；其三，拓恒公司由于经营不善，在被吊销营业执照前已背负了大量债务，资不抵债，并非由于蒋志东、王卫明怠于履行清算义务而导致拓恒公司财产灭失；其四，蒋志东、王卫明也曾委托律师对拓恒公司进行清算，但由于拓恒公司财物多次被债权人哄抢，导致无法清算，因此蒋志东、王卫明不存在怠于履行清算义务的情况。故请求驳回存亮公司对蒋志东、王卫明的诉讼请求。

被告拓恒公司、房恒福未到庭参加诉讼，亦未作答辩。

人民法院经审理查明：2007年6月28日，存亮公司与拓恒公司订立钢材买卖合同。存亮公司履行了7095006.6元的供货义务，拓恒公司已付货款5699778元，尚欠货款1395228.6元。另外，房恒福、蒋志东和王卫明为拓恒公司的股东，所占股份分别为40%、30%、30%。拓恒公司因未进行年检，2008年12月25日被工商部门吊销营业执照，至今股东未组织清算。现拓恒公司无办公经营地，账册及财产均下落不明。拓恒公司在其他案件中因无财产可供执行被中止执行。

(二) **争议焦点**

股东蒋志东和王卫明没有参加公司经营活动，已经提起清算但无法启动的情况下，能否被认定为未尽清算义务？应否向债权人承担民事责任？

(三) **裁判理由**

人民法院生效裁判认为：存亮公司按约供货后，拓恒公司未能按约付清货款，应当承担相应的付款责任及违约责任。房恒福、蒋志东和王卫明作为拓恒公司的股东，应在拓恒公司被吊销营业执照后及时组织清算。因房恒福、蒋志东和王卫明怠于履行清算义务，导致拓恒公司的主要财产、账册等均已灭失，无法进行清算，房恒福、蒋志东和王卫明怠于履行清算义务的行为,违反了公司法及其司法解释的相关规定,应当对拓恒公司的债务承担连带清偿责任。拓恒公司作为有限责任公司,其全体股东在法律上应一体成为公司的清算义务人。公司法及其相关司法解释并未规定蒋志东、王卫明所辩称的例外条款,因此无论蒋志东、王卫明在拓恒公司中所占的股份为多少,是否实际参与了公司的经营管理,两人在拓恒公司被吊销营业执照后,都有义务在法定期限内依法对拓恒公司进行清算。关于蒋志东、王卫明辩称拓恒公司在被吊销营业执照前已背负大量债务,即使其怠于履行清算义务,也与拓恒公司财产灭失之间没有关联性。根据查明的事实,拓恒公司在其他案件中因无财产可供执行被中止执行的情况,只能证明人民法院在执行中未查找到拓恒公司的财产,不能证明拓恒公司的财产在被吊销营业执照前已全部灭失。拓恒公司的3名股东怠于履行清算义务与拓恒公司的财产、账册灭失之间具有因果联系,蒋志东、王卫明的该项抗辩理由不成立。蒋志东、王卫明委托律师进行清算的委托代理合同及律师的证明,仅能证明蒋志东、王卫明欲对拓恒公司进行清算,但事实上对拓恒公司的清算并未进行。据此,不能认定蒋志东、王卫明依法履行了清算义务,故对蒋志东、王卫明的该项抗辩理由不予采纳。

(四)裁判结果

上海市松江区人民法院于2009年12月8日作出(2009)松民二(商)初字第1052号民事判决,内容为:一、拓恒公司偿付存亮公司货款1395228.6元及相应的违约金;二、房恒福、蒋志东和王卫明对拓恒公司的上述债务承担连带清偿责任。宣判后,蒋志东、王卫明提出上诉。上海市第一中级人民法院于2010年9月1日作出(2010)沪一中民四(商)终字第1302号民事判决:驳回上诉,维持原判。

(五)案例启示

1. 该案例有违公平正义,广受批评

股东与债权人之间存在利益关系。当股东利用其隐身于公司背后的特殊地位损害债权人利益时,股东与债权人之间就产生了利益冲突,债权人的利益理应获得优先保护。这是符合公平正义原则的。但是,如果股东并没有利用其地位损害债权人利益,或者根本无法利用其地位损害债权人利益,却对其科以责任就有失公允。本案中,当股东蒋志东和王卫明没有参与公司经营活动,已经提起清算但无法启动的情况下,仍然让其承担责任是不妥当的。因此,本指导案例发布后,受到广泛批评:有学者撰文①,有的承担巨额责任的小股东向全国人民代表大会和最高人

---

① 参见梁上上:《论公司正义》,载《现代法学》2017年第1期;李清池:《公司清算义务人民事责任辨析——兼评最高人民法院指导案例9号》,载《北大法律评论》2014年第1期。

民法院反映情况,全国人大常委会法工委备案室也来文让最高人民法院认真研究这个问题。统战部也来文,将该条司法解释和最高人民法院第 9 号指导案例出现问题的观点转给最高人民法院,希望认真研究。①

2.《九民会议纪要》对此类案例裁判进行了矫正

鉴于此,最高人民法院于 2019 年 11 月 8 日发布的《九民会议纪要》第 14、15、16 条对该指导案例进行了矫正,对《公司法解释二》第 18 条第 2 款应当如何正确理解进行了规范,同时对这类案件的诉讼时效进行了明确。股东举证证明其已经为履行清算义务采取了积极措施,或者小股东举证证明其既不是公司董事会或者监事会成员,也没有选派人员担任该机关成员,且从未参与公司经营管理,以不构成"怠于履行义务"为由,主张其不应当对公司债务承担连带清偿责任的,人民法院依法予以支持。

---

① 参见最高人民法院民事审判第二庭编著:《〈全国法院民商事审判工作会议纪要〉理解与适用》,人民法院出版社 2019 年版,第 162 页。

第十四章　公司变更纠纷

公司变更一般指公司设立登记事项的改变,实践中泛指公司设立登记事项中某一项或某几项的变化。公司变更的内容主要包括公司名称、住所、法定代表人、注册资本、公司组织形式、经营范围、营业期限、有限责任公司股东或者股份有限公司发起人的姓名或名称的变更以及公司章程的修订。公司重大事项变更尤其是与公司资本有关的变更,如公司合并、分立、增资、减资、股权转让,往往涉及以公司为平台的利益格局重组,利益相关者容易发生利益冲突甚至纠纷。本章以此为重点阐述公司合并纠纷、公司分立纠纷、公司增资纠纷、公司减资纠纷、新增资本认购纠纷、请求变更公司登记纠纷。股权转让纠纷、上市公司收购纠纷以及公司变更涉及的尽职调查不在本章论述范围之内,请参见本书其他章节相关论述。

第一节　公司合并纠纷

一、公司合并纠纷概述

公司合并,是指两个或两个以上的公司通过订立合并协议,依照公司法及其有关法律、行政法规的规定,归并为一个公司或创设一个新公司的法律行为。公司合并可以采取吸收合并,或者新设合并。吸收合并,是指一个公司吸收其他公司,吸收公司存续,被吸收公司解散的合并。新设合并,是指两个以上公司合并设立一个新的公司,合并各方解散的合并。

公司合并纠纷,是指公司合并没有依照合并协议或者公司章程进行,或者违反法律、行政法规的强制性规定所引起的纠纷。公司合并纠纷中比较常见的是公司合并无效纠纷,如公司股东认为公司合并决议未经股东大会通过,或者债权人认为公司合并过程中公司未履行通知义务,或者被合并的公司没有清偿债务或提供相应的担保,或者有其他违反法律或行政法规之情形,而提起的公司合并无效之诉。常见的合并无效原因主要有合并协议无效、合并决议无效被撤销、合并违反债权人保护程序等。近年来,公司合并频繁发生,因公司合并发生的纠纷也日益增多。

若债权人并不主张公司合并无效,而只是向合并后的公司主张债权的,这类纠纷不属于公司合并纠纷,而属于普通的债权债务纠纷。

二、公司合并纠纷的常见法律问题

(一)公司合并的程序和流程

请参见本书第四章第五节。

(二)公司合并时,债务人发布的通知或公告中要求债权人限期申报,未按期申报债权的债权人应否清偿

不可以。根据《民法典》第140条第2款的规定,不作为的默示只有在有法律规定、当事人约定或者符合当事人之间的交易习惯时,才可以视为意思表示。

因此,在合并通知或公告中的单方限制行为违反了《民法典》公平公正的基本原则,除非债权人与债务人之间关于通知条款有特别约定。

(三)公司合并时,债权人可否主张未到期债权或要求提供担保

对于未到期债权,债权人基于负有债务的公司发生合并,可以依法要求公司提前还债或提供担保。

债权人主张债权时,如果合并各方拒不履行义务,债权人可通过诉讼、仲裁的方式保护自己的利益,但不能因此阻止合并进程。因为从兼顾债权人利益和公司合并效率的角度来看,《公司法》已经规定了公司合并后存续公司或新设公司承担原有债务,对债权人的利益予以了充分保障,此时应当着重维护公司合并的效率,不应再赋予债权人阻止公司合并的权利。

(四)公司合并无效判决的效力

1. 无效判决的对世效力

合并无效的判决确定后,具有对世效力。一旦人民法院判决合并无效,该种判决不仅对原告、被告,而且对第三人产生效力。因此,无效判决生效后,所有人均须遵守该判决。

2. 无效判决的溯及力

公司合并无效的判决不具有溯及力。对合并无效判决确定之前的存续公司或者新设公司视为事实公司存在,其所为的对内对外法律行为均有效。如果合并无效判决具有溯及力,必将使合并交易从一开始就无效,将会对合并后已经发生的交易产生不利影响,从而影响到交易的安全。鉴于此,合并无效的判决只对将来产生效力,而不对过去已经发生的交易产生效力。这就是说,合并后由存续公司或者新设公司所实施的内部行为(如股东大会决议、董事的责任、新股发行、公司债的发行

等)和外部交易(如股份转让、合并交易等)均有效。合并后至无效判决生效之时的存续公司或者新设公司为"事实上的公司"。

3. 无效判决的后果

无效判决发生合并公司恢复原状的后果,并因此产生因合并所承继的权利、义务及合并后取得的财产和所承担债务的处理问题。

第一,恢复原状。由于合并无效的确定,当事公司还原至合并前的状态。具体而言,如果属于吸收合并,被消灭的公司复活,并从存续公司中分立;如果属于新设合并,被消灭的当事公司均复活,并从新设公司中分立。

第二,因合并而承继的权利义务的处理。因合并而继受的权利、义务原则上复归于复活的消灭公司,但是,由于合并无效判决没有溯及力,合并后的存续公司或者新设公司已经处分的权利或者已经履行的义务,应将其价额折算为现存价值进行清算。

第三,合并后取得的财产及债务。因合并而取得的财产或者承担的债务由复活之消灭公司共有或者分担。就财产的分配而言,有协议的,根据协议确定;没有协议的,根据公平原则分割。就债务分担而言,有协议的,根据协议确定;没有协议的,由合并各方承担连带责任。①

三、公司合并纠纷诉讼指引

(一) 总体思路

公司合并是以公司为平台的利益格局的重组,不仅会引起合并前公司主体和权利义务的变更,还会导致公司财产和股权结构的改变,关系到这些公司的股东、债权人等相关主体的利益。因此,《公司法》对公司合并的条件和程序作出严格规定。故处理公司合并纠纷,可以从公司合并是否符合法律及章程规定的条件和程序方面寻找案件突破口。

法律虽然规定了公司合并的条件和程序,但仍然尊重当事人的意思自治,毕竟当事人才是自己利益的最佳判断者。实际上,法律规定公司合并的条件和程序的宗旨,就是为了维护当事人就公司合并进行平等、自由的讨价还价。因此,当事人按照意思自治形成的公司合并方案、决议及协议是确定公司合并各方利益相关者权利义务的依据,也是解决公司合并纠纷的依据,除非这些文件违反法律、行政法规的强制性规定。故处理公司合并纠纷,还应认真研究公司合并方案、决议及协议并从中找到案件突破口。

---

① 参见施天涛:《公司法论》(第四版),法律出版社 2018 年版,第 544—545 页。

公司合并相关文件被撤销或被确认无效而导致公司合并无效的,原则上应恢复原状,但合并无效判决不具有溯及力。也就是说,为了维护交易,合并无效的判决只对将来有效,不影响此前存续公司或新设公司以合并有效为前提而产生的法律关系,比如与第三人签订的买卖合同等。因此,处理公司合并纠纷,还可以从公司合并无效及其法律后果入手寻找案件突破口。

从以上几个方面入手找到案件突破口后,再结合下文中"实务处理注意点"制定诉讼方案。关于如何制定诉讼方案,请参见本书第八章第三节和第四节。

(二)实务处理注意点

1. 诉讼主体

(1)原告

作出合并决议的各方公司在法定期间内未尽通知、公告的义务,在债权人请求公司清偿债务或提供担保纠纷中,原告为债权人,被告可以是合并前的各方公司。债权人还可以基于合并,以合并后存续的公司或新设公司为被告而成为原告。合并各方公司可以依据合并协议的履行成为原告。公司股东、董事、监事可因公司股东大会作出的合并决议无效、不成立而成为原告。股东可基于股东大会所作的合并决议违反法律、行政法规或公司章程成为原告。此外,善意第三人及其关联方也可能成为公司合并纠纷的原告。

(2)被告

合并前的公司因未尽通知、公告义务成为被告。合并各方基于合并协议的履行成为被告。公司可因作出合并决议成为被告。公司还可成为善意第三人的被告。需要注意的是,在请求确认股东大会合并决议不成立、无效或者撤销的案件中,应当列公司为被告,将决议涉及的其他利害关系人列为第三人。

(3)共同原告

公司股东、董事、监事可基于公司合并决议无效、不成立、撤销成为共同原告,成为共同原告的前提是具有原告资格和相同的诉讼请求,并在一审法庭辩论终结前提出。

(4)第三人

在公司合并决议无效、不成立或者撤销的案件中,决议涉及的其他利害关系人,可以依法列为第三人。

2. 管辖

根据《民诉法解释》第22条的规定,因公司合并、公司分立、公司减资、公司增资等纠纷提起的诉讼,由公司住所地人民法院管辖。

3. 诉讼时效与起诉期间

以合并协议无效为由主张合并无效的,适用一般诉讼时效。

以合并决议不成立为由主张合并无效的,适用一般诉讼时效。

以撤销合并决议为由主张合并无效的,应当自决议作出之日起 60 日内提起撤销之诉。

4. 诉讼请求

公司合并案件的诉讼请求主要有以下几种:一是请求确认公司合并决议无效或不成立。请求确认合并决议不成立应当具有《公司法解释四》第 5 条列举的五种情形之一。二是请求撤销公司合并决议。股东依据《公司法》第 22 条第 2 款提起的撤销决议请求前提是具有股东资格,但会议召集程序或者表决方式仅有轻微瑕疵,且对决议未产生实质影响的,人民法院不予支持。三是请求公司因未尽法定通知、公告义务而偿还债务或者提供担保。四是请求公司因债权债务承继而偿还债务。需要注意的是,请求事项应与法定的请求事由相对应,否则,有被驳回请求的风险。

5. 被告抗辩

被告可以基于合并决议的法定程序和决议内容进行抗辩,还可以依据合并协议的约定和内容进行抗辩。公司还可以依据债务协议的约定以及合并决议、合并协议进行抗辩。

6. 证据组织

(1)股东大会作出的公司合并决议、通知和公告

合并决议由股东大会作出,是公司合并纠纷案件的重要证据之一。决议内容、时间、程序对于案件的结果至关重要,律师在实务中应重点研究。公司应当自作出合并决议之日起 10 日内通知债权人,并于 30 日内在报纸上公告,债权人在法定期间内可以要求公司清偿债务或者提供担保。可见,通知和公告是公司合并纠纷案件的重要证据,对案件结果有重要影响。

(2)合并协议

公司合并协议是合并各方表达合并意愿并就相关事项予以约定的重要合意,是公司各方主张权利、履行义务的重要依据。任何一方违背协议将承担相应责任。该证据是公司合并各方主张权利最重要的依据。

(3)债权债务相关证据

债权人主张债权首先要能证明债权的存在,双方就债务的偿还作出了明确的约定。公司合并一旦发生,债权人可以依据该证据和相关的法律规定主张权利。

(4)公司章程

公司章程对公司的合并一般均有规定,其规定在不违反法律、行政法规强制性

规定的情况下,具有法律约束力,是相关权利人主张权利不可缺少的证据之一。

当然,公司合并纠纷案件的证据绝不仅仅局限于上述几类,因案情不同可能出现更多类型的证据,这些证据在实务中都应该被组织和研究。

四、经典案例评析

(一) 案情概要

案例:我爱我家管理有限公司与邓州市上品酒店有限公司公司合并纠纷案[①]

原告:邓州市上品酒店有限公司

被告:我爱我家管理有限公司

原告邓州市上品酒店有限公司系自然人独资的有限责任公司,其前身邓州市福临假日酒店于 2014 年 5 月 15 日在邓州市工商管理局登记注册,2015 年 8 月 30 日更名为邓州市上品酒店有限公司,且取得了营业执照。2015 年 8 月 8 日,原、被告签订合伙协议一份,协议约定原告将其公司(酒店)全部资产作价 140 万元,另投现金 10 万元,作为股份并入被告公司,由原告公司法定代表人李翠按股享受股东的权利义务。被告对原告公司拥有产权,统一管理。原告公司在合同签订日期前的所有债权、债务、收益归原告,合同签订之日后经营中的债权、债务、收益归被告。合同签订后,原告向被告提交了资产负债表及固定资产明细表,但未通知债权人,双方亦未在报纸上对合并事宜进行公告。2015 年 10 月 19 日,被告与案外人陈珍(系南阳市半岛蓝山酒店管理有限公司负责人)、杨青山签订了项目合作协议书一份,约定三方合作开发原邓州市福临假日酒店,即邓州市上品酒店有限公司,并更名为邓州市半岛蓝山酒店有限公司,进行了装修及经营。现原告认为公司合并未按公司法规定的条件履行合并事宜,未编制资产负债表、财产清单,未通知债权人,亦未公告及办理注销、变更登记,请求判令双方的合并协议未生效。审理中,原告放弃了要求解除该协议的诉讼请求。

(二) 争议焦点

双方签订的公司合并协议是否生效?

(三) 一审判决

一审人民法院认为:原、被告均为有限责任公司,双方之间的协议名为合伙协议,但协议内容实为公司合并。《公司法》第 173 条规定:"公司合并,应当由合并各方签订合并协议,并编制资产负债表及财产清单。公司应当自作出合并决议之

---

① 参见河南省南阳市中级人民法院(2018)豫13民终 7424 号民事判决书。

日起十日内通知债权人,并于三十日内在报纸上公告。债权人自接到通知书之日起三十日内,未接到通知书的自公告之日起四十五日内,可以要求公司清偿债务或者提供相应的担保。"第 179 条规定:"公司合并或者分立,登记事项发生变更的,应当依法向公司登记机关办理变更登记;公司解散的,应当依法办理公司注销登记……公司增加或者减少注册资本,应当依法向公司登记机关办理变更登记。"由此可知,公司合并协议是否生效不仅取决于合并各方的股东是否作出决议,意思表示是否真实,还取决于各方是否编制了资产负债表和财产清单,是否履行了法定的公告程序,债权人是否同意,即公司合并协议的生效,除合并各方意思表示真实外,还须经过法定程序及债权人同意。而本案中:首先,双方虽签有合并协议,但双方均未编制正式的资产负债表及财产清单,被告虽出示了原告编制的资产负债表及财产明细表,但作为公司合并中被解散公司的债务,须经公告后由债务人申报后才能确认,故原告制作的资产负债表并不能完全反映其真实的债务情况。其次,合并时未通知债权人,亦未于 30 日内在报纸上进行公告。最后,合并协议签订后原告未办理注销登记,被告亦未办理变更登记,双方未严格履行公司合并的法定程序和法定义务。协议的部分履行并不能证明合并协议已生效。而未生效的协议亦谈不上解除。故原告要求确认双方签订的合并协议未生效,人民法院予以支持,其放弃要求解除该协议的诉讼请求,人民法院予以准许。据此,判决原告邓州市上品酒店有限公司与被告我爱我家管理有限公司之间在 2015 年 8 月 8 日签订的协议未发生法律效力。

(四)二审判决

二审人民法院认为,根据《合同法》第 44 条规定,依法成立的合同,自成立时生效。法律、行政法规规定应当办理批准、登记等手续生效的,依照其规定。本案的合并协议约定双方签字后生效,法律、行政法规没有规定此类合同需经批准或登记后生效,原审适用的《公司法》第 173、179 条也没有公司合并协议需要批准或登记后生效的规定,因此,原判认定双方签订的公司合并协议未发生法律效力,没有法律依据,处理不当,人民法院予以纠正。据此,判决撤销邓州市人民法院(2017)豫 1381 民初 4572 号民事判决,驳回邓州市上品酒店有限公司的诉讼请求。

(五)焦点问题评析

1. 本案案由。尽管双方签订的协议名为合伙协议,但协议内容实为公司合并,因此该案案由应为公司合并纠纷。

2. 本案的法律适用。本案的争议焦点是双方签订的公司合并协议是否生效。本案的合并协议约定双方签字后生效,且协议内容没有违反法律、行政法规的强制性规定,法律、行政法规没有规定此类合同需经批准或登记后生效,根据《合同法》第44条规定,依法成立的合同,自成立时生效。因此,二审人民法院的判决是正确的。

3. 一审人民法院适用法律的错误。一审人民法院错误理解了《公司法》第173条的规定,将公司合并应当编制资产负债表、履行公告程序作为公司合并的生效条件。因此得出"协议生效还取决于各方是否编制了资产负债表和财产清单,是否履行了法定的公告程序,债权人是否同意"的错误结论。

(六)案例启示

一般在合同条文十分清楚,因而判决结果也会清楚的情况下,只要双方当事人能够以理智的态度对待纠纷,是没有必要打官司的。订立合同的目的之一就是要避免日后的诉讼。但有时候,在利益的推动下,当事人还是会抱着试一试的心态,或者因为心中有气、感情用事而提起诉讼。这种情况下,律师如果清楚官司必输无疑,就应当本着职业道德开导当事人,劝其不要起诉,协商解决,以免浪费人力物力、浪费司法资源;切不可为了赚取律师费而怂恿当事人起诉。

第二节 公司分立纠纷

一、公司分立纠纷概述

公司分立又称"公司分割""公司拆分",是指一个公司依法定程序分为两个或两个以上公司的法律行为。公司分立是根据分立前公司的单方意思表示即可生效的法律行为。公司分立的主体是公司,分立的意思表示由分立前的股东会作出。公司分立可以分为新设分立和存续分立。

公司分立纠纷,是指公司分立未依照公司分立计划、分立协议或公司章程进行,或者违反法律、行政法规的强制性规定引起的纠纷。[①]

比较常见的是公司分立无效纠纷,如公司股东认为公司分立协议未经股东会通过等情况而提起公司分立无效之诉。若债权人不主张公司分立无效而只是向分立后的公司主张债权的,则不适用本案由,而直接适用普通的债权债务纠纷案由,但公司在分立前与债权人就债务清偿另行达成书面协议的除外。

---

① 参见景汉朝主编:《民事案件案由新释新解与适用指南》(第二版),中国法制出版社2018年版,第924页。

二、公司分立纠纷的常见法律问题

(一)公司分立的程序

请参见本书第四章第六节。

(二)公司新设分立后,新公司又被吸收合并的,原公司债务如何承担

假设 A 公司分立为 B、C 两家公司,而后 B 公司再被 D 公司吸收合并,B 公司注销,D 公司存续。那么 D 公司是否应当对 A 公司分立时 A 公司的债务承担连带责任呢?

笔者认为,当 B 公司与 D 公司合并时,根据《公司法》关于公司合并后债务承担的规定,D 公司应当承继 B 公司所负债务;又因为 B 公司对 A 公司的债务依法承担连带责任,那么 D 公司自然应当对 A 公司的债务承担连带责任。

(三)如何提起公司分立无效之诉

分立无效之诉与合并无效之诉相似,充当对上述利益相关人进行事后救济的工具。原分立公司的股东、债权人、清算人、破产财产管理人都可以提起分立无效之诉。提起分立无效之诉的理由一般为分立方案或分立协议违反法律强制性规定、显失公平、股东大会决议的程序或内容违法等。人民法院一旦判决分立无效,则发生与恢复原状相关的法律效果,具体可参考本章第一节"公司合并纠纷"中关于合并无效之诉的相关论述。

我国《公司法》虽然并未直接规定公司分立无效之诉,但是股东同样可以基于《公司法》第 22 条的规定,就公司分立事项进行表决的股东(大)会决议内容和表决程序提起诉讼,请求人民法院宣告公司分立决议无效或撤销。其中,股东提起的无效之诉不受除斥期间限制,而撤销之诉的除斥期间为 60 日。针对有关公司分立的合同,其他利益相关人可以依据《民法典》第 153、154 条等规定申请人民法院宣告其无效,或者依据《民法典》第 147、148、149、150、151 条等规定申请人民法院撤销该合同。

(四)公司分立无效判决的效力

公司分立无效,只能以诉讼的方式主张,该种诉讼为分立无效诉讼,性质上属于形成之诉。

公司(包括分立后的存续公司、新设公司和吸收公司)股东、董事、监事、清算人以及债权人均可以提起分立无效之诉。在分立无效之诉中,适格的被告是公司(包括存续公司、新设公司以及吸收公司)。

人民法院一旦作出分立无效的判决,就发生分立无效的后果:因分立而新设的公司无效;如果分立公司已经消灭,则应恢复原状;因分立发生的财产分割以及债权债务安排应恢复原状;分立后新设公司取得的财产及债务由分立公司享有或者承担(单纯分立),或者由分立公司与相对公司共同享有或者承担(分立合并)。①

分立无效的判决不具有溯及力。因分立而新设的公司所发生的一切交易不因分立无效而无效。

三、公司分立纠纷诉讼指引

(一) 总体思路

公司分立不仅会使分立前公司的财产、业务、规模和股东发生变化,还会使分立前公司的债权债务发生转移。正因为公司分立会带来公司债权人及股东利益的变动,所以《公司法》对公司分立的条件和程序作出了严格规定。故处理公司分立纠纷,可以从分立是否符合相关条件和程序方面寻找案件突破口。

法律虽然规定了公司分立的条件和程序,但仍然尊重当事人的意思自治,毕竟当事人才是自己利益的最佳判断者。实际上,法律规定公司分立的条件和程序的宗旨,就是为了维护当事人就公司分立进行平等、自由的讨价还价。因此,当事人按照意思自治形成的公司分立方案及协议是确定公司分立各方利益相关者权利义务的依据,也是解决公司分立纠纷的依据,除非这些文件违反法律、行政法规的强制性规定。故处理公司分立纠纷,还应认真研究公司分立方案及协议并从中找到案件突破口。

公司分立相关文件被撤销或确认无效而导致公司分立无效的,原则上应恢复原状,但分立无效判决不具有溯及力。也就是说,为了维护交易,分立无效的判决只对将来有效,不影响此前存续公司或新设公司以分立有效为前提而产生的法律关系,如与第三人签订的买卖合同等。因此,处理公司分立纠纷,还可以从公司分立无效及其法律后果入手寻找案件突破口。

从以上几个方面入手找到案件突破口后,再结合下文中"实务处理注意点"制定诉讼方案。关于如何制定诉讼方案,请参见本书第八章第三节和第四节。

(二) 实务处理注意点

1. 诉讼主体

(1) 原告

具有公司分立纠纷案件原告主体资格的一般包括:债权人、公司、公司股东、董

---

① 参见施天涛:《公司法论》(第四版),法律出版社2018年版,第550页。

事、监事、善意第三人。作出分立决议的公司在法定期间内未尽通知、公告义务,在债权人请求公司清偿债务或提供担保纠纷中,原告为债权人,被告可以是分立后的各方公司。分立各方可依据分立协议提起诉讼成为原告。公司股东、董事、监事可因提起公司股东(大)会分立决议无效、不成立之诉而成为原告。股东可基于股东大会所作的分立决议违反法律、行政法规或公司章程提起决议撤销之诉而成为原告。此外,善意第三人及其关联方也可能成为公司分立纠纷案件的原告。

(2)被告

公司分立纠纷的被告一般为公司。分立前后的公司可能因以下情况成为被告:分立前的公司因未尽通知、公告义务成为被告。分立各方基于分立协议的履行成为被告。公司可因做出分立决议成为被告。公司还可成为善意第三人的被告。需要注意的是,在请求确认股东大会分立决议不成立、无效或者撤销的案件中,应当列公司为被告,将决议涉及的其他利害关系人列为第三人。

(3)共同原告

公司股东、董事、监事可基于公司分立决议无效、不成立或撤销成为共同原告,成为共同原告的前提是具有原告资格和相同的诉讼请求,并在一审法庭辩论终结前提出。

(4)第三人

在公司分立决议无效、不成立或者撤销的案件中,决议涉及的其他利害关系人,可以依法列为第三人。

2. 管辖

根据《民诉法解释》第22条的规定,因公司合并、公司分立、公司减资、公司增资等纠纷提起的诉讼,由公司住所地人民法院管辖。

3. 诉讼时效与起诉期间

以分立协议无效为由主张分立无效的,适用一般诉讼时效。

以分立决议不成立为由主张分立无效的,适用一般诉讼时效。

以撤销分立决议为由主张分立无效的,应当自决议作出之日起60日内提起撤销之诉。

4. 诉讼请求

公司分立案件的诉讼请求主要有以下几种:一是请求确认公司分立决议无效或不成立。请求确认分立决议不成立应当具有《公司法解释四》第5条列举的五种情形之一。二是请求撤销公司分立决议。股东依据《公司法》第22条第2款提起的撤销决议请求前提是具有股东资格,但会议召集程序或者表决方式仅有轻微瑕疵,且对决议未产生实质影响的,人民法院不予支持。三是请求公司因分立减少注册资本且未尽法定通知、公告义务而清偿债务或者提供相应担保。四是请求公司清偿因分立导致的债务。需要注意的是,公司分立前的债务由分立后的公司承担连带责任。

5. 证据组织

①股东大会作出的公司分立决议。公司应当自作出分立决议之日起10日内通知债权人,并于30日内在报纸上公告,债权人在法定期间内可以要求公司清偿债务或提供担保。可见,通知和公告也是公司分立纠纷案件的重要证据,决议内容、时间、程序都影响案件的结果,律师在实务中应重点研究。

②分立协议。公司分立协议是分立各方就相关事项予以约定的重要合意,是公司各方主张权利、履行义务的重要依据。协议的内容应该全面、翔实、具体,任何一方违背协议将承担相应责任。该证据是公司分立各方主张权利最重要的依据。

③债权债务相关证据。债权人主张债权首先要能证明债权的存在,公司分立一旦发生,债权人可以依据该证据和相关法律规定主张权利。

④公司章程。公司章程对公司的分立一般均有规定,其规定在不违背法律、行政法规强制性规定的情况下,具有法律约束力,是相关权利人主张权利不可缺少的证据之一。

当然,公司分立纠纷案件的证据绝不仅仅局限于上述几类,因案情不同可能出现更多的类型证据,这些证据在实务中都应该被组织和研究。

四、经典案例评析

(一) 案情概要

案例:史某、呼和浩特市宇翔出租汽车有限责任公司、内蒙古翔宇房地产开发集团有限公司公司分立纠纷案[①]

原告:史某

被告:呼和浩特市宇翔出租汽车有限责任公司(简称"宇翔出租汽车公司")

被告:内蒙古翔宇房地产开发集团有限公司(简称"翔宇房地产公司")

2007年4月6日,翔宇房地产公司同史某合资组建了宇翔出租汽车公司,经呼和浩特市人民检察院主持调解,2012年9月20日翔宇房地产公司同史某、宇翔出租汽车公司签订《呼和浩特市宇翔出租汽车有限责任公司存续分立协议书》(简称《存续分立协议书》),并经过呼和浩特市北方公证处公证。《存续分立协议书》约定:(1)根据史某及翔宇房地产公司在宇翔出租汽车公司的持股比例,将宇翔出租汽车公司所经营的300辆客运出租汽车中的100辆分离出来,由史某另行注册成

---

① 参见内蒙古自治区呼和浩特市中级人民法院(2016)内01民终802号民事判决书。

立新公司,独立经营该 100 辆出租汽车。(2)在史某注册成立新公司 10 日内将分离出的 100 辆出租车及相关材料交付给史某,同时将 100 辆出租车的保证金按实际收款数额一并交付给史某,同时协助办理成立新公司事宜……(3)宇翔出租汽车公司应进行分立前的审计和清算,清算起止时间从 2007 年 4 月 11 日至上述 100 辆出租车正式移交到新公司止。(4)任何一方如对审计结果有异议,可协商解决,在呼和浩特市人民检察院主持下另行签订补充协议。(5)宇翔出租汽车公司应该依照审计结果按照出资比例支付史某应得的收益。翔宇房地产公司和史某对审计结果签字确认后就审计、清算结果达成补充协议后 15 日内向史某支付款项,如逾期不予支付,史某有权要求宇翔出租汽车公司按照银行同期贷款利息的 4 倍支付违约金。(6)100 辆出租车独立经营前所产生的债权债务由宇翔出租汽车公司承担,转由史某新成立的公司经营后所产生的债权债务由新成立的公司自行承担……

2012 年 11 月 25 日,内蒙古财信达会计师事务所对宇翔出租汽车公司自 2007 年 5 月成立以来至 2012 年 10 月 31 日止的资产状况、公司经营情况以及股东分红情况等事项进行了审计,并出具审计意见,称:(1)经审计调整后,截至 2012 年 10 月 31 日,资产总额为 43804886.07 元,其中流动资产为 40500346.74 元,固定资产净值为 2367039.33 元,无形资产即营运权净值为 937500 元。负债总额为 15151906.26 元。所有者权益总额为 28652979.81 元。(2)截至 2012 年 10 月 31 日,账面反映公司实收资本为 1000 万元,其中翔宇房地产公司为 667 万元,史某为 333 万元。宇翔出租汽车公司自成立以来一直没有进行过分红。该份审计报告在审计事项做出调整后还指出审计中发现的其他问题,如:购汽车配件发票内容为配件,但无配件明细;汽车装具费 232100 元,所附发票抬头为内蒙古民族商场有限责任公司,其中 7.4 万元的发票内容为工艺品;各年中存在发放的福利费及购买的烟酒无明细等问题。2012 年史某出具《承诺书》载明:史某完全同意审计报告内容及结果。

2012 年 12 月 21 日,三方根据内蒙古财信达会计师事务所出具的《审计报告》,在充分协商的基础上,达成如下和解协议:(1)三方均同意内蒙古财信达会计师事务所审定的翔宇房地产公司和宇翔出租汽车公司给付史某 14587027 元的审计报告。在此基础上宇翔出租汽车公司、翔宇房地产公司再行给付史某 160 万,双方共计给付史某 16187027 元。最终数目以《审计报告》为准进行分割。该款给付后双方各自经营 200 辆和 100 辆出租车,双方矛盾全部解决,不再存在任何矛盾。除分给史某的 100 辆出租车外的固定资产全部留给宇翔出租汽车公司、翔宇房地产公司。(2)本和解协议订立之日起 5 日内,宇翔出租汽车公司、翔宇房地产公司给付史某 500 万元,其余款项在 2013 年 1 月 21 日前付清,否则史某有权要求宇翔出租汽车公司、翔宇房地产公司按银行同期贷款利率4倍支付违约金。(3)宇翔出租汽车公司、翔宇房地产公司应将2012年11月、12月经营出租车所取得的收益(即份子钱)据实交付史某,史某交付管理费5万元。该款应于2012年12月31日前付清。(4)本和解协议签订之日起,宇翔出租汽车公司、翔宇房地产公司应积极配合史某办理100辆出租车的过户手续,过户费由史某承担……(5)……(6)该协议签订后三方承诺,各自撤回在各级人民法院所有的诉讼,不再因该300辆出租车的经营权而提起任何诉讼……

在和解协议签订后,2012年12月25日宇翔出租汽车公司给付(转出)史某注册资本金333万元。同日宇翔出租汽车公司给付史某承包车辆押金167万元。2013年1月21日宇翔出租汽车公司给付史某出租车司机承包车辆押金2119500元。2013年1月21日宇翔出租汽车公司给付史某利润分配款1715500元。2013年2月4日宇翔出租汽车公司支付史某利润分配款200万元。2013年3月8日宇翔出租汽车公司向史某支付利润分配款1067329元。2012年12月22日史某收到分出的车辆登记证书共计100份。上述100辆车的价值为684243元(史某分得100辆车的余值374743.12元+经营权余值312500元),随车转让的应收债权(即分出的100辆车欠付的承包费)为359860元。2013年1月21日宇翔出租汽车公司、翔宇房地产公司给付史某11月、12月承包费116.5万元(已扣减5万元管理服务费)。后因双方对约定款项实际给付数额产生纠纷,史某提起诉讼。

二审期间,翔宇房地产公司向人民法院提交了《公司名称变更预先核准通知书》,根据该通知书记载的内容以及翔宇房地产公司的营业执照,人民法院认定如下事实:2013年3月21日,内蒙古自治区工商行政管理局核准内蒙古翔宇房地产开发有限责任公司企业名称变更为内蒙古翔宇房地产开发集团有限公司。后内蒙古翔宇房地产开发有限责任公司在工商行政管理机关办理变更登记并换取了营业执照。

(二)争议焦点

1. 宇翔出租汽车公司和翔宇房地产公司向史某交付的实物资产,是否包含在《存续分立协议书》和《和解协议书》中,即实物资产的价值是否应从该两份协议约定的应向史某支付的款项中扣除?

2. 宇翔出租汽车公司代史某缴纳个人所得税的事实是否存在?如存在,缴纳的数额是多少?是否应从宇翔出租汽车公司应付史某的款项中扣除?

3. 对于《审计报告》中不可转让部分,史某是否应当按照出资比例承担?该金额是否应从应付史某的款项中扣除?

4. 分配给史某的100辆出租车所对应的宇翔出租汽车公司2012年11月、12

月的营业税等是否应当由史某承担？

5. 宇翔出租汽车公司是否按照《存续分立协议书》和《和解协议书》约定付清全部款项？如未付清，未付清部分的金额是多少？是否应当承担违约金？

(三) 一审判决

围绕本案的争议的焦点，一审人民法院展开论述如下：

1. 人民法院认为，《存续分立协议书》《和解协议书》中确立的公司分立和财产分割，原则均为按照股东的出资比例来分配，符合双方协议的相关条款及交易习惯。理由为：《存续分立协议书》第 1 条约定按照持股比例分配实物，如"按照持股比例，将丙方经营的 300 辆客运出租汽车中的 100 辆出租汽车从丙方分立出来"，协议第 5 条约定按照出资比例分配公司利润，如"丙方应当依照审计结果按照出资比例支付乙方应得的收益"。《和解协议书》第 1 条约定宇翔出租汽车公司、翔宇房地产公司给付史某 14587027 元，也是按史某在宇翔出租汽车公司出资占公司总资产的 33.3%来分割的（即 43804886.07 元×33.3%）。《和解协议书》中提到的实物分割（300 辆车分出 100 辆）、未处理事故的待摊费用处理也是按史某出资比例分担的。因此，对于公司分立及分立中的和解双方坚持按出资比例分割的原则，符合合同中相关条款的约定，也符合交易习惯。

2. 人民法院认为，宇翔出租汽车公司的总资产按出资比例应分给史某 14587027 元，该款项包括约定的实物、有关联的应收债权、负债和待摊费用等项目，其余款项应为现金。理由为：(1)《审计报告》中确认的资产总额为 43804886.07 元，而公司的净资产（即所有者权益总额）只有 28652979.81 元。公司总资产中包括负债等项目和所有者权益等项目，因此宇翔出租汽车公司分给史某的 14587027 元中可以包括负债项目和所有者权益等项目。(2) 史某认可分割的财产中包括负债和应收债权等项目。根据史某向宇翔出租汽车公司出具的收到出租车司机承包车辆押金 2119500 元的收据显示，史某知晓并认可对公司的负债项目（承包车辆押金属于会计报表中的负债项目）进行分割。另根据查明情况史某接受的 100 辆出租车所欠付的承包费已由史某收取，说明史某认可并接受其所分的资产中包括应收债权项目。(3) 由于双方在《和解协议书》中未明确 14587027 元中实物、负债、应收债权等的比例，该院只能按照约定分割，未明确的应视为给付现金。根据《和解协议书》的约定及实际履行情况，除约定分出的实物（100 辆出租车的车辆余值、经营权余值）及与之有关联的史某自愿接受的负债、应收债权之外，宇翔出租汽车公司、翔宇房地产公司应付史某的其他款项应为现金。(4) 史某主张《和解协议书》第 1 条约定：宇翔出租汽车公司、翔宇房地产公司给付史某现金 14587027 元外再分给史某 100 辆出租车及车辆经营权，此种分配方法显失公平。根据《审计报告》显示,公司资产总额为 43804886.07 元,而公司的净资产(即所有者权益总额)为 28652979.81 元,100 辆出租车的车辆余值 374743.12 元、经营权余值 312500 元、计价器摊销 3750 元、保险费摊销 322974.3 元。按照史某的主张,宇翔出租汽车公司、翔宇房地产公司应给付史某的全部款项为 15600994.42 元(即 14587027 元+374743.12 元+312500 元+3750 元+322974.3 元=15600994.42 元),占公司净资产的 54.45%。史某出资 33.3%,分走宇翔出租汽车公司 54.45%的净资产,违背《存续分立协议书》《和解协议书》的分割原则,而且显失公平。

3. 人民法院认为,截至现在,宇翔出租汽车公司、翔宇房地产公司尚欠史某的未付款项为 2909770 元。

4. 宇翔出租汽车公司、翔宇房地产公司预扣史某的各项费用没有法律依据,人民法院不予支持。理由如下:(1)宇翔出租汽车公司在审计之后缴纳的,《审计报告》未体现的 10 月份公司经营各项税款,宇翔出租汽车公司 11 月、12 月发生的营业税及附加税,分出的 100 辆车司机的 11 月、12 月社保费,分立过程中发生的审计费,2008 年至 2011 年营业执照年检费等费用,由于未在《审计报告》中体现,双方又未在《和解协议书》中约定,因此双方应根据《和解协议书》第 7 条的约定"本协议未尽事宜,双方协商解决,另行订立补充协议,补充协议同本协议具有同等效力"。因此,上述费用在本案中人民法院不予审理。(2)基于以上说理,宇翔出租汽车公司主张双方互负到期债务而相互抵销,没有事实和法律依据,人民法院不予支持。

5. 人民法院认为,史某提出补充审计的申请,没有法律依据,该院不予准许。理由为:(1)史某指出,宇翔出租汽车公司不配合财信达会计师事务所对其财务中所涉及的差旅费、工资及营业外支出等费用进行审计,因此要求对上述内容补充审计。由于史某在《和解协议书》及《承诺书》中都确认认可《审计报告》的内容及结果,因此对于史某对上述内容要求补充审计的申请,人民法院不予支持。(2)史某针对《审计报告》中指出的,公司财务报表中存在招待费、福利费等费用超出国家规定标准,没有明细,没有发票等内容要求补充审计。由于双方在《和解协议书》中约定,在审计报告审定的基础上,宇翔出租汽车公司、翔宇房地产公司再行给付史某 160 万元……双方矛盾已全部解决,不存在任何矛盾。所以,对于双方已经协商处理过的事项,史某提出补充审计,于法无据,人民法院不予支持。

6. 人民法院认为,史某要求宇翔出租汽车公司、翔宇房地产公司支付违约金的诉讼请求,合理部分,该院予以支持。

综上,一审人民法院判决:(1)内蒙古翔宇房地产开发集团有限公司、呼和浩特市宇翔出租汽车有限责任公司于判决生效后 10 日内给付史某欠付公司分立款 2909770 元;(2)内蒙古翔宇房地产开发集团有限公司、呼和浩特市宇翔出租汽车有限责任公司于判决生效后 10 日内按约定给付史某违约金 1756752 元,至实际付清之日止;(3)驳回史某的其他诉讼请求。

(四)二审判决

二审人民法院认为,本案系公司分立纠纷,史某与翔宇房地产公司系宇翔出租汽车公司的股东,三方就宇翔出租汽车公司分立已达成《存续分立协议书》,后为了该《存续分立协议书》的履行,史某、翔宇房地产公司及宇翔出租汽车公司在《存续分立协议书》的基础上又达成《和解协议书》,因此该两份协议书并不是孤立的,而是相互联系、相互补充的,均是确定本案双方当事人权利义务的依据。

关于焦点一,如前所述,本案系宇翔出租汽车公司股东因公司分立所引发的纠纷。根据公司分立的一般规则,即如无特别约定,则原公司股东应按照股权份额对公司资产及债务进行分割,此种分割方式更符合公平原则。本案中,史某与翔宇房地产公司在宇翔出租汽车公司的出资比例同时也是各自的股权份额,其中史某的出资比例为股东出资总额的 33.3%,翔宇房地产公司的出资比例为股东出资总额的 66.7%,而史某与翔宇房地产公司及宇翔出租汽车公司就宇翔出租汽车公司分立事宜所达成的《存续分立协议书》《和解协议书》中,均反映了按照各自出资比例对宇翔出租汽车公司资产进行分割的意思表示,如两份协议书中均约定将原由宇翔出租汽车公司经营的 300 辆出租车中的 100 辆交由史某新成立的公司经营,如《存续分立协议书》约定"丙方(即宇翔出租汽车公司)应当依照审计结果按照出资比例支付乙方(即史某)应得的收益",又如《和解协议书》约定的宇翔出租汽车公司、翔宇房地产公司给付史某 14587027 元也是按照史某在宇翔出租汽车公司的出资比例乘以宇翔出租汽车公司的资产总额所得。综上,史某与翔宇房地产公司对于宇翔出租汽车公司分立所确定的资产分割的基本原则就是除双方在两份协议书中特别约定的事项以外,其余均按照各自在宇翔出租汽车公司出资比例进行分配。现两份协议书中均没有明确约定出租车的价值不计入宇翔出租汽车公司的资产总额,而审计报告中宇翔出租汽车公司的资产总额中也包括了 300 辆出租汽车的价值,因此分配给史某的 100 辆出租汽车的价值应当包含在翔宇房地产公司应当向史某支付的 14587027 元中,此种分配方式既符合双方约定,又不违背公平原则。

关于焦点二,二审人民法院认为,宇翔出租汽车公司向人民法院提交了《电子缴税付款凭证》《扣缴个人所得税报告表》,意图证明宇翔出租汽车公司代史某向税务机关缴纳 1565585.16 元个人所得税,并主张该笔款项应从宇翔出租汽车公司及翔宇房地产公司应付史某的款项中扣除,该主张属于抵销权的范畴,但是抵销权的行使条件是双方互付到期债务,而本案中史某对于宇翔出租汽车公司代其缴纳个人所得税的合理性及合法性均不认可,也即宇翔出租汽车公司所主张的其对史某的债权尚存争议,故宇翔出租汽车公司在本案中主张以其代史某缴纳的1565585.16元个人所得税抵销其应付史某的款项不符合抵销权行使的条件,二审人民法院不予支持。宇翔出租汽车公司因此与史某之间所形成的债权债务关系,其可另案主张。

关于焦点三,宇翔出租汽车公司所主张的《审计报告》中不可转让部分,是指审计期间内宇翔出租汽车公司的部分负债,包括2012年10月份员工工资13882.08元、2012年的企业所得税金757822.68元,以及其他应付款项中史某工资155287.85元、包车押金222157.99元、退回2012年11月和12月房租27777.82元,宇翔出租汽车公司认为以上负债史某应当按照出资比例分担,即应当从宇翔出租汽车公司应付史某款项中扣除。对此,二审人民法院认为,宇翔出租汽车公司所主张的上述负债在《审计报告》中均已包含,而《和解协议书》系在《审计报告》作出之后达成的,《和解协议书》中并未约定史某按照出资比例承担宇翔出租汽车公司该部分负债,且《存续分立协议书》中也约定分配给史某的100辆出租汽车在转由史某新成立的公司独立经营前产生的债权债务由宇翔出租汽车公司承担,因此宇翔出租汽车公司的这一主张不能成立,二审人民法院不予支持。

关于焦点四,即分配给史某的100辆出租车所对应的宇翔出租汽车公司2012年11月、12月的营业税等费用是否应当由史某承担的问题,包括:(1)11月、12月营业税及附加税47520元;(2)10月份利润应缴纳的所得税63367.5元;(3)蒙AY4200-4300参加社保司机的11、12月社保费37569.83元;(4)财信达会计师事务所审计费20万元,史某按照33.3%的比例承担66667元;(5)2008年至2011年营业执照年检费19400元,史某按照33.3%的比例承担6467元;(6)待处理损失2293.3元。二审人民法院认为,关于2012年11月、12月所发生的营业税、附加税,10月份利润应缴纳的所得税以及司机的社保费,双方在2012年12月21日签订《和解协议书》时,上述费用已经发生或者是应当预见的,但是双方在《和解协议书》中并未就上述各项费用的承担进行约定,而是约定宇翔出租汽车公司及翔宇房地产公司将两个月的份子钱据实交付史某,史某给付宇翔出租汽车公司及翔宇房地产公司管理费5万元,因此宇翔出租汽车公司及翔宇房地产公司主张从应付史某的款项中扣减上述各项费用缺乏合同依据,人民法院不予支持。关于审计费20万元,如前所述,在签订《和解协议书》时已经发生,但在《和解协议书》中并未约定由双方按照出资比例分担,宇翔出租汽车公司及翔宇房地产公司主张从应付史某的款项中扣减缺乏合同依据,二审人民法院不予支持。关于2008年至2011年营业执照年检费19400元,应当已经包含在财信达公司的《审计报告》附表三利润表之管理费用中,且在《和解协议书》中也未约定此项费用由史某另行承担,故宇翔出租汽车公司及翔宇房地产公司主张由史某承担的理由不能成立,二审人民法院不予支持。关于待处理损失2293.3元,体现在《审计报告》附表一资产负债表(资产类)中流动资产项下,具体科目为待处理流动资产净损失,系企业在清查财产过程中发现的列支范围尚不明确或责任尚不明确的流动资产毁损或盘亏,实际为宇翔出租汽车公司因未了解出租车事故所列支的待摊费用,根据《和解协议书》的约定,待事故彻底处理后所需费用按翔宇房地产公司2/3、史某1/3分摊,现翔宇房地产公司并未提供证据证明该事故已处理以及其为处理事故实际支出费用,故其该项请求不能成立,二审人民法院不予支持。

关于焦点五,二审人民法院认为,一审根据双方达成的《存续分立协议书》《和解协议书》对于宇翔出租汽车公司及翔宇房地产公司应向史某支付的款项、数额进行了核对,其中,双方对于已支付现金13067329元无异议,一审对此认定无误;对于已经向史某交付的实物资产即100辆出租车的价值一审根据《审计报告》内容进行确认,符合双方约定并有相应的证据在卷佐证,此项内容二审人民法院予以维持;对于分配给史某的100辆出租车欠付的承包费,因该100辆出租车已移交给史某新成立的公司经营,故该100辆出租车欠付的承包费由史某清收更方便且有利于债权的实现,一审认定宇翔出租汽车公司将该债权让与史某并无不当,二审人民法院予以维持。一审认定宇翔出租汽车公司与翔宇房地产公司向史某应付全部款项为17352027元,双方对此无异议,二审人民法院予以确认;一审认定已付款总额为14442257.42元系计算错误,实际应为14441157.42元,二审人民法院予以更正。故宇翔出租汽车公司、翔宇房地产公司尚欠史某的未付款项为2910870元。宇翔出租汽车公司及翔宇房地产公司未按照约定的期限及数额向史某支付的款项,根据《和解协议书》的约定,史某有权要求宇翔出租汽车公司及翔宇房地产公司按照银行同期贷款利率的4倍支付违约金,一审据此判决宇翔出租汽车公司及翔宇房地产公司向史某支付违约金符合双方约定且不违反法律规定,二审人民法院予以支持。因欠付款的本金数额发生了变化,违约金也应予重新计算,截至2015年4月30日共计应付违约金1757399元。

综上,二审人民法院判决:(1)维持呼和浩特市新城区人民法院(2015)新商初字第00011号民事判决主文第三项即"驳回史某的其他诉讼请求";(2)变更呼和浩特市新城区人民法院(2015)新商初字第00011号民事判决主文第一项为"内蒙古翔宇房地产开发集团有限公司、呼和浩特市宇翔出租汽车有限责任公司于判决生效后十日内给付史某欠付公司分立款2910870元";(3)变更呼和浩特市新城区人民法院(2015)新商初字第00011号民事判决主文第一项为"内蒙古翔宇房地产开发集团有限公司、呼和浩特市宇翔出租汽车有限责任公司于判决生效后十日内按约定给付史某违约金1757399元,并以2910870元为基数,从2015年5月1日起至付清款之日止,按照中国人民银行同期贷款利率的四倍计算至实际付清款之日止"。

(五) 焦点问题评析

本案是履行公司分立协议导致的分立纠纷案件。由于双方对协议条款理解的差异，导致了纠纷的出现。分立各方不仅签订了公司分立协议，同时还进行了资产审计，并达成了和解协议，因此，本案的判决结果依据充分。在上述几份证据中，如何解读各方当事人的真实意思是判决本案的关键所在。因此，尽管本案是分立协议纠纷，但更多是依据合同法的相关规定作出的公平判断。

(六) 案例启示

本案与其说是公司分立产生的，不如说是合同订立不清楚引起的。如果起草相关分立协议的当事人有经验，在协议中写明了财产分割方式、税费的分摊，事后就不会有这类争议。我们应当以此为戒，在起草分立协议时将跟钱有关的事项，包括资产、债权、债务、费用等都一一写清楚，每一项应该如何分割分摊都写清楚。

第三节 公司增资纠纷

一、公司增资纠纷概述

增加资本（简称"增资"），是指公司基于筹集资金、扩大经营等目的，依照法定的条件和程序增加公司的资本总额，包括现有股东自行增资和第三人向公司增资两种情形。通过增资扩股方式获得的公司股权称为新股，增资款留在公司。通过股权转让方式获得的股权称为老股，股权转让款由转让的老股东拿走。

公司增资纠纷，是指公司在增加注册资本过程中因增资行为引起的民事纠纷。

公司资本增加会增强公司竞争实力，有利于保障债权人的利益和维护交易安全，但公司资本增加可能使现有的股权结构发生变动，直接影响现有股东的利益并可能在股东之间引发利益之争。因此，《公司法》第22、34、37条等规定，有限责任公司或者股份有限公司增加资本的，需经公司股东大会作出决议，并且有限责任公司增加资本时，除非全体股东约定不按照出资比例优先认缴出资，股东有权优先按照实缴的出资比例认缴出资，对于违反程序作出的决议，股东可以向人民法院提起诉讼，请求确认增资决议无效。

二、公司增资纠纷的常见法律问题

(一) 增资的条件和程序

请参见本书第四章第三节。

(二) 公司能否强制股东增资

请参见本书第四章第三节。

(三) 能否作出减资与增资相结合的安排

请参见本书第四章第三节。

(四) 对赌协议

请参见本书第十一章第三节。

三、公司增资纠纷诉讼指引

(一) 总体思路

首先,增资虽然不会对公司债权人的利益产生消极影响,但会导致股权稀释甚至股权结构变动,直接影响现有股东利益并可能引发严重利益冲突。因此,《公司法》规定公司增资必须经股东(大)会决议,并经代表2/3以上表决权的股东通过,变更公司章程,并办理相应的变更登记手续。违反上述程序,可能导致公司增资的无效或被撤销。故处理公司增资纠纷,首先可以从公司增资的条件和程序方面寻找案件突破口。

其次,公司增资属于公司自治范畴,公司法尊重公司自治和当事人自治。因此,当事人按照意思自治原则形成的增资方案及协议是确定公司增资各方利益主体权利义务的重要依据,也是解决公司增资纠纷的重要依据,除非该文件违反法律、行政法规强制性规定。故处理公司增资纠纷,还应认真研究公司增资方案及增资协议,从中找到案件突破口。

最后,研究公司实际增资的方式并从中找到案件突破口。比如,内部增资与外部增资、同比增资与不同比增资,对公司股东利益的影响不同,《公司法》对不同增资方式的规制也不同。

找到案件突破口后,再结合下文中的"实务处理注意点"制定诉讼方案。关于如何制定诉讼方案,请参见第八章第三节和第四节。

(二)实务处理注意点

1. 案由

公司增资纠纷主要包括两种类型,一是股东主张公司增资决议违反程序而无效,其实质是公司决议无效之诉;二是有限责任公司的股东主张行使新增资本的优先认购权。应用该案由时需注意与新增资本认购纠纷案由之间的区别。新增资本认购纠纷主要发生在新出资人与公司之间以及原股东与公司之间,而公司增资纠纷主要是公司在增资过程中因增资行为而引起的民事纠纷。

2. 诉讼主体

(1)原告。股东基于法律规定对增资决议有异议可以提起诉讼,取得原告地位;增资协议各方可以基于增资协议的履行提起诉讼,取得原告诉讼地位;公司股东对新增资本可基于优先认购权而取得原告诉讼地位。

(2)被告。公司基于增资决议可能成为被告;增资协议各方均有成为被告的可能;公司因优先权的行使可能成为被告。

(3)第三人。在股东对公司提起的诉讼中,与争议标的有利害关系的股东或利害关系人可以列为第三人。

3. 管辖

根据《民诉法解释》第22条的规定,因公司合并、公司分立、公司减资、公司增资等纠纷提起的诉讼,由公司住所地人民法院管辖。

4. 诉讼时效与起诉期间

请求确认增资协议无效或请求履行增资协议的,适用一般诉讼时效。

以增资决议无效为由主张增资无效的,适用一般诉讼时效。

以撤销增资决议为由主张增资无效的,应当自决议作出之日起60日内提起撤销之诉。

5. 诉讼请求

①请求确认公司增资决议无效或撤销公司增资决议。

②请求履行增资协议,承担相应责任。

③请求行使优先权。

6. 证据组织

①基础证据。公司增资纠纷的基础证据有公司决议、增资协议和公司章程,律师在实务中应当紧紧围绕上述证据编制证据目录。

②收集相关证据。除了上述的基础证据之外,律师在实务中还应收集和研判关联证据,比如决议程序的证据、履行增资协议的相关证据、优先权的证据等。

四、经典案例评析

(一) 案情概要

案例:银基烯碳新材料集团股份有限公司与连云港市丽港稀土实业有限公司、李普沛、李斌、狄建廷公司增资纠纷上诉案①

原告:连云港市丽港稀土实业有限公司(简称"丽港公司")

被告:银基烯碳新材料集团股份有限公司(简称"银基公司")

第三人:李普沛、李斌、狄建廷

丽港公司于1997年1月16日成立,注册资本为3000万元,成立时股东为李普沛、李斌、狄建廷,三人分别持有丽港公司40%、39%、21%的股权。2012年11月,银基公司(甲方)与李普沛(乙方)、李斌(丙方)、狄建廷(丁方)签订《增资合同》,约定:丽港公司经审计评估,净资产为4.248524亿元,经银基公司与丽港公司原股东协商,以3亿元作为丽港公司基准价进行增资,即银基公司向丽港公司增资2亿元,持有丽港公司40%的股权,其中2000万元进入丽港公司注册资本,1.8亿元进入资本公积金。增资完成后,丽港公司注册资本变更为5000万元,股权结构为:银基公司持有40%的股权,李普沛持有24%的股权,李斌持有23.4%的股权,狄建廷持有12.6%的股权。银基公司的全部增资分2期缴纳,银基公司应于《增资合同》签订之日起10个工作日内将首期增资款5000万元汇入丽港公司指定的验资账户,剩余增资款1.5亿元应在2013年6月30日前支付到位。银基公司将首期增资款汇入丽港公司账户10日内,丽港公司原股东应当协助银基公司至公司登记机关办理股东、章程、董事会成员变更的登记和备案手续。银基公司未按时缴付增资款的,应向丽港公司支付欠缴金额每日万分之三的违约金。合同还约定,丽港公司应于合同签署之日起3个月内完成8000吨稀土资源再生综合回收利用生产线技改项目一期(4000吨)的立项、土地征用和环境评价工作。乙方、丙方和丁方承诺已完整地将江苏省东海县丽港稀土材料厂原有的全部资产及业务转移至丽港公司,同时承诺将1200吨碳酸稀土深加工项目和建立东海稀土产业基地的规划一并转让给丽港公司。乙方、丙方和丁方违反上述约定承诺事项的,应向甲方赔偿股权价值所受的贬损的金额。

合同签订后,丽港公司、银基公司及两家公司的关联公司之间存在大量的资金流转,双方均认可与本案增资款有关的资金往来为以下几笔:2012年11月11日,银基公司向丽港公司支付投资款2000万元;2012年12月24日,银基公司以支付

---
① 参见最高人民法院(2018)最高法民终393号民事判决书。

投资款名义向丽港公司进行两次转账,每次转账数额均为 5000 万元,该 1 亿元款项在当日又由丽港公司转账给连云港同捷贸易有限公司(简称"同捷公司"),同捷公司在当日将全部款项转账给沈阳银基置业有限公司(简称"银基置业公司")。2012 年 12 月 25 日,银基公司以支付投资款名义向丽港公司转账 5000 万元,该笔款项在当日由丽港公司转账给同捷公司,同捷公司在当日转账给银基置业公司。2013 年 2 月 1 日、2013 年 2 月 26 日,银基置业公司分别向同捷公司转账 1000 万元;2013 年 5 月 20 日,沈阳银基信息技术服务有限公司(简称"银基信息公司")分两笔向同捷公司转账 300 万元;2013 年 7 月 16 日,银基置业公司向同捷公司转账 500 万元;2013 年 7 月 17 日,银基置业公司向同捷公司转账 200 万元;2013 年 11 月 8 日,银基信息公司以还款名义向同捷公司转账 5000 万元;2013 年 11 月 8 日,丽港公司以暂借款名义向银基新材料公司转账 5000 万元;2013 年 11 月 13 日,银基公司以支付投资款名义向丽港公司转账 3000 万元;2013 年 11 月 13 日,银基置业公司以借款名义向同捷公司转账 5000 万元;2013 年 11 月 15 日,丽港公司以借款名义向银基新材料公司转账 5000 万元和 3000 万元;2013 年 11 月 18 日,银基置业公司向同捷公司转账 2000 万元;2013 年 11 月 18 日,丽港公司以借款名义向银基新材料公司转账 2000 万元。

2012 年 12 月 14 日,江苏省连云港市工商行政管理局出具准予变更登记通知书,明确丽港公司变更事项已经登记,注册资本由 3000 万元变更为 5000 万元,变更后股东为:李普沛认缴、实缴出资额为 1200 万元,李斌认缴、实缴出资额为 1170 万元,狄建廷认缴、实缴出资额为 630 万元,银基公司认缴、实缴出资额为 2000 万元。

2013 年 1 月 23 日,大信会计师事务所(特殊普通合伙)北京分所出具给丽港公司的审计报告(大信京审字[2013]第 00070 号)载明:2012 年度,丽港公司资本公积金年初余额为 57000.81 元,本期增加额为 1.5 亿元,期末余额为 150057000.81 元,变动原因为银基公司投入的资本溢价。2014 年 4 月 29 日,瑞华会计师事务所(特殊普通合伙)出具给丽港公司的审计报告(瑞华审字[2014]48030071 号)载明:2013 年度,丽港公司资本公积年初数为 150057000.81 元,本年增加 3000 万元,年末数为 180057000.81 元,变动原因为银基公司于 2013 年 11 月 13 日对丽港公司增加投资 3000 万元。

丽港公司(甲方)、宁波新材料公司(乙方)、银基新材料公司(丙方)曾签订有《资金往来框架协议》,协议载明:丽港公司向宁波新材料公司提供往来资金 1.5 亿元。双方将以此作为合作基础继续洽谈相关合作事宜,并以 2014 年 3 月 31 日为截止期限,如若丽港公司与宁波新材料公司尚未就具体合作事项达成一致,宁波新材料公司将无条件退还丽港公司此笔往来资金,双方约定无任何衍生费用。该协议上没有落款时间。

宁波新材料公司作为转让方,丽港公司作为受让方,分别与海城三星矿业有限公司、黑龙江牡丹江农垦奥宇石墨深加工有限公司、奥宇石墨集团有限公司签订《债权转让协议》,协议载明:宁波新材料公司将其对海城三星矿业有限公司、黑龙江牡丹江农垦奥宇石墨深加工有限公司、奥宇石墨集团有限公司分别享有的债权100万元、2300万元、2700.33万元转让给丽港公司,以抵销宁波新材料公司对丽港公司的相关债务。上述《债权转让协议》落款时间均为2013年12月30日。其后宁波新材料公司未向丽港公司交付协议所载债权的相应债权凭证。

银基置业公司、银基新材料公司均为银基公司持有100%股权的全资子公司,宁波新材料公司为银基新材料公司持有100%股权的全资子公司。同捷公司为江苏新共享投资有限公司持有100%股权的全资子公司,法定代表人李斌为丽港公司股东。

2016年6月30日,银基公司出具《银基烯碳新材料股份有限公司关于深圳证券交易所对公司2015年年报问询函回复的公告》,载明:2013年11月,为了控制可能发生的与丽港公司投资合作的风险,防止丽港公司挪用增资款,银基公司采取加强资金监管的方式。根据丽港公司与宁波新材料公司、银基新材料公司三方签订的《资金往来框架协议》,银基新材料公司收到丽港公司转款1.5亿元。该1.5亿元资金系监管资金,没有利息。丽港公司未归还银行借款导致银基公司作为担保人发生代偿时,该监管资金即用于代偿资金。

丽港公司因公司增资纠纷向一审人民法院起诉请求银基公司立即向丽港公司返还增资款1.5亿元,同时向丽港公司支付因为拖延给付增资款产生的违约金(该违约金从2013年11月19日起,按照同期银行贷款利率计算至判决确定的支付之日止)。

(二)争议焦点

1. 银基公司根据《增资合同》作为资本公积金投入的款项,是否存在无合法正当理由被转出的情形?

2. 该款项应否向丽港公司返还,返还主体如何确定?

(三)一审判决

一审人民法院认为,银基公司通过增资成为丽港公司的股东,根据《增资合同》,其获得丽港公司增资后40%股权,除应投入2000万元作为注册资本外,还应投入1.8亿元作为资本公积金。对于银基公司据此投入的1.8亿元,虽然并非丽港公司注册资本,但其作为取得40%股权对应出资额的溢价金额,目的在于区分不同时期成为公司股东者,以使其利益均衡,该款项作为资本公积金投入公司后,即独立于银基公司的财产而属于丽港公司资产,即便资本公积金本质上属于所有者权益,该所有者权益也并非仅属于银基公司,而属于公司的全体股东。公司法虽然未直接规定股东不得在无合法正当理由情况下取回作为资本公积金投入公司的款项,但基于资本公积金属于公司资产的性质,股东在无合法正当理由的情形下不得占有公司资产,是公司对其财产享有法人独立财产权的应有之义,从《公司法》第168条关于公积金用途的规定也可得出相应结论,即公司的公积金用于弥补公司的亏损、扩大公司生产经营或者转为增加公司资本,但资本公积金不得用于弥补公司的亏损。据此,资本公积金除用于扩大公司生产经营或者转为增加公司资本外,不得用于其他用途。丽港公司主张银基公司在无合法正当理由情形下取回已投入资本公积金的行为属于公司法规定的抽逃出资行为,具有法律依据,一审人民法院予以支持。银基公司在无合法正当理由情况下取回的1.5亿元,应返还给丽港公司,并应支付相应利息。

据此,判决银基公司于判决生效之日起10日内返还丽港公司1.5亿元,并支付该1.5亿元,自2013年11月19日起至判决确定的给付之日止按照同期银行贷款利率计算的利息。

(四) 二审判决

二审人民法院认为,银基公司是一家上市公司,丽港公司是一家普通民营企业。双方签订《增资合同》,丽港公司据此可以引入银基公司的资金扩大生产、促进公司业务的发展,银基公司则期望从丽港公司的业务发展中获得可观的利润分配。双方虽签订《增资合同》就相关权利义务进行了明确,但实际履行过程中银基公司出于种种原因考虑,并未将其应支付的1.5亿元资本公积金交由丽港公司实际控制,而是通过《资金往来框架协议》将转给丽港公司的1.5亿元款项又回转至银基公司控制之下。该行为应认定为抽逃出资的行为。不论从《公司法》还是《合同法》的角度分析,涉案被转出的1.5亿元资本公积金均应返还丽港公司。因此,原审判决认定银基公司作为返还主体,亦无不当。据此,判决驳回上诉,维持原判。

(五) 焦点问题评析

本案是典型的增资纠纷案件。从案情可以看出,银基公司并没有正确履行其签订的《增资协议》。按照《公司法》第168条第1款的规定,资本公积金不仅是企业所有者权益的组成部分,亦是公司资产的重要构成,公司作为企业法人,具有独立人格和独立财产,而独立财产又是独立人格的物质基础。出资股东可以按照章程规定或协议约定主张所有者权益,但其无正当理由不得随意取回出资,侵害公司财产权益。本案中,《增资合同》明确约定,银基公司向丽港公司增资2亿元,持有丽港公司40%的股权,其中2000万元进入丽港公司注册资本,1.8亿元进入资本公积金。因此,涉案的1.5亿元资本公积金本应属于丽港公司资产,无正当理由转出后,理应予以返还。

《合同法》第 60 条规定:"当事人应当按照约定全面履行自己的义务。当事人应当遵循诚实信用原则,根据合同的性质、目的和交易习惯履行通知、协助、保密等义务。"第 107 条规定:"当事人一方不履行合同义务或者履行合同义务不符合约定的,应当承担继续履行、采取补救措施或者赔偿损失等违约责任。"按照上述法律规定的内容可以得知,不论从《公司法》还是《合同法》角度分析,涉案被转出的 1.5 亿元资本公积金均应返还丽港公司。作为目标公司的丽港公司可以依据公司法相关规定提起诉讼并主张权利,而作为《增资合同》当事人的李普沛、李斌、狄建廷亦可依据《合同法》相关规定提起诉讼主张权利,究竟适用《公司法》还是《合同法》并不实质影响本案纠纷的处理。银基公司基于《资金往来框架协议》主张本案应适用《合同法》而不应适用《公司法》的主张,没有事实和法律依据。另外,如前所述,银基公司本身是《增资合同》中的出资义务人,本案中所谓的《资金往来框架协议》实际是按照银基公司的要求,为银基公司的利益而设定,该 1.5 亿元资本公积金转出后仍处于银基公司的实际控制之下。因此,人民法院判决认定银基公司作为返还主体,亦无不当。

(六) 案例启示

本案中,银基公司无正当理由转出 1.5 亿元增资款,属于抽逃出资行为。丽港公司不仅有权要求银基公司返还 1.5 亿元增资款以及利息,还有权依照《公司法解释三》第 16 条之规定,通过股东会决议对银基公司的利润分配请求权、新股优先认购权、剩余财产分配请求权等股东权利作出相应的限制。此外,丽港公司债权人有权依据《公司法解释三》第 13、14 条等规定,请求银基公司在抽逃出资本息范围内对丽港公司债务不能清偿的部分承担补充赔偿责任。因此,律师需提醒拟进行重大投资的客户规避上述法律风险。

第四节 公司减资纠纷

一、公司减资纠纷概述

减少资本(简称"减资"),是指公司基于某种情况或需要,依照法定条件和程序,减少公司的注册资本。

公司减资分为实质减资和形式减资。实质减资,是指减少注册资本的同时,将一定资产返还给股东,从而减少公司的资产。形式减资,是指只减少注册资本额,注销部分股份,不减少公司净资产的减资,这种减资往往是亏损企业的行为,目的是使公司的注册资本与净资产水平保持相当。

公司减资纠纷是指公司注册资本减少过程中因减资行为引起的民事纠纷。公司减资纠纷主要有两种类型:一是公司股东诉请确认公司减资行为无效或撤销公司减资决议;二是公司债权人诉请减资的公司清偿债务或者提供相应的担保。

二、公司减资纠纷的常见法律问题

(一) 减资的程序

请参见本书第四章第四节。

(二) 公司在减资决议作出后 30 日内告知债权人,债权人可否要求公司清偿未到期债务

《公司法》对此并未明确规定,对此问题理论及司法实践观点不一。有观点认为,对于未到期的债务,债权人可以直接向公司主张清偿,也有观点认为,对于未到期的债务,债权人仅可要求公司提供担保。笔者不同意该观点,债权人可以要求公司清偿未到期债务。理由如下:①《公司法》第 177 条只是规定,"债权人自接到通知书之日起三十日内,未接到通知书的自公告之日起四十五日内,有权要求公司清偿债务或者提供相应的担保",并没有区分到期和未到期。②第 177 条设立债权人保护程序的宗旨是保护债权人。

(三) 债权人接到公司的减资通知 30 日内,或未接到通知的 45 日内,未要求公司清偿债务或者提供担保的,债权人的该项权利是否仍存在

30 日和 45 日的除斥期间一过,债权人的该项请求权即消灭。公司可以将其视为没有提出要求,也就无须向债权人提前还债或提供担保。

(四) 在公司股东认缴出资尚未到位的情况下,是否允许公司进行减资

《公司法》并未明确禁止出资不足的公司进行减资,因此该减资行为只要符合减资的法定程序,即为有效。但是值得探讨的是,此时股东是否可以实际从公司取回出资? 笔者认为,由于公司股东未足额缴纳出资,因此不得对公司进行实质减资,以避免损害债权人的利益。当然,公司可以进行形式减资。

(五) 公司减资未履行通知及公告义务,或者未按照债权人的要求清偿债务或提供相应的担保,债权人可否要求股东承担连带责任

债权人可以要求股东以认购的公司出资款为限,对减资前的公司债务承担补充责任。

三、公司减资纠纷诉讼指引

(一) 总体思路

公司资本的减少,不仅会直接涉及股东的利益,也可能实际减少公司资本,降低公司承担财产责任的能力,直接影响到公司债权人的利益,所以《公司法》规定了严格的减资程序,要求公司减资必须践行股东(大)会决议及债权人的保护程序。因此,处理公司减资纠纷:

首先,要研究公司减资是否符合法定程序,从中找到案件突破口。

其次,研究公司实际减资的方式并从中找到案件突破口。比如实质减资与形式减资,对公司债权人利益的影响有所不同,《公司法》因而对两类减资的限制也有所不同。又如同比减资与不同比减资,对公司股东利益的影响完全不同,《公司法》对这两类减资的限制也不同。

找到案件突破口后,再从中筛选出对客户最有利的切入点,并在此基础上制定诉讼方案。制定诉讼方案时,需关注以下实务处理注意点。关于如何制定诉讼方案,请参见本书第八章第三节和第四节。

(二) 实务处理注意点

1. 诉讼主体

①原告。公司股东和公司债权人可分别提起诉讼,公司股东诉请确认公司减资决议无效或撤销公司减资决议,公司债权人诉请减资的公司清偿债务或者提供相应的担保。

②被告。公司因减资决议违反法定程序或未尽法定义务而成为被告。

2. 管辖

根据《民诉法解释》第22条的规定,因公司合并、公司分立、公司减资、公司增资等纠纷提起的诉讼,由公司住所地人民法院管辖。

3. 诉讼时效与起诉期间

公司股东诉请确认公司减资决议无效或撤销公司减资决议,其中须特别注意应当自决议作出之日起60日内提起撤销之诉。

公司债权人诉请减资的公司清偿债务或者提供相应的担保,须自接到通知书之日起30日内,未接到通知书的自公告之日起45日内起诉。

4. 诉讼请求

公司减资纠纷诉讼请求主要有:一是公司股东请求确认公司的减资决议无效或撤销公司的减资决议;二是公司债权人请求公司清偿债务或者提供相应的担保。

5. 证据组织

①公司减资决议。这是确认决议效力的基础证据,应当从内容到程序仔细研判,并提出证明的问题。

②决议的通知、公告。这是债权人主张权利和公司抗辩的重要证据,律师在实务中应当就其合法性作出判断。

③债权凭证。这是债权人主张权利的基础证据,律师除了关注债权的内容之外,还要关注债权形成的时间节点。

④公司章程。公司减资行为应当符合章程的规定,违反章程的减资决议可能被人民法院撤销。

四、经典案例评析

(一) 案情概要

案例:中储国际控股集团有限公司与山西煤炭运销集团曲阳煤炭物流有限公司公司减资纠纷案①

原告:山西煤炭运销集团曲阳煤炭物流有限公司(简称"曲阳煤炭物流公司")

被告:中储国际控股集团有限公司(简称"中储国际控股公司")

中储国际控股公司系中储国投实业公司法人股东。2015年11月12日,中储国投实业公司作出《股东会决议》,决议:①公司注册资本由37000万元,减至1000万元;②法人股东中储国际控股公司减少注册资本36000万元;③公司减资后,公司股东持股情况如下:河源赖茅古坊酒业有限公司,出资额为1000万元,出资比例100%;④公司于作出股东会决议之日起30日内,在《青年报》上刊登减资公告,并于登报之日起45日后向公司登记机关申请注册资本变更登记。2015年11月21日,中储国投实业公司在《青年报》上刊登了减资公告。中储国投实业公司于2016年1月6日出具《有关债务清偿及担保情况说明》,称"根据公司编制的资产负债表及财产清单,针对公司对外一切债务,至2015年1月6日,公司已向要求清偿债务或提供担保的债权人清偿了全部债务或提供了相应担保。如有其他债务,由公司继续负责清算偿还",并于2016年1月11日进行了注册资本及股东的工商变更登记。

2016年1月12日,中储国投实业公司作出《股东会决议》,决议:①公司注册资本由1000万元,增至37000万元;②增加大连永通能源有限公司和怀仁县同煜华煤业有限责任公司为公司股东;③公司增加注册资本后,股东的出资额如下:河

---

① 参见最高人民法院(2017)最高法民终422号民事判决书。

源赖茅古坊酒业有限公司,出资额 1000 万元;大连永通能源有限公司,出资额为 10000 万元;怀仁县同煜华煤业有限责任公司,出资额为 26000 万元。并于 2016 年 2 月 19 日,进行了注册资本及股东的工商变更登记。

2016 年 2 月 19 日,中储国投实业公司又作出《关于减少注册资本的股东会决议》,决议:①中储国投实业公司注册资本由 37000 万元,减至 36000 万元;②法人股东河源赖茅古坊酒业有限公司减少注册资本 1000 万元;③减资后,公司股东持股情况如下:大连永通能源有限公司,出资额为 10000 万元,出资比例为 27.78%,怀仁县同煜华煤业有限责任公司,出资额为 26000 万元,出资比例为 72.22%;④公司于作出股东会决议之日起 30 日内,在《文汇报》上刊登减资公告,并于登报之日起 45 日后向公司登记机关申请注册资本变更登记。中储国投实业公司于 2016 年 2 月 20 日以登报形式进行了减资公告。中储国投实业公司于 2016 年 4 月 6 日出具《有关债务清偿及担保情况说明》,并于同日作出股东会决议,通过公司新章程,任命新执行董事及监事,变更公司名称为上海昊阁公司,2016 年 4 月 7 日,进行了工商变更登记。

2016 年 4 月 26 日,曲阳煤炭物流公司向上海市崇明县人民法院申请强制执行(2015)崇民二(商)初字第 672 号民事判决的。曲阳煤炭物流公司在执行中申请追加中储国际控股公司为被执行人。上海市崇明县人民法院于 2016 年 8 月 22 日作出(2016)沪 0230 执异 15 号执行裁定,认为:本案中,上海昊阁公司在中储国际控股公司减资退出后又进行了增资,且新股东已现金出资到位。之后,上海昊阁公司又部分交付了执行款,现有证据尚不能证明被执行人无财产清偿债务。遂依照《最高人民法院关于人民法院执行工作若干问题的规定(试行)》第 80 条的规定,裁定驳回曲阳煤炭物流公司要求追加中储国际控股公司为被执行人的申请。上海市崇明县人民法院于 2016 年 9 月 29 日又作出(2016)沪 0230 执 1124 号执行裁定,称:执行中查明,被执行人上海昊阁公司名下无存款、车辆、有价证券、房地产等可供执行的财产,基本账户已被冻结。该案已执行到位 1226400 元。另外,被执行人上海昊阁公司、案外人中储国投能源有限公司、江苏华通供应链管理有限公司承诺用合作煤矿首先开采的约 15 万吨煤炭担保该案债务。该案暂无其他线索,暂不具备继续执行的条件,遂裁定终结执行。

2017 年 3 月 13 日,上海市崇明区人民法院向一审人民法院发来(2016)沪 0230 执 1124 号函,内容如下:"我院立案执行的曲阳煤炭物流公司申请执行上海昊阁公司(原名中储国投实业公司)买卖合同纠纷一案,执行标的额为 30810457.59 元及利息。经执行,已到位 1226400 元。执行过程中,案外人中储国投能源有限公司以公司财产为被执行人提供执行担保;中储国投能源有限公司、江苏华通供应链管理有限公司承诺,将江苏华通供应链管理有限公司享有开采权及经营权的准格尔旗欣发达煤矿开采的约 15 万吨煤提供执行担保;怀仁县同煜华煤业有限公司股东陈曦、庞东升分别以该公司的 87.5%股份、12.5%股份提供执行担保。但至今上述执行担保人均未履行担保义务"。

上海市崇明县人民法院(2016)沪 0230 执异 15 号执行裁定查明:"……同年 1 月 12 日,河源赖茅古坊酒业有限公司、大连永通能源有限公司、怀仁县同煜华煤业有限责任公司三方作出股东决定,将公司注册资本由 1000 万元增至 37000 万元,增加大连永通能源有限公司和怀仁县同煜华煤业有限责任公司为公司股东,公司增加注册资本后,股东出资额为河源赖茅古坊酒业有限公司 1000 万元、大连永通能源有限公司 10000 万元、怀仁县同煜华煤业有限责任公司 26000 万元,当日,中储国投实业公司通过新的公司章程,确定公司注册资本为 37000 万元人民币。同年 2 月 18 日,中储国投实业公司申请增资登记,注册资本增至 37000 万元。2 月 18 日,深圳中兴信会计师事务所出具验资报告,其中第三段'经我们审验,截至 2016 年 2 月 18 日止,贵公司股东本次实缴资本 360000000 元人民币,以货币方式已流入贵公司资产项下'、第四段'截至 2016-2-18 止,贵公司累计实收资本为 370000000 元人民币'。2 月 19 日,崇明县市场监督管理局对中储国投公司的资本及章程变动进行了备案登记。"

上海市崇明县市场监督管理局于 2016 年 1 月 15 日对原中储国投实业公司注册资本从 37000 万元变为 1000 万元办理了工商变更登记,并对新通过的公司章程进行了备案。原中储国投实业公司的章程(2015 年 3 月 7 日)载明:中储国际控股公司出资额为 36000 万元,出资时间为 2016 年 12 月 31 日;河源赖茅古坊酒业有限公司出资额为 1000 万元,出资时间为 2016 年 12 月 31 日前。

曲阳煤炭物流公司向甘肃省高级人民法院起诉请求中储国际控股公司在减资范围内承担货款 30605629.59 元和逾期利息的连带清偿责任(利息自 2015 年 8 月 20 日至 2016 年 3 月 25 日止,按中国人民银行同期贷款利率计算)。曲阳煤炭物流公司向一审人民法院提起诉讼,登记立案的时间是 2016 年 11 月 9 日。

(二)争议焦点

1. 本案曲阳煤炭物流公司提起诉讼是否构成重复起诉?
2. 中储国际控股公司是否应对上海昊阁公司欠曲阳煤炭物流公司的债务承担责任?

(三)一审判决

关于焦点一,曲阳煤炭物流公司提起诉讼是否系重复诉讼的问题。中储国际控股公司认为本案违反"一事不再理"民事诉讼原则的抗辩理由不能成立。

关于焦点二,一审人民法院认为有限责任公司股东负有按照公司章程切实履行全面出资的义务,同时负有保持公司注册资本充实的责任。公司需减资时,应当履行完整的法律程序。依照《公司法》第177条"公司需要减少注册资本时,必须编制资产负债表及财产清单。公司应当自作出减少注册资本决议之日起十日内通知债权人,并于三十日内在报纸上公告。债权人自接到通知书之日起三十日内,未接到通知书的自公告之日起四十五日内,有权要求公司清偿债务或者提供相应的担保"的规定,公司减资时,应编制资产负债表及财产清单,并采取及时有效的方式通知债权人,应根据债权人的要求清偿债务或者提供担保,以保障债权人的合法权益,上述行为既是公司减资前对债权人应当履行的义务,同时也是股东对公司减资部分免责的前提。中储国际控股公司庭审中未能提供上海昊阁公司在减资时编制资产负债表和财产清单的相应证据。上海昊阁公司在作出减资决议时,曲阳煤炭物流公司已经以诉讼方式向其主张债权,上海昊阁公司除在《青年报》上进行了公告外,既未通知曲阳煤炭物流公司,亦未对其债务进行清偿或提供担保,即决议中储国际控股公司减资36000万元,损害了曲阳煤炭物流公司的权利。依据《公司法》的规定,有限责任公司的股东以其认缴的出资额为限对公司承担责任,公司以其全部财产对公司债务承担责任。中储国际控股公司作为股东,在上海昊阁公司未按法定程序通知已知债权人、未对其债务进行清偿或者提供担保的情况下就进行了减资,减少了公司的责任财产,严重影响了公司的偿债能力,使公司无力清偿减资前产生的巨额债务,所产生的后果与股东未履行或未全面履行出资义务及抽逃出资产生的法律后果并无不同。依照《最高人民法院关于适用〈中华人民共和国公司法〉若干问题的规定(三)》第13条第2款"公司债权人请求未履行或者未全面履行出资义务的股东在未出资本息范围内对公司债务不能清偿的部分承担补充赔偿责任的,人民法院应予支持",以及第14条第2款"公司债权人请求抽逃出资的股东在抽逃出资本息范围内对公司债务不能清偿的部分承担补充赔偿责任……人民法院应予支持"的规定,中储国际控股公司应在减资范围内对上海昊阁公司不能清偿的债务承担补充赔偿责任。

  对于中储国际控股公司提出的中储国投实业公司变更为上海昊阁公司后又进行了增资,且有多个担保人对曲阳煤炭物流公司的债权提供了担保,不能认定上海昊阁公司没有偿还能力的抗辩,一审人民法院认为,本案系债权人因债务人减资行为导致其债权实现受损而主张的侵权赔偿之诉,损害结果在减资行为作出时即已实际发生。且上海市崇明县人民法院于2016年9月29日作出(2016)沪0230执1124号执行裁定书认定,被执行人上海昊阁公司名下无可供执行财产,终结执行。庭审中,曲阳煤炭物流公司表示本案涉及的多个担保均系担保人单方向上海市崇明县人民法院出具,曲阳煤炭物流公司对此不认可、不接受。依据上海市崇明区人民法院向一审人民法院发来的(2016)沪0230执1124号函,案涉多项担保均未能得到实际履行。故曲阳煤炭物流公司的债权未因上海昊阁公司增资和担保人提供担保而得到相应清偿。中储国际控股公司再无其他证据证明上海昊阁公司具有偿还能力，故其该项抗辩理由不能成立。2015年11月12日，上海昊阁公司作出股东会决议将注册资本减少到1000万元，其中中储国际控股公司减少认缴出资36000万元，因此，中储国际控股公司应在其减资额36000万元范围内对上海昊阁公司不能清偿的债务承担赔偿责任。依据(2015)崇民二(商)初字第672号民事判决书，上海昊阁公司应支付曲阳煤炭物流公司货款30605629.59元及按中国人民银行同期贷款基准利率付自2015年8月20日起至该判决生效之日止的利息。因上海昊阁公司对(2015)崇民二(商)初字第672号民事判决提出了上诉，上海市第二中级人民法院于2016年3月25日作出(2016)沪02民终1178号民事判决，驳回上诉，维持原判。故(2015)崇民二(商)初字第672号民事判决生效之日应为(2016)沪02民终1178号民事判决送达之日。曲阳煤炭物流公司请求中储国际控股公司支付利息的期限为2015年8月20日至2016年3月25日(二审判决作出之日)，该期限未超出(2015)崇民二(商)初字第672号民事判决判处的计息期间，故对其主张的利息计算期间予以支持。因(2016)沪0230执1124号执行裁定中确认曲阳煤炭物流公司债权已执行到位1226400元。庭审中，曲阳煤炭物流公司对此也表示认可，故该1226400元应依照《最高人民法院关于适用〈中华人民共和国合同法〉若干问题的解释(二)》第21条"债务人除主债务之外还应当支付利息和费用，当其给付不足以清偿全部债务时，并且当事人没有约定的，人民法院应当按照下列顺序抵充：(一)实现债权的有关费用；(二)利息；(三)主债务"的规定，在执行程序中从中储国际控股公司应偿还金额中予以扣除。

据此一审人民法院判决中储国际控股公司于判决生效之日起10日内对上海昊阁公司欠曲阳煤炭物流公司的货款30605629.59元及逾期利息(2015年8月20日至2016年3月25日止，按中国人民银行同期贷款利率计算)，在上海昊阁公司不能清偿的范围内，以36000万元为限承担补充赔偿责任。

(四)二审判决

1.关于本案曲阳煤炭物流公司的起诉是否违反"一事不再理"原则，构成重复起诉的问题。

2.关于中储国际控股公司应否对上海昊阁公司欠付曲阳煤炭物流公司的债务承担责任的问题。

本案系因公司减资而引起的纠纷，由于公司减资减少了以公司资产承担责任的能力，直接影响到公司债权人的利益，因此我国公司法对于公司减资比增资规定了更为严格的法律程序，其目的就在于有效保护债权人的利益。《公司法》第177

条规定:"公司需要减少注册资本时,必须编制资产负债表及财产清单。公司应当自作出减少注册资本决议之日起十日内通知债权人,并于三十日内在报纸上公告。债权人自接到通知书之日起三十日内,未接到通知书的自公告之日起四十五日内,有权要求公司清偿债务或者提供相应的担保。"因此,公司减资时,应当采取及时有效的方式通知债权人,以确保债权人有机会在公司责任财产减少之前进行相应的权衡并作出利益选择,公司则根据债权人的要求进行清偿或者提供担保。上述行为既是公司减资前对债权人应当履行的义务,同时也是股东对公司减资部分免责的前提。根据本案查明的事实,2015年11月12日,中储国投实业公司经股东会决议将注册资本由37000万元减少至1000万元时,曲阳煤炭物流公司已于2015年8月20日将中储国投实业公司诉至人民法院,请求其偿还所欠3000余万元债务,并提供了煤炭购销合同、结算清单及增值税发票等为证。而中储国投实业公司在曲阳煤炭物流公司起诉前已向曲阳煤炭物流公司支付了部分货款,并将曲阳煤炭物流公司开具的增值税发票进行了税务认证和抵扣。由此可见,中储国投实业公司对欠付曲阳煤炭物流公司案涉债务应属明知。在此情况下,该公司仅在报纸上刊登减资公告,未就减资事项采取及时、有效的方式告知曲阳煤炭物流公司,也未向工商登记部门如实报告其负有大额债务未清偿的事实,就办理了工商变更登记,其刊登公告的行为不能构成对已知债权人曲阳煤炭物流公司的通知,其并未完成法定的履行通知的义务,其行为不符合公司减少注册资本的法定程序,故中储国际控股公司提出曲阳煤炭物流公司不是已知债权人,上海昊阁公司减资程序合法的上诉理由不能成立,人民法院不予支持。

根据减资前中储国投实业公司章程的规定,中储国际控股公司36000万元出资于2016年12月31日前出资到位。庭审中,中储国际控股公司也认可因公司章程规定的出资时间未到,其在公司减资前还未全部出资到位。2015年11月12日,中储国投实业公司经股东会决议,同意中储国际控股公司以退股方式退出公司,并将公司注册资本减至1000万元。在减资时,中储国投实业公司未履行通知已知债权人曲阳煤炭物流公司的义务,使曲阳煤炭物流公司丧失了要求减资公司清偿债务或提供相应担保的权利。后虽经曲阳煤炭物流公司对中储国投实业公司申请强制执行,变更后的上海昊阁公司无财产可供执行,不能完全清偿欠付债务,债权人曲阳煤炭物流公司的债权无法实现。《公司法》规定,有限责任公司的股东应按其认缴的出资额履行足额出资义务,股东认缴的出资未经法定程序不得抽回、减少。本案中,中储国投实业公司在未向曲阳煤炭物流公司履行通知义务的情况下,其股东中储国际控股公司经公司股东会决议减资退股,违反了公司资本不变和资本维持的原则,与股东未履行出资义务及抽逃出资对于债权人利益的侵害在本质上并无不同,一审人民法院依照《最高人民法院关于适用〈中华人民共和国公司法〉若干问题的规定(三)》第 13 条第 2 款"公司债权人请求未履行或者未全面履行出资义务的股东在未出资本息范围内对公司债务不能清偿的部分承担补充赔偿责任的,人民法院应予支持"的规定,判决中储国际控股公司应在减资范围内对上海昊阁公司欠付曲阳煤炭物流公司的债务承担补充赔偿责任,具有相应的事实和法律依据,并无不当。

对于中储国际控股公司上诉提出上海昊阁公司在减资后又将注册资本增至 37000 万元,未影响上海昊阁公司偿债能力的问题。在公司注册资本实行实缴制的情况下,公司减资后又增资,确实没有导致公司清偿能力和责任财产的减损。但在公司注册资本实行认缴制的情况下,交易相对人对公司清偿能力和注册资本的信赖只能基于对股东的信赖,公司减资后又增资,导致公司股东发生了变化,对股东的信赖也就丧失了基础。本案系债权人以债务人违反法定程序减资导致债权实现受损为由主张的侵权赔偿之诉,根据上海市崇明县人民法院(2016)沪 0230 执 1124 号执行裁定和该院向一审人民法院发来的(2016)沪 0230 执 1124 号函,可以认定,上海昊阁公司名下无财产可供执行,且案涉多项担保均未得到实际履行,曲阳煤炭物流公司的债权未因上海昊阁公司的增资和多个担保人提供担保而得到清偿,上海昊阁公司的增资行为未对曲阳煤炭物流公司的债权实现产生影响,债权不能实现的损害结果已实际发生。故中储国际控股公司提出上海昊阁公司已将注册资本增至 37000 万元,未影响公司偿债能力的上诉理由缺乏事实依据,不能成立,人民法院不予支持。作为减资股东,中储国际控股公司的不当减资行为违反了公司资本维持原则,导致上海昊阁公司不能全面清偿其减资前所负债务,损害了债权人曲阳煤炭物流公司的利益。中储国际控股公司主张其减资行为与曲阳煤炭物流公司债权受损没有因果关系的上诉理由亦不能成立,二审人民法院亦不予支持。综上,二审人民法院判决驳回上诉,维持原判。

(五)焦点问题评析

本案系因公司减资而引起的纠纷。根据《公司法》第 177 条的规定,公司减资时,应当采取及时有效的方式通知债权人,以确保债权人有机会在公司责任财产减少之前进行相应的权衡并作出利益选择,公司则根据债权人的要求进行清偿或者提供担保。根据本案查明的事实,2015 年 11 月 12 日,中储国投实业公司经股东会决议将注册资本由 37000 万元减少至 1000 万元时,曲阳煤炭物流公司已于 2015 年 8 月 20 日将中储国投实业公司诉至人民法院,请求其偿还所欠 3000 余万元债务,并提供了煤炭购销合同、结算清单及增值税发票等。而中储国投实业公司在曲阳煤炭物流公司起诉前已向曲阳煤炭物流公司支付了部分货款,并将曲阳煤炭物流公司开具的增值税发票进行了税务认证和抵扣。由此可见,中储国投实业公对欠付曲阳煤炭物流公司案涉债务应属明知。在此情况下,该公司仅在报纸上刊登减资公告,未就减资事项采取及时、有效的方式告知曲阳煤炭物流公司,也未向工商登记部门如实报告其负有大额债务未清偿的事实,就办理了工商变更登记,其刊登公告的行为不能构成对已知债权人曲阳煤炭物流公司的通知,其并未履行法定的通知义务,其行为不符合公司减少注册资本的法定程序。故中储国际控股公司提出曲阳煤炭物流公司不是已知债权人,上海昊阁公司减资程序合法的上诉理由不能成立。

(六)案例启示

按照股东有限责任原则,公司以其全部财产对公司的债务承担责任,股东以其认缴的出资额或认购的股份为限对公司债务负责。当公司减资时,公司减资前产生的债务,理应由减资前的公司财产承担责任;减资后产生的公司债务,理应由减资后的公司财产承担责任。未经债权人同意,公司不得仅以减资后的公司财产对公司减资前产生的公司债务承担责任,否则将严重损害债权人的利益,危害交易安全。

公司按照《公司法》第177条规定的减资程序进行减资,其法律意义在于:当公司依法把公司减资的信息通知了债权人,债权人如果未在法定期限内提出异议,并要求公司清偿债务或者提供相应担保的,视为债权人同意其债务(包括减资前的债务)由减资后的公司承担责任,并同意该公司股东以减资后认缴的出资额或认购的股份为限对公司减资前后的全部债务负责。因此,律师应提醒客户,当获知债务人减资,应当在法定期限内及时提出异议,并要求债务人清偿债务或者提供相应担保,如果与债务人未达成一致,应当立即向人民法院起诉,并向债务人公司住所地工商行政管理部门反映。

第五节 新增资本认购纠纷

一、新增资本认购纠纷概述

(一)新增资本认购纠纷及其类型

新增资本认购纠纷,是指有限责任公司新增资本认购、股份有限公司发行新股认购而产生的纠纷。

实践中,新增资本认购纠纷可能发生在新出资人与公司之间,也可能发生在原股东与公司之间,大致有以下两种类型:(1)股东或者公司之外的其他人起诉要求确认享有公司股权;(2)因行使优先认股权产生的纠纷。

(二)新增资本认购纠纷与股东出资纠纷、增资纠纷的区别

新增资本认购纠纷与股东出资纠纷不同,应注意区分。股东出资纠纷是股东违反出资义务的各种纠纷;而新增资本认购纠纷则是公司新增注册资本时,除股东出资纠纷之外的相关纠纷。

新增资本认购纠纷与增资纠纷不同之处在于,增资纠纷着重于公司增资无效纠纷及增资无效后的责任承担问题,而新增资本认购纠纷则着重保护股东或非公司股东投资人在增资过程中的合法权益。

二、新增资本认购纠纷的常见法律问题

(一)股份有限公司股东是否享有优先认购权

优先认购权,是指公司进行增资时,股东依法或依约有权优先按照出资比例认缴出资。由于增资会导致股权的稀释和股权结构的变动,直接影响现有股东的利益,影响公司人合性,因此《公司法》赋予有限责任公司股东优先认购权。《公司法》第34条规定:"股东按照实缴的出资比例分取红利;公司新增资本时,股东有权优先按照实缴的出资比例认缴出资。但是,全体股东约定不按照出资比例分取红利或者不按照出资比例优先认缴出资的除外。"

《公司法》虽然没有明确规定股份有限公司股东享有优先认缴权,但也没有禁止股份有限公司股东享有优先认缴权。实践中,股份有限公司发行新股时,可以约定原有股东享有新股优先认购权,或者由股东大会对向原有股东发行新股的种类及数额作出决议。如果股份有限公司章程或者股东大会决议规定股东享有优先认缴权的,该公司股东就享有优先认购权;如果股份有限公司章程或者股东大会决议没有规定股东享有优先认缴权的,则该公司股东不享有优先认购权。

(二)股东会决议能否取消股东优先认购权

据《公司法》第34条可知,股东优先认购权属于股东的固有权利,非经股东本人同意,不能由股东会多数决予以剥夺,因此股东会决定不依照实缴出资享有优先认购权的,须经过全体股东一致同意,而非1/2或2/3以上有表决权的股东表决同意。

(三)股东行使新增资本优先认购权时,如何确定行权的价格

新增资本优先认购权与优先购买权的性质及功能相同,都属于股东优先权,故

股东行使新增资本优先认购权的条件和程序可以参照优先购买权的行使条件和程序。实践中,股东对行使新增资本优先认购权的价格的确定一般分为以下两种情况:

①当公司股东会通过增资方案决议后,股东行使优先认购权的条件应当与股东会决议通过的增资方案中的条件一致;

②当公司先行与非公司股东确定增资方案后,公司股东要求行使优先认购权,应当参照股东行使优先购买权的相关规定,以公司与非公司股东确定的认购价格作为公司股东行使优先认购权的同等条件。

三、新增资本认购纠纷诉讼指引

(一)总体思路

首先,增资虽然不会对公司债权人的利益产生消极影响,但会导致股权被稀释甚至股权结构变动,直接影响现有股东利益。因此,《公司法》规定公司增资必须经股东(大)会决议,经代表2/3以上表决权的股东通过,变更公司章程,并规定有限责任公司享有优先认购权。违反上述规定,可能导致公司增资无效或被撤销。故处理公司新增资本认购纠纷,可以先从公司增资的条件和程序方面寻找案件突破口,对于主张股东优先认购权的当事人尤其如此。

其次,公司增资属于公司自治范畴,《公司法》尊重公司自治和当事人自治。因此,当事人按照意思自治原则形成的增资方案及协议是确定公司增资各方利益主体权利义务的重要依据,也是解决新增资本认购纠纷的重要依据,除非该文件违反法律、行政法规强制性规定。因此,处理新增资本认购纠纷,还应认真研究公司增资方案及增资协议,从中找到案件突破口。

最后,公司是利益平衡的载体。增资虽然不会对公司债权人的利益产生消极影响,但会直接影响现有股东利益,还可能影响公司股东以外投资者的利益。故处理新增资本认购纠纷,还可以从利益平衡入手寻找案件突破口。

找到案件突破口后,再结合下文中的"实务处理注意点"制定诉讼方案。关于如何制定诉讼方案,请参见本书第八章第三节和第四节。

(二)实务操作注意点

1. 诉讼主体

新增资本认购纠纷一般以享有优先认购权的股东为原告,以公司为被告,以存在利益冲突的实际认购公司新增资本的股东或非公司股东投资者为第三人。

2. 诉讼时效

法律对此没有明确规定。笔者认为,应根据案件类型不同有所区别:

①股东优先认缴公司新增资本的权利属形成权,虽然现行法律没有明确规定该项权利的行使期限,但为平衡不同主体的利益、维护交易安全和稳定经济秩序,该权利应当在一定的合理期间内行使。新增资本优先认购权与优先购买权的性质及功能相同,都属于股东优先权,故新增资本优先认购权行使期限可以参照优先购买权来确定。如果股东未在合理期间主张新增资本优先认购权,则人民法院不予支持。

②公司股东以外的投资者主张公司依照双方签订的增资扩股协议履行增资配合义务及工商变更登记义务的,适用普通合同纠纷的诉讼时效。

3. 诉讼请求

一般而言,主张新增资本优先认购权类诉讼的诉讼请求应当包含如下两项:

①请求确认××公司于××××年××月××日作出的股东会决议中第×条无效;

②请求确认原告对该股权享有优先认购权。

4. 管辖

根据《民诉法解释》第22条之规定,新增资本认购纠纷案件由公司住所地人民法院管辖。

四、典型案例评析

(一) 案情概要

案例:绵阳市红日实业有限公司、蒋洋诉绵阳高新区科创实业有限公司股东会会决议效力及公司增资纠纷案[①]

原告:绵阳市红日实业有限公司(简称"红日公司")

原告:蒋洋

被告:绵阳高新区科创实业有限公司(简称"科创公司")

第三人:福建省固生投资有限公司(简称"固生公司")

第三人:陈木高

科创公司于2001年7月成立。在2003年12月科创公司增资扩股前,公司的注册资金为475.37万元。其中蒋洋出资额为67.6万元,出资比例为14.22%,为公司最大股东;红日公司出资额为27.6万元,出资比例为5.81%。科创公司第一届董事长由蒋洋担任。2003年3月31日,科创公司作为甲方,林大业、陈木高作为

[①] 参见最高人民法院(2010)民提字第48号民事判决书。

乙方,绵阳高新技术产业开发区管理委员会(简称"高新区管委会")作为丙方,签订了合作开发建设绵阳锦江城市花园的合作协议书(石桥铺项目)。2003年7月2日,全体股东大会通过选举李红为公司董事长,任期2年的决议。此后蒋洋在科创公司的身份为董事。2003年12月5日,科创公司发出召开股东代表大会的通知,该通知主要记载了开会时间、开会地点、参会人员、列席人员及议题。开会时间定于2003年12月16日下午4:00,议题是:①关于吸纳陈木高为新股东的问题;②关于公司内部股权转让问题;③新科创公司的新股东代表、监事、会计提名等。2003年12月16日下午,蒋洋、红日公司的委托代表常毅出席了股东会。该次股东代表会表决票反映,蒋洋对上述三项议题的第二项投了赞成票,对第一项和第三项投了反对票;红日公司的委托代表常毅对第二项和新会计的提名投了赞成票,其余内容投了反对票,并在意见栏中注明:"应当按照《公司法》①第39条第2款规定先就增加资本拿出具体框架方案,按公司原股东所占比重、所增资本所占增资扩股后所占比重先进行讨论通过,再决定将来出资,要考虑原股东享有公司法规定的投资(出资)权利。"该次股东会担任记录的梁周平整理了会议纪要,除蒋洋、红日公司和投弃权票的4名股东未在会议纪要上签名外,其余股东均在会议纪要上签名。该纪要中记载:应到股东代表23人,实到22人,以记名方式投票表决形成决议;讨论了陈木高的入股协议,同意吸纳陈木高为新股东(经表决75.49%同意,20.03%反对,4.48%弃权);同意科创公司内部股份转让(经表决100%同意)。纪要还记载了与陈木高合作方式的6点建议和关于新科创公司的新股东代表、监事、会计提名的表决情况及有股东代表建议应由大股东作为公司董事的意见等。此后蒋洋在科创公司的身份为监事。

2003年12月18日,科创公司为甲方,陈木高为乙方签订了《入股协议书》,该协议主要记载:乙方同意甲方股东大会讨论通过的增资扩股方案,即同意甲方在原股本475.37万股的基础上,将总股本扩大至1090.75万股,由此,甲方原股东所持股本475.37万股占总股本1090.75万股的43.6%;乙方出资800万元人民币以每股1.3元认购615.38万股,占总股本1090.75万股的56.4%;科创公司的注册资金相应变更为1090.75万元,超出注册资本的184.62万元列为资本公积金;该项资本公积金不用于弥补上一年的经营亏损,今后如用于向股东转增股本时,乙方所拥有的股份不享有该权利;本协议签字7天内,乙方应将800万元人民币汇入甲方指定账号,款到7个工作日之内,甲方负责开始办理股东、董事及法定代表人和公司章程等变更的工商登记手续,税务等其他有关部门的变更登记手续于1个月内办妥;双方同意乙方投资的800万元人民币,专项用于支付甲方通过政府挂牌出让

---

① 此处指《公司法》(1999年修正)。

程序已购得的绵阳高新区石桥铺 376.65 亩住宅用地的部分地价款;乙方入股后预计先期投入 3000 万元人民币开发绵阳高新区石桥铺 376.65 亩住宅用地项目;甲乙双方与高新区管委会于 2003 年 3 月 31 日签订的合作协议书继续有效,与本协议具有同等法律效力;本协议一式四份,甲乙双方各执两份,经双方签字且 800 万元人民币到账后生效,该协议还就董事会组成、抵押担保、财务管理、利润分配和盈亏分担等内容作了约定。2003 年 12 月 22 日,陈木高将 800 万元股金汇入科创公司的指定账户。

2003 年 12 月 22 日,红日公司向科创公司递交了《关于要求作为科创公司增资扩股增资认缴人的报告》,该报告的主要内容为:主张蒋洋和红日公司享有优先认缴出资的权利,愿意在增资扩股方案的同等条件下,由红日公司与蒋洋共同或由其中一家向科创公司认缴新增资本 800 万元人民币的出资。2003 年 12 月 25 日,工商部门签发的科创公司的企业法人营业执照上记载:法定代表人陈木高,注册资本为壹仟零玖拾万柒仟伍佰元,营业期限为 2003 年 12 月 25 日至 2007 年 12 月 24 日。2003 年 12 月 25 日科创公司变更后的章程记载:陈木高出资额 615.38 万元,出资比例为 56.42%,蒋洋出资额为 67.6 万元,出资比例为 6.20%,红日公司出资额为 27.6 万元,出资比例为 2.53%。2003 年 12 月 26 日,红日公司向绵阳高新区工商局递交了《请就绵阳高新区科创实业有限公司新增资本、增加新股东作不予变更登记的报告》。此后,陈木高以科创公司董事长的身份对公司进行经营管理。2005 年 3 月 30 日,科创公司向工商部门申请办理公司变更登记,提交了关于章程修正案登记备案的报告、公司章程修正案、股份转让协议书、陈木高出具的将 614.38 万股股份转让给固生公司的股份增减变更证明、收据等材料。章程修正案中记载的股东名称、出资额、出资比例是:固生公司出资额为 615.38 万元,出资比例为 56.42%;陈木高出资额为 116.24 万元,出资比例为 10.66%;蒋洋出资额为 67.6 万元,出资比例为 6.20%;红日公司出资额为 27.6 万元,出资比例为 2.53%。

2001 年 7 月,科创公司成立,注册资本为 156 万元,股东 20 人,均为自然人,蒋洋出资 52 万元,出资比例为 33.33%,担任董事长。2003 年 1 月 20 日,科创公司通过挂牌出让方式取得绵阳高新区石桥铺国际招商区 325 亩住宅项目用地,但没有支付土地出让金,没有取得土地使用权证。2003 年 3 月 31 日,科创公司与林大业、陈木高、高新区管委会签订石桥铺项目合作协议书,约定由科创公司负责支付地价款,由陈木高负责项目开发资金及建设。同年 9 月,科创公司董事长变更为李红,新增注册资本 319.37 万元,注册资本变更为 475.37 万元,变更后股东为 23 位,增加了自然人股东 2 人和法人股东红日公司。蒋洋出资从 52 万元变更为 67.6 万元,出资比例变为 14.22%,红日公司新出资 27.6 万元,出资比例为 5.81%。科创公司的章程规定:公司新增资本时,股东有优先认缴出资的权利;公司召开股东大会,于会议召开15日以前通知全体股东,通知以书面形式发送,并载明会议时间、地点、内容;股东大会对公司增加、减少注册资本作出决议。同年12月16日,科创公司召开股东会,讨论了陈木高入股的《入股协议书》,通过了吸纳陈木高为新股东的提案,蒋洋和红日公司投反对票。同月18日,科创公司和陈木高签订《入股协议书》,约定由陈木高出资800万元,以每股1.3元认购615.38万股。同月22日,陈木高以付地款的名义向科创公司账户汇入购股款800万元,红日公司要求优先认缴新增资本。同月25日,科创公司变更法定代表人为陈木高,注册资本变为1090.75万元,陈木高占56.4%。2003年12月26日,科创公司缴纳土地款800万元。2004年3月5日,科创公司交清全部土地款13020175元,取得土地使用证。2005年2月1日,科创公司召开股东会形成决议,通过陈木高将1万股赠予固生公司的提案,红日公司和蒋洋参加会议,投弃权票。同年3月1日,陈木高将614.38万股转让给固生公司,固生公司持有科创公司股份共计615.38万股。2005年2月至2006年11月,陈木高以每股1.2元的价格收购了其他自然人股东的315.71万股。科创公司股东变更为:固生公司615.38万股,占56.42%;陈木高315.71万股,占28.94%;蒋洋67.60万股,占6.20%;红日公司27.60万股,占2.53%;其他自然人股东11人,共64.46万股,占5.91%。目前,科创公司拟开发的石桥铺项目仅修了一条从城区公路通往项目所在地的200米左右的水泥路,整个项目因拆迁和规划等问题尚未破土动工。

2005年12月12日,蒋洋和红日公司向一审人民法院提起诉讼,请求确认科创公司2003年12月16日股东会通过的吸纳陈木高为新股东的决议无效,确认科创公司和陈木高2003年12月18日签订的《入股协议书》无效,确认其对800万元新增资本优先认购,科创公司承担相应损失。

(二) 争议焦点

1. 科创公司股东会通过的吸纳陈木高为新股东的决议是否有效?
2. 科创公司与陈木高签订的《入股协议书》是否有效?
3. 红日公司和蒋洋能否优先认缴科创公司股东会通过新增的800万元资本?

(三) 一审判决

关于科创公司2003年12月16日股东会通过的吸纳陈木高为新股东的决议的效力问题,红日公司和蒋洋主张无效的理由是,科创公司只提前11日通知各股东召开股东会,违反了《公司法》(1999年修订,简称"99公司法")第44条第1款"召开股东会会议,应当于会议召开十五日以前通知全体股东"的规定,且通知书在增资扩股的问题上也不明确。本案查明的事实反映,蒋洋在本案中具有多重身份,既是原告红日公司的法定代表人,又在2003年7月2日以前是科创公司的最大股东和董事长，之后至12月16日期间，是科创公司的最大股东和董事。蒋洋在任科创公司董事长期间，科创公司签订了与陈木高等就石桥铺项目进行合作的合作协议，而且参加了2003年12月16日的股东会并对会议议题行使了表决权，对其中"吸纳陈木高先生为新股东"的议题投了反对票。根据99公司法第39条第2款关于"股东会对公司增加或者减少注册资本、分立、合并、解散或者变更公司形式作出决议，必须经代表三分之二以上表决权的股东通过"的规定，股东会决议的效力不取决于股东会议通知的时间及内容，而取决于股东认可并是否达到公司法的要求。查明的事实反映，2003年12月16日"吸纳陈木高先生为新股东"的决议中涉及科创公司增资扩股800万元和该800万元增资由陈木高认缴的内容，已在股东会上经科创公司75.49%表决权的股东通过。因此"吸纳陈木高先生为新股东"的决议符合上述规定，该决议有效。红日公司和蒋洋以通知的时间不符合法律规定，讨论不符合议事程序主张"吸纳陈木高先生为新股东"决议无效的理由不成立。

关于科创公司与陈木高于2003年12月18日签订的《入股协议书》的效力问题。红日公司和蒋洋主张该协议是科创公司与陈木高恶意串通损害其股东利益而签订的，但根据一审人民法院审查，其并未提供证据证明该事实存在。庭审中，红日公司和蒋洋提出科创公司于2005年12月25日在工商局办理的科创公司变更登记不真实的主张，这涉及工商部门的具体行政行为是否合法的问题，是另一层法律关系，不属于本案审理范围。经审查，该《入股协议书》的主体适格，意思表示真实，不违反法律或者社会公共利益，应为有效协议。故红日公司和蒋洋关于《入股协议书》无效的主张不成立。

关于红日公司和蒋洋能否优先认缴科创公司2003年12月16日股东会通过新增的800万元资本，并由科创公司承担相应损失的问题。按照99公司法第33条关于"股东按照出资比例分取红利。公司新增资本时，股东可以优先认缴出资"的规定，蒋洋、红日公司作为科创公司的股东，对公司新增资本享有优先认缴权利。但99公司法对股东优先认缴权的期间未作规定。2006年5月9日起施行的《公司法解释一》第2条规定："因公司法实施前有关民事行为或者事件发生纠纷起诉到人民法院的，如当时的法律法规和司法解释没有明确规定时，可参照适用公司法的有关规定。"2005年修订后的《公司法》（简称"新公司法"）也未对股东优先认缴权行使期间作规定，但新公司法第75条第1款规定"有下列情形之一的，对股东会该项决议投反对票的股东可以请求公司按照合理的价格收购其股权"，第2款规定，"自股东会会议决议通过之日起六十日内，股东与公司不能达成股权收购协议的，股东可以自股东会会议决议通过之日起九十日内向人民法院提起诉讼"。该条虽然针对的是异议股东的股权回购请求权，但按照民法精神从对等的关系即公司向股东回购股份与股东向公司优先认缴出资看，后者也应当有一个合理的行使期间，以保障交易的安全和公平。从本案查明的事实看,红日公司和蒋洋在 2003 年 12 月 22 日就向科创公司主张优先认缴新增资本 800 万元,于 2005 年 12 月 12 日才提起诉讼,这期间,陈木高又将占出资比例 56.42%的股份转让给固生公司,其个人又陆续与其他股东签订了股权转让合同,全部办理了变更登记,从 2003 年 12 月 25 日起至今担任了科创公司董事长,科创公司的石桥铺项目前景也已明朗。因此红日公司和蒋洋在 2005 年 12 月 12 日才提起诉讼不合理。2003 年 12 月 16 日的股东会决议、《入股协议书》合法有效,红日公司和蒋洋主张优先认缴权的合理期间已过,故其对 800 万元资本优先认缴权并赔偿其损失的请求人民法院不予支持。

综上,一审人民法院认为 2003 年 12 月 16 日股东会决议和《入股协议书》合法有效。红日公司和蒋洋在 2003 年 12 月 22 日向科创公司主张优先权时,上述两协议已经生效并已在履行过程中,但红日公司和蒋洋没有及时采取进一步的法律措施实现其优先权。本案起诉前,围绕科创公司和公司股权又发生了一系列新的民事、行政关系,形成了一系列新的交易关系,为保障交易安全,红日公司和蒋洋在本案中的主张不能成立。据此人民法院判决:驳回红日公司、蒋洋的诉讼请求。

(四)二审判决

二审认为:科创公司于 2003 年 12 月 16 日召开的股东会议所通过的关于"吸纳陈木高先生为新股东"的决议,结合股东会讨论的《入股协议书》,其内容包括了科创公司增资 800 万元和由陈木高通过认缴该 800 万元新增出资成为科创公司新股东两个方面的内容。根据 99 公司法第 38 条第 1 款第(八)项关于"对公司增加或者减少注册资本作出决议",第 39 条第 2 款关于"股东会对公司增加或者减少注册资本、分立、合并、解散或者变更公司形式作出决议,必须经代表三分之二以上表决权的股东通过"的规定,科创公司增资 800 万元的决议获代表科创公司 75.49%表决权的股东通过,应属合法有效。根据 99 公司法第 33 条关于"公司新增资本时,股东可以优先认缴出资"的规定以及科创公司章程中的相同约定,科创公司原股东蒋洋和红日公司享有该次增资的优先认缴出资权。在股东会议上,蒋洋和红日公司对由陈木高认缴 800 万元增资股份并成为新股东的议题投反对票,并签注"要考虑原股东享有公司法规定的投资(出资)权利"的意见,是其反对陈木高认缴新增资本成为股东,并认为公司应当考虑其作为原股东所享有的优先认缴出资权,明确其不放弃优先认缴出资权的意思表示。紧接着在同月 22 日和 26 日,蒋洋和红日公司又分别向科创公司递交了《关于要求作为科创公司增资扩股增资认缴人的报告》,向绵阳市高新区工商局递交了《请就绵阳高新区科创实业有限公司新增资本、增加新股东作不予变更登记的报告》,进一步明确主张优先认缴出资权。上述事实均表明红日公司和蒋洋从未放弃优先认缴出资权。但是,科创公司在没有以恰当的方式征询蒋洋和红日公司的意见,以明确其是否放弃优先认缴出资权,也没有给予蒋洋和红日公司合理期限以行使优先认缴出资权的情况下,即于同月18日与陈木高签订《入股协议书》,并于同月25日变更工商登记,将法定代表人变更成陈木高,将公司注册资本变更为1090.75万元,其中新增资本615.38万元登记于陈木高名下。该系列行为侵犯了法律规定的蒋洋和红日公司在科创公司所享有的公司新增资本时的优先认缴出资权,根据《民法通则》第58条第1款第(五)项关于"下列民事行为无效……(五)违反法律或者社会公共利益的"的规定,股东会决议中关于由陈木高认缴新增资本800万元,并由此成为科创公司股东的内容无效,科创公司和陈木高签订的《入股协议书》也相应无效。虽然本案所涉股东会决议经代表2/3以上表决权的股东投票通过,但公司原股东优先认缴新增出资的权利是原股东个体的法定权利,不能以股东会多数决的方式予以剥夺。故蒋洋和红日公司所提股东会议决议中关于吸收陈木高为股东的内容、《入股协议书》无效,其享有优先认缴科创公司800万元新增资本的上诉理由依法成立,二审人民法院予以支持。

据此判决:①撤销四川省绵阳市中级人民法院(2006)绵民初字第2号民事判决;②绵阳高新区科创实业有限公司于2003年12月16日作出的股东会决议中关于吸收陈木高为股东的内容无效;③绵阳高新区科创实业有限公司于2003年12月18日与陈木高签订的《入股协议书》无效;④蒋洋和红日公司享有以800万元购买绵阳高新区科创实业有限公司2003年12月16日股东会决定新增的615.38万股股份的优先权;⑤蒋洋和绵阳市红日实业有限公司于本判决生效之日起15日内将800万元购股款支付给绵阳高新区科创实业有限公司;⑥在蒋洋和红日公司履行上述第五项判决后15日内,由固生公司向科创公司返还其所持有的该司615.38万股股权,并同时由科创公司根据蒋洋和红日公司的认购意愿和支付款项情况将该部分股权登记于蒋洋和红日公司名下;⑦在固生公司履行上述第六项判决后3日内,由科创公司向陈木高返还800万元及利息(从2003年12月23日至付清之日止按中国人民银行流动资金同期贷款利率计算);⑧驳回蒋洋和红日公司的其他诉讼请求。

(五) 再审判决

最高人民法院认为:根据本案的事实和双方当事人的诉辩主张,本案再审程序中有以下两个争议焦点:其一,2003年12月16日科创公司作出的股东会决议和2003年12月18日科创公司与陈木高签订的《入股协议书》是否有效;其二,红日公司和蒋洋是否能够行使对科创公司2003年新增的615.38万股股份的优先认缴权。

关于第一个争议焦点。2003年12月16日科创公司作出股东会决议时,新公司法尚未实施,根据《公司法解释一》第2条的规定,当时的法律和司法解释没有明确规定的,可参照适用现行公司法的规定。99公司法第33条规定:"……公司新增资本时,股东可以优先认缴出资。"根据新公司法第35条的规定,公司新增资本时,股东的优先认缴权应限于其实缴的出资比例。2003年12月16日科创公司作出的股东会决议,在其股东红日公司、蒋洋明确表示反对的情况下,未给予红日公司和蒋洋优先认缴出资的选择权,径行以股权多数决的方式通过了由股东以外的第三人陈木高出资800万元认购科创公司全部新增股份615.38万股的决议内容,侵犯了红日公司和蒋洋按照各自的出资比例优先认缴新增资本的权利,违反了上述法律规定。新公司法第22条第1款规定:"公司股东会或者股东大会、董事会的决议内容违反法律、行政法规的无效。"根据上述规定,科创公司2003年12月16日股东会议通过的由陈木高出资800万元认购科创公司新增615.38万股股份的决议内容中,涉及新增股份中14.22%和5.81%的部分因分别侵犯了蒋洋和红日公司的优先认缴权而归于无效,涉及新增股份中79.97%的部分因其他股东以同意或弃权的方式放弃行使优先认缴权而发生法律效力。四川省绵阳市中级人民法院(2006)绵民初字第2号民事判决认定决议全部有效不妥,应予纠正。该股东会将吸纳陈木高为新股东列为一项议题,但该议题中实际包含增资800万元和由陈木高认缴新增出资两方面的内容,其中由陈木高认缴新增出资的决议内容部分无效不影响增资决议的效力,科创公司认为上述两方面的内容不可分割缺乏依据,人民法院不予支持。

2003年12月18日科创公司与陈木高签订的《入股协议书》系科创公司与该公司以外的第三人签订的合同,应适用合同法的一般原则及相关法律规定认定其效力。虽然科创公司2003年12月16日作出的股东会决议部分无效,导致科创公司达成上述协议的意思存在瑕疵,但作为合同相对方的陈木高并无审查科创公司意思形成过程的义务,科创公司对外达成协议应受其表示行为的制约。上述《入股协议书》是科创公司与陈木高作出的一致意思表示,不违反国家禁止性法律规范,且陈木高按照协议约定支付了相应对价,没有证据证明双方恶意串通损害他人利益,因此该协议不存在《合同法》第52条所规定的合同无效的情形,应属有效。《入股协议书》对科创公司新一届董事会的组成及董事长、总经理人选等公司内部事务作出了约定,但上述约定并未排除科创公司内部按照法律和章程规定的表决程序作出决定,不导致合同无效。二审人民法院根据《民法通则》第58条第1款第(五)项的规定认定该《入股协议书》无效属适用法律错误,人民法院予以纠正。

关于第二个争议焦点问题,虽然科创公司2003年12月16日股东会决议因侵犯了红日公司和蒋洋按照各自的出资比例优先认缴新增资本的权利而部分无效,但红日公司和蒋洋是否能够行使上述新增资本的优先认缴权还需要考虑其是否恰当地主张了权利。股东优先认缴公司新增资本的权利属形成权,虽然现行法律没有明确规定该项权利的行使期限,但为维护交易安全和稳定经济秩序,该权利应当在一定合理期间内行使,并且由于这一权利的行使属于典型的商事行为,对于合理期间的认定应当比通常的民事行为更加严格。本案红日公司和蒋洋在科创公司2003年12月16日召开股东会时已经知道其优先认缴权受到侵害,且作出了要求行使优先认缴权的意思表示,但并未及时采取诉讼等方式积极主张权利。在此后科创公司召开股东会、决议通过陈木高将部分股权赠与固生公司提案时,红日公司和蒋洋参加了会议,且未表示反对。红日公司和蒋洋在股权变动近2年后又提起诉讼,争议的股权价值已经发生了较大变化,此时允许其行使优先认缴出资的权利将导致已趋稳定的法律关系遭到破坏,并极易产生显失公平的后果,故四川省绵阳市中级人民法院(2006)绵民初字第2号民事判决认定红日公司和蒋洋主张优先认缴权的合理期间已过并无不妥。故人民法院对红日公司和蒋洋行使对科创公司新增资本优先认缴权的请求不予支持。

红日公司和蒋洋在一审诉讼请求中要求科创公司承担其相应损失,但未明确请求赔偿的损失数额,也未提交证据予以证明,人民法院对此不予审理。本案再审期间,红日公司一方主张基于新增股权对科创公司进行了投入,该主张不属于本案审理范围,其对此可以另行提起诉讼。

综上,红日公司、蒋洋的诉讼请求部分成立,但四川省高级人民法院(2006)川民终字第515号民事判决认定红日公司和蒋洋可以行使优先认缴科创公司2003年新增615.38万股股份的权利,事实根据不足,适用法律不当,应予撤销。据此判决:1.撤销四川省高级人民法院(2006)川民终字第515号民事判决,撤销四川省绵阳市中级人民法院(2006)绵民初字第2号民事判决;2.科创公司2003年12月16日作出的股东会决议中由陈木高出资800万元认购科创公司新增615.38万股股份的决议内容中,涉及新增股份20.03%的部分无效,涉及新增股份79.97%的部分及决议的其他内容有效;3.驳回红日公司、蒋洋的其他诉讼请求。

(六)焦点问题评析

本案的争议核心在于股东会决议和《入股协议书》是否有效以及红日公司、蒋洋是否能对增资部分主张优先认缴权。最高人民法院再审判决基本合理,但说理方面存在两处瑕疵:

其一,最高人民法院在认定股东会决议部分无效的同时,又肯认了《入股协议书》的效力,认为科创公司达成协议的意思虽然存在瑕疵,但作为合同相对方的陈木高并无审查科创公司意思形成过程的义务,科创公司对外达成协议应受其表示行为的制约。且没有证据证明双方恶意串通损害他人利益,该协议又没有其他影响效力的事由,故该协议有效。然而,股东优先认缴公司新增资本的权利属形成权,虽然现行法律没有明确规定该项权利的行使期限,但为维护交易安全和稳定经济秩序,该权利应当在一定的合理期间内行使,红日公司和蒋洋在股权变动近2年后又提起诉讼,争议的股权价值已经发生了较大变化,此时允许其行使优先认缴出资的权利将导致已趋稳定的法律关系遭到破坏,并极易产生显失公平的后果,故认定其优先认缴权已过合理期间,不得再行主张。笔者认为,公司法明确规定公司股东享有优先认购权,作为合同相对方的陈木高虽然没有审查科创公司意思形成过程的义务,但理应核实公司股东是否放弃优先认购权。

其二,上述前后两种评价多少有些矛盾。若决议部分无效而入股协议书有效,那么究竟应当保护原股东的优先认缴权将股份返还以便原股东认缴,还是应当保护交易安全而不允许原股东认缴呢?最高人民法院并未对此作正面回答,而是以股东的优先认缴权已过合理期间为由认定其权利已丧失。

(七)案例启示

该案例告诉我们,股东应当及时行使优先认缴权。此外,以增资方式投资,需注意原股东的优先认缴权问题,应当以法律、法规、章程规定的方式通知股东,并取得股东放弃优先认购权的书面声明,否则增资协议因违反法律、法规的规定可能被认定为无效。

第六节 请求变更公司登记纠纷

一、请求变更公司登记纠纷概述

(一)请求变更公司登记纠纷及其类型

请求变更公司登记纠纷,是指股东姓名或名称及其出资额、法定代表人等公司登记事项发生变更时,依照公司法规定,公司应当向公司登记机关申请变更登记而未予办理,或者相关主体应当配合办理变更登记而未予配合,进而损害股东或利害关系人的利益而产生的纠纷。

实践中,请求变更公司登记纠纷主要包括如下两种常见情形:

(1)股权变更登记纠纷。如股权转让、公司增资等导致公司股权结构变动的,公司、转让人等怠于办理相应变更登记而产生的纠纷。

（2）法定代表人及董事、监事、高级管理人员变更登记纠纷。如公司作出对董事、执行董事、法定代表人的变更决议后，原公司控制人拒不履行决议办理变更登记或备案而产生的纠纷。其他事项的变更登记或备案，如公司名称、住所、公司章程修正案等，通常不会因此发生请求变更公司登记纠纷。

(二) 请求变更公司登记纠纷与股东资格确认纠纷的联系与区别

实践中，请求变更公司登记纠纷容易与股东资格确认纠纷混淆，二者存在以下区别：股东资格确认之诉属于确认之诉，其以是否形成合意，股权交付与否，股东名册、工商变更登记与否等作为判断是否具备股东资格的实质及形式要件。请求变更公司登记之诉是变更之诉，是因未履行法定登记义务而产生的诉讼，且不限于股权变更登记。

在股东资格存在争议，也就是股权未确权的情况下，当事人仅仅起诉公司要求变更公司股权登记的，将会被人民法院驳回，法官一般会说明当事人要先进行股权确权。

二、请求变更公司登记纠纷的常见法律问题

(一) 公司实际出资人请求公司变更登记其为公司股东，是否必须先行提起股东资格确认之诉

法律对此无明文规定。实践中，各地做法不一。笔者认为，公司登记是对公司登记事项的事实进行确认的登记，是宣示性登记。如果需要变更的登记内容所对应的事实比较清晰，如股东会决议合法地变更法定代表人或股权转让合同支付完毕全部价款时，当事人完全可以直接提起请求变更公司登记诉讼。但是，如果变更登记所对应的事实尚存在较大争议，为提高效率，则建议当事人先行提起股东资格确认诉讼，同时一并提出变更公司登记的诉讼请求，争取人民法院对两项内容一并审理，以降低诉讼成本。最高人民法院也是持此意见。事实上，请求公司变更工商登记或请求公司变更股东名册，是公司在股东资格确认后的法定义务。

(二) 公司或他人拒不履行变更登记义务，可以采取哪些救济措施

实务中，权利人可以采取以下救济手段：

（1）诉讼手段。比如股权转让，义务人不办理或不配合办理股权变更，受让人可向人民法院提起诉讼，以公司为被告，以不协助办理工商变更登记的当事人作为第三人或共同被告，要求办理工商变更登记手续。

（2）行政手段。比如被冒名登记为股东或董事、监事、高级管理人员，被冒名者可以向公司登记机关举报，公司登记机关发现该违法事项后，可责令公司在一定

期限内办理变更登记;逾期未登记的,可对公司处以 1 万元至 10 万元的罚款。

(三)当事人可否通过行政诉讼的方式,主张撤销或变更公司工商登记

如公司登记机关对于公司登记的形式要件审查有误,或依据常人的一般识别能力对伪造的股东、法定代表人等签字、盖章未能加以鉴别的,当事人可通过行政诉讼方式主张撤销或变更公司登记。除此以外,行政诉讼将难以获得人民法院的支持。

(四)未办理变更登记手续对股权转让合同效力的影响

请参见本书第十章第一节"股权转让纠纷"。

(五)股东变更登记的通知与申请①

一般情况下,公司不是股权转让合同的当事人,该合同生效后,并不当然导致股权自动变更。并且,根据《公司法》第 73 条之规定,公司进行股东变更登记,是一种被动响应式行为,公司不能在没有任何通知与申请的情况下,自以为是地进行股东变更登记。而交付股份是股权转让人的义务,因此转让股东负有将股权转让事实通知公司的义务,就如同债权人转让债权须通知债务人。转让方将股权转让事实通知公司时应一并将公司出具的出资证明书退回公司。

如果转让方没有将转让事实通知公司,公司是否有权拒绝办理股东变更登记?笔者以为,这种情况下,公司有权予以拒绝,理由如下:(1)公司不是合同当事人,股权转让合同对公司没有约束力。(2)按照民法的区分原则,股权转让合同与股权变动,虽然相互联系,但也相互区分。生效的股权转让合同仅产生转让方将其所持股权让渡给受让方的义务,并不导致股权的自动和当然的变动。股权转让合同与股权变动的联结点在于:转让股东为履行合同而将股权交付给受让人。因此,没有转让方实际交付股份的履约行为,股权当然不发生变动。转让方将转让事实通知了公司,公司才能响应并启动变更登记程序。(3)公司拒绝登记的,受让人仍然有救济途径。若因转让方的过错未通知或未申请而未能办公司内部股东变更登记的,则应由转让方依股权转让合同承担违约责任。

如果转让方仅将转让事实通知了公司,而没有将其出资证明书交回公司,公司能否拒绝办理股东变更登记呢?这时,公司不能拒绝办理。因为,一般情况下,已将股东记载于股东名册后,出资证明书证明股东身份的作用就减弱了,而让位于股东名册。根据《公司法》第 32 条之规定,记载于股东名册的股东,可以依股东名册主张行使股东权利。在转让方将转让事实通知公司后,公司将股东名册中的转让

---

① 参见郭春宏:《公司章程个性化设计与疑难解释》(修订版),法律出版社 2018 年版,第 139 页。

股东变更为受让股东时,转让方的股东身份即丧失,转让方无权以其应注销的出资证明书向公司主张任何权利。这时,公司无须就该转让的股权同时向转让方和受让方承担义务。

(六)公司是否有权审查股权转让是否符合公司法和公司章程[①]

由于公司章程于公司而言如同宪法之于国家,对于公司、股东、董事、监事、高级管理人员具有约束力,因此,公司在办理股东变更登记时除应审查股权转让是否符合公司法外,还应审查该转让是否符合公司章程。

如果股权转让不符合公司法及公司章程的规定,公司有权拒绝登记而不承担任何法律责任,转让方与受让方之间因此产生的纠纷依股权转让合同处理。

如股权转让符合公司法及公司章程的规定而公司拒绝变更登记的,则公司侵犯了股东依法转让股权的权利,受让方有权依照《公司法》第73条及《公司法解释三》第23条的规定诉请人民法院要求公司履行办理股东变更登记的义务。

完成内部股东名册的变更登记和外部工商变更登记,是股份(权)交付完成的标志。

三、请求变更公司登记纠纷实务操作与注意事项

(一)总体思路

公司登记是宣示性登记,事关交易安全和善意第三人的利益,因此我国《公司法》《公司登记管理条例》《企业法人登记管理条例》及其配套登记规则对于公司变更登记、备案的条件和程序均作出明确规定。故处理请求变更公司登记纠纷:

首先,可以从公司变更登记是否符合法律及章程规定的条件和程序方面寻找案件突破口。

其次,公司登记是对公司登记事项的事实进行确认的登记,是宣示性登记。如果申请变更登记事项存在争议,则不予登记,需待生效裁决书对此确定后才可持生效法律文书办理变更登记。

最后,公司登记机关进行变更登记是一项具体行政行为,登记机关可依法变更,具有可诉性。因此,权利人可以根据实际情况先向公司登记机关举报,要求登记机关依法撤销相关变更登记,并要求对相关责任人予以行政处罚,如登记机关未依法履职,再提起行政诉讼,从而达到变更公司登记的目的。

从以上几个方面入手找到案件突破口后,再结合下文中的"实务处理注意点"

---

① 参见郭春宏:《公司章程个性化设计与疑难解释》(修订版),法律出版社2018年版,第140页。

制定诉讼方案。关于如何制定诉讼方案,请参见本书第八章第三节和第四节。

(二)实务处理注意点

1. 诉讼主体

原告为请求变更公司登记的当事人,一般情况下以公司为被告,以不履行配合义务的当事人作为共同被告,以或有利害关系的股东、董事、高级管理人员等为第三人。

2. 诉讼管辖

根据《民诉法解释》第 22 条之规定,请求变更公司登记纠纷案件由公司住所地人民法院管辖。公司的住所地一般为公司工商登记注册的地点,但是,如果公司的实际经营地与登记注册地不一致的,原告完全可以向公司的实际经营地人民法院起诉。当然,原告此时需要举证证明公司的实际经营所在地。实践中,最可直接作为证据的材料是以公司为承租人的实际经营地房屋租赁合同与实际经营地房屋的产权证明。

3. 诉讼时效

请求变更公司登记的请求权并非财产性的债权请求权,不受诉讼时效的限制。

4. 举证

提起请求变更登记诉讼应当举证证明下列事实:

(1)存在明确的法律事实。如公司股权转让、法定代表人变更、增加注册资本等。

(2)法律事实本身不存在重大争议。如股权转让已经通过了完整的法定程序并支付了全部款项,公司股东会通过了法定代表人变更的决议等。

(3)公司或其他负有义务的人拒不履行或怠于履行变更登记义务。

四、典型案例评析

(一)案例概要

案例:陈霈霖与宋和平等请求变更公司登记纠纷案[①]

原告:宋和平

被告:北京紫枫科技开发有限公司(简称"紫枫科技公司")

第三人:陈霈霖

1998 年 8 月 31 日,紫枫科技公司成立,根据紫枫科技公司的章程记载,紫枫科

---

① 参见北京市第一中级人民法院(2014)一中民终字第 5045 号民事裁定书。

技公司注册资本为 300 万元,股东姓名、出资方式及出资额为陈霈霖、邱锐、宋和平、张维佳、田燕雷分别以货币形式出资 102 万元、90 万元、54 万元、33 万元、21 万元。股东会由全体股东组成,是公司的最高权力机构,选举和变更非由职工代表担任的董事、监事,决定有关董事、监事的报酬事项。公司应当与董事订立事先经股东会批准的书面合同,规定其作为公司的董事应取得的报酬。

2012 年 12 月 31 日,宋和平(甲方)与陈霈霖(乙方)签订《借款协议》,甲、乙双方在平等自愿、友好协商的基础上,达成如下协议:①甲方以紫枫科技公司所欠甲方的工资收入共计 1122000 元借给乙方,乙方在借款到期日还给甲方 1194000 元。乙方以其所持有的紫枫科技公司全部股权的 18%(乙方共持有紫枫科技公司股权 34%)及紫枫科技公司股东之间签订的"房屋产权和债务的说明"所对应的房产权益抵押给甲方。②甲乙双方约定上述借款起始时间从 2012 年 12 月 31 日开始,还款日期为 2013 年 3 月 31 日。双方自愿另签了一份到期违约自动生效的"紫枫科技公司股权转让合同书"。乙方保证按上述时限返还借款,如在上述还款日期未把借款还给甲方,乙方愿意向甲方转让上述抵押的股权(包括对应的房产收益),所签订的"紫枫科技公司股权转让合同书"自动生效。③甲方在本协议签订之后当日将借款交付乙方,乙方签收款证明。④乙方在规定期限将借款归还后,甲乙双方签订的"紫枫科技公司股权转让合同书"自动失效。

2012 年 12 月 31 日,陈霈霖出具收据载明,今收到宋和平根据双方签订的《借款协议》借给陈霈霖的 1122000 元。

2013 年 3 月 31 日,宋和平与陈霈霖签订《股权转让合同书》,紫枫科技公司股东陈霈霖与宋和平就紫枫科技公司股权转让达成如下协议:①陈霈霖自愿将所持有的紫枫科技公司的部分股权,即公司全部股权的 18%转让给宋和平,转让价格为 1194000 元,宋和平愿意接受陈霈霖转让的紫枫科技公司的该部分股权;②双方于 2013 年 3 月 31 日正式转让,转让后,陈霈霖持有紫枫科技公司全部股权的 16%,宋和平共持有紫枫科技公司全部股权的 36%,自转让之日起,转让方陈霈霖及受让方宋和平各以其变更后的股权份额为限,在公司内享有股东权利(含紫枫科技公司出资但尚未过户到紫枫科技公司名下的房产,详见紫枫科技公司股东 4 人签订的相关房产协议)和承担股东义务。

一审诉讼中,宋和平提交了一份驻布里斯班总领事馆出具的公证书,(2013)澳公字第 0000611 号,该公证书记载,兹证明张维佳(男)于 2013 年 5 月 28 日来到我馆,在前面的声明书上签名,该声明书载明:"2012 年召开过宋和平、陈霈霖和我参加的董事会,讨论给公司法人、董事长、总经理宋和平补发工资的问题,我本人是同意补发宋和平从 2006 年至今的工资(每月一万)及利息(按公司常规借款利息),并且此决议已开始生效。"宋和平提交了若干张借款单,其中 2007 年 2 月 7 日的借款单,记载陈霈霖借款 8 万元;2010 年 11 月 29 日的借款单,记载陈霈霖借款 10 万元;2011 年 1 月 25 日的借款单,记载陈霈霖借款 5 万元;2012 年 7 月 6 日的借款单,记载陈霈霖借款 6 万元;2012 年 11 月 20 日的借款单,记载陈霈霖借款 5 万元。对于上述借款单,宋和平提交相应的记账凭证。上述借款单与记账凭证上均注明有"此借款为宋和平应补发工资款转借陈霈霖"字样。对于前述 8 万元,陈霈霖认可系其向紫枫科技公司的借款。紫枫科技公司、宋和平、陈霈霖均认可紫枫科技公司已经通过分红的形式进行了折抵,陈霈霖将上述款项还清。对于前述 10 万元、5 万元、6 万元、5 万元,陈霈霖认可系其向紫枫科技公司的借款。诉讼中,原紫枫科技公司的会计人员钱一飞出庭作证,称借款单、记账凭证上标注的"此借款为宋和平应补发工资款转借陈霈霖"字样,系其根据宋和平的指示,在 2013 年年初手写注明的。紫枫科技公司、宋和平对此予以认可,陈霈霖对此不予认可。

一审诉讼中,宋和平提交了 3 张北京银行电汇凭证,记载 2009 年 10 月 26 日,紫枫科技公司向广州鑫亿金画技术开发有限公司(简称"广州鑫亿公司")汇款 8 万元;2007 年 11 月 13 日,紫枫科技公司向广州鑫亿公司汇款 27 万元;2012 年 11 月 20 日,紫枫科技公司向广州鑫亿公司汇款 25 万元。对于前述 8 万元、27 万元,陈霈霖认可系其向紫枫科技公司的借款。紫枫科技公司、宋和平、陈霈霖均认可紫枫科技公司已经通过分红的形式进行了折抵,陈霈霖将上述款项还清。对于前述 25 万元,陈霈霖称其系广州鑫亿公司的大股东,该款项系其向紫枫科技公司的借款。陈霈霖提交一份银行存款日记账,记载紫枫科技公司于 2012 年 12 月 31 日付青岛中建富兴商砼款 50 万元,针对该项记载,陈霈霖提交了北京银行对账单,该对账单显示 2012 年 12 月 31 日,借方金额 50 万元。对此,陈霈霖称 2012 年 12 月 31 日,因陈霈霖的弟弟突发疾病身亡,其弟弟经营的公司陷入困境,所以陈霈霖向紫枫科技公司借款 50 万元,宋和平以其担任紫枫科技公司法定代表人的地位优势,胁迫陈霈霖签订与事实不符的协议。宋和平称前述 50 万元系从紫枫科技公司账上转出的,该款项系宋和平与陈霈霖签订《借款协议》后,宋和平通知紫枫科技公司的出纳向陈霈霖指定的账户汇款。

以上事实,有宋和平提交的《借款协议》、收据、《股权转让合同书》、紫枫科技公司章程、公证书、借款单、电汇凭证、转账单据,第三人陈霈霖提交的银行存款日记账、对账单等证据材料及该院的开庭笔录在案佐证。

(二)争议焦点

在股权转让合同存在争议的情况下,能否径行请求变更公司股权登记?

(三)一审裁决

一审人民法院认为,根据宋和平所提交《借款协议》的记载内容显示,宋和平向陈霈霖出借1122000元，为保证按期足额清偿借款，陈霈霖将自愿签署一份到期违约自动生效的《股权转让合同书》。同时，根据宋和平所提交收据记载，陈沛霖确认实际收到了宋和平所出借的1122000元。另外，宋和平与陈霈霖之间又确实签署了一份落款时间与借款清偿日期相符的《股权转让合同书》。对于上述证据内容，陈霈霖本人均表示认可其真实性，但却抗辩称其从未实际自宋和平处取得借款，故并不存在合法有效的股权转让，且其是在宋和平乘人之危的情况下签订了上述文件。对此，一审人民法院认为，上述3份书面证据的内容可以相互印证，完整体现了借款的发生与给付过程，以及其未获清偿情况下的股权变动情况，陈霈霖在对上述证据真实性不持异议的情况下，却提出了否定全部证据所显示内容的相反主张。此种情况下，按照举证责任的分配原则，陈霈霖除单方否认上述证据的证明力外，还应进一步承担与其上述抗辩相符的举证责任。然而，陈霈霖现却并未能就此提供充足的相反证据，故应由其应承担举证不能的法律后果。根据合同法的相关理论，以合同相互间的主从关系为标准，合同分为主合同和从合同。凡不以他种合同的存在为前提即不受其制约而能独立存在的合同，称为主合同。从合同要依赖于主合同的存在而存在。结合《借款协议》与《股权转让合同书》的内容来看，该两份协议之间并非属于主从合同关系，《借款协议》第2条约定的《股权转让合同书》的生效条件，并非担保条款。根据现有证据无法确认陈霈霖于借款期限届满前向宋和平偿还借款，据此，依据《股权转让合同书》约定，陈霈霖向宋和平转让其持有的紫枫科技公司18%的股权。根据《公司法》相关规定，有限责任公司的股东之间可以相互转让其全部或者部分股权。公司应当将股东的姓名或者名称及其出资额向公司登记机关登记；登记事项发生变更的，应当办理变更登记。对于该股权转让合同，在并无证据显示双方存在其他意思表示的情况下，即为缔约双方之间发生股权变动的直接依据。紫枫科技公司作为办理股权变更登记手续的法定义务主体，有义务为宋和平办理上述股权变更登记手续。尽管宋和平与陈霈霖之间关于借款以及与此相关的股权转让事宜存在争议，但其并不属于本案诉讼的审理范围。同时，在宋和平所提交现有证据较陈霈霖的单纯否认存在明显证明力优势的情况下，人民法院认为，为了避免宋和平的合法权利未能得以按时行使，人民法院在本案诉讼中对宋和平的主张内容作出有利认定。然而，如果陈霈霖自行行使诉权要求与宋和平解决上述借款及股权转让事宜，本案诉讼结果并不构成判断双方之间权利义务内容的最终标准。同时，如果陈霈霖的有关抗辩主张在另案中得以支持，其仍可以依据相关法律规定对其持有的股权主张相应的权利。据此，一审人民法院判决：紫枫科技公司负责将第三人陈霈霖在该公司所持18%的股权变更登记在宋和平名下。

(四)二审裁决

二审人民法院认为,民事诉讼成立的要件之一是原、被告之间有诉的利益。宋和平起诉紫枫科技公司要求变更公司股权登记,对于宋和平主张的事实和法律依据,紫枫科技公司均不持异议,宋和平与紫枫科技公司之间不存在诉的利益。紫枫科技公司不能进行股权变更登记的原因是陈霈霖与宋和平之间就《股权转让合同书》的效力存在争议,故宋和平应先行解决与陈霈霖之间的股权转让纠纷,后再行主张公司变更登记。综上,二审人民法院认为一审处理结果有误,并予以纠正。据此裁定:1.撤销北京市海淀区人民法院(2013)海民初字第13383号民事判决;2.驳回宋和平的起诉。

(五)焦点问题评析

第一,公司登记是对公司登记事项的事实进行确认登记,是宣示性登记。工商登记宣示的前提就是股权确权,股权应当是确定状态,不能存在争议。从《公司法解释三》第24条第3款"实际出资人未经公司其他股东半数以上同意,请求公司变更股东、签发出资证明书、记载于股东名册、记载于公司章程并办理公司登记机关登记的,人民法院不予支持"之规定来看,最高人民法院也是持此意见。因此,就股权转让合同发生争议,未有股权确权判决之前,当事人不能直接请求变更公司登记。

第二,从请求变更公司登记纠纷之诉设立的立法本意考虑。变更公司登记纠纷是股东对于公司登记中记载的事项请求予以变更而产生的纠纷。这个诉的设立主要是针对公司违反登记义务,只要股东能提供证据证明其已履行了出资义务或者依法继受了股权,就可以要求公司履行其记载或者变更的义务。如果公司拒绝或者怠于办理,股权转让人和受让人均可以公司为被告提起办理转让手续请求之诉,如果转让人不予协助的,受让人可以将转让人和公司作为共同被告。本案中,对于宋和平主张的事实和法律依据,紫枫科技公司均不持异议,宋和平与紫枫科技公司之间不存在诉的利益。紫枫科技公司不能进行股权变更登记的原因是,陈霈霖与宋和平之间就《股权转让合同书》的效力存在争议,故宋和平应先行解决与陈霈霖之间的股权转让纠纷,再行主张公司变更登记。

第三,请求变更公司登记纠纷与股权转让纠纷是两个不同的诉。股权受让人与股权出让人存在股权转让纠纷的情况下,股权受让人所追求的最终目的以及权利体现就是公司股权在工商部门的股权变更。如果直接在变更公司登记纠纷之诉中解决股权转让纠纷,那么股权转让纠纷之诉的设立就毫无必要。另外,变更公司登记纠纷的诉讼费是70元,股权受让方出于诉讼成本的考虑,也会直接诉变更公司登记纠纷。

(六) 案例启示

请求变更公司登记纠纷之诉设立的初衷是公司违反登记义务,不予配合变更公司登记,或者第三人不配合办理变更登记,在当事人通过股东资格确认程序获得人民法院就股东资格、股权持有数额、比例等事项的确权判决后,依据确权判决再向人民法院提起变更之诉,请求人民法院判决变更公司登记。对于股权转让合同存在争议,也就是股权未确权的情况下,当事人径行起诉公司要求变更公司股权登记的,人民法院应当裁定驳回,同时释明当事人先进行股权确权。当然,当事人也可参照《公司法解释三》第24条第3款之规定,先行提起股东资格确认诉讼,同时一并提出变更公司登记的诉讼请求,争取人民法院对两项内容一并审理以提高效率,降低诉讼成本。

第十五章 公司解散与清算

万事万物有始有终,公司亦不例外。如果公司股东、高级管理人员、债权人等利益相关者因公司解散、清算发生争议,司法将介入,以使公司解散与清算有序、安全、公平、有效地进行,维护公司股东、高级管理人员、债权人等主体之间的利益平衡。法律在公司初创和正常经营阶段向股东利益倾斜,兼顾债权人及其他利益相关者的利益,以保护股东的投资热情;在清算阶段,则优先保护债权人及其他利益相关者的利益,兼顾股东利益,以维护公司退出市场环节的公平公正,维护公司股东、债权人等主体之间利益的总体平衡。把握好公司解散清算阶段利益平衡的特点,有助于律师正确处理公司解散与清算纠纷。

本章共三节,分别阐述公司解散纠纷、申请公司清算、清算责任纠纷。

第一节 公司解散纠纷

一、公司解散纠纷概述

所谓公司解散,是指已成立的公司,因发生法律或章程规定的解散事由而停止营业活动,开始处理未了结的事务,并逐步终止其法人资格的行为。[①] 根据解散的原因不同,解散可以分为自行解散和强制解散。强制解散包括行政解散和司法解散。

公司解散纠纷是指公司出现法定情形时,股东申请公司解散而产生的纠纷。人民法院因此判决公司解散就是司法解散。

公司在存续期间如果长期发生严重的内部矛盾,导致公司的正常经营无法进行,甚至使股东的利益受到严重损失,此时,若公司继续存续,则对股东利益明显不利。尤其是有限责任公司,具有较强的人合性特点,公司能否正常运营依赖股东之间的相互信赖关系,若股东之间关系恶化,或当公司经营出现严重困难、公司继续存续无法实现公司目的时,应赋予股东申请解散公司的权利。故《公司法》第182

---

① 参见范健、王建文:《公司法》(第三版),法律出版社2011年版,第450页。

条规定,公司经营管理发生严重困难,继续存续会使股东利益受到重大损失,通过其他途径不能解决的,持有公司全部股东表决权10%以上的股东,可以请求人民法院解散公司。该规定把期待利益理论和公司契约理论作为司法解散的理论基础,体现了公司利益平衡原则。按照期待利益理论,股东决意投资公司系由于其对于公司的稳定存续和持续良好的运营享有期待利益。然而,公司运营过程中,形成公司僵局,必将导致股东的期待利益落空。公司契约理论认为,公司是一系列契约的组合,既然股东之间通过一系列契约安排维系公司正常运营,那么当因重大情势变更或股东间纠纷导致契约的目的无法实现时,股东可以请求人民法院解除这些契约,继而平衡各方利益。

二、公司解散纠纷的常见法律问题

(一)司法解散的条件

根据《公司法》第182条的规定,需同时满足以下条件,人民法院才可裁判公司解散:

1. 公司经营管理发生严重困难

出现以下情形之一,可以认定为公司经营管理发生严重困难:

(1)股东(大)会僵局

股东会僵局是指股东会"无法召开"或"无法达成有效决议"。具体而言:

①公司持续两年以上无法召开股东会或者股东大会。

对于"无法"召开股东会或者股东大会的理解,司法实践中有些人民法院认为是对客观事实的描述,只要公司确实2年以上没有召开过股东会或股东大会,就满足这一条件。例如,在2016年黑龙江省高级人民法院审理的佳木斯荣昌隆房地产开发有限公司与赵玉霞公司解散纠纷一案[①]中,人民法院持此观点。

也有法院认为,"无法"召开股东会或者股东大会包括"没有"召开股东会或者股东大会以及有股东提议召开股东会却没有成功等情形。例如,上海市第二中级人民法院在2007年审理的上海市教育科学研究院诉北京华电日生能源设备有限公司强制解散公司案[②]。

相反,原告如果不能证明曾有股东提议召开股东会的,人民法院则判决驳回诉讼请求。例如,北京市第二中级人民法院2009年审结的李鹏与北京顺诚佳业科技

---

① 参见黑龙江省高级人民法院(2016)黑民终435号民事判决书。
② 参见上海市第二中级人民法院(2007)沪二中民三(商)终字第497号民事判决书。

发展有限公司公司解散纠纷上诉案①。

从上述案例可以看出,对于"无法"二字的理解不同,导致举证责任分配不同,在第一种理解的情况下,原告只需要证明公司2年及以上未召开股东会或股东大会即可,而在第二种理解的情况下,原告必须证明至少有一个股东曾经提议召开股东会而没有成功,也就是需证明股东曾经做出努力,如果在没有穷尽其他可能的手段和途径前,其要求解散公司的,人民法院不予支持。笔者赞同第二种观点,从文意解释,"无法"不能等同于"没有",其中含有虽然采取种种方法却无济于事的意思。

②股东表决时无法达到法定或者公司章程规定的比例,持续2年以上不能做出有效的股东会或者股东大会决议。

最高人民法院2007年审结的重庆正浩实业(集团)有限公司与重庆国能投资有限公司、重庆正浩机电工业有限公司股东知情权及公司解散纠纷案②中,最高人民法院经再审认为,公司在成立5年之内仅召开2次股东会,且股东会、董事会长期不能达成决议,导致公司经营管理困难并陷入僵局,继续经营将损害公司和股东利益,通过其他途径也无法解决。但经一审人民法院和二审人民法院多次努力,两个股东之间至今仍不能达成调解,最高人民法院遂判决依法解散正浩机电。

(2)董事会僵局

这是指公司董事会长期发生冲突,且无法通过股东会或者股东大会解决。

对公司经营管理是否发生严重困难的认定,人民法院主要围绕公司股东之间及董事之间的矛盾是否实质性地影响公司经营决议的形成和实现,彼此之间是否存在进一步合作的信任关系、公司内部治理机制是否实质上处于瘫痪等相关事项进行审查,应该说这些认定规则较好地把握了公司僵局的实质是公司人合性丧失这一要点。

司法解散主要是对公司僵局的救济。一般认为,公司经营管理严重困难包括两种情况:一是公司权力运行发生严重困难,股东会、董事会等权力机构和管理机构无法正常运行;二是公司的业务经营发生严重困难,公司经营不善、严重亏损。如公司仅业务经营发生严重困难,其内部自治机制还未失灵,不存在权力运行严重困难的,根据《公司法解释二》第1条第2款的规定,不符合解散公司的条件。《公司法》没有限制过错方股东解散公司,因此即使一方股东对公司僵局的产生具有过错,其仍然有权依据该条规定,请求解散公司。在公司解散纠纷诉讼中,司法应审慎介入公司事务,凡有其他途径能够维持公司存续的,不应轻易解散公司。当公司

---

① 参见北京市第二中级人民法院(2009)二中民终字第20990号民事判决书。
② 参见最高人民法院(2007)民二终字第31号民事判决书。

陷入持续性僵局,穷尽其他途径仍无法化解,且公司不具备继续经营的条件,继续存续将使股东利益受到重大损失的,人民法院方可依法判决解散公司,借以平衡各方利益。

(3)经营管理发生其他严重困难

比如发生股东压迫或公司丧失经营条件等。这是一个兜底性条款。

根据《公司法解释二》第1条第2款规定,股东以知情权、利润分配请求权等权益受到损害,或者公司亏损、财产不足以偿还全部债务,以及公司被吊销企业法人营业执照未进行清算等为由,提起解散公司诉讼的,人民法院不予受理。

2. 继续存续会使股东利益受到重大损失

对于"继续存续会使股东利益受到重大损失",很多学者将它视为"经营管理发生严重困难"的自然结果,没有展开论述。笔者认为,"经营管理发生严重困难"是对公司经营的描述,而"股东利益受到重大损失"是从股东角度而言,二者并不是一体的。

"继续存续会使股东利益受到重大损失"包括"股东利益"和"重大损失"两个要件。王保树认为,"在公司经营管理发生严重困难的情况下,公司继续存续不可能实现股东设立公司的目的,甚至,还会使股东承担更大的经营风险,乃至无法预料的风险"。[①] 王保树教授的观点似乎将股东利益具体化为公司设立的目的、规避经营风险,换言之,公司受到损失、不能盈利、面临风险就构成公司利益受到重大损失。

对于"重大损失",周友苏教授认为,是指股东之间合作无法达到双赢、因相互冲突造成总体利益损失,公司存续对全体股东没有益处,且损害社会利益,此时司法解散才具有正当性和合理性。刘俊海认为,重大损失是相对一般损失而言的,公司法的这一规定是为了昭示对司法解散公司、平衡公司利益和股东利益的慎重之情。[②]

综上所述,公司经营管理严重困难和股东利益受到重大损失是两个条件,只有同时满足这两个条件,打破了公司利益平衡状态,这时才适用司法程序解散公司。司法实践中,人民法院在判断股东利益是否受到重大损失时,关注公司的经营情况,通过公司营业收入、是否盈利等判断公司的财务状况,一般认为公司经营状况不好则较容易导致股东利益受到重大损失。相反,公司经营状况良好,即使股东之间有矛盾,股东受到损失的可能性也较小,人民法院会倾向于保留公司。

---

① 王保树、崔勤之:《中国公司法原理》(最新修订第三版),社会科学文献出版社2006年版,第300页。
② 参见李海峰:《论公司司法解散的适用条件》,浙江大学2012年硕士学位论文,第22页。

3. 通过其他途径不能解决

"通过其他途径不能解决"的规定,包含股东需已履行采取其他措施试图解决问题的前置程序,如协商、股权转让等,但未成功。周友苏认为,"在处理司法解散纠纷时,应本着非强制解散程序优先的原则,积极寻找司法解散以外的替代方案,诸如采取让一方股东退出,变'公司解散'为'股东离散'等方式,尽可能避免解散公司带来的不利影响。其他途径是指除司法解散以外的其他解决方式,如当事人自行协商、自行和解、股权协议转让、第三人调解等方式,也可能是借助政府或人民法院等国家机关进行'公力救济',如政府采取行政手段干预、人民法院通过主持调解"。但是,要求股东已经采取其他途径试图解决,不代表股东必须采取所有除司法解散以外的途径。

但是,对"通过其他途径不能解决"的理解,还存在一种意见,即通过其他途径不能解决是对股东行使提请公司解散诉讼之诉权的实质性限制,即股东在起诉时必须就其是否已经穷尽其他救济程序提供确实证据,如果未能提供相应证明,则人民法院不得予以受理。

司法实践中,有些人民法院对这一标准把握得十分严格,例如江苏省徐州市云龙区人民法院在2006年审结的关于北京福瑞星原科技有限公司诉徐州全顺江铃汽车销售服务有限公司等要求解散公司案①。

而最高人民法院案例指导工作办公室在《林方清诉常熟市凯莱实业有限公司、戴小明公司解散纠纷案——指导案例8号的理解与参照》中指出,从立法目的的角度考虑,《公司法》规定的通过其他途径不能解决,其目的是为了防止中小股东滥用司法解散制度,鼓励当事人通过其他非诉讼途径解决僵局,同时也是为了使人民法院审慎适用强制解散公司的手段。但这并非要求对于公司僵局的处理必须以穷尽其他救济途径为前提。正因如此,《公司法解释二》第5条明确规定,当事人不能协商一致使公司存续的,人民法院应当及时判决。本案中人民法院支持了解散公司的请求,目的是解散已经无法自行平衡利益的公司。

(二) 能否以存在股东压迫为由申请解散公司

《公司法》规定了司法解散的原则性条件,《公司法解释二》对此进行了细化规定,但主要限于公司僵局这一类型,实践中还有许多其他原因如股东压迫导致的公司困境,如何进行类型认定及判断是律师办理相应业务的一个难点。

所谓股东压迫,通俗意义上理解就是股东利用持股地位及资本多数决原则,把持公司的经营管理权,并不当侵害其他股东乃至公司的利益。股东压迫情形多样,

---

① 参见江苏省徐州市云龙区人民法院(2006)云民二初字第151号民事判决书。

控股股东利用持股权的优势地位,排除其他股东的经营管理权,并肆意侵占公司资产和侵占公司商业机会,进行隐秘的关联方利益输送,属于常见的股东压迫情形。

在注重保护中小股东的英美法立法例中,股东压迫是申请公司解散的当然理由之一,即便是股东的知情权受制都可以成为申请解散的理由。但是,出于担心破坏公司正常经营所带来的负面影响,我国对司法解散的规定较为严格。根据相关规定,一般的股东压迫情形并不能直接构成公司解散的当然理由。《公司法》规定:"股东以知情权、利润分配请求权等权益受到侵害……人民法院不予受理。"根据《公司法解释二》相关条文的阐述,"至于公司股东的合法权益受到控制股东(而非控股股东)的严重压制,使得股东无法直接参与公司的经营管理,也无法得知公司的经营状况时,只要公司的经营管理正常运行(实践中很多情况下公司的经营效益还很好)的,也不能认定为经营管理发生严重困难"。这就表达出两层意思:①股东压迫并不当然构成司法解散的正当理由。②股东压迫情形下的司法解散要区分不同压迫情形区别对待,对于轻微的压迫情形,只要公司经营管理尚能继续,则不需要解散公司;反之,对于严重危及公司经营管理的,应予解散。因此,虽然我国的立法以及司法解释没有明确将股东压迫情形作为解散的当然理由,但出于对有限责任公司人合性基础的尊重,还是给人民法院留有自由裁量的余地。

在众多的股东压迫情形中,只有同时符合我国公司法设立的两大原则性标准,即"经营管理"标准和"股东利益"标准的,才能判决公司解散。具体可从以下两个方面进行判断:

其一,股东压迫是否造成公司的人格特征发生严重变异。主要是指决策机制为某一方或一派控制股东所掌控,小股东合法的话语权被剥夺,包括股东(大)会、董事会等公司组织结构"无法"运行的"僵局"状态和即使"能够"运行也是"傀儡"状态的两种情形,公司人格特征的严重变异实则意味着公司的人合基础的丧失。

其二,这种人格变异有无造成公司的经营特征发生严重异化,危及公司的存续。这种异化并非是指小股东参与公司的管理权被剥夺而导致的公司所有权的变质,而是因公司决策缺少制衡而导致的公司经营状况出现或者可能出现严重困境,股东利益遭受到现实的损害或者有损害之虞,如果公司的经营管理困境严重到危及或者可能危及公司的生存前景,即使目前公司尚处于盈利状态,司法也不应对这种变异状况视而不见,而应果断地及时予以解散,必要情况下,保护公司及股东整体利益,正如第8号指导案例所保护的个别股东的利益。

(三)公司解散之诉判决的效力

人民法院判决驳回原告诉讼请求的,公司予以维持。根据一事不再理原则,原告股东不得以同样的事实和理由再次向人民法院起诉。此外,根据《公司法解释二》第 6 条第 2 款规定,人民法院判决驳回解散公司诉讼请求后,提起该诉讼的股东或者其他股东又以同一事实和理由提起解散公司诉讼的,人民法院不予受理。该项规定为《民事诉讼法》第 54 条有关人数不确定的普通共同诉讼的人民法院判决效力的规定在公司法中的特殊体现。不过,在人民法院判决驳回原告的解散公司请求不是基于案件不符合《公司法》第 182 条规定而是基于原告证据不足的情形下,并不存在前述司法解释的适用空间,其他股东仍然有权以同一事实和理由提起诉讼。

人民法院判决支持原告诉讼请求的,公司解散。此时,值得探讨的是,人民法院可否一并裁定公司进入强制清算程序。对此,《公司法解释二》第 2 条规定:"股东提起解散公司诉讼,同时又申请人民法院对公司进行清算的,人民法院对其提出的清算申请不予受理。人民法院可以告知原告,在人民法院判决解散公司后,依据民法典第七十条、公司法第一百八十三条和本规定第七条的规定,自行组织清算或者另行申请人民法院对公司进行清算。"

三、公司解散纠纷诉讼指引

(一) 总体思路

公司解散将导致公司的消灭,关系到公司股东、职工、债权人等主体的利益。因此公司法对公司解散的条件和程序作出了严格规定。故处理公司解散纠纷:

首先,应从公司解散的条件和程序方面寻找案件突破口。

其次,法律虽然规定了公司解散的条件和程序,但仍然尊重公司自治,允许公司章程另行约定其他解散事项。因此,处理公司解散纠纷,还应认真研究公司章程并从中找到突破口。

最后,公司僵局是申请公司解散的主要事由,但不是申请公司解散的唯一理由。从《公司法》第 182 条的文字表述来看,不排除还有其他情形,如股东压迫、公司丧失经营条件等情形。故律师处理公司解散纠纷,还可以从这个方面寻找案件突破口。

从以上几个方面入手找到案件突破口后,再结合下文中的"实务处理注意点"制定诉讼方案。关于如何制定诉讼方案,请参考本书第八章第三节和第四节。

(二) 实务处理注意点

1. 诉讼主体

在我国有权提起公司解散之诉的适格主体仅限于公司股东,其他主体如公司自身、公司债权人、检察机关等无权请求解散公司。此外,并非所有的公司股东都是适格主体,要求该股东必须持有公司 10% 以上表决权。股东提起解散公司诉讼应当以公司为被告。

原告以其他股东为被告一并提起诉讼的,人民法院应当告知原告将其他股东变更为第三人;原告坚持不予变更的,人民法院应当驳回原告对其他股东的起诉。

原告提起解散公司诉讼应当告知其他股东,或者由人民法院通知其参加诉讼。其他股东或者有关利害关系人申请以共同原告或者第三人身份参加诉讼的,人民法院应予准许。

2. 诉讼管辖

《公司法解释二》第24条规定,解散公司诉讼案件和公司清算案件由公司住所地人民法院管辖。基层人民法院管辖县、县级市或者区的公司登记机关核准登记公司的解散诉讼案件和公司清算案件;中级人民法院管辖地区、地级市以上的公司登记机关核准登记公司的解散诉讼案件和公司清算案件。

3. 诉讼保全

对此,《公司法解释二》第3条规定,股东提起解散公司诉讼时,向人民法院申请财产保全或者证据保全的,在股东提供担保且不影响公司正常经营的情形下,人民法院可予以保全。

4. 诉讼时效

因为诉讼时效适用于债权请求权中,公司解散纠纷并非债权请求权,故不适用诉讼时效。

5. 诉讼请求

原告提起诉讼时,诉讼请求应当表述为"请求解散某某公司"。对符合受理条件的股东请求解散公司的案件,人民法院经审理后应以判决形式作出是否准许解散公司的裁决。

原告在提起解散公司之诉的同时,不能一并申请人民法院对公司进行清算。因为股东请求解散公司和申请人民法院对公司进行清算,这是两个独立的诉请。股东请求解散公司诉讼是变更之诉,公司清算案件则是非诉讼案件,二者审判程序不同。股东在提起解散公司诉讼时,公司解散的事实并未发生,公司是否解散尚需人民法院的生效判决予以确定,两个诉讼请求无法合并审理。

四、典型案例评析

(一) 案情概要

案例:马美华等诉无锡禾润泰服装有限公司公司解散案[①]

---

① 参见江苏省无锡市中级人民法院(2011)锡商终字第626号民事判决书。

原告：马美华

原告：赵淑玲

被告：无锡禾润泰服装有限公司（简称"禾润泰公司"）

第三人：王瑞华

禾润泰公司设立于 2004 年 10 月 9 日，系自然人控股的有限公司，股东有王瑞华、马美华和赵淑玲 3 人，持股比例分别为：60%、30% 和 10%。王瑞华担任公司执行董事，马美华任经理，赵淑玲任监事。禾润泰公司的经营项目为服装、床上用品的加工制造、布料销售、自营和代理各类商品及技术的进出口业务。2006 年 3 月 3 日，禾润泰公司召开股东会并形成决议，增加经营范围并通过新公司章程，其中第 13 条规定，股东会会议作出修改公司章程、增加或者减少注册资本的决议，以及公司合并、分立、解散或者变更公司形式的决议，必须经代表 2/3 以上表决权的股东通过。自 2007 年下半年起，王瑞华和马美华、赵淑玲产生矛盾并发生冲突。王瑞华采取锁门、停水等手段，影响公司正常经营，经相关部门多次协调均未果，后禾润泰公司由王瑞华实际控制。自 2008 年起，禾润泰公司至今未召开股东会或股东大会。2010 年 1 月 19 日，禾润泰公司以马美华和赵淑玲未出资为由提起诉讼，要求马美华和赵淑玲补足出资并赔偿损失。2010 年 11 月 8 日，禾润泰公司因委托合同纠纷一案，其部分厂房 2609.84 平方米被人民法院依法拍卖。剩余部分厂房被华鑫服装厂（系王瑞华的妻子吴芳于 2000 年注册成立的个人独资企业）租用，该厂的经营项目为服装、床上用品的加工制造，住所地与禾润泰公司相同。吴芳在调查笔录中称：禾润泰公司的两幢厂房中前一幢已被拍卖，后一幢厂房属于华鑫服装厂，现禾润泰公司已无厂房；吴芳与王瑞华通话后，又改称后一幢厂房属于禾润泰公司，厂房中的十几名生产人员也是为禾润泰公司工作的，但未签订劳动合同；同时，吴芳称因禾润泰公司的账号被冻结，对外经营是以华鑫服装厂的名义进行的，后一幢厂房内生产人员的工资是由华鑫服装厂支付的。自 2010 年 2 月至 2012 年 1 月，禾润泰公司纳税额为零。

（二）争议焦点

公司未陷入股东会僵局或者表决权僵局，能否解散？

（三）一审判决

一审人民法院认为，本案中禾润泰公司股东之间互不信任，公司厂房已被拍卖，组织机构不健全，且公司持续 2 年以上无法召开股东会或者股东大会，公司经营管理发生严重困难，3 位股东中有 2 位股东要求解散公司。此种情形下，若公司继续存续会使股东利益受到重大损失。经调解，当事人不能协商一致使公司存续，也不能协商同意由公司或者股东收购股份，或者以减资等方式使公司存续。马美华和赵淑玲系持有禾润泰公司全部股东表决权10%以上的股东,可以请求人民法院解散公司。禾润泰公司解散后,应依法进行清算。据此判决解散禾润泰公司。宣判后,禾润泰公司不服提起上诉。

(四)二审判决

二审人民法院认为,基于以下理由,可以认定禾润泰公司出现了法律规定的解散事由:(1)根据工商登记资料,华鑫服装厂的投资人是王瑞华的妻子吴芳,经营场所是向禾润泰公司租赁的,住所地与禾润泰公司相同一。而吴芳在调查笔录中,明确现在禾润泰公司未拍卖厂房中工作的生产人员的工资是由华鑫服装厂支付的,故该部分生产人员实际是为华鑫服装厂工作。结合二审期间人民法院调取的税务查询资料中反映禾润泰公司近两年的纳税额均为零的事实,以及马美华、赵淑玲均称禾润泰公司实际已停止经营,人民法院认定禾润泰公司已处于非正常生产状态,解散禾润泰公司不影响社会的稳定。(2)鉴于禾润泰公司的经营项目是服装、床上用品的加工制造、布料销售、自营和代理各类商品及技术的进出口业务;王瑞华的妻子吴芳投资的华鑫服装厂的经营项目是服装、床上用品的加工制造,且两单位经营场所同一,经营范围也部分相同,有可能导致禾润泰公司的商业机会的丧失,进而影响禾润泰公司的股东利益。(3)本案中禾润泰公司持续2年以上无法召开股东会或者股东大会,公司经营管理发生严重困难,股东之间互不信任,已丧失了公司的人合性。(4)本案二审期间,禾润泰公司三方股东仍无法就由其中一个股东收购股份或者将股权转让或者以减资方式使公司继续存续达成一致意见,且3位股东中有2位股东要求解散公司。至于股东间的矛盾是因何原因引发等情况,对禾润泰公司应否解散不具有实际意义,也不是法定的公司解散条件。马美华和赵淑玲作为持有禾润泰公司全部股东表决权10%以上的股东,有权请求人民法院解散公司。据此判决驳回上诉,维持原判。

(五)焦点问题评析

有限公司的股东有条件召开股东会(或形成决议)而连续2年未召开的,虽然不能认定为公司已陷入股东会僵局或者表决权僵局,但是有限公司的控股股东利用其控制地位,侵占公司的资产和商业机会,并进行关联方利益输送,导致公司的人格和经营性特征发生根本性变化,并丧失经营条件的,属于"经营管理发生严重困难,公司继续存续会使股东利益受到重大损失"的情形,如无其他解决途径的,人民法院可根据股东的请求依法判决解散公司。

本案虽不存在召集或召开股东会的客观障碍,且由于禾润泰公司的章程对禾润泰公司的股东会出席股东人数和持股人数没有特殊要求,因此不可能就公司的经营管理事务出现表决权僵局。但实际上在控股股东的压迫状态下,禾润泰公司的两个少数股东即使理论上"能够"召开股东会,也不能最终纠正控股股东对公司业务经营和财产处分明显不当的行为。另外禾润泰公司连续 2 年未能召开股东会则充分说明了股东压迫情形下公司运行机制形同虚设,人格特征异化。且公司的控股股东存在明显的利益输送行为,公司的经营性特征发生重大变更,禾润泰公司已名存实亡。结合二审期间人民法院调取的税务查询资料中反映禾润泰公司近 2 年的纳税额均为零的事实,以及马美华、赵淑玲均称禾润泰公司实际已停止经营,足以认定禾润泰公司已处于非正常生产状态,解散禾润泰公司不影响社会的稳定。由于在案件审理期间,禾润泰公司三方股东仍无法就由其中一个股东收购股份或者将股权转让,或者以减资方式使公司继续存续达成一致意见,且 3 位股东中有 2 位股东要求解散公司,最终只能作出解散公司的判决。本案属于典型的控股股东压迫导致公司陷入经营管理困境的情形。

(六) 案例启示

本案控股股东王瑞华利用持股 60%的优势地位,排除另外两位股东的经营管理权,并肆意侵占公司资产(将公司厂房无偿提供给关联公司使用)和公司的商业机会,进行隐秘的关联方利益输送,导致股东之间利益严重失衡。如果公司利益相关者的利益已经严重不平衡,又无法使公司恢复到平衡状态,解散和清算是最终的解决办法。

认真研究《公司法》及其司法解释关于司法解散的规定,可以发现,公司僵局是股东申请公司解散的主要事由,不排除还有其他情形如本案的股东压迫。但需注意,公司发生股东压迫情形,并非一律解散,还需同时满足"经营管理严重困难"和"公司继续存续会使股东利益受到重大损失"的条件才可裁判司法解散。[①] 比如,最高人民法院审理的依不拉音·毛拉、艾力江·毛拉与阿瓦提县新世纪运输有限责任公司、买合木提·热依木、斯拉木·斯拉依、艾斯卡尔·莫明公司解散纠纷申请再审一案[②]。首先,新世纪公司注册资金为 50 万元,依不拉音·毛拉与艾力江·毛拉的股权仅为 15 万元,不足 1/3,故不足以形成僵局。由于公司僵局是解散公司的重要前提,而最高人民法院认为新世纪公司的股权结构决定了依不拉音·毛拉、艾力江·毛拉在公司中的地位,难以形成公司僵局。其次,依不拉音·毛拉、艾力江·毛拉二人认为自己受到了侵害,可以依据公司法的规定行使股东权利,即使依不拉音·毛拉、艾力江·毛拉与其他股东之间已经无法继续合作,可以

[①] 参见最高人民法院民事审判第二庭编著:《最高人民法院关于公司法司法解释(一)、(二)理解与适用》(第二版),人民法院出版社 2015 年版,第 125 页。

[②] 参见苏泽林、景汉朝主编:《立案工作指导》(总第 31 辑),人民法院出版社 2012 年版,第 112—114 页。

请求转让自己的股权以退出公司经营。现依不拉音·毛拉、艾力江·毛拉在未采取合法手段维护自己权利的情形下提起解散公司诉讼不应予以支持。目前新世纪公司名下80余辆车挂靠经营，承担着当地的客运任务，强制解散该公司，不但会损害公司股东利益，还将影响当地客运市场秩序，导致社会资源的浪费。因此，最高人民法院没有支持依不拉音·毛拉、艾力江·毛拉要求解散新世纪公司的诉求。

该案依中不拉音·毛拉、艾力江·毛拉二人虽是新世纪公司的小股东且受到大股东的压迫，但就目前人民法院查明的情况来看，新世纪公司的情况并不同时符合我国的公司法解散事由所设立的两大原则性标准即"经营管理"标准和"股东利益"标准的，依不拉音·毛拉、艾力江·毛拉完全可以采取合法手段，如通过行使股东知情权，召开临时股东会，转让、受让股权等各项权利来了解新世纪公司的经营状况、参与公司决策经营、要求分配利润或者退出公司以维护自己的合法权利，但二原告并未行使。

第二节　申请公司清算

一、公司清算概述

公司清算有广义和狭义之分。广义的公司清算，是指公司解散或宣告破产后，依照一定程序了结公司事务，收回债权，清偿债务并分配财产，最终使公司消灭的程序。换言之，广义的公司清算包括解散清算和破产清算。狭义的公司清算，仅指解散清算。本章主要阐述公司解散清算。

公司解散清算分为自主清算和强制清算。自主清算又称"自行清算"，是指公司解散事由出现后由公司自主选任清算人，按照法律及公司章程规定的程序进行清算，人民法院和公司债权人不直接干预公司清算事务。强制清算又称"司法清算"，是指公司出现解散事由后，未及时成立清算组，或清算组未能依法尽责清算，由公司股东或债权人向人民法院申请所启动的一种清算程序。

最高人民法院于2020年12月29日修改的《民事案件案由规定》，变更"264.申请公司清算"为新增加的第二级案由"四十二、公司清算案件"项下的第三级案由"420.申请公司清算"。据此，申请公司清算不再属于与公司有关的纠纷，而是公司清算案件。

二、申请公司清算中的常见法律问题

(一) 申请公司强制清算的条件

提起强制清算案件的实质要件包括两个方面:其一是具备适格的申请人与被申请人;其二是具备法律规定的启动事由。

(1)公司强制清算的申请主体

对此,根据2020年修正的《公司法解释二》第7条第2款的规定,债权人、公司股东、董事或其他利害关系人可以依法申请人民法院指定清算组进行清算。

(2)公司强制清算申请的被申请人

① 解散的公司是强制清算的被申请人。根据《关于审理公司强制清算案件工作座谈会纪要》第7条的规定,申请人应当向人民法院提交被申请人已经发生解散事由以及申请人对被申请人享有债权或者股权的有关证据。据此,强制清算申请的被申请人应是已经解散的公司。

② 清算组的地位。公司解散后,已经成立清算组的,但因拖延清算或者违法清算,债权人或股东向人民法院申请强制清算的,被申请人应当是公司,但由清算组负责人代表公司。

(3)公司强制清算的启动事由

由于强制清算中公司对清算事务的自主性大受限制,使得强制清算的程序运行要求比自主清算更为复杂,工作成本也相对较大,因此强制清算启动事由应由法律明确规定。《公司法》规定的强制清算启动事由仅为"逾期不成立清算组"一项,范围较窄,《公司法解释二》对此作了细化和突破,启动强制清算的事由可以分为:

①公司解散后逾期不成立清算组进行清算;

②虽然成立清算组但故意拖延清算;

③违法清算可能严重损害债权人或者股东利益。

(二) 申请公司强制清算的形式要件

为保障强制清算案件立案的严肃性,便于人民法院及时审查处理,要求申请人在提出申请的同时负有向人民法院提交相关文件和证据的义务,即要求当事人所提的申请满足形式要件。

1. 清算申请书

采用书面申请的形式可以抑制强制清算申请的随意性,也便于人民法院决定采用何种形式对申请进行审查。要求清算申请书必须列明申请人、被申请人的基本情况,申请的事实和理由。强制清算作为一种公权力行为,只能依据适格申请人的合法申请展开,因此申请书中必须明确载明申请人民法院进行强制清算的意愿。同时,必须说明基于何种原因提起申请,以便于人民法院审查其申请是否符合法律的规定。

2. 被申请人的主体资格证明文件

公司强制清算的对象必须是依据《公司法》和《公司登记管理条例》登记注册的公司法人,对于那些仅仅在名称中有公司字样的社会组织并不在强制清算处理的范围内。此外,被申请人的主体资格证明记载有该公司的基本信息,对于确定该项申请是否属于受理法院管辖也十分重要。

3. 申请人对被申请人享有债权或股东资格的证据

《公司法》及其司法解释对于申请强制清算的主体作出了明确的身份限定,只有具备债权人或者股东身份才能对公司提出强制清算申请。

(1)证明申请人享有债权或者与公司存在利害关系的证据

根据《关于审理公司强制清算案件工作座谈会纪要》第13条的规定,被申请强制清算的公司就申请人对其是否享有债权提出异议的,人民法院对申请人提出的强制清算申请应不予受理。但对上述异议事项已有生效法律文书予以确认,以及发生被吊销企业法人营业执照、责令关闭或者被撤销等解散事由有明确、充分证据的除外。因此,债权人向人民法院申请公司强制清算时,其债权应当是真实存在的并有相应的证据予以支持,如有经过被申请人认可的合同、合同履行的证据等原始凭证,同时该债权还应当在诉讼时效期间内。但如果被申请人对申请人的债权提出异议,该债权必须为生效法律文书所确认。

(2)证明申请人享有股东资格的证据

股东资格来源于投资者的投资行为,包括公司设立过程中的出资行为和公司成立后的股权转让行为、增资行为。一般认为,出资行为是取得股东资格的实质性证据,但股东资格也可以凭借一系列的形式化证据予以证明。公司章程、实际出资、股东名册、出资证明书、工商登记和实际行使股东权利可以作为证明取得股东资格的依据,但是这些证据对于证明股东资格的证明力并不相同。一般而言,在对股东提交的材料进行审查中,有关证明股东资格的证据应当作如下对待:第一,申请人提供股东名册、工商登记、公司章程及股东之间继承、转让、赠与股份的协议,如无相反证据,则可以证明其股东身份;第二,申请人提供出资证明书的或证明其实际出资或者实际行使股东权利的,应当通知申请人补充股东名册、工商登记及公司章程等其他材料予以佐证,如果不能提供的,则应当通知其进行确权,确认其股东身份后,其可另行提出强制清算的申请;第三,申请人提供证明其股东资格的证据材料,被申请人有异议的,则应对申请人提出的强制清算申请不予受理。

(3) 被申请人自行解散或依法被强制解散的证据

被申请人自行解散的,应提交被申请人的公司章程或决定解散公司的股东会(股东大会)决议;被申请人被依法强制解散的,应提交公司登记主管机关吊销公司营业执照、责令关闭、撤销公司的决定或人民法院解散公司的民事判决。

(4) 拖延清算及违法清算的证据

申请人以拖延清算及违法清算为由向人民法院申请对公司进行清算时还应提交公司自行成立清算组的证明文件,以及清算已出现僵局、清算组故意拖延清算或存在违法清算行为的证据。

(三) 公司清算的程序

请参见本书第六章第二节。

(四) 关于无法清算案件的审理

对于被申请人主要财产、账册、重要文件等灭失,或者被申请人人员下落不明的强制清算案件,人民法院经过向被申请人的股东、董事等直接责任人员释明法律规定及责任或采取罚款等民事制裁措施后,仍然无法清算或者无法全面清算,对于尚有部分财产,且依据现有账册、重要文件等,可以进行部分清偿的,应当参照企业破产法的规定,对现有财产进行公平清偿后,以无法全面清算为由终结强制清算程序;对于没有任何财产、账册、重要文件等,被申请人人员下落不明的,应当以无法清算为由终结强制清算程序。

债权人申请强制清算,人民法院以无法清算或者无法全面清算为由裁定终结强制清算程序的,应当在终结裁定中写明,债权人可以另行依据司法解释的规定,要求被申请人的股东、董事、实际控制人等清算义务人对其债务承担偿还责任。股东申请强制清算,人民法院以无法清算或者无法全面清算为由作出终结强制清算程序的,应当在终结裁定中写明,股东可以向控股股东等实际控制公司的主体主张相关权利。

因无法清算或者无法全面清算而终结清算程序,与依照企业破产法的规定依法清算,债务人确无财产可供分配而终结破产清算程序,其法律后果是截然不同的。因依法清算,债务人确无财产可供分配时终结破产清算程序的结果,是剩余债务不再清偿;债务人仅以其破产财产为限承担责任,债务人破产清算程序终结后,除破产程序终结之日起 2 年内发现有依法应当追回的财产或者债务人有应当供分配的其他财产的,可以追加分配外,对于债务人未能依破产程序清偿的债务,原则上不再予以清偿。而因债务人的清算义务人怠于履行义务,导致债务人主要财产、账册、重要文件等灭失无法清算而终结的,虽然债务人的法人资格因清算程序终结而终止,但其既有的民事责任并不当然消灭,而是应当由其清算义务人承担偿还责任。

(五) 举证责任分配

1. 掌握公司账册的大股东对公司财务情况承担举证责任。如云南省昆明市中级人民法院2014年审理徐兰芳等与何新生与公司有关的纠纷上诉案①。

2. 公司账目不清,各方股东均有责任的,均应承担义务。如湖南省永州市中级人民法院2016年审理汪志斌、王伟与陶敦军、周顺林申请公司清算纠纷案②。

三、申请公司清算诉讼指引

(一) 总体思路

公司清算是对公司内外法律关系的最终了结,涉及公司股东、职工、债权人等主体的利益甚至影响社会公共利益。因此,法律对公司清算的条件和程序作出了严格规定,这些规定属于强制性规定。故处理公司清算案件:

首先,应当从公司清算的条件和程序方面寻找案件突破口。

其次,在不违反法律强制性规定的前提下,公司清算应当遵守有关当事人在清算前及清算时就公司清算事宜达成的协议。因此,处理公司清算案件,需认真研究此类方案、协议及公司章程并从中寻找突破口。

最后,公司清算涉及众多主体的利益,应当坚持利益均衡保护原则,即利益平衡原则。一方面,需在利益平衡原则的指导下理解和把握法律关于公司清算的规定;另一方面,在法律规定不明或没有规定时运用利益平衡原则作出判断。

从以上几个方面入手找到案件突破口后,再结合下文中的"实务处理注意点"制定诉讼方案。关于如何制定诉讼方案,请参见本书第八章第三节和第四节。

(二) 实务处理注意点

1. 诉讼主体

详见前文"(1)公司强制清算的申请主体"部分。

2. 管辖

根据《公司法解释二》第24条的规定,解散公司诉讼案件和公司清算案件,由公司住所地人民法院管辖。基层人民法院管辖县、县级市或者区的公司登记机关核准登记公司的解散诉讼案件和公司清算案件;中级人民法院管辖地区、地级市以

---

① 参见云南省昆明市中级人民法院(2014)昆民五终字第20号民事判决书。
② 参见湖南省永州市中级人民法院(2016)湘11民终1274号民事判决书。

上的公司登记机关核准登记公司的解散诉讼案件和公司清算案件。

3. 财产保全

人民法院受理强制清算申请后,公司财产存在被隐匿、转移、毁损等可能影响依法清算情形的,人民法院可依清算组或者申请人的申请,对公司财产采取相应的保全措施。

强制清算程序是借助司法公权力,对解散后的公司财产及债权债务进行清理,终结公司存续资格的法律行为。被强制清算公司的财产必须首先用于清偿所有债权人的债权。对清算财产采取保全措施,目的是防止财产流失,最大限度地保障清偿,因而不存在因保全错误造成公司损失的可能性。基于此,申请人申请对清算财产采取保全措施的,不需要提供担保。

公司解散诉讼期间,人民法院依股东申请对公司财产采取保全措施的,在公司解散的判决生效后,为防止公司财产在公司依法清算之前流失,不宜马上解除财产保全措施,而应当保留一段时间。根据《公司法解释二》关于解散事由出现后,公司清算义务人组织自主清算的有 15 日的除斥期间,再加上自主清算可能出现障碍,债权人或者股东申请人民法院强制清算的合理期间为 30 日。30 日内,债权人或者股东提出强制清算申请,且申请对公司财产采取保全措施的,原公司解散诉讼期间采取的财产保全措施可以接续;超过 30 日的,债权人或者股东未提出强制清算申请的,或者提出强制清算申请后,未申请财产保全的,原公司解散诉讼期间采取的保全措施解除,从而便于公司解散诉讼期间的财产保全与公司强制清算期间财产保全措施的有效衔接。①

4. 诉讼时效

公司清算适用非讼程序,不适用诉讼时效。债权人申请强制清算虽无诉讼时效限制,但是必须以债权未超过诉讼时效为前提。否则未在诉讼时效期间内积极主张债权的债权人,对已不受法律保护的自然之债申请启动强制清算程序,等于变相得到了司法保护,诉讼时效制度被打破。因此,人民法院应依职权主动审查债权人的债权是否已超过诉讼时效,如已超过,不予受理。

如果公司在出现解散事由之日起 15 日内未成立清算组,公司债权人可向人民法院申请强制清算。

5. 举证

详见上文"申请公司强制清算的形式要件""举证责任分配"部分。

---

① 参见最高人民法院民事审判第二庭编著:《最高人民法院关于公司法解释(三)、清算纪要理解与适用》,人民法院出版社 2011 版,第 559—562 页。

四、典型案例评析

(一) 案情概要

案例:张爱娜与深圳爱车王子汽车销售服务有限公司申请公司清算案①

申请人:张爱娜

被申请人:深圳爱车王子汽车销售服务有限公司(简称"爱车王子公司")

张爱娜系爱车王子公司股东,张爱娜认为公司2013年3月1日的股东决议已形成了解散公司的一致决定,但公司逾期不成立清算组进行清算,故意拖延清算,违反了《公司法解释二》第7条第2款等规定,故申请人民法院强制清算。爱车王子公司提供2013年3月14日、2013年8月9日两次股东会决议,均决定不解散公司,公司继续经营。

(二) 争议焦点

爱车王子公司在作出解散公司的决议后又作出新的决议否定该决议,股东能否申请公司清算?

(三) 一审裁决

一审人民法院认为:首先,根据审理查明的事实可见,被申请人公司的股东在2013年3月1日之后的股东决议中,明确通过了不解散公司不进行清算的相关内容,决定继续经营公司,并且实际上也在继续经营该公司。其次,申请人虽然认为被申请人经营管理发生严重困难,继续存续会使其利益受到重大损失,想通过清算公司方式退出经营,但其他股东明确表示愿意购买申请人的股份,即其他股东提出了解决问题的其他途径,现有证据不能证明通过其他途径不能解决问题。最后,综合考虑其他股东、债权人以及公司多名员工不愿意解散公司的要求,保留被申请人公司不进行清算更符合公司设立及存续的本意,也更有利于维护社会的稳定。据此裁定驳回申请人要求对被申请人进行强制清算的申请。

(四) 二审裁决

二审人民法院认为,张爱娜虽然提交了2013年3月1日关于同意解散公司的股东会决议,但公司在2013年3月14日、2013年8月9日两次股东会决议均决定不解散公司,公司继续经营。上述2013年3月14日、2013年8月9日两次股东会决议有持表决权2/3以上股东签名,张爱娜未签名。现有证据显示,公司最后的股

---

① 参见广东省深圳市中级人民法院(2015)深中法破终字第1号民事裁定书。

东会决议否定了之前解散公司的股东会决议,应当以最后股东会决议为依据认定公司是否发生解散事由。张爱娜以 2013 年 3 月 1 日股东会决议为依据请求认定公司已经解散并且未依法清算,据此提出强制清算申请不符合法律规定,人民法院不予支持。至于张爱娜提出的关于股东会召集程序及公司经营情况等其他异议,属于公司是否应当解散的争议事项,不属于本案审查强制清算申请是否应当受理的实体问题,张爱娜应当另行提起诉讼。原审在收到强制清算申请后应当依法作出是否受理强制清算申请的裁定,在受理强制清算申请后发现强制清算申请不符合法律规定,应当裁定驳回强制清算申请。因此,原审裁定驳回强制清算申请不当,应予纠正,但考虑到错误表述对处理结果不产生实质影响,故人民法院予以维持。据此裁定驳回上诉,维持原裁定。

(五)焦点问题评析

股东会决议解散是公司解散的法定事由之一,解散之后应当对公司进行清算。本案申请人以第一次股东会决议解散公司为由,向人民法院提起诉讼,请求对公司进行清算。但公司关于是否解散有多份决议,在作出决定解散公司决议之后,公司通过股东会形成了新的决议,否定了之前的股东会决议。本案申请人依据旧决议申请公司清算不符合法定条件,故人民法院裁定驳回其申请。

(六)案例启示

法律规定了公司解散与清算的条件和程序,并允许当事人在不违反法律强制性规定的前提下决定公司解散与清算相关事宜,毕竟当事人是自己利益的最佳判断者。故一般情况下,公司股东会经再三考虑可重新作出新决议,撤销旧决议。如果当事人对于作出新决议的股东会召集程序有异议,可另行提起股东会决议无效之诉或撤销之诉。

第三节 清算责任纠纷

一、清算责任纠纷概述

(一)公司清算人的民事责任

公司清算人又称"清算组成员",是公司解散后具体执行公司清算事务的主体。公司清算期间,清算组是对内执行清算事务,对外代表公司处理债权债务的公司机关。

公司清算人在清算过程中,因故意或重大过失给公司或者债权人造成损失的,应当承担赔偿责任。

(二) 清算人的民事责任与清算义务人民事责任的关系

公司清算义务人,是指公司解散后,负有组织清算组,启动公司清算程序义务的主体。而公司清算人,是指公司解散后具体执行公司清算事务的主体。二者的人员构成、义务内容和义务性质不尽相同。尽管公司清算义务人和清算人在某些时候和某些部分会存在重合的情况,但二者承担的责任内容完全不同。前者承担的是组织公司清算的行为责任或者在不履行以及不能履行清算义务时的赔偿责任,后者承担的是因在具体执行清算过程中违反忠实和勤勉义务给公司或者债权人造成损失时的赔偿责任。

(三) 清算责任纠纷的含义

清算责任纠纷,是指清算组成员在清算期间,因故意或者重大过失给公司、债权人造成损失,应当承担赔偿责任的纠纷。[①]

清算责任纠纷不同于申请公司清算纠纷,清算责任纠纷类案件与申请公司清算纠纷类案件由于在名称上相似,法律关系主体也相似,故容易混淆。清算责任纠纷类案件与申请公司清算纠纷类案件的主要区别在于:一方面,清算责任纠纷的审理要点是清算组成员在公司清算过程中有无过错,申请公司清算纠纷案件的审理要点是申请是否有事实和法律依据;另一方面,清算责任纠纷发生在公司清算之后,申请公司清算纠纷发生在公司清算之前。

二、清算责任纠纷的常见法律问题

(一) 公司清算人民事责任的构成要件

公司清算人的民事责任(简称"清算责任")在性质上属于侵权责任,其构成要件与侵权责任的构成要件相同,但由于清算责任受公司法的调整而有其特点。

第一,清算人实施了违法行为,即清算人从事清算事务时,违反了法律、行政法规或公司章程。

第二,清算人的行为造成了公司财产或债权人、股东利益的直接损失。比如,清算人的违法行为给公司财产造成的直接损失,如被清算公司有效资产的直接减损,或由于公司清算人疏于管理导致公司财产毁损甚至流失,或者由于清算人不积

[①] 参见最高人民法院民事案件案由规定课题组编著:《最高人民法院民事案件案由规定理解与适用》(2011年修订版),人民法院出版社2011年版,第402页。

极行使公司的债权导致因诉讼时效已过而无法得到法律保护。

第三,清算人的违法行为与公司财产或债权人、股东利益的损失之间具有法律上的因果关系。比如,因为清算人作为和不作为的违法行为直接导致了债权人债权的不能实现或者不能完全实现。

第四,清算人存在重大过错。由于清算事务纷繁复杂,若因些许疏忽即应承担责任,对于清算人未免过苛,因此,公司法进一步将清算人的过错限定在故意或重大过失。

(二)清算责任纠纷的当事人

1. 清算责任纠纷的原告:公司、股东、董事、公司其他利害关系人或者债权人

有权提起清算责任纠纷的原告比较明确,按照《公司法解释二》的规定,债权人、公司股东均可以申请人民法院指定清算组对公司进行清算。因此,债权人、公司股东均可以作为清算责任纠纷的原告。

《公司法》未规定申请强制清算股东的持股比例或持股期间。尤其对于小股东来说,因为不掌握公司控制权,无法自行开展清算,所以应赋予小股东申请强制清算的权利,避免小股东因为大股东不履行清算义务而承担清算义务人的责任。

需注意 2020 年修正的《公司法解释二》第 15 条第 2 款规定,执行未经确认的清算方案给公司或者债权人造成损失,公司、股东、董事、公司其他利害关系人或者债权人主张清算组成员承担赔偿责任的,人民法院应依法予以支持。

2. 清算责任纠纷案件的被告:清算人

需注意公司清算义务人与清算人的区别,此处不赘述,请参见上文。

(三)清算人过错的认定

公司清算人是指公司解散后具体执行公司清算事务的主体。公司清算人的民事责任是指公司清算人在清算过程中,因故意或者重大过失给公司或者债权人造成损失时应当承担的赔偿责任。

公司清算人的民事责任为过错责任,而且由于清算事务纷繁复杂,若因些许疏忽即应承担责任,对于清算组成员未免过苛,因此,公司法进一步将清算人的过错限定在故意或者重大过失。根据《公司法》第 189 条第 3 款的规定,清算组成员因故意或者重大过失给公司或者债权人造成损失的,应当承担赔偿责任。根据《公司法解释二》第 23 条第 1 款的进一步规定,清算组成员从事清算事务时,违反法律、行政法规或者公司章程给公司或者债权人造成损失,公司或者债权人主张其承担赔偿责任的,人民法院应依法予以支持。这是对清算人的故意或者重大过失行为的具体化,清算人违反法律、行政法规或者章程即表明其主观上存在故意或者重大过失。

(四) 清算人之间是否应当承担连带责任

这应当根据清算人过错行为违反的义务性质来确定。如果清算人的过错行为违反的是法律课以清算人个体的义务,比如不得侵占公司财产,不得收受贿赂,则仅由有过错的清算人承担赔偿责任。如果清算人的过错行为违反的是法律课以清算人整体的义务,比如适当公告的义务,则所有的清算人应当承担连带责任。①

(五) 清算组成员基于股东大会决议而实施违法行为是否承担民事责任

清算组成员实施违法行为既可能是为了谋取私利,亦有可能是为了执行股东大会的决议,比如根据股东大会决议放弃公司债权、拒绝清偿公司债务、不按股东出资比例或股份比例进行分配、不进行适当公告等。如果清算组成员的不当行为是基于股东大会决议作出的,清算组成员是否承担民事责任呢?这要根据具体情况而定。

如果股东大会决议内容违反法律、行政法规的强制性规定,比如要求清算组不按法定比例分配剩余财产或者仅在地方小报上公告公司解散清算事项,则根据《公司法》第22条第1款的规定认定该种决议无效,而且是当然无效、绝对无效、自始无效,清算组成员亦不能以无效的股东大会决议为依据请求免责。

如果股东大会决议的内容只是违反公司章程,比如公司章程规定,清算事项应当书面通知所有股东或者章程赋予某个股东优先购买公司特定财产的权利而股东大会决议与上述规定冲突,则只要清算组成员行为时股东大会决议尚未被依法撤销,清算组成员对公司就不承担个人责任,因为根据《公司法》第22条的规定该种决议只是可撤销,在其被依法撤销前,其仍然是有效的,清算组成员依其行事并不违反对公司的忠实义务和勤勉义务。

不过,如前文所述,清算组成员不仅对公司负有忠实义务和勤勉义务,由于清算中公司的特殊目的,清算组成员的清算工作直接会影响到债权人的利益,其对依法实现债权人的利益同样负有义务。故清算组成员不能以其行为系根据股东大会决议作出而对抗公司债权人,比如公司股东大会决议放弃对关联公司的债权或者担保,则公司债权人可以以清算组成员的故意行为给自己造成损失为由,请求承担赔偿责任。②

(六) 公司清算完毕注销后,债权人可否追究清算组成员违法行为的民事责任

根据《公司法解释二》第23条的规定,公司清算完毕注销后,公司股东可以参

---

① 参见最高人民法院民事审判第二庭编:《公司案件审判指导》,法律出版社2014年版,第618页。
② 参见最高人民法院民事审判第二庭编著:《最高人民法院关于公司法司法解释(一)、(二)理解与适用》,人民法院出版社2015年版,第509页。

照《公司法》第151条第3款的规定,直接以清算组成员为被告向人民法院提起诉讼,但是并未规定债权人是否可以在公司注销登记后起诉清算组成员。之所以没有规定,是因为在公司解散清算下,债权人的利益是均得金额实现的,因此,即使存在清算组未依法清算的行为,但未造成债权人受损的结果,就不存在债权人追究清算组成员赔偿责任的情形。[①] 不过,笔者认为,若清算组违法清算的行为未造成债权人受损的,就不能追究清算组成员的赔偿责任;若清算组违法清算的行为造成债权人受损的,则债权人可依据《公司法》第189条第3款的规定,追究清算组成员违法清算行为的民事责任。

三、清算责任纠纷诉讼指引

(一)总体思路

清算责任属于侵权责任,应符合侵权责任的基本构成要件。由于此类纠纷主要受公司法调整,故该类纠纷的构成要件及其认定具有自身特点,具体详见上文"公司清算人民事责任的构成要件"。处理此类纠纷的总体思路是准确把握清算责任的构成要件及特点,并在此基础上结合个案具体情况制定诉讼方案,关于如何制定诉讼方案,请参见本书第八章第三节和第四节。

(二)实务操作注意点

1. 诉讼主体

股东或债权人为原告,清算组成员为被告。如果诉讼时公司尚未注销,债权人作为原告提起清算责任纠纷诉讼的,则应当将公司列为第三人。

由于股东起诉清算组成员是为了维护全体股东利益,部分股东提起清算组成员责任纠纷诉讼,应当列其他股东为第三人;原告未列其他股东为第三人,人民法院应通知其他股东参加诉讼,可根据情况追加其为共同原告或列为第三人。如果其他股东明确表示放弃权利的,可以不参加诉讼。

2. 诉讼管辖

根据《公司法解释二》第24条的规定,解散公司诉讼案件和公司清算案件由公司住所地人民法院管辖。基层人民法院管辖县、县级市或者区的公司登记机关核准登记公司的解散诉讼案件和公司清算案件;中级人民法院管辖地区、地级市以上的公司登记机关核准登记公司的解散诉讼案件和公司清算案件。

如债权人向清算组成员提出请求的基础是其与被清算公司之间基于合同或其

[①] 参见最高人民法院民事审判第二庭编著:《最高人民法院关于公司法司法解释(一)、(二)理解与适用》,人民法院出版社2015年版,第510页。

他法律关系而产生的债权债务关系,以及因清算组成员违法清算而导致其债权受损害,则本案由被另外的基础法律关系纠纷案由所吸收,可由对基础法律关系纠纷案有管辖权的人民法院管辖,如下文所评析的典型案例。

3. 诉讼时效

清算责任纠纷适用诉讼时效。因清算责任纠纷为侵权纠纷,债权人、公司应当自知道或者应当知道侵权事实之日起3年内提起诉讼。

4. 举证

一般谁主张谁举证。原告主要围绕被告行为符合清算人民事责任构成要件进行举证,被告可以围绕适用范围抗辩、构成要件抗辩、免责抗辩和减轻责任抗辩进行举证。

四、典型案例评析

(一) 案情概要

案例:成都华诚信息产业有限公司与江苏济川制药有限公司技术转让合同纠纷案①

原告:江苏济川制药有限公司(简称"济川公司")

被告:成都华诚信息产业有限公司(简称"华诚公司")

被告:陈晓进

被告:陈谨

被告:李文军

2005年2月5日,济川公司(甲方)与和康公司(乙方)签订《灯黄注射液技术转让合同》,合同约定:和康公司将其拥有独立知识产权和专利权的中药新药灯黄注射液独家转让给济川公司,并确保甲方取得该新药生产批件,转让价款为980万元。如乙方未能获得专利,则转让费减少100万元;如灯黄注射液开发过程中侵犯他人专利导致项目无法开展,则解除合同,乙方应在甲方主张权利之日起15日内退回甲方所支付的所有转让费,同时赔偿其经济损失。具体地,乙方负责取得国家药监局的临床批文,并支付相关费用;负责该产品Ⅰ、Ⅱ、Ⅲ期临床试验的所有工作和支付相关费用;负责在2006年6月30日前获得该项目的国家药监局临床批件,负责该产品报生产资料的整理和完善,在2008年6月30日前完成该产品报生产所需临床研究资料及技术资料的整理并移交甲方,同时支付所发生的相关费用;负责该产品申报临床和申报生产过程中技术、临床资料的及时补充与完善,并支付与

---

① 参见江苏省高级人民法院(2010)苏知民终字第0111号民事判决书。

之相关的费用;辅导甲方进行连续 3 批中试样品的生产,协助甲方完成申报生产批件工作等。甲方则负责根据不同阶段分四期支付转让费,其中第一期在合同签订之日起 45 天内将转让款 120 万元汇入乙方指定的银行账户;提供符合技术要求的生产条件,在乙方技术人员指导下制备灯黄注射液临床试验样品以及负责申报生产的工作及注册费用等。在合同"其他约定及违约责任"条款中,第 5 条第 6 款明确约定:"如该产品因技术原因未能获得国家药监局临床批件,责任由乙方承担,乙方应在甲方向乙方主张权利之日起十五日内退还甲方已支付的所有转让款,并承担由此给甲方造成的经济损失;临床研究中如因该药品的安全有效性导致临床试验失败或申报生产的技术资料不符合国家药监局的规范要求而导致申报生产失败,责任由乙方承担,乙方应在甲方向乙方主张权利之日起十五日内退还甲方已支付的所有转让款,并承担由此给甲方造成的经济损失……"

2005 年 3 月 18 日,济川公司依约向和康公司支付第一期技术转让费 120 万元。和康公司亦向国家药监局申报该产品临床批件。2008 年 9 月 9 日,国家药监局下发第 2008L08718 号"审批意见通知件"。通知件中"审批意见"载明:"经审查,不符合药品审批的有关规定,不批准本品进行临床试验。理由如下:本品为申报临床研究的中药复方注射剂。经审评认为本品现有资料立题依据不充分,提供的组方合理性研究资料其试验方法不合理,不能说明组方合理性,未进行与口服比较试验,未进行药代动力学探索;质量可控性研究、无菌保证工艺研究与验证等方面不符合要求;未进行遗传毒性试验和生殖毒性试验等,现有资料尚不能提示本品进行临床试验的安全性。综上,现有研究在立题依据、安全性研究、质量控制等方面不符合要求。"

2009 年 2 月 3 日,济川公司向江苏省泰兴市公证处申请证据保全公证。当日,在该公证处办证大厅,由济川公司申请公证保全的委托代理人田刚操作计算机,公证机关对其打开相关网页的过程予以实时公证,并对有关页面内容进行了实时打印。同年 2 月 6 日,江苏省泰兴市公证处出具(2009)泰兴证民内字第 78 号公证书。公证过程中实时打印的相关网页内容显示:国家药监局药品审评中心于 2005 年 10 月 9 日对灯黄注射液(收审号为 CXZL0500438)开始审评,审评进度为一般审评,适应症分组为心血管,任务类型为新报资料。当前技术审评意见建议为不批准,审评中心结束该注册申请的审评工作,于 2008 年 8 月 12 日报国家药监局审批。通过国家药监局行政受理服务中心"行政许可事项综合查询"栏目查询的结果为受理号为 CXZL0500438 川,企业名称为和康公司,办理状态为制证完毕——已发批件四川省 EF59771657CN,状态开始时间为"2008-09-22 15:48:56"。

2009 年 12 月 1 日,济川公司向江苏省泰兴市公证处申请证据保全公证。当日,在公证处办证大厅,由济川公司证据保全公证的委托代理人邵建国操作计算机,公证机关对其打开有关网页的过程进行了实时公证,并对有关页面内容予以实时打印。同年12月3日,公证机关出具(2009)泰兴证民内字第1957号公证书。公证书所附实时打印的四川省药监局网站"批件发放公告"页面登载了"药品注册批件领取清单(2008-09-22)"。该清单项下为"邮寄四川省批件清单2008-09-22"影印件,其中载明:受理号为CXZL0500438川,品名为灯黄注射液,申请单位为和康公司,发证日期为2008年9月9日,批件数量为3份等。该影印件上表格的设置、栏目划分以及影印件内容与济川公司提交的证据4"邮寄四川省批件清单"签收单内容相同。签收单内容显示:国家药监局审批意见通知件由郑浣莎于2008年10月8日领取。郑浣莎为和康公司综合部工作人员。

另查明,和康公司由邹康、陈晓进、罗克柱、李永玲、陈谨、唐灿及李文军等7名自然人投资,成立于2001年11月2日。其经营范围为:中西药、保健品的研究、开发、技术转让及咨询;化工产品(不含危险品)的生产、销售;货物进出口、技术进出口(法律、行政法规禁止的除外;法律、行政法规限制的取得许可后方可销售)。2004年2月2日,和康公司股东会决议将公司原股东邹康所持公司股份转让给华诚公司,公司注册资本亦由100万元增加至500万元,并向工商行政管理机关申请办理了公司变更登记手续。

华诚公司成立于1999年1月18日,经营范围为:计算机应用软件的开发、销售、系统集成;信息产业的开发、咨询、技术转让和技术服务;批发、零售、代购、代销计算机、汽车零部件、化工产品(不含危险品)、建筑材料、五金交电;自营进出口权(以进出口企业资格证书为准)。

还查明,2008年8月20日,和康公司股东会决议解散公司,并由全体股东组成清算组对公司进行清算。清算组成员有陈晓进、罗克柱、陈谨、唐灿、李文军、李永玲和冯洪波(华诚公司委派),冯洪波担任清算组负责人。当日,清算组向成都高新工商局申请备案登记。同年8月22日,清算组在《天府早报》(由四川日报报业集团主办、天府早报社出版,国内统一刊号CN51-0104)上刊登公告,通知相关债权人、债务人自公告之日起45日内到公司清理债权债务。

2008年10月6日,清算组称其于公告之日起45天内完成清算工作,并出具清算报告。清算报告载明:清算组对公司资产进行了清算,支付清算费用、公司职工工资、社会保险费及法定补偿金、所欠税款及公司对内对外所有债务共计15万元人民币;清偿公司债务后的剩余财产,由陈晓进与华诚公司按41.5%、58.5%的比例进行分配,其他股东不再参与公司剩余财产的分配。当日,和康公司全体股东形成股东会决议,内容为:其一,因公司经营出现严重亏损,依法注销公司;其二,一致通过清算组清算报告;其三,公司债权债务已清算完毕,公司无债权债务。清算组向工商行政管理机关出具的《公司注销登记申请书》亦称债权债务已清理完毕。

同年10月10日,成都高新工商局收到和康公司提交的注销登记申请材料,后核准注销了和康公司。

(二)争议焦点

1. 本案适用合同纠纷管辖还是公司纠纷管辖?
2. 清算组成员应否对债权人承担民事责任?

(三)一审判决

一审人民法院认为:

1. 关于本案管辖权问题

一审人民法院对本案具有管辖权。理由是:第一,关于一审人民法院具有管辖权,业经江苏省高级人民法院(2009)苏民三立终字第0053号民事裁定书确认。作为终审裁定,其所具有的确定力与约束力,不仅对诉讼当事人,对人民法院亦产生相应的法律效力。第二,济川公司得以向华诚公司、陈晓进、陈瑾及李文军有所请求的基础是其与和康公司之间基于技术转让合同而产生的债权债务关系,以及组成清算组的原和康公司股东未依法履行清算义务而导致其债权受损害。因而,济川公司与和康公司之间的技术转让合同法律关系是确定和康公司是否负有返还济川公司涉案120万元技术转让费并赔偿经济损失义务的基础事实。如果济川公司对和康公司享有上述债权请求权,则和康公司负有相应的对待给付义务。和康公司的解散并不能使其存续期间对外经营活动中产生的债权债务关系自然消弭,按照法律规定的方式、程序对公司资产、负债、股东权益等公司的状况进行全面的清理和处置,清理债权债务,处理公司财产,了结公司各种法律关系,并最终消灭公司法人资格,是清算组的法定职责。就本案而言,济川公司与和康公司之间纠纷的实存性以及华诚公司与陈晓进对济川公司上述债权请求权所提出的抗辩也表明清算组对和康公司的解散清算行为并没有消灭济川公司与和康公司之间的法律关系。这也是判断组成清算组的和康公司股东应否承担相关民事责任的首要前提。如果判定作为和康公司清算组成员的原公司股东承担相应的民事责任,这也是基于和康公司所负给付义务,清算组成员清算过程中存在可得归责的事由,而在对济川公司承担技术转让合同相应法律后果的义务主体上的转承。因此,按照技术转让合同所确立的相关管辖规则,一审人民法院对本案具有管辖权。

2. 和康公司应返还济川公司技术转让费120万元,并赔偿相应的经济损失

(略)

3. 华诚公司、陈晓进、陈瑾及李文军由于故意或者重大过失,造成济川公司损失,应承担共同赔偿济川公司120万元经济损失及利息损失的民事责任

根据《公司法》第184条的规定,清算组有处理与清算有关的公司未了结业务,

清理公司债权、债务的职权。职权是责任与权利的统一，非经合法程序，清算组无权取舍。本案中，清算组未依法清理和康公司债权债务，且主观上具有故意或者重大过失，其表现在：

第一，和康公司清算组未依法将公司解散清算事宜通知债权人，导致济川公司未及时申报债权而未能获得清偿。根据《公司法》第185条规定，清算组应当自成立之日起10日内通知债权人，并于60日内在报纸上公告。债权人应当自收到通知之日起30日内，未接到通知书的自公告之日起45日内，向清算组申报其债权。《公司法解释二》第11条第1款则规定，公司清算时，清算组应当按照《公司法》第185条的规定，将公司解散清算事宜书面通知全体已知债权人，并根据公司规模和营业地域范围在全国或者公司注册登记地省级有影响的报纸上进行公告。因此，对公司解散清算事宜，清算组除负有以书面方式通知的义务外，还负有根据和康公司的规模和营业地域范围选择适当媒体将公司解散清算事宜予以公告的义务。本案中清算组选择刊登公告的《天府早报》，其虽有国内统一刊号，但国内统一刊号仅是经国家新闻出版管理部门批准登记的报刊的每一个版本都具有的一个唯一的标准编码。报刊国内统一刊号的分配不以其发行范围为限，具有国内统一刊号的报纸并不当然表明其在全国范围内发行。本案中，华诚公司、陈晓进、陈瑾及李文军均未提供其他证据证明《天府早报》的发行范围与和康公司营业地域范围相当，或者其发行范围覆盖到济川公司住所地所在省市，故应认定清算组履行公告通知义务的方式违背相关法律、司法解释的规定，并导致济川公司未能及时申报债权。

第二，和康公司股东会决议解散公司时，清算组对和康公司与济川公司技术转让合同所处的履行阶段是明知的，和康公司进入解散清算程序，对其在存续期间内与济川公司尚未履行完毕的技术转让合同是解除还是继续履行，清算组虽有权作出决定，但应当将该决定内容通知济川公司，以了结济川公司与和康公司之间的合同关系。然而，华诚公司、陈晓进、陈瑾及李文军并未提供其在清算期间已履行相关通知义务的证据。

第三，在债权申报期间，清算组收到国家药监局不批准进行临床试验的《审批意见通知件》，但并未将对和康公司与济川公司之间合同履行具有重大意义的事实向济川公司通报。根据《民法通则》第154条的规定，民法所称的期间按照年、月、日、小时计算。规定按照日、月、年计算期间的，开始的当天不算入，从下一天开始计算。期间的最后一天是星期日或者其他法定休假日的，以休假日的次日为期间的最后一天。本案中《天府早报》刊登公告时间为2008年8月22日，债权人申报债权期间因国庆长假的原因，届满日应为2008年10月8日。因此，和康公司清算组于2008年10月8日收到国家药监局批件通知时，仍处于债权申报期间，清算组对此未作妥善处置，却径自向工商行政管理机关申请办理和康公司注销手续。

对 2008 年 10 月 8 日收到国家药监局《审批意见通知件》的事实,华诚公司与陈晓进均提出异议,一审人民法院认为,批件签收清单本质上属于公文书证,虽然济川公司在取得该证据的方式上存在瑕疵,但应考虑以下几点:(1)国家药监局药品审评中心相关网页内容显示,国家药监局已将相关批件邮寄四川省药监局,并标注了特快专递编号;相关时间与四川省药监局相关网页上《邮寄四川省批件清单 2008-09-22》显示的时间相同。(2)济川公司提交的批件签收清单打印件来源于四川省药监局,其内容亦与四川省药监局网页上显示的批件清单内容相同。(3)郑浣莎是批件清单的签收人,根据华诚公司提交的正常工资薪金明细报表与扣缴个人所得税报告表记载,郑浣莎为和康公司职工。(4)庭审中,华诚公司与陈晓进均对受领国家药监局《审批意见通知件》的事实予以认可。如果未在该日受领该批件或者签收人另有其人,华诚公司与陈晓进应提出反证予以证明。故华诚公司与陈晓进提出的上述异议不能成立。

第四,清算组出具的清算报告称,支付清算费用、公司职工工资、社会保险费及法定补偿金、所欠税款及公司对内对外所有债务共计 15 万元人民币。由此可知,清算组在对和康公司进行清算期间并没有清理和康公司与济川公司之间因技术转让合同所产生的债权债务关系。诉讼中,华诚公司与陈晓进虽辩称"清算组在清算时已查清和康公司不应退还 120 万元转让款并赔偿损失",但该观点不能得到清算组清算报告等证据的佐证,华诚公司与陈晓进也没有提交其他证据证明在清算期间清算组已对该债权债务关系依法进行了妥当的处置。即便如华诚公司与陈晓进所言,清算组清算时对济川公司与和康公司之间的债权债务关系进行过清理,一方面,这是对清算组明知和康公司与济川公司之间存在债权债务纷争事实的自认。另一方面,清算组对和康公司与济川公司之间纠纷的上述处理意见,仅是清算组的单方行为,并未获得济川公司认可,因而不能产生其所希冀的法律效力。而且,清算组关于不负返还义务的"决定权"不能免除其所负的通知义务,却事实上剥夺了济川公司对清算组核定和康公司债权债务的结果所享有的异议权。

综上,由于清算组对和康公司债权债务未依法清理,且清算组成员由于故意或者重大过失,使济川公司丧失了于清算程序中债权受偿的机会,给其造成经济损失,因此清算组成员应依法承担赔偿责任。

(四) 二审判决

二审人民法院认为:华诚公司应当对济川公司的损失承担赔偿责任。主要理由是:根据我国《公司法》第 185 条、第 190 条第 3 款的规定,清算组在清算期间应当通知,公告债权人,处理与清算有关的公司未了结的业务;管理债权、债务;清算组成员因故意或者重大过失给公司或者债权人造成损失的,应当承担赔偿责任。

本案中,华诚公司作为清算组成员,应当忠于职守,依法履行清算义务。华诚公司等清算组成员作为和康公司的股东,对涉案技术转让合同签订和履行情况应是明知的。由于涉案技术转让合同尚未履行完毕,作为和康公司未了结的业务,清算组应当对该合同是继续履行还是解除做出处理,但却怠于履行职责,未依法通知济川公司,也未举证证明就该债权债务关系依法进行了处理。清算组成员存在故意或者重大过失,由此给济川公司造成的经济损失,理应依法承担赔偿责任。

(五) 焦点问题评析

根据《公司法》第 185 条、《公司法解释二》第 11 条第 1 款的规定,清算组应当自成立之日起 10 日内,将公司解散清算事宜以书面形式通知全体已知债权人,并应当在 60 日内根据公司规模和营业地域范围,在全国或者公司注册登记地省级有影响的报纸上进行公告。华诚公司等清算组成员作为和康公司的股东,对涉案技术转让合同签订和履行情况应是明知的,却未依法通知济川公司,清算组成员存在故意或者重大过失,给济川公司造成了经济损失,符合清算人承担民事责任的构成要件,应依法向债权人承担赔偿责任。

(六) 案例启示

该案提醒律师参与公司清算业务,须严格遵守法律、行政法规和公司章程的规定,尤其涉及债权人的相关通知及公告须谨慎尽职,否则将要承担清算责任。因为债权通知和公告中的时间、地点、方式及需要提交的证明材料等,内容不详尽有可能会造成债权人申报债权失败,因此债权通知和公告内容不详尽构成清算组未依法履行通知和公告义务。

第十六章 外商投资纠纷

近年来,随着我国改革开放进一步发展,外商投资环境不断改善,随着外商投资企业迅猛发展,外商投资企业领域发生的纠纷因而也越来越多。据调查,外商投资案件量约占涉外民商事案件量的20%。从外商投资企业的设立、变更到终止各个环节产生的纠纷在司法实践中都有所体现,诸如中外合资经营企业合同纠纷、中外合作经营企业合同纠纷、外商投资企业股权转让纠纷、外商投资企业股权确权纠纷、外商投资企业解散和清算纠纷等类案件有较大幅度的增加。但《民事案件案由规定》仅在"与企业有关的纠纷"中规定了"中外合资经营企业合同纠纷"和"中外合作经营企业合同纠纷"两类外商投资纠纷。

本章共两节,分别阐述外商投资纠纷概述,中外合资、合作经营企业合同纠纷。

第一节 外商投资纠纷概述

一、外商投资及其监管政策变迁

(一)外资投资及其特点

外商投资,是指外国的自然人、企业或者其他组织(简称"外国投资者")直接或者间接在中国境内进行的投资活动,包括下列情形:(1)外国投资者单独或者与其他投资者共同在中国境内设立外商投资企业;(2)外国投资者取得中国境内企业的股份、股权、财产份额或者其他类似权益;(3)外国投资者单独或者与其他投资者共同在中国境内投资新建项目;(4)法律、行政法规或者国务院规定的其他方式的投资。

我国利用外商直接投资的方式包括绿地投资和棕地投资。所谓绿地投资,是指外国投资者依照外商投资法律新设企业,从零开始组织并整合生产经营要素。棕地投资,又称"外资并购",是指外国投资者购买中国境内企业的股权(股份)或资产的法律行为。

对外国投资者的判断依据是资本控制说,而不是注册地说。因此,我国法律将外商投资性公司、外商投资创业投资企业和外商投资合伙企业视为外国投资者。

虽然它们是中国公司或企业,但在进行中国境内的投资时,中国法律将它们视为外国投资者并据以确认其外商投资企业的法律性质及相关的法律适用规则。这是律师处理外商投资业务时首先必须注意的问题。

所谓中国境内企业,是指依据中国法律并经中国工商行政管理机关登记在中国境内设立的公司、企业以及其他经济组织。判断依据是注册地说,而不是资本控制说。

外商投资企业,是指全部或者部分由外国投资者投资,依照中国法律在中国境内经登记注册设立的企业。

与境内投资相比,外商投资有其特殊性:(1)外商投资的主体是外国投资者,而境内投资的主体是本国投资者。(2)外商投资除了原则上受内外资一致原则市场准入监管外,还要受到外资准入监管。

(二)外资监管政策主要变迁

外商投资法律及政策纷繁庞杂,律师如果对于包括外资并购监管在内的外商投资法律、政策及其变迁和商业常识缺乏基本的了解,就很难窥见外资投资业务的门径。

改革开放后,我国先后颁布了《中外合资经营企业法》《中外合作经营企业法》《外资企业法》及其配套的实施条例、细则,建立了我国外商投资基本法律框架,但直到1995年前没有出台专门监管外资并购的政策。这时候的外资并购,是依据《公司法》《中外合资经营企业法》《中外合作经营企业法》《外资企业法》等法律对境内企业进行并购。

随着"中策现象""北旅事件""江铃事件"[①]被媒体广泛报道,外资并购国企产生的许多问题引起监管层关注,我国对外资并购监管自1995年9月23日开始由宽松转为限制,后又由限制转为适度限制,由适度限制转为加强监管,再由加强监管发展到目前外资监管便利化。其间标志性的监管文件主要有:国务院办公厅转发国务院证券委员会《关于暂停将上市公司国家股和法人股转让给外商请示的通知》、国家经济贸易委员会《关于国有企业利用外商投资进行资产重组的暂行规定》、对外贸易经济合作部、国家税务总局、国家工商行政管理总局、国家外汇管理局联合发布《外国投资者并购境内企业暂行规定》(俗称"2003规定")、六部委联合发布《关于外国投资者并购境内企业的规定》代替"2003规定",之后商务部2009年发布的《关于外国投资者并购境内企业的规定》(俗称"10号令"),以及四十余项产业、行业性外资监管文件。

---

① 参见孙效敏:《外资并购境内企业监管研究》,北京大学出版社2010年版,第2—3页。

2016年9月3日,全国人大常委会修改《中外合资经营企业法》《中外合作经营企业法》《外资企业法》,对外资监管由"普遍审批制"转为"有限审批制",拉开了外资监管便利化的序幕。2016年10月8日,商务部发布《外商投资企业设立及变更备案管理暂行办法》,同年11月发布商务部《关于废止部分规章的决定》,废止了《外商投资商业领域管理办法》等部分外资监管规章。随后,有关部门陆续修改有关外资监管文件。

2019年3月15日,全国人民代表大会通过《外商投资法》;同年12月26日,国务院发布《外商投资法实施条例》。随着我国继续大力引进外资及《外商投资法》的实施,与外资监管相关的许多法规和规章将陆续被修改或废止,律师对此应当予以关注,经常更新外资监管政策文件夹。

二、外资准入新制度的主要内容

《外商投资法》实施后,外商投资的准入包括市场准入和外资准入。市场准入是各类市场主体进入我国境内市场都要获得的准入许可。外资准入是专门针对外商投资的准入。

(一) 负面清单管理制度

根据《外商投资法》第4条的规定,我国对外商投资实行准入前国民待遇加负面清单管理制度。所谓准入前国民待遇,是指在投资准入阶段给予外国投资者及其投资不低于本国投资者及其投资的待遇;所谓负面清单,是指国家规定在特定领域对外商投资实施的准入特别管理措施。国家对负面清单之外的外商投资,给予国民待遇。负面清单由国务院发布或者批准发布。《外商投资法》第28条对此作出了进一步规定,第30条第2款则作出了例外规定。

(1)《外商投资准入负面清单》中禁止投资的领域,外国投资者不得投资

对于禁止外商投资的领域,外商投资准入负面清单逐一列明,确定红线,给外国投资者以合理预期。

(2)投资《外商投资准入负面清单》之内的非禁止投资领域,需取得外资准入许可

对于外商投资准入负面清单之内的非禁止投资领域,外商投资准入负面清单将限制条件列明,外国投资者进行投资应当符合负面清单规定的条件。《外商投资准入负面清单》(2020年版)中,比较典型的限制条件有:①外资股比限制,即外商投资持股不得超过一定比例;②高级管理人员要求,即外商投资企业的特定高级管理人员(如法定代表人)只能由中方担任,或者中方管理人员不得低于一定比例;③投资方式限制,如医疗机构限于合资、合作。

（3）《外商投资准入负面清单》以外的领域，原则上按照内外资一致的原则实施管理

对于外商投资准入负面清单以外的领域，外国投资者可以同境内投资者一样进行投资，接受同样的监管。也就是说，外商投资适用与境内投资相同的准入标准、条件和程序。

国家发展改革委、商务部发布的《市场准入负面清单》(2019年版)，对外商投资准入负面清单以外的领域的市场准入作出了明确列举，按照内外资一致的原则平等适用于各类市场主体，包括外国投资者、外国投资企业。也就是说，各类市场主体进入《市场准入负面清单》(2019年版)列举的特定行业、领域需要办理行政许可(同等适用于内资和外资)。《市场准入负面清单》(2019年版)包含禁止和许可两类事项。其中明确规定：①对禁止准入事项，市场主体不得进入，行政机关不予审批、核准，不得办理有关手续；②对许可准入事项，包括有关资格的要求和程序、技术标准和许可要求等，由市场主体提出申请，行政机关依法依规作出是否予以准入的决定；③对市场准入负面清单以外的行业、领域、业务等，各类市场主体皆可依法平等进入。

（4）投资《外商投资准入负面清单》以外领域的少数特殊行业如文化、金融行业，需取得行政许可

基于外商投资管理的需要，我国法律、行政法规也对外商投资文化、金融等少数特殊行业规定了专门的行政许可事项；对此，外国投资者也应当依法办理行政许可手续方能进行投资。例如，《中外合作办学条例》第12条第1款规定，申请设立实施本科以上高等学历教育的中外合作办学机构，由国务院教育行政部门审批；申请设立实施高等专科教育和非学历高等教育的中外合作办学机构，由拟设立机构所在地的省、自治区、直辖市人民政府审批。按照《外商投资法》第30条第2款的规定，除非有关法律、行政法规另有规定，有关主管部门应当按照与内资一致的条件和程序，审核外国投资者的许可申请。这里需要注意的是，虽然设定行政许可的依据不止法律、行政法规，但如果要对特定行政许可事项设定内外资不一致的条件和程序，只能在法律、行政法规中规定；地方性法规、规章、规范性文件等不得设定，即使设定了也无效。

(二) 外商投资项目核准、备案制度

根据《外商投资法》第29条的规定，外商投资需要办理投资项目核准、备案的，按照国家有关规定执行。

现行《外商投资项目核准和备案管理办法》以国务院2013年发布的《政府核准的投资项目目录》(2013年本)为依据确定实行核准制的外商投资项目范围，目

前该目录已经更新至《政府核准的投资项目目录》(2016年本)。具体标准是：①对关系国家安全、涉及全国重大生产力布局、战略性资源开发和重大公共利益等项目，不论内资、外资，均同等实行核准管理；②对外商投资少数限制类项目也实行核准管理；③对其他项目则实行备案管理。

现行外商投资项目核准程序是：①拟申请核准的外商投资项目按国家有关要求编制项目申请报告，并附相关证明、审批文件等。②项目核准机关根据需要履行报批程序，商请有关行业主管部门出具书面审查意见、委托咨询评估、征求公众意见、开展专家评议等。③项目核准机关自受理项目核准申请之日起20个工作日内，完成对项目申请报告的核准；经本部门负责人批准，可以延长10个工作日；委托咨询评估和进行专家评议所需时间不计入核准期限。④对予以核准的项目，项目核准机关出具书面核准文件，并抄送相关部门；对不予核准的项目，应书面说明理由，并告知项目申报单位享有依法申请行政复议或者提起行政诉讼的权利。

现行外商投资项目备案程序是：①项目申报单位提交项目和投资方基本情况等信息，并附相关材料；该项目需符合国家有关法律法规、发展规划、产业政策及准入标准等。②对不予备案的外商投资项目，地方投资主管部门应在7个工作日内出具书面意见并说明理由。

(三) 对外商投资金融领域实行特殊管理制度

金融领域的外资管理比较特殊。因此，《外商投资法》第41条专门规定，对外国投资者在中国境内投资银行业、证券业、保险业等金融行业，或者在证券市场、外汇市场等金融市场进行投资的管理，国家另有规定的，依照其规定。实践中，《商业银行法》《保险法》《外资银行管理条例》《外资保险公司管理条例》等，都作了与其他一般行业不同的规定；同时，外国投资者在中国境内的股票市场、债券市场、外汇市场进行投资的，如购买上市公司股票，在管理上也不能与其他领域适用完全相同的管理制度。例如，《商业银行法》第92条规定，外资商业银行、中外合资商业银行、外国商业银行分行适用本法规定，法律、行政法规另有规定的，依照其规定。《外资银行管理条例》则在外资银行的设立与登记、业务范围、监督管理、终止与清算、法律责任等方面都作出了特殊规定。又如，《商业银行法》第13条规定，设立全国性商业银行的注册资本最低限额为10亿元人民币。设立城市商业银行的注册资本最低限额为1亿元人民币，设立农村商业银行的注册资本最低限额为5000万元人民币。《外资银行管理条例》第8条则规定，外商独资银行、中外合资银行的注册资本最低限额为10亿元人民币或者等值的自由兑换货币。

(四) 外资并购监管制度

外资并购即棕地投资，除了受上述绿地投资的监管，还受专门针对外资并购政策的监管。

目前,专门针对外资并购的政策主要有:①《关于外国投资者并购境内企业的规定》;②《外商投资企业合并与分立规定》;③《关于外商投资企业境内投资的暂行规定》;④《关于建立外国投资者并购境内企业安全审查制度的通知》《自由贸易试验区外商投资国家安全审查试行办法》《商务部实施外国投资者并购境内企业安全审查制度的规定》等法规。

此外,外资并购还要受到与内资并购同样的反垄断审查监管。

三、外商投资纠纷及其类型

所谓外商投资纠纷,是指境外的自然人、企业或其他组织(以下统称"境外投资者""外商")直接或间接在中国境内进行投资活动所产生的纠纷。

按照外商投资活动的不同类型,外商投资纠纷可以分为涉外的与企业有关的纠纷、涉外的与公司有关的纠纷和涉外的非企业形式的外商投资纠纷三种类型。换言之,公司纠纷的各种类型在外商投资纠纷中均常见,在此不一一列举。

司法实践中,最常见的外商投资纠纷主要有以下几类:①中外合资经营企业合同纠纷;②中外合作经营企业合同纠纷;③外商投资企业股权转让纠纷;④外商投资企业股权确权纠纷;⑤外商投资企业解散和清算纠纷;⑥外商投资企业知情权纠纷;⑦外商投资企业董事会决议纠纷。

四、外商投资纠纷的法律适用

(一)外商投资纠纷的一般法律适用问题

与内资投资纠纷相比,外商投资纠纷具有以下特点:①外商投资纠纷的主体具有涉外因素,通常一方为境外投资者或外商投资企业。②外商投资除了受到市场准入监管,还受到外资准入监管。外商投资纠纷的上述特点,使其在法律适用方面具有一定的特殊性,有别于普通的公司纠纷。

实体法律方面,处理外商投资纠纷所适用的法律,不仅包括适用于普通公司纠纷的《公司法》《公司登记管理条例》等公司法方面的法律、法规和司法解释,还包括《外商投资法》《外商投资法实施条例》《外商投资法解释》《外商投资纠纷解释一》《关于外国投资者并购境内企业的规定》《商务部实施外国投资者并购境内企业安全审查制度的规定》等一系列外商投资法律、法规和司法解释。

程序法律方面,在适用《民事诉讼法》时,通常要优先适用第四编"涉外民事诉讼程序的特别规定"及相关司法解释。

(二)外资准入新制度下的审批问题

1. 外商投资逐一审批制已废止

外商投资企业过去采取逐一审批制,审批事项包括:设立、变更、终止、分立、合并、延长经营期限和委托他人经营等事项。在《外商投资法》颁布后,除负面清单及法律、行政法规规定的特殊领域以外,全部改为备案制,由"全面审批制"变为"负面清单下的有限审批制"和"普遍备案制"。

2. 外资进入特定领域仍需审批

《外商投资法》实施后,外商投资的准入包括市场准入和外资准入。上文"外资准入新制度的主要内容"已对此详细阐述,请参见该部分内容。

3. 外商投资法中的审批制与过去有较大不同

第一,外商投资法中的审批制是有限审批制,不是全面审批制,外商投资除负面清单及法律、行政法规规定的特殊领域需审批以外,全部改为备案制。上文"外资准入新制度的主要内容"已对此详细阐述,请参见上文。

第二,取消了外经贸主管部门(即商务主管部门,下同)对外商投资的逐一审批,外经贸主管部门不再对外商投资企业的设立、变更、终止、分立、合并、延长经营期限和委托他人经营等事项进行审批,包括不再对中外合资经营企业合同、中外合作经营企业合同、企业组织机构变更、股权变更等事项进行审批。

第三,外商投资负面清单内非禁止投资领域及法律、行政法规规定的特殊领域的审批,一般由国家发展和改革委员会或相关行业主管部门及其对应的地方政府职能部门负责,商务主管部门基本淡出。

第四,对于外商投资准入负面清单以外的领域,外国投资者可以同境内投资者一样进行投资,接受同样的监管。《市场准入负面清单》规定需申请准入许可的,外商投资适用与境内投资相同的准入标准、条件和程序。

简言之,外商投资法中的审批制是有限审批制。按照市场准入和外资准入规定,外商投资应依法获得准入许可而未获得准入许可,则该投资将被认定为非法投资,不仅不能受到法律保护,还会受到法律制裁。换言之,外资进入特定领域未依法取得准入许可的,应承担法律责任。

五、外商投资纠纷的解决方式

外商投资纠纷的解决机制、途径及方式与普通的公司纠纷解决方式大同小异,都可以选择协商、调解、仲裁或诉讼等方式来解决。其不同之处在于,当事人根据有关仲裁的书面协议,可以在中国的仲裁机构进行仲裁,也可以在其他仲裁机构仲裁。当然,即使在中国境内仲裁机构仲裁,也应适用中国法律。

第二节　中外合资、合作经营企业合同纠纷

一、中外合资、合作经营企业合同纠纷概述

(一) 中外合资经营企业合同纠纷

中外合资经营企业合同,是指中国境外投资者与境内投资者在中国境内就共同举办中外合营企业而订立的合同。

中外合资经营企业合同纠纷,是指当事人因中外合资经营企业合同的订立、履行、变更以及终止而产生的纠纷。①

(二) 中外合作经营企业合同纠纷

中外合作经营企业合同,是指中国境外投资者与境内投资者在中国境内就共同举办中外合作企业而订立的合同。

中外合作经营企业合同纠纷,是指当事人因中外合作经营企业合同的订立、履行、变更以及终止而产生的纠纷。②

(三) 处理中外合资、合作经营企业合同纠纷的法律依据

处理中外合资经营企业合同纠纷的法律依据主要是《民法典》合同编、《外商投资法》及其实施条例、《公司法》及其相关司法解释、有关市场准入的监管规定等。

二、中外合资、合作经营企业合同纠纷的常见法律问题

(一) 未经行政审批的合同效力问题

我国对外商投资实行负面清单管理制度后,取消了"外资三法"时期对于外资准入的逐案审批制度,改为备案和审批制并行,减少了大量的外资准入审批,进一步放松了对外资准入的管制。

目前,仍需行政审批的外商投资主要包括:①外商投资准入负面清单内非禁止

---

① 参见最高人民法院民事案件案由规定课题组编著:《最高人民法院民事案件案由规定理解与适用》(2011 年修订版),人民法院出版社 2011 年版,第 376 页。
② 参见最高人民法院民事案件案由规定课题组编著:《最高人民法院民事案件案由规定理解与适用》(2011 年修订版),人民法院出版社 2011 年版,第 377 页。

投资的领域,实行外资准入许可。②投资《外商投资准入负面清单》以外领域的少数特殊行业,如文化、金融行业,需取得行政许可。③《市场准入负面清单》内的许可类投资事项,需取得行政许可。④外资并购国有企业,根据《企业国有资产监督管理暂行条例》等规定,国有产权转让方案需依法取得国有资产监督管理机构甚至同级人民政府的批准。

上述需行政审批的外商投资事项,除外资并购国有企业外,申请办理行政许可一般不需要提供双方当事人签订的合同或协议。换言之,除非法律、行政法规另有规定,某些外商投资即使需办理许可审批,行政许可审批机构一般也不再对中外合资经营企业合同、中外合作经营企业合同、股权转让合同等事项进行审批。

对于依法应办理行政审批而未审批的合同的效力,根据《民法典》第502条,《外商投资纠纷解释一》第1、2条的规定,当事人在外商投资企业设立、变更等过程中订立的合同,依法律、行政法规的规定应当经外商投资企业审批机关批准后才生效的,自批准之日起生效;未经批准的,人民法院应当认定该合同未生效。当事人请求确认该合同无效的,人民法院不予支持。未办理批准等手续影响合同生效的,不影响合同中履行报批等义务条款以及相关条款的效力。应当办理申请批准等手续的当事人未履行义务的,对方可以请求其承担违反该义务的责任。

根据《外商投资法解释》第2条的规定,对《外商投资法》第4条所指的外商投资准入负面清单之外的领域形成的投资合同,当事人以合同未经有关行政主管部门批准、登记为由主张合同无效或者未生效的,人民法院不予支持。前款规定的投资合同签订于外商投资法施行前,但人民法院在外商投资法施行时尚未作出生效裁判的,适用前款规定认定合同的效力。

根据《外商投资法解释》第3条的规定,外国投资者投资外商投资准入负面清单规定禁止投资的领域,当事人主张投资合同无效的,人民法院应予支持。

根据《外商投资法解释》第4条的规定,外国投资者投资外商投资准入负面清单规定限制投资的领域,当事人以违反限制性准入特别管理措施为由,主张投资合同无效的,人民法院应予支持。人民法院作出生效裁判前,当事人采取必要措施满足准入特别管理措施的要求,当事人主张前款规定的投资合同有效的,应予支持。

根据《外商投资法解释》第5条的规定,在生效裁判作出前,因外商投资准入负面清单调整,外国投资者投资不再属于禁止或者限制投资的领域,当事人主张投资合同有效的,人民法院应予支持。

(二)已获批准的合同未必有效

人民法院在审理案件中,发现经外商投资企业审批机关批准的外商投资企业合同具有法律、行政法规规定的无效情形的,应当认定合同无效;该合同具有法律、行政法规规定的可撤销情形,当事人请求撤销的,人民法院应予支持。

(三)虚假报批引发的股权争议的处理

外商投资企业一方股东或者外商投资企业以提供虚假材料等欺诈或者其他不正当手段向外商投资企业审批机关申请变更外商投资企业批准证书所载股东,导致外商投资企业他方股东丧失股东身份或原有股权份额,他方股东请求确认股东身份或原有股权份额的,人民法院应予支持。第三人已经善意取得该股权的除外。他方股东请求侵权股东或外商投资企业赔偿损失的,人民法院应予支持。

(四)实际投资人请求股权确认的处理

根据《公司法解释三》第24条第3款的规定,实际出资人未经公司其他股东半数以上同意,请求公司变更股东、签发出资证明书、记载于股东名册、记载于公司章程并办理公司登记机关登记的,人民法院不予支持。

少数仍需行政审批的外商投资领域,实际投资人要求人民法院直接确认其在外商投资企业中的股东身份和股权份额的,根据《外商投资纠纷解释一》第14条的规定,人民法院一般不予支持;只有在极特殊的情况下,实际投资人要求确认外商投资企业股东地位的诉讼请求才有可能得到人民法院的支持。这要求必须同时满足三个条件:①已经实际投资;②名义股东以外的其他股东认可实际投资者的股东身份;③征得了行政审批机关的同意。

(五)实际投资人向外商投资企业直接主张权利的处理

实际投资者根据其与外商投资企业名义股东的约定,直接向外商投资企业请求分配利润或者行使其他股东权利的,人民法院不予支持。其理由如下:

一方面,未记载于外商投资企业股东名册的实际投资人,不是外商投资企业真正的股东。实际投资者在不能被确认为外商投资企业股东的情况下,无权向外商投资企业主张股东权益。

另一方面,公司法人资格的独立性原则与合同的相对性原则。外商投资企业具有独立的法人资格,其并非是实际投资者与外商投资企业名义股东所签协议的当事人,而是该协议当事人之外的第三人,根据合同的相对性原理,实际投资者只能向与其签有协议的外商投资企业名义股东主张协议项下的权利。实际投资者与外商投资企业名义股东之间的合同不同于设立外商投资企业的合同,该合同的效力不应及于外商投资企业。

三、中外合资、合作经营企业合同纠纷诉讼指引

(一) 总体思路

第一,绝大多数外商投资纠纷,实际上是涉外的公司纠纷。故处理外商投资纠纷,也要像处理公司纠纷一样,运用利益平衡思维来考虑案件的总体思路。

第二,运用利益平衡思维处理外商投资纠纷,需注意到《外商投资法》的颁布和施行,是对境内、外投资者的利益及社会利益的重大调整和再平衡。比如《外商投资法》第4条取消了对外商投资企业逐一审批制。第24条规定:"各级人民政府及其有关部门制定涉及外商投资的规范性文件,应当符合法律法规的规定;没有法律、行政法规依据的,不得减损外商投资企业的合法权益或者增加其义务,不得设置市场准入和退出条件,不得干预外商投资企业的正常生产经营活动。"第25条规定:"地方各级人民政府及其有关部门应当履行向外国投资者、外商投资企业依法作出的政策承诺以及依法订立的各类合同。因国家利益、社会公共利益需要改变政策承诺、合同约定的,应当依照法定权限和程序进行,并依法对外国投资者、外商投资企业因此受到的损失予以补偿。"

第三,与内资投资纠纷相比,外商投资纠纷具有以下特点:(1)外商投资纠纷的主体具有涉外因素,通常一方为境外投资者或外商投资企业。(2)外商投资除了受到市场准入监管,还要受到外资准入监管。外商投资纠纷的上述特点,使其在法律适用方面有一定特殊性,有别于普通的公司纠纷。故处理中外合资、合作经营企业合同纠纷,应研究法律适用的特殊性并寻找案件突破口。

第四,《外商投资法》实施后,虽然取消了"外资三法"时期对于外资准入的逐一审批制度,但仍保留了部分行政审批。外商投资应依法获得准入许可而未获得准入许可,则该投资将被认定为非法投资,不仅不能受到法律保护,还会受到法律制裁。故处理中外合资、合作经营企业合同纠纷,可以研究该投资是否需要获得批准,是否已经获得批准,进而从中寻找案件突破口。

第五,外商投资的基本属性是市场行为,遵循契约自由原则。因此,处理中外合资、合作经营企业合同纠纷,还应认真研究案涉合同、协议、决议及章程并从中找到突破口。

此外,《外商投资法》及其实施条例规定,国家建立外商投资企业投诉工作机制。外商投资企业或者其投资者可以通过投诉协调机制反映或者申请协调解决问题。

从以上几个方面入手找到案件突破口后,再结合下文中的"实务处理注意点"制定诉讼方案。关于如何制定诉讼方案,请参见本书第八章第三节和第四节。

(二)实务处理注意点

1. 诉讼主体

诉讼主体具有涉外因素,通常一方为境外投资者或外商投资企业,另一方为境内投资者。根据《外商投资法》及其实施条例规定,境内、外投资者均包括自然人、企业或其他组织。中国自然人可以和境外投资者共同设立外商投资企业,是《外商投资法》的一大亮点。

2. 诉讼管辖

如果相关当事人约定了有效的管辖条款,比如约定某人民法院管辖或某仲裁机构管辖,则该类纠纷的管辖应当依据当事人的约定处理。

如果相关当事人没有约定管辖条款的合同类或财产权益纠纷,则依据我国《民事诉讼法》关于地域管辖、级别管辖和专属管辖的一般规定处理。

对在我国境内没有住所的被告提起的诉讼,如果合同在我国领域内签订或者履行,或者诉讼标的物在我国领域内,或者被告在我国领域内有可供扣押的财产,或者被告在我国领域内设有代表机构,可以由合同签订地、合同履行地、诉讼标的物所在地、可供扣押财产所在地、侵权行为地或者代表机构住所地人民法院管辖。

3. 诉讼准备

(1)授权委托书的准备

外国投资者授权中国的诉讼律师在中国的法院起诉,该授权委托书须符合以下特别要求:

①授权书应当经所在国公证机关予以证明,并经我国驻该国使领馆予以认证,或者履行我国与该所在国订立的有关条约中规定的证明手续。

②该授权委托书,应当附有经中国的法院认可的翻译机构翻译或者确认的中文译本。

③在中国的法院诉讼,当事人的委托代理人最多为两人,如果诉讼进行过程中,代理人因客观情况不能参加开庭或者有其他原因需要另行更换代理人的,需要由当事人向人民法院提交关于变更代理人的说明,并重新按照上述要求提交新代理人的授权委托书。

(2)外国投资者有关法定代表人的证明文件的提交

《公司法》第 13 条规定:"公司法定代表人依照公司章程的规定,由董事长、执行董事或者经理担任,并依法登记。公司法定代表人变更,应当办理变更登记。"所以,中国法项下的法定代表人是指,公司章程规定为法定代表人的公司董事长、执行董事或者经理。

由于外国法律通常没有法定代表人这个概念,当中国律师提出需要向人民法院提交外国公司法定代表人身份证明书和由外国公司的法定代表人签署的由中国律师出庭诉讼的授权委托书时,外国公司常常对此困惑不解。实际上,外国公司在此时应当首先查阅本公司的章程,如果章程规定了公司的执行董事,则该执行董事一般可看作公司的法定代表人;如果公司章程没有规定执行董事,则可以由公司通过董事会决议决定谁作为公司的法定代表人,代表公司参与诉讼并有权委托律师参与诉讼。

在中国的法院进行诉讼,提交给人民法院的外国公司的法定代表人的证明文件需经所在国公证机关证明,并经我国驻该国使领馆认证,或者履行我国与该所在国订立的有关条约中规定的证明手续。

(3)外国投资者在中国的法院起诉时,需要提交的法律文件

在中国的法院起诉,除了起诉书外,还需要提交的文件包括:①经公证和认证的授权文件(包括企业营业执照副本、法定代表人身份证明、授权委托书)一套;②支持诉讼请求的证据复印件,证据需有证据目录,证据目录需标明各份证据的证明事项、证明目的、证据来源等,并标明页码。

一般情况下,除递交给人民法院一套诉状和证据复印件外,还需要按照其他当事人的数量准备相应套数的诉状原件和证据复印件。比如,外国公司为原告,有三个被告,则需要向人民法院提交四套诉状原件和证据复印件。当然,授权文件只需要交给人民法院一份。

4. 与诉讼有关的期限

(1)涉外案件的审理期限

对于中国国内的民商事案件,根据《民事诉讼法》的相关规定,相关审理程序应受一定审限限制。比如,《民事诉讼法》第149条规定:"人民法院适用普通程序审理的案件,应当在立案之日起六个月内审结。有特殊情况需要延长的,由本院院长批准,可以延长六个月;还需要延长的,报请上级人民法院批准。"第161条规定:"人民法院适用简易程序审理案件,应当在立案之日起三个月内审结。"第176条规定:"人民法院审理对判决的上诉案件,应当在第二审立案之日起三个月内审结。有特殊情况需要延长的,由本院院长批准。人民法院审理对裁定的上诉案件,应当在第二审立案之日起三十日内作出终审裁定。"

对于涉外案件,《民事诉讼法》第270条规定:"人民法院审理涉外民事案件的期间,不受本法第一百四十九条、第一百七十六条规定的限制。"故我国《民事诉讼法》对于审理涉外民事案件,没有规定审理期限。

(2)答辩期与上诉期

律师代理涉外公司诉讼案件应当注意答辩期与上诉期。在中华人民共和国领域内没有住所的当事人,一审、二审诉讼程序中的答辩期均为自收到起诉状、上诉

状之日起30日内,并可申请延期,是否准许由人民法院决定,同时,对于在中华人民共和国没有住所的当事人不服一审人民法院判决、裁定的上诉期,为自判决、裁定送达之日起的30日内。

5. 举证

如果外国公司向人民法院提供的书面证据系在中华人民共和国领域外形成的,该证据应当经所在国公证机关予以证明,并经中华人民共和国驻该国使领馆予以认证,或者履行中华人民共和国与该所在国订立的有关条约中规定的证明手续。当事人向人民法院提供的书面证据是在我国香港、澳门、台湾地区形成的,应当履行相关的证明手续。

外国公司向人民法院提供外文书证或者外文说明资料,应当附有中文译本。通常情况下,各省市的高级人民法院都指定了人民法院认可的翻译机构名录。外国公司应寻找这些指定的翻译机构进行翻译,或者由这些翻译机构盖章复核确认。

四、典型案件评析

(一) 案情概要

案例:香港锦程投资有限公司与山西省心血管疾病医院、第三人山西寰能科贸有限公司中外合资经营企业合同纠纷案①

原告:香港锦程投资有限公司(简称"锦程公司")

被告:山西省心血管疾病医院(简称"心血管医院")

第三人:山西寰能科贸有限公司(简称"寰能公司")

2006年7月27日,在"2006年山西(香港)投资洽谈会"上,锦程公司和心血管医院就"山西省心血管疾病医院及老年养老、康复中心"项目,签订《合作意向书》。约定:心血管医院负责项目所涉土地出让审批手续的办理,并对土地使用权进行评估。

同年11月10日,心血管医院向锦程公司发送《山西省心血管疾病医院及老年康复养老中心项目进口设备投资需求的函》,内容是:为保证合作项目的顺利实施,提供总价款为12310万元人民币的医疗设备清单,由锦程公司直接采购投资。

同年11月18日,根据心血管医院的要求和所提供的设备清单,买方锦程公司与卖方宝和公司签订了合同号为HY20061118的购买医疗设备的合同。其中第10条规定,合同订立后,买方在30日内分期向卖方支付货款总额35%的预付款。向卖方30日内一次性按照合同总额5%支付佣金。买卖双方另行签署和办理买方

---

① 参见最高人民法院(2010)民四终字第3号民事判决书(最高人民法院公报案例)。

5000万股股权抵押给卖方的合同及相关手续。第11条规定,如果买方未能履行上述义务,卖方有权全部或部分撤销、解除合同,无须买方同意且无须向买方支付任何赔偿。买方需按照合同总额25%向卖方支付违约金,并承担违约所造成的全部损失。买方向卖方支付的5%佣金不再返还。第20条规定,无论何种原因,如果买方终止本合同,无论全部还是部分,终止通知必须以书面方式发送给卖方。据此卖方应停止工作并且买方应向卖方支付在终止之前所有卖方已经制造、修改或订购并且符合合同规定的货物在本合同项下规定的价款。该等货物应交付给买方。

同年11月30日,锦程公司、心血管医院及寰能公司签订了《合资合同》《合资章程》。《合资合同》的主要内容为:"第六条注册资本、投资总额与投资方式。6.1注册资本为1.5亿元人民币。6.2投资方式。心血管医院投资6750万元人民币,以等值的土地面积作价置换。锦程公司投资6000万元人民币,其中现金3000万元人民币,设备3000万元人民币。寰能公司投资现金2250万元人民币。6.3—6.5规定了三方股东分期缴付出资的期限,最后期限是合资公司注册后18个月内。第七条各方责任。7.1心血管医院责任。根据第六章的规定对合资公司的注册资本进行出资,负责办理项目土地出让的相关全部手续并承担全部费用……7.2锦程公司责任。根据第六章的规定对合资公司的注册资本进行出资,为合资公司推荐在海外购置所需机器设备……第十四条违约责任。14.1甲乙丙任何一方未按合同的第六条款的规定依期按数投资时,从逾期第30个银行日算起,每逾期一日,除违约方应缴付投资额的0.5‰的违约金外,守约一方有权按本合同第十七条的规定终止合同,并要求违约方赔偿损失。14.2由于一方的过失,造成本合同及其附件不能履行或不能完全履行时,由过失的一方承担违约责任;如属三方的过失,根据实际情况,由三方承担各自应负的违约责任。14.3各方签订本合同后,心血管医院未能如期办理完成土地作价入股手续使合资公司无法注册视为心血管医院违约。按14.1条款执行,同时应返还锦程公司已投入的300万元人民币及设备订购的损失。第十五条合同的修改、终止和解除。15.1本合同及其附件修改时必须经甲乙丙三方签署书面协议并报原审批部门批准,方能生效。15.3合资公司由于某种原因出现连年亏损,无力继续经营,经董事会一致通过并报原审批部门批准,可提前终止合资期限或解除合同。《合资章程》的主要内容是:3.3甲乙丙方应按合同规定的期限缴清各自出资额。10.4合资公司由于某种原因出现连年亏损,无力继续经营,经董事会一致通过并报原审批部门批准,可提前终止合资期限或解除合同。12.1本章程的修改,必须经董事会会议一致通过决议,并报原审批机构批准。12.3本章程须经山西省商务厅批准才能生效,修改时也须报山西省商务厅批准。"

同年12月,经山西省人民政府相关职能部门审核批准,三方共同组建了中外合资经营企业——九方公司。九方公司于2007年1月9日领取了企业法人营业执照。依照《合资合同》《合资章程》的规定,三方股东的全部注册资本金的最后出资期限为合资公司注册后 18 个月内,即 2008 年 7 月 9 日。

2007 年 2 月 25 日,合资公司三方股东共同签署九方公司《备忘录》,主要内容为:其一,心血管医院加快办理有关土地作价入资手续,在 2007 年 6 月底前完成相关土地手续。其二,锦程公司按约定已完成了设备的订购,同时根据心血管医院土地办理的情况适时注入资金。三方均同意根据心血管医院土地手续办理的实际情况调整合资公司各方出资的时间与额度,按照上述原则实施,各方均等同于履行了出资义务。

同年 9 月底,心血管医院口头通知锦程公司合作项目和合资公司"停止运行"。同年 10 月 28 日,锦程公司致函心血管医院,要求"正式书面函告合资公司停止运行的情况"。同年 11 月 16 日,心血管医院向锦程公司发送了《关于省心血管疾病医院及老年养老、康复中心项目终止实施解决善后工作函》,函告内容是,"由于政策界限不明确等原因,土地手续无法落实,导致该项目终止执行"。

在心血管医院通知"项目终止执行"后,锦程公司分别于同年 10 月 29 日、11 月 20 日、12 月 18 日三次致函宝和公司,就合同解除相关事宜与宝和公司进行协商。宝和公司的信函最终提出以"不低于合同总额 15%的比例"追偿违约赔偿金的要求。

2008 年 1 月 22 日,心血管医院与寰能公司签订《关于返还山西寰能科贸有限公司投资款备忘》,内容是:心血管医院单方面终止项目合作,同意返还寰能公司投资款 2619700 元人民币。

同年 4 月,宝和公司向香港特别行政区高等法院原讼庭提起诉讼,要求锦程公司承担违约责任。香港特别行政区高等法院于同年 7 月 24 日作出谕令,内容如下:基于宝和公司和锦程公司的共同请求,双方同意达成一致内容如下:其一,经法院裁决,债务将由锦程公司承担;其二,锦程公司必须向宝和公司赔付 23622800 港币;其三,法院无任何诉讼费。

二审人民法院查明:2007 年 2 月 25 日,锦程公司、心血管医院及第三人寰能公司签订的《备忘录》约定内容之第 3 项为"丙方(寰能公司)根据本项目进展情况及合资公司运作的实际需要,分阶段注入资金(现金)确保公司的前期运作"。

2006 年 11 月 10 日,心血管医院就合作项目进口设备投资需求事宜向锦程公司发函称:"心血管医院住院大楼现已主体完工,计划于 2007 年 10 月正常运行。根据双方的合作约定,部分设备应由贵公司直接采购投资。现将部分设备名录提供给贵公司,望尽早安排,以保证项目顺利实施。设备明录如下:1. 正电子发射型断层扫描器 1 台,每台 2000 万,计 2000 万;2. 单电子发射型电脑断层扫描器 2 台,每台 360 万,计 720 万;3. INTER ACHIEVA3.0 磁共振成像系统 1 台,每台 1600

万,计1600万;4. BRILLIANCE CT 64 排螺旋CT1台,每台1500万,计1500万;5.平板探测器血管造影系统4台,每台750万,计3000万;6.直接数位化X线摄影系统(双板)2台,每台300万,计600万;7.数字肠胃机1台,每台250万,计250万;8. iU22智慧化彩色超声诊断系统(腹部机)5台,每台300万,计1500万;9. iE33智慧心血管超声系统(心脏机)2台,每台300万,计600万;10.生化分析仪3台,每台180万,计540万;合计:12310万元。"该函对拟订购设备的名称、数量、单价、总价等均提出了明确要求,虽然其目的是为了合资公司的运营,但心血管医院发函要求锦程公司尽早安排购买设备事宜是能够认定的事实。

2006年10月9日,心血管医院以晋心请字(2006)第23号《关于山西省心血管疾病医院及老年养老、康复中心项目国有划拨土地协议出让的请示》向山西省卫生厅请示报山西省国土资源厅进行对原审人民法院所属国有划拨土地的协议出让和土地作价入股的权属变更。同年10月16日,山西省卫生厅以晋卫请〔2006〕184号《关于山西省心血管疾病医院及老年养老、康复中心项目国有划拨土地协议出让及免交土地出让金的请示》向山西省国土资源厅申请免交土地出让金。同年11月9日,山西省财政厅以晋财资〔2006〕39号《关于对山西省心血管疾病医院及老年养老、康复中心项目国有土地作价入股的批复》同意心血管医院在该合作项目中以土地使用权作价入股,并要求按照国有资产评估管理有关规定对拟作价入股的国有土地进行评估。同年11月23日,山西至源不动产评估咨询有限公司提交了晋至源(2006)(估)字第087号《土地估价报告》,对心血管医院国有划拨土地使用权进行了价格评估。同年12月31日,山西省财政厅以晋财资〔2006〕47号《关于核准山西省心血管疾病医院及养老、康复中心土地使用权评估项目的通知》,核准了评估机构的评估行为及评估结果对心血管医院以土地使用权作价入股的行为有效。2007年2月9日,山西省发展和改革委员会以晋发改外资发〔2007〕88号《关于晋港合资山西省心血管疾病医院及老年康复、养老中心项目核准的批复》核准了山西省卫生厅请示的心血管医院、锦程公司、寰能公司共同投资建设的心血管疾病医院及老年康复、养老中心项目,并对项目建筑总面积、项目总投资、出资比例、项目运行方式及期限等提出了明确要求。同年6月22日,山西省太原市规划局核发了《规划设计条件通知书》。同年8月13日,山西省太原市国土资源局以并国土资字〔2007〕169号《关于晋港合资山西省心血管疾病医院及老年康复、养老中心项目用地预审的批复》同意通过用地预审,并要求心血管医院依法办理土地管理、环境保护、地质灾害危险性评估等相关用地手续。心血管医院未提供此后其向有关政府部门办理相关用地手续的证明材料,亦未提供有关政府部门不同意办理相关用地手续的书面证据。

又查明:锦程公司与宝和公司签订的医疗设备买卖合同的总价款为112457261

港币。宝和公司分别于 2006 年 11 月 22 日、11 月 23 日、11 月 28 日、12 月 13 日、12 月 18 日、12 月 19 日及 12 月 25 日向锦程公司出具正式收据 7 张。该 7 份正式收据记载宝和公司收到锦程公司支付的购买医疗设备预付款 39500000 港币、佣金 5622800 港币,共计 45122800 港币。中国委托公证人黄国熹律师出具证明书证明宝和公司收据的炭纸副本存根之复印件与原本相符。该证明书加盖了中国法律服务(香港)有限公司转递专用章。

(二) 争议焦点

1. 锦程公司的违约金请求能否成立,具体数额如何确定?
2. 锦程公司的损失赔偿金请求能否成立,具体数额如何确定?
3. 锦程公司的 1000 万元人民币可得利益请求能否成立?

(三) 一审判决

针对以上争议焦点,一审人民法院认为:

关于第一个焦点。其一,锦程公司根据《合资合同》14.1 款要求心血管医院承担 2814750 元人民币的违约金的请求。原审人民法院认为:首先,《公司法》第 28 条第 1 款规定:"股东应当按期足额缴纳公司章程中规定的各自所认缴的出资额。股东以货币出资的,应当将货币出资足额存入有限责任公司在银行开设的账户;以非货币财产出资的,应当依法办理其财产权的转移手续。"第 2 款规定:"股东不按照前款规定缴纳出资的,除应当向公司足额缴纳外,还应当向已按期足额缴纳出资的股东承担违约责任。"三方签订的《合资合同》14.1 款约定:"甲乙丙任何一方未按合同的第六条款的规定依期按数投资时……守约一方有权要求违约方赔偿损失。"在心血管医院没有完成合资公司注册后 6 个月内缴付现金 4050 万元人民币义务的同时,锦程公司也没有完成其按时缴付现金 2000 万元人民币的出资义务。锦程公司不是主张权利的适格主体。其次,虽然锦程公司以三方股东在《备忘录》中达成了"适时注入资金"的约定来否认己方违约。但是,根据《公司法》第 28 条第 1 款的规定,股东认缴的出资额应当按期足额缴纳。而"适时注入资金"的约定,将《合资合同》《合资章程》中确定的出资时间变成了不确定,是对九方公司利益的损害,违反了公司法的强制性规定,故"适时注入资金"的约定应认定为无效。按期足额缴纳出资是股东的法定义务,锦程公司不能以任何理由免除或迟延其出资义务的履行,也就是说,作为违约方的锦程公司,无权向心血管医院主张 2814750 元人民币的违约金。

其二,锦程公司依照《合资合同》14.2 款要求心血管医院应按照《合资合同》标的额(注册资本金为 1.5 亿元人民币)的 15%,向锦程公司支付 2250 万元人民币的违约金请求。原审人民法院认为:在《合资合同》14.1 款约定了出资违约的责任的前提下,《合资合同》14.2 款的约定,适用于除出资违约以外的其他违约情形。而心血管医院终止合作项目的执行,是由于其无法履行以土地作价入股的出资义务,并无其他违约行为。且该条款并未约定违约金及违约金的计算方式,锦程公司以合资公司注册资本总额的 15% 计算违约金没有法律依据。综上,锦程公司提出的违约金主张不能成立,原审人民法院不予支持。

关于第二个焦点。锦程公司提出先期投入 300 万元人民币、锦程公司支付货款的利息损失折算为 581.39 万元人民币和向宝和公司赔付的赔偿金折算为 23764064.34 元人民币等三项损失赔偿金的请求。

其一,锦程公司的损失赔偿金请求能否成立。首先,违约金是当事人在合同中约定的一方违反合同的赔偿金。三方股东签订的《合资合同》14.3 款明确约定:"甲方(心血管医院)未能如期办理完成土地作价入股手续使合资公司无法注册视为甲方违约。同时应返还乙方(锦程公司)已投入的 300 万元人民币及设备订购的损失。"因此,锦程公司的该项请求因其在合同中的约定,同样是一项违约金的请求。虽然适用 14.3 款约定的前提是"心血管医院未能如期办理完成土地作价入股手续使合资公司无法注册视为甲方违约",但本案的客观事实是,在心血管医院和锦程公司零出资的情形下,九方公司已经成立。由于土地作价出资的不可能,心血管医院已经通知合作项目终止执行,合资公司无法经营。因此,心血管医院以合资公司成立来抗辩不承担责任的理由,不能成立。其次,心血管医院在和锦程公司于 2006 年 11 月 10 日达成《合作意向书》之后,即向锦程公司发送《山西省心血管疾病医院及老年康复养老中心项目进口设备投资需求的函》,提供了总价款为 12310 万元人民币的医疗设备清单,由锦程公司直接采购投资。锦程公司随即按照心血管医院的要求和提供的清单与宝和公司签订了购买医疗设备的合同。2006 年 11 月 30 日,锦程公司、心血管医院及寰能公司签订《合资合同》和《合资章程》。《合资合同》明确锦程公司 6000 万元人民币的出资,分别是现金 3000 万元人民币和设备 3000 万元人民币;锦程公司有为合资公司推荐在海外购置所需机器设备的责任;心血管医院在未能如期办理完成土地作价入股手续时,要对锦程公司的设备订购损失承担责任。特别是,合资公司三方股东于 2007 年 2 月 25 日共同签署的《备忘录》明确记载:锦程公司按约定已完成了设备的订购。以上证据足以证明,合作项目的终止执行,锦程公司购买设备存在实际的损失。根据《合同法》第 107 条的规定"当事人一方不履行合同义务或者履行合同义务不符合约定的,应当承担继续履行、采取补救措施或者赔偿损失等违约责任",心血管医院未履行其以土地作价出资的义务,导致合作项目的终止,造成了锦程公司的实际损失,心血管医院应当赔偿锦程公司购买设备的损失。因此,锦程公司的损失赔偿金请求成立。

其二,锦程公司损失赔偿金具体数额的确定。首先,针对锦程公司提出的

4512.28万元港币货款产生利息损失581.39万元人民币的诉讼请求。原审人民法院认为:第一,锦程公司提供的证据存在诸多问题:①锦程公司与宝和公司的合同,复印件与原件内容一致,格式不同;②宝和公司给锦程公司开具的收款收据,有复印件和存根,没有原件;③锦程公司发送给宝和公司2007年10月29日的函件,记载内容是锦程公司已于2006年12月13日依据双方协议给付宝和公司合同总额35%的预付货款和合同总额5%的佣金,即支付4512.28万元港币。而收据显示,截至2006年12月13日,锦程公司并未支付佣金且支付货款总额仅为2950万元港币;④宝和公司发送给锦程公司11月16日的回函,内容是"11月20日的来函已收悉"。第二,锦程公司对能证明其购买设备损失的重要证据均未提供:①锦程公司发送给宝和公司2007年12月18日的函件,证明锦程公司与宝和公司之间在2007年1月15日签订了一份《补充协议书》,未提供;②根据收据,锦程公司已支付宝和公司4512.28万元港币,而谕令判令锦程公司赔付的是2362.28万港币,则锦程公司应有宝和公司返还2150万港币的凭据,未提供;③锦程公司与宝和公司的合同第10条约定,买卖双方另行签署和办理5000万股股权抵押合同及相关手续,未提供……基于此,对锦程公司的该项诉讼请求不予支持。其次,针对锦程公司提出的按照香港特别行政区高等法院谕令向宝和公司赔付的折算为23764064.34元人民币赔偿金的诉讼请求。原审人民法院认为:香港特别行政区高等法院作出的谕令,只是基于宝和公司和锦程公司的共同请求,在双方同意达成一致的基础上作出的同意命令,香港特别行政区高等法院并未对锦程公司与宝和公司之间的买卖合同关系进行实体的审理;且香港特别行政区高等法院的谕令即使真实、合法、有效,其效力只能及于谕令的当事人锦程公司和宝和公司,对谕令外的第三人心血管医院不产生法律拘束力。因此,对锦程公司提出的该项诉讼请求不予支持。最后,针对锦程公司提出的先期投入300万元人民币的诉讼请求。原审人民法院认为:锦程公司依据的是三方股东签订的《合资合同》。该《合资合同》是三方股东本着平等互利的原则,自愿签订的,是三方股东真实的意思表示。该《合资合同》经山西省商务厅批准,合法有效。该《合资合同》14.3款明确规定,"甲方(心血管医院)未能如期办理完成土地作价入股手续使合资公司无法注册视为甲方违约。按14.1款执行,同时应返还乙方(锦程公司)已投入的300万元人民币及设备订购的损失"。故对锦程公司提出的300万元人民币先期投入的诉讼请求予以支持。

其三,锦程公司损失赔偿金额的确定。原审人民法院综合比较认为:心血管医院因未履行以土地作价出资的义务,单方终止了合作项目,造成了锦程公司的实际损失,应当承担违约责任;锦程公司对其购买医疗设备的实际损失存在举证瑕疵,亦应承担一定的责任,其主张的货款利息及按照谕令确定赔偿金的诉讼请求不能得到支持。原审人民法院以存在实际损失为基础,考虑双方的过错程度,根据公平原则和诚实信用原则,酌情判令心血管医院按锦程公司所主张的其已支付医疗设备价款4512.28万元港币的15%向锦程公司承担违约责任,即向锦程公司支付678.842万元人民币违约金。

关于第三个焦点。原审人民法院认为:首先,可得利益赔偿的数额应与合同履行的程度相关。在心血管医院违约未将土地作价入股的情形下,锦程公司亦违反《公司法》的法定出资义务,没有履行其出资义务。依据《公司法》,股东只能以其出资享有红利。锦程公司没有出资,当然不能取得预期的收益。其次,可得利益应具备现实的物质基础。本案中,三方股东均未投资,合作项目终止,九方公司无法经营,更无法获利。最后,《山西省重点招商推介项目》虽然对该合作项目的收益预期,做了极为明确和肯定的预测。但是三方在签订的《合资合同》和《合资章程》中均约定,"合资公司由于某种原因出现连年亏损,无力继续经营,经董事会一致通过并报原审批部门批准,可提前终止合资期限或解除合同"。也就是说,高收益的同时也伴随着高风险,不能以不确定的预期来主张其可得利益。因此,锦程公司提出的1000万元人民币可得利益的主张不能成立,原审人民法院不予支持。

据此,一审人民法院判决:第一,心血管医院于判决生效后30日内向锦程公司支付先期投入违约金300万元人民币;第二,心血管医院于判决生效后30日内向锦程公司支付医疗设备损失违约金678.842万元人民币;第三,驳回锦程公司的其他诉讼请求。案件受理费381263元人民币,由心血管医院负担281263元人民币,由锦程公司负担100000元人民币。

锦程公司和心血管医院均不服,提起上诉。

(四) 二审判决

最高人民法院认为:

1. 关于管辖权与准据法

本案当事人锦程公司系在中国香港特别行政区注册成立,故本案为涉港合资经营企业合同纠纷。《合资合同》第18.1款中约定,凡因执行本合同所发生的或与本合同有关的一切争议,双方应通过友好协商解决;如果协商不成,应按有关法律程序,提交有关司法部门裁决。因此,原审人民法院依据当事人的上述约定和《民事诉讼法》有关管辖的规定行使管辖权并无不当。

根据《中外合资经营企业法实施条例》第12条的规定,合营企业合同的订立、效力、解释、执行及其争议的解决,均应适用中国的法律。本案为涉港合资经营企业合同纠纷,应当参照适用该规定确定应适用的准据法。锦程公司、心血管医院及第三人寰能公司签订的《合资合同》第17.1款约定,本合同的订立、效力、解释、履行和争议的解决均受法律的管辖。该约定符合《中外合资经营企业法实施条例》

第 12 条的规定，因此，本案纠纷应适用内地的法律解决。

2. 关于《合资合同》和《合资章程》的效力

锦程公司、心血管医院及第三人寰能公司签订的《合资合同》和《合资章程》，系合资三方的真实意思表示，其内容不违反法律规定，并报经相关审批机关进行了审批，依法应认定其合法有效。

3. 关于 2007 年 2 月 25 日《备忘录》的效力

在签订《合资合同》和《合资章程》之后，锦程公司、心血管医院和第三人寰能公司于 2007 年 2 月 25 日签订了一份有关九方公司的《备忘录》，对《合资合同》中合资各方出资的时间及额度进行了调整，即心血管医院在同年 6 月前完成相关土地手续，锦程公司根据项目的实际运作情况办理设备的进口报关以及根据土地办理情况适时注入资金，寰能公司根据项目进展和合资公司运作的实际需要分阶段注入资金确保公司的前期运作。考虑到经审批的《合资合同》已对各方出资做了明确约定，合资三方在《备忘录》中还特别约定"均同意根据甲方（心血管医院）土地手续办理的实际情况调整合资公司各方出资的时间及额度，按照上述原则实施，各方均等同于履行了出资义务"。但因该《备忘录》未报经有关审批机关批准，故锦程公司与心血管医院对其效力各执一词。人民法院认为：《备忘录》确实变更了《合资合同》约定的出资时间及额度，但三方签订《备忘录》的背景系因心血管医院以土地使用权作价入资需要办理规划、财政、土地等报批手续，其目的并非刻意规避或者改变审批机关的审批事项而是更合理地调整各方出资时间、额度及先后顺序，《备忘录》约定的事项并非必须报经审批机关审批之事项，无须再行报批。《备忘录》系合资三方在平等、自愿、协商一致的基础上签订的，其对各方出资所做的调整是必要和合理的，其内容反映了合资各方的真实意思表示，依法应当认定其合法有效，对合资各方均具有约束力。心血管医院在本案诉讼之前从未对《备忘录》及其效力提出过异议，在诉讼之后主张《备忘录》实质上修改了《合资合同》和《合资章程》有关出资期限的规定，且因未经审批机关审批应认定为未生效，与事实及相关法律规定不符，人民法院不予支持。

4. 关于违约主体

本案所涉合作项目是山西省"2006 山西（香港）投资洽谈会"上签署的唯一对外招商引资的卫生事业项目。在正式签订《合资合同》和《合资章程》之前，锦程公司与心血管医院先行签订了一份《合作意向书》对项目的投资总额、出资、建筑面积、经营方式及责任等做了初步约定，锦程公司还依据心血管医院提供的《进口设备投资需求的函》向宝和公司订购了心血管医院指定的医疗设备并按约支付了佣金和预付款。在签订《合资合同》和《合资章程》之后，由于心血管医院未办理完土地使用权作价入股手续，合资三方签订了有关九方公司的《备忘录》。该《备忘录》

不仅确认了锦程公司已经订购医疗设备的事实,而且明确要求锦程公司根据项目的实际运作情况做好设备的进口报关及设备投资的相关工作,并根据心血管医院的土地办理情况适时注入现金。据此,锦程公司与卖方宝和公司协商推迟了医疗设备的装运,也未进一步投入资金。应该说,锦程公司为合作项目及合资公司所做的大量前期工作及投入,其依约完成设备订购并向卖方宝和公司支付订购设备的佣金和预付款等事实,均表明锦程公司不仅有履约的诚意而且有实质性的履约行为。其之所以未严格按照《合资合同》的约定出资,是因为遵守合资三方签订的《备忘录》的约定而暂缓或者适时入资,并非在逃避《合资合同》或者《合资章程》约定的合资方应承担的出资义务,故不应认定锦程公司违约。

此外,心血管医院在签订《合作意向书》《合资合同》《备忘录》之后未能办理或者如期办理完土地使用权作价入股手续,违背了其在《合作意向书》《合资合同》《备忘录》中所做的相关承诺。心血管医院在口头通知锦程公司合作项目停止运作后,又在2007年11月16日给锦程公司《关于省心血管疾病医院及老年养老、康复中心项目终止实施解决善后工作的函》中明确承认"由于政策界限不明确等原因,土地手续无法落实,导致该项目终止执行";其还在2008年1月22日与寰能公司签订的《关于返还山西寰能科贸有限公司投资款备忘》中明确承认"单方面终止项目合作"。虽然心血管医院主张无法办理土地使用权作价入股手续系由于政府部门的原因,其自身不存在过错,但其并没有提供政府相关部门拒绝或者不同意办理土地使用权作价入股手续的书面证据。由于心血管医院未继续办理有关手续,合作项目及合资公司不得不因缺乏土地而停止运作。综上,本案纠纷产生的原因在于:心血管医院未能按照《合资合同》的约定办理完土地使用权作价入股手续,从而导致《合资合同》无法继续履行,合作项目及合资公司停止运作。原审判决依据《公司法》第28条第1款的规定认定锦程公司未出资存在违约,与锦程公司在订立《合资合同》之前先行订购医疗设备、支付佣金和预付款等事实,以及《备忘录》有关根据心血管医院办理土地手续的进展情况"适时注入资金"的要求明显不符,据此认定锦程公司违约不当,属适用法律错误。

心血管医院作为合资方未能履行办理土地使用权作价入股的义务,依法应认定其构成违约。心血管医院与第三人寰能公司签订的偿还投资款协议明确承认其"单方面终止项目运作",而且实际向寰能公司偿还了投资款,表明了心血管医院不仅承认其作为合作项目出资方的单方面违约行为,而且向寰能公司实际承担了其作为合作项目主办方的违约责任。心血管医院一方面对寰能公司承认单方面违约并偿还投资款,另一方面却对锦程公司拒不承认违约并拒绝赔偿任何损失,对锦程公司不公。根据《合同法》第107条的规定,当事人一方不履行合同义务或者履行合同义务不符合约定的,应当承担继续履行、采取补救措施或者赔偿损失等违约责任。锦程公司依据《合资合同》的约定要求心血管医院承担违约责任并赔偿损失符合上述法律规定,本院予以支持。合资公司九方公司在注册成立后没有实际运作,也无任何财产,因此,本案纠纷不应也不可能通过向九方公司主张予以解决,故心血管医院有关锦程公司应向九方公司主张权利的主张缺乏法律依据,本院不予支持。

5. 关于 HCA808/2008 号谕令的证明力

由于心血管医院分别以口头和书面方式通知锦程公司合作项目停止运作,锦程公司随即与宝和公司就终止买卖合同及违约赔偿事宜进行协商。因协商未果,宝和公司起诉至香港特别行政区高等法院要求锦程公司赔偿其损失。香港特别行政区高等法院依据双方达成的和解协议做出了上述谕令。据此,锦程公司应向宝和公司支付赔偿金 23622800 港币。鉴于锦程公司和宝和公司均系在香港特别行政区注册成立的公司,加之锦程公司声称的已支付给宝和公司的佣金和预付款总额已经超过了谕令所要求的赔偿金总额,故谕令不存在执行问题,也不存在需要内地人民法院认可和执行的问题。本案中,锦程公司提交谕令的目的在于将其作为证据证明其存在订购医疗设备的损失,故应当对谕令是否具有证据效力做出认定。

《民事诉讼法》及内地其他相关法律法规没有关于香港特别行政区高等法院做出的谕令在内地诉讼程序中是否具有证据效力的规定。人民法院认为:香港特别行政区高等法院的谕令在本案诉讼中能否作为证据采信,应当审查其是否具有真实性、合法性、有效性及关联性。锦程公司就该谕令向原审人民法院提交了经公证的顾张文菊、叶成庆律师事务所顾张文菊律师出具的《法律意见书》。该《法律意见书》认为,根据《香港特别行政区高等法院规则》"高等法院规则"第 42 号命令第 5A 条规则,香港特别行政区高等法院有权根据当事人双方达成的和解协议做出上述谕令,其具有与法庭判决或者命令同等的效力;《香港特别行政区高等法院规则》"高等法院规则"第 42 号命令第 5B 条有关判决需附具理由的规定不适用于依据《香港特别行政区高等法院规则》"高等法院规则"第 42 号命令第 5A 条规则做出的谕令;谕令对锦程公司和宝和公司具有约束力和强制执行力。因此,本院确认谕令的真实性、合法性、有效性。至于是否具有关联性,本院认为,锦程公司与宝和公司签订的买卖合同、宝和公司出具的七份收据、合资三方签订的《备忘录》、锦程公司与宝和公司之间的来往函件、宝和公司的起诉状以及香港特别行政区高等法院的诉讼文书等构成了一条完整的证据链,足以证明锦程公司订购医疗设备、支付佣金和预付款,锦程公司与宝和公司就违约事宜进行协商,协商未果后向香港特别行政区高等法院提起诉讼以及香港特别行政区高等法院送达诉讼文书等事实,亦足以证明谕令与锦程公司、宝和公司之间的医疗设备买卖合同纠纷相关,因此谕令与本案纠纷具有关联性。此外,锦程公司在提交谕令时办理了相关公证和转递手续,符合2001年最高人民法院发布的《关于民事诉讼证据的若干规定》第11条第2款关于"当事人向人民法院提供的证据是在我国香港、澳门、台湾地区形成的,应当履行相关的证明手续"的规定。因此,在心血管医院没有举出直接相反证据的情况下,应认定谕令在本案中具有证明力,可以作为证据使用并依此确定锦程公司订购医疗设备的损失额。心血管医院关于谕令无法证明锦程公司与宝和公司之间债权债务关系的真实性,以及谕令与本案纠纷没有关联性的主张没有事实和法律依据,人民法院不予支持。心血管医院关于谕令中确定的赔偿数额超过了宝和公司承诺的15%的比例,对可能存在双方串通的主张缺乏具体证据证明,人民法院亦不予支持。

6. 关于锦程公司违约金之主张

锦程公司在一、二审程序中均主张心血管医院应当分别依据《合资合同》第14.1款和第14.2款之规定,向其支付延迟出资违约金2814750元人民币和终止合同履行违约金2250万元人民币。但是,心血管医院未能办理土地使用权作价入股手续、导致《合资合同》终止履行的行为,在性质上不属于延迟出资行为,而为根本违约行为,故不应按照《合资合同》中有关延迟出资的约定支付违约金。锦程公司主张心血管医院应按照《合资合同》第14.1款向其支付延期出资违约金没有依据,人民法院不予支持。而《合资合同》第14.2款约定的是因合资一方的过失导致合同及其附件不能或者不能完全履行的违约责任,并非关于违约金的约定。该条没有关于违约金比例的任何约定,锦程公司亦未提供证据证明双方曾就违约事宜达成过按照《合资合同》注册资本金总额的15%支付违约金的口头或者书面协议。故锦程公司有关《合资合同》第14.2款属于违约金条款且要求心血管医院向其支付2250万元人民币违约金的主张没有事实和法律依据,人民法院亦不予支持。

7. 关于锦程公司损失额的确定

本案中,锦程公司主张的损失包括先期投入300万元人民币的本金、向宝和公司支付4512.28万港币佣金和预付款的利息、依据谕令向宝和公司支付23622800港币的赔偿金损失以及可得利益损失1000万元人民币。以下分述之。

关于300万元人民币的先期投入,心血管医院上诉认为锦程公司并未举证证明其向合作项目或者合资公司实际投入,依法应不予支持;但锦程公司认为三方当事人已在《合资合同》中对该先期投入款做了明确确认,无须再提供证据证明,依法应予支持。人民法院认为:《合资合同》第14.3款约定,"各方签订本合同后,甲方未能如期办理完成土地作价入股手续使合资公司无法注册视为违约。按14.1条款执行,同时应返还乙方已投入的300万元人民币及订购设备的损失"。该《合资合同》系合资三方的真实意思表示,得到了相关审批机构的审批,依法应认定其合法有效。对于《合资合同》所记载的内容,除非有直接相反的证据,否则应予确认。合资三方签订的《备忘录》明确确认合资各方为合作项目和合资公司做出了实质性工作及投入,寰能公司在二审程序中提交的书面意见明确承认"因锦程公司前期投入了一定人力物力进行准备工作,三方协商同意折合 300 万元人民币并写入《合资合同》",心血管医院亦未在签订《合资合同》后的合理时间内对此提出异议,因此,应认定锦程公司向合作项目先期投入了 300 万元人民币。锦程公司在一审起诉时未主张该款之利息,应视为其放弃了对先期投入款利息的主张。原审判决虽然认定锦程公司先期投入了 300 万元人民币,但判决书主文认定为"先期投入违约金 300 万元"错误,人民法院予以纠正。

关于 4512.28 万港币佣金与预付款,心血管医院上诉认为锦程公司的举证存在相互矛盾的地方,如买卖合同复印件与原件不一致、收据没有原件、来往函件内容与收据之间存在矛盾以及相关函件的日期与内容之间存在矛盾等,依法应不予认定;锦程公司则认为应当以买卖合同原件为准,宝和公司出具的证明和收据均表明锦程公司实际支付了 4512.28 万港币的佣金与预付款,依法应予认定。人民法院认为:鉴于锦程公司与宝和公司之间存在订购医疗设备的法律关系且买卖合同中有关于设备总额、佣金、预付款的明确约定,加之司法部委托公证人黄国熹律师对"收据的炭纸副本存根之复印件与该文件原本相符"进行了公证,因此,在没有直接相反证据证明的情况下,应当确认宝和公司收据的真实性。心血管医院虽主张锦程公司提供的上述证据等存在瑕疵并认为锦程公司可能与宝和公司存在串通,但其并未提供充分证据予以证明,人民法院对其该主张不予支持。原审判决一方面未认定锦程公司向宝和公司支付 4512.28 万港币的佣金和预付款,另一方面却又以此为基数计算心血管医院应支付的违约金数额,既自相矛盾又缺乏依据,人民法院予以纠正。锦程公司和心血管医院亦均对原审判决的上述认定提出上诉,人民法院认为两上诉人对此的异议意见正确。故锦程公司有关心血管医院应向其支付 4512.28 万港币之利息的主张,人民法院予以支持。锦程公司起诉时主张该款利息的起算日为 2006 年 12 月 25 日,人民法院予以确认。

关于 23622800 港币的赔偿金,因谕令在本案中具有证明力,故应认定其属于锦程公司订购医疗设备之损失。但根据《合同法》第 119 条第 1 款的规定,当事人一方违约后,对方应当采取适当措施防止损失的扩大;没有采取适当措施致使损失扩大的,不得就扩大的损失要求赔偿。宝和公司于 2008 年 1 月 4 日致锦程公司的函件表明,宝和公司同意按照买卖合同总额 112457261 港币的 15% 的比例计算赔偿金。而双方在香港特别行政区高等法院诉讼的过程中达成的和解协议确定的赔偿额超出了宝和公司先前承诺的赔偿额,对此,锦程公司存在过错,依法无权就扩大的损失要求心血管医院赔偿。故心血管医院应按上述买卖合同总额的 15% 计算向锦程公司支付赔偿金。

关于1000万元人民币的可得利益损失,锦程公司认为根据山西省发展和改革委员会批准立项的晋发改外资〔2007〕88号文可以计算出合作项目及其作为股东可以获得的利益,仅要求1000万元人民币是合理的,应予支持;而心血管医院则认为锦程公司未考虑项目风险,以招商广告和政府文件为依据计算可得利益不合理,应不予支持。人民法院认为:虽然根据《合同法》第113条的规定,当事人一方违约造成对方损失的赔偿额可以包括履行合同后可以获得的利益,但本案合作项目及合资公司所需的资金并没有全部到位,合作项目、合资公司亦没有实际运作,根本没有利润可言。何况合资公司是否盈利取决于诸多因素,故锦程公司仅依据政府文件认定其应当获得1000万元人民币的可得利益赔偿依据不足,人民法院对此不予支持。心血管医院对此的抗辩理由成立,人民法院予以支持。

此外,心血管医院还认为按照《合资合同》第14.3款的约定,其退还先期投入和赔偿订购设备损失的前提条件是"未能如期办理完成土地作价入股手续使合资公司无法注册",而本案合资公司九方公司早已注册成立,故锦程公司有关退还先期投入和赔偿订购设备损失的主张因不具备"合资公司无法注册"的先决条件而不成立。人民法院认为:心血管医院在本案中的违约行为属于根本违约,其违约的结果直接导致合资公司无法继续运行,合资目的无法实现。虽然《合资合同》第14.3款约定了"合资公司无法注册"的前提条件,但这并非是心血管医院承担违约责任的唯一条件。《合同法》第107条对违约方应承担的违约责任做了明确规定,心血管医院作为违约方理应依法承担违约责任。故对心血管医院的上述理由,人民法院亦不予支持。

综上,上诉人锦程公司关于违约金、订购医疗设备的扩大损失及可得利益损失的上诉理由均不成立,人民法院不予支持。但因心血管医院违约对其造成的佣金和预付款利息及订购医疗设备的部分损失,应予支持。上诉人心血管医院关于先期投入、佣金与预付款利息及订购医疗设备损失均不应承担责任的上诉理由均不成立,人民法院不予支持。原审判决认定事实部分不清,适用法律不当,人民法院予以纠正。据此判决:①撤销山西省高级人民法院(2008)晋民初字第12号民事判决;②心血管医院于判决生效后30日内向锦程公司支付先期投入款300万元人民币;③心血管医院于判决生效后30日内向锦程公司支付订购医疗设备损失16868589.15港币;④心血管医院于判决生效后30日内向锦程公司支付佣金与预付款4512.28万港币之利息损失(按照中国人民银行同期港币贷款利率计算,自2006年12月25日起至2008年7月24日止);⑤驳回锦程公司的其他诉讼请求。

(五)焦点问题评析

根据当时有效(但已于2020年1月1日废止)的《中外合资经营企业法实施条

例》第 14 条规定:"合营企业协议、合同和章程经审批机构批准后生效,其修改时同。"《备忘录》似乎未生效。但是,最高人民法院经审理,结合案件实际情况与法律规定,认为:《备忘录》确实变更了《合资合同》约定的出资时间及额度,但三方签订《备忘录》的背景系因心血管医院以土地使用权作价入资需要办理规划、财政、土地等报批手续,其目的并非刻意规避或者改变审批机关的审批事项,而是更合理地调整各方出资时间、额度及先后顺序,《备忘录》约定的事项并非必须报经审批机关审批之事项,无须再行报批。《备忘录》系合资三方在平等、自愿、协商一致的基础上签订的,其对各方出资所做的调整是必要和合理的,其内容反映了合资各方的真实意思表示,依法应当认定其合法有效,对合资各方均具有约束力。心血管医院在本案诉讼之前从未对《备忘录》及其效力提出过异议,在诉讼之后主张《备忘录》实质上修改了《合资合同》和《合资章程》有关出资期限的规定且因未经审批机关审批应认定为未生效,与事实及相关法律规定不符的主张,人民法院不予支持。也就是说,当事人在履行合营企业协议或合同的过程中达成的补充协议,虽然属于对原合同的修改,但其效力应当结合案情全面加以分析。如果补充协议内容不涉及必须报经审批机关审批的事项,对于已获批准的合营企业协议不构成实质性变更的,一方当事人仅以补充协议未经审批机关审批为由主张协议内容无效的,人民法院不予支持。最高人民法院按照实质重于形式的精神,认为补充协议对于已获批准的合营企业协议不构成实质性变更,不支持一方当事人仅以补充协议未经审批机关审批为由主张补充协议内容无效,符合诚实信用、公平和利益平衡原则。

(六)案例启示

《外商投资法》及其实施条例于 2020 年 1 月 1 日起施行后,此类补充协议完全有效。

外商投资法律及政策纷繁庞杂,律师如对外商投资法律、政策及其变迁和商业常识缺乏基本的了解,就很难窥见外商投资业务的门径。随着我国继续大力引进外资及《外商投资法》的实施,与外资监管相关的许多规范性法律文件将继续被修改或废止,律师对此应当予以关注。

参考文献

1. 赵旭东主编:《公司法学》(第四版),高等教育出版社 2015 年版。
2. 刘俊海:《现代公司法》(第三版),法律出版社 2015 年版。
3. 龚志忠主编:《公司业务律师基础实务》(第二版),中国人民大学出版社 2018 年版。
4. 〔美〕乔恩·埃尔斯特:《解释社会行为:社会科学的机制视角》,刘骥等译,重庆大学出版社 2019 年版。
5. 卓泽渊:《法理学》,法律出版社 1998 年版。
6. 《马克思恩格斯全集》(第 1 卷),人民出版社 1956 年版。
7. 《马克思恩格斯全集》(第 6 卷),人民出版社 1961 年版。
8. 何勤华主编:《西方法律思想史》,复旦大学出版社 2005 年版。
9. 张文显:《二十世纪西方法哲学思潮研究》,法律出版社 1996 年版。
10. 张维迎:《博弈论与信息经济学》,上海人民出版社 1996 年版。
11. 王利明:《法学方法论》,中国人民大学出版社 2012 年版。
12. 张民安:《公司法上的利益平衡》,北京大学出版社 2003 年版。
13. 〔日〕落合诚一:《公司法概论》,西村朝日律师事务所西村高等法务研究所监译,法律出版社 2011 年版。
14. 李磊:《公司司法清算法理与制度研究——以利益平衡为视角》,中国政法大学出版社 2014 年版。
15. 江平主编:《新编公司法教程》,法律出版社 1994 年版。
16. 冯果:《公司法》,武汉大学出版社 2007 年版。
17. 〔美〕彼得·德鲁克:《公司的概念》,慕凤丽译,机械工业出版社 2019 年版。
18. 范健、王建文:《公司法》(第三版),法律出版社 2011 年版。
19. 王保树、崔勤之:《中国公司法原理》(最新修订第三版),社会科学文献出版社 2006 年版。
20. 〔韩〕李哲松:《韩国公司法》,吴日焕译,中国政法大学出版社 2000 年版。
21. 朱慈蕴:《公司法原论》,清华大学出版社 2011 年版。
22. 罗培新:《公司法的合同解释》,北京大学出版社 2004 年版。
23. 杜万华主编:《最高人民法院公司法司法解释(四)理解与适用》,人民法院出版社 2017 年版。

24. 王东敏:《公司法审判实务与疑难问题案例解析》,人民法院出版社 2017 年版。

25. 虞政平:《公司法案例教学》,人民法院出版社 2012 年版。

26. 最高人民法院民事审判第二庭编著:《最高人民法院关于公司法解释(三)、清算纪要理解与适用》,人民法院出版社 2011 年版。

27. 苏祖耀:《现代公司董事法律制度》,广州出版社 1995 年版。

28. 仲继银:《董事会与公司治理》(第二版),中国发展出版社 2014 年版。

29. 黄辉:《现代公司法比较研究——国际经验及对中国的启示》,清华大学出版社 2011 年版。

30. 张开平:《英美公司董事法律制度研究》,法律出版社 1998 年版。

31. 何美欢:《香港代理法》,中华书局 1992 年版。

32. 王东光:《股东退出法律制度研究》,北京大学出版社 2010 年版。

33. 李东方:《公司法学》(第二版),中国政法大学出版社 2016 年版。

34. 华滨:《跨越:律师执业思维·方法·规划》,法律出版社 2015 年版。

35. 刘敏:《公司解散清算制度》,北京大学出版社 2012 年版。

36. 常怡主编:《民事诉讼法学》(第四版),中国政法大学出版社 2016 年版。

37. 〔美〕E. 博登海默:《法理学:法律哲学与法律方法》,邓正来译,中国政法大学出版社 1999 年版。

38. 金剑锋:《公司诉讼的理论与实务问题研究》,人民法院出版社 2008 年版。

39. 中华全国律师协会公司法专业委员会编著:《律师公司法业务前沿问题与案例评析②〈公司法解释(四)〉的理解与适用》,北京大学出版社 2018 年版。

40. 李锡鹤:《民法原理论稿》(第二版),法律出版社 2012 年版。

41. 魏振瀛主编:《民法》,北京大学出版社、高等教育出版社 2000 年版。

42. 王利明:《合同法研究》,中国人民大学出版社 2002 年版。

43. 郭春宏:《公司章程个性化设计与疑难解释》(修订版),法律出版社 2018 年版。

44. 张维迎:《理解公司:产权、激励与治理》,上海人民出版社 2014 年版。

45. 赵万一主编:《商事登记制度法律问题研究》,法律出版社 2013 年版。

46. 朱景文主编:《法理学》(第三版),中国人民大学出版社 2015 年版。

47. 孙国华主编:《法理学教程》,中国人民大学出版社 1994 年版。

48. 王泽鉴:《债法原理》,中国政法大学出版社 2001 年版。

49. 张卫平:《民事诉讼法》(第五版),法律出版社 2019 年版。

50. 梁慧星:《民法解释学》(第四版),法律出版社2015年版。

51. 梁上上:《利益衡量论》(第二版),法律出版社2016年版。

52. 王利明:《法学方法论》(第二版),中国人民大学出版社2012年版。

53. 〔德〕伯恩·魏德士:《法理学》,丁小春、吴越译,法律出版社2003年版。

54. 吴庆宝主编:《权威点评最高法院公司法指导案例》,中国法制出版社2010年版。

55. 钱卫清:《法官决策论——影响司法过程的力量》,北京大学出版社2008年版。

56. 最高人民法院民事案件案由规定课题组编著:《最高人民法院民事案件案由规定理解与适用》(2011年修订版),人民法院出版社2011年版。

57. 景汉朝主编:《民事案件案由新释新解与适用指南》(第二版),中国法制出版社2017年版。

58. 王林清:《公司纠纷裁判思路与规范释解》(第二版),法律出版社2017年版。

59. 全国人大常委会法制工作委员会民法室编著:《2012民事诉讼法修改决定条文解释》,中国法制出版社2012年版。

60. 沈德咏主编:《最高人民法院民事诉讼法解释理解与适用》,人民法院出版社2015年版。

61. 刘德权主编:《最高人民法院司法观点集成》,人民法院出版社2014年版。

62. 茆荣华主编:《上海法院类案办案要件指南》,人民法院出版社2020年版。

63. 刘俊海:《公司法学》,北京大学出版社2008年版。

64. 施天涛:《公司法论》(第四版),法律出版社2018年版。

65. 吴建斌:《公司冲突权利配置实证研究》,法律出版社2014年版。

66. 范健、王建文:《证券法》(第二版),法律出版社2010年版。

67. 〔德〕卡尔·拉伦茨:《德国民法通论》,法律出版社2004年版。

68. 安建主编:《中华人民共和国公司法释义》,法律出版社2005年版。

69. 李建伟:《公司诉讼专题研究》,中国政法大学出版社2008年版。

70. 〔日〕前田庸:《公司法入门》(第12版),王作全译,北京大学出版社2012年版。

71. 〔日〕近藤光男:《最新日本公司法》(第7版),梁爽译,法律出版社2016年版。

72. 柯芳枝:《公司法论》,三民书局2005年版。

73. 刘清景主编:《公司法逐条整理》,学知出版事业公司2000年版。

74. 李志刚:《公司股东大会决议问题研究:团体法的视角》,中国法制出版社 2012 年版。

75. 贺小荣主编:《最高人民法院第二巡回法庭法官会议纪要》(第一辑),人民法院出版社 2019 年版。

76. 陈群峰:《审判视野下的公司诉讼研究》,法律出版社 2013 年版。

77. 王守春:《公司实际控制人诚信义务》,中国法制出版社 2019 年版。

78. 周友苏等:《公司法学理与判例研究》,法律出版社 2008 年版。

79. 朱慈蕴:《公司法人格否认制度理论与实践》,人民法院出版社 2009 年版。

80. 最高人民法院民事审判第二庭编著:《〈全国法院民商事审判工作会议纪要〉理解与适用》,人民法院出版社 2019 年版。

81. 最高人民法院民事审判第二庭编著:《公司案件审判指导》,法律出版社 2014 年版。

82. 最高人民法院民事审判第二庭编著:《最高人民法院关于公司法司法解释(一)、(二)理解与适用》,人民法院出版社 2015 年版。

83. 徐建新主编:《破产案件简化审理程序探究》,人民法院出版社 2015 年版。

84. 皮剑龙:《破产清算律师实务》,法律出版社 2011 年版。

85. 陈甦:《公司设立者的出资违约责任与资本充实责任》,载《法学研究》1995 年第 6 期。

86. 张保生:《事实认定及其在法律推理中的作用》,载《浙江社会科学》2019 年第 6 期。

87. 王保树:《公司法任意性法律规范适用的留意点》,载《国家检察官学院学报》2011 年第 1 期。

88. 胡晓静:《有限责任公司股东资格确认标准的思考》,载《国家检察官学院学报》2012 年第 3 期。

89. 梁上上:《论公司正义》,载《现代法学》2017 年第 1 期。

90. 张新宝:《侵权责任法立法的利益衡量》,载《中国法学》2009 年第 4 期。

91. 江必新:《论"三个有利于"标准与合法性标准之间的关系》,载《人民司法》2000 年第 2 期。

92. 袁达松、王喜平:《股东查阅权穿越:母公司股东权益保护的利器——相关美国法理论、实践及我国制度的构建》,载《东方法学》2010 年第 4 期。

93. 袁咏:《数字著作权》,载郑成思主编:《知识产权文丛》(第 2 卷),中国政法大学出版社 1999 年版。

94. 孟勤国:《也论电视节目预告表的法律保护与利益平衡》,载《法学研究》

1996年第2期。

95. 钱尧志、张保生、夏东霞主编:《公司诉讼的策划与应对》,法律出版社2009年版。

96. 叶林:《并购方式的比较》,载中国人民大学律师学院:《公司并购律师实务》,法律出版社2015年版。

97. 朱炎生:《公司实际控制人的认定标准探析》,载王保树主编:《实践中的公司法》,社会科学文献出版社2008年版。

98. 陈铭:《实际控制人冒用他人名义开办公司的责任》,载广州市律师协会编:《公司法实战智慧》,中国法制出版社2016年版。

99. 孙宏涛:《论董事之忠实义务》,载《西南交通大学学报(社会科学版)》2013年第2期。

100. 李清池:《公司清算义务人民事责任辨析——兼评最高人民法院指导案例9号》,载《北大法律评论》第15卷第1辑,北京大学出版社2014年版。

101. 杜军、全先银:《公司预重整制度的实践意义》,《人民法院报》2017年9月13日,第七版。

102. 周吉川:《律师如何思考——民商事案件思维与诉讼策略》,中国法制出版社2012年版。

103. 邹碧华:《要件审判九步法》,法律出版社2010年版。

104. 杨立新:《请求权与民事裁判应用》,法律出版社2011年版。

105. 吕良彪:《控制公司基业长青的大商之道》(第二版),北京大学出版社2018年版。

106. 李自杰:《中外合资企业控制权的动态演进研究》,中国经济出版社2010年版。

107. 梁上上主编:《公司登记疑难案例解析》,中国政法大学出版社2012年版。

108. 张凤翔:《中外合资企业公司法纠纷难点与审判分析》,法律出版社2010年版。

109. 刘贵祥:《合同效力研究》,人民法院出版社2012年版。

110. 肖微主编:《公司兼并与收购教程》(第二版),中国人民大学出版社2018年版。

111. 中华全国律师协会:《律师从事证券法律业务尽职调查操作指引》《中华全国律师协会律师办理有限责任公司收购业务操作指引》《中华全国律师协会律师参与矿业并购业务操作指引》《律师承办企业法律顾问业务操作指引》《中华全国律师协会律师办理风险投资与股权激励业务操作指引》《中华全国律师协会律

师办理企业法律风险管理业务操作指引》《中华全国律师协会律师办理公司诉讼业务操作指引》等。

112. 北京市律师协会:《北京市律师协会关于律师承办有限责任公司并购业务操作指引》《北京市律师协会律师办理法律尽职调查业务操作指引》。

113. 上海市律师协会:《上海市律师协会律师参与法律审慎调查业务操作指引》《律师办理非上市公司股权激励法律业务操作指引(2018)》《律师办理上市公司股权激励法律业务操作指引(2017)》。

匠人精神、不忘初心（代后记）

律师是古老的职业。我国律师制度于 1979 年恢复重建，律师数量从起初的 200 多人发展到 2018 年年底的 42.3 万多人，至 2020 年年底突破 50 万人。

随着律师队伍不断发展壮大和社会分工不断细化，尤其是互联网大数据和人工智能快速发展，专业化对律师而言，不仅是发展问题，也是生存问题。精通一两个领域的法律是律师安身立命的基础。律师专业化离不开律师、律师事务所和律师行业的共同努力。2018 年年初，根据中华全国律师协会公司法专业委员会的安排，由龚志忠、郭春宏担任牵头人，从该委员会征集相关领域资深委员律师执笔，编著《公司法律师实务》一书，抛砖引玉，希望与广大律师同人一道推动我国公司法律师实务更上一个台阶。

为了保证质量，本书编委会多次召开会议，在体例、风格、内容、语言等方面进行多次修改和调整，诸位撰稿人付出了大量的时间和精力，历时 3 年，终于成书。龚志忠对本书体例、风格、内容等方面提出了许多修改建议，尤其是其利益平衡的思维，让诸位撰稿人受益匪浅，相信读者也会因此有所启发。郭春宏负责本书的统稿工作。

在本书编撰过程中，中华全国律师协会公司法专业委员会刘正东主任、张庆主任等新、老领导给予了指导、支持，如果没有专业委员会各位领导、同人的大力支持，本书就不可能编撰成功。中国法学会商法学研究会会长、中国政法大学赵旭东老师百忙之中拨冗为本书作序。北京大学出版社的编辑老师，在时间紧、稿件多的情况下，为本书的如期出版做了大量细致有效的工作。此外，钟奕倩、马义奎、童越、张秦、王佩、郭靖、杨延风、陈鹏、张婷等律师提供了无私的支持。在此，本书编委会向以上领导、同人表示特别感谢！

本书编委会
2021 年 10 月 8 日